미국의
자본주의 문명

어디서 와서 어디로 가는가?

제2부 발전 과정

미국의
자본주의 문명

—

어디서 와서 어디로 가는가?

—

제2부 발전 과정

—

배영수 지음

일조각

도표

제2부

발전 과정

★

제2부는 앞에서 살펴본 정치적 토대 위에서, 미국 자본주의가 발전하는 과정을 탐구한다. 여기서 경제발전은 중요한 관심사이지만, 거기에 관심을 집중시키지는 않는다. 경제는 흔히 "경제 논리"에 맡겨 놓아야 한다고들 하지만, 이는 정부의 개입을 저지하려는 자유주의자들의 신조일 뿐이다. 경제활동은 인류의 역사에서 언제나 자연환경, 사회구조, 기술과 문화, 그리고 정치체제와 깊이 얽혀 있었다. 따라서 미국의 경제발전을 올바르게 이해하기 위해서는, 이 모든 측면에 관심을 기울여야 한다. 그래도 제2부는 경제발전과 함께 정치체제에 주목하는데, 이는 이미 설명한 것처럼 자본주의 문명이 다른 무엇보다도 정치적 권위와 경제 권력 사이의 복잡하고 미묘한 관계를 특징으로 지니기 때문이다.

먼저 제7장에서는 미국인들이 자본주의가 발전하는 데 필수적인 제도적 지주를 수립하며 실제로 국가를 건설하는 과정을 살펴본다. 그들은 연방헌법에 들어 있는 권력분립의 원칙을 몇 가지 주목할 만한 제도로 구현했다. 또 은행과 관세를 비롯해 미국 경제에 필수적인 제도적 장치를 도입했다. 이런 제도는 미국의 자본주의를 떠받치는 지주로서 중요한 기능을 발휘한다.

제8장에서는 19세기 전반기에 형성되는 발전 동력에 집중한다. 그 시기에 미국은 시장경제의 발전과 계급사회의 형성, 그리고 민주정치의 대두를 동시에 겪었다. 이들 현상은 모두 자본주의 발전에 수반되어 있으며 서로 영향을 주고받는 관계로 얽혀 있었다. 그리고 나중에 나타나는 대중문화와 함께 오늘날까지 자본주의 문명의 특징을 구성한다. 이들 현상 사이에는 복잡 미묘한 동반 및 길항 관계가 조성되며, 그것은 미국의 자본주의 발전에 기여

하는 동력으로 자리를 잡는다.

제9장은 노예제의 성격을 다룬다. 노예제는 혁명 세대의 예상과 달리 독립 이후에 쇠퇴하는 길로 들어서지 않고 오히려 계속 성장하는 양상을 보였다. 그래서 19세기에는 미국의 급속한 경제발전에 밑거름이 되었다고 할 수 있을 만큼 중요한 역할을 했다. 더욱이, 그것은 서부로 확산되는 과정에서 노예 매매에 크게 의존했고, 또 뉴욕이나 런던의 자본시장에서 공급되는 자본에도 크게 의존했다. 말하자면, 19세기 미국의 노예제는 자본주의와 긴밀한 관계를 지녔다고 할 수 있다. 따라서 그 성격을 어떻게 이해할 것인가 하는 중요한 문제가 떠오른다. 이것이 제9장에서 다루는 관심사이다.

제10장은 내전을 다룬다. 널리 알려져 있듯이, 미국은 노예제를 놓고 형성된 지역 갈등을 대화와 타협으로 해결하지 못하고 무력 충돌에 이르게 되었다. 어떻게 해서 그렇게 되었는가 하는 문제는 오랫동안 미국 역사학계에서 중요한 쟁점으로 취급되었다. 제10장은 지금까지 제기된 다양한 해석을 바탕으로, 내전이 미국의 자본주의 발전과 어떻게 연관되어 있었는지 살펴본다.

그다음 네 개의 장에서는 연방이 재건되는 과정과 그에 뒤이어 일어난 급격한 경제발전, 그에 수반되어 심화되었던 사회적 저항, 그것을 넘어 대안을 모색하는 움직임, 그리고 미국이 제국주의에 뛰어들어 세계대전까지 치르는 과정을 다룬다. 바꿔 말하면, 미국이 어떤 경로를 거쳐 내전에서 남은 과제를 해결하고 강대국 대열에 진입하는지 살펴본다. 따라서 제2부는 미국이 자본주의 발전 덕분에 신생 국가로 출발한 지 겨우 100년 뒤부터 강대국으로 부상하는 과정까지 다룬다.

제7장

국가 건설의 실제

연방헌법이라는 뼈대 위에 새로운 나라를 세우는 일은 연방정부를 구성하는 것으로 끝나지 않았다. 그것은 의회를 구성하고 대통령을 선출하며 법원을 설치하는 데서 출발해서, 신생 공화국이 평화와 번영을 누리는 데 필요한 제도와 여건을 조성하는 데까지 연장되었다. 자본주의 문명이라는 측면에서 볼 때, 그것은 건축에 비유하자면 기초 공사에 이어 기둥을 세우고 대들보를 올리는 골조 공사에 해당하는 작업이라 할 수 있다. 연방헌법을 통해 마련된 정치적 토대 위에다, 이제 연방정부를 구성하고 화폐와 금융에 관한 제도를 수립하며 개인의 재산과 계약에 대한 정부의 간섭을 억제하는 등, 미국의 자본주의 발전에 필요한 제도적 장치를 마련하는 작업이 이어졌던 것이다.

그처럼 중요한 사안에 관해서는 물론 다양한 견해가 있었고, 또 치열한 논쟁이 있었다. 논쟁은 연방을 수립한 직후인 1790년대 초부터 1810년대 중엽까지 대략 한 세대 동안 계속되었다. 그래도 국정이 마비되거나 국가가 와해되리라는 당대의 우려와 달리, 신생 공화국은 안정 속에서 성장하는 모습

13

을 보였다. 또 연방헌법을 제정하던 때와 마찬가지로, 경제에 관해 여러 제도를 수립할 때도 영국에서 정립된 전통에 적잖이 의지했다. 그렇지만 그때와 마찬가지로 영국의 정치·경제적 전통은 단일한 사조라 할 수 없었고 그에 대한 해석도 다양한 형태를 띠었다. 더욱이, 영국과 프랑스 사이의 갈등을 비롯해 신생 공화국을 둘러싸고 있던 국제적 환경은 경제정책에 관한 논쟁에 커다란 영향을 끼쳤다. 따라서 처음 한 세대 동안에 있었던 논쟁은 매우 복잡한 양상을 띠었다.

이 주제를 연구하는 역사학자들도 치열하고 복잡한 논쟁을 해 왔다. 역사학계에서는 20세기 중엽까지 비교적 단순한 해석이 우세했다. 해밀턴이 초대 재무장관이 되어 상공업을 육성하며 부국강병을 지향하는 정책을 제안했을 때, 연방파는 크게 환영했으며 그때부터 미국의 산업화와 근대화를 주도하기 시작했다. 다른 한편에서는 그런 정책이 상인과 기업가의 축재에 기여하는 반면에, 그들에게 고용되는 많은 미국인들에게 경제적 자립을 누리고 시민으로서 건전한 미덕을 갖추는 기회를 박탈하는 결과를 가져올 것이라고 우려했다. 이렇게 신생 공화국의 미래에 관해 낙관하지 못하던 사람들은 제퍼슨을 중심으로 공화파를 형성하고 해밀턴 일파에 대해 맹렬한 비판을 퍼부었다. 그러나 이들은 결국 과거에 대한 향수에 젖어 농업과 농촌에 집착하는 퇴행적 세력이 되고 말았다.[1]

그런 해석은 1960년대부터 설득력을 잃었다. 역사학계에서 사회사가 각광을 받자, 노동자에게 희생을 강요하며 산업화와 근대화를 추진한 세력이 부정적인 모습으로 묘사되었다. 다른 한편으로는 공화주의가 주목을 끌음에 따라, 제퍼슨 일파가 진보적 면모를 지니고 있는 것으로 보였다. 더욱이 이미

---

1 Charles A. Beard, Economic Origins of Jeffersonian Democracy (New York: Macmillan, 1915), 415–467; Richard Hofstadter, *The American Political Tradition and the Men Who Made It* (New York: Vintage, 1948), 18–44; idem, *The Age of Reform : From Bryan to F.D.R.* (New York: Vintage, 1955), 23–36.

제6장에서 소개한 바 있듯이 60년대 말에 이르면 18세기 말부터 공화주의가 쇠락하고 자유주의가 대두했다는 견해가 제기되었고, 그에 따라 건국 초기의 사상과 정책에 관해 새로운 해석이 형성되기 시작했다. 그 해석은 연방파는 물론이요 공화파도 자유주의를 수용했고, 또 두 정파가 모두 경제체제로서의 자본주의가 발전하는 데 기여했다고 강조했다. 그리고 그 중요한 이유를 공화파가 집권한 다음에 연방파의 정책을 수용하는 방향으로 변모한데서 찾았다. 이 수정주의적 해석은 80년대에 지배적 학설로 자리 잡았다.[2]

근래에는 또 다른 해석이 제기되었다. 지난 한 세대 동안 나온 연구 성과에 따르면, 공화파 가운데서도 상공업의 육성 필요성을 강조하는 사람들이 적지 않았다. 제퍼슨은 널리 알려져 있듯이 자영농을 보호, 육성하는 데 큰 관심을 기울였다. 자영농은 경제적 자립과 시민적 미덕을 갖추고서, 공화국이 존립하는 데 필요한 사회적 기반을 제공한다고 생각되었기 때문이다. 반면에 상공업은 그런 자영농의 육성을 저해하며 거부巨富와 함께 빈민을 양산해 공화국을 위태롭게 만드는 것으로 여겨졌다. 그렇지만 새로운 연구는 공화파 가운데에도 제퍼슨과 달리 상공업의 발전을 중시하는 사람들이 있었다는 사실을 보여 준다. 그들은 필라델피아를 중심으로 도회지에서 상업이나 공업에 종사하는 이들이었는데, 이미 제퍼슨이 집권하기 전부터 미국이 농업에만 의존해서는 부강한 국가로 발전할 수 없다고 생각하고 상공업을 지원하는 정책이 필요하다고 주장했다. 그렇지만 연방파와 달리, 거부에 대해 강

---

2 Drew McCoy, *The Elusive Republic: Political Economy and Jeffersonian America* (New York: Norton, 1980); Joyce Appleby, "Commercial Farming and the 'Agrarian Myth' in the Early Republic," *Journal of American History* 68.4 (1982), 833-849; idem, *Capitalism and a New Social Order: The Republican Vision of the 1790s* (New York: New York Univ. Pr., 1984); John R. Nelson, Jr., *Liberty and Property: Political Economy and Policymaking in the New Nation, 1789-1812* (Baltimore: Johns Hopkins Univ. Pr., 1987), 150-161. 또한 다음 논문도 참고하라. Lance Banning, "Jeffersonian Ideology Revisited: Liberal and Classical Ideas in the New American Republic," *William and Mary Quarterly* 43.1 (1986), 3-19.

한 경계심을 지니고 있었다. 그들에 따르면 규모가 큰 상점이나 공장을 소유, 운영하는 부자들은 흔히 막강한 영향력을 이용해 국가로부터 특정 분야에서 영업을 독점하는 특권을 확보한다. 또 그런 특권을 유지하기 위해 정치인과 결탁하고 정치를 부패에 빠뜨리며, 그렇게 해서 권력을 농단함으로써 공화국을 위기로 끌고 간다. 상공업을 중시하던 공화파는 말하자면 반연방파의 뒤를 이어 17세기 영국에서 형성되었던 급진 사상의 전통을 간직하고 있었던 셈이다.[3]

그와 같은 근래의 연구 동향을 고려할 때, 연방파는 물론이요 공화파도 중상주의 전통이라는 큰 틀을 벗어나지 않았던 것으로 보인다. 물론, 제퍼슨은 영국 공화주의 이외에 프랑스 중농주의의 영향 아래에 있었다. 그렇지만 근래의 연구에서 드러나듯이 제퍼슨이 공화파를 지배했던 것은 아니다. 더욱이 이미 제4장에서 설명한 바 있듯이, 중상주의는 엄격한 일관성을 지니는 정밀한 이념 체계가 아니었다. 그것은 부국강병을 지향하며 제조업과 해외무역을 육성한다는 기본 방침 위에서 다양한 강조점을 포괄하는 일련의 실제 정책이었다. 이는 1820년대부터 부상하는 자유주의와 대비할 때 분명하게 드러난다. 제8장에서 서술하듯이, 그때에 이르러서야 비로소 독점적 특권을 철폐하고 시장에 대한 자유로운 진입을 허용하라는 주장이 부각되기 시작했기 때문이다. 이런 사실들에 비추어 볼 때, 해밀턴에게서 시작되는 미국의 중상주의는 1820년대까지 이어진다고 할 수 있다.

따라서 제7장은 유럽에서 형성된 중상주의 전통이 신생 미국에 도입되는

---

3 Lawrence A. Peskin, "How the Republicans Learned to Love Manufacturing: The First Parties and the 'New Economy,'" *Journal of the Early Republic* 22.2 (2002), 235-262; idem, *Manufacturing Revolution: The Intellectual Origins of Early American Industry* (Baltimore: Johns Hopkins Univ. Pr., 2003), 197-206; Andrew Shankman, "'A New Thing on Earth': Alexander Hamilton, Pro-Manufacturing Republicans, and the Democratization of American Political Economy," *Journal of the Early Republic* 23.3 (2003), 323-352.

과정, 이후 미국의 상황과 필요에 따라 변형되는 과정, 그리고 거기에 수반되었던 정치적 갈등을 살펴본다. 더욱이, 연방헌법에서 규정된 권력구조가 실현되는 과정도 살펴본다. 그것은 정부를 수립하는 과정에서 끝나지 않고, 법원에서 권력분립의 원칙을 구체적으로 수립하는 과정으로 이어졌다. 흥미로운 것은 법원의 판례에서 부각된 원칙들이 중상주의 경제정책과 완전히 합치하지는 않았다는 점이다. 어떻게 해서 그런 일이 벌어졌는가, 또 거기에 어떤 의미가 있는가 하는 것이 제7장의 주요 관심사이다.

1. 해밀턴의 부국강병책

연방헌법이 1788년 6월에 이르러 사실상 비준됨에 따라, 연방정부를 수립하는 절차가 시작되었다. 첫 단계는 입법부를 구성하는 데 있었고, 거기서 첫 단추는 하원 의원을 뽑는 선거에 있었다. 선거는 오늘날과 달리 각 주에서 잡은 날에 시행되었다. 오늘날처럼 선거일을 11월 첫째 월요일 다음날로 지정하고 전국에 걸쳐 연방 선거를 실시하는 제도는 19세기 중엽에나 도입되었다. 대다수 주는 그해 11월 말부터 다음 해 3월 초까지 3개월이 넘는 기간에 걸쳐 연방 하원에 보낼 의원을 선출했다. 그리고 상원에 보내는 의원도 헌법에 따라 주 의회에서 따로 두 명씩 선출했다. 그 외에, 헌법을 뒤늦게 비준한 노스캐롤라이나와 로드아일랜드는 1790년에야 선거를 실시하고 연방에 합류했다.

그들을 제외한 상·하원 의원들이 임시 수도였던 뉴욕에 모여 정족수를 채울 수 있었던 것은 정부 수립 예정일보다 한 달이나 지난 1789년 4월 초였다. 그들 가운데 다수는 연방파를 지지했지만, 나머지는 그렇지 않았다. 그래도 의원들은 의회를 구성하자마자 양원 합동 회의를 열어 대통령 선거를 실시했고, 만장일치로 조지 워싱턴을 대통령으로 선출했다. 또 부통령으로는 그다음으로 많은 표를 얻은 존 애덤스를 선출했다. 이어서 의회는 국무부, 재무부, 군무부(국방부의 전신) 등 부서를 설치했다. 그리고 9월에는 연방 법원을 설치하는 법원 조직법Judiciary Act을 제정하고, 매디슨이 발의한 권리장전을 승인해 비준 절차에 회부하는 등, 조치를 취하고 첫 회기를 마쳤다.

워싱턴은 그에 따라 장관들을 임명하고 각자 맡은 부서를 관장하도록 지시했다. 그는 국무부 장관에 반연방파의 거두 제퍼슨을 영입하는 한편, 자신의 심복 해밀턴을 재무부 장관에 임명했다. 이는 물론 건국이라는 대의명분을 위해 정파를 초월해 국사를 운영한다는 기본 방침에 따른 조치였다. 사실 워싱턴은 헌법에 따라 행정에 관해 모든 책임을 지는 대통령이었으나, 장관들을 자주 만나 국사에 관해 자문을 구하면서 그들을 하나의 집단처럼 움직이는 내각의 일원으로 대우했다. 또 상원 의장직을 겸하는 부통령을 통해 상원과 협의하는 데 그치지 않고, 상원 의원들을 널리 만나 조언을 구하며 국정을 원활하게 운영하고자 했다. 그래서 취임 첫해에는 연방파와 반연방파 사이의 오랜 대립을 해소시키는 성과를 올리기도 했다.

그런 성과 가운데서 주목을 끄는 것은 1790년 3월에 제정된 귀화법Naturalization Act이다. 그것은 제목에서 드러나듯이 귀화에 관한 조치였고, 그래서 미국 시민이 되는 조건을 명시적으로 규정했다. 그 조건은 매우 간단했다. "자유로운 백인"으로서, 적어도 2년 동안 미국 영토에서 거주해야 하며 미국 헌법을 준수한다는 서약을 해야 한다는 것이었다. 이것은 적어도 "자유로운 백인"에게 매우 관대한 정책이었고, 그 기조는 적어도 19세기 말까지 유지되었다. 이는 기본적으로 미국이 고질적인 노동력 부족을 해결하며 여러 지방의 주민을 하나의 국민으로 통합하는 데 지속적으로 관심과 노력을 기울였기 때문이다. 더욱이, 미국인들은 그런 국가에 수동적으로 반응하는 데 머물지 않고 자신의 생명과 재산을 보호하기 위해 시민권을 확보하는 데 적극적으로 나서기도 했다. 예를 들면, 대서양을 항해하던 미국의 선원들은 1790년대 중엽에 미국이 영국이나 프랑스 같은 국가와 전쟁에 돌입했을 때부터 외국 해군에 나포되는 사태를 모면하기 위해 자신들이 미국 시민이라고 주장하며 연방정부에 보호를 요청했고, 연방정부는 그에 따라 영사를 파견하고 신원 증명서를 발행하는 등, 다양한 노력을 기울였다.[4]

그러나 시민권은 그들 선원이 생각하던 것보다 훨씬 중요한 의미를 지녔다. 그것이 구체적으로 어떤 권리를 가리키는지, 건국 초기에는 분명하지 않았다. 시민권은 미국 헌법에 뒤이어 귀화법에서도 거론되었으나, 그 실체적 내용이 규정되지 않았기 때문이다. 그 내용은 1868년 수정조항 제14조의 제정을 계기로 분명하게 규정되기 시작했다. 그렇지만 건국 초기에도 미국인들은 영국에서 유래한 법적 전통에 의지해서, 특히 사람들 사이의 권리와 의무 관계를 규정하던 판례에 의지해서, 시민권을 이해했다.[5] 그것은 미국인이면서도 시민권을 지니지 못하던 노예와 계약 하인에게 분명한 의미를 지녔다. "국내 속국인"domestic dependent nations으로 간주되던 원주민에게도 그랬다. 시민권이 없었기에, 그들은 정치과정에 참여하며 발언권을 행사할 수 없었고 또 시민과 맺는 관계에서 불리한 처지에 놓일 수밖에 없었다. 구체적으로 말하면 시민이 가하는 축출, 억압, 착취 등, 다양한 박해의 대상이 될 수 있었다. 그것은 곧 잠재적 가능성을 넘어 참담한 현실로 바뀐다. 앞으로 살펴보겠지만, 이들은 원주민 이주 정책이나 노예제, 또는 인종 격리 체제를 비롯해 많은 미국인들을 비시민 내지 이등 시민으로 취급하며 억압과 착취를 자행하는 다양한 정책과 운동의 제물이 된다. 이는 분명히 식민지 개척기에 자리 잡은 식민주의 전통의 연장이다. 그것은 나중에 미국의 대외 관계로 확대되기

---

4 Nathan Perl-Rosenthal, *Citizen Sailors: Becoming American in the Age of Revolution* (Cambridge, MA: Harvard Univ. Pr., 2015).

5 William J. Novak, "The Legal Transformation of Citizenship in Nineteenth-Century America," in *The Democratic Experiment: New Directions in American Political History*, ed. Meg Jacobs, William J. Novak, and Julian E, Zeiler (Princeton, NJ: Princeton Univ. Pr., 2003), 85-119.

도 한다. 이런 측면에서도 시민권은 미국의 자본주의 발전 과정에서 중요한 함의를 지닌다고 할 수 있다.

그렇지만 건국기의 정치 지도자들은 귀화법을 제정하며 상호 간의 반목을 해소하는 데 관심을 기울였다. 1790년에 정부 수립이라는 첫 단계를 넘어 본격적인 국정 운영에 들어가자, 그래도 이견은 좁히기 어려워졌고 해묵은 대립이 새로운 형태를 띠고 나타났다. 갈등의 발단은 해밀턴이 제시한 정책에 있었다. 이 명민하고도 오만한 인물은 나이 서른을 넘긴 지 얼마 지나지 않아 재무장관이 되었지만, 신생 미국을 하루빨리 안정시키고 장차 강대국 대열에 끼이게 하려는 원대한 포부를 품고 있었다. 그리고 어린 시절에 무역에 종사하는 상인 밑에서 일하며 익혔던 지식과 경험을 바탕으로, 영국의 제도를 모범으로 삼되 미국에 적합한 장치를 만들려고 했다. 그의 구상은 무엇보다 공채 상환 계획, 국립은행 설립 방안, 그리고 제조업 진흥 정책으로 나타났는데, 그 골자는 많은 재산과 함께 큰 영향력을 지닌 사람들을 연방정부 지지 세력으로 끌어들이고 그들로 하여금 미국의 경제발전을 주도하게 만든다는 데 있었다.

1790년 1월, 그러니까 재무장관에 취임한 지 겨우 넉 달이 지났을 때, 해밀턴은 공공 신용에 관한 보고서를 의회에 제출하고 혁명이 시작된 이래 쌓여 있던 공채를 해소하는 방안을 제시했다. 당시 공채는 미국인 수중에 있던 국채 2,700만 달러, 외국인 채권자가 지니고 있던 국채 1,200만 달러, 밀려 있던 이자 1,300만 달러, 그리고 각 주에서 발행하고 상환하지 못한 주채 2,500만 달러 등, 모두 7,700만 달러였다. 해밀턴은 이것을 연방정부가 모두 떠맡고 새로운 채권으로 바꾸어 준 다음, 관세를 비롯한 세수를 가지고 원금과 이자를 조금씩 갚아 나가자고 했다. 이 보고서에서 해밀턴은 국가도 개인과 마찬가지로 신용을 지녀야 하며, 그것도 평상시에 착실하게 쌓아 나가야 전쟁과 같은 비상시에도 충분한 자금을 확보할 수 있다고 지적했다. 이어서 대륙회의에서 벌써 수년 동안 공채를 상환하려는 노력을 기울였는데도 정부

구조의 결함으로 인해 제대로 해결하지 못했으나, 이제 새로운 정부가 이 문제를 해결함으로써 미국을 믿음직스러운 국가로 탈바꿈시킬 수 있다고 주장했다. 그리고 신용을 확보하기 위해서는 모든 공채를 액면대로—시장에서 거래되는 실제 가격이 아니라 정부가 원래 지급하기로 약속한 그대로—상환해야 한다고 역설했다. 그렇게 해서 얻을 수 있는 효과에 대해, 해밀턴은 이렇게 서술했다.

미국 시민 가운데서 정부에 호의적이며 누구보다 영민한 인물들이 가장 커다란 기대를 걸고 있다는 점을 각별히 유념하지 않을 수 없다.

그들의 신뢰를 뒷받침하고 지켜 나가는 것, 미국이라는 이름의 위상을 점차 끌어올리는 것, 정의가 필요한 곳에 정의를 실현하는 것, 토지 재산의 가치를 적절한 수준으로 회복시키는 것, 농업과 상업에 새로운 자원을 공급하는 것, 주들의 통합을 더욱 강화하는 것, 외침에 대비해 안보에 기여하는 것, 정직하고 관대한 정책을 기반으로 공공질서를 수립하는 것—이런 중대하고 소중한 목표를 달성하기 위해서는, 현 시점에서 적절한 방식과 수준에서 공공 신용을 공급해야 한다.

우리가 이런 과제에 도전해야 하는 이유는 위에서 지적한 일반적 사정뿐 아니라 보다 특수한 사정에도 있다. 그것은 모든 부류의 사람들에게 몇 가지 중요한 혜택을 가져다주고 또 그에 못지않게 중요한 단점 몇 가지를 없애 줄 것이다.

공채 소유자들에게 돌아가는 혜택은 공채에 들어가 있는 그들의 재산 가치가 늘어나는 만큼 설명할 필요가 없다.[6]

---

6 Report Relative to a Provision for the Support of Public Credit, [9 January 1790], Founders Online, National Archives, http://founders.archives.gov/documents/Hamilton/01-06-02-0076-0002-0001 (2016년 1월 15일 접속).

한마디로 말해, 해밀턴은 공채 소유자들에게 큰 혜택이 돌아간다는 점을 솔직하게 인정했다고 할 수 있다. 그렇지만 자신의 공채 상환 계획에 다른 일반적 효과가 따른다는 점도 강조했다. 그는 이렇게 부연했다.

그러나 그리 분명하지 않아도 그에 못지않게 진실한 결과가 다른 모든 시민에게 돌아간다. 국가 부채가 적절하게 상환되고 또 확고한 신뢰의 대상으로 취급되는 나라에서는, 그것이 화폐의 용도 가운데 대부분을 충족시킨다는 것이 잘 알려져 있는 사실이다. 그런 나라에서는 증권이나 채권을 양도하는 것이 정화로 지불하는 것과 같은 효과를 지닌다. 바꿔 말하면 증권은 사업상의 주요 거래에서 정화처럼 통용된다. 여기서도 비슷한 환경이 만들어지면, 같은 일이 벌어질 것이라고 확신할 수 있다.

그에 따르는 혜택은 다양하고 명백하다.

첫째, 교역이 확대될 것이니, 교역에 필요한 자본이 늘어나고 또 상인은 동시에 적은 이윤을 위해서도 교역을 할 수 있기 때문이다. 그리고 상인이 갖고 있는 채권은 활용되지 않을 때에는 정부에서 지급하는 이자를 낳을 뿐 아니라 사업을 벌이는 데 필요할 때에는 화폐로도 사용될 수 있기 때문이다.

둘째, 농업과 제조업 역시 증진될 것이니, 이들 분야에서도 활용할 수 있는 자본이 늘어난다는 비슷한 이유가 있기 때문이다. 그리고 상인은 해외무역을 벌일 수 있는 범위와 지역을 늘릴 수 있기 때문에 사업에 필요한 수단을 더 많이 얻게 된다.

셋째, 이자율이 낮아질 것이니, 이자율은 언제나 화폐의 양과 유통 속도에 따라 변하기 때문이다. 이렇게 되면 공중과 개인이 모두 보다 쉽고 보다 싸게 돈을 빌릴 수 있게 된다.[7]

---

7 Ibid.

줄여 말하자면, 공채 소유자를 비롯한 유력한 자산가들을 연방정부의 지지 세력으로 만들 수 있고, 또 화폐 유통량과 유동 자본이 늘어나서 상업뿐 아니라 경제가 전반적으로 활성화된다고 할 수 있다.

그러나 보고서는 해밀턴의 기대와 달리 심각한 반대에 부딪혔다. 하원에서는 봄까지 몇 달에 걸쳐 논의가 이어졌고, 언론에서는 해밀턴의 출생까지 거론하는 인신공격이 자행되었다. 그렇지만 해밀턴에게 충격을 준 것은 동지였던 제임스 매디슨이 반대의 선봉에 섰다는 사실이었다. 매디슨이 보기에 해밀턴의 보고서는 정의에 어긋나는 계획을 담고 있었다. 공채는 널리 알려져 있듯이 투기업자의 손에 집중되어 있었다. 실제로는, 애덤스의 부인 애비게일처럼 안정적인 수익을 바라고 채권에 투자한 일반인도 적지 않았다. 중요한 것은 원래 채권을 소유했던 사람들이 예를 들면 전쟁에 참여했던 군인이나 군대에 곡물을 제공했던 농민처럼 대부분 헐값으로 투기업자에 팔아 버렸다는 사실이다. 따라서 공채를 액면대로 상환한다는 것은 원래 소유자에게 아무런 보상도 하지 않은 채 투기업자에게 혜택을 몰아준다는 것을 뜻했다. 매디슨은 채권의 거래 과정을 밝혀내고 원래 소유자에게 액면대로 상환하고 현재 소유자에게는 시장 가격만큼 보상해야 한다고 주장했다.

더욱이, 주채가 대부분 북부에 집중되어 있다는 점도 문제였다. 버지니아를 비롯한 남부 주들이 제6장에서 설명한 바 있듯이 채무 가운데 상당 부분을 상환한 반면에, 북부 주들은 매서추세츠처럼 거의 해결하지 못한 채로 안고 있었다. 그렇기 때문에 해밀턴의 계획대로 연방정부가 각 주의 채무를 인수한다면, 그 혜택은 북부가 차지하는 대신 남부는 상대적으로 불이익을 당하게 되는 셈이었다. 따라서 남부를 대표하는 의원들은 매디슨과 마찬가지로 해밀턴의 보고서에 대해 비판적인 입장에 서 있었다.

제퍼슨이 해결사로 나섰다. 곤경에 처한 해밀턴이 도움을 청하자, 어느 날 저녁 그는 해밀턴과 함께 매디슨을 식사에 초대했다. 그 자리에서 남부에 상응하는 혜택을 주는 방안으로 수도를 이전하는 계획이 거론되었다. 수도를 우선 필라델피아로 이전하고, 장래에는 버지니아에 가까운 포토맥Potomac 강변에 새로 건설한다는 것이었다. 이는 제퍼슨과 매디슨을 비롯한 남부 정치인들에게 연방정부를 자신들의 권력 기반에 가까운 곳으로 옮긴다는 이점이 있었고, 해밀턴에게는 가까스로 정치적 기반을 닦아 놓은 뉴욕을 떠나야한다는 것을 뜻했다. 요즈음과 달리 당시에는 여행하는 데 많은 시간을 들이며 불편을 감수해야 했고, 그래서 일단 생활 근거지를 떠나면 뿌리가 뽑힌 이방인처럼 살아가야 했다는 사실을 감안하면, 이는 정치인들에게 상당한 의미를 지니는 방안이었다. 더욱 중요한 것은 수도 이전으로 남부가 연방의 중심지로 부상한다는 점이었다. 혁명기에 북부가, 특히 매서추세츠가 정치를 주도했다는 사실에 비추어 보면, 이는 권력의 중심이 남쪽으로 옮겨 간다는 것을 뜻했다. 양측은 타협안에 공감했고, 그에 따라 제퍼슨과 매디슨은 해밀턴에게 필요한 표를 몰아주었으며, 해밀턴은 자신의 야심만만한 계획을 실천에 옮길 수 있었다.[8]

그러나 시련도 있었다. 해밀턴은 공채 상환에 필요한 자금을 비롯해 연방정부의 재정을 안정적으로 확보하기 위해, 수입품에 부과하는 관세 이외에 국내에서 생산, 판매되는 물품에 대해 부가세도 부과하고자 했다. 1790년 여름, 의회는 해밀턴의 제안을 받아들이고 위스키와 럼, 담배와 설탕 등, 주요 품목에 약간의 세금을 매기는 조치를 취했다. 그러나 농민은 세금을 달갑게 여기지 않았다. 특히 애팔래치아산맥 너머 서부의 농민은 곡물을 판매하기 위해 시장까지 운반하는 대신, 그것을 부피가 작은 위스키나 럼으로 증류해서 팔아 수입을 올리고 있었다. 그래서 그들은 새로운 세금에 대해 불만을 품고 혁명기처럼 폭력에 호소하며 징세에 저항했다. 그것은 결국 1794년 서부 펜실베이니아에서 집단적 운동으로 발전했고, 해밀턴은 이 "위스키 반

<hr>

8 Robert E. Wright, *One Nation under Debt: Hamilton, Jefferson, and the History of What We Owe* (New York: McGraw-Hill, 2008), 1-160.

란"Whiskey Rebellion을 진압하기 위해 스스로 군대를 이끌고 진압 작전을 펼쳐야 했다.

그 와중에도 해밀턴은 1790년 12월에 공공 신용에 관한 보고서 제2편을 의회에 제출했는데, 그것은 중앙은행을 설립하자는 제안이었다. 여기서 그는 먼저 영국이나 프랑스 같은 국가의 사례에서 드러나듯이 사설 은행 이외에 공적 권위와 기능을 지니는 중앙은행이 필요하다고 지적했다. 그에 따르면, 중앙은행은 금이나 은으로 만든 정화를 예치금으로 받고 그 대신 고객에게 은행권을 내어 줌으로써 편리하게 통용되는 지폐를 시장에 공급하는 기능을 발휘한다. 게다가 세금을 수납하고 정부에 필요한 자금을 융통해 주는 기능도 발휘한다. 해밀턴은 미국에도 그런 은행을 수립하고 거기서 발행되는 은행권을 연방정부에서 받아 줌으로써 신용 있는 지폐가 통용되도록 하자고 주장했다. 그리고 중앙은행을 수립하는 방안도 제시했다. 해밀턴의 보고서에 따르면 자본금을 1,000만 달러로 하되, 연방정부가 200만 달러를, 또 기타 정부기구나 민간인이 800만 달러를 출연한다. 자본금은 주당 400 달러에 매각하는 주식 25,000 주를 발행해 충당하며, 주식 대금 가운데 4분의 1은 정화로 납부하고 4분의 3은 공채로 결제할 수 있게 해 준다. 끝으로 중앙은행은 연방정부가 인가하는 기간 동안 주주들로 구성, 유지되는 법인으로 설립되며, 따라서 그것을 운영하는 권한도 주주들이 선임하는 이사들에게 집중된다.[9]

해밀턴의 제안은 영란은행Bank of England을 모델로 삼고 있었다. 이 세계 최초의 중앙은행은 1694년 영국의 통화와 금융을 안정적으로 유지하기 위해 만들어졌다. 요즈음 주목을 끄는 크리스틴 데선Christine Desan의 연구는 통화

---

9 Final Version of the Second Report on the Further Provision Necessary for Establishing Public Credit (Report on a National Bank), 13 December 1790, Founders Online, National Archives, http://founders.archives.gov/documents/Hamilton/01-07-02-0229-0003 (2016년 1월 16일 접속).

가 시장에서 원활한 교환을 위해 저절로 탄생한 수단이 아니라 주권자가 효율적 지배를 위해 창조한 도구라는 가설에서 출발한다. 그에 따르면, 영국에서도 통화는 오랫동안 군주의 통치권에 속하는 영역으로 간주되었다. 영국의 지배자들은 중세 초기에 군사적 혼란이 완화되고 사회적 안정이 회복되기 시작했을 때부터 조폐소를 설치하고 금화와 은화를 주조하는 권한을 독점적으로 행사했다. 그들이 운영하던 조폐소는 주민이 금이나 은을 덩어리로 가져오면 그것을 일정한 모양의 주화로 만들어 주면서 약간의 수수료를 징수했다. 그러나 그들은 수수료보다 더 많은 수입을 얻기 위해 주화의 순도를 낮추는 등, 통화의 안정을 스스로 해치는 일도 저질렀다. 그리고 그런 일은 근대 초기에 더욱 자주 일어났다. 영국의 지배자들이 자주 외국과 전쟁을 벌이며 상비군과 관료제를 육성하는 등, 절대군주제를 수립하는 과정에서 심각한 재정 부족에 시달렸고, 따라서 새로운 세금을 부과하고 더 많은 부채를 확보하는 조치 이외에 주화를 조작하는 유혹에도 빠졌기 때문이다. 이런 사태는 17세기에 영국이 내전과 왕정복고, 그리고 명예혁명을 겪는 과정에서 심각한 문제로 대두했고, 결국 그 해법으로 영란은행을 창설하고 통화와 재정을 통치권으로부터 분리하는 조치가 도입되었다. 특히, 화폐로 통용될 수 있는 은행권을 발행하고 정부에 필요한 자금을 대여하는 역할을 독점하게 했다. 또 부유한 상인이 투자를 통해 은행의 설립과 운영에 참여하도록 문호를 개방함으로써, 정부가 은행을 자의적으로 지배하지 못하게 방지했다. 데선은 이런 뜻에서 영란은행을 통해 근대적 통화제도가 수립되었다고 주장한다.[10]

거기에는 그 이상의 의미가 있는 듯하다. 데선은 근대적 통화제도 덕분에 자본주의의 도래가 가능해졌다고 하면서, 그 의미를 확대 해석한다. 그렇지만 그가 말하는 자본주의는 개인이 자신의 이익을 자유롭게 추구하는 것

---

10 Christine Desan, *Making Money: Coin, Currency, and the Coming of Capitalism* (Oxford: Oxford Univ. Pr., 2014).

을 용인하고 나아가 권장하는 경제체제에 지나지 않는다. 이 친근하지만 협소한 개념에서 벗어나 자본주의를 넓은 뜻의 권력구조로 본다면, 무엇보다 눈에 띄는 것은 근대적 통화제도의 수립이 그런 권력구조가 발전하는 과정의 일환이었다는 점이다. 사실, 17세기 영국에서는 정치적 권위에 의한 자의적 지배가 원천적으로 제한되기 시작했다. 특히, 내전과 왕정복고에 이어 1688–89년에는 명예혁명이 일어남에 따라 의회가 주권을 장악하고 절대군주제와 결별했다. 의회는 나아가 영란은행을 수립함으로써, 군주가 화폐 주조권을 독점하고 통화제도를 자의적으로 운용하던 오랜 전통을 종식시켰다. 그렇다면 데선이 주장하는 근대적 통화제도는 17세기 말 영국에서 일어난 거대한 권력구조의 변화 가운데 한 부분이었던 셈이다. 그것은 정치적 권위가 통화제도의 운용에 자의적으로 개입하지 못하게 방지함으로써 통화를 안정적으로 유지하면서 경제 권력의 자율성을 보장하는 데 필요한 제도적 지주 가운데 하나를 제공했다고 할 수 있다.

그런 선례에 비추어 보면, 해밀턴의 제안은 분명히 신생 미국에 근대적 통화제도를 수립하자는 취지를 지녔던 것으로 보인다.[11] 몇 주 뒤, 해밀턴은 미국조폐국U.S. Mint도 설립해야 한다고 주장하며 근대적 통화제도를 수립하는 데 박차를 가했다. 그것은 영국의 전통과 달리 의회의 관할권 아래에 있었다. 연방헌법은 제1조 제8항에서 연방의회의 권한을 열거하면서, "화폐를 주조하고 그것과 외국 주화의 가치를 규제하며 표준 도량형을 제정하는 권한"도 명시했다. 그에 따라 미국조폐국은 연방 재무부의 산하기관으로 설립되었고, 주조를 의뢰하는 고객이 내는 수수료 대신에 연방정부가 지원하는 예산으로 운영되었으며, 주화의 종류와 가치는 물론이요 도안에 관해서도 의회로부터 통제를 받아야 했다. 바꿔 말하면, 미국조폐국도 근대적 통화제도

---

11 혁명기 미국에서 근대적 통화관이 대두하는 과정에 관해서는 다음을 보라. Andrew David Edwards, "The American Revolution and Christine Desan's New History of Money," *Law and Social Inquiry* 42.1 (2017), 252–278.

의 일부였다고 할 수 있다. 물론, 이런 제도는 도입된 다음에도 쉽사리 운용되지 않았다. 19세기 미국에서는 위조지폐가 횡행했던 만큼, 신뢰할 수 있는 통화를 확보하는 것은 대단히 중요한 일이었다. 이는 20세기 초까지 국가가 큰 노력을 기울인 끝에 해낼 수 있었던 일이다.[12] 이런 사실에 비추어 볼 때, 해밀턴의 제안은 중대한 과제에 대한 해법이었다고 할 수 있다.

그러나 그것은 연방정부와 일부 시민—중앙은행에 투자하는 소수의 시민—사이에 특별한 관계를 수립한다는 계획을 담고 있었고, 해밀턴과 대립 관계에 있던 정치인들은 그에 대해 우려했다. 그들이 보기에 그것은 공채 소유자를 비롯한 자산가들에게 미국의 금융을 장악할 수 있는 권위를 부여하자는 제안이었다. 자산가들은 지니고 있던 공채를 이용해 공공 은행의 주식을 사들일 수 있었을 뿐 아니라 주주로서 은행의 경영에 참여하며 법정 화폐로 발행되는 은행권도 통제할 수 있었으니 말이다. 그리고 은행이 법인으로 설립되기 때문에, 그들은 그런 권위를 독점적으로 누릴 수 있었다. 더욱이, 해밀턴이 모델로 여겼던 영란은행은 영국의 급진 사상가들 사이에서 부패한 귀족 세력을 뒷받침하는 기구라는 낙인이 찍혀 있었다. 매디슨은 다시 하원에서 그런 비판을 대변했다. 그리고 헌법에는 연방정부가 공공 은행을 설립할 수 있다는 규정이 없다고 지적했다.

그러나 다수의 의원들은 공공 은행이 필요하다고 생각했고, 해밀턴의 보고서에 근본적 결함이 있다고 보지 않았다. 따라서 1791년 2월 초에는 은행 설립안이 의회에서 가결되었다. 그렇지만 법안이 행정부로 넘어오자, 워싱턴이 망설였다. 제퍼슨이 헌법을 엄격하게 해석해야 한다고 주장했고, 법무장관 에드워드 랜돌프Edward Randolph도 거기에 동조했기 때문이다. 그러자 해밀턴이 반론을 제기했다. 헌법 제1조 제8항은 의회가 "국민 전체의 복리"를 위

---

12 Stephen Mihm, *A Nation of Counterfeiters: Capitalists, Con Men, and the Making of the United States* (Cambridge, MA: Harvard Univ. Pr., 2009).

해 "필요하고 적절한"necessary and proper 법률을 제정할 수 있다고 규정하며, 여기에는 은행을 설립하는 권한도 "함축"implied되어 있다고 주장했다. 워싱턴은 제퍼슨의 엄격한 해석 대신에 해밀턴의 유연한 해석에 공감을 표시하며 법안에 서명했다. 그렇게 해서 북미은행에 뒤이어 중앙은행의 역할을 하는 미국은행Bank of the United States이 탄생했다.

이들의 상이한 해석은 오늘날까지 이어지는 면면한 전통을 낳는데, 이는 그것이 경제정책을 넘어 국가의 미래에 대한 구상과도 연관되는 함의를 지녔기 때문이다. 실제로, 해밀턴과 제퍼슨 사이의 갈등은 매디슨이나 랜돌프를 넘어 여러 정치인으로 확산되며 당파를 형성하는 양상을 띠었다. 이런 양상은 1791년 12월 해밀턴이 제조업에 관한 보고서를 내놓았을 때 명백하게 나타났다. 이 보고서에서 해밀턴은 연방정부가 적당한 수준에서 세율을 책정하고 관세를 부과하며 미국의 제조업 발전을 위해 적극적인 역할을 해야 한다고 주장했다. 그에 따르면 적당한 관세는 유치幼稚한 상태에 있는 미국의 제조업을 영국과 같은 선진 강대국의 공세로부터 보호하기 위해 필요하고, 또 관세 수입으로 주요 제조업에 보조금을 지급하면서 미국 경제의 발전을 도모하기 위해서도 필요하다. 다양한 제조업이 발전하면 생산과 소득이 증가할 뿐 아니라, 분업이 발달하고 기계의 사용이 확산되며 고용과 이민이 증가하는 등, 경제가 전반적으로 발전하기 때문이다.[13]

이 보고서는 폭넓은 반대에 부딪혔다. 제퍼슨과 매디슨은 해밀턴의 보고서에서 관세 수입으로 보조금을 지급한다는 대목을 보고, 부패한 영국의 정치적 관행을 떠올렸다. 더욱이 제조업이 발달하면 거기에 고용되는 빈민이 증가하고, 그래서 공화국의 사회적 기반이 위축되지 않을까 두려워했다. 남부를 대표하는 다른 정치인들도 대부분 비판적인 태도를 보였다. 남부가 제조

---

13 Alexander Hamilton's Final Version of the Report on the Subject of Manufactures, [5 December 1791], Founders Online, National Archives, http://founders.archives. gov/documents/Hamilton/01-10-0-0001-0007 (2016년 1월 18일 접속).

업을 외면하고 농업에 전력을 기울였던 만큼, 해밀턴이 제안한 정책은 남부에 득이 될 것이 없었기 때문이다. 게다가 북부에서도 적잖은 정치인들이 해밀턴의 보고서에 불만을 표시했다. 북부에서 대두하던 제조업을 보호하기 위해서는 해밀턴의 제안과 달리 관세를 높게 책정해야 할 필요가 있었기 때문이다. 결국, 제조업에 관한 보고서는 의회에서 채택되지 않았다. 그 대신, 제퍼슨과 매디슨을 중심으로 해밀턴을 비판하는 당파가 뚜렷하게 형성되는 결과를 가져왔다. 이 당파는 대체로 연방헌법을 비판했던 사람들로 구성되었는데, 이제 "공화파"Republicans라 불리기 시작했다.

그들은 해밀턴의 정책이 실행되지 않도록 방해했다. 공화파는 무엇보다 해밀턴이 자산가들과 밀착되어 있다고 보고, 그가 그들에게 비밀 정보를 흘리면서 투기를 도와주고 그 대신 개인적으로 치부하는 것은 아닌지 의심했다. 그래서 의회에서 해밀턴의 투기 의혹을 제기하고 조사 위원회를 구성하는 데 성공했다. 그러나 공화파가 주도한 위원회는 해밀턴의 금전 거래를 면밀하게 조사했는데도 의심스러운 것을 찾아낼 수 없었다. 다만, 그가 어느 여인과 이상한 관계를 갖고 있었다는 사실을 파악했다. 그리고 해밀턴으로부터 그 여인과 정을 나누었으며, 그 남편이 관계를 폭로하겠다고 협박하자 1,000달러를 주며 무마했다는 자백을 받아 내었다. 공화파는 해밀턴에게 그 추문이 투기와 관계가 없음을 확인했다고 하면서 마치 그것을 덮어 둘 것처럼 말했다. 그러나 세 번째 대통령 선거가 다가오자, 그 추문을 폭로하면서 해밀턴과 연방파 세력을 견제하려 했다. 1795년 1월, 해밀턴은 결국 재무장관직을 사임하고 일반 시민으로 돌아가 변호사 사무실을 개설했다. 그 뒤에도 공화파는 추문을 들먹이며 그를 괴롭혔고, 해밀턴은 결국 2년 뒤에 추문에 대해 정직하고 상세하게 서술하는 책자를 써서 정적들이 비열한 공격을 계속한다고 비판하며 그 뿌리가 그들의 급진적 평등주의에 있다고 진단했다.[14]

---

14 Printed Version of the 'Reynolds Pamphlet,' 1797, Founders Online, National

2. "제1차 정당 체제"

그처럼 치열한 정쟁에도 불구하고, 두 정파는 오늘날의 정당과 같은 조직을 갖추지 못했다. 당대인들은 정당과 파벌을 구분하지 못했고, 당파를 조만간 사라져야 할 현상으로 취급했다. 그러나 정치적 갈등은 지속되었고, 따라서 당파도 예상과 달리 사라지지 않았다. 더욱이, 1800년에는 정권이 연방파에서 공화파로 넘어가는 일까지 벌어졌다. 역사상 최초의 평화적 정권 교체로 평가되는 이 사건 덕분에, 공화파는 자신들의 신조를 실천에 옮길 수 있는 기회를 얻었다. 더욱이 1810년대 중엽에 이르면 정계를 석권하며 연방파의 해체를 지켜보기까지 했다. 그때까지 존재하던 두 당파의 대립 구도는 흔히 "제1차 정당 체제"First Party System라 불린다.

그 기간에, 공화파는 뚜렷한 색깔을 드러내었다. 그것은 해밀턴의 부국강병책에 대한 비판을 넘어 외교정책에 대한 이견에서 분명하게 나타났다. 당파의 대립 가운데서도, 워싱턴은 1792년 대통령 선거에서 무난하게 재선되었고 애덤스는 공화파의 조직적인 반대에도 불구하고 부통령직을 유지할 수 있었다. 그러나 프랑스 혁명전쟁으로 인해 이들 지도자는 당파 싸움에서 헤어날 수 없었다. 1792년 영국과 스페인, 그리고 네덜란드 등이 프랑스혁명을 저지하기 위해 군사력을 동원하자, 워싱턴은 미국의 중립을 선언하고 교전국과 교역을 계속한다고 선언했다. 영국을 여러 측면에서 모범으로 여기고 있던 해밀턴과 연방파는 미국과 영국 사이의 긴밀한 교역 관계—영국이 미국의 수출 가운데 4분 3을, 또 수입 가운데 10분의 9를 차지하는 관계—를 생각하며 대외 정책을 영국에 유리한 방향으로 끌고 가려 했다. 반면에 공화파는 프랑스혁명의 과격한 양상을 우려하면서도 혁명의 대의가 미국의 혁명 정신과 상통

Archives, http://founders.archives.gov/documents/Hamilton/01-21-02-0138-0002 (2016년 2월 3일 접속).

한다고 간주하고, 이번에는 미국이 프랑스를 지원해야 한다고 생각했다.

그런 이견을 첨예한 갈등으로 몰고 간 것은 교전국들의 행태였다. 1793년, 프랑스의 특사 에드몽 즈네Edmond Genet는 대서양에서 영국 해군을 공격하거나 인접한 스페인 영토를 침략하는 군대를 모집하는 한편, 워싱턴에게 의회를 소집하고 프랑스에 유리한 정책을 채택하라고 요구하는 등, 오만방자한 행태를 보였다. 결국, 미국은 즈네를 추방하며 프랑스의 압력에 대응했다. 같은 해에 영국 해군은 프랑스에 대한 봉쇄 조치를 카리브해까지 확대한 다음에, 공해상에서 미국 상선을 나포하고 미국인 선원들을 영국 해군 탈영병이라며 강제로 징집했다. 국가의 위신을 떨어뜨리는 이런 사태에, 미국은 적절히 대응할 수 없었다. 무엇보다도 군사력이라고 해 봐야 해군이 4,000명에 미치지 못했고, 육군은 2,000명도 되지 않았기 때문이다. 워싱턴 행정부는 영국에 대해 보복 대신 항의하는 선에서 굴복하고 말았다. 그리고 워싱턴은 대법원장 존 제이를 영국으로 보내 양국 사이의 현안을 타결하게 했다. 그렇지만 제이는 영국으로부터 북미대륙에 주둔하는 군대를 철수한다는 약속을 받은 것 외에는 뚜렷한 성과를 거두지 못했다. 영국이 나포한 미국 선박에 대해 보상한다는 방침이나 미국인 선원에 대한 강제 징집을 중단한다는 조치를 이끌어 내지 못했다. 따라서 이 제이 조약Jay Treaty은 미국 전역에서 격심한 비판을 받게 되었다. 그래도 워싱턴은 조약 덕분에 미국이 전쟁에 휘말리지 않게 되었다고 지지를 천명했고, 그래서 근소한 차이로나마 의회의 비준도 확보했다. 그렇지만 제이 조약은 프랑스 혁명전쟁과 함께 공화파가 지역별로 단체를 조직하며 결집하는 데 중요한 계기를 만들어 주었다.

당파의 대립은 워싱턴이 대통령직에서 물러난 후에도 지속되었다. 1796년 대통령 선거를 앞두고, 워싱턴은 더 이상 연임하지 않겠다고 결심했다. 그는 자신이 대통령직에서 물러나지 않고 그 자리에서 죽으면, 미국인들이 대통령을 군주와 같은 종신직으로 여기지 않을까 두려워했다. 그래도 측근의 만류 때문에 한 차례 연임했지만, 더 이상 연임하는 것은 무리라고 여겼다.

사실, 그때에 이르면 제이 조약에 대한 불만이 워싱턴에 대한 비난으로 이어져 있었다. 그는 9월 고별사를 발표하고 자신의 의사를 밝혔다. 그리고 중립 정책을 견지하고 당파 싸움을 중지해야 한다고 당부했다. 그렇지만 고별사를 발표한 시기는 선거를 겨우 두 달도 남겨 놓지 않은 시점이었고, 따라서 공화파는 선거운동을 조직적으로 전개할 수 있는 시간을 가지지 못했다. 선거 결과, 애덤스는 고작 3표 차로 대통령직에 오르게 되었고 또 그처럼 근소한 차이로 부통령직을 차지한 제퍼슨과 함께 행정부를 이끌어야 했다. 더욱이, 1795년에 재무장관직을 떠난 해밀턴을 제외하고는, 워싱턴 행정부의 각료들을 그대로 유임시켰다. 따라서 애덤스는 자신에 대한 충성심이 부족한 내각과 함께 행정부를 운영해야 했다.

애덤스 행정부는 국정을 건설적인 방향으로 이끌지 못했다. 장애는 역시 외교 문제였다. 프랑스는 제이 조약을 계기로 미국이 영국과 동맹을 맺는 것이 아닌가 하고 경계했고, 그래서 상선을 나포하며 미국을 압박했다. 그리고 1797년에는 관계 개선을 위해 파견된 미국 사절단과 협상을 시작하면서 거액의 뇌물을 요구했다. 그것은 강대국의 외교 전통에서 그리 낯선 일이 아니었지만, 프랑스 외무장관 탈레랑Talleyrand은 중개인들을 통해 뇌물을 주지 않으면 협상을 시작할 수 없다고 몇 달 동안 끈질기게 압력을 넣었다. 미국 사절단은 계속해서 거절했고, 결국 협상을 포기하고 철수했다. 중개인들을 가리키던 암호를 따라 "엑스와이지 사건"XYZ Affair이라 불리는 이 추문으로 말미암아, 전국에서 반프랑스 여론이 들끓었고 정부는 군비를 확대하며 전쟁에 대비하기 시작했다. 연방파가 장악한 의회는 그런 조치를 비판하는 목소리를 가라앉히기 위해, 1798년 외국인에 관한 법Alien Act과 선동에 관한 법Sedition Act을 제정했다. 전자는 시민권을 신청하는 데 필요한 거주 기간을 5년에서 14년으로 늘리고 위험한 외국인을 억류하거나 추방할 수 있도록 규정했다. 또 후자는 정부를 악의적으로 비방하는 사람들에게 벌금을 물리거나 감옥에 가두는 등, 제재를 가할 수 있도록 했다. 그것은 분명히 공화파를 지지하는 이민과 언론을 규제하는 조치였다. 실제로는 공화파의 비판 때문에 두 법률이 엄격하게 집행되지 않았다. 그렇지만 버지니아와 켄터키에서는 의회가 그런 법률이 언론의 자유를 억압하는 등, 위헌성을 지닌다고 지적하고, 그와 같은 연방법에 대해서는 개별 주들이 무효화시킬 수 있다고 선언하는 결의안을 통과시키기도 했다. 다른 주들이 동조하지 않았으나, 이 버지니아와 켄터키의 결의안Virginia and Kentucky Resolutions은 내전에 이르기까지 주들이 연방의 조치에 저항하는 경우에 선례로 자주 거론된다.

애덤스 행정부는 공화파의 비판 이외에 연방파의 내분에도 부딪혔다. 연방파는 1798년 중간선거에서 반프랑스 여론을 등에 업고 손쉬운 승리를 거둘 수 있었지만, 프랑스에 대한 외교정책을 놓고 내부 갈등을 겪었다. 애덤스를 지지하는 파벌이 전쟁을 회피하는 유화정책을 선호한 반면에, 해밀턴을 지지하는 파벌은 전쟁을 불사한다는 강경 노선으로 기울어 있었기 때문이다. 따라서 애덤스 행정부가 프랑스와 협상을 계속하자, 해밀턴 일파는 독자 노선을 천명했다. 건국기 미국에서 외교정책은 그만큼 중대한 사안이었다. 유럽에서 영국과 프랑스를 중심으로 벌어지는 강대국 사이의 치열한 경쟁은 세계 전역으로 확대되었고, 아메리카에서는 신생 미국의 운명을 좌우하는 결과를 가져올 수도 있었기 때문이다.

그런 사안을 놓고 벌어진 연방파의 분열은 1800년 선거에서 중요한 결과로 이어졌다. 공화파는 이전과 마찬가지로 연방파에 북부를 내주는 대신 남부를 휩쓸었을 뿐 아니라 뉴욕과 펜실베이니아에서도 승리를 거두었다. 이 지역에는 독일이나 스코틀랜드에서 건너온 이민이 많았는데, 그들이 분열된 연방파 대신 이민에 우호적인 공화파를 지지했던 것이다. 선거인단 표결에서 공화파는 8표 차이로 승리했으나, 대통령과 부통령을 결정하지 못했다. 선거인단은 제퍼슨과 그의 경쟁자 애런 버Aron Burr에게 각각 73표씩 던졌기 때문이다. 결선 투표는 헌법에 따라 하원으로 넘어갔는데, 거기서는 다수를 차지하고 있던 연방파 가운데 제퍼슨을 적대시하는 의원들이 버에게 표를 던졌다. 그 결과, 두 사람은 같은 수의 표를 얻었다. 다시 표결해도 같은 결과가 나왔고, 이런 일은 무려 서른다섯 차례나 반복되었다. (이를 계기로 1804년에는 연방헌법에 수정조항 제12조를 넣고 대통령과 부통령의 선출을 분리한다.) 결국, 버를 경멸하던 해밀턴이 세 사람을 설득해서 버에게 표를 던지지 않고 기권하게 만들었다. (이에 원한을 품은 버는 4년 뒤에 해밀턴과 결투를 벌여 그를 죽음에 이르게 하고 만다.) 그런 우여곡절 끝에 제퍼슨은 대권을 장악하는 데 성공했다. 그리고 공화파는 남부의 지지를 바탕으로 1820년대 중엽까지 계속해서 집권할 수 있었다. 이것이 워싱턴에서 끊어지지 않고 제퍼슨과 매디슨을 거쳐 제임스 먼로James Monroe까지 이어지는 이른바 "버지니아 왕조"Virginia Dynasty의 몸통이다.

1801년부터 1824년까지 잇달아 집권한 이들 버지니아 출신 대통령들은 미국을 해밀턴과 다른 방향으로 이끌었다. 이들은 서두에서 지적한 것처럼 농업과 농촌에 주목하면서도 상공업을 경시하지는 않았다. 자영농은 미국이 공화국으로서 존립, 발전하는 데 가장 중요한 집단이었으나, 상인에게 의지해 농산물을 수출하고 장인이 제작한 농기구를 사용하지 않을 수 없었으니 말이다. 그래도 그들은 시민적 미덕을 강조하며 단순하고 소박한 생활방식을 유지하는 데 역점을 두었다. 따라서 제퍼슨은 매디슨을 국무장관에 임명하는 등, 각료들을 공화파로 교체한 다음에 국가기구를 축소하는 데 주력했다. 연방파가 늘려 놓았던 군대의 규모와 공무원 숫자를 줄였고, 해외 공관 가운데 중요하지 않은 것은 문을 닫게 했으며, 내국세를 모두 인하했다. 사실, 이 시기에 연방정부가 하는 일은 작은 규모이나마 군대를 유지하는 것과 우편물을 배달하는 것 이외에 별로 없었다. 치안, 교육, 도로 및 항만 유지 등, 공공업무는 대부분 주나 시에서 수행했다. 그래도 제퍼슨은 해밀턴이 추진하던 공채 상환을 중단하지 않았다. 부채는 정치를 오염시키는 폐단이므로 신생 공화국의 미래를 위해서는 반드시 청산해야 했기 때문이다. 두 사람은 서로 다른 이데올로기에서 출발했지만, 적어도 공채에 관해서는 같은 지점에 도달했던 셈이다. 그렇기 때문에 공화파가 집권한 다음에도, 경제정책이 연속성을 유지할 수 있었다. 무엇보다도, 해밀턴이 채권을 중심으로 수립했던 자본 시장이 공화파의 집권기에도 안정적으로 유지되었다.[15]

그 점은 제퍼슨 행정부의 최대 업적으로 간주되는 루이지애나 매입 Louisiana Purcse에서도 분명하게 나타났다. 루이지애나는 오늘날과 달리 미시시피강에서 로키산맥까지 이르는 대평원을 대부분 포괄했기 때문에, 당시 미국의 영토와 맞먹는 광대한 지역이었다. 1800년, 나폴레옹은 그것을 스페인으로부터 인수한 다음에 북미대륙에서 캐나다를 되찾는 등, 영국과 대결하는 데 필요한 군사적 근거지로 사용하고자 했다. 그가 실제로 뉴올리언스에 군대를 파견하고 군사적 행동에 나설 가능성도 있었다. 제퍼슨은 그것을 저지하고자 했다. 뉴올리언스는 미시시피강을 통해 동부 해안 지역을 애팔래치아산맥 너머 중부 저지와 연결해 주는 교통 거점이었으므로, 프랑스가 그것을 장악하면 미국에 커다란 압박을 가할 수 있었기 때문이다. 그래서 떠오른 대책은 뉴올리언스를 매입하는 방안이었다. 그것은 헌법에서 언급되지 않은 사안으로서, 연방정부의 권력을 확대하는 결과를 가져올 수도 있었다. 게다가 프랑스와 군사적으로 대립하는 사태를 회피해야 할 필요가 있었다. 따라서 1803년 제퍼슨은 당시 버지니아 주지사였던 제임스 먼로를 특사로 파리에 파견하고, 거기에 머무르던 미국 공사 로버트 리빙스턴Robert R. Livingston과 함께 프랑스와 협상해 뉴올리언스 일대를 매입하고자 했다. 프랑스측은 이들에게 아예 루이지애나 전체를 매매하는 방안을 제시했다. 그 즈음에 이르면, 나폴레옹이 북미대륙 대신 유럽에서 영국과 일전을 벌이고자 했기 때문이다.

제퍼슨은 다시 생각해야 했다. 그가 보기에 뉴올리언스에서 시작되는 광활한 초원은 분명히 중요한 함의를 지녔다. 거기에는 수많은 농민이 정착할 수 있는 토지가 있었고, 그래서 공화국의 사회적 기반을 유지, 강화하는 데 크게 기여할 것으로 보였다. 더욱이, 그는 미국을 이끌던 다른 지도자들과

---

15 Wright, *One Nation under Debt*, 161-267.

마찬가지로 강대국으로 발전하는 미국의 미래를 상상하고 있었다. 그들은 영국의 제국주의 전통 속에서 탄생한 미국이 오래전부터 강대국 사이의 각축장이었던 아메리카에서 살아남고 나아가 평화와 번영을 누리기 위해 스스로 강대국으로 발전해야 한다고 생각했다. 바꿔 말하면, 제퍼슨이 말하던 "자유의 제국"empire for liberty을 상상했다고 할 수도 있다. 먼로와 리빙스턴은 결국 프랑스 측이 요구하는 대로 1,500만 달러에 미국이 매입한다는 방안에 동의했다. 그것은 규모와 금액이 예상을 훨씬 뛰어넘는 거래였지만, 커다란 걱정거리를 해결하는 동시에 거대한 영토를 확보하는 조치였기 때문이다. 제퍼슨은 선뜻 동의하지 못했다. 자신이 주장하던 대로 헌법을 엄격하게 해석한다면, 헌법에 수정조항을 신설한 다음에야 비로소 루이지애나를 매입할 수 있었다. 그러나 그것은 의회에서 수정조항을 만든 다음에 각 주에서 비준 절차를 거쳐야 하는 만큼, 많은 시간이 소요되는 방안이었다. 그 동안에 나폴레옹이 마음을 바꾸면 일을 그르칠 수도 있었다. 선택의 여지가 없었다. 제퍼슨은 스스로 마음을 바꿔 해밀턴의 유연한 해석을 따르기로 했다. 적어도 그만큼 공화파는 연방파에 가까워졌다.

다른 한편, 두 당파는 대외 정책 때문에 곤경에 처하게 되었다. 1803년에 시작된 나폴레옹전쟁은 3년 뒤에 영국이 해군을 동원해 대륙을 봉쇄하고 프랑스가 그에 맞서 영국과의 통상을 금지하는 양상을 띠었다. 이는 미국의 대외무역에 직접적인 타격을 가져왔다. 특히 영국은 또다시 미국 상선을 나포하며 선원을 강제로 징용했고, 미국은 불과 수년 사이에 선원 10,000명이 끌려가고 포격 때문에 인명과 선박이 피해를 입는 지경에 이르렀다. 그래도 제퍼슨은 군사적 대결을 회피했다. 미국의 미미한 군사력으로는 아무래도 영국에 맞설 수 없었기 때문이다. 그 대신, 그는 수출 금지령을 발표했다. 영국을 비롯한 교전국에 미국의 생산물을 공급하지 않음으로써, 미국을 존중하도록 압력을 넣겠다는 것이었다. 그러나 강대국들은 이 "평화적 강제"peaceable coercion에 굴복하지 않았다. 오히려 미국의 수출이 급격히 감소했고, 따라서 무역과 해운업에 크게 의존하던 북부의 항구들을 중심으로 수출 금지령에 대해 불만이 쌓였다. 특히 뉴잉글랜드에서는 연방에서 탈퇴하고 영국과 협상하는 방안이 거론되기도 했다. 그런 분위기 속에서 연방파는 세력을 어느 정도 회복할 수 있었지만, 반역에 가까운 위험한 노선으로 경도되기 시작했다. 결국, 제퍼슨은 1809년 3월 퇴임하기 직전에 수출 금지령을 철회했다.

그런 곤경은 후임자 매디슨이 집권한 뒤에 악화되었다. 그도 제퍼슨처럼 군사적 대결을 회피하는 데 주안점을 두고 있었지만, 제퍼슨과 달리 수출 금지령을 전면적으로 발동하지 않고 영국과 프랑스의 조치를 고려하며 단계적으로 조심스럽게 활용하려 했다. 그러나 영국은 필요한 원자재를 남미에서 수입하면서 미국의 선박과 선원에 대한 압박을 완화하지 않았다. 그에 따라 반영국 여론과 함께 호전적인 매파가 대두해 더 이상 굴욕을 참지 말고 전쟁을 개시해야 한다고 주장했다. 1812년 6월, 매디슨은 결국 영국에 대해 전쟁을 선포했다. 그러나 미국은 초기에 영국 해군을 상대로 승리를 거두고 영국 상선을 나포하는 등 기세를 올렸을 뿐이고, 얼마 지나지 않아 항구가 모두 봉쇄당하는 수모를 겪어야 했다. 게다가 영국은 1814년 나폴레옹전쟁에서 승리를 거둔 다음에, 미국 원정군을 증강해서 워싱턴을 공격하고 백악관과 의사당을 불태우는 등, 공세를 강화했다. 그 결과 매디슨이 정부를 이끌고 피신하게 되었고, 이른바 "제2차 미국 독립전쟁"Second American War of Independence도 실패로 끝나는 것으로 보였다. 그러자 뉴잉글랜드 연방파는 코네티켓의 하트퍼드Hartford에서 회합을 갖고 대책을 논의했다. 과격한 소수는 연방에서 탈퇴하며 영국과 강화하는 방안을 거론했으나, 다수는 수출 금지령을 철회하고 선전포고의 요건을 강화하는 등, 온건한 조치를 주장했다. 연방파는 그처럼 국가가 외국의 침략 때문에 위기에 당면했을 때 내분을 일으키는 행동을 취했는데, 그 파장은 전쟁의 결과에 따라 좌우될 수 있었다.

실제로 미국은 이 전쟁에서 패배하지 않았고, 그 결과 연방파가 몰락하고 공화파가 정계를 석권하는 사태를 맞게 되었다. 영국은 1814년 12월에 이르면 유럽에서 20년 넘게 지속된 전쟁을 마무리하고 평화를 되찾기 위해 노력하기 시작했다. 그에 따라 연말에는 벨기에의 강Ghent에서 미국과 영국 사이에 강화조약이 체결되었다. 강 조약의 골자는 미국이 입은 인명과 재산의 손실에 관해 아무런 언급도 없이 서부에 주둔하던 영국군이 철수한다는 것이었다. 이것은 분명히 승리라 할 수 없는 조건이었다. 그러나 미국은 다시 제국에 맞서 싸웠고, 패배하지 않은 채 전쟁을 끝냈다. 더욱이, 1815년 1월 초 강화조약 체결 소식이 전해지기 직전에 뉴올리언스에서 벌어진 전투에서 미군이 대승을 거두기도 했다. 거기서 영국군은 2,000명 넘는 사상자를 내고도 그 중요한 거점을 장악하는 데 실패했고, 미군은 적군의 공세를 막아내면서도 사상자가 20여 명에 지나지 않는 가벼운 피해만 입었다. 덕분에 미국인들은 한동안 승리감에 도취했고, 전투를 승리로 이끌었던 앤드루 잭슨Andrew Jackson은 국민적 영웅으로 부상했다. 그는 나중에 대통령이 되어 미국의 정치·경제에 중요한 변화를 가져온다. 이 뉴올리언스 전투를 계기로 연방파의 운명은 결정되었고, 미국 정계는 공화파 일색으로 바뀌었다고 할 수 있다.

이렇게 해서 "제1차 정당 체제"는 사라졌으나, 그래도 미국의 정치에 상당한 변화를 가져왔다. 그것은 한마디로 줄이면 민주정치의 발전이라 할 수 있다. 공화파는 건국 초기부터 집권 세력에 맞서기 위해 국민의 지지를 얻는 데 치중했다. 1790년대 중엽부터는 전국 각지에서 지지자들을 규합해 "민주-공화협회"Democratic-Republican Society라는 단체를 조직하고 이를 통해 세력을 확대하고자 했다. 그렇게 하기 위해 각지에서 투표권을 제한하는 재산 자격이나 거주 기간을 낮추는 개혁을 추진하며 보통 사람들의 호응을 얻으려 했다. 그리고 그들을 받아들여 지역별로 공식적 기구를 수립했다. 물론, 이런 기구에는 여성과 흑인이 배제되었고 의사를 결정하는 과정에서도 코커스 caucus라 불리는 지도부가 주도권을 쥐고 있었다. 그래도 공화파는 정치과정에 참여하는 시민을 늘리고, 바꿔 말해 보통 사람들을 늘리고, 그들의 목소리를 이끌어 내는 데 기여했다. 덕분에 워싱턴을 비롯한 지도자들에 대해 공개적으로 신랄한 비판을 제기하는 행위도 건국기와 달리 금기로 여겨지지 않았다. 심지어 연방파가 전시에 매디슨 행정부를 비판했을 때에도, 선동에 관한 법 같은 것을 거론하며 제재를 가해야 한다는 여론이 형성되지 않았다. 따라서 1810년대 중엽에 이르면 보통 사람들이 정치과정에 참여하며 거칠고 시끄러운 목소리를 내기 시작했다.[16]

3. 공화파의 경제정책

그런 정치적 변화는 공화파의 경제정책과도 연관되어 있었다. 이미 제퍼슨의 정책에서 나타나는 바와 같이, 공화파는 연방파와 다른 이데올로기를 지녔지만 경제정책에 관해 서로 공감하기도 했다. 예를 들어 공채 상환에 관해서는 앞에서 살펴본 것처럼 서로 다른 이유에서 합의에 도달할 수 있었다. 그러나 다른 쟁점에 관해서는 그럴 수 없었다. 제퍼슨과 매디슨 행정부가 채택한 경제정책을 구체적으로 살펴보면, 그 점은 분명하게 드러난다.

　제퍼슨과 매디슨 행정부에서 경제정책을 관장한 것은 그들 두 대통령과 가깝게 지내던 재무장관 앨버트 갤러틴Albert Gallatin이었다. 그는 스위스의 제네바에서 태어나 거기서 고등교육까지 받았으나, 사업가로 성공하겠다는 야심을 품고 1780년 친구들과 어울려 미국으로 이주했다. 그리고 부모로부터 물려받은 재산으로 서남부 펜실베이니아에서 토지를 개발해 판매하고자 했다. 거기서 성공하지 못하자 눈을 돌려 유리 공장에 투자했으나, 또다시 실패하고 말았다. 그렇지만 1789년 서남부의 농민 대표로 펜실베이니아 주 의회에 진출한 다음에 애팔래치아산맥 너머에 사는 자영농을 대변하며 정계에

---

16 Sean Wilentz, *The Rise of American Democracy: Jefferson to Lincoln* (New York: Norton, 2005), 177-178.

서 두각을 나타내기 시작했다. 제네바에서 쌓은 지식과 재무에 밝은 능력을 발휘하면서 반연방파에서 환영을 받았던 것이다. 덕분에 1793년에는 펜실베이니아를 대표하는 상원 의원으로서 연방의회에 진출할 수 있었고, 그때부터 연방파의 재정정책을 비판하며 공화파의 재무 전문가로 자리를 잡았다. 그렇기 때문에 1796년에는 대통령 선거를 염두에 두고 해밀턴의 재정정책을 비판하는 책자를 써내기도 했다. 거기서 갤러틴은 공채 상환에 찬성하면서도 주채州債를 제외하고 국채國債만 인수해야 하고 대금도 액면 가격이 아니라 시장 가격에 따라 책정해야 한다고 주장하는 등, 공화파의 주장을 대변했다. 그러면서도 제퍼슨과 달리 미국은행을 설립하자는 해밀턴의 제안에 동의했다. 다만, 해밀턴의 제안에 따라 자본금을 조성하면 공채 소유자를 비롯한 자산가들에게 투자 기회를 열어 주며 미국은행을 장악하는 권력을 가져다주는 결과를 보게 된다고 비판했다. 이런 갤러틴의 견해는 공화파의 경제정책에서 중요한 역할을 한다.[17]

갤러틴의 견해 가운데 눈길을 끄는 것은 1808년 의회에 제출된 도로와 운하에 관한 보고서이다. 이 책자는 공화파가 자영농 육성을 위해 토지에만 주목한 것이 아니라, 농촌과 시장을 연결하는 통로를 건설하는 데도 관심을 기울였다는 사실을 보여 준다. 그는 도로와 운하를 건설함으로써 상품을 수송하는 데 드는 시간과 비용을 줄일 수 있다고 설명하면서, 이것이 경제발전에 필수적인 기반 시설을 구축하는 사업이라고 역설했다. 그가 중시한 것은 네 가지 사업이었다. 첫째는 대서양 연안을 남북으로 관통하는 운하와 도로로서, 메인에서 조지아까지 날씨와 관계없이 언제나 여객과 화물을 수송할 수 있는 통로를 건설하는 사업이다. 둘째는 애팔래치아산맥을 관통하는 운하와 도로를 건설하는 사업이다. 이미 언급한 바 있듯이, 이것은 대서양 연안

---

17 토머스 K. 맥크로, 『미국 금융의 탄생: 알렉산더 해밀턴과 앨버트 갤러틴의 경제 리더십』, 이경식 역 (Human & Books, 2013), 251-302.

과 서부 내륙을 연결하는 방안이었다. 셋째는 대서양과 오대호, 그리고 세인트로렌스강을 연결하는 사업이다. 그것은 물론 대서양 연안과 오대호 연안을 통합하는 방안이었다. 넷째는, 이들 주요 통로와 주변 지방을 연결하는 내륙 통로를 확보하는 사업이다. 그것은 오지에 이르기까지 미국 전역을 통합하는 데 필수적인 조치였다.

갤러틴은 그와 같은 사업에 모두 2,000만 달러가 들어갈 것으로 보고, 매년 200만 달러를 투자하면 10년이면 완수할 수 있다고 전망했다. 이런 규모의 예산은 당대의 기준으로 볼 때 막대한 금액이었다. 그렇지만 여러 유럽 국가의 경험에서 이미 드러난 것처럼, 투자 금액을 훨씬 넘어서는 수익과 부수 효과를 얻을 수 있었다. 갤러틴의 보고서에 따르면 미국에서도 여러 기업이 그런 사업에 뛰어들지만, 인구에 비해 영토가 워낙 넓어서 교통과 통신이 낙후한 상태를 면하지 못한다. 게다가 각 주는 내부의 교통과 운송에 관심을 기울이는 반면에 주간의 통상과 교류에는 적극적으로 나서지 않는다. 따라서 연방정부가 나서야 한다.

연방정부만이 이런 장애를 제거할 수 있다. 연방정부는 확보 가능한 통로를 모두 완성하는 데 필요한 재원을 충분히 갖고 있으므로, 어떤 사업을 추진하든 간에 거기에 필요한 자본을 언제나 공급할 것이고, 건설 사업이 지체되는 경우에 발생하게 되는 막대한 낭비를 방지할 것이며, 또 실제로 들어가는 비용도 최소한으로 감축할 것이다.

이런 자원을 배경으로 연방 전국을 포괄함으로써, 연방정부는 [위에서 소개한 네 가지 사업 가운데] 어떤 사업에서든 전국의 통로를 생산적이고 매우 유익한 것으로 만드는 데 필요하다면 가장 후미진 오지의 통로도 모두 완성할 것이다.

다른 중요한 고려 사항을 살펴보면, 연방정부가 이 사업을 초기 단계에서 효율적으로 지원해야 한다는 점이 분명하게 나타난다. 광대한 영토에서 유래하는 다양한 문제와 폐단, 그리고 위험은 전국 각지를 연결하는 신속하고 편리한 통로를 확보하는 것 이외에 달리 근본적으로 해결하거나 방지할 수 있는 길이 없다. 양호한 도로와 운하는 거리를 단축하고 통상과 인적 교류를 촉진하며, 자신의 이익을 위해 훨씬 더 밀접한 상호 관계를 지니게 함으로써 가장 외딴 지역까지 미국에 통합하는 데 기여한다. 정부가 수행하는 업무 가운데 다른 어떤 것도 연방을 강화하고 보존하며 대외적 독립과 대내적 치안과 내부적 자유를 확보하는 데 그보다 더 효과적으로 기여하지 못한다.[18]

여기서 공화파의 뿌리를 찾아보기는 어렵다. 연방헌법이 제정되던 시절에 권력의 집중이 결국 자유와 권리의 침해를 가져올 것이라며 두려워하던 반연방파의 목소리는 미약한 여운도 남기지 않은 채 사라진 것처럼 보인다. 갤러틴의 보고서에서 부각되는 것은 오히려 부강한 국가를 건설하기 위해 공고한 연방을 수립해야 한다는 해밀턴의 목소리라 할 수 있다. 이제 공화파는 연방파와 뚜렷이 구분되지 않는 것처럼 보인다.

그래도 갤러틴의 제안은 제대로 실현되지 않았다. 우선, 그 막대한 예산을 확보하는 것이 어려운 일이었다. 미국은 이미 프랑스 혁명전쟁으로 인해 유럽 무역에서 애로에 부딪혀 있었다. 또 1812년에는 영국과 전쟁을 치르며 국가의 안위를 걱정해야 했다. 더욱이, 공화파 안에는 연방의 권력에 대해 의구심을 품은 사람들이 남아 있었다. 매디슨 대통령처럼 갤러틴의 제안에 따른다면 연방이 헌법에서 벗어나는 일을 하게 된다고 생각하는 사람들이 있었는가 하면, 도로와 운하의 건설을 각 주가 주도해야 한다고 생각하는 사람들도 있었다. 결국, 갤러틴의 제안은 의회의 승인을 얻을 수 없었다. 그래도 그것은 이후 "내륙 개발"internal improvements이라는 주요 쟁점으로 부각된다. 특히 대서양 연안을 남북으로 관통하는 운하는 오늘날에도 관심을 끌고 있다.

---

18 Albert Gallatin, *Report of the Secretary of Treasury; on the Subject of Public Roads and Canals; made in pursuance of a Resolution of the Senate, of March 2, 1807* (Washington, DC: R. C. Weightman, 1808), 7–8. (강조는 원문)

공화파의 경제정책이 연방파의 그것과 비슷하지만 그래도 다른 점을 지녔다는 사실은 미국은행에 관한 논의를 살펴보면 분명하게 나타난다. 미국은행은 해밀턴이 기대하던 역할을 제대로 수행했다. 우선, 공채 소유자를 비롯한 자산가들이 미국은행에 적극적으로 참여했다. 그들은 서로 경쟁하며 주식을 사들였고, 이사를 선임하는 권한을 통해 경영진에 입김을 불어넣었다. 미국은행은 필라델피아에 본점을 두고 보스턴, 뉴욕, 볼티모어, 찰스턴 등, 네 도시에 지점을 열었으며, 이들 본점과 지점을 통해 국고의 출납을 관리했다. 그리고 전국적으로 통용되는 은행권을 발행하며 통화를 안정시키는 데 결정적인 역할을 했다. 믿을 수 있는 은행권을 발행하던 북미은행은 1780년대 중엽에 이르면 그 설립을 인가했던 연합회의와 함께 쇠락하기 시작했고, 이후에는 미국의 통화 체제가 혼란에 휩싸여 있었다. 은행권은 각 주에서 인가를 얻은 지방은행이 발행했는데, 그것은 해당 지방에서만 제값을 할 수 있었을 뿐이고 그 지방을 벗어나면 그럴 수 없었다. 지방은행이 부실한 자본이나 미숙한 경영으로 인해 도산하기 일쑤였고, 따라서 은행권도 믿을 수 없었으며 위조지폐가 범람하는데도 제대로 통제되지 않았다. 그렇지만 미국은행은 전국 어디서나 통용되는 믿음직한 은행권을 발행함으로써 지방은행의 발권을 억제할 수 있었다. 더욱이, 제퍼슨 행정부가 루이지애나를 사들이기 위해 갑자기 막대한 자금을 요청했을 때에도 거기에 부응할 수 있었다. 따라서 제퍼슨 행정부는 미국은행이라는 해밀턴의 공적을 인정했다.

그래도 공화파는 해묵은 의구심을 버리지 않았다. 이는 1805년 미국은행이 뉴올리언스에 여덟 번째 지점을 개설할 때 드러났다. 갤러틴이 제퍼슨에게 미국은행의 역할을 설명하며 지점 개설을 승인해야 한다고 주장했을 때, 제퍼슨은 그의 의견을 마지못해 받아들이면서도 미국은행이 연방헌법의 조문과 맞아떨어지지 않는다고 불평했다. 더욱이 1808년 미국은행이 재인가를 요청했을 때, 공화파 가운데 적잖은 인사들이 호응하지 않았다. 의회가 2년 뒤에 논의를 시작했을 때도, 갤러틴을 지지하며 재인가에 찬성하는 의원은 연방파를 포함해도 다수에 미치지 못했다. 공화파 가운데서는 제퍼슨처럼 헌법을 거론하며 연방의 권력 집중을 비판하는 의원들이 있었는가 하면, 각 주에서 지방은행이 발전하기를 바라며 미국은행을 견제하는 의원들도 있었다. 이들이 보기에 미국은행은 상인과 자산가 등, 소수의 부유한 시민이 장악하고 자신들의 이익을 위해 운영하는 기관이었다. 따라서 반대파가 찬성파에 못지않은 세력을 형성했는데, 매디슨 대통령은 우유부단한 태도를 취하며 갤러틴에게 힘을 실어주지 않았다. 결국 1811년 초, 미국은행 재인가 법안은 갤러틴의 노력에도 불구하고 상·하원에서 각각 1표 차이로 부결되고 말았다.

그 결과, 미국은행은 20년 동안 수행하던 업무를 종결하고 청산 과정에 들어갔다. 본점과 지점은 민간인에게 팔린 다음에 주로부터 인가를 받아 사기업으로 운영되었다. 요즈음 용어로 말한다면 민영화되었다고 할 수 있다. 그에 따라 전국적으로 통용되던 은행권이 갑자기 사라졌고, 외국인 주주들이 투자했던 700만 달러가 미국에서 해외로 빠져나갔다. 따라서 미국 경제는 큰 타격을 입고 혼란에 빠졌다. 지방은행은 1811년 88개에서 불과 5년 뒤에 246개로 늘어났고, 은행권은 위조지폐와 함께 범람했다. 상점을 경영하던 소상공인들은 위폐를 가려내기 위해 출판업자들이 발행하는 안내 책자를 자주 사들이고 매일 들여다봐야 했다. 그런 상황에서 영국과 전쟁을 치렀던 만큼, 미국은 심각한 경제적 난관에 시달리게 되었다. 미국은행 재인가에 찬성하던 이들이 우려하던 사태가 실제로 나타났던 셈이다. 따라서 재인가에 반대하던 목소리가 줄어들었고, 결국 1816년에는 해밀턴이 제안했던 것과 같은 방식으로 미국은행이 다시 수립되었다. 이 "제2차 미국은행"도 나중에 다시 정치적 쟁점으로 부각되어 재인가를 얻지 못한 채 폐지되는 운명을 맞이한다.[19]

미국은행이 1816년에 다시 설립되었다는 사실은 결국 공화파와 연방파

---

19 맥크로, 『미국 금융의 탄생』, 345-375, 403-422.

가 경제정책을 놓고 뚜렷한 차이를 보이지 않았다는 점을 시사한다. 실제로 의회는 같은 해에 은행 설립에 이어 보호관세를 도입하는 조치를 취했다. 수입품에 부과하던 관세는 그때까지 낮은 수준에서 책정되고 연방정부의 세입에 충당되었으나, 이제 미국의 제조업을 영국을 비롯한 외국으로부터 보호하기 위해 25-30 %라는 비교적 높은 수준으로 인상되었다. 그런 장벽은 제조업이 발전하고 있던 북부에는 도움이 되었지만, 제조업을 외면하고 농산물 수출에 의지하던 남부에는 부담이 되었다. 그래도 남부는 프랑스 혁명전쟁에 이어 미영전쟁을 치르고 나자 제조업은 물론이요 무역과 해운업도 미국의 안보와 번영에 필수불가결한 부문이라는 점을 경시할 수 없었다. 더욱 중요한 것은 서부가 보호관세를 수용했다는 사실이다. 다음 장에서 서술하듯이 서부는 건국 이후에 농업에 주력하며 빠른 속도로 성장했는데, 보호관세에 반대하는 입장에 서 있었다. 그러나 연방 하원에서 헨리 클레이Henry Clay는 서부의 맏형 켄터키를 대표하는 정치인으로서, 관세 인상으로 늘어나는 수입을 "내륙 개발"로 돌리자고 제안했다. 그것은 서부 입장에서 보자면 대서양 연안에 있는 북부 시장에 접근하기 쉬운 길이 열린다는 것을 뜻했다. 또한 서부와 북부 사이의 관계가 그만큼 긴밀해진다는 것을 뜻하기도 했다. 클레이의 제안은 결국 미국은행까지 포괄하면서 전국을 통합하는 "미국형 [발전] 체제"American System라 불리게 되었다.

그와 같이 지역 사이의 입장 차이를 해소하는 포괄적 제안에서 짐작할 수 있듯이, 미국의 정치는 이미 1815년부터 "화합의 시대"Era of Good Feelings에 들어갔다. 그것은 근본적으로 연방파의 몰락에서 시작된 정파의 쇠퇴 덕분이었다. 위에서 살펴본 것처럼 연방파는 해밀턴의 부국강병책을 중심으로 집결했지만, 공화파가 그런 정책을 대부분 계승함에 따라 뚜렷한 색채를 잃게 되었다. 더욱이 연방파는 민중의 지지를 확보하는 데 공화파만큼 적극적으로 나서지 않았다. 그들은 상인과 금융인을 비롯한 자산가들을 비호하면서도, 그에 따르는 부패와 권력의 집중을 면밀하게 경계하지 않는다는 공화파의 비판에 주의를 기울이지 않았다. 반면에 공화파는 그런 비판을 제기하며 각지에서 민중을 조직하고 동원하는 데 열의를 보였다. 이들의 노력은 투표권이 확대되는 경향을 가져오면서 공화파의 지지 세력이 확대되는 결과도 가져왔다. 반면에 연방파는 정치적으로 취약한 입지에 놓이게 되었다. 이는 결국 "제1차 정당 체제"의 해체로 이어졌다.

더욱이, 1815년에 미영전쟁이 끝난 다음에 대두한 국민주의nationalism — 우리에게 친숙한 민족주의 대신에 이 용어를 쓰는 것은 미국처럼 국민의 정체성이 혈연보다 선택을 통해 형성되는 경우에는 이 대안이 적절하기 때문이다 — 가 정치적 대립을 완화시키는 효과를 낳기도 했다. 이른바 "제2의 독립전쟁"을 계기로 미국인들은 종교적, 문화적, 지역적, 정치적 차이를 뛰어넘어 하나의 국민으로서 유대 관계를 확인하기 시작했다. 예를 들어 1814년 9월에 있었던 볼티모어 전투에서 영국 해군이 맥헨리McHenry 요새에 포격을 가했을 때, 취미 삼아 시를 쓰던 법률가 프랜시스 스코트 키Francis Scott Key는 포격이 끝난 뒤에도 미국 국기가 아침 햇살 속에서 빛나고 있던 것을 발견하고는 국기를 찬양하며 애국심을 고취하는 시를 한 편 썼다. 미국인들은 얼마 지나지 않아 그것을 친숙한 영국 가요의 가락에 맞춰 노래했고, 제목을 "별이 빛나는 깃발"Star-Spangled Banner로 바꾸었으며, 결국에는 미국 국가로 만들었다. 그 시기에 유럽에서 대두하던 국민주의와 마찬가지로, 이런 풍조는 문학과 역사를 비롯한 여러 분야에서 미국 국민의 기원과 전통을 탐색하는 작업으로 이어지면서 면면한 조류를 형성했다. 그리고 정치인들에게 정파를 뛰어넘어 타협하고 화합하는 자세를 요청했다. 따라서 연방파뿐 아니라 공화파도 정책을 놓고 대립하는 대신에 이견을 해소하는 방향으로 노력했다. 실제로 제임스 먼로는 매디슨의 뒤를 이어 1817년에 집권해 1825년까지 재임하는 동안, 정치적 갈등을 억제하며 국민적 통합에 주력했다. 덕분에 이 기간에는 주목할 만한 쟁점이 없었다. 따라서 "화합의 시대"는 흔히 먼로의 재임 기간으로 간주되기도 한다.

그래도 먼로 독트린Monroe Doctrine은 분명히 주목할 만한 업적이다. 널리 알려져 있는 바와 같이, 그것은 1823년 12월 먼로 대통령이 천명한 미국의 고립주의 외교 노선을 가리킨다. 여기서 고립주의란 미국이 유럽 문제에 개입하지 않겠다는 것뿐 아니라, 거꾸로 유럽 열강이 아메리카 문제에 개입하지 말아야 한다는 것도 뜻한다. 이들 두 원칙은 새로운 노선이 아니었다. 유럽 열강은 이미 1790년대 중엽부터 1810년대 중엽까지 또다시 한 세대에 걸쳐 대규모 전쟁을 벌이며 아메리카에서도 각축전을 이어 갔는데, 워싱턴에서 애덤스와 제퍼슨을 거쳐 매디슨까지 미국의 역대 대통령은 미국이 거기에 휘말려 들지 않도록 많은 애를 썼다. 또 유럽 열강의 경쟁과 갈등이 아메리카까지 연장되지 않도록 막고자 노력했다. 이런 외교 노선은 19세기 초에 이르러 더 큰 함의를 지니게 되었다. 그 시기에는 멕시코, 베네수엘라, 아르헨티나 등, 여러 지역에서 독립운동이 전개되었던 반면에, 스페인은 그것을 저지하려 했고 프랑스를 비롯한 다른 강대국들은 그런 상황을 이용해 아메리카에서 세력을 확대하려 했다. 따라서 먼로 독트린은 아메리카에서 널리 우호적 반응을 얻을 수 있었다. 그런 반응은 신생 독립국과 무역 관계를 수립하며 아메리카에서 영향력을 확대하고자 하던 영국에서도 나왔다. 그렇기 때문에 이미 신생 국가로 주목을 받고 있던 미국은 먼로 독트린을 통해 아메리카에서 유럽 열강의 세력을 견제하는 반면에 자국의 세력을 확대하려는 의도를 천명할 수 있었다. 바꿔 말하면, 이 유명한 정책은 제국주의적 함의를 지니는 노선이라 할 수 있다. 이는 나중에 살펴보는 미국의 외교정책에서 분명하게 나타난다.

4. 마셜 법원

그 시대에는 행정부에 못지않게 연방 대법원이 경제정책의 형성에서 중요한 역할을 담당했다. 대법원의 역할은 연방헌법에 규정된 권력분립의 원칙에 따라 정부와 시장의 움직임을 규제하는 데 있었다. 그것은 헌법에 그려져 있던 권력구조가 미국인들의 일상생활을 규제하는 기본 규칙으로 구현되는 결과로 이어졌다. 이는 대법원이 이 책에서 다루는 미국의 자본주의 발전 과정에서 핵심적 역할을 수행했다는 것을 의미한다.

대법원이 그런 역할을 하리라고는 아무도 예상하지 못했다. 대법원은 원래 입법부나 행정부에 비해 비중이 작고 권위도 적은 기구였다. 사실 연방정부가 10년에 가까운 계획과 공사 끝에 1800년 수도 워싱턴에 입주했을 때, 대법원은 독립된 건물을 가지지 못하고 의사당 1층에 마련된 임시 사무실을 쓰는 처지에 있었다. 그래서 초대 대법원장 제이는 1795년 자신의 직위를 버리고 뉴욕 주지사가 되었고, 또 1801년 애덤스 대통령이 다시 대법원장직을 맡아달라고 부탁하자 그 자리가 볼일이 별로 없다고 하면서 거절하기도 했다. 그 대신 그 자리를 맡은 존 마셜John Marshall은 달랐다. 그는 대법원을 자신의 아성으로 만드는 동시에 사법 심사권을 장악한 미국 헌정 질서의 보루로 변모시키는 데 성공했다. 그럼으로써 헌법에 그려져 있던 권력구조를 살아 움직이는 실체로 만들어 냈다.

이 명민하고 진솔하며 열정적인 인물은 1755년 버지니아의 서부 내륙에서 개척 농민의 가정에서 장남으로 태어났다. 그의 아버지는 약간의 교육을 받은 덕분에 측량 기사로도 일하면서, 많은 것을 스스로 깨우치는 진취적인 자세를 지닌 인물이었다. 그런 탓에 장남에게 기초 교육을 시키며 손아래 동생 14명을 보살피는 책임도 지웠다. 게다가 영국의 작위 귀족 가운데 유일하게 식민지 미국에 정착했던 페어팩스 경Lord Fairfax의 신임을 얻어, 그의 부동산을 관리하면서 책이 많은 그의 서재도 자유롭게 이용했다. 덕분에 존도 아버지의 지도 아래 많은 책을 읽으며 스스로 공부할 수 있었고, 시와 역사를 중심으로 고전을 탐독하는 취향도 지니게 되었다. 그는 20대 전반기에 대륙군의 일원으로 독립전쟁에 참가하기도 했고, 퇴역한 다음에는 윌리엄 앤드 메리 대학에서 잠시 법학을 배우고 변호사가 되었다. 그리고 세간의 주목을 끌던 소송에서 승소하면서 변호사로서 명성을 얻는 한편, 버지니아 하원 의원으로 정치에 뛰어들어 연방파에 가담했다.

마셜은 정치인으로서 뛰어난 친화력과 온건한 태도를 지녔으면서도 원칙을 중시하는 인물로 알려졌다. 그가 정치인으로서 주목을 끌기 시작한 것은 1797년 미국과 프랑스 사이의 관계 정상화를 위해 사절단의 일원으로 파리에 머물렀을 때였다. 마셜은 탈레랑의 뇌물 요구에 대해 단호한 자세를 취하면서, 국무부에 편지를 보내 엑스와이지 사건의 진상을 알리고 자신의 견해를 밝혔다. 그 편지가 공개되자, 마셜은 대중적 인기를 누리게 되었다. 다른 한편으로는 1798년에 제정된 외국인에 관한 법과 선동에 관한 법에 대해 서슴지 않고 비판을 가했고, 덕분에 공화파로부터 널리 찬사를 듣기도 했다. 그래도 애덤스는 마셜을 각료로 영입하려 했다. 연방파 가운데 강경파가 프랑스와 전쟁을 불사한다는 입장을 지니고 있었던 만큼, 애덤스는 전쟁을 피하기 위해 마셜 같은 온건파의 힘을 빌리고자 했던 것이다. 결국, 마셜은 1800년 국무장관직에 취임했다.

그는 그 해 가을에 시작된 대통령 선거에서 바라지 않던 역할을 하게 되었다. 마셜은 제퍼슨과 그리 멀지 않은 외척 관계에 있었는데, 열두 살이나 많은 그를 잘 알았고 또 바로 그만큼 싫어하기도 했다. 마셜이 보기에 제퍼슨은 정직하지 않았고, 제퍼슨이 보기에 마셜은 위선자였다. 더욱이 마셜이 민주정치를 경계하면서도 소탈한 성격과 개방적 태도 덕분에 사람들을 가리지 않고 사귀는 친화력을 지녔던 반면에, 제퍼슨은 민주정치를 표방하면서도 귀족적 생활방식을 좋아하며 보통 사람들과 잘 어울리지 않았다. 그렇기 때문에 마셜은 의회에서 벌어진 결선 투표에서 제퍼슨 대신에 버에게 표를 던졌다. 그러나 앞에서 서술한 것처럼 투표가 서른다섯 차례나 반복되어도 승부가 나지 않던 상황에서, 해밀턴의 편지를 받고는 다시 생각했다. 해밀턴은 제퍼슨을 싫어했지만, 뉴욕 정계에서 자신과 경쟁 관계에 있던 버를 더욱 싫어했다. 게다가 마셜이 제퍼슨을 싫어하는 것보다 버를 더욱 싫어했다. 그는 마셜에게 보낸 편지에서 버가 원칙을 모르는 인물이라고 하면서, 그에게 표를 던지지 말라고 부탁했다. 그에 따라 마셜은 서른여섯 번째 투표에서 다른 두 사람과 함께 기권했다. 결과적으로, 마셜은 자신이 싫어하는 인물이 정권을 잡는 데 도움을 주었다.

그런 상황에서 애덤스는 마셜에게 의외의 제안을 내놓았다. 그는 제퍼슨에게 정권을 넘겨주면서도 대법원에 연방파를 심어 놓고자 했다. 애덤스는 원래 대법관직을 종신직으로 설정하고 헌정 질서의 보루로 정립하고자 했을 정도로 대법원을 중요한 기관으로 여겼던 것이다. 그렇지만 시간적 여유가 없었다. 서른여섯 번째 투표가 끝난 것이 1801년 2월 17일이었고, 대통령 취임식이 3월 4일로 예정되어 있었기 때문이다. 그 사이에 상원에서 대법원장 지명자에 대한 인준까지 받아야 했다. 의회는 아직도 연방파가 장악하고 있었기에, 인준을 걱정할 필요는 없었다. 적임자를 찾아내는 것이 문제였다. 애덤스는 자신이 신뢰하던 제이에게 대법원장직을 제안했다. 그러나 며칠 뒤에 그로부터 거절한다는 연락을 받았는데, 마침 바로 그때 거기에 있던 국무장관 마셜을 보고 그 자리를 제안했다. 마셜은 그 자리에서 수락했다. 그로서는 대법원장직이 오래전부터 싫어하던 신임 대통령을 견제할 수 있는 직책이었다.

마셜은 1801년 1월부터 1835년 7월까지 34년이 넘는 세월 동안 대법원장직에 머물러 있었다. 그는 무엇보다 영국을 포함해 유럽 국가로부터 물려받은 전통이나 관행에 매달리지 않고, 미국에 적합한 원칙을 수립하는 데 주력했다. 무엇보다 먼저 법정에서 고귀한 지위를 연상케 하는 붉은 색 법복에 가발을 쓰고 위엄을 과시하는 전통 대신에, 가발을 쓰지 않고 공화국 시민에게 어울리는 평범하면서도 근엄한 검은 색 법복을 입는 길을 선택했다. 다음으로는 판결문을 대법관들이 개별적으로 쓰는 관행을 폐지하고, 동료들을 설득해 단일 의견을 만들어 내는 데 최선을 다했다. 그러기 위해 많은 시간과 노력을 들이며 동료들과 토의하는 데 그치지 않고, 매년 워싱턴에 머무르는 동안에 그들과 함께 같은 숙소를 쓰면서 서로 털어놓고 이야기할 수 있는 유대 관계를 만들기도 했다. (이 시기에는 법관뿐 아니라 의원, 장관 등, 다른 고위 공직자들도 의회 회기를 중심으로 업무가 집중되어 있는 기간에만 수도에 머물러 있었다.) 마셜은 그럼으로써 대법원을 하나의 목소리로 말하는 기관으로 만들었다. 더욱이, 마셜은 대부분의 판결에서 동료들과 함께 만들어 낸 단일 의견을 직접 판결문으로 작성했다. 그래서 오랜 재임 기간에 걸쳐 대법원을 자신이 바라는 방향으로 끌고 갈 수 있었다.[20]

그 방향은 1803년 마베리 대 매디슨 판례Marbury v. Madison에서 드러나기 시작했다. 이 판례는 윌리엄 마베리William Marbury라는 인물이 제퍼슨 행정부의 국무장관 매디슨을 상대로 제기한 소송에서 유래했다. 그 기원은 앞에서 언급한 것처럼 애덤스 행정부가 정권을 넘겨주기 전에 될 수 있는 대로 많은 연방파 인사들을 법원에 심어 놓으려 한 데 있었다. 실제로, 애덤스 행정부는 대통령 취임식 전까지 마흔 명이 넘는 연방 판사들을 대상으로 임명 절차를 마치려 했다. 그런데 서류상 절차를 마치고 임명장도 만들었지만, 그것을 임명 예정자들에게 나누어 주지는 못했다. 이런 "심야 임명"Midnight Appointments에 대해 제퍼슨은 국무장관 매디슨에게 임명장 교부를 보류하라고 지시했다. 그것은 분명히 연방파의 책략이었으므로, 거기에 제동을 걸고 싶었기 때문이다. 그러나 매디슨은 애덤스의 조치를 되돌릴 수는 없었다. 그래서 몇 달 뒤에는 임명장 가운데 대부분을 나누어 주었다. 그래도 일부를 책상 서랍 속에 넣어 둔 채로 머뭇거렸다. 그러자 마베리가 대법원에 소송을 제기하고 매디슨에게 임명장을 교부하도록 직무집행명령을 내려달라고 요청

---

20 Jean Edward Smith, *John Marshall: Definer of a Nation* (New York: Holt, 1996), 1-295.
　이 시기의 수도 워싱턴과 공직자들의 일상생활에 관해서는 다음을 보라. James Sterling Young, *The Washington Community, 1800-1828* (New York: Harcourt, Brace & World, 1966).

했던 것이다.

　마셜은 어려운 처지에 놓였다. 법원에 연방파를 끌어들이려면 당연히 직무집행명령을 내려야 했다. 그렇지만 그런 명령을 내린다 해도, 국무장관이 따르지 않고 무시할 수도 있었다. 그 경우에 대법원은 속수무책으로 바라볼 수밖에 없었고, 결국 위상이 크게 손상되는 사태를 모면할 수 없었다. 그렇다고 해서 직무집행명령을 내리지 않는다면, 대법원이 무기력한 기관이라는 점을 자인하는 결과를 피할 수 없었다. 마베리의 주장과 매디슨의 반론을 놓고 동료 대법관들과 오랫동안 논의한 다음, 마셜은 스스로 판결문을 작성하고 법정에서 직접 읽어 내려 갔다. 그는 먼저 마베리에게 임명장을 요청할 권리가 있다고 지적했다. 마베리가 적법 절차를 거쳐 임명되었고 임명장은 그 증거에 지나지 않으므로, 임명장을 교부하지 않는다면 그것은 그에게 부여된 권리를 침해하는 결과를 가져오기 때문이었다. 이어서 마셜은 그의 권리를 보호할 수 있는 적법한 구제책이 있는가 하는 문제를 거론했다. 그리고 그 해법이 국무장관이 임명장을 교부하는 처분에 있다고 지적했다. 끝으로, 마셜은 대법원이 국무장관에게 그런 처분을 지시하는 직무집행명령을 발동할 수 있는가 하는 문제에 대해 언급했다. 이에 관계되는 법률은 1789년에 제정된 법원 조직법이었는데, 그에 따르면 대법원은 직무집행명령에 관해 제일심 재판 권할권을 가진다고 규정되어 있었다. 그러나 마셜은 그것이 헌법과 일치하지 않는다고 지적했다. 헌법에 따르면 대법원이 제일심 재판 권할권을 가지는 경우는 외교사절에 관계되는 사건과 주가 당사자인 사건에 한정되어 있었기 때문이다. 그러므로 결론은 1789년 법원 조직법이 헌법과 합치하지 않으므로, 대법원은 그에 따라 직무집행명령을 내릴 수 없다는 것이었다.

　그 결론은 헌법이 기본법이며, 의회나 행정부와 마찬가지로 법원도 그것을 적절한 방식으로 해석하고 그에 입각해 법률을 적용해야 한다는 것을 뜻했다. 마셜은 결론에 접근하면서 헌법의 성격에 관해 다양한 견해가 있다고 지적한 다음에 이렇게 선언했다.

분명한 것은 성문헌법을 작성한 모든 사람들이 스스로 국가의 기본법이자 최고법을 제정했다고 생각한다는 점이며, 따라서 그런 헌법을 토대로 수립된 정부에서 입법부가 헌법에 어긋나는 조치를 취하면 그것은 무효라는 이론이 성립한다.

이 이론은 본질적으로 성문헌법에 수반되어 있고, 따라서 본 법정에서 우리 사회의 기본 원칙 가운데 하나로 간주될 것이다. 그러므로 앞으로 이 문제를 고려할 때, 이 점은 간과되지 않아야 한다.

만약 헌법에 어긋나는 입법부의 조치가 무효라 해도, 그것이 무효임에도 불구하고 법정을 구속하며 또 법정은 그것을 유효한 것으로 취급할 의무를 지니는가? 바꿔 말하면 그것이 법이 아니라 해도, 마치 법처럼 작동하는 규칙이 되는가? 만일 그렇다고 한다면, 이는 이론상 확립된 것을 사실에서 뒤집어엎는 셈이 된다. 또 언뜻 보기에도 옳다고 하기에는 너무 지나친 억지로 보인다. 그렇지만 이에 대해 더욱 면밀하게 검토할 필요가 있다.

분명히 말하지만, 법이 무엇인지 말하는 것은 사법부의 본령이자 소임이다. 규칙을 특정 사례에 적용하는 사람들은 필연적으로 그 규칙을 해설하고 해석해야 한다. 만약 두 법률이 상충한다면, 법정은 어느 것이 효력을 지니는지 결정해야 한다.[21]

마베리 판례는 절묘한 해결책이었다. 마셜은 연방파 판사를 옹호하는 반면에 연방파가 만든 법률을 비판함으로써, 대법원이 정치가 아니라 헌법에 따라 판단한다고 천명했다. 사실 그는 대법원을 당파 싸움을 넘어 국민과 연방에 봉사하는 기구로 만들고자 했고, 덕분에 마베리 판례에 관해 공화파의 칭송을 듣기도 했다. 그보다 더욱 중요한 것은 대법원이 의회에서 제정된 법률에 대해 위헌 여부를 판단했다는 사실이다. 이런 사실은 나중에 마베리 판

---

21 Marbury v. Madison, 5 U.S. (1 Cranch) 137 (1983), 177.

례를 통해 대법원이 사법 심사에 관한 권위를 확보하고, 나아가 헌법 해석에 관해서도 최종적 권위를 장악했다는 확대 해석으로 이어진다.[22]

　　그렇지만 그런 해석은 사실과 거리가 있다. 마베리 판례에 이르기까지 대법원의 사법 심사는 명백하게 확립된 전통이 아니었다. 미국 법체계에 가장 중요한 영향을 끼친 영국 법체계에서는 사법 심사가 전통적으로 의회와 추밀원이 분담하는 기능이었다. 그랬던 만큼 독립 선언에서 헌법 제정에 이르기까지 10여 년 동안, 미국의 법조계는 사법 심사에 관해 논의했으나 합의에 이르지 못했다. 그렇기 때문에 연방헌법에서도 사법 심사가 명확하게 규정되지 않았다. 그래도 1790년대에는 입법부에서 제정된 법률이나 행정부에서 취한 조치에 대해 대법원이 위헌성을 심사하는 판례들을 내놓았다. 그 근거는 법률을 적용하는 사법부가 헌법에 따라 법률을 해석하는 권위도 지닌다는 데 있었지만, 그 원천은 법률의 제정에서 집행을 거쳐 적용까지 이르는 모든 권한이 궁극적으로 헌법의 제정자요 주권의 주체인 국민에게 있다는 관념이었다. 마베리 판례는 그런 선례에 따라, 또 그런 근거와 원천에 힘입어 등장한 판결이었다. 그렇지만 그것을 둘러싸고 있던 정치적 맥락은 달랐다. 1800년에는 정권이 연방파에서 공화파로 넘어가는 커다란 정치적 변화가 일어났고, 그 결과로 대법원은 연방파의 아성으로서 제퍼슨 행정부에 맞서는 입지에 서게 되었다. 이런 맥락에서 마베리 판례는 법원이 헌정 질서의 일부로서 입법부나 행정부에 못지않은 독립적 위상을 지닌다는 점을 선언한 셈이다. 이는 근대 세계에 점차 확산되어 대부분의 국가에서 기본 원칙으로 채택된다. 이런 의미에서 그것은 연방헌법에 들어 있는 삼권의 분립 구조를 살아 움직이는 실체로 만드는 데 기여했다고 할 수 있다.[23]

22　Michael Stokes Paulsen, "The Irrepressible Myth of Marbury," *Michigan Law Review* 101.8 (2003), 2706-2743.

23　Larry D. Kramer, *The People Themselves: Popular Constitutionalism and Judicial Review* (Oxford: Oxford Univ. Pr., 2004), 93-127.

마셜 법원은 연방주의라는 다른 권력분립의 원칙을 확립하는 데도 크게 기여했다. 이는 1816년 마틴 판례Martin v. Hunter's Lessee와 1821년 코언 형제 판례Cohens v. Virginia에서 분명하게 나타났다. 이들 판례에서 마셜 법원은 민사 사건뿐 아니라 형사 사건에 관해서도 각 주의 법원이 내린 판결에 대해 연방 대법원이 재심리하는 권위를 지닌다고 선언했다. 또 1824년 기번스 판례 Gibbons v. Ogden에서는 주간 통상이 주의 경계를 넘어서는 통상이라 규정하고, 그에 대해 규제할 수 있는 권위는 오직 연방정부에 귀속한다고 천명했다. 더욱이, 1819년 머컬로크 판례McCulloch v. Maryland에서는 연방의 권위를 확립하면서 연방헌법에 대한 해석에서 유연한 입장을 지지했다. 이 판례는 메릴랜드가 미국은행의 합헌성에 이의를 제기하며 볼티모어 지점에 대해 세금을 부과한 데서 시작되었다. 마셜은 이에 대해 헌법에는 은행을 수립하는 권한이 명시적으로 규정되어 있지 않으나, 연방이 국민의 복리를 위해 "필요하고 적절한" 조치를 취하는 권한을 지닌다고 지적했다. 그리고 미국은행의 지점은 연방의 재산이므로, 연방에 속하는 개별 주들이 그에 대해 과세하며 연방의 권위를 침해할 수 없다고 부연했다.

마셜 법원은 정치적 권위와 경제 권력 사이의 분립이라는 원칙을 확립하는 데도 크게 기여했다. 이 원칙은 제6장에서 설명한 것처럼 연방헌법에 도입되어 있으나, 산만하고 모호한 형태로 표현되어 있을 뿐이다. 그렇지만 판례를 통해 점차 체계화되면서 시장경제를 밑받침하는 지주로 자리를 잡는다. 바로 이 측면에서 마셜 법원은 결정적으로 기여했다고 할 수 있다. 이는 먼저 재산과 계약에 관한 권리의 불가침성을 역설하는 1810년 플레처 대 펙크 판례Fletcher v. Peck에서 분명하게 나타난다. 이 판례는 플레처와 펙크라는 토지투기업자 두 사람 사이에서 일어난 소유권 분쟁을 다룬다. 펙크는 1795년 조지아가 서부 토지를 판매할 때 토지를 사들인 뒤에 플레처에게 팔아넘겼다. 그러나 플레처는 그 토지에 대한 소유권을 확보할 수 없었고, 그래서 펙크를 상대로 소송을 제기했다. 소송이 제기된 실질적 이유는 펙크가 아니라 조지아주에 있었다. 조지아 의회에서는 대다수 의원들이 투기업자들로부터 뇌물을 받고 서부 토지를 매각하는 조치를 취했고, 이 사실이 드러난 다음 해에는 새로 구성된 의회가 그 조치를 무효화시켰다. 따라서 이 소송은 표면적으로 개인 사이의 계약에 관한 분쟁이었으나, 실제 쟁점은 그런 계약에 영향을 끼치는 정부의 조치에 있었다.

대법원에서는 오랜 논의를 거친 다음에 이번에도 단일 의견을 제시했고, 또 마셜이 판결문을 작성했다. 여기서 그는 조지아 의회가 취한 조치가 적절한가, 그렇지 않은가 하는 문제를 다루면서 의원들의 부패는 정치적 사안이라며 고려하지 않았다. 법원이 정치적 사안에 개입할 수는 없다는 것이었다. 그리고는 입법부가 스스로 취한 조치를 취소할 수 있는가, 특히 그 조치가 몇몇 개인의 재산이나 계약에 영향을 끼칠 때도 그렇게 할 수 있는가 하는 문제에 집중했다. 마셜이 내린 결론은 입법부는 일반적으로 그렇게 할 수 있지만, 법률에 의거해 재산을 양도한 다음에 그것을 취소한다면 개인의 재산을 침해하는 결과를 가져오므로 그렇게 할 수 없다는 것이었다.

입법부는 그런 [토지에 관한] 권리를 무효화시키고 다른 사람이 소유하던 재산을 되찾는 권한을 지니는가?

일반적으로 통용되는 원칙은 한 입법부는 이전 입법부가 통과시킬 수 있었던 조치를 취소할 수 있다는 것, 그리고 이후 입법부의 권한을 제한할 수 없다는 것이다.

이 원칙이 일반적 입법에 관한 한 옳다는 점은 논쟁의 소지가 없다. 그러나 한 입법부가 법률에 근거하여 어떤 조치를 취한다면, 이후 입법부는 그것을 취소할 수 없다. 과거는 가장 절대적인 권력에 의해서도 취소되지 않는다. 부동산이 양도되고 나면, 그것은 이미 적법 재산으로 확립되며, 만약 그런 재산이 주권 기관에 의해 몰수될 수 있다 해도 그것이 이미 부여된 권리라는 것은 하나의 사실이고 또 그 사실은 변하지 않는다.

그렇다면 어떤 법률이 본질에 있어서 계약인 경우에, 또 그 계약에 따라 절대적 권리가 성립하는 경우에, 그 법률을 취소함으로써 그 권리를 박탈할 수 없으며, 그 권리를 무효화시키는 조치는 만약 정당한 것이라면 사회를 구성하는 모든 개인의 경우에 적용될 수 있는 권력에 의해서 정당화된다.[24]

이어서 마셜은 그래도 민주정치에서는 입법부가 다수의 의사를 대변하는 한, 무슨 일이든 할 수 있는 권력을 지니지 않는가 하는 문제를 거론한다. 조지아에서 의회가 토지를 매각한 다음에 그것을 취소하는 것도 다수가 바란다면 할 수 있는 일이 아닌가 하는 물음을 다루는 것이다. 그리고 이 대목에서 조지아가 연방의 일원이라는 사실에 대해 주의를 환기한다.

사회의 성격과 정부의 성격으로 인해 입법부의 권력이 제약을 받는 것은 아닌가 하고 의심할 수 있다. 또 만약 어떤 제약이 있다면, 정당하고 정직하게 획득한 개인의 재산이 보상 없이 몰수될 수 있는 경우에는 그런 제약이 어디에 있을 수 있을까?

입법부에는 입법에 관한 모든 권력이 부여되지만, 개인의 재산을 공중에게 양도하는 조치가 입법부의 권력에 속하는가는 진지하게 검토할 만한 문제이다.

사회의 통치를 위해 일반적 규칙을 제정하는 것은 입법부의 고유 영역이며, 그 규칙을 사회에 있는 개인들에게 적용하는 것은 다른 부서의 임무라 할 수 있다. 헌법에 규정이 없는 경우에 법률을 제정하는 권력이 그 외의 다른 권력에 어디까지 영향을 끼칠 수 있는가 하는 데 대해서는 지금까지 명확한 견해가 없었고 앞으로도 없을 것이다.

그렇다면 이 취소 조치가 유효한가는 조지아가 단일 주권 기관이라 해도

---

24 Fletcher v. Peck, 10 U.S. (6 Cranch) 87 (1810), 136.

의심할 만한 일이다. 그러나 조지아는 그 입법부가 조지아 헌법에 규정된 것 이외에 어떤 다른 제약도 받지 않는 독자적 단일 주권 기관으로 간주될 수 없다. 조지아는 커다란 국가의 일부로서, 미국이라는 연방 국가의 일원이며, 이 연방 국가에서 모든 구성원이 최고법으로 인정하는 헌법은 개별 주의 입법부에 대해 다른 어떤 것도 가하지 못하는 제약을 가한다. 미국 헌법은 어떤 주도 개인의 권리를 박탈하는 법률이나 과거로 소급해서 적용되는 법률, 또는 계약의 의무를 침해하는 법률을 제정하지 못한다고 규정한다.[25]

　마셜의 결론은 한마디로 줄이면 토지 매각을 취소하는 조지아의 조치는 개인의 재산과 계약을 침해하는 것이며, 따라서 연방헌법에 어긋나는 것이라는 점이다. 바꿔 말해, 마셜 법원은 플레처 판례를 통해 개인의 재산권을 보장하는 동시에 연방의 권위를 확립한다는 입장을 천명했다.[26] 여기에는 분명히 자유주의적 신조, 특히 생명과 자유, 그리고 재산은 기본적 인권이며 국민은 그것을 보호하기 위해 정부를 수립한다는 로크의 관념이 들어 있다. 여기에는 또한 정부가 공익을 내세우며 개인의 재산이나 계약을 침해하고 시장에 간섭해서는 안 된다는 견해가 들어 있다. 이런 뜻에서 플레처 판례는 중상주의의 기본 신조를 견제하는 효과를 지녔다고 할 수 있다.

　이 함의는 1819년 다트머스대학 판례에서 더욱 뚜렷하게 나타났다. 이 대학은 1769년에 설립되었는데, 그 근거는 영국의 조지 3세가 내준 칙허장에 있었다. 그것은 다트머스대학에 법인이라는 자격을 부여함으로써, 대학이 설립 목적에 따라 일반 시민처럼 재산을 소유하고 관리하면서도 그와 달리 영구적으로 생명을 유지하며 교육과 연구에 종사할 수 있게 해 주는 문서였다.

25　Ibid., 136-137.

26　Gerald Leonard, "*Fletcher v. Peck* and Constitutional Development in the Early United States," *U.C. Davis Law Review* 47.5 (2014), 1843-1857.

그러나 이 대학이 자리 잡고 있던 뉴햄프셔의 정부는 1816년에 칙허장을 수정해 총장을 교체하고 이사를 선임하는 등, 대학의 운영에 개입했다. 그것은 다트머스를 사립대학이 아니라 주립대학으로 여기고 정부의 통제 아래에 두려는 시도였다. 대학 이사회는 거기에 대항해 법원에 제소했던 것이다.

마셜은 또다시 대법원을 대표해 판결문을 작성했다. 거기서 그는 먼저 다트머스대학의 칙허장이 영국 군주와 일부 신민 사이에 체결된 계약이라고 규정하고, 그것이 미국 헌법의 보호를 받을 수 있는 것인가 하는 문제를 거론했다. 그리고는 계약이란 개인 사이의 결혼에서 국민과 정부 사이의 정치적 관계에 이르기까지 다양한 형태를 띠고 있다고 지적한 다음에, 미국 헌법에 들어 있는 계약이라는 용어가 정치적 관계까지 포함하는 모든 계약을 가리키는 것이 아니라 제한된 의미로 사용된다고 하면서 이렇게 선언했다.

지금까지 정립된 견해는 …… 헌법에서 사용되는 계약이라는 용어의 취지가 적어도 유익 여부가 의심스럽고 또 그 폐단이 이미 널리 확산된 바 있는 권력을 견제하고 장래에 입법부가 재산에 대한 권리를 침해하지 못하도록 억제하는 데 있다는 것이다. 또 헌법이 제정되기 전에는 모든 방에서 그랬던 것은 아니라 해도 다수의 방에서 입법이 사람들이 서로 약속한 것을 성실하게 이행하지 않아도 되게 만듦으로써 사람에 대한 사람의 신뢰를 약화시키고 개인 사이의 모든 거래를 곤란에 빠뜨리는 경향을 보였다는 것이다. 그런 경향을 조성하는 권력을 억제함으로써 이 해악을 바로잡기 위해, 헌법은 각 주의 입법부가 "계약의 의무를 침해하는 법률을 제정하지 못하게," 즉 어떤 개인이 자신에게 유익한 어떤 것에 대해 권리를 주장할 수 있는 재산에 관한 계약에서 의무를 침해하는 법률을 제정하지 못하게 금지했다는 것, 그리고 헌법 구절을 해석할 때는 어떤 한계를 설정해야 하므로 해당 구절이 그런 종류의 사례, 즉 그 구절이 취지상 교정하려던 해악에 해당하는 사례에 한정될 수 있고 또 한정되어야 한다는 것이다.

이런 견해가 전반적으로 옳다는 점은 논쟁의 소지가 없다. 헌법 제정자들이 각 주가 내정을 위해 채택한 대내적 제도를 제대로 운영하지 못하도록 속박하려는 의도를 지니지 않았다는 것, 그리고 그들이 우리에게 준 문서를 그런 뜻으로 해석하지 말아야 한다는 것은 분명한 듯하다. 지금까지 헌법 조항에는 재산이나 어떤 가치를 지닌 사물에 관계되고 또 법정에서 주장할 수 있는 권리를 부여하는 계약 이외에 다른 계약이 포함되는 것으로 해석되지 않았다.[27]

이렇게 마셜은 미국 헌법이 모든 계약이 아니라 개인의 재산과 경제적 가치에 관한 계약을 보호한다는 취지를 지닌다고 해석했고, 그것도 사적 계약을 정치적 권위의 간섭으로부터 보호하는 데 큰 관심을 지닌다고 이해했다. 이 판결은 다트머스대학이 정부의 간섭에서 벗어나 학문의 자유를 누릴 수 있다는 것을 의미했다. 이 자유는 물론 사립대학뿐 아니라 공립대학으로도 확대되었다.[28] 그리고 자본주의 발전 과정이라는 큰 맥락에서 볼 때, 그것은 나아가 중상주의의 기본 신조를 견제하며 시장경제의 발전에 기여한다는 함의를 지닌다.

다트머스대학 판례에서 마셜은 또한 정부가 법인을 통제하고자 하던 시도를 견제했다. 오늘날 법인이라 하면, 우리는 흔히 기업을 머리에 떠올린다. 이제는 그만큼 법인 가운데 대다수를 기업이 차지한다. 더욱이 요즈음 법인의 형태를 띠는 기업은 대개 대기업으로서, 우리의 생활에 대단한 영향을 끼친다. 대기업은 많은 일자리를 만들어 내고 그것을 사람들에게 나누어 주거나 빼앗으면서 많은 사람들의 생계를 좌우한다. 또 새로운 상품을 만들어 내

---

27 Trustees of Dartmouth College v. Woodward, 17 U.S. (4 Wheat.) 518 (1819), 628–629.

28 David M. Rabban, "From Impairment of Contracts to Institutional Academic Freedom: The Enduring Significance of the Dartmouth College Case," *University of New Hampshire Law Review* 18.1 (2019), 9–25.

며 우리의 생활방식을 바꾸거나, 새로운 사업을 벌이기 위해 정치인들에게 로비를 하며 공공 정책을 바꾸기도 한다. 이런 현상이 어떻게 해서 나타났는지 이해하는 것은 이 책의 주요 과제 가운데 하나인데, 이 과제에 접근하기 위해서는 법인에서 출발해 대기업의 대두를 가능하게 만든 제도적 장치를 검토해야 한다.

법인은 원래 의료나 교육 같은 비영리사업을 목적으로 몇몇 사람들이 자금을 모아 만드는 단체였다. 이 단체는 시민과 마찬가지로 재산을 소유하고 계약을 체결할 수 있는 권리를 지니면서도, 시민과 달리 법률에 규정된 기간에 한해 존속하며 사업을 수행할 수 있는 존재였다. 그렇기 때문에 법인은 주권 기관이 사업을 벌이려는 사람들로부터 청원서를 받은 다음에 심사를 거쳐 특별 입법을 통해 창설할 수 있었다. 그런 전통에 따라, 근대 영국은 상인들이 해외에서 무역을 하거나 식민지를 개척하는 사업을 벌일 때에도 법인의 설립을 인가했다. 그들이 수립한 법인은 주식을 발행, 판매해 자본을 모집하고 사업이 끝난 다음에 수익을 배분하는 일종의 주식회사였다. 그러나 18세기 초에 주식이 투기의 대상으로 취급되어 여러 사람들이 파산하는 사태가 발생하자, 영국은 법인의 설립을 금지했다. 그러나 미국은 독립 이후에 그런 제도를 부활시켜 은행을 설립하는 등, 공익의 성격을 띠면서도 투자자들에게 수익을 가져다주는 사업에 법인의 설립을 인가하기 시작했다. 그것을 매력적인 장치로 만든 것은 법원이었다. 특히, 마셜 법원은 다트머스대학 판례를 통해 법인이 헌법의 보호를 받는 제도로서, 정부가 변경하거나 폐지하는 등, 간섭하지 못한다고 선언했다. 여기서 마셜은 법인이란 정부가 창조하는 법적 존재이지만, 그 취지가 정부의 운영에 기여하는 것이 아니라면 정부가 자의적으로 통제하지 못한다고 천명했다.

법인이란 인공적 존재로서, 눈에 보이지 않고 손으로 만질 수 없으며 오직 법적 사고 속에서 존재하는 것이다. 그것은 법의 창조물에 지나지 않으므로,

그것을 창조하는 허가장에서 명시적으로 부여되거나 또는 존재 자체에 수반되는 바와 같은 속성만 지닌다. 이런 속성은 그것의 창조 목적을 실현하는 데 가장 적합하다고 여겨지는 그런 것들이다. 그 가운데 가장 중요한 것으로는 불멸성, 그리고 이 용어가 용납된다면 개별성이 있다—이들 속성은 영구히 연속되는 많은 사람들이 동일한 존재로 간주되고 또 한 사람의 개인처럼 행동할 수 있다는 것을 의미한다. 덕분에 법인은 자체의 업무를 처리하고 재산을 소유하면서도, 그것을 손에서 손으로 전달하려는 목적으로 영속적으로 양도하는 데 따르는 복잡한 문제점과 위태롭고 지속적인 필요성을 회피할 수 있다. 이 수단을 통해, 영구적으로 연속되는 개인들이 특정 목적을 추구하기 위해 불멸하는 존재처럼 행동할 수 있다. 그러나 이 존재는 그 창조 목적이 국가의 내치가 아니라면 거기에 참여하지 않는다. 그것은 불멸성을 지닌다고 해도 정치적 권위나 정치적 성격을 얻지 못하는데, 이는 자연인이 불멸성을 지닌다고 해도 그런 권력이나 성격을 갖지 못하는 것과 같다. 그것은 그와 같은 권한을 행사하는 자연인과 마찬가지로 국가의 도구가 되지 못한다.[29]

이처럼 마셜이 정부의 간섭에 대해 경계한 것은 오늘날과 달리 당시에는 법인이 공익에 기여하는 단체로 간주되었기 때문이다. 영국에서 이식된 전통에 따라 신생 미국에서도 법인은 교육이나 의료, 또는 도로나 교량의 건설 등, 공익을 도모하기 위해 개인들이 재산을 기부하고 단체를 구성하는 경우에 설립되었다. 처음에는 그런 경우가 흔치 않았고, 따라서 법인은 의회의 개별 입법을 통해 설립되었다. 그래서 그것은 공공 기관으로 간주되었고, 뉴햄프셔처럼 다수가 무소불위의 존재로 군림하던 곳에서는 통제의 표적으로 부각되었다. 그런 상황 속에서, 마셜 법원은 법인의 공공성을 인정하면서도 그에 간섭하는 정부의 권위를 제한함으로써, 법인이라는 제도에 안정성을 부

---

29 *Dartmouth College v. Woodward*, 17 U.S. at 636.

여하는 데 크게 기여했다고 할 수 있다. 반면에 정부는 앞으로 살펴보는 바와 같이 공동체의 치안과 복리를 내세우며 법인을 규제하는 권한을 확보하기 위해 노력한다. 그래도 다트머스대학 판례는 19세기 미국에서 법인이 겪는 중요한 변화 가운데 하나로서, 나중에 미국 자본주의가 법인을 중심으로 재편되는 과정의 단초로 자리 잡는다. 그렇기 때문에 법인의 대두는 제2부에서 주요 주제로 취급된다.

결국, 마셜 법원은 미국의 자본주의 발전에 필요한 제도적 지주를 수립하는 데 중요한 기여를 했다. 그것은 권력의 기능상 분립과 연방과 주 사이의 분립, 그리고 정치적 권위와 경제 권력 사이의 분립을 헌법에 규정된 원칙에서 미국인들의 생활을 규정하는 제도로 바꾸어 놓았다. 특히 세 번째 측면에서 마셜 법원은 정치적 권위가 개인의 재산과 계약, 그리고 기업 활동에 간섭하지 못하도록 억제함으로써, 자유로운 시장경제가 발전하는 데 필요한 핵심적 장치를 만들어 주었다. 이미 제6장에서 언급한 바와 같이 정치학자 네델스키에 따르면, 그것은 시장을 정치가 간섭하지 못하는 기본 구조로 여기는 태도였다. 바꿔 말하면, 마셜 법원은 재산을 토대로 대두하는 미국의 엘리트가 정치적 권위의 영향에서 벗어나 경제 권력을 향유할 수 있도록 보호하는 데 기여했다고 할 수 있다. 따라서 좁은 뜻의 권력분립을 실현하는 데는 물론이요, 넓은 뜻에서 권력구조의 일종인 자본주의가 미국에서 발전하는 데도 중요한 역할을 했다고 할 수도 있다.

그런 마셜 법원의 역할은 건국 이후 처음 한 세대 동안 유지된 중상주의 경제정책의 기조와 완전히 합치하는 것이라 할 수 없다. 마셜은 분명히 헌법에 대한 유연한 해석을 수용하며 연방정부의 권력을 확립하는 데 기여했다. 그러나 개인의 재산과 계약에 대한 권리를 옹호하며 각 주에서 정부가 그런 권리를 침해하는 데 제동을 걸었으며, 정부가 공익을 위해 그런 조치를 취한다 해도 개인의 권리를 존중해야 한다고 역설했다. 따라서 마셜 법원은 중상주의적 기조보다 자유주의적 신조를 강조하는 자세를 취했다고 할 수 있다.

그런 자세는 19세기 미국에서 상인과 농장주, 그리고 기업가를 비롯한 유력자들의 입지를 공고하게 다지는 데 크게 기여했다. 이미 살펴본 바 있듯이, 그것은 헌법 제정과 국가 건설을 주도했던 정치 지도자들이 기대하던 것이었다. 그들의 기대는 주로 마셜의 활약 덕분에 실현되었다. 그가 사법 심사권을 확보하는 데 주력한 덕분에, 대법원도 입법부나 행정부와 마찬가지로 헌법을 해석하는 권위를 확보할 수 있었으니 말이다.

그러나 대법원은 강력한 권위를 지니지 못했고, 또 외부의 도전이나 압력에 개의치 않을 만큼 자율성을 누리지도 못했다. 무엇보다도, 법원은 스스로 판단을 내리고서도 그것을 집행하는 능력을 지니지 못했다. 그 능력은 행정부에 집중되어 있었으며, 그래서 대통령의 뜻에 따라 법원의 권위가 흔들릴 수 있었다. 더욱이, 국민이 주권의 주체로서 헌법을 해석하는 궁극적 권위를 주장할 수 있었다. 이 가능성은 보통 사람들이 스스로 힘을 모으고 국민의 이름으로 자신들의 뜻을 내세웠던 1830년대부터 나타나기 시작했다. 그 결과로, 예를 들면 원주민의 권리를 보호하려던 법원의 판결이 휴지처럼 내버려지는 일도 있었다. 바꿔 말하면, 법원도 정치와 권력의 자장 속에 존재했다고 할 수 있다.

그 점에서는 위에서 살펴본 다양한 제도들도 같은 입지에 놓여 있었다. 연방정부와 정당 체제, 통화와 은행제도, 그리고 시민권을 비롯한 일련의 제도들은 새로운 국가의 골격이 되었지만, 변화를 겪지 않는 화석처럼 굳어져 버리지는 않았다. 차라리 자라나는 아이들의 뼈대처럼, 몸통을 떠받칠 만큼 단단하면서도 그와 함께 변화를 겪는 구조였다. 그런 구조가 미국의 자본주의 문명에서 필수적 지주가 되었다. 이제 그 문명을 움직이는 발전 동력으로 눈을 돌린다.

제8장

발전 동력의 재편

미국이 건국 이후 처음 한 세대 동안에 자본주의 발전에 필요한 제도적 지주를 수립했다면, 그다음 한 세대 동안에는 한 걸음 더 나아가 자본주의에 내재하는 발전 동력을 확보했다고 할 수 있다. 물론, 이런 시기 구분은 다른 모든 개념상 범주와 마찬가지로 역사의 전개 과정을 정밀하게 반영하지 못한다. 그저 복잡다단한 사실들을 우리가 이해할 수 있도록 간단한 약도를 그려 주는 데 지나지 않는다.

사실 미국인들이 건국 이후에 맞은 두 번째 세대에, 그러니까 미국이 영국과 벌이던 전쟁을 끝낸 1810년대 중엽부터 멕시코와 전쟁을 시작하기 직전인 40년대 중엽까지, 미국에서 일어난 변화는 서로 복잡하게 얽혀 있어서 우리가 이해할 수 있도록 정리하기가 어렵다. 유럽사에 견주어 보면, 이 시기에는 무엇보다 산업혁명이 진행되었다. 산업혁명은 잘 알려져 있듯이 영국에서 시작되었지만, 19세기에는 다른 여러 나라로 전파되었다. 그것은 제조업의 발전에 그치지 않고 경제 전반에 지속적 성장을 가져왔다. 더욱이 사회구조와 생활방식, 그리고 정치체제에 기원을 두고 있었을 뿐 아니라 거기에 적 잖은 영향을 끼치기도 했다. 그래서 산업혁명은 오랜 기간에 걸쳐 커다란 변화를 가져온 근대화 과정의 일환으로 취급된다. 이 거대하고 복잡한 과정에서 산업혁명이 어떤 파장을 일으켰는지 이해하는 것은 어려운 일이다. 더욱이 그 양상이 나라에 따라 다르기 때문에, 그 차이점을 파악하는 것도 중요한 일이다. 그것은 바꿔 말하면 자본주의가 발전하는 과정을 탐구하며 그 과정에서 나타나는 국가별 특징을 파악하는 작업이라 할 수 있다. 왜냐하면 우리가 흔히 산업혁명이라 부르는 현상은 결국 자본주의가 비약적으로 발전하면서 경제구조가 제조업 중심으로 재편되는 과정이기 때문이다.

그에 대한 해석으로서 근래에 주목을 끈 것은 "시장 혁명"Market Revolution 이라는 개념이다. 이것은 1991년 찰스 셀러즈Charles Sellers가 제시했는데, 1810년대 중엽부터 40년대 중엽까지 한 세대 동안 산업의 비약적 발전을 비롯해 미국 사회에 일어난 다양한 변화를 포괄적으로 파악하는 큰 틀이다. 그에 따르면, 이 기간에는 시장이 빠른 속도로 팽창하며 상업과 제조업뿐 아니라 경제를 넘어 문화에도 커다란 변화를 일으켰다. 그 과정에서 미국인들은 가족과 공동체 대신에 개인과 물질적 이익을 중시하는 태도를 지니게 되었다. 더욱이, 그런 변화에서 실패와 좌절을 겪은 사람들은 정치적 해결책을 모색하며 민주정치의 대두를 이끌었다. 한마디로 줄이면, 미국 사회가 전반적으로 시장을 중심으로 재편되었다고 할 수 있다. 이 해석은 미국 역사학계에서 적잖은 비판을 받았다. 여러 학자들은 특히 시장의 발전이 셀러즈가 주장하는 것보다 더 일찍 시작되어 오늘날에도 지속되는 장기적 과정이라고 지적하면서, 그가 모든 변화를 경제적 요인으로 돌리는 유물론적이고 환원론적인 시각을 지니고 있다고 비판했다. 오늘날 "시장 혁명"이라는 개념을 받아들이는 학자들은 분명히 그것을 장기적으로 지속되는 과정으로 취급한다. 그렇지만 그 과정에 관해서는 뚜렷한 설명을 제시하지 못한다.[1]

셀러즈의 "시장 혁명" 개념은 다른 이유에서도 받아들이기 어렵다. 그것은 기본적으로 자본주의 발전 과정의 일환이며, 따라서 그 과정에서 작용하는 동력을 제대로 파악할 때야 비로소 그 기제도 올바르게 이해할 수 있을 것이다. 이에 관한 상세한 논의는 〈부록: 자본주의 문명의 발전 동력〉에서 시도한다. 여기서 밝혀 두어야 할 것은 필자가 시야를 시장에서 자본주의로 넓히고, 초기 미국에서 그것이 발전하는 과정을 살펴보며 거기서 작용하는 동력을 찾아내고자 한다는 점이다. 자본주의가 문명의 일종으로서 경제 권력에 자율적 위상을 부여하는 구조를 갖춘다면, 또 미국에서는 혁명과 건국을 거치며 실제로 자리 잡았다면, 그것은 넓은 뜻에서 권력구조의 근본적 변형을 가져왔다고 할 수 있다. 무엇보다도, 정치적 권위와 종교적 권위가 토지를 비롯해 사람들의 생존과 번영에 필요한 자원을 통제하지 못하게 되고, 반대로 경제 권력은 자율적 위상을 누리며 그런 권위의 간섭에 저항할 수 있게 되었으니 말이다. 더욱이, 그것은 정치적 권위나 종교적 권위와 달리 한 세대에서 다음 세대로 상속될 수 있는 힘으로, 그래서 사람들이 자신을 넘어 그 후손까지 보호할 수 있는 힘으로 여겨졌다. 그것은 결국 자본주의 문명에서 핵심적 위상을 차지하게 된다. 게다가 자본주의 문명이 발전함에 따라 사회적 분업이 크게 진전되었고, 그 결과로 기존의 지배계급이 해체되는 반면에 임금노동자와 함께 중간 관리자 같은 새로운 집단이 등장했다. 그리고 이들 집단은 새로이 대두한 엘리트는 물론이요 흑인 노예 및 원주민과도 복잡한 관계를 맺게 되었다. 이렇게 초기 미국에서는 권력구조와 함께 사회질서가 중대한 변형을 겪었다. 그런 변화 속에서, 미국인들은 권력과 위상을 강화하기 위해 관행이나 전통 대신에 새로운 접근 방식을 찾고자 노력했다. 그에 따라 미국 문명의 발전 동력도 새로운 방식으로 개편되었다.

---

1 Charles Sellers, *The Market Revolution: Jacksonian America, 1815–1846* (Oxford: Oxford Univ. Pr., 1991); Melvyn Stokes and Stephen Conway, eds., *The Market Revolution in America: Social, Political and Religious Expressions, 1800–1880* (Charlottesville: Univ. Pr. of Virginia, 1996); John Lauritz Larson, *The Market*

그 발전 동력이 구체적으로 어떻게 개편되었는가 하는 의문이 이 장의 주제이다.

1. 자유민주주의의 대두

먼저, 정치 영역을 살펴보자. 19세기 미국에서는 무엇보다도 자유민주주의가 대두했다. 바꿔 말하면 미국의 정치체제에서 군주정이나 귀족정의 요소가 축소되고 민주정의 요소가 확대되는 동시에 자유주의가 대두했다. 물론, 1810년대 중엽부터 한 세대 동안 미국이 겪은 정치적 변화를 자유민주주의의 대두라는 하나의 어구로 모두 포괄할 수는 없다. 그 시기에는 무엇보다 지역 사이의 갈등이 점차 심각한 양상을 띠기 시작했고, 또 점차 지역주의라는 정치적 전통으로 자리 잡아 오늘날까지 이어진다. 더욱이, 19세기 중엽 미국의 민주주의는 여성과 흑인, 그리고 원주민을 배제하는 등, 근본적 한계를 안고 있었다. 그래도 그 시기에 대두한 자유민주주의가 이후 미국의 발전 과정에서 매우 중요한 함의를 지니고 있으므로, 거기에 초점을 맞추고 정치적 변화를 관찰할 필요가 있다.

지역 사이의 갈등은 미국의 정치적 발전에서 경시할 수 없는 중요한 변수였다. 그것은 무엇보다도 노예제와 연관되어 있었다. 연방헌법을 제정할 때 성립했던 타협에도 불구하고, 노예제는 점차 통제하기 어려운 제도가 되었다. 이는 먼저 1820년 미주리 타협Missouri Compromise에서 드러났다. 이 타협은 미주리가 연방에 가입함에 따라 노예주와 자유주 사이의 세력균형이 무너지는 것을 막는 방안이었다. 그 기원은 1819년 2월 미주리를 연방에 가입할

Revolution in America: Liberty, Ambition, and the Eclipse of the Common Good (Cambridge: Cambridge Univ. Pr., 2010).

수 있도록 허용하는 법안에 있었다. 이 법안이 연방의회에서 거론되자, 노예제라는 난관이 나타났다. 1787년 북서부령에 따르면 오하이오강 이북의 북서부 영토에서는 노예주가 신설될 수 없었으나, 그 인접 지역 미주리에는 이미 노예제가 수립되어 있었기 때문이다. 따라서 하원은 일부 의원의 제안으로 미주리의 연방 가입을 허용하되, 노예제를 금지한다는 단서 조항을 추가했다. 그러나 상원은 그것을 놓고 논쟁을 벌이다가 회기 내에 처리하지 못했고, 따라서 미주리 안건은 폐기되었다.

다음 회기에 유사한 법안이 제출되자, 또 하나의 난관이 나타났다. 그 사이에 남부에서 앨라배마가 노예주로 연방에 가입했고, 따라서 노예주와 자유주는 각각 11개가 되었으며, 연방의회에 같은 수의 상원 의원을 보낼 수 있었다. 이제 미주리가 노예주로 연방에 가입한다면, 그 균형이 무너지는 결과를 피할 수 없었다. 하원에서는 인구가 급증한 북부 자유주가 이미 다수를 차지하고 있었던 만큼, 노예주들은 미주리의 가입으로 노예제 세력이 확대되기를 기대했다. 반면에 자유주들은 상원에서 노예주가 다수를 차지하면 노예제의 확산을 저지하기가 어려워질 것이라며 미주리의 가입을 경계했다. 논쟁은 의회를 넘어 언론으로 확대되었지만, 난관이 해결되지는 않았다. 결국 하원에서 의장직을 맡고 있던 헨리 클레이가 매서추세츠에서 분리, 독립하려던 메인을 미주리와 함께 연방에 가입시키자는 제안을 내놓았다. 그리고 이후에는 서부 영토에서 노예제가 허용되는 지역을 미주리의 남쪽 경계선인 북위 36도 30분으로 하자고 덧붙였다. 이 방안으로 난관이 해결되었다. 클레이의 제안은 1820년 2월 의회에서 통과되었고, 미주리와 메인은 동시에 연방에 가입했다. 그러나 노예주와 자유주 사이의 대립 구도는 그대로 남아 있었다.

지역 갈등은 지역별로 상이한 이해관계에 뿌리를 두고 있었지만, 그와 다른 계급적 이해관계와도 얽혀 있었다. 이는 앤드루 잭슨의 정치적 행보에서 뚜렷하게 나타났다. 그는 1767년 캐롤라이나 내륙 오지의 소농 가정에서 태어났는데, 그가 태어나기도 전에 아버지가 사고로 세상을 떠나는 불운을 맞이했다. 게다가 혁명기에는 어린 나이에도 불구하고 참전했다가 영국군의 칼에 상처를 입고 또 어머니마저 전염병으로 잃는 불행을 겪었다. 그래도 말 안장을 만드는 작업장에서 견습공으로 일하면서 약간의 교육을 받을 수 있었다. 그리고 그것을 바탕으로 혼자 법률 공부를 해서 스무 살에는 변호사가 되었고, 테네시로 이주해 개업했다. 그리고 토지 소유권 분쟁이나 폭행에 관한 소송을 맡으며 입지를 확보했고, 거기서 얻는 수입으로 토지 투기에 뛰어들어 많은 노예를 거느리는 대농장주로 발돋움하기 시작했다. 더욱이, 민병대에 들어가 원주민을 몰아내는 전투에 앞장서며 군인으로서도 이름을 떨치고자 했다. 그래서 미영전쟁에서 얻은 전국적 명성을 바탕으로 1824년 대통령 선거에 나설 수 있었다. 그래도 잭슨은 노예제를 옹호하는 엘리트로 여겨지지 않았다. 오히려 서부를 대표하는 입지전적 인물이요 보통 사람들을 대변하는 정치인으로 통했다.

그런 이미지는 19세기 미국의 새로운 문화적 토양 위에서 등장했다. 앞에서 언급한 바 있듯이 식민지 미국으로 이주한 대다수 유럽인들은 일확천금을 꿈꾸지 않았지만, 열심히 일하면 자영농으로 자리 잡을 수 있고 나아가 농장주가 될 수도 있다고 믿었다. 그들은 그저 남부럽지 않을 만큼 경제적 여유를 누릴 수 있는 "능력"을 성취하고자 했던 것이다. 더욱이, 그들은 물질적 풍요와 거리가 있는 다른 신조를 중시하기도 했다. 청교도들은 현세의 풍요보다 내세의 구원을 기대하며 모범적인 기독교 사회를 건설하고자 했고, 혁명과 건국의 지도자들은 미국에서는 시민이라면 누구나 자유롭고 평등하며—물론, 원주민이나 흑인, 또는 여성 같은 소수집단은 제외하고—행복을 추구하는 권리를 지니는 공화국을 건설하고자 했다. 그러나 19세기 미국에서는 그런 신조가 퇴조하는 반면에, 물질적 풍요가 더욱 중시되었다. 이제 미국인들은 "제 힘으로 성공한 사람"self-made man, 바꿔 말하면 다른 사람들이 부러워할 만큼 부귀영화를 누리며 성공을 구가하는 사람, 그런 사람을 우러러보았다. 이런 관념은 나중에 "미국인의 꿈"American Dream이라 불리는 면면한 전통으

로 발전한다. 이 새로 형성되던 전통 위에서, 잭슨은 자수성가의 대표적 사례로 보였다.[2]

그 전통은 되돌아보면 자본주의 발전 과정에 수반되는 문화적 변동의 일환이었다. 아래에서 서술하는 바와 같이, 그것은 19세기 초부터 시장경제가 빠른 속도로 발전하고 사회적 상승이나 하강이 활발하게 일어나던 분위기 속에서 미국인들이 과거에 비해 더욱 물질적 풍요에 주목하고 또 주력하던 풍조를 보여 주었다. 물론, 잭슨 시대의 문화적 토양을 자수성가라는 하나의 관념으로 규정할 수는 없다. 그것은 다른 한편으로 수많은 "실패자"failure와 "낙오자"loser를 만들어 내기도 했다. 유럽에 비해 토지와 기회가 풍부한 미국에서도, 자수성가는 물론이요 경제적 자립조차 달성하기가 쉽지 않은 이상이었다. 더욱이 시장경제가 발전함에 따라 경제는 크고 작은 경기변동을 거듭했고, 그래서 상업은 물론이요 농업 부문에서도 불황을 견디지 못하고 파산하는 사람들이 늘어났다. 그리고 개인의 자율성을 강조하는 문화 속에서, 그런 사람들은 흔히 능력이나 자질, 또는 성품에서 결함을 지닌 존재로 폄하되었다. 그로 인해 발생하는 심리적 상처도 미국 문화에서 중요한 전통을 만들어 낸다.[3]

따라서 다른 한편에서는 경제발전과 빈부 격차가 동시에 전개된다고 지적하며 대안을 모색하는 운동이 활발하게 진행되었다. 무엇보다도, 어떤 사람들은 유럽의 초기 사회주의로부터 영향을 받아 미국에 이상적 공동체를 건설하고자 시도했다. 예를 들어 로버트 오원Robert Owen이나 샤를르 푸리에 Charles Fourier의 추종자들은 사유재산을 폐지하고 자유연애와 공동육아를 실천하는 데 대안이 있다는 점을 입증하기 위해 노력했다. 다른 사람들은 물질

---

2 Jim Cullen, *The American Dream: A Short History of an Idea That Shaped a Nation* (Oxford: Oxford Univ. Pr., 2003), 3-102.

3 Scott A. Sandage, *Born Losers: A History of Failure in America* (Cambridge, MA: Harvard Univ. Pr., 2005).

적 진보가 정신적 성숙 대신에 오히려 퇴행을 수반한다는 데 주목했다. 이들은 헨리 데이비드 소로와 함께 랄프 왈도 에머슨Ralph Waldo Emerson을 중심으로 문명에서 벗어나 자연으로 돌아가서 내면의 소리에 귀를 기울였다. 이 초월주의자들transcendentalists은 뉴잉글랜드의 청교도 전통과 유럽의 낭만주의에서 영향을 받아 물질주의와 노예제를 비롯해 당대 미국에서 보이던 심각한 문제점에 대해 비판하는 목소리를 내었으며, 이후 세대에도 적잖은 영향을 끼쳤다. 그렇지만 그들의 목소리는 대안을 모색하던 사회주의자들의 목소리와 마찬가지로 "미국인의 꿈"을 바라는 수많은 사람들에게 들리지 않았다는 것도 기억할 필요가 있다.

잭슨의 이미지는 또한 미국의 정치 문화가 변모하는 과정에서 형성되었다는 점을 기억할 필요가 있다. 미영전쟁을 계기로 공화파가 연방파를 물리치고 미국 정계를 석권하자, 대권이 공화파 안에서 승계되었고, 그것도 국무장관에게 승계되는 관행까지 수립되었다. 그래서 1824년 대통령 선거가 다가왔을 때, 먼로 행정부에서 국무장관으로 일했던 존 퀸지 애덤스John Quincy Adams는 선두 주자로 여겨졌다. 그는 도덕적으로 모범적인 인물이었을 뿐 아니라 전임 대통령이었던 아버지 존 애덤스의 후광도 입고 있던 정치인이었다. 재산이 많지는 않으나 좋은 가문에서 태어나 훌륭한 교육을 받은 덕분에, 누구나 인정하는 엘리트로서 나중에 "보스턴 브라민"Boston Brahmin이라 불리는 집단을 대표하는 인물이 되었다. 그러나 이런 위상은 1820년대 미국에서 정치적 부담으로 바뀌고 있었다. 보통 사람들이 엘리트의 지도를 따르는 이른바 "경의의 정치"politics of deference가 퇴색함에 따라, 그것은 일반 시민사이에서 지지를 얻기보다는 오히려 반감을 사는 요인이 되었으니 말이다. 실제로, 존 퀸지 애덤스는 뉴잉글랜드에서 압도적 우위에 있었지만, 다른 지역에서는 그렇지 않았다. 그렇기 때문에 잭슨과 클레이를 비롯한 유력 정치인들이 선거전에 뛰어들었고, 정책 대결보다는 인물 평가에 의존했다. 그리고 잭슨이 일반 투표에서 15만 표를 얻어 1위를 차지하고 애덤스가 11만 표로 2위에 그치는 선거 결과를 보게 되었다. 바꿔 말하면, 시민이 유력자를 따르기보다는 오히려 유력자를 만들어 내는 대중 정치의 시대가 왔다고 할 수 있다.

그런 변화는 결국 새로운 정당 체제의 형성으로 이어졌다. 1824년 선거에서는 선거인단 투표에서 놀라운 사태가 벌어졌다. 잭슨도 애덤스도 다수를 확보하지 못했던 것이다. 따라서 연방헌법 수정조항 제12조에 따라 결선 투표는 연방 하원으로 넘어갔고, 클레이는 하원 의장이었기 때문에 후보 자격을 잃어버렸다. 하원에서는 다수가 애덤스를 지지하는 더욱 놀라운 사태가 벌어졌다. 클레이가 자신의 내륙 개발 프로그램에 동조하는 애덤스를 지원했던 것이다. 애덤스는 그에 대한 보답으로 클레이를 국무장관직에 지명했다. 잭슨은 그것을 "썩어빠진 흥정"이라 비난하며 자신의 지지자들을 끌어모아 새로운 정파를 조직하기 시작했다. 이 "잭슨파"Jackson Party는 보통 사람들을 대변한다는 구호 아래, 제퍼슨의 뒤를 이어 농업과 농민을 옹호하는 반면에 정치인과 결탁해 특권을 확보하는 상공업자들을 경계했다. 그리고 지지 세력을 끌어모으기 위해, 우호적인 언론기관과 접촉하고 지역별로 정치단체를 조직하며, 나아가 휘장을 두르고 노래를 부르며 대중 집회를 열고 가두 행진을 벌이는 등, 오늘날 우리가 알고 있는 대중 정치의 기법들을 도입했다. 그 결과, 대통령 선거에 참여한 유권자는 1824년 24 %에서 4년 뒤에 58 %로 크게 늘어났다. 그리고 그중 56 %가 잭슨을 지지했다. 그러자 선거에서 패배한 애덤스와 클레이도 추종자들을 모아 정파를 조직하고 지지 세력을 확보하고자 노력했다. 결국 잭슨파는 주권재민과 다수결의 원칙을 강조하는 "민주당"Democratic Party이라 불리게 되었고, 애덤스파는 그와 달리 법의 지배와 소수의 권리를 옹호하는 "휘그당"Whig Party이라 불리게 되었다. 그렇게 해서 수립된 "제2차 정당 체제"는 1850년대 중엽까지 한 세대 동안 유지된다.[4]

---

4 Sean Wilentz, *The Rise of American Democracy: Jefferson to Lincoln* (New York: Norton,

그런 정당 체제 속에서 잭슨은 민주당이 보통 사람들을 대변한다는 점을 입증했다. 이는 먼저 1830년 원주민 이주법Indian Removal Act에서 나타났다. 남부에는 체로키Cherokee, 세미놀Seminole 등, 다섯 부족이 영어를 배우고 농경 생활을 하는 등, 오래전부터 "미국화"의 길을 걷고 있었다. 이들 60,000명에 이르는 원주민은 워싱턴과 제퍼슨의 장려 속에 백인과 대결하기보다는 공존하며 새로운 생활방식에 적응하기 위해 노력했다. 말하자면 백인과 공생하는 "중간 지대"를 건설하고 있었던 셈이다. 그러나 토지를 놓고 원주민과 백인이 다투는 일이 끊이지 않았고, 백인은 토지 소유권을 확보함으로써 그런 분쟁에서 벗어나고자 했다. 잭슨은 농업의 발전과 농민의 번영을 기대하며 그런 남부 백인의 소망에 호응했다. 따라서 남부에서 원주민 선교에 정성을 기울이던 종교 단체의 반대를 무릅쓰고 이주법을 제정했고, 또 미시시피강을 건너 오늘날의 오클라호마에 원주민 보호구역Indian Reservation을 설치하고 원주민을 강제로 이주시켰다.

그것은 원주민에게 커다란 타격을 입혔다. 세미놀 같은 부족은 무기를 들고 저항했지만, 결국 패퇴하고 다른 부족처럼 이주하지 않을 수 없었다. 그렇게 해서 10년 넘게 추진된 대규모 이주는 험난한 여정이었다. 이동하는 거리는 부족에 따라 대략 500 내지 1,500 km에 이르렀는데, 원주민은 잠시 마차나 기선을 탈 수 있는 구간을 제외하면 대부분 걸어야 했고, 보잘것없는 식량에 의지하며 비와 눈, 바람과 추위, 그리고 햇빛과 싸워야 했으며, 또 언제나 백인 군대의 감시와 억압을 받으며 움직여야 했다. 결국 여정에 오른 사람들 가운데 대략 4분의 1이 길에서 죽음을 맞이했고, 살아남은 이들은 그것을 "눈물의 길"Trail of Tears이라 부르며 가슴에 아로새겼다.

자신의 생각을 밀어붙이는 잭슨의 자세는 다른 중요한 사안에서도 이어졌다. 그런 사안 가운데 하나는 관세정책이었다. 수입관세는 1828년에 존 퀸

2005), 181-311.

지 애덤스 행정부가 거의 모든 공업 제품을 대상으로 최고 60 % 넘게 부과할 수 있도록 매우 높게 책정한 바 있었다. 그것은 물론 북부의 공업을 보호, 육성한다는 취지에서 결정되었지만, 남부에는 그만큼 부담이 늘어난다는 것을 뜻했다. 1832년, 잭슨은 남부의 불만을 감안해 세율을 절반 수준으로 낮추는 새로운 법률을 제정했다. 그러나 남부는 그에 만족하지 않았고, 특히 사우스캐롤라이나는 관세법을 용인할 수 없다며 무효라 선언했다. 이 "무효화 위기"Nullification Crisis를 맞아, 잭슨은 군사력을 동원하겠다며 엄포를 놓았다. 그리고 사우스캐롤라이나가 한 걸음 물러서자, 다음 해에는 새로운 세율을 점진적으로 인하한다는 의회의 타협안을 받아들였다.

그런 자세는 미국은행 재인가 문제에서 더욱 견고해졌다. 1832년 미국은행은 4년 뒤에 인가 기간에 만료되는 데 대비해 미리 재인가를 신청했다. 그러나 잭슨은 제퍼슨과 마찬가지로 그것이 연방헌법에 어긋나는 제도라고 생각했다. 더욱이, 일부 상인과 금융업자가 정부에서 특권을 얻어 미국 경제를 좌우하는 권력을 휘두르면서 독점적 이윤을 누린다고 생각했다. 특히 은행 총재 니컬러스 비들Nicholas Biddle이 펜실베이니아의 명문가 출신으로서 당대 미국의 상류사회를 대표하는 인물이었기에, 그런 의심을 떨칠 수 없었다. 따라서 의회가 통과시킨 재인가 법안에 대해 거부권을 행사했고, 나아가 재무장관을 비롯한 각료들의 만류도 뿌리치고 미국은행에서 연방정부 예치금을 인출해 여러 지방은행에 나누어 맡기기도 했다. 이 "은행 전쟁"Bank War의 결과로 미국은행은 문을 닫았다. 때마침 영란은행이 대출을 억제하는 조치를 취하자, 영국 자본에 크게 의존하던 미국 경제는 다음 해인 1837년 공황을 맞이했다.[5]

그래도 잭슨은 1836년에 퇴임할 때까지 보통 사람들을 대변하기 위해 노력했고, 그의 후계자 마틴 밴 뷰런Martin Van Buren도 그렇게 했다. 밴 뷰런은

---

5 Ibid., 312-455.

잭슨보다 더욱 서민적 면모를 지닌 인물이었다. 그는 잭슨과 같이 보통 사람으로 출발했지만, 잭슨과 달리 큰 재산을 모아 자수성가한 다음에 정계로 진출한 것이 아니라 여러 공직을 맡으며 정치인으로서 출세하는 데 주력했다. 바꿔 말해 그는 직업 정치인이었으며, 이 점에서 잭슨뿐 아니라 다른 모든 전임 대통령과도 달랐다.

밴 뷰런의 부모는 네덜란드계 이민의 후예로서, 뉴욕시에서 북쪽으로 200 km쯤 떨어져 있던 후미진 마을에서 농사를 지으며 주점을 운영했다. 그렇지만 아들을 마을에 있던 학교에 보내 기초 교육을 받게 하고, 또 멀지 않은 도읍으로 보내 중등교육까지 받게 했다. 열네 살에 학업을 마친 밴 뷰런은 그 마을의 변호사 사무실에서 견습생으로 일하며 법률 공부를 시작했고, 스물한 살이 되던 1803년에는 변호사 자격을 얻었다. 개업한 다음에 경제적 안정을 누릴 수 있게 되자, 밴 뷰런은 정치에 관심을 기울였다. 그리고 곧 뉴욕주 의회로 진출해 공화파의 일원으로 활동하기 시작했고, 몇 년 뒤에는 뉴욕주 검찰총장을 역임했으며, 1821년에는 연방 상원에 진출하며 워싱턴 정계에 발을 들여놓았다. 그는 1824년 선거에서 잭슨을 지지하지 않았으나, 다음 선거에서 그가 유리한 고지에 있다고 보고 그를 돕기 시작했다. 무엇보다도 잭슨파를 지역별로 조직하고, 그 기구를 이용해 유권자들을 동원하는 데 주력했다. 그렇게 해서 잭슨의 신임을 얻고 결국 대통령직까지 승계했으나, 밴 뷰런이 대통령으로서 성공했다고 보기는 어렵다. 취임 첫해인 1837년에 공황이 닥쳤는데도, 토지 투기를 억제하기 위해 정화의 공급을 축소하는 소극적인 정책에 집착했을 뿐이다.

그의 정책보다 더욱 주목을 끄는 것은 그의 정치적 이력이다. 밴 뷰런은 무엇보다 자신의 뛰어난 개인적 역량을 이용해 권력의 사다리를 올라갔다. 그는 어린 시절부터 많은 사람들과 교우 관계를 맺을 만큼 뛰어난 친화력을 지녔고, 정치인으로서도 폭넓은 친분 관계를 유지했다. 그렇지만 제퍼슨을 뒤따라 주권이 국민에게 있다는 점을 강조하며, 연방정부가 권력을 확대하는 것을 경계하는 반면에 주 정부가 주도권을 장악하고 있어야 한다고 생각했다. 또 그런 생각을 실천하기 위해, 연방파를 견제하며 제퍼슨을 추종하는 공화파를 단결시켜야 한다고 생각했다. 따라서 밴 뷰런은 정강과 정책뿐 아니라 동지에 대한 충성심도 강조했다. 그리고 그런 충성심을 뒷받침하는 데 엽관제spoils system를 활용했다. 다른 정치인들과 마찬가지로 선거에서 승리해 지사나 시장 같은 공직을 장악하면, 판사와 서기를 비롯해 그 휘하에 있는 많은 임명직을 일종의 전리품으로 여기고 거기에 자신의 추종자들을 선임했던 것이다. 그런 관행을 이용해 밴 뷰런은 단단한 조직을 구축했고, 그래서 워싱턴에 머무르면서도 이른바 "올버니 섭정"Albany Regency을 통해 뉴욕 정계를 좌우할 수 있었다. 더욱이 1820년대 중엽에 잭슨파에 가담한 다음에는, 그와 같은 조직을 전국적으로 확대하는 데 심혈을 기울였다. 밴 뷰런은 여러 차례에 걸쳐 남부를 여행하며 사우스캐롤라이나의 존 캘훈John C. Calhoun을 비롯한 유력 정치인들을 만나 잭슨파가 전국적으로 단합하게 만들었다. 특히 주별로 잭슨파를 규합하는 위원회를 설치하고 그 아래에 지방 위원회를 두고 그 위에는 중앙위원회를 두며 전당대회를 개최하는 등, 잭슨파가 정파를 넘어 정당으로 발전하는 데 기여했다. 결국 이런 조직 덕분에, 밴 뷰런은 잭슨의 후계자가 될 수 있었다.[6]

밴 뷰런의 이력은 당대 미국의 정치체제에 중요한 변화가 일어나고 있었다는 사실을 말해 준다. 그것은 "제1차 정당 체제"에 뒤이어 정당이 미국 정치에 뿌리를 내리기 시작했다는 점을 보여 준다. 이제 정당은 파벌이라는 전통적 관념을 불식시키며 정강 정책을 중심으로 정치인을 조직하고 나아가 유권자를 동원하는 기구로 착실히 발전하고 있었다. 밴 뷰런의 이력은 또한 정치를 직업으로 삼는 새로운 엘리트가 대두하기 시작했다는 것을 보여 준다.

---

6 Robert V. Remini, *Martin Van Buren and the Making of the Democratic Party* (1951; New York: Norton, 1970); Daniel Walker Howe, *What Hath God Brought: The Transformation of America, 1815-1848* (Oxford: Oxford Univ. Pr., 2007), 483-524.

반면에 조지 워싱턴에서 존 퀸지 애덤스까지 이르는 기존 집권 세력이 정치 일선에서 물러나기 시작했다는 것을 뜻한다. 이제 그 세력은 정당에서 전당 대회 의장과 같은 몇몇 고위직을 차지하는 반면에 대부분의 직책을 새로운 정치 엘리트에게 내주었다. 이에 관해서는 제3절에서 상세하게 논의한다.

여기서 주목해야 할 것은 그와 같은 장기적 변화가 투표권의 확대를 비롯해 민주정치가 발전하는 과정과 연관되어 있었다는 점이다. 사실, 투표권은 1790년대부터 점진적으로 확대되었다. 각 주에서 재산 자격이 완화되거나 철폐되었고, 서부의 새로 탄생한 주에서는 처음부터 재산 자격이 없었다. 따라서 1850년대 중엽에 이르면, 어느 주에서도 재산 자격을 찾아볼 수 없게 되었다. 백인으로서 성인 남성이라면 누구나 투표권을 지니는 보통선거제가 수립되었던 것이다. 게다가 투표 방식도 점차 개선되었다. 남부를 비롯한 여러 주에서 유권자들은 투표장에 모여 있다가 판사가 호명하면 어느 후보를 지지하는지 큰 소리로 밝히거나, 커다란 투표용지에다 후보들의 이름을 써놓고는 마음에 드는 후보의 이름 아래에 자신의 이름을 써넣는 방식으로 투표했다. 그러나 19세기 중엽에 이르면 일정한 규격에 따라 투표용지를 제작, 사용하는 등, 무기명 비밀투표제가 자리 잡기 시작했다.

이런 변화는 유럽과 비교할 때 주목할 만한 현상이다. 19세기 중엽까지 유럽에서는 참정권이 좁게 제한되어 있었고, 그래서 영국이나 프랑스, 또는 독일 지역에서는 노동자들이 투표권을 얻기 위해 싸워야 했고 때로는 목숨까지 잃기도 했으니 말이다. 미국에서는 여성과 흑인이 그런 투쟁을 벌였지만, 백인 남성은 그럴 필요가 없었다. 이미 혁명기에 그들 가운데 대다수가 참정권을 지니고 있었기 때문이다. 나머지 소수도 헌법과 정당 체제 덕분에 손쉽게 참정권을 차지할 수 있었다. 공화파와 민주당은 국민이 주권을 지닌다는 원칙 아래 다수의 지배를 주장하며 지지 세력을 확대하기 위해 다양한 노력을 기울였다. 특히, 유권자를 동원하기 위해 위에서 소개한 다양한 선거운동 방법 외에 후보자가 유권자에게 술을 대접하고 자격이 없는 사람도 투표하게 하는 등, 도의나 법규를 어기는 일도 서슴지 않았다. 그렇지만 결국 참정권에 필요한 재산 자격을 완화하고 거주 기간을 단축하며 정치 개혁을 추진하는 데 주력했다. 잭슨과 밴 뷰런은 그런 운동에서 주도적 역할을 했고, 또 큰 혜택을 누렸다. 그러자 연방파와 휘그당도 태도를 바꾸었다. 이들은 앞에서 언급한 바 있듯이 법의 지배를 주장하며 소수의 권리를 옹호하는 데 관심을 기울였지만, 선거에서 이기기 위해서는 민주당과 마찬가지로 다양한 노력을 기울이며 유권자의 환심을 사려 했고, 결국 참정권을 확대하는 정치 개혁에 동조했다.[7]

그렇지만 그런 정치 개혁에 중요한 문제점이 있었다는 점도 기억할 필요가 있다. 참정권은 백인 남성에 국한되었고, 여성이나 흑인, 또는 원주민에게까지 확대되지는 않았다. 그처럼 미국인 가운데 소수에 한정되었기 때문에, 그것은 특권으로서 분명한 의미와 기능을 지녔다. 참정권은 공화국에서 일정한 자격과 능력을 갖춘 시민에게만 허용되는 특권이었다. 그것은 무엇보다도 생계를 다른 사람에게 의지하지 않고 자신의 힘으로 유지하는 경제적 독립, 스스로 무장을 갖추고 국가의 방위에 일조하는 능력, 그리고 국사에 관해 자율적으로 판단하고 참여하는 자세를 요구했다. 반면에 참정권이 없는 사람들은 그런 능력이나 자세를 갖추지 못한 존재로 폄하되었다. 19세기 미국에서 여성은 그런 존재로 간주되었고, 그래서 결혼한 다음에도 법률상 독립된 존재가 될 수 없었을 만큼 가부장제에 시달렸다. 흑인은 그보다 더 열등한 존재로 간주되었고, 또 대부분 백인 농장주에게 종속된 노예였기에 공화국 시민이 될 수 없었다. 그래도 그들 가운데 일부는 이미 건국기부터 적잖은 재산과 함께 참정권까지 지닌 자유인이었다. 그러나 19세기 초부터 참정권이 확대됨에 따라, 그 소수의 흑인마저 참정권을 잃게 되었다. 잭슨파와 민주당

---

7 Alexander Keyssar, *The Right to Vote: The Contested History of Democracy in the United States with a New Afterword* (New York: Basic Books, 2000), 26-52.

은 참정권을 확대하기 위해 재산 자격을 크게 완화하거나 아예 철폐하는 반면에, 자유 흑인까지 폄하하며 시민으로 취급하지 않는 등, 인종주의에 호소함으로써 참정권을 백인 남성에게 한정하고자 했다. 그것은 참정권을 특권으로 유지하는 동시에, 남부에서 백인의 일반적 지지를 확보하는 방안이었다. 또 연방이 노예제에 간섭하지 않을까 두려워하며 주권州權, 즉 주의 권위states' rights를 강조하는 남부 주들을 연방에서 이탈하지 않도록 유도하는 방안이기도 했다. 19세기 중엽 미국에서 참정권과 민주주의의 확대는 결국 가부장제와 함께 인종주의의 심화를 수반하는 변화였다고 할 수 있다.[8]

더욱이, 그것은 미국의 헌정 질서에서 무게 중심이 보통 사람들에게로 쏠리는 변화를 수반하기도 했다. 연방헌법에서 드러나는 것처럼, 미국의 헌정 질서는 권력을 다양한 방식으로 구분하고 그것들이 서로 견제하며 균형을 이루게 유도하는 복잡한 구조를 갖추었다. 건국을 주도한 정치 지도자들은 특히 보통 사람들의 세력이 확대되는 것을 경계하며 대통령과 상원, 그리고 대법원을 상당히 자율적인 기구로 만들고자 했다. 그러나 잭슨파와 민주당이 보통 사람들을 조직하고 정치과정에 동원하는 데 성공함에 따라, 하원은 물론이요 대통령도 "국민"의 이름으로 그들의 권익을 옹호할 수 있었다. 위에서 언급한 원주민 이주법은 그런 변화를 보여 주는 대표적 조치라 할 수 있다. 이에 관해 대법원은 일관성 없는 판결을 내렸다. 1831년 체로키부족 판례Cherokee Nation Case에서, 대법원은 원주민이 "국내 속국인"의 지위를 지닌다고 지적하며, 그들의 권익 대신에 연방정부의 이주 정책을 옹호했다. 그러나 그다음 해에 있었던 우스터 판례Worcester Case에서는, 원주민이 주권을 갖고 있으므로 원주민 토지에 대해서는 개별 주가 규제를 가할 수 없다고 선언했다. 그런데도 잭슨 행정부는 그 판결을 무시하고 개별 주가 원주민을 강제

---

8 Gerald Leonard and Saul Cornell, *The Partisan Republic: Democracy, Exclusion, and the Fall of the Founders' Constitution, 1780s–1830s* (Cambridge: Cambridge Univ. Pr., 2019), 146–177.

로 이주시키고 그 토지를 수용하는 정책을 지지했다. 따라서 헌법 해석에 관해 대법원이 주장하던 권위는 대통령이 국민의 지지를 바탕으로 추구하던 권위 앞에서 허물어졌다.[9]

그렇다면 밴 뷰런이 대변하는 정치적 변화는 19세기 중엽 미국에서 민주 정치가 발전하는 경향을 뚜렷하게 보여 준다고 할 수 있다. 참정권이 확대되는 과정에서 드러난 바와 같이, 그것은 미국 헌법에 들어 있는 정치적 원칙을 토대로 발전했다. 또한 아래에서 살펴보는 사회·경제적 변화와 연관되어 더욱 강화되기도 했다. 이런 뜻에서, 밴 뷰런이 대변하는 정치적 변화는 미국 자본주의의 정치적 토대에 내재하는 동력에서 유래한다고 할 수 있다.

그런 함의는 민주당의 정책에서 드러났다. 민주당은 다수를 대변한다고 자임했다. 그리고 소수가 부패한 정치인과 결탁해 특권을 얻고 독점적 이윤을 누리는 데 반대하면서 다수의 권익을 옹호했다. 그렇지만 이런 자세가 언제 어디서나 일관성 있는 정강 정책으로 구현되었던 것은 아니다. 민주당은 공화파와 마찬가지로 농업을 중시하고 농민을 지원하는 데 주력했다. 따라서 농민이 손쉽게 농토를 확보할 수 있도록, 국유지를 매각할 때 규모와 가격을 감축하며 원주민을 미시시피강 너머로 이주시키기도 했다. 그렇지만 민주당은 자영농만이 아니라 농장주도 지원하고자 했다. 큰 농장을 갖고자 하던 농민의 꿈을 가로막을 수 없었을 뿐 아니라, 남부 농장주들의 지지가 필요하기도 했기 때문이다. 따라서 민주당은 노예제에 관해 명확한 입장을 취할 수 없었다. 적지 않은 북부 당원들이 개혁가들과 함께 노예제의 즉각 폐지를 주장한 반면에, 남부 당원들은 노예제를 적극적으로 옹호했고, 지도부는 노예제 문제를 덮어 두거나 각 주에서 알아서 처리해야 한다고 생각했다. 이는 물론 주권州權을 강조하며 권력이 연방에 집중되는 것을 경계하는 공화파의 전통에 부합하는 정강이었다. 사실, 민주당은 그 정강 덕분에 전국에 걸쳐 지지

---

9 Ibid., 178-209.

세력을 확보할 수 있었다. 그러나 1840년대 중엽부터 노예제를 둘러싸고 갈등이 심화됨에 따라, 분열의 위기에 직면하게 된다.

민주당은 도시 주민에게도 큰 관심을 기울였다. 이민과 노동자, 장인과 상점주 등, 다양한 부류의 보통 사람들의 요청에 대해서도 호응하고자 했다. 민주당이 주목한 것은 시장경제의 발전에 따라 부침을 겪던 일자리와 일거리였다. 그것은 실업이나 질병, 또는 사고를 만나게 되면 곧장 생존의 위기에 부딪히는 이민과 노동자에게 절실한 과제였다. 오늘날과 달리, 19세기 중엽에는 그런 과제가 개인의 태만이나 무능, 또는 불운에서 유래하는 것으로 간주되었다. 그것을 사회문제로 보기 시작한 것은 19세기 말부터이고, 그에 대해 사회적 대책을 마련하기 시작한 것은 20세기 중엽부터이다. 심지어 오늘날에도 적절한 대책이 부족한 실정이다. 그런 인식이나 대책이 없던 19세기 중엽에는, 이민이나 노동자가 위기에 대비해 할 수 있는 것이 친지에게 도움을 요청하는 일 이외에 상조회를 구성해 평소에 조금이나마 저축해 두는 데 그쳤다. 거기서 얻을 수 있는 지원이 끊어지면 자선에 호소하는 수밖에 없었지만, 그것은 빈민이라는 낙인과 함께 지역사회에서 수모를 각오해야 하는 일이었다. 따라서 이민과 노동자는 민주당에서 정치적 해결책을 기대했으며, 민주당은 그들에게 일자리와 일거리를 알선하며 지지를 당부했다. 이는 오늘날 부정부패로 취급되지만, 당시에는 그저 친지들이 호의를 주고받는 것으로 간주되었다. 사실, 그것은 먼 옛날부터 내려오던 후견제의 전통, 유력자와 보통 사람들이 보호–종속 관계를 맺고 서로 의존하던 저 고래의 전통, 거기에 뿌리를 두고 있었다. 이런 뜻에서 새로운 정치체제에는 낡은 전통이 긴 그림자를 한 자락 드리우고 있었다고 할 수 있다.

그렇지만 경제적 측면에서 볼 때, 민주당이 도입한 정책에서 가장 중요한 것은 도시 주민 가운데서도 장인과 상점주 같은 부류와 연관되어 있었다. 그들은 이민이나 노동자와 다른 문제를 안고 있었고, 또 다른 해결책을 모색했다. 그들이 보기에 심각한 문제는 소수의 독점에 있었다. 시장경제의 발전에 따라 새로운 사업을 벌이고 높은 수익을 올리는 기회가 열려 있었다. 그러나 소수의 유력자들이 도로나 교량, 또는 운하를 건설하거나 기선이나 기차를 운행하고 막대한 수익을 올리는 기회를 독점했다. 그것은 그들이 정치인과 결탁해 의회에서 그런 기회를 독점하는 특권을 확보하기 때문이었다. 이는 낡은 전통의 긴 그림자 가운데 몸통이라 할 만한 것이었다. 식민지 시대에도 유력자들은 대개 많은 재산과 함께 중요한 관직도 지녔고, 그래서 흔히 정부를 움직여 좋은 토지를 많이 차지할 수 있었다. 혁명과 건국을 거쳐 민주정치가 도입되었지만, 그런 관행은 사라지지 않았다. 그렇지만 이제 유력자들 이외에 보통 사람들도 새로운 기회를 잡으려 했다. 그들은 거주 지역에서 이웃사람들과 함께 힘을 모아 군청이나 법원 같은 정부 기관을 유치하거나 도로나 운하, 또는 철도를 개설하는 사업을 추진했다. 그리고 의회에 청원서를 제출하며 법령의 제정을 촉구했다. 따라서 초기 미국에서 각급 의회는 다양한 청원서를 접수했고, 그것을 처리하기 위해 흔히 특별 입법에 의지했다. 청원서는 대개 특정 지역이나 집단, 또는 개인에게 국한되는 내용을 담고 있었기 때문이다. 그렇게 해서 제정된 특별법은 주 의회에서 제정되는 전체 법률 가운데 대략 3분의 2 내지 5분의 4를 차지했다.[10] 이런 상황 속에서 유력자들은 유망한 사업을 독점할 수 있었다. 그래도 적절한 대책은 나타나지 않았다.

1810년대에 하나의 방안이 떠올랐는데, 그것은 뉴욕주에서 법인의 설립을 자유화하는 조치를 취한 데 있었다. 뉴욕은 누구든 일정한 조건을 갖춰 정부에 신고하면 자동적으로 설립을 인가한다는 새로운 원칙을 도입했다. 이는 분명히 특권과 부패를 척결하고 시장에서 경쟁을 보장하는 중요한 조치였다. 더욱이 뉴욕은 법인이 손실을 내고 파산하더라도 투자자들이 자신의 사

---

10 Robert M. Ireland, "The Problem of Local, Private, and Special Legislation in the Nineteenth-Century United States," *American Journal of Legal History* 46.3 (2004), 271-299; Maggie McKinley, "Petitioning and the Making of the Administrative State," *Yale Law Journal* 127.6 (2018), 1538-1637.

재까지 털어 손실을 메우도록 무한책임을 지우지 않고, 이미 투자한 금액만 잃고 청산 절차를 마칠 수 있도록 유한책임을 묻는 제도를 수립했다. 이는 투자자들을 보호함으로써 기업에 대한 투자를 촉진하는 조치였다.

그렇지만 다른 주들은 주저했다. 정부 재정의 관점에서 볼 때, 의회에서 특별 입법을 통해 인가 여부를 결정하고 신청자들로부터 수수료를 받는 것이 주민에게 부과하는 세금을 인상하는 것보다 훨씬 나은 방안이었기 때문이다. 그러나 주기적으로 찾아오던 공황 때문에 각 주의 정부는 재정적으로 심각한 난관에 부딪혔다. 많은 주들이 은행을 수립하고 운하를 건설하는 데 투자했으나, 공황 때문에 채무 불이행 사태에 직면했기 때문이다. 따라서 특권과 부패에 대한 비판의 목소리가 높아졌고, 잭슨과 민주당은 자유방임을 역설했다. 그들이 말하던 자유방임은 정부가 기업을 규제하거나 개혁하기 위해 시장에 개입하는 일이 없어야 한다는 것이 아니었다. 그것은 정부가 소수의 유력자들을 비롯한 "특수 이해관계자들"special interests을 비호하지 말아야 한다는 것을 뜻했다. 바꿔 말해 이해관계가 있다면 누구나 시장에 참여하고 경쟁을 벌일 수 있도록, 정부가 시장에서 뒷전으로 물러나 있어야 한다는 것이었다. 결국, 1820년대부터 일부 주들이 뉴욕을 뒤따라 법인 설립을 자유화하며 유한책임제를 도입하는 조치를 취했고, 1850년대에 이르면 그런 조치를 취하지 않은 주를 찾아볼 수 없게 되었다.[11]

---

11 Herbert Hovenkamp, *Enterprise and American Law, 1836–1937* (Cambridge, MA: Harvard Univ. Pr., 1991), 1–48; John Lauritz Larson, *Internal Improvement: National Public Works and the Promise of Popular Government in the Early United States* (Chapel Hill: Univ. of North Carolina Pr., 2001); David A. Moss, *When All Else Fails: Government as the Ultimate Risk Manager* (Cambridge, MA: Harvard Univ. Pr., 2002), 53–84; John Joseph Wallis, "Constitutions, Corporations, and Corruption: American States and Constitutional Change, 1842 to 1852," *Journal of Economic History* 65.1 (2005), 211–256; Eric Hilt, "Corporation Law and the Shift to Open Access in the Antebellum United States," National Bureau of Economic Research Working Paper 21195, http://www.nber.org/papers/w21195 (2015년 9월 21일 접속).

그런 변화는 중요한 의미를 지녔다. 그것은 무엇보다도 혁명과 건국을 통해 수립되었던 자본주의의 정치적 토대 가운데서 정치적 권위와 경제 권력을 분립시킨다는 원칙이 실제로 구현되기 시작했다는 것을 의미한다. 그 원칙은 이미 살펴본 바와 같이 연방헌법에 묵시적으로 도입되고 마셜 법원을 통해 제도적으로 수립되었으나, 초기 미국 정치·경제의 실제에서 제대로 구현되지 않았다. 의회와 시장에서는 식민지 시대에 정착했던 관행이 지속되었기 때문이다. 그렇지만 보통 사람들이 정치적 발언권에 의지해 그런 관행에 제동을 걸었고, 잭슨과 민주당은 그것을 법인 설립의 자유화라는 새로운 제도로 실현하는 데 나섰다. 그 결과로 정치적 권위와 경제 권력의 분립이라는 원칙이 확립되었던 것은 아니다. 유력자들은 흔히 새로운 제도를 받아들이지 않고 오히려 의회에 접근해 특별법을 이끌어 내는 낡은 관행에 매달렸다. 그래도 그것은 이제 정경 유착이요 부정부패로 간주되기 시작했다. 이런 인식과 비판은 나중에 살펴보듯이 19세기 말에 이르면 진보적 개혁의 동력으로 바뀌며 오늘날까지 이어진다. 그러므로 19세기 중엽에 확산된 법인 설립 자유화 조치는 정치적 권위와 경제 권력의 분립에서 중요한 의미를 지닌다고 할 수 있다.

　　그것이 지니는 다른 한 가지 의미는 상품시장이 자유화되었다는 데 있다. 법인 설립의 자유화는 무엇보다도 시장에 대한 중상주의적 규제가 철폐되었음을 뜻한다. 앞에서 살펴본 바 있듯이, 중상주의는 특별 입법을 통해 법인 설립을 인가함으로써 소수의 시민이 특정 사업을 독점할 수 있도록 규제했다. 반면에 그런 규제가 사라진 19세기 중엽 미국에서는, 누구나 일정한 조건을 갖추면 간단한 신고를 통해 법인을 설립하고 상품을 제조하거나 유통시키는 사업을 벌일 수 있게 되었다. 더욱이, 이런 법인은 대개 유한책임제를 통해 투자자를 보호할 수 있었다. 종래에는 기업이 이익을 내지 못하고 손해를 입는 경우에 거기에 투자한 사람들이 그것을 모두 변상할 때까지 책임을 져야 했지만, 이제 유한책임제 아래에서는 기업이 파산하는 경우에도 투자한 금액에 대해서만 책임을 져야 했을 뿐이다. 이는 물론 법인 기업에 대한 투자를 활성화하는 데 기여했다. 그에 따라 기업을 설립하고 상품을 제조하거나 유통시키는 사업을 추진하는 기회가 유력자들에게 국한되지 않고 정치적 권위에 접근하기 어려운 일반인에게도 개방되었다.

그와 같은 법인 설립의 자유화는 유럽에 비하면 적어도 한 세대 정도 앞서 일어난 변화였다. 유럽에서는 18세기 초에 있었던 투기 열풍을 계기로 법인의 설립이 엄격하게 규제되기 시작했는데, 그런 규제가 19세기 중엽까지 유지되었다. 반면에 미국에서 먼저 법인 설립이 자유화됨에 따라, 법인 기업은 금융, 토목, 운송 부문에 이어 일찍이 상업, 광업, 제조업 등 여러 부문에서 자리를 잡았다. 그 결과, 미국은 유럽에 비해 더 많은 기업을 갖게 되었다. 근래의 연구에 따르면, 건국에서 내전까지 약 70년 동안에 설립된 기업은 법인이나 그와 유사한 형태를 갖춘 것으로 한정한다 해도 무려 31,000개가 넘었다. 같은 기간에 영국에서 설립된 기업이 12,000개에 지나지 않았다는 사실에 비추어 보면, 그것은 분명히 주목할 만한 차이이다. 그에 못지않게 주목할 만한 것은 평균 자본금이 미국의 경우에 200,000달러를 조금 넘었는데, 그것은 영국에 비해 6분의 1에도 미치지 못하는 금액이었다. 따라서 19세기 중엽까지 미국은 몇몇 대기업이 이끄는 나라가 아니라 수많은 중소기업이 서로 공존 또는 경쟁하며 함께 움직이는 나라였다고 할 수 있다.[12] 그렇지만 19세기 후반에는 일대 반전이 일어나는데, 그에 관해서는 제12장에서 살펴본다.

지금 여기서 주목해야 할 것은 법인 설립의 자유화와 그에 따른 상품시장의 자유화가 미국 자유주의의 대두에서 주목할 만한 의미를 지닌다는 점이다. 이미 지적한 바 있듯이 자유주의는 미국에서 처음부터 확립되었던 것

---

12 Les Hannah, "Corporations in the US and Europe, 1790-1860," *Business History* 56.6 (2014), 865-899. 또한 다음 연구도 참고하라. Richard Sylla and Robert E. Wright, "Corporation Formation in the Antebellum United States in Comparative Context," *Business History* 55.4 (2013), 653-669.

이 아니고, 또 혁명기에 갑자기 지배적 이데올로기로 대두한 것도 아니다. 그것은 식민지 시대부터 미국인들의 일상생활 속에 배여 있었지만, 혁명과 건국을 거치면서 비로소 공식적 원칙으로 자리 잡았다. 그런 다음에 18세기 말에 발전하기 시작한 자본시장에 스며들었고, 또 19세기 중엽에 이르러 상품시장에도 스며들었다. 그렇지만 노동시장에는 자유주의가 단속적으로 확산되었다. 미국인들은 19세기 중엽까지 노동자가 자유로운 신분을 지닌다는 관념을 갖게 되었지만, 노동자가 노동조합을 결성하고 사용자와 협상하는 자유와 권리도 지닌다는 관념은 20세기 중엽에 이르러서야 얻게 되었다. 바꿔 말하면, 미국에서 자유주의는 오랜 기간에 걸쳐 부분적으로, 또 점진적으로 확산되었다고 할 수 있다. 이렇게 해석할 때야 비로소, 우리는 미국의 자유주의가 오늘날에도 뚜렷이 보이는 면면한 전통을 지닌다는 사실을 올바르게 이해할 수 있다.

유념해야 할 것은 그것이 단일한 전통이 아니라 민주주의와 얽혀 여러 갈래로 나뉘는 흐름이라는 점이다. 그 기원은 이미 제1부에서 살펴보았듯이 17세기 영국에서 물려받은 급진주의와 보통법 전통과 청교도 신앙, 그리고 18세기 유럽에서 가져온 계몽사상에 있었다. 이 다양한 사조는 미국인들이 영국에 저항하며 독립을 쟁취하는 과정에서 "생명, 자유, 그리고 행복의 추구"라는 어구로 집약되는 혁명 이데올로기로 융합되었다. 그렇지만 이 이데올로기는 제7장에서 언급한 바 있듯이 건국을 계기로 크게 두 갈래로, 즉 연방파와 반연방파—공화파라는 정파가 각각 대변하던 대조적인 사조로 나뉘었다. 분열과 대립을 가져온 여러 요인 가운데 핵심적인 것은 인간과 시민의 기본적 권리를 비롯해 혁명에서 제기되었던 보편적 이념을 어떻게 해서, 또 얼마나 넓게 실현시킬 것인가 하는 문제였다. 한편에서 법의 지배와 소수의 권익을 강조한 반면에, 다른 한편에서는 다수결의 원칙과 평등한 권익을 역설했으니 말이다. 이들 사조는 물론 새로 나타났던 것이 아니다. 그런 사조는 이미 아리스토텔레스가 지적한 바 있듯이 고대 그리스에서 뚜렷하게 나타났다. 더욱이, 앞으로 살펴보는 바와 같이 미국이나 다른 근대 국가에서도 일반적으로 관찰할 수 있는 조류이다. 필자는 이들 일반적 조류를 각각 엘리트주의와 평등주의로 이해하고자 한다.

미국의 엘리트주의는 혁명과 건국을 계기로 다시 탄생했다고 할 수 있다. 이미 언급한 바와 같이, 혁명은 식민지 시대에 지배계급으로서 권위와 위신을 누렸던 젠트리가 해체되는 결과를 가져왔다. 그 대신, 농장주와 상인, 그리고 법률가 등, 식민지 지도자들이 그 지위를 계승했다. 그들은 많은 재산과 함께 높은 위신을 누렸지만, 관직과 그에 수반되는 정치적 권위를 지니지 않았다는 점에서 근대적 엘리트에 가까웠다. 그래도 그들은 혁명과 건국의 과정에서 지도적 역할을 수행하며 정치적 권위를 누렸을 뿐 아니라, 아래 제3절에서 설명하는 바와 같이 신생 미국에서 사실상 관직을 독점하기도 했다. 다만, 식민지 지도자들이 지니던 재산과 위신이 전통적 지배계급과 달리 정치적 권위를 토대로 구축되지 않았다는 점에 주목할 필요가 있다. 더욱이, 그들은 신생 미국에서 해밀턴이 주장하던 것처럼 다수를 견제하며 법의 지배와 소수의 권익을 옹호하던 연방파를 지지했다. "생명과 자유, 그리고 행복의 추구"라는 어구에 집약되어 있던 혁명의 이념을 다른 파벌과 함께 공유했으나, 그 혜택을 더 많은 사람들이 누릴 수 있도록 확대하기보다는 오히려 이미 특혜를 누리고 있던 사람들이 권익을 침해당하지 않도록 옹호하는 데 주력했던 것이다.

그런 보수적 자세는 이후에 하나의 뚜렷한 전통으로 자리 잡았다. 그것도 정치보다 경제 영역에서 확고한 전통으로 자리 잡았다. 건국 이후, 엘리트는 점차 정치 일선에서 후퇴하고 사업에 치중하는 경향을 보였다. 그리고 자유방임을 역설하면서, 국가가 시장에 필요한 제도를 유지하면서도 시장에 직접 개입하지 않아야 한다고 주장했다. 그들 가운데 일부는 가능하면 국가의 역할을 축소하고 개인의 자유를 극단적으로 강조하는 자유지상론 libertarianism으로 경도되기도 했다. 그렇지만 주류는 직업 정치인을 비롯해 여러 분야에서 대두하는 엘리트와 연합했고, 그래서 나중에 설명하는 것처럼 20세기 중엽에 이르면 "파워 엘리트"라 불리는 집단을 구성했다. 그리고 오늘날에 이르기까지 "법과 질서"를 내세우며 다수에 맞서 소수의 권익을 옹호하는 전통을 형성했다. 그것은 분명히 엘리트주의라 부를 만한 전통이다.

다른 한편에서는 다수의 의지와 권익을 옹호하는 평등주의 전통이 자리 잡았다. 이 전통은 멀리 17세기 중엽 영국에서 형성된 급진주의에 기원을 두고 있지만, 혁명을 계기로 계몽사상가들이 주장하던 보편적 인권의 개념과 결합하면서 역시 다시 탄생했다고 할 수 있다. 그것을 물려받은 반연방파는 건국기에도 권위에 대한 오랜 두려움에서 벗어나지 못하고 주권재민의 원칙 위에서 정치적 평등과 다수결의 원칙을 강조하는 경향을 보였다. 또 그것을 이어받은 공화파는 보통 사람들을 정치과정에 적극적으로 참여하도록 유도하면서, 그것을 토대로 민주당과 같은 근대적 정치단체를 조직하고 정당체제를 개편하는 데 주력했다. 이어서 19세기 중엽에는 도로와 운하를 비롯한 사회간접자본의 건설에 투자하는 등, 국가가 시장에 적극적으로 개입해야 한다고 주장했다. 게다가 정부가 소수 유력자의 과도한 영향력에서 벗어나 보통 사람들에게 평등한 기회를 보장하고 공평한 혜택을 제공해야 한다고 주장했다.

그러나 미국의 평등주의는 그런 주장을 경제적 평등으로 확대하지는 않았고, 사회주의와 같은 더 급진적인 이데올로기로 경도되지도 않았다. 이는 유럽에서 평등주의가 걸었던 경로와 뚜렷하게 다르다. 근대 유럽에서도 평등주의는 먼저 급진주의의 형태로 나타났는데, 그것은 프랑스혁명에서 절정에 이르렀다. 그리고 거기에 큰 좌절을 겪은 다음에 19세기 말까지 면면한 전통을 유지했으나, 결국 사회주의를 비롯한 더 급진적인 이데올로기로 대체되었다. 그러나 미국에서는 급진주의가 혁명과 건국을 계기로 대중운동으로 대두했을 뿐 아니라, 나아가 참정권과 대의제의 확립, 국교와 신분제의 철폐 등, 민주주의 정치제도로 구현되는 성과를 거두기도 했다. 바꿔 말하면, 그것은 상당 부분 미국의 정치체제에 흡수되었다고 할 수 있다. 물론, 그 일부는 농민과 노동자들 사이에서 전통을 유지했고, 그래서 미국의 급진적 농민운동과 노동운동에 이념적 기초를 제공했다. 그렇지만 그 주류는 기존 체제를 벗어나거나 무너뜨리는 경로로 나아가지 않았다. 거기에 들어 있던 평등주의는 그 대신에 사회 통합과 함께 빈부 격차의 해소와 사회복지의 확대를 주장하는 방향으로, 바꿔 말해 진보주의적 개혁을 추진하는 방향으로 나아갔다. 필자는 이 조류를 평등주의적 전통이라 부르고자 한다.

평등주의는 엘리트주의와 함께 자유민주주의라는 정치체제에 내재하면서도 서로 다른 방향으로 움직이는 대조적 경향이다. 이 체제는 흔히 알려져 있는 바와 달리 내부에 뚜렷한 모순이 없고, 따라서 중요한 변화도 겪지 않는 완결된 구조가 아니다. 근래에 일부 정치이론가들이 주장하는 바와 같이, 오히려 근본적 모순을 안고 있으며 그로 인해 변화를 거듭하는 제도라 할 수 있다. 자유주의와 민주주의는 위에서 지적한 것처럼 서로 다른 이상을 추구하는 경향을 지니고 있기 때문이다.[13] 더욱이, 이들 경향은 언뜻 보기에 기이한 방식으로 서로 얽혀 있다고 할 수 있다. 자유주의에서 부각되는 개인의 자유나 소수의 권익, 또는 "법과 질서"는 모든 시민에게 적용되는 보편성을 지닌다. 따라서 자유주의는 보통 사람들의 권리를 신장하는 데도 적잖은 역할을 할 수 있었다. 실제로, 자유주의에서 강조되는 개인이나 소수의 권리는 장기적 안목에서 볼 때 점차 엘리트를 넘어 사회적 약자로 확장되었다. 이런 변화는 자유민주주의에 내재하는 대조적 경향들이 상호작용을 일으킨 결과라 할

---

13 Chantal Mouffe, *The Democratic Paradox* (London: Verso, 2000), 36–59; Richard Bellamy and Peter Baehr, "Carl Schmitt and the Contradictions of Liberal Democracy," *European Journal of Political Research* 23.2 (1993), 163–185.
　자유민주주의에 내재하는 모순에 관해서는 이미 19세기 중엽에 알렉시스 토크빌이 미국의 민주주의를 관찰하며 지적한 바 있다. 그의 지적 가운데서도 특히 "다수의 전횡"은 근래에 논의되는 모순의 원천이라 할 수 있다. 이에 관해서는 이미 언급한 Tocqueville, *Democracy in America*를 참고하라.

수 있다.

더욱이 그런 경향은 기본적으로 정치적인 것이지만, 다른 영역에서 분리되어 자율적으로 움직이지는 못한다. 사실, 정치는 영역을 구분하는 경계선과 관계없이 사람들 사이에서 의사를 결정하기 위해 권위를 수립하고 운영하는 과정이라 할 수 있다. 여기서 유념해야 할 것은 정치가 자유주의자들의 이상과 달리 개인들이 자유와 평등을 누리며 자신의 이익을 좇아 개별적으로 움직이는 공간이 아니라는 점이다. 또 그것이 마르크스주의자들의 비판과 달리 소수가 국가기구를 장악하고 다수에게 양보와 희생을 강요하며 자신들의 이익을 일방적으로 관철시키는 영역도 아니라는 점이다. 적어도 19세기 중엽 미국에서 정치는 시민이 자신의 의사를 실현하기 위해 다양한 집단을 이루고, 갈등이나 타협, 또는 투쟁을 통해 세력을 겨루며 위계질서를 만들어 내는 영역이었다고 할 수 있다. 거기에 내재하는 대조적 경향들은 정치의 영역을 넘어 경제와 사회, 그리고 문화에도 영향을 끼치며 미국 자본주의의 발전 과정에서 중요한 역할을 담당한다.

그런 뜻에서 필자는 엘리트주의와 평등주의라는 정치적 전통에서 자본주의 문명을 서로 다른 방향으로 이끌고 가려는 동력을 관찰할 수 있다고 생각한다. 그런 전통이 역사적 동력으로서 미국의 자본주의 문명을 어떤 방향으로 이끌었는지 파악하기 위해서는 시야를 정치의 영역에 국한시키지 않고 경제와 사회, 그리고 문화의 영역으로 확대해야 한다.

2. 시장경제의 발전

그와 같은 정치적 변화는 경제발전의 배경을 넘어 자극제가 되었다. 우선, 정치적 변화에 스며들어 있던 국민주의 이데올로기가 경제발전에 중요한 동력을 제공했다. 그것은 경제정책은 물론이요 19세기 전반기의 경제발전에도 중요한 영향을 끼쳤다. 특히 주요 산업을 보호하기 위해 관세장벽을 수립하고, 군사적 위협에 대처하기 위해 군수산업을 지원하며, 지역 사이의 균형 발전을 위해 내륙 개발에 투자하는 노력으로 나타났다.[14] 더욱이, 아래에서 살펴보겠지만 미국인 가운데 소수만이 아니라 다수도 국가의 권위와 자원을 활용해 경제발전을 추진하고자 했다. 이 점은 먼저 재산권의 보장에서 뚜렷하게 보인다. 유럽에서는 근대적 의미의 재산권이 확립되는 과정에서 소수가 주도적 역할을 맡은 반면에, 농민을 비롯한 다수는 거기에 저항하며 치열한 투쟁을 벌였다. 그러나 미국에서는 다수가 소수와 함께 재산권의 보장을 요구했고, 따라서 그에 관한 투쟁도 국가적 쟁점으로 발전하지 않고 변경 지대를 중심으로 벌어지는 지역적 현상에 그쳤다.[15] 그렇지만 그런 투쟁이 대부분 원주민에게서 빼앗은 토지를 놓고 벌어졌다는 것—미국인들이 흔히 원주민을 대상으로 협상보다 전쟁을 벌이며 토지를 빼앗고 그것을 놓고 다툼을 벌였다는 것—도 기억할 만한 사실이다.

다수의 역할은 재산권의 보장을 넘어 경제의 발전 과정에서 구체적으로 살펴볼 필요가 있다. 그것은 먼저 국가의 적극적 역할에서 찾아볼 수 있다. 국가는 19세기 미국에 관한 종래의 해석에서 제대로 부각되지 않았다. 그것은 재산과 계약에 관한 권리를 보장하고, 개인이—더 정확하게 말하면 소수의 기업가들이—그런 권리를 바탕으로 경제발전을 주도하는 동안에 그저 뒷전에 물러나 있었던 것으로 보였다. 이런 해석은 개인주의와 자유주의가 일찍부터 미국을 지배했다는 오랜 선입견의 소산이다. 그러나 앞에서 밝힌 바와 같이 그런 이데올로기는 1850년대에 와서야 뚜렷하게 나타났고, 나중에 살펴보겠지만 1870년대에 들어선 다음에야 비로소 지배적 사조로 자리 잡는다. 그 이

---

14 Liah Greenfeld, *The Spirit of Capitalism: Nationalism and Economic Growth* (Cambridge, MA: Harvard Univ. Pr., 2001), 369–427.

15 Naomi R. Lamoreaux, "The Mystery of Property Rights: A U.S. Perspective," *Journal of Economic History* 71.2 (2011), 275–306.

전에는 오히려 개인의 자유와 권리에 못지않게 공동체의 자치와 복리를 강조하는 이데올로기가 끈질긴 위력을 지니고 있었다.

근래의 연구에 따르면 그것은 분명히 18세기에 대두한 공화주의에서 큰 힘을 얻었으나, 그보다 훨씬 전에 형성되었던 영국의 보통법, 그러니까 이미 중세부터 영국에서 축적된 수많은 판례에 뿌리를 두고 있었다. 사실 보통법 체제는 식민지 미국에 정착되었고, 혁명과 건국을 거치며 헌법을 비롯해 많은 성문법이 제정되는 가운데서도 존속했다. 미국은 18세기 말에 거대한 변화를 겪었지만, 모든 영역에서 기존 관습을 청산하지는 않았기 때문이다. 더욱이, 그것은 새로 수립된 연방보다 이미 존재하던 각 주에서 확고하게 자리 잡고 있었다. 거기서는 식민지 시대부터 법원이 지역의 실정과 필요에 적합한 판례를 수립하고 전통을 유지했다. 거기서는 또한 주민이 주권 가운데서 연방으로 넘어가지 않고 남아 있는 권력을 이용해 적극적으로 경제발전을 도모하고자 했다.

그렇게 존속하던 보통법 체제에서는 개인의 권리에 못지않게 주민의 복리가 중요한 가치로 간주되었다. 그리고 개인의 권리는 다른 사람들의 권리를 침해하지 않는 방식으로 행사되어야 한다는 원칙이 중시되었다. 이런 전통은 주민을 개별적 존재 대신에 사회적 존재로 취급하는 관념을 내포하고 있었다. 인간은 누구나 혼자서 살지 못하고 다른 사람에게 의지하며 살아나갈 수밖에 없다는 것, 그렇기 때문에 다른 사람들과 함께 공동체를 구성하고 그 일원으로서 보호를 받는 동시에 그에 협력하고 기여해야 한다는 것이었다. 따라서 공동체는 치안권police power을 지니고 있었다. 치안권이란 오늘날 경찰에 부여되는 권한과 달리 주민의 안전을 보장하는 데 필요한 조치뿐 아니라 주민의 복리를 증진하는 데 기여하는 다양한 조치를 취하는 권한까지 포괄한다. 그 예로는 화재의 확산을 방지하기 위해 개인의 주택을 파괴하는 권한, 매점매석과 같이 시장에서 공정한 거래를 저해하는 행위를 단속하는 권한, 도로, 교량, 항만 등, 교통 시설을 통제하는 권한, 음주, 도박, 매춘

등, 미풍양속을 저해하는 행위를 단속하는 권한, 역병을 통제하기 위해 검역을 시행하고 시민의 이동을 제한하는 권한 같은 것을 들 수 있다. 이런 권한은 경제활동에 직접적인 영향을 끼쳤다. 치안권은 시장에서 사기나 협잡 같은 위법 행위를 단속하고, 시민의 건강을 저해하는 상품의 유통을 통제하며, 시장에서 거래되는 상품의 규격과 품질을 규제하는 데까지 뻗어 있었기 때문이다. 그런 권한을 지녔던 각 주는 따라서 19세기 전반기 미국의 경제발전을 주도할 수 있었다.[16]

당대 미국의 경제발전은 다른 말로 바꾸면 산업혁명이라 할 수 있다. 산업혁명은 좁게 말하면 재화의 생산에 이용되는 수단과 동력, 그리고 조직 등, 세 측면에서 일어나는 변화로 이루어진다. 첫 번째 측면에서는 재화를 생산하는 데 사용하는 수단이 간단한 도구에서 복잡한 기계로 바뀌었다. 두 번째 측면에서는 동력이 인력이나 축력 대신에 수력이나 증기력 같은 비동물 동력으로 바뀌었다. 세 번째 측면에서는 조직이 전통적 작업장에서 근대적 공장으로 바뀌었다. 그 결과, 장인 한 사람이 직공과 견습공 몇 사람을 데리고 생산과정을 전반적으로 수행하던 전통적 작업장이 쇠퇴했다. 그 대신, 많은 노동자들이 경영진의 지시에 따라 생산과정을 분담하고 각자 자신이 담당하는 과정만 수행하는 근대적 공장이 대두했다. 그런 변화는 어느 나라에서나 갑자기 일어나지 않았다. 그것은 제조업 이외에 농업과 상업까지 포함해 경제가 전반적으로 발전하는 추세의 일환으로서, 어디서나 오랜 기간에 걸쳐 진행되었다.

미국의 산업혁명은 흔히 1810년대 중엽에 시작되었다고 하지만, 그 기원은 건국기까지 거슬러 올라간다. 1790년대 미국에서는 농산물을 비롯한 일

---

16 William J. Novak, *The People's Welfare: Law and Regulation in Nineteenth-Century America* (Chapel Hill: Univ. of North Carolina Pr., 1996); Gary Gerstle, *Liberty and Coercion: The Paradox of American Government from the Founding to the Present* (Princeton, NJ: Princeton Univ. Pr., 2015), 17-86.

차 산품의 생산과 수출이 증가하는 동시에 교통·통신이 발달하는 경향이 뚜렷해졌다. 예를 들면 미국 전역에 있는 우체국이 75개에서 903개로 불어났고, 우편물 수송 도로가 3,000 km에서 34,000 km로 늘어났다. 그와 함께 우편 서비스가 확대되고 신문이 널리 보급되는 등, 정보의 유통이 원활해지기도 했다. 더욱이 일반 시민이 세운 기업 법인은 식민지 시대에 8개에 지나지 않았으나, 1790년대에만 311개나 새로 나타났다. 이들 법인은 대부분 도로나 운하의 건설을 목적으로 수립되었지만, 제조업진흥협회Society for the Establishment of Useful Manufactures처럼 근대적 공장을 지으며 제조업을 확산시키려는 목적을 지닌 것도 있었다. 이런 추세는 혁명을 계기로 중상주의적 규제에서 벗어나던 기업가 정신의 산물이었다.[17]

그런 발전 추세는 선진 기술에 대한 관심으로 이어졌다. 영국에서는 이미 18세기 중엽부터 기술혁신이 빠른 속도로 진행되고 있었는데, 가장 주목을 끌었던 것은 품질 좋은 면제품이 기계화 덕분에 양산되기 시작했다는 사실이었다. 이에 관심을 지닌 미국인 가운데 모지스 브라운Moses Brown이 행동에 나섰다. 그는 로드아일랜드의 수도 프로비던스Providence에서 부유한 상인의 아들로 태어나 해운업에서 성공을 거두었지만, 오늘날의 브라운대학을 설립하기 위해 막대한 재산을 기부하고 사업에서 손을 떼었다. 그러나 1788년부터 다시 사업에 뛰어들면서 면방직에 관심을 기울였고, 다음 해에는 프로비던스 북쪽에 방직 공장을 지었다. 그러나 기계가 제대로 작동하지 않자, 이를 해결하기 위해 영국에서 얼마 전에 도착한 새뮤얼 슬레이터Samuel Slater를 채용했다. 그는 영국 중부의 산업도시에서 새로운 면직 기계와 기술에 관해

---

17 Oscar Handlin and Mary F. Handlin, "Origins of the American Business Corporation," *Journal of Economic History* 5.1 (1945), 1–23; Thomas M. Doerflinger, *A Vigorous Spirit of Enterprise: Merchants and Economic Development in Revolutionary Philadelphia* (New York: Norton, 1986); 토머스 K. 맥크로, 『미국 금융의 탄생: 알렉산더 해밀턴과 앨버트 갤러틴의 경제 리더십』, 이경식 역 (Human & Books, 2013), 188–190.

배운 다음, 자신의 기능을 갖고 거부가 되겠다는 꿈을 품었다. 그리고 장인의 해외 이주를 금지하는 당국의 규제를 피해 미국으로 이주했다. 슬레이터는 제대로 가동되는 공장을 짓는 데 성공했고, 브라운의 동업자가 되어 그와 함께 주변의 주민을 가족 단위로 고용해 직물을 생산할 수 있었다.

그렇지만 미국은 영국에서 도입한 기술에 전적으로 의존하지는 않았다. 스스로 기술을 개발하는 데에도 커다란 관심을 기울였는데, 이는 건국기에도 분명하게 나타났다. 연방헌법에 열거된 의회의 권한(제1조 제8항) 가운데에는, "저술가와 발명가에게 그들의 저술과 발명에 대해 일정한 시기 동안 독점적 권한을 보장함으로써 과학과 기술의 진보를 촉진하는 권한"이 포함되어 있다. 그에 따라 의회는 1790년 특허법Patent Act을 제정하고 발명가들이 새로운 기계나 장치, 또는 제조 방법 등, 기술을 개발, 등록하고 국가로부터 보호를 받을 수 있는 길을 열어 주었다. 그리고 국무장관 제퍼슨을 비롯해 장관 3인으로 구성되는 특허위원회Patent Board를 설치하고 업무를 수행하게 했다. 그러나 이 기구는 빠르게 늘어나는 특허 신청서를 제대로 심사하고 결정할 수 없었다. 겨우 3년 뒤에 방침을 바꾸어 신청자가 일정한 요금을 내면 특허를 허용하기 시작했고, 또 특허가 폭발적으로 늘어나는 양상을 보게 되었다. 1802년에 이르면 의회는 특허위원회를 위해 따로 실무자를 고용하게 되었고, 1836년에는 한 걸음 더 나아가 특허사무국Patent Office이라는 독립 부서를 설치하게 되었다. 이 기구는 수많은 신청서 가운데서 참신하고 유용한 것을 선정하고 그에 대해 인증서를 발부하는 심사 절차를 수립했다. 오늘날까지 유지되는 이 절차 덕분에, 특허권은 일종의 상품으로 취급되기 시작했다. 관심을 가진 사람들이 특허권을 사고팔 수 있었고, 또 서로 관계있는 것들을 묶어서 더 매력적인 상품을 만들어 낼 수도 있었다.[18] 이처럼 새로운 기술을 활용

---

18 Richard R. John, *Network Nation: Inventing American Telecommunications* (Cambridge, MA: Harvard Univ. Pr., 2010), 43-44.

해 생산성을 높이고 이윤을 늘리는 경향은 경제를 비롯한 자본주의 문명의 발전 과정에서 점차 더욱 중요한 동력으로 작용한다. 따라서 그것은 이 책의 주제 가운데 하나로 취급된다.

초기 미국에서 개발된 기술 가운데 주목을 끄는 것은 올리버 에번스 Oliver Evans의 제분 시설이다. 그 시절에는 밀을 빻아 밀가루로 만드는 일을 대부분 가정에서 했지만, 그것을 기계로 대신하려는 시도가 여기저기서 진행되고 있었다. 에번스는 그런 기계들을 도입하고 거기에 통밀을 부어 넣는 일부터 밀가루를 포장하는 일까지 모두 기계로 처리해서 사람이 손을 댈 필요가 없게 만들려 했다. 그래서 양동이가 달린 곡물 운반기를 만드는 등, 새로운 기계를 개발하고, 또 그런 기계들을 컨베이어 벨트로 연결해서 제분 과정을 하나의 이어져 있는 흐름으로 만들었다. 바꿔 말하자면, 기계화를 통해 노동을 절약하는 동시에 생산과정을 연속 공정으로 통합했다고 할 수 있다.

그에 못지않게 주목을 끄는 것은 일라이 위트니 Eli Whitney가 추진한 기술 혁신이다. 그는 조면기를 발명해서 유명 인사가 되었다. 그것은 면화에서 씨를 제거하는 기계였는데, 종래에 50명이 하던 일을 한 사람이 할 수 있을 만큼 작업 능률을 올려 주었다. 위트니는 또한 소총 제조에 새로운 방식을 도입하고자 했다. 소총은 비교적 정밀한 기계여서, 오랫동안 지식과 경험을 쌓은 장인들이 한 자루씩 만들어 내는 방식으로 생산되었다. 그는 장인을 구하기 어려운 미국에서 그런 방식에 의존한다면, 짧은 기간에 많은 물량을 만들어 낼 수 없다고 보았다. 그래서 위트니는 부품을 일정한 규격에 따라 제작한 다음에 그것을 조립하는 방식을 도입하려 했다. 이는 흔히 알려져 있는 것과 달리 새로운 발상이 아니라 이미 오래전부터 전승되던 관념이었으나, 소총을 제조하는 데 활용되지는 않았다. 문제는 그것을 실천에 옮기기가 어려웠다는 데 있었다. 당시에는 정밀한 제작 도구가 없었을 뿐 아니라 정확한 계측 기구조차 없었기 때문에 부품을 일정한 규격에 맞춰 제작하기가 어려웠다. 따라서 위트니는 여러 차례 실패를 거듭한 끝에, 결국 다량으로 제작된 부품을 장인에게 의지해 일일이 규격에 맞게 다듬은 다음에야 소총을 조립할 수 있었다.

그래도 위트니 덕분에 부품을 일정한 규격에 따라 제작하며 호환 가능한 모양으로 대량 생산한 다음에 그것을 조립해 제품을 완성한다는 관념이 자리 잡기 시작했다. 그런 관념은 19세기 초에는 나무로 도르래나 시계를 만드는 데 도입, 실현된 바 있었다. 이제 연방정부는 그런 관념에 따라 청부업자들에게 소총을 일정한 규격으로 제작해 달라며 표준화를 요구했다. 사용하다가 고장이 나더라도 문제가 되는 부품을 갈아 끼우면, 소총을 계속해서 사용할 수 있게 해 달라는 것이었다. 따라서 위트니 같은 청부업자들은 기계화에 박차를 가했다. 그리고 절삭기를 비롯한 공작기계를 개발하는 한편, 많은 젊은이들이 그런 기계를 사용해 정밀한 부품을 만들어 낼 수 있도록 훈련을 시켰다. 그 결과, 1830년대에 이르면 소총 제조에서도 위트니의 꿈이 실현되었다. 이런 기술혁신은 점차 재봉틀 제조 같은 다른 분야로 확산되었고, 나중에는 "미국형 제조 체제"American system of manufacturing라 불리게 된다.[19] 이것은 제12장에서 다루듯이 미국을 특징짓는 양산 체제로 발전한다.

"미국형 제조 체제"는 해외에서 도입된 기술보다 미국에서 개발된 기술로 구성되어 있었다. 그것은 위에서 서술한 것처럼 기계화와 표준화, 그리고 대량생산이라는 특징을 지녔다. 이런 특징은 물론 노동력을 적게 들이면서도 일정한 규격에 따라 많은 물량을 생산하는 데 필요한 요소였다. 그것은 토지를 비롯한 자원이 풍부한 반면에 노동력이 부족한─특히 장인의 숙련 노동

---

19 Ross Thomson, *Structures of Change in the Mechanical Age: Technological Innovation in the United States, 1790–1865* (Baltimore: Johns Hopkins Univ. Pr., 2009). "미국형 제조 체제"라는 어구는 흔히 1850년대에 등장한 것으로 알려졌으나, 실제로는 1880년대에 이르러서야 비로소 사용되기 시작했다. 이에 관해서는 다음을 보라. David A. Hounshell, *From the American System to Mass Production, 1800–1932: The Development of Manufacturing Technology in the United States* (Baltimore: Johns Hopkins Univ. Pr., 1984), 15–25, 331–336.

력이 부족한—미국의 특이한 조건에 토대를 두고 있었다. 그리고 대중이 주도하는 미국의 독특한 시장 특성도 반영하고 있었다. 미국에서도 부자는 언제나 있었지만, 시장을 주도하지는 못했다. 그들이 원하는 사치품은 장인이 많은 유럽에서 생산되고 있었던 만큼, 거기서 수입해 사용할 수 있었다. 반면에 중산층이 영국이나 다른 유럽 국가에 비해 매우 두터웠고, 노동자도 높은 임금 수준 덕분에 유럽에서 유례를 찾기 어려울 만큼 탄탄한 구매력을 지니고 있었다. 이는 기본적으로 농업 생산성에 토대를 두고 있었다. 미국은 이미 설명한 바 있듯이 비옥한 토지를 풍부하게 갖고 있었고, 덕분에 유럽에 비해 수월하게 높은 농업 생산성을 달성할 수 있었으며, 또 그만큼 임금을 높은 수준으로 유지할 수 있었으니 말이다. 더욱이 미국에서는 인구와 경제가 함께 빠른 속도로 성장했기 때문에, 대중이 주도하는 시장이 대단한 활력을 지니고 있었다. 그런 시장에서 인기 있던 상품은 값싸고 튼튼한 제품이었다. 유럽에서 시장을 주도하던 주문생산—소수의 상층 고객이 요구하는 대로 이른바 명품 같은 호사스러운 제품을 생산하는 전략—은 미국에 적합하지 않았다. 바꿔 말하면, 미국의 소비자들도 표준화된 도안과 기계화된 생산에 힘을 실어주었다고 할 수 있다.[20]

대중 시장은 미국의 경제발전을 올바르게 이해하는 데 중요한 함의를 지닌다. 미국에서 경제는 흔히 기업이 견인하며 특히 대기업이 주도하는 것으로 알려져 있다. 그래서 소비생활도 기업의 생산·판매 전략에 따라 크게 좌우된다고 여겨지기도 한다. 특히, 대중문화조차 기업의 주도 아래 소비자들로 하여금 현실을 비판적으로 이해하지 못하고 오히려 그것을 자연스럽게 수

---

20 H. J. Habakkuk, *American and British Technology in the Nineteenth Century: The Search for Labour-Saving Inventions* (Cambridge: Cambridge Univ. Pr., 1962); Nathan Rosenberg, *Technology and American Economic Growth* (New York: Routledge, 1972), 87-116; idem, *Exploring the Black Box: Technology, Economics, and History* (Cambridge: Cambridge Univ. Pr., 1994), 109-120.

용하고 거기에 적응하는 방향으로 나아가도록 유도한다고 생각되기도 한다. 그러나 이런 견해는 오늘날 설득력을 지니지 못한다. 이에 관해서는 제3부에서 대중문화를 다루면서 깊이 살펴볼 것이다. 여기서 주목해야 할 것은 위에서 드러난 것처럼 대중이 주도하는 시장이 일찍부터 기계화와 표준화를 비롯한 기업의 생산 전략에 결정적 영향을 끼쳤고, 결국에는 대량생산을 지향하는 "미국형 제조 체제"가 대두하는 데 필요한 전제 조건이 되었다는 사실이다. 바꿔 말하면, 기업은 마케팅을 통해 소비자에게 영향력을 행사하기만 하는 것이 아니라, 시장에서 소비자가 선호하는 상품을 생산, 공급하기 위해 필사적인 노력도 기울인다고 할 수 있다. 따라서 미국에서 시장경제가 발전하는 과정도 소비자에게 주목하지 않고서는 올바르게 이해할 수 없다.

대중 시장을 대상으로 삼는 기업의 생산 전략도 미국 어디서나 같은 양상을 띠지는 않았다. 제조업은 상업이나 해운업과 마찬가지로 북부에서 발전했다. 북부 가운데서도 도시를 중심으로 발전했고, 또 서로 다른 여건과 전통에 따라 특징적인 방식으로 발전했다. 반면에 남부는 담배와 면화를 중심으로 농산물을 생산, 수출하며 다른 지역보다 훨씬 높은 수준의 소득을 올리고 있었고, 따라서 농업 이외에는 다른 부문에 관심을 기울이지 않았다.

제조업 부문에서 가장 주목을 끄는 발전은 보스턴 주변에서 일어났다. 거기서는 신생 미국에서 경제가 발전하는 방향과 함께 엘리트가 취하는 태도가 분명하게 나타났다. 이는 1813년에 수립된 보스턴방직Boston Manufacturing Company에서 드러난다. 이 회사는 프랜시스 캐보트 로월Francis Cabot Lowell이라는 보스턴 상인이 가까운 동료들과 함께 자금을 모아 방직업에 뛰어들기 위해 만든 기업이었다. 정착기부터 뚜렷한 위계질서가 자리 잡은 매서추세츠에서, 그들은 상층을 형성하고 있었다. 그렇지만 자신들이 종사하는 상업이나 해운업이 농업과 달리 안정을 누리기 어려운 부문이라고 생각했다. 자신들의 화물을 운반하던 상선이 난파하거나 보증을 서며 도와준 동료가 파산하는 경우처럼, 스스로 통제하지 못하는 사태로 인해 위기에 빠질 수 있었기 때문이다. 그렇다고 해서 유럽의 상인들을 좇아서 농촌에서 영지를 사들이고 지대를 거두어 들이며 영주처럼 살아갈 수도 없었다. 미국에서는 이미 살펴보았듯이 영주제가 뿌리 내리지 못했기 때문이다. 그들은 자신들의 재산과 함께 엘리트로서 누리던 권력과 지위를 지키기 위해 새로운 길을 찾고자 했다. 그리고 영국에서 발전하고 있던 제조업에서 안정을 넘어 개선을 기대할 수 있는 가능성을 보았다. 그렇지만 거기서 노동자들이 겪던 빈곤과 실업에 대해서도 우려했다. 그들 가운데서도 로월은 영국에서 품질 좋은 면제품을 수입하는 데 만족하지 않고 미국에서 직접 생산해야 한다고 생각했고, 그래서 병환을 치료하기 위해 영국에 머무르는 동안 새로운 면방직 공장을 둘러보고 기계와 설비에 대해 공부했다. 그리고 귀국한 뒤에 보스턴방직을 수립하고, 보스턴에서 서쪽으로 20 km 쯤 떨어져 있는 월섬Waltham에 미국 최초의 근대적 공장을 세웠다. 그리고 기숙사를 설치하고 노동자들을 위해 근대적 생활환경을 조성했다. 거기서 거둔 성공을 바탕으로 1820년대에는 북쪽으로 35 km 쯤 떨어진 곳에 자신의 이름을 딴 도시를 건설하고 훨씬 규모가 큰 방직 공장을 세웠다.[21] 이 로월 공장은 이후 백 년 동안 미국의 산업 발전을 상징하는 시설이 되었고, 오늘날에는 미국 방직업의 역사를 증언하는 박물관으로 남아 있다.

그러나 로월은 새로운 추세를 선도했으나, 미국의 산업 발전에서 유일한 경로를 대변했던 것은 아니다. 식민지 시대에 가장 큰 도시였던 필라델피아에서는 소규모 기업들이 서로 교류, 협력하며 함께 번영을 누리는 양상을 보였다. 거기에는 영국과 아일랜드 이외에 독일어 사용 지역에서 종교적 분쟁과 정치적 탄압을 피해 이주한 장인들이 많이 모여들었고, 덕분에 일찍부터 해운과 무역에 연관되어 있는 다양한 제조업이 발전했다. 특히 제분업과 제화

---

21 Robert F. Dalzell, Jr., *Enterprising Elite: The Boston Associates and the World They Made* (Cambridge, MA: Harvard Univ. Pr., 1987).

업, 주물업과 인쇄업 같은 업종이 발전했고, 이런 업종은 19세기 초에 대유럽 수출 금지와 미영전쟁을 계기로 번영의 기회를 잡았다. 필라델피아의 장인들은 그런 기회 속에서 면방직에 뛰어들면서도 유럽에서 가져온 장인적 전통을 버리지 않으려 했다. 따라서 로월처럼 많은 자본을 모으고 큰 공장을 세우는 대신, 작업장을 키우고 직공을 늘리면서도 장인으로서 스스로 작업에 참여하고 경영에 필요한 업무도 처리했다. 또 로월처럼 원자재에서 완제품을 생산하는 과정을 전반적으로 수행하는 대신, 방적이나 직조, 또는 염색 같은 하나의 생산 단계에 집중하고 다른 단계는 관계를 맺고 있는 다른 작업장에 의지해 처리했다. 이들 작업장은 혈연이나 친분을 통해 서로 교류하고 협력하는 네트워크를 형성, 활용했던 것이다. 따라서 필라델피아는 로월과 다른 경로를 따라 발전하며 활력을 유지했다.[22]

여기서 기억해야 할 것은 필라델피아의 방직업에서 드러나듯이 대기업 중심의 발전이 처음부터 예정되어 있었다고 볼 수 없다는 점이다. 요즈음 이 점은 흔히 경시된다. 오늘날 미국의 자본주의 문명을 대기업이 지배하고 있다는 사실에 비추어 볼 때, 그것은 자연스러운 현상인 듯하다. 그러나 이 사실 때문에 19세기 미국에서 자본주의가 발전하는 과정도 대기업이 대두하는 과정으로 간주한다면, 역사를 오해하는 결과에 이르게 된다.

그런 결과에 이르지 않으려면, 뉴욕시에서 나타났던 또 다른 발전 경로도 살펴볼 필요가 있다. 이 항구 도시의 인구는 한마디로 말해 폭발적으로 증가했다. 1790년에 실시된 미국의 첫 국세조사에서 뉴욕은 미국의 최대 도시로서 인구가 3만 명을 조금 넘었는데, 1820년에는 미국에서 처음으로 10만 명이 넘는 인구를 갖게 되었고 1850년에는 다시 미국에서 처음으로 인구가 50만 명이 넘는 도시가 되었다. 비약적 증가를 가져온 가장 중요한 요인은

---

22 Philip Scranton, *Proprietary Capitalism: The Textile Manufacture at Philadelphia, 1800-1885* (Cambridge: Cambridge Univ. Pr., 1984).

이민이었다. 이민은 1840년대 말부터 폭발적으로 증가해서 매년 20만 내지 45만 명씩 도착했다. 그렇게 해서 1850년대 초까지 모두 300만 명에 이르는 사람들이 이주했는데, 대부분 뉴욕을 통해 미국에 입국했다. 덕분에 뉴욕은 필라델피아나 그 외의 다른 도시들을 제치고, 미국으로 이주하는 사람들이 대부분 기착하는 항구로 자리 잡았다. 그들 가운데서 서부로 이주해 토지를 매입하고 정착하는 소수를 제외하면, 거의 모두 일자리가 많은 뉴욕에 머물렀다. 거기에는 무역이나 해운과 연관되어 있는 다양한 업종 이외에, 비약적으로 증가하는 인구에 필요한 옷과 신발, 가구와 건물, 그리고 식품을 생산하고 공급하는 많은 업종이 번창하고 있었기 때문이다. 따라서 뉴욕에서는 특이하게도 노동력이 풍부했고, 그것도 상대적으로 저렴한 이민 노동력이 풍부했다.

그런 특징 덕분에 뉴욕에서는 일찍부터 소비재 산업이 발전했다. 그리고 이 산업은 1820년대부터 더욱 빠른 속도로 발전했다. 도시 주민에게 필요한 필수품을 생산하는 데에는 반드시 많은 자본을 들여 근대적 공장을 지을 필요가 없었다. 적은 자본을 지닌 장인들도 새로운 기계를 도입하는 대신에 작업장을 키우고 노동자를 늘리며 생산을 확대하고자 노력했다. 그렇게 할 수 있었던 것은 그들이 분업의 이점을 활용했기 때문이다. 수공업의 오랜 전통에 따르면 장인 한 사람이 직공과 견습공 몇 사람을 데리고 생산과정 전체를 수행했으나, 뉴욕에서는 생산과정을 몇 개 단계로 나눈 다음에 노동자들을 각각 특정 단계에만 집중하도록 배치하는 방식이 대두했다. 그것은 노동자들이 상대적으로 단순한 작업에 능통하게 되어 작업의 능률을 끌어올리는 데큰 도움이 되었다. 더욱이, 그런 작업을 담당하는 노동자에게는 생산과정 전체를 관장하는 장인에 비해 적은 임금을 줄 수 있었다. 따라서 간단한 분업이 생산성을 제고하는 동시에 노동비용을 절감하는 효과를 가져왔다. 그렇지만 이런 분업을 모든 장인이 도입한 것은 아니다. 시장을 이해하고 기업을 경영하는 능력을 갖춘 이들은 그런 변화를 따라잡으며 제조업자로 변신할 수 있었으나, 그렇지 못한 이들은 다른 제조업자 밑에서 생산과정 가운데 일부만 담당하는 숙련 노동자로 전락하게 되었다. 이런 분화는 1840년대에 분명하게 나타났다.[23]

뉴욕과 필라델피아, 그리고 보스턴은 다른 도시와 마찬가지로 고립된 섬이 아니었다. 이들 도시는 모두 항구로서 유럽과 카리브해, 그리고 아프리카와 긴밀하게 연결되어 있었을 뿐 아니라, 주변 농촌을 비롯한 광대한 배후 지역과도 끊임없이 교류하고 있었다. 교류는 곡물과 모피, 담배와 염료 같은 원자재를 반입하고 무기와 농기구, 옷감과 구두 같은 공업 제품을 반출하는 데 그치지 않았다. 도시는 채소, 과일, 우유, 치즈, 고기 같은 식품과 땔감을 비롯한 연료도 주변 농촌에서 들여와야 했다. 더욱이 제조업에 필요한 노동자도 농촌에서 끌어들였다. 이런 도시-농촌 관계는 북동부에서 뚜렷하게 형성되었다. 거기서는 농촌에서도 인구가 크게 늘어나면서 농업에만 의지해 생계를 잇기가 어렵게 되자, 모자에서 마차에 이르기까지 다양한 제품을 만들어내며 제조업으로 눈을 돌렸다. 그렇지만 많은 사람들은 그처럼 농촌에서도 발전하던 시장경제에 적응하지 못하고 서부로 이주하거나, 그렇지 않으면 가까운 도시에서 일자리를 찾았다.[24]

그와 같은 도시-농촌 사이의 교류는 교통·통신수단의 발달 없이는 지속될 수 없었다. 그런 수단은 1810년대부터 혁명적인 발달 단계에 들어섰다. 흔히 "교통 혁명"Transportation Revolution이라 불리는 이 현상은 도로 건설에서 먼저 시작되었다. 도시와 주변 농촌을 연결하는 도로는 오랜 관행에 따라 도읍이 담당했다. 도읍은 읍민에게 부과하는 부역을 통해 도로를 건설하고 관리했는데, 그런 도로는 대부분 걸어 다니거나 말을 타고 다니기에 알맞은 길

23 Sean Wilentz, *Chants Democratic: New York City & the Rise of the American Working Class, 1788-1850* (New York: Oxford Univ. Pr., 1984), 23-142.

24 Christopher Clark, *The Roots of Rural Capitalism: Western Massachusetts, 1780-1860* (Ithaca: Cornell Univ. Pr., 1990).

이었다. 따라서 많은 여객과 화물을 빠르고 안전하게 운송하기 위해, 건국기 미국인들은 이미 영국에서 나타났던 포장도로에 관심을 기울였다. 당시 영국은 크고 작은 돌로 기초를 다지고 그 위에 주변보다 높게 길을 내며 양쪽으로 빗물이 흘러내리도록 만든 근대적 포장도로를 건설하는 데 주력했다. 그리고 이런 도로를 건설하는 사업을 민간 사업자들에게 맡기고 도로를 이용하는 사람들로부터 요금을 거두어 수익을 볼 수 있게 하는 새로운 사업 방식도 이용했다. 이런 유료도로는 19세기가 시작되자 미국 각지에서 건설되기 시작했고, 따라서 도로 건설을 목적으로 하는 기업 법인도 1792-1800년간에는 69개에 지나지 않았으나 1801-10년간에는 398개로 폭발적으로 늘어났다.[25] 게다가 민간 사업자 이외에 주 정부도 유료도로를 건설하고 수익을 올리는 데 관심을 기울였다. 그것은 세입을 확보하기 위해 주민에게 세금을 부과하는 것보다 수월한 방법이었기 때문이다. 그렇지만 연방정부는 세입이 아니라 "내륙 개발"에 관심을 기울였다. 그 대표적 사례로 꼽히는 컴벌런드 로드Cumberland Road는 1815-18년간에 메릴랜드의 컴벌런드Cumberland에서 버지니아의 윌링Wheeling까지 1,000 km에 걸쳐 개설되어 포토맥강과 오하이오강을 연결해 주었고, 따라서 서부로 가는 정착민에게 편리한 도로가 되었다.

더욱 중요한 변화는 기선의 등장과 함께 시작되었다. 19세기 초 미국의 광대한 영토에는 대서양에서 미시시피강까지 다양하고 풍부한 수로가 있었고, 이들 수로는 육로가 열리고 기차나 자동차가 달리기 전까지 가장 신속하고 편리한 통로였다. 그렇지만 물의 흐름을 따라 내려가지 않고 거꾸로 거슬러 올라가는 데는 커다란 어려움이 있었다. 이 장애를 넘어서기 위해 증기기관을 이용하려는 시도는 이미 1790년대부터 활발하게 진행되었다. 그런 시도

---

25 Daniel Klein and John Majeski, "Turnpikes and Toll Roads in Nineteenth-Century America," EH.net Encyclopedia, Economic History Association, http://eh.net/encyclopedia/turnpikes-and-toll-roads-in-nineteenth-century-america (2016년 2월 23일 접속).

가운데 실제적 가능성을 입증한 것은 로버트 풀턴Robert Fulton이었다. 이 펜실베이니아 출신의 발명가는 첨단 과학기술을 배우기 위해 영국과 프랑스 등지에서 운하를 개척하고 운영하며 증기력을 활용하는 데 참여했다. 그리고 1807년 클러몬트Clermont라는 기선을 만들어 허드슨강에 띄우고, 뉴욕시에서 240 km를 거슬러 올라가 올버니Albany까지 갔다. 오늘날 자동차를 타고 고속도로로 간다면 2시간 30분 걸리는 이 거리를, 풀턴은 32시간이나 걸려서 갈 수 있었다. 그러나 당시로서는 그것이 경쟁력 있는 속도였고, 따라서 기선은 다른 여러 수로에서도 다니기 시작했다. 특히, 1815년에는 뉴올리언스에서 미시시피강을 거슬러 올라간 다음에 오하이오강으로 들어가 계속해서 더 거슬러 올라가 켄터키의 루이빌Louisville까지 갈 수 있었다. 이제 뉴욕이나 필라델피아에서 여객과 화물을 싣고 배를 띄우면 대서양과 멕시코만을 거쳐 서부 내륙까지 들어갈 수 있었다. 따라서 미시시피강과 오하이오강을 오가는 기선은 빠른 속도로 늘어났고, 1840년에는 무려 500척에 이르게 되었다.

이들 수로를 주변 지역과 연결하는 운하는 1820년대 중엽부터 주목을 끌었다. 그것은 무엇보다도 바다를 거치지 않고 동부 해안과 서부 내륙을 연결하는 대안으로 떠올랐다. 특히 뉴욕시에서 끝나는 허드슨강을 이리호와 연결한다면, 두 지역 사이의 교통에 들어가는 시간과 비용을 크게 줄일 수 있었다. 그러나 거리가 500 km가 넘고 이리호가 허드슨강보다 180 m나 높다는 점이 커다란 장애였다. 그런 장애는 민간 사업자가 감당할 수 없었으므로, 결국 뉴욕 주지사 드위트 클린턴DeWitt Clinton이 나섰다. 언론에서는 어리석은 짓이라며 조롱했지만, 그는 운하 같은 기반 시설이 내륙 개발과 경제성장에 필수적인 조건이라며 주 의회를 설득했다. 뉴욕 의회는 결국 예산 700만 달러를 배정했고, 공사는 1817년에 시작해서 8년 동안 계속되었다. 1825년 완공되었을 때 이리 운하는 길이 584 km에 갑문 83개를 갖추고 뉴욕시에서 버팔로Buffalo까지 물길을 열어 놓았다. 그 결과, 운송에 드는 시간과 비용을 크게 줄이며 동부 해안과 서부 내륙을 더욱 원활하고 긴밀한 관계로 묶어 주었다. 그에 뒤이어 각지에서 운하가 건설되었고, 그 길이는 1840년까지 5,300 km로 늘어났다.

증기기관차는 뒤늦게 등장했지만, 훨씬 더 큰 영향력을 발휘했다. 철도는 1820년대 중엽부터 건설되기 시작했는데, 흔히 수로를 주변 지역과 연결하는 데 이용되었다. 그러나 메릴랜드는 운하의 대안으로 철도에 주목했다. 그것은 동부 해안과 서부 내륙을 연결하는 방안으로 매력이 있었던 것이다. 따라서 메릴랜드의 기업가들은 정부의 지원 아래 1827년 볼티모어Baltimore에서 오하이오강까지 이어지는 철도를 건설하기 시작했고, 3년 뒤에는 첫 번째 구간에서 기차를 운행하는 데 성공했다. 그 효과는 곧 눈에 띄었고, 따라서 철도 건설이 붐을 맞이했다. 전국에 건설된 철도는 1850년 14,000 km에 이르렀고, 그로부터 10년 뒤에는 48,000 km로서 유럽 전역에 부설된 철도 연장선과 같은 길이까지 늘어났다. 그때에 이르면 전국의 주요 도시가 모두 철도로 연결되었고, 내륙 개발에 소극적인 태도를 취했던 남부를 제외하면 어디서나 철도에 접근할 수 있었다. 이런 철도는 나중에 내전에서 위력을 발휘하며, 19세기 후반에는 미국의 경제발전을 견인한다.

그와 같은 "교통 혁명"은 두말할 나위도 없이 여행에 필요한 시간과 비용을 절감하는 효과를 가져왔다. 1800년에 뉴욕시에서 출발하면 켄터키의 루이빌까지 가는 데 1개월, 그리고 일리노이의 시카고까지 가는 데는 2개월이나 걸렸지만, 60년 뒤에는 그 시간이 각각 이틀과 일주일로 8분의 1 이상 줄어들었다. 비용은 더 크게 줄었다. 예를 들어 이리 운하가 건설되기 전에 뉴욕시에서 버팔로까지 화물 1톤을 보내는 데 100달러가 들었다면, 그 후에는 겨우 8달러, 그러니까 종전에 비해 12분의 1밖에 들지 않았다. 따라서 여객과 화물이 값싸면서도 빠르게, 또 안전하게 움직일 수 있었다. 더욱이 "교통 혁명"은 신문과 잡지 등, 정보와 지식을 담고 있는 출판물이 전국에 걸쳐 널리 보급되는 효과도 가져왔다. 그리고 이 효과는 1844년 새뮤얼 모스Samuel Morse가 전신기를 개발한 이후에 크게 확대되었다. 그 결과, 미국인들은 물리적 측면뿐 아니라 문화적 측면에서도 더욱 긴밀하게 통합되기 시작했다.

따라서 "교통 혁명"은 시장경제의 발전에 크게 기여했다. 이제 애팔래치아산맥 너머의 서부 농민은 가족의 생존에 필요한 것 이외에 남는 생산물을 쉽사리 시장에 내다 팔 수 있게 되었다. 무엇보다도 먹고 남는 밀을 더 이상 위스키로 만들 필요가 없었다. 밀처럼 무겁고 부피가 큰 데 비해 값이 싼 곡물도 기선이나 기차를 이용해 동부 해안으로, 나아가 영국 같은 유럽 국가로 내다팔 수 있었다. 거꾸로 무기와 농기구를 비롯한 공업 제품도 그만큼 쉽고 빠르게 동부에서 들여올 수 있었고, 또 그만큼 싼값으로 사들일 수 있었다. 그러므로 이제 동부 해안에 모여 있던 도회지 주민은 물론이요 서부 내륙에 흩어져 있던 농촌 주민도 자급자족을 지향하는 물질생활에서 벗어나 시장에 의존하는 경제생활을 하게 되었다.

"교통 혁명"은 또한 미국 경제의 지역별 분화에도 적잖이 기여했다. 이미 여러 차례 서술한 바 있듯이, 동부 해안에서도 남부는 담배와 면화를 중심으로 환금작물을 경작하고 수출하는 데 주력하는 반면에, 북부는 곡물과 목재와 생선의 수출 이외에 해운과 무역에 종사하는 양상을 보였다. 이제 서부 내륙이 거기에 가담하며 곡물과 가축의 생산에 주력했고, 또 동부 해안 가운데서도 북부와 밀접한 교류 관계를 맺으며 이들 지역의 경제활동에 적잖은 변화를 가져왔다. 북부는 가축과 채소, 과일과 화초 등을 기르는 낙농·원예농업으로 전환하며, 가까운 곳에서 빠르게 늘어나는 도회지 주민의 농산물 수요에 부응했다. 더욱이, 이들 지역은 앞에서 살펴본 것처럼 상업과 제조업에 주력하면서 미국 경제의 근대화를 선도했다. 이와 같은 지역별 분화는 미국 경제가 전국적으로 통합되는 동시에 시장에 더욱 의존하게 되었다는 것을 의미한다. 이런 뜻에서도 "교통 혁명"은 시장경제의 발전을 가져왔다.[26]

---

26 George R. Taylor, *Transportation Revolution, 1815-1860* (1951; New York: Harper &

따라서 19세기 중엽에 이르면 시장은 미국 경제에서 핵심적인 제도가 되었다. 제조업이 발전하고 상업이 확대됨에 따라, 미국 경제가 빠른 속도로 성장하는 동시에 시장에서 벌어지는 교환에 더욱 의존하게 되었던 것이다. 이제 중부와 남부 이외에 뉴잉글랜드의 주민도, 이어서 서부의 주민도 시장에다 더 많은 농산물을 내다 팔고, 또 거기서 더 많은 상품을 더 싼 값으로 사들여 썼다. 더욱이 아래에서 살펴보듯이 과거 어느 때보다 많은 미국인들이 농토가 없어서 농사를 짓지 못하고 자신의 노동 능력을 팔아 생계를 유지하게 되었고, 이들은 시장경제의 발전을 한층 더 촉진하는 역할을 하게 되었다. 이렇게 해서 시장경제는 스스로 발전하는 동력을 지니게 되었고, 또 사회와 문화에, 그리고 정치에 적잖은 영향을 끼칠 수 있게 되었다.

그렇지만 그런 동력이 미국의 시장경제를 어떤 방향으로 이끄는가 하는 문제가 남아 있다. 시장경제는 홀로 존재하고 발전하는 자율적 실체가 아니다. 시장은 어디까지나 사람들이 만들어 내고 움직이는 제도이며, 그것이 지니는 영향력도 사람들이 인식하고 수용하는 방식이나 정도에 따라 크게 달라진다. 이런 점에서 유념해야 할 것은 시장이 하나가 아니라, 이미 살펴본 것처럼 자본시장과 노동시장, 그리고 상품시장으로 나뉘어 있고, 또 서로 다른 방향으로 움직인다는 점이다. 자본시장과 노동시장은 19세기 중엽 미국에서 산업혁명이 진행되는 데 전제 조건이었는데, 이들 시장에서는 부유한 소수가 주역을 맡았다. 널리 알려져 있듯이 그들은 자본을 모아 생산 시설을 세우고 생산에 필요한 자재와 노동 능력을 사들이며, 그것들을 결합해 상품을 만들고 시장에 내다 팔아 이윤을 거두어들이며, 또 그렇게 해서 더 큰 부를 쌓으며 그것을 토대로 더 큰 권력을 거머쥐었다. 이와 같이 시장경제에는 분명히 소수가 권력을 장악하는 데 기여하는 엘리트주의적 동력이 존재한다.

그렇지만 거기에는 보통 사람들이 영향력을 확대하는 데 기여하는 평

Row, 1968); Howe, *What Hath God Wrought*, 203-242, 525-569.

등주의적 동력도 존재한다. 이는 노동시장에서 뚜렷하게 나타나는데, 앞으로 살펴보듯이 노동자들은 19세기 중엽까지 노동조합을 결성하는 권리도 제대로 누리지 못했지만, 오랫동안 피나는 투쟁을 거쳐 단체교섭과 단체협약에 관한 권리를 확보하고 또 복지에 관한 권리도 향유할 수 있게 되었다. 나아가 임금을 인상하고 노동조건을 개선하는 등, 노사 관계에 관해 발언권을 행사할 수 있게 되었다. 그런 권리는 물론 노동자들이 시장경제를 넘어 민주정치에도 의지해서 달성한 성과였다. 더욱이, 그처럼 상충하는 동력이 작용하는 시장경제가 닫혀 있는 제도가 아니라는 점도 기억할 필요가 있다. 보통 사람들도 재능이나 노력, 또는 행운 덕분에 소수에 합류할 수 있으며, 이런 기회는 분명히 흔하지 않지만 산업혁명기처럼 경제가 성장하는 데 그치지 않고 나아가 새로운 단계로 발전할 때 상당히 많아진다. 이에 관해서는 제12장에서 경제발전을 다루면서 구체적으로 살펴본다.

더욱 중요한 것은 상품시장이 자본시장이나 노동시장과 다른 방향으로 움직인다는 점이다. 상품시장은 흔히 상품의 생산과정에서 주도권을 쥐는 기업가들에 의해 지배되는 것으로 여겨진다. 사실, 그들은 어떤 상품을 어떤 방식으로 제조하고 또 어떤 조건으로 판매할지 결정할 수 있다. 그런 관념은 특히 20세기 중엽부터 확산되었는데, 그 아래에는 대중이란 소수가 통제하고 심지어 조작할 수도 있는 존재라는 인식이 깔려 있다. 이런 인식은 1930년대에 나치즘 아래서 형성되었는데, 나중에 시장경제와 자본주의에 대한 비판적 이해로 연장된 것이라 할 수 있다. 더욱이 거기에는 생산을 중시하는 오랜 지적 전통, 바꿔 말하면 소비란 생산된 상품 가운데서 선택하는 데 그치는 부차적 영역이라는 생각이 전제되어 있다. 경제생활에서 생산을 무엇보다 중요한 것으로 보는 저 오랜 전통에 비추어 볼 때, 사실 소비란 사소한 활동처럼 보인다.[27]

---

27 Max Horkheimer and Theordor W. Adorno, *Dialectic of Enlightenment: Philosophical*

그러나 19세기 이후에는 점차 소비가 중요한 의미를 띠게 되었다. 산업혁명과 그 이후에 지속된 경제발전 덕분에, 상품은 이전에는 도저히 상상하지 못했을 만큼 다양하고 풍부하게 생산되었다. 그에 따라 기업가들은 시장에서 치열한 경쟁에 부딪히게 되었다. 물론, 새로운 제품을 내놓고 시장을 독점할 수 있었지만, 그것은 대체로 부분적이거나 일시적인 현상에 지나지 않았다. 기업가들은 대개 기존 상품이라 해도 새로운 방식이나 새로운 재료로 제조되는 상품과 경쟁하거나, 그렇지 않으면 아예 새로운 제품과 경쟁해야 했다. 그런 경쟁은 상품시장에서 소비자가 중요한 역할을 할 수 있는 여지를 만들어 주었다. 위에서 살펴본 바 있듯이, 미국의 시장경제는 일찍부터 명품 시장 대신에 대중 시장을 중심으로 발전했다. 이는 생산방식이 대체로 소비 패턴에 따라 결정되었다는 점을 의미한다. 바꿔 말하면, 부유한 소수가 아니라 평범한 다수가 상품시장의 주역으로서 경제에 발전 동력을 제공했다고 할 수 있다. 나중에 살펴보겠지만, 20세기에 들어와서 대중 소비가 크게 발전함에 따라 이런 현상은 더욱 분명해진다.[28] 20세기의 상품시장에서는 흔히 말하듯이 "고객이 왕"으로 등장하며, 따라서 소비자라면 신분이나 직책, 또는 지위나 태도와 관계없이 누구나 중요한 인물로서 동등한 대우를 받는다. 바꿔 말해, 상품시장에 내재하는 상업주의가 엘리트주의적 경향을 넘어 평등주의적 경향도 수반한다고 할 수 있다.

Fragments, trans. Edmund Jephcott (Stanford: Stanford Univ. Pr., 2002); Warren Susman, *Culture as History: The Transformation of American Society in the Twentieth Century* (New York: Pantheon, 1984).

28 Arjun Appadurai, ed., *The Social Life of Things: Commodities in Cultural Perspective* (Cambridge: Cambridge Univ. Pr., 1986); Lawrence Levine, "The Folklore of Industrial Society: Popular Culture and Its Audiences," *American Historical Review* 97.5 (1992), 1369–1399; Lisa Tiersten, "Redefining Consumer Culture: Recent Literature on Consumption and the Bourgeoisie in Western Europe," *Radical History Review* 57 (1993), 116–159.

그렇다면 상품시장에서 드러나듯이 시장경제에는 대중이 중요한 영향력을 확보하는 데 기여하는 평등주의적 동력이 존재한다고 할 수 있다. 이 동력은 두말할 나위도 없이 대중의 구매력에 기원을 두고 있다. 그것은 결국 상품을 선택하고 소비하는 사람들이 지니는 돈에서 나온다. 그리고 자본시장에 뿌리를 두는 엘리트주의적 동력과 함께, 좁게는 시장경제를 이끌고 또 넓게는 이 책에서 다루는 자본주의 문명을 이끌고 나아간다. 자본주의란 다시 말하자면 사람들이 돈을 마음껏 벌고 또 마음 내키는 대로 쓸 수 있도록 "돈에 대한 사랑"을 풀어준다는 특징을 지니는 문명이다.

그렇지만 시장경제는 결국 사람들이 만들어 내는 제도라는 점을 유념할 필요가 있다. 이런 의미에서 다양한 사회집단이 시장 안에서는 물론이요 그 바깥에서도 어떻게 움직이는지 면밀하게 살펴봐야 한다.

3. 계급사회의 도래

자유민주주의의 대두와 시장경제의 발전은 계급사회의 도래와 함께 진행되었다. 혁명기 미국에서는 식민지 시대에 자리 잡았던 전통적 위계질서가 무너졌으나, 새로운 사회질서가 뚜렷이 나타나지는 않았다. 귀족과 평민을 구분하고 차별하던 유럽의 관습이 쉬이 사라지지 않고 그림자를 길게 늘어뜨리고 있었던 것이다. 그러나 19세기에 들어와서 시장경제가 발전함에 따라, 사회적 지위를 결정하는 요소가 가문과 혈통에서 재산과 직업으로 바뀌는 경향이 두드러지게 나타났다. 벤저민 프랭클린이 보여주었듯이 미국에서는 출신이 비천해도 부귀에 도달하는 기회가 일찍부터 열려 있었지만, 19세기에는 미국인들이 그런 기회를 전제로 사회를 신분 대신에 계급이라는 새로운 방식으로 이해하기 시작했기 때문이다.

계급이란 명확하게 규정하기 어렵다. 그것은 신분과 달리 혈통에 따라 결정되는 지위가 아니다. 또 계층과 달리 소득과 생활방식에 따라 결정되지 않으며, 그래서 소득이나 생활방식이 변하면 소속이 저절로 바뀌는 범주도 아니다. 계급은 그처럼 객관적 요소에 의해 결정되는 구조가 아니라, 사람들이 재산이나 직업 같은 객관적 요소 위에서 자신의 위상을 설정하는 주관적 과정을 통해 형성되는 사회적 현상이다. 부모로부터 물려받는 재산이나 자신이 선택하는 직업, 또는 그런 것들과 연관되어 있는 전통과 관습 위에서, 자신이 어떤 부류에 속하는지, 또 다른 부류와 어떤 관계에 있는지 깨닫고 그것을 언어나 행동, 또는 생활방식으로 표현할 때 나타난다. 따라서 계급은 고정되어 있는 구조적 실체가 아니라 변화를 겪는 유동적 현상이다.[29]

그것은 약간의 부연이 필요한 중요한 현상이다. 오늘날에는 흔히 계급이 여간해서는 사회적 상승을 허용하지 않는 단단한 구조로 여겨지기 때문이다. 특히 국내에서는 "금수저"와 "흙수저"를 말하며 이제 상층으로 진입하는 통로가 사실상 막혀 있다고 우려하는 소리가 자주 들린다. 그처럼 닫혀 있는 사회에서는 계급이 대체로 출신에 따라 결정된다고 여겨진다. 그러나 계급이란 위에서 설명한 것처럼 출신에 따라 결정되는 지위가 아니다. 그런 지위를 생각한다면, 차라리 신분이라는 용어를 써야 한다. 신분이야말로 사람이 태어나면서부터 결정되어 있는 지위를 가리키기 때문이다. 물론, 신분제조차도 완전히 닫혀 있는 구조는 아니었다. 평민도 군인이나 사제가 되어 출세하면 평민 신분에서 벗어날 수도 있었다.

계급은 그보다 많이 열려 있는 범주라 할 수 있다. 출생 신분이 아무리 비천해도 예를 들어 돈을 많이 벌기만 하면, 누구든 엘리트 계급에 들어갈 수 있으니 말이다. 신분제에서 사실상 불가능하던 사회적 상승이 계급사회에서는 공식적으로 허용되기 때문이다. 중요한 것은 상승이 얼마나 자주, 또 얼마나 널리 일어나는가, 바꿔 말하면 사회가 얼마나 열려 있는가 하는 의문이

---

29 배영수, 「계급의 개념」, 『미국 예외론의 대안을 찾아서』 (일조각, 2011), 51–84.

다. 오늘날에는 한국에서도, 또 미국에서도 이런 의문에 대해서는 비관적 답변을 듣게 된다. 그 이유는 지난 수십 년 동안 악화된 빈부 격차에서 찾을 수 있다. 이에 관해서는 제3부에서 상세하게 논의한다. 그렇지만 역사를 장기적 안목에서 바라보면, 그래서 신분제가 허물어지고 계급사회가 형성되던 시기를 눈여겨보면, 오늘날보다 더욱 가파르고 단단한 위계질서를 만나게 된다. 여기서는 그 시기에 일어난 변화를 살펴본다.

그런 사회적 변화를 살펴볼 때 유념해야 하는 것은 그것이 미국인 전체에게 널리, 또는 고르게 일어난 변화가 아니라는 점이다. 이는 먼저 19세기 중엽까지 미국이 하나의 통합된 사회가 아니라 수많은 지방 사회로 나뉘어 있었다는 사실과 연관되어 있다. 물론, 정치적 측면에서 볼 때 미국은 혁명과 건국을 통해 하나의 통합된 사회가 되었다고 할 수 있다. 비록 이 정치사회가 내전이라는 참담한 비극을 겪기는 하지만, 그래도 연방을 유지할 수 있었고 또 결국에는 더욱 긴밀하게 통합되기도 했으니 말이다. 그렇지만 경제나 사회, 또는 문화의 측면에서 볼 때, 19세기 중엽까지 미국은 수많은 소규모 지방 사회로 나뉘어 있었다. 미국인들은 자신이 거주하는 촌락이나 도읍에서 크게 벗어나지 않았다. 그들은 멀리 떨어져 있는 친지와 편지를 주고받거나 해외무역을 통해 물자를 사고팔 수도 있었지만, 또 애팔래치아산맥을 넘어 서부로 이주하는 대열에 끼어들 수도 있었지만, 이런 교류가 수많은 지방 사회를 하나로 통합시키는 결과를 가져오지는 않았다. 통합은 미국인들이 19세기 말 20세기 초에 이르러 교통과 통신의 발전 덕분에 공간과 시간의 제약을 넘어 활발하게 교류할 수 있었을 때가 되어서야 비로소 확연해진다. 미국이 그처럼 통합되기 전에는, 따라서 사회적 변화도 흔히 미국인 전체가 아니라 일부에 국한해 진행되었다.

계급의 형성도 실제로는 도읍에 집중된 현상이었다. 바꿔 말하면, 19세기 중엽 미국에서 인구의 대부분을 차지하던 농민과 거리가 있는 현상이었다. 미국의 인구는 1790년 393만 명에서 1820년 964만 명으로 늘어났고, 다시 30년 후에는 2,319만 명으로 불어났다. 이렇게 빠른 속도로 증가한 인구는 도시에 집중되는 경향을 보였다. 도시 인구는 1790년 5.1 %에 불과했으나 30년 후에는 7.2 %에 이르렀고, 그로부터 다시 30년이 흐른 1850년에는 15.3 %가 되었다. 바꿔 말하면, 농촌 인구는 1850년에도 무려 84.7 %에 이르렀다. 도시 인구는 지역별로 큰 차이를 보였다. 경제발전에 대해 적극적인 자세를 취했던 북동부에서는 같은 기간에 8.1 %에서 26.5 %로 팽창한 데 비해, 소극적인 태도를 보였던 남부에는 2.1 %에서 8.3 %로 약간 증가한 데 그쳤다. 이는 1850년에 도시 인구가 9.2 %를 차지했던 북중부보다 뒤처지는 비율이다. 따라서 1850년에 이르면 인구가 5만 명이 넘는 도시가 미국 전역에서 10개나 되었지만, 남부에서는 2개밖에 되지 않았다. 특히 뉴욕은 위에서 언급한 바 있듯이 50만 명이 넘는 인구를 자랑하며, 그다음으로 인구가 많은 볼티모어(17만 명)를 크게 앞질렀다. 반면에 전체 인구에서 농촌 인구가 차지하는 비중은 북동부에서 73.5 %로 줄었지만, 남부에서는 91.7 %에 이르렀다.

농촌 인구는 지역별로 뚜렷하게 다른 이유에서 계급사회의 도래라는 중요한 사회적 변화에서 뒤처져 있었다. 먼저, 남부에서는 신분제의 그림자가 짙게 드리워져 있었다. 거기서는 신분제 가운데서도 가장 엄격하고 참담한 인종 노예제가 확립되어 있었다. 더욱이, 백인 사이에서는 극소수의 대농장주가 경제 권력과 함께 정치적 권위도 장악하고 소농에 이르기까지 대다수 주민을 통제하며 과두제를 유지하고 있었다. 따라서 남부에서는 전근대 사회와 비슷하게 개인의 사회적 지위가 가문이나 혈통에 따라 결정되는 경향이 뚜렷하게 남아 있었다. 이는 남부의 자영농 사이에서 적잖은 불만과 적대감을 가져왔고, 그래서 계급 감정이라 할 만한 것이 나타나기도 했다. 그렇지만 그것이 기존 질서에 도전하는 운동이나 조직으로 발전한 것은 아니다. 그런 일은 1870년대부터 벌어진다.

다음으로, 북동부와 북중부의 농촌에서는 19세기 중엽에도 계급이 뚜렷하게 형성되지 않았다. 이들 지역에서는 빈부 격차가 비교적 심각하지 않았고, 또 대물림을 통해 사회질서로 고착되는 경향도 확립되지 않았다. 물론, 재산과 지위를 다음 세대로 물려주는 대토지 소유자들이 있었다. 뉴욕을 비롯한 대서양 연안 중부를 중심으로, 식민지 시대에 존재했던 지배계급의 후손이 19세기 중엽에도 남아 있었던 것이다. 그리고 그들로부터 토지를 빌려서 농사를 짓던 소작농이나 차지농과 지대를 놓고 적잖은 마찰을 일으키기도 했다. 그래서 그들은 아래에서 언급하듯이 엘리트에 포함된다. 그들을 제외하면, 북동부와 북중부에서는 대다수 농민이 가족 이외에 몇몇 일꾼을 데리고 스스로 땀 흘려 일하는 자영농이었다. 바꿔 말하면 신분제가 그 그림자를 길게 드리우고 있었던 반면에, 근대적 사회질서는 아직 그 모습을 뚜렷이 드러내지 않고 있었다고 할 수 있다.

두말할 나위도 없이, 북동부—또는 북부라 불리던 지역—에도 좋은 토지를 많이 차지한 부농이 있었고, 생계를 잇기 위해 바쁘게 움직여야 했던 빈농이 있었으며, 아예 토지가 없어서 날품팔이에 나서야 했던 노동자도 있었다. 더욱이 19세기 전반기에 인구가 증가함에 따라 빈농과 날품팔이 노동자가 늘어났다. 그러나 이들은 새로운 기회를 잡을 수 있었다. 북동부의 농민은 도시가 빠른 속도로 성장함에 따라 거기에 필요한 농산물과 축산물을 재배해 소득을 늘리려 애썼다. 특히 가축과 함께 채소와 과일을 기르는 데 관심을 기울였다. 또 "메리노 열풍"Merino mania에 들떠서 양을 기르고 양모를 얻는 데도 큰 노력을 기울였다. 그에 따라 산과 들에서 나무를 베어 내고 목초지를 만들 때는 물론이요 양을 돌보는 데도 적잖은 일손이 필요했다. 더욱이 방직공장과 제화공장을 비롯해 크고 작은 제조 업체가 농촌에 들어서면서 많은 노동자들을 고용했고, 또 공정 가운데 마무리하는 부분을 비롯해 몇 가지 일거리를 주변 농가에 맡겨 처리했다. 그렇게 해서 늘어난 노동력 수요는 대부분 노동자들이 채웠다. 그들은 대개 부모로부터 토지를 물려받지 못해서 집을 떠나 스스로 생계를 꾸리며 독립하고자 하던 젊은이였다. 실제로 농촌에 일손이 모자랐던 만큼 적잖은 품삯을 받을 수 있었고, 그것을 음주나 도박으로 낭비하지 않는다면 몇 년 뒤에는 토지를 마련할 수 있었다. 그렇게 하지 못하면, 도회지로 이주해 상업이나 제조업 부문에서 일자리를 찾아야 했다. 빈농은 대체로 가정을 꾸리는 시기에 이른 젊은이였는데, 이들은 흔히 부모로부터 도움을 받아 가며 약간의 토지를 마련했고 또 낙농업과 원예농업 이외에 제조업 부문의 부업에도 뛰어들며 재산도 늘려갔다. 그렇지 않으면, 서부로 이주해서 새로운 기회를 잡으려 했다. 따라서 북동부의 농촌에서는 분명히 위계적 사회질서가 남아 있었지만, 적어도 19세기 중엽까지는 그것이 대물림되며 계급 관계로 고착되지 않은 것으로 보인다.[30]

북중부—19세기 전반기까지 서부라 불리던 지역—의 농촌도 평등한 사회가 아니었다. 거기서 농민이 새로운 삶을 일구며 미국 민주주의의 토대를 닦았다는 프런티어 테제는 이미 널리 알려져 있는 것처럼 역사적 사실과 거리가 멀었다. 거기에도 부농과 빈농은 물론이요 날품팔이 노동자가 있었다. 빈부는 먼저 토지를 사들이며 이주했는가, 그렇지 않은가에 따라 나뉘었다. 서부에 정착하기 위해 적잖은 자금을 마련할 수 있었던 사람들이 있었는가 하면, 그렇게 할 수 없었던 사람들도 많았다. 그런 사람들은 대개 토지를 무단으로 점유해 생계를 이었고, 몇 년 뒤에 주인에게 쫓겨나면 서쪽으로 더 멀리 옮겨가 새로운 변경 지대에 자리 잡았다. 그보다 운이 좋은 이들은 늘어나는 북

---

30 Jonathan Prude, *The Coming of Industrial Order: Town and Factory Life in Rural Massachusetts, 1810–1860* (Cambridge: Cambridge Univ. Pr., 1983); Hal S. Barron, *Those Who Stayed Behind: Rural Society in Nineteenth-Century New England* (Cambridge: Cambridge Univ. Pr., 1984); Christopher Clark, *The Roots of Rural Capitalism: Western Massachusetts, 1780–1860* (Ithaca: Cornell Univ. Pr., 1990); Winifred Barr Rothenberg, *From Market-Places to a Market Economy: The Transformation of Rural Massachusetts, 1750–1850* (Chicago: Univ. of Chicago Pr., 1992); Daniel Vickers, *Farmers & Fisherman: Two Centuries of Work in Essex County, Massachusetts, 1630–1850* (Chapel Hill: Univ. of North Carolina Pr., 1994); Martin Bruegel, *Farm, Shop, Landing: The Rise of a Market Society in the Hudson Valley, 1780–1860* (Durham: Duke Univ. Pr., 2002).

중부 이주민 사이에서 품삯을 받고 일할 수 있었고, 그것을 모아 몇 년 뒤에는 토지를 마련할 수 있었다. 북중부에서도 일손이 모자랐고, 그래서 북동부에서 그랬던 것처럼 일찍이 부모 슬하에서 벗어난 젊은이들이 독립하는 기회를 잡을 수 있었던 것이다. 더욱이 북중부 이주민은 토지를 개간해 농장을 건설하고 생계를 유지하는 데 만족하지 않고, 농장에서 생산된 곡물과 가축을 시장에 내다 팔고 소득을 늘리며 재산을 불리는 데 관심을 기울였다. 또 그렇게 하기 위해 다른 촌락과 경쟁을 벌이며 도로를 내고 운하를 만들며 철로를 끌어들이는 등, 토목 사업을 추진해 교통과 교역의 중심지로 발전하고자 노력했다. 따라서 19세기 중엽에는 북중부에서도 경제가 시장을 중심으로 빠른 속도로 발전했다. 그런 상황 속에서 빈부는 대대로 고착되지 않고 세대에 따라 변화를 거듭하는 경향을 띠었다. 거기서는 북동부보다 더 유동적이고 동질적인 사회가 형성되어 있었다.[31]

물론, 미국의 농촌도 사회적 변화를 모면할 수는 없었다. 19세기 후반에는 북동부의 농촌이 인구와 함께 경제의 측면에서도 성장의 활력을 조금씩 잃어가는 정체 상태에 빠져들었고, 북중부의 농촌도 그것을 뒤따랐다. 그에 따라 사회적 유동성과 동질성이 줄어들고 계급이 형성되는 경향이 나타났다. 그리고 남부의 농촌에서는 내전과 재건을 거치면서 노예제가 철폐되고 과두제도 와해되었으며, 그 대신에 인종 질서와 함께 계급 질서가 자리를 잡았다. 그래서 19세기 후반에는 전국의 농촌에서 계급이 대두하는 경향이 나타났다. 그리고 이 경향은 수많은 소규모 지방 사회가 하나의 사회로 통합되는 다른 사회적 변화와 함께 진행되었다. 바꿔 말하면, 미국은 19세기 말 20세기 초에 이르러 전국에 걸쳐 하나의 계급사회로 재편되었다고 할 수 있다.

그 거대한 사회적 변화는 이미 19세기 중엽에 도시를 중심으로 상당히

---

31 Don Harrison Doyle, *The Social Order of a Frontier Community: Jacksonville, Illinois, 1825-70* (Urbana: Univ. of Illinois Pr., 1978).

뚜렷한 양상을 띠었다. 도시 사회는 거의 모두 이질적 성격을 띤다. 농촌과 달리 농업에 종사하는 인구가 소수에 불과하고, 상업이나 제조업 이외에 금융업이나 서비스업에 종사하는 사람들이 집중되어 있기 때문이다. 19세기 전반기 미국에서는 제조업이 빠른 속도로 발전했을 뿐 아니라 서비스업도 뒤따라 발전했고, 또 늘어나는 일자리를 찾아 유럽에서 이주하는 다양한 이민이 도시에 집중되었다. 따라서 도시의 이질성이 심화되었다. 그래도 인구는 뒤섞여 살았다. 공간은 대개 "걷는 도시"walking city라 할 수 있을 만큼 이쪽 끝에서 저쪽 끝까지 걸어 다닐 수 있을 정도로 작았으며, 주거나 상업, 또는 다른 용도에 따라 분화되지 않았다. 주택과 상점, 또는 작업장이 시장을 중심으로 같은 공간에 뒤섞여 있었으며, 주민은 재산이나 지위에 따라 서로 다른 공간을 차지하지 않았다. 게다가 그들은 빈부를 막론하고 포장되지 않은 흙길을 걸으며, 주택에서 나오는 분뇨와 오물, 작업장에서는 나오는 폐기물, 그리고 거리를 돌아다니는 가축조차 함께 견디어야 했다. 중세 유럽과 마찬가지로 상·하수도가 없었고, 가축의 사육과 도살에 관한 규제도 없었기 때문이다. 보건·위생을 위한 시설과 제도는 콜레라 같은 전염병이 만연하는 사태를 몇 차례 겪은 뒤에야 도입되었다.[32]

그런 도시 인구의 분포 양상은 19세기 중엽에 이르러 뚜렷한 변화를 겪었다. 먼저 부유한 사람들이 도심을 벗어나 교외에서 새로운 주택 지구를 형성하는 경향을 보였다. 반면에 도심에는 교통 시설과 함께 업무용 건물이 들어섰고, 상가와 금융기관, 그리고 관공서 등이 모여들었다. 그래도 거기에는 적잖은 상점이나 작업장을 운영하는 자영 내지 영세업자들이 남아 있었다. 게다가 그들이 고용한 노동자들도 남아 있었다. 그들은 전통적 관습에 따라 직공과 견습공을 비롯한 피고용인들을 자신의 가계家計에 속하는 구성원으

---

32 Charles E. Rosenberg, *The Cholera Years: The United States in 1832, 1844, and 1866*, 2nd ed. (Chicago: Univ. of Chicago Pr., 1987).

로 취급하며 여전히 가부장으로서 권위를 행사했던 것이다. 그러나 상점이나 작업장의 규모를 키우며 많은 노동자를 고용한 기업가들은 피고용인들을 자신의 집에서 내보내었다. 이제 시장에서 경쟁력을 얻기 위해 인건비를 줄여야 했고, 또 그들을 집에서 묵게 하며 자립에 필요한 훈련을 시킬 필요도 없었다. 따라서 점점 더 많은 노동자들이 사용자의 가계를 떠나 도심의 주변에 정착하고 직장으로 출퇴근하게 되었다. 그리고 새로 도착하는 이민은 집세가 싼 도심 빈민가에 모여들었다. 따라서 도시 공간이 기능과 계층에 따라 분화되는 양상을 띠기 시작했다.[33]

그런 변화는 언어에 흔적을 남겨 놓았다. 예를 들면, 뉴욕에서는 부동산 개발업자들이 도심 맨해튼 북쪽에 고급 주택지를 조성했는데, 이 지역은 1830년대에 이르러 "업타운"uptown이라 불리게 되었다. 그리고 그 남쪽에 있던 도심은 "다운타운"downtown으로 알려지게 되었으며, 이런 어휘는 다른 도시로도 널리 확산되었다. 게다가 도심에는 치안을 위해 새로운 제도가 도입되었다. 거기서는 크고 작은 범죄가 끊이지 않았고 또 수많은 사람들이 가담하는 소요 사태도 가끔 일어났으므로, 보안관과 야경꾼으로는 더 이상 치안을 유지할 수 없었다. 따라서 19세기 중엽 도시에서는 오늘날 보이는 바와 같이 경찰서가 설치되고 경찰관이 등장했다. 경찰관은 보안관과 달리 제복을 입고 휘장을 달고 다녔는데, 휘장이 구리로 만들어져 있었기에 구리를 가리키는 영어의 첫 음절을 따서 속칭 "캅"cop으로 통하게 되었다.

1) 엘리트

그와 같이 도시 공간이 분화되는 양상은 19세기 중엽 미국에서 계급사회가 형성되는 데 기여했다. 교외로 빠져나간 부유한 사람들은 높은 지위를 뒷받

---

33 Henry Binford, *The First Suburbs: Residential Communities on the Boston Periphery, 1815–1860* (Chicago: Univ. of Chicago Pr., 1985); Elizabeth Blackmar, *Manhattan for Rent, 1785–1850* (Ithaca: Cornell Univ. Pr., 1989).

침하는 재산과 권위를 차지하기 위해 노력했다. 특히 건국 이후에는 연방헌법을 토대로 삼고 마셜 법원을 지주로 삼아 시장경제에서 주도권을 잡기 위해 노력했다. 그들 가운데서 남부의 농장주들은 여전히 대농장을 경영하는 데 주력했고, 뉴욕과 필라델피아를 중심으로 북부에서 발전하는 상업과 금융업, 해운업과 제조업 같은 역동적인 부문에는 조심스럽게 접근했다. 그러나 상인이 대표하는 북부의 부유한 사람들은 달랐다. 그들은 상업에 머무르지 않고 제조업에 뛰어들었으며, 또 도로나 운하를 건설하고 기선이나 기차를 운행하는 등, 새로운 사업에도 손을 뻗쳤다. 로월을 비롯한 보스턴 상인들이 방직회사를 수립하며 제조업으로 진출한 데서 드러나듯이, 발전하는 시장경제에서 재산을 축적하고 권위를 장악하며 지위를 유지할 수 있는 기회를 보았던 것이다. 그런 상인과 농장주, 그리고 그들과 긴밀한 관계를 맺고 있던 법률가 등, 큰 재산과 높은 권위를 지닌 사람들은 유럽사에서 흔히 쓰이는 용어로 말하자면 부르주아지bourgeoisie라 할 수 있다.

그렇지만 그들은 유럽의 부르주아지와 구분되는 특징을 지녔다. 부르주아지는 흔히 근대 유럽에서 도회지에 거주하면서 상업이나 금융업, 또는 법조계에 종사하는 사람들을 가리키며, 그래서 귀족과 달리 근면·성실한 자세와 합리적인 사고방식을 지닌 계급으로 여겨진다. 그러나 이런 이해는 사실과 거리가 있다. 실제로는 부르주아지 가운데 많은 사람들이 귀족으로부터 영지를 사들이고 귀족과 마찬가지로 농민을 억압하고 착취하며 봉건 영주로 행세했는가 하면, 귀족 가운데 적지 않은 사람들이 혼인을 통해 부르주아지와 관계를 맺거나 상업이나 금융업에 투자하며 부르주아지와 어울렸다. 따라서 유럽의 부르주아지는 귀족 문화로부터 적잖은 영향을 받았다. 반면에 미국에는 귀족이 없었기에, 미국의 부르주아지도 귀족 문화와 거리가 멀었다. 다만, 남부의 대농장주들이 봉건 귀족의 생활방식에 향수를 느끼며 그에 따라 살고자 했을 뿐이다. 더욱이, 미국의 부르주아지는 귀족과 평민 사이에 존재하는 중간층이 아니라 미국의 사회질서에서 상층을 차지하는 계급이었다.

그 계급을 깊이 있게 이해하자면, 기존 인식에서 벗어날 필요가 있다. 기존 인식 가운데 가장 널리 퍼져 있는 것은 자유주의자들이 제시한 것이다. 그에 따르면 미국은 기본적으로 자유롭고 평등한 사회이다. 거기서 개인은 이해관계에 따라 다양한 집단을 만들기도 하지만, 어떤 개인이나 집단도 오랫동안 같은 지위를 유지하지 못한다. 한마디로 줄이면, 미국에는 계급이 존재하지 않는다는 말이다. 이런 인식이 현실과 거리가 멀다는 것은 이제 잘 알려져 있다. 그러나 그것은 오랫동안 미국인들이 지녔던 신념으로서, 미국 문명의 발전 과정을 이해하는 데 커다란 영향을 끼쳤다. 특히, 역사학자들은 그 과정을 이끌어 온 지도자 개개인에 대해 흥미로운 저술을 많이 내놓았지만, 그들을 하나의 계급이나 아니면 다른 어떤 집단으로 간주하고 그 역사를 탐구하는 데에는 큰 관심을 기울이지 않았다. 더욱이, 세계 역사학계는 지난 반세기 동안 노동계급을 비롯한 하층에 주목하는 반면에 상층에는 관심을 기울이지 않았다.

다른 한편에서는 마르크스주의자들이 상층에 대한 탐구를 저해했다고 할 수 있다. 그들은 건국기에는 물론이요 오늘날에도 지배계급이 존재한다고 생각한다. 자본가를 비롯한 부르주아지가 경제 권력은 물론이요 정치적 권위도 장악하고, 사회질서의 정점에 서서 자신들의 이해관계에 따라 시장과 국가를 통제한다는 것이다. 이런 견해는 이미 20세기 후반에 설득력을 잃었다. 노동정책이나 복지정책에서 드러나듯이 국가가 부르주아지의 뜻대로 움직이지 않으며, 국가기구의 담당자들이 상당한 자율성을 누린다는 것이 밝혀졌기 때문이다. 그래도 지배계급이라는 용어는 마르크스주의자들을 넘어 널리 통용되어 왔으며, 그와 함께 정치적 권위와 경제 권력을 모두 장악한 어떤 계급이 대다수 국민의 의사와 달리 국가와 시장을 운영한다는 관념도 살아남았다. 이는 이미 언급한 바와 같이 지배계급의 개념에 대한 오해의 산물이다. 지배계급이란 원래 신분제 사회에서 정치적 권위를 토대로 경제 권력까지 장악한 집단을 의미하며, 그래서 이들 권력을 분립시키는 자본주의 문명에서는 성립할 수 없으니 말이다. 그러나 그런 관념은 아직 우리의 언어에 남아서 상층에 대한 진지한 탐구를 저해한다.

그래도 다행스러운 것은 일부 비판적 학자들이 상층을 탐구하는 데 나섰다는 점이다. 그들은 사회학을 비롯해 사회과학의 여러 분야에 종사하는 전문가들로서, 1950년대부터 미국을 이끄는 지도자들이 대다수 국민의 뜻을 따르기보다는 극소수의 이해관계에 따라 정책을 결정한다고 비판하기 시작했다. 그 가운데서도 사회학자 라이트 밀스C. Wright Mills는 그런 지도자들이 정계와 재계, 군부와 문화·체육계 등, 부문별로 존재하지만, 서로 소통·교류하면서 긴밀한 관계를 맺는다고 보고 그들을 "파워 엘리트"라고 이름 지었다. 후속 연구는 과연 그런 집단이 존재하는지, 그렇다면 그것이 상층과 어떤 관계에 있는지, 여러 의문을 다루며 오늘날까지 이어져 왔다.[34]

그렇게 해서 축적된 성과는 이 책에서 적극적이면서도 비판적인 방식으로 수용된다. 이 책의 주제인 자본주의는 필자가 보기에 정치적 권위와 경제 권력을 분립시키는 등, 여러 가지 힘을 전근대 사회와 다른 방식으로 조합하는 권력구조이다. 이 새로운 권력구조는 사회적 측면에서 볼 때 힘을 거머쥐는 사람들 사이에서 형성되는 관계로 나타난다. 따라서 비판적 학자들이 쌓아 놓은 엘리트 연구는 자본주의 문명을 깊게 파헤치는 데 도움이 된다. 그렇지만 그들의 연구는 시기적으로 볼 때 현대에 초점을 맞추는 반면에, 그 이전의 시기를 상대적으로 소홀하게 취급한다. 그 결과, 엘리트를 비롯한 상층의 역사적 변화를 추적하는 데 뚜렷한 도움을 주지 못한다. 특히 초기 미국의 엘리트에 대해서는 겨우 윤곽을 그려 줄 뿐이며, 그래서 그들이 정치와 경제

---

34 배영수, 「엘리트와 권력구조」, 『미국 예외론의 대안을 찾아서』, 171-223. 최근 동향에 관해서는 다음 문헌을 참고하라. Mark S. Mizruchi, *The Fracturing of the American Corporate Elite* (Cambridge, MA: Harvard Univ. Pr., 2013); G. William Domhoff et al., *Studying the Power Elite: Fifty Years of* Who Rules America? (London: Routledge, 2017).

두 영역에서 분화하는 과정은 아예 다루지도 않는다.

그런 기존의 인식과 연구 성과를 고려할 때 먼저 밝혀 두어야 할 것은 엘리트가 초기 미국에서 상층을 차지하던 부르주아지의 중핵이었다는 점이다. 부르주아지는 중소 상인과 농장주, 그리고 중소 기업인과 전문 직업인도 포괄하며, 그래서 흔히 대·중·소 세 부류로 구분된다. 그 가운데서 주도적 역할을 담당하는 것은 대체로 대부르주아지인데, 바로 이 부류가 엘리트와 그 가족으로 채워진다. 엘리트는 흔히 어떤 선발 과정을 거쳐 뽑힌 사람들이나 그럴 수 있을 만큼 뛰어난 사람을 가리키는 용어로 쓰인다. 그렇지만 이 책에서는 그보다 훨씬 제한된 의미로 쓰인다—사회적 위계질서에서 최상층을 차지하고 거기서 제도적 권위를 누리며 다른 사람들에게 영향을 끼치는 소수의 사람들을 가리킨다. 엘리트 연구를 주도한 비판적 사회과학자들에 따르면, 그들은 대개 사회적 위계질서와 더불어 자신들의 지위를 다음 세대로 물려주는 데 성공했다. 미국에서는 많은 사람들이 부모로부터 물려받은 지위에 머무르지 않고 일생 동안 지위가 상승하거나 하락하는 것을 경험하지만, 그래도 엘리트는 상당히 견고한 집단으로서 지속력을 지닌다는 것이다.

그러나 역사는 미국의 엘리트가 적잖은 변화를 겪었다는 사실을 보여준다. 초기 미국에서 엘리트의 존재는 "버지니아 왕조"에서 뚜렷하게 드러난다. 거기에 속한 사람들은 앞선 세대로부터 많은 재산과 높은 위신을 물려받고, 그것을 기반으로 정계에 진출해서 최고위직에 오르며 막강한 정치적 권위까지 손에 넣었다. 더욱이, 그들과 함께 장관이나 대법원장으로 지냈던 사람들도 모두 부유한 가정에서 태어나거나, 그렇지 않으면 해밀턴이나 갤러틴처럼 부잣집 딸과 혼인하며 상층에 들어갔다. 바꿔 말해, 초기 미국의 엘리트는 하층이나 중간층이 아니라 사실상 예외 없이 상층에서 나왔다고 할 수 있다.[35]

---

35 Philip H. Burch, Jr., *Elites in American History: The Federalist Years to the Civil War*

그래도 그들이 장악한 정치적 권위는 다음 세대로 계승되지 않았다는 점을 기억할 필요가 있다. 대의제 민주정치 아래서는 정치적 권위가 세습 신분에 수반되는 권력이 아니라 국민이 일시적으로 위임한 권력에 지나지 않기 때문이다. 이는 두말할 나위도 없이 혁명과 건국의 필연적 결과이다. 미국인들은 혁명과 건국을 거치며 전통 사회를 특징짓던 군주정과 신분제의 잔재와 결별하고, 천부인권과 주권재민의 원칙에 따라 국민을 주권자로 설정하고 대통령을 비롯한 공무원을 국민의 의지에 따라 국정을 처리하는 존재로 취급하는 새로운 정치체제를 도입했다. 물론, 현실은 이렇게 간단하게 규정하기 어렵다. 공무원은 실제로 크고 많은 권한을 쥐고 있으며, 흔히 그것을 권력으로 바꿔 자의적으로 행사하기도 한다. 그래도 그 권한과 권력은 본질적으로 국민으로부터 나온다. 따라서 초기 미국의 엘리트는 외형상 지배계급과 비슷하게 보이지만, 본질에 있어서 그와 다른 존재였다. 그들은 차라리 혁명과 함께 사라져 버린 전통적 지배계급의 흔적이라 할 수 있다.

더욱이, 그들은 1820년대에 이르면 새로운 정치 엘리트를 맞이하게 되었다. 이 새로운 엘리트는 과거처럼 대규모 농장이나 상점에서 출발해 정계로 진출하는 것이 아니라, 일찍부터 정계에 진입한 다음에 거기서 거물로 성장하는 직업 정치인이었다. 앞에서 살펴보았듯이 앤드루 잭슨은 보잘것없는 집안에서 태어나 큰 재산을 모으고 결국에는 대권까지 차지했고, 마틴 밴 뷰런은 비슷한 배경을 지녔지만 일찍부터 권력에 관심을 기울이며 직업 정치인으로서 가장 높은 지위에 올랐다. 이런 자수성가형 엘리트 가운데서, 특히 밴 뷰런은 과거의 정치 지도자들과 달리 정당을 체계적으로 조직하고 제도를 통해 지지 세력을 확보하며 그것을 기반으로 권력에 접근하는 새로운 엘리트의 도래를 대표했다. 이들은 분명히 미국의 건국을 주도했던 엘리트와 다른 존재였다.

이 새로운 엘리트가 미국의 정치체제에 거대한 변화를 가져온 것은 아니

(New York: Holmes & Meier, 1981), 45-127.

다. 그들은 기존 체제에 들어가, 거기서 성공하고자 했을 뿐이다. 그래도 미국의 고위 관직 가운데서 적잖은 몫을 차지할 수 있었다. 이는 고위 관직에 오른 인물 가운데서 대학까지 졸업하며 고등교육을 받은 사람들이 차지하는 비중이 줄어드는 현상에서 뚜렷하게 나타난다. 그들이 대통령직과 장관직을 비롯한 연방정부 고위직 가운데서 차지하는 비중은 워싱턴과 애덤스가 정권을 잡았던 1789년부터 1801년까지의 시기에 무려 73.8 %에 이르렀다. 그 시기에 고등교육을 받은 사람들이 전체 인구 가운데서 겨우 0.2 %에 지나지 않았다는 사실을 감안한다면, 이는 참으로 놀라운 비율이다. 그러나 그들이 연방정부 고위직에서 차지하는 비중은 1801년 제퍼슨이 집권한 다음에 58.3 %로 크게 줄었고, 1829년 잭슨이 집권한 뒤에는 56.3 %, 그리고 1837년 밴 뷰런이 집권한 다음에는 50.0 %로 더욱 줄었다. 바꿔 말하면, 고위 관직에 오른 인물 가운데서 고등교육을 받을 수 있을 만큼 유복한 가정에서 태어나지 않은 사람들이 대략 4분의 1에서 2분의 1로 크게 늘어났다고 할 수 있다.[36] 그런 변화가 오랫동안 지속되었던 것은 아니다. 그들의 비중은 1840년대부터 다시 줄어서 결국 원상으로 되돌아갔다.

그래도 필자가 보기에는 그런 변화에 주목할 필요가 있다. 그것은 무엇보다도 미국의 엘리트가 정치와 경제 두 영역으로 분화되기 시작한다는 것을 뜻한다. 이미 지적한 것처럼 초기 미국의 엘리트는 전통적 지배계급의 흔적으로서, 경제 권력을 기반으로 정치적 권위까지 장악하고 있었다. 그러나 밴 뷰런이 선도한 직업 정치인들은 경제 권력에 의지하지 않고서 정치적 권위를 장악하는 데 성공했다. 이런 인물은 앞으로 살펴보겠지만 꾸준히 늘어나며, 19세기 말에 이르면 정치적 권위를 농단할 수 있을 만큼 정계에서 다수를 차지한다. 반면에 많은 재산을 지녔던 엘리트는 과거와 달리 정계로 진출하는 대신에 경제활동에 전념하기 시작했다. 특히, 앞에서 언급한 보스턴 상인들

---

36 Ibid., 240, Table 2.

처럼 상업에서 제조업으로, 또는 도로나 운하를 건설하는 토목업으로 활동 무대를 옮기기도 했다. 물론 그 가운데 일부는 정치에 대한 미련을 버리지 못했고, 그래서 전당대회 의장직을 비롯한 주요 당직을 맡기도 했다. 그렇지만 대체로 전면에 나서서 대중과 접촉하며 선출직 관직에 도전하는 일은 직업 정치인에게 양보했다. 그리고 농장이나 기업을 경영하는 데 몰두했다. 따라서 미국의 엘리트는 1830년대부터 정치와 경제 두 영역으로 분화되기 시작했다. 이는 분명히 자본주의 문명의 발전 과정에 수반되는 현상이었다. 그 문명은 이미 여러 차례 설명한 바와 같이 본질적 특징으로서 정치적 권위와 경제 권력을 분립시키며, 사회적 측면에서는 엘리트가 영역별로 분화하면서도 영역 사이의 경계선을 넘어 서로 관계를 맺는 현상으로 나타나기 때문이다. 이는 자본주의 문명의 발전 과정을 이해하는 데 중요한 의미를 지닌다.

엘리트의 영역별 분화에 따라 경제활동에 주력하기 시작한 엘리트는 다른 변화도 겪었다. 경제 엘리트는 산업혁명을 주도하면서 과거의 상점에서 벗어나 그보다 규모가 크고 복잡한 기업을 세우는 데 많은 시간과 노력을 들였다. 거래하는 고객이 많아지고 감당하는 지역이 넓어지며 취급하는 상품의 품목과 물량이 늘어났고, 그에 따라 과거보다 더 많은 종업원을 고용하고 그들에게 적합한 업무와 함께 필요한 자원을 할당하며 그들의 활동을 전반적으로 통제해야 했다. 그런 기업을 수립, 운영하기 위해, 경제 엘리트는 법인이라는 제도에 크게 의지했다. 법인은 앞에서 언급한 바와 같이 1790년대에만 311개나 새로 수립되었는데, 대체로 은행 이외에 도로와 교량, 그리고 운하에 집중되어 있었다. 이런 법인에 투자한 사람들은 모두 3,884명이었는데, 그 가운데에는 요즈음이라면 "개미"라 부를 만한 소액 투자자도 있었다. 그러나 주도적 역할을 한 것은 수십 명 내지 수백 명씩 모여 함께 투자하는 부유한 사람들이었다.[37] 더욱이, 그들의 투자를 지원하는 증권거래소도 1790

---

37 Robert E. Wright, "Rise of the Corporation Nation," in *Founding Choices: American*

년대 초부터 발전했다. 뉴욕과 필라델피아에서는 채권과 주식을 사고파는 거래가 일상적으로 이루어지기 시작했고, 그에 따라 증권을 취급하는 중개인들도 나타났다. 특히 뉴욕에서는 그들이 협약을 맺고 일정한 규칙에 따라 증권거래를 성사시키기 시작했다. 그리고 1817년에는 증권거래소라는 제도를 수립하고 공식적 운영 구조를 도입하기에 이르렀다. 한마디로 줄이면, 자본시장이 공식적으로 형성되었다고 할 수 있다.

그런 제도를 통해, 엘리트는 많은 사람들을 움직이는 권위를 확보할 수 있었다. 법인은 엘리트가 보기에 중요한 장점을 지니고 있었다. 그것은 먼저 주식을 발행하고 판매해서 얻는 자금으로 사업에 필요한 막대한 자본을 모으는 데 적합한 제도였다. 또 막대한 자본을 갖고 출발하기 때문에 어떤 부문에서든 시장을 지배하며 독점적 이윤을 확보할 수 있다는 매력도 지녔다. 게다가 사업에 실패한다 해도, 주주들이 재산을 내놓지 않고 주식에 투자한 자금만 잃어버리는 선에서 유한책임을 진다는 점에서도 장점이 있었다. 물론 주주들이 기업을 직접 운영하지는 않는 만큼, 경영진이 기업보다 자신들의 이익을 위해 일할 가능성도 있었다. 그렇지만 주주들은 주주 총회를 통해 경영진을 견제할 수 있었으며, 특히 대주주들은 사실상 기업을 지배한다고 할 수 있을 만큼 커다란 영향력을 행사할 수 있었다. 따라서 법인은 대주주를 비롯한 부유한 사람들에게 기업에서 일하는 많은 사람들을 통제하는 권위도 쥐여 주는 제도였다. 이제 엘리트는 피고용인들을 비롯해 서로 알지도 못하는 많은 사람들에게 크고 작은 영향을 끼치는 결정을 내릴 수 있게 되었다. 덕분에 그들은 사회적 위신 이외에 제도적 권위도 누릴 수 있게 되었다. 그것은 미국혁명으로 인해 위축되었던 엘리트의 사회적 영향력을 보강하는 결과로 이어졌다. 이런 변화는 자본주의 문명의 발전 과정에서 중요한 의미를 지닌다.

Economic Policy in the 1790s, ed. Douglas A. Irwin and Richard Sylla (Chicago: Univ. of Chicago Pr., 2010), 217-258.

그것은 재산이 개인의 권리를 넘어 다른 사람들을 움직이는 권력으로 변형되는 현상 가운데서도 핵심적 측면이기 때문이다.

초기 미국의 엘리트는 자신들의 지위를 드러내며 계급으로서 정체성을 다졌다. 그들은 유럽의 귀족처럼 여유를 즐기며 국사를 돌보는 데 주력하지 않고, 다양한 사업에 종사하면서 재산과 권위를 확보하고 과시하는 데 관심을 기울였다. 특히 18세기 영국의 귀족을 모방하면서 고귀한 품위를 성취하려 했고, 그에 따라 호화로운 저택을 짓고 호사스러운 연회를 열며 보통 사람들과 거리를 두고자 했다. 복색은 물론이요 예법과 취향, 그리고 학식의 측면에서도 보통 사람들이 따라 하지 못할 만큼 높은 수준에 도달하는 동시에, 그런 차이를 내세우며 공직을 차지하고 사회를 이끌고 나갈 수 있을 만큼 지도력도 갖추려 했다. 이렇게 위신과 영향력을 유지하려던 엘리트의 노력은 19세기에도 지속되었다.[38]

그래도 정치 측면에서는 엘리트의 영향력이 뚜렷한 부침을 겪었다. 초기에 그것은 위축 국면을 맞이했다. 이 점에서도 미국은 유럽과 뚜렷한 차이를 보인다. 19세기 영국과 프랑스에서는 부르주아지가 노동자를 비롯한 평민의 저항에 편승해 귀족의 세력을 약화시키며 자신들의 발언권을 강화시킬 수 있었다. 그러나 미국에서는 민주정치의 대두 앞에서 뒤로 물러나면서 타협하는 자세를 취했다. 제1절에서 살펴본 바와 같이 참정권이 확대되고 정당 체제가 개편되며 보통 사람들의 발언권이 강화됨에 따라, 미국의 엘리트는 자신들이 누리던 정치적 권위를 양보하기 시작했다. 그렇다고 해서 미국의 엘리트가 유럽에 비해 세력이 약했다고 할 수는 없다. 미국에는 귀족이 없었던 만큼, 엘리트가 압도적으로 우월한 입지와 영향력을 지녔기 때문이다. 그래도 그 세력이 점차 위축되었다고 할 수 있다.

---

38 Richard Lyman Bushman, *The Refinement of America: Persons, Houses, Cities* (New York: Vintage, 1993), 207–237, 353–401.

그러나 19세기 후반에는 엘리트가 다시 정치적 입지를 공고히 다지기 시작했다. 제12장에서 살펴보는 바와 같이, 엘리트는 법인의 형태를 갖춘 대기업을 자신들의 권력 기반으로 만들고는, 법원의 지원을 받아 가며 그것을 정부가 쉽사리 간섭하지 못하는 제도로 가꾸었다. 그리고 자유방임을 외치는 동시에 다른 한편으로는 부정부패를 저지르면서 정치와 경제의 유착 관계를 만들어 냈다. 그것은 자신들에게 우호적인 정치 엘리트가 집권할 수 있도록 지원하고, 그래서 그들이 지니는 정치적 권위를 자신들이 바라는 대로 이용하는 데 필요한 조건이었다. 이 조건은 역사적 시각에서 바라볼 때 전근대 사회에서 지배계급이 장악했던 권력의 대안이었다. 바꿔 말하면, 정치적 권위를 토대로 경제 권력을 행사하던 전근대적 지배계급의 관행을 엘리트가 새로운 권력구조에 맞춰 변형시키며 만들어 낸 방안이라 할 수 있다. 그런 방안에 대해 보통 사람들은 비판과 저항으로 응수했다. 그들은 엘리트가 국민 가운데 대다수를 차지하는 자신들의 의사와 다른 방향으로 정치적 권위를 이용하는 것을 저지하려 했다. 이에 관해서는 제13장에서 논의한다. 지금 여기서 주목해야 할 것은 엘리트의 정치적 영향력이 부침을 거듭한다는 점이다.

2) 노동자

다른 한편에서는 노동자들이 시장경제의 발전에 적응하기 위해 고심했다. 그들의 반응은 영국과 달리 기계화의 진전이나 생활수준의 하락, 또는 정치적 탄압으로 설명하기가 어렵다. 미국의 노동자들은 기계를 부수며 산업 발전에 항의하지 않았다. 노동력이 부족한 상황에서 경제가 빠른 속도로 성장했기 때문에, 기계는 노동자를 대체하는 결과를 가져오지 않고 노동자의 작업을 지원하는 기능을 발휘했다. 그리고 노동자들의 생활수준은 개선되는 경향을 보였다. 1800년부터 1860년까지 일인당 국내총생산은 1840년 물가를 기준으로 할 때 78 달러에서 135 달러로 크게 늘어났다. 게다가 시장경제의 발전 덕분에 물가가 하락하는 추세를 보였다. 노동자들은 빵 이외에 고기와 채소, 그리고 과일을 더 많이 먹을 수 있었고, 나무 침대 위에 매트리스를 깔고 잘 수 있었으며, 벽에다 시계를 걸어 놓을 수도 있었다. 19세기 중엽에 이르면 매트리스는 50 달러에서 5 달러로, 벽시계는 60 달러에서 3 달러로 가격이 떨어졌기 때문이다.[39] 더욱이, 미국의 노동자들은 참정권이 있었다. 그들은 파업을 벌일 때면 경찰의 탄압을 받았으나, 그래도 선거가 다가오면 자신들의 대표를 입법부로 보내거나 적어도 자신들에게 우호적인 정치인을 지지하며 정치적 발언권을 행사할 수 있었다.

그렇지만 미국의 노동자들도 심각한 문제점에 부딪혔다. 우선, 빈부 격차가 더 커졌다. 가난한 사람들이 조금 나은 생활을 할 수 있었다면, 부유한 사람들은 훨씬 더 많은 재산을 가질 수 있었다. 이런 격차는 농촌보다 도시에서 더욱 심했다. 19세기 중엽에 이르면 상위 10 %에 해당하는 부자들이 지니던 부가 전체에서 차지하는 비중이 농촌에서 3분의 1이었던 반면에, 도시에서는 4분 3에 이르렀다. 상업이나 금융업에서 제조업으로 진출하던 엘리트는 도시에 집중되어 있었고, 거기서 새로운 기회를 잡으며 더욱 부유해졌다. 반면에 가난한 사람들이 날품팔이를 하면서도 언젠가 농토를 사들여 자영농이 될 수 있었던 농촌과 달리, 도시에서는 여간해서 그처럼 자립하는 기회를 잡을 수 없었다. 도시에는 농촌보다 더 많은 일자리가 있었지만, 돈을 모아 가게를 차리기는 어려웠기 때문이다. 물론, 미국 노동자 가운데서 유럽 노동자처럼 농촌에서 농토를 잃고 도시로 옮겨 가는 무산자는 상대적으로 적었다. 상당수는 로월의 여공처럼 농촌의 부모를 돕기 위해 공장에 취업하는 사람들이었다. 대다수는 유럽에서 건너간 이민이었는데, 이들은 대개 아일랜드계처럼 대서양을 건너는 데 필요한 여비조차 낼 수 없었다. 그래서 적어도

---

39 Thomas J. Weiss, "U.S. Labor Force Estimates and Economic Growth, 1800–1860," in *American Economic Growth and Standards of Living before the Civil War*, ed. Robert E. Gallman and John Joseph Wallis (Chicago: Univ. of Chicago Pr., 1990), 19–78; Howe, *What Hath God Brought*, 217.

처음 수개월 동안에는 사용자가 그들의 노동 능력에 대한 소유권을 주장하며 지시하는 대로 노역에 종사하며 계약 하인처럼 살아야 했다.[40]

그러나 그들만이 심각한 문제점에 부딪혔던 것은 아니다. 무엇보다도, 시장경제 자체가 본질적으로 불안정한 체제였다. 시장경제는 수요와 공급에 영향을 끼치는 요인에 따라 좌우되며, 따라서 언제든 일정치 않은 자연환경에 따라 움직일 뿐 아니라 시장에서 움직이는 사람들의 취향과 감정에 따라서도 변덕스럽게 바뀐다. 그렇기 때문에 시장경제는 안정을 누리지 못하며, 빈번하게 발생하는 경기순환에서도 벗어나지 못한다. 불황은 이전에도 있었다. 그렇지만 과거에는 그 요인이 대개 가뭄이나 서리 같은 자연재해나 전쟁을 비롯한 인위적 만행에 있었다. 그러나 이제는 불황이 아무도 모르는 사이에 느닷없이 찾아와서 누구든 떨게 만들었다. 그런 일은 1819년에 일어났고 1837년에도 일어났으며, 또 1857년에도 일어났다. 그처럼 예측할 수 없고 원인을 알 수도 없는 불황을 미국인들은 "공황"panic이라 부르기 시작했다. 그들 가운데서도 노동자들은 산업재해로 인해 더욱 불안에 시달리게 되었다. 19세기 중엽에는 전통적 작업장은 물론이요 근대적 공장에서도 소음과 분진, 열기와 악취 등, 건강을 위협하는 요인들이 제대로 통제되지 않았다. 게다가 그런 요인 때문에 발생하는 질병이나 사고에 대해서도, 사용자가 책임을 외면하고 피고용인에게 전가했다. 따라서 경기순환과 산업재해로 인해, 수많은 노동자들이 일자리를 잃고 생계를 잇기 위해 몸부림쳐야 했다.

그것은 농촌에서 도시로 이주한 노동자들에게 충격적인 경험이었다. 농촌에서는 추위를 피할 잠자리나 허기를 때울 먹을거리를 얻는 것이 어렵지 않았으나, 도시에서는 돈이 없으면 그런 것들을 마련할 수 없었기 때문이다.

---

40 David R. Meyer, *The Roots of American Industrialization* (Baltimore: Johns Hopkins Univ. Pr., 2003); Herbert G. Gutman, *Work, Culture & Society in Industrializing America: Essays in American Working-Class and Social History* (New York: Vintage, 1977), 3–78.

그것은 주인의 가계에서 독립한 직공이나 견습공에게도 물론 충격적인 경험이었다. 더욱이 작업장에 새로운 분업 체계가 도입됨에 따라, 그들은 생산과정을 전반적으로 숙달하며 장인으로 성장하는 기회도 좀처럼 잡을 수 없었다. 따라서 노동자들은 독립과 자유를 얻은 반면에, 자립의 희망을 품기 어려운 상황 속에서 자신의 생계에 대해 스스로 책임을 져야 하는 부담도 안게 되었다. 이제 노동자는 신분상 주인에게 예속되는 지위에서 벗어나 시민으로서 자유를 누리는 지위를 얻었지만, 시장에서 자신의 노동 능력을 상품으로 팔고 그에 대한 보상에 의지해 살아가는 수밖에 없었다. 그런 부담이 일자리를 잃을 때면 견디기 어려운 짐이 되었다는 것은 두말할 나위도 없다. 그것은 공화주의자들에게도 커다란 걱정거리였다. 그들은 경제적 자립을 공화국에서 시민이 갖추어야 하는 전제 조건으로 여겼으니 말이다.

노동자들은 또한 새로운 산업 규율에 적응하는 부담도 져야 했다. 농장에서는 물론이요 장인의 작업장에서도, 노동자들은 일정한 시간에 일정한 강도로 일하지 않았다. 일거리가 일정치 않았고, 따라서 일거리가 많을 때는 오랫동안 일을 계속하고 일거리가 적을 때는 놀아 가면서 일을 하는 관습이 있었다. 이런 과업 중심적 관습은 동력 기계에 의존하는 근대적 공장에 적합하지 않았다. 따라서 공장을 운영하는 감독은 노동자들이 그런 관습을 버리고 시간에 맞춰 규칙적으로 일하는 습관을 익히도록 유도하거나 강제해야 했다. 이는 물론 장인이 일거리와 함께 일을 하는 절차와 방법에 관해 스스로 결정하는 자율성도 포기하고, 감독의 지시에 따라 움직여야 한다는 것을 뜻했다. 그것은 자율성에 자긍심을 느끼던 장인에게 견디기 어려운 속박이었다. 또한 경제적 자립과 함께 정신적 자율성을 높이 평가하던 공화주의자들에게도 받아들이기 어려운 변화였다.

따라서 19세기 중엽의 미국 노동자들도 한편으로 시장경제의 발전에 적응하면서 다른 한편으로는 거기에 저항하는 모습을 보였다. 그런 모습은 대체로 두 가지 서로 다른 성격을 지녔다. 위에서 살펴보았듯이, 19세기 중엽 미국에서 산업은 장인이 주도한 전통적 작업장뿐 아니라 상인이 수립한 근대적 공장에서도 발전했다. 전자에서는 주인과 직공 사이의 관계가 혁명기부터 점점 멀어졌는데, 1820년대에는 직공들이 주인의 착취에 저항하며 노동운동을 벌이기 시작했다. 후자에서는 방직 공장에서 일하던 젊은 여성을 중심으로 착취와 함께 억압에 항의하는 노동운동이 나타났다.

전통적 작업장이 몰려 있던 필라델피아, 뉴욕, 보스턴 등지에서는, 직공들이 새로운 분업 체계가 도입됨에 따라 임금이 깎이고 노동시간이 늘어나며 작업 환경이 나빠지는 데 대해 불만을 품었다. 더욱이 더 이상 하인이 아닌데도 자립의 희망을 품지 못한 채, 노예와 마찬가지로 열악한 처지에서 벗어나지 못한다고 개탄했다. 그들은 그런 불만을 해결하기 위해 노동조합을 결성하고 노동운동에 돌입했다. 필라델피아에서는 1827년에 제화공을 비롯해 다양한 부문에서 일하던 직공들이 노동조합 연합체를 결성하고 기관지를 발행하기 시작했다. 이어서 1833년에는 노동자 정당을 결성하고, 기능공은 물론이요 일용 노동자까지 포괄하는 정치 운동을 벌였다. 이 운동은 임금 인상과 노동시간 단축을 요구하는 동시에 관세를 인상하고 제조업을 육성해야 한다며 노동자들의 이익을 옹호했다. 다른 한편으로는 독점 철폐, 특혜 금지, 부패 척결 등을 주장하며 엘리트의 행태를 비판했다. 그리고 1833년에는 다시 제화공의 주도 아래 약 2만 명이 참가하는 총파업을 벌이고, 노동시간을 하루 10시간으로 제한해야 한다고 주장했다. 이런 움직임은 뉴욕, 보스턴 등, 다른 주요 도시에서도 나타났다. 그러나 그것은 지속되지 않았다. 양대 정당이 노동자들의 정치 운동을 흡수하고자 노력했고, 다른 한편에서는 제대로 뿌리를 내리지 못한 노동운동이 1837년 공황 때문에 타격을 입었기 때문이다.[41]

---

41 Wilentz, *Chants Democratic*; Bruce Laurie, *Working People of Philadelphia, 1800-1850* (Philadelphia: Temple Univ. Pr., 1980).

여성 노동자들은 다른 반응을 보였다. 그 시기에 여성은 전체 노동자 가운데서 3분의 1 가량을 차지했는데, 대부분 북부의 방직 공장에 고용되어 있었다. 공장은 수력을 이용하기 위해 보스턴 같은 도시에서 벗어나 농촌으로 들어갔고, 따라서 주변 농촌에서 노동력을 동원해야 했다. 그러나 농민은 대부분 자영농이거나 자영농으로 자리 잡으려 했다. 따라서 로월 같은 사용자들은 농가에서 가사를 돌보던 젊은 여성을 고용하기 위해, 그들이 집을 떠나 머무를 수 있는 기숙사를 건립하고 부모처럼 그들의 생활을 지도하는 감독을 임용하는 등, 모범적인 환경을 조성했다. 그렇지만 방직업이 번성하자 공장이 늘어나며 경쟁이 심해졌고, 따라서 사용자들은 임금을 깎고 노동 강도를 올리며 살아남으려 했다. 여공들은 1830년대부터 그런 조치에 조직적으로 저항하기 시작했다. 공장에서는 물론이요 기숙사에서도 함께 지내며 넓은 교류 관계를 형성한 덕분에 쉽사리 조직을 건설하고 행동에 돌입할 수 있었다. 그들은 파업과 시위를 벌이며 자신들이 "자유인의 딸"daughters of free men로서 노예와 같은 처우를 받아들일 수 없다고 주장했다. 그리고 1845년에는 노동 개혁을 요구하는 단체를 구성하고 저명한 개혁가들을 초청해 강연회를 열며 기관지를 발행하기도 했다. 그러나 그 즈음에는 아일랜드에서 이주한 여성이 크게 늘어났고, 또 적은 임금과 긴 노동시간을 비롯한 열악한 조건 속에서도 일자리를 얻으려 했다. 뉴잉글랜드의 여성 노동운동은 결국 1840년대 말에 이르러 일단 침체기에 들어가게 되었다.[42]

그 외에 노조나 파업에 호소하지 못하던 노동자들도 적지 않았다. 이들의 모습은 19세기에 들어와 급격하게 팽창한 항구도시 볼티모어에서 뚜렷하게 나타났다. 버지니아와 메릴랜드 등, 상남부Upper South 지역에서 담배의 생산이 줄어드는 반면에 곡물의 생산이 늘어나자, 볼티모어는 해운 중심지로

---

42 Thomas Dublin, *Women at Work: The Transformation of Work and Community in Lowell, Massachusetts, 1826-1860* (New York: Columbia Univ. Pr., 1979).

성장하며 그와 연관되는 제조업의 발전을 맞이했고 따라서 다양한 노동자들을 끌어들였다. 특히 독일이나 아일랜드에서 많은 이민을 받아들였을 뿐 아니라 주변 농촌의 담배 농장에서 적잖은 흑인도 받아들였다. 담배를 재배할 때만큼 일손이 많이 필요하지 않자, 농장주들이 노예를 팔던지 그렇지 않으면 도시로 보내 임금을 벌어 오게 했기 때문이다. 이들 이민과 흑인은 흔히 선원이나 하역 노동자, 하인이나 청소부로 일했다. 그렇지 않으면 집이 없는 노동자들에게 잠자리와 먹을거리를 마련해주거나, 준설을 비롯해 항구에서 벌어지는 토목공사에 날품팔이로 나가거나, 노예나 선원의 작업복을 만드는 공정에서 실밥을 뜯어내고 마무리를 하며 삯일꾼으로 일하거나, 밧줄을 풀어서 배의 틈새를 메우는 데 쓰이는 뱃밥을 만들어 팔기도 했다. 이런 일거리는 보수가 적었을 뿐 아니라 일정하지도 않았다. 그렇기 때문에 공황이나 질병, 또는 사고 같은 큰 장애가 없어도, 겨울이 다가오면 구빈원에 가서 신세를 지거나 여성의 경우에는 매춘으로 내몰리기도 했다. 그처럼 어려움에 시달리던 노동자들은 불안과 울분을 사용자가 아니라 다른 노동자들에게 표출하기도 했다. 흑인이든, 이민이든, 자신들의 일자리나 일거리를 위협하는 것으로 보였던 다른 노동자들과 충돌했던 것이다. 그렇다고 해서 그들이 엘리트나 중산층에 대해 호의적인 태도를 지녔던 것은 아니다. 오히려 자신들을 무시하거나 도와주지 않는다며 적대적인 태도를 보였다.[43]

따라서 미국 노동자들은 19세기 중엽에 이르면 엘리트나 중산층과 구분되는 문화를 형성했다고 할 수 있다. 그들의 생활방식에서 엘리트처럼 재산이나 권위를 과시하거나 중산층처럼 체면을 중시하는 태도는 찾아보기 어렵다. 그들은 심화되는 빈부 격차 속에서 생활의 불안정에 시달리고 있었던 만큼, 생계를 유지하고 자립을 달성하는 데 큰 관심을 기울였다. 그들이 보기에

---

43 Seth Rockman, *Scraping By: Wage Labor, Slavery, and Survival in Early Baltimore* (Baltimore: Johns Hopkins Univ. Pr., 2009).

빈부 격차의 근본적 원인은 재화의 생산을 노동자들이 담당하는데도 자본을 가진 사람들이 그 결실 가운데서 대부분을 전유하는 데 있었다. 그 아래에 깔려 있는 노동가치설―바꿔 말하면, 재화 같은 가치가 노동을 통해 생산되며 나아가 생산에 투입된 노동의 분량에 따라 결정된다는 관념―은 19세기 미국에서도 유지되었던 것이다. 그에 따라 노동자들은 흔히 자신들이 생산한 가치를 대부분 자본가들이 빼앗아 간다고 생각했다. 그렇기 때문에 토머스 스키드모어Thomas Skidmore 같은 개혁가는 빈부 격차를 해소하기 위해서는 자본가에 대한 정부의 특혜를 철폐하고 부를 다시 분배해야 한다고 주장했다. 그렇지만 다수는 그의 주장이 지나치게 과격하다고 생각했고, 따라서 그가 노동자 정당에 가담하는 것조차 허용하지 않았다. 다수의 희망은 노동자들이 생산자로서 자립을 달성하고 자영농과 함께 생산자 공화국을 수립하는 데 있었다. 상인이나 금융업자처럼 자본을 내놓지만 자신의 손으로 일하지 않는 사람들은 다른 사람들의 노동을 착취하는 기생자였으므로, 생산자 공화국에는 필요 없는 존재였다. 오늘날 역사학자들이 "노동자 공화주의"labor republicanism이라 부르는 이런 관념은 19세기 말까지 면면하게 이어진다.

그런 관념을 가장 선명하게 반증하는 것은 노동자의 입에 자주 오르내렸던 "백인 노예"white slaves나 "임금 노예제"wage slavery 같은 어구이다. 이는 물론 자조 섞인 비유이다. 북부에서 작업장이나 공장에서 일하던 노동자들은 거의 모두 자유로운 백인이었다. 식민지 시대에 노예제와 더불어 노동력 공급의 주요 원천이었던 계약 하인제도가 건국 이후에 급속하게 쇠퇴했기 때문이다. 그렇지만 자유로운 신분을 지녔다 해도, 노동자들은 고용계약을 체결한 다음에는 사용자의 통제를 받아야 했다. 이는 오늘날에도 사실이다. 그렇지만 19세기 미국에서는 다른 법적 근거가 있었다. 법원에서 그들의 노동능력은 사용자의 재산으로 취급되었고, 따라서 사용자가 처분권을 주장하고 행사하는 대상이었다. 노동자는 사용자의 그런 권리에 복종해야 했다. 더욱이 1840년대 초까지는 노동조합을 결성하는 권리가 보장되지 않았다. 노동조합은 범죄를 모의한다는 명목 아래 처벌받을 수도 있었기 때문이다. 이와 같은 제약은 19세기 중엽에 사회적 관심사로 부각되지 않았다. 가장 중요한 관심사는 노예제에 있었는데, 폐지론자는 임금노동자들이 지니는 신분상 자유에 주목했고, 옹호론자는 그들이 노예보다 못한 처지에 있다고 주장했을 뿐이다. 어느 쪽도 법원에서 그들에게 가하는 제약에 관심을 기울이지 않았다. 그러나 그런 제약은 노동자의 자유와 노동운동의 발전을 억제했고, 또 노동 능력을 사고파는 노동시장이 자유화되는 과정을 방해했다. 따라서 미국의 노동시장은 19세기 중엽에도 충분히 자유화되지 않았다. 노동시장에서 자유주의가 대두하는 과정은 나중에 살펴보듯이 20세기 중엽까지 단속적으로 전개된다.[44]

그에 못지않게 중요한 것은 노동자들이 "임금 노예제" 운운하며 기업과 법원의 엘리트를 비판하는 데 그치지 않고, 자신들이 흑인 노예보다 나은 대우를 받아야 한다고 믿었다는 점이다. 그들은 인종주의가 만연해 있던 시대에 살고 있었고, 또 일자리를 놓고 다른 인종과 경쟁하는 관계에 있었다. 북부의 도시에는 그리 많지 않았지만 자유로운 신분을 지닌 흑인들이 있었다. 이들은 대개 기술을 익히지 못한 채, 가사나 청소, 또는 막노동 같은 허드렛일을 하면서 살았다. 따라서 대다수 백인 노동자와 구분되는 위치에 있었다. 더욱이, 미국에 새로 도착한 이민도 백인 노동자로부터 차별을 받는 처지에 놓였다. 백인 노동자들은 특히 1840년대 말에 대거 이주하는 아일랜드인에 대해 흑인과 이웃에 살며 함께 일을 한다고 해서 그들을 "하얀 흑인"White Negroes이라 부르며 비하했다. 또 흑인 노동자들에 대해서는 "그을린 아일랜드인"Smoked Irish이라고 조롱했다. 바꿔 말하면, 북부의 임금노동자들 사이에

---

44 Robert J. Steinfeld, *The Invention of Free Labor: The Employment Relation in English and American Law and Culture, 1350–1870* (Chapel Hill: Univ. of North Carolina Pr., 1991); Christopher L. Tomlins, *Law, Labor, and Ideology in the Early American Republic* (Cambridge: Cambridge Univ. Pr., 1993), 1–219.

서 계급 문화는 백인성을 내세우는 인종주의적 함의를 띠고 있었다.[45] 그것
은 또한 미국의 노동계급이 인종을 구분하는 경계선에 따라 분열되어 있었다
는 사실을 보여 주기도 한다.

3) 중산층

그처럼 대립적인 계급 문화를 형성한 엘리트와 노동자 사이에는 두터운 중산
층이 자리 잡았다. 중산층은 역사학계나 사회과학계에서 큰 관심을 끌지 못
했다. 가장 중요한 이유는 자본주의가 발전하면 사회가 자본가와 노동자로
양극화되고 그 사이에 자리 잡은 계급이 위축된다는 전망에 있다. 마르크스
주의 이데올로기에서 유래한 이 전망은 사실과 거리가 먼 견해이다. 중산층
은 상당한 변화를 겪으면서도 오늘날까지 건재해 왔으니 말이다. 사실, 토머
스 피케티는 그의 유명한 저술에서 중산층의 존재에 주의를 환기한다. 그것
이 빈부 격차의 완화를 입증하는 것은 아니지만, 자본주의 발전 과정을 올
바르게 이해하기 위해서는 주목할 필요가 있는 현상이라는 것이다.[46] 그러나
그는 빈부 격차를 집중적으로 다루는 반면에 중산층에 대해서는 큰 관심을
기울이지 않는다.

그렇지만 중산층은 자본주의 발전 과정에서 매우 중요한 함의를 지니는
듯하다. 자본주의는 빈부 격차라는 구조적 결함을 안고 있으면서도, 적잖은
노동자들에게 중산층으로 상승하는 사회적 이동을 경험할 수 있도록 허용함
으로써 그에 대한 부분적 해법을 내놓기 때문이다. 그렇다면 자본주의 발전
과정에서 주목해야 할 것은 중산층의 존재 자체가 아니라 그것이 어떤 변화

---

45 David R. Roediger, *The Wages of Whiteness: Race and the Making of the American Working Class* (London: Verso, 1991); Noel Ignatiev, *How the Irish Became White* (New York: Routledge, 1995), 1–59.

46 Thomas Picketty, *Capital in the Twenty-First Century*, trans. Arthur Goldhammer (Cambridge, MA: Harvard/Belknap, 2014), 250–252, 260–262, 346–347.

를 겪는가, 또 거기에 어떤 함의가 있는가 하는 의문이라 할 수 있다.[47]

중산층은 많은 학자들 사이에서 하나의 계급으로 취급되지만, 필자는 그런 통설을 따르지 않는다. 중산층은 계급에 부합하는 대내적 유대 관계와 대외적 적대 관계를 뚜렷이 갖추지 못했기 때문이다. 중산층을 가리키는 용어는 1830년대에 처음 등장했을 때 "중간계급들"middle classes이라는 복수였는데, 이는 이 계층이 계급으로서 내적 결속력을 갖추지 못했다는 점을 보여준다. 사실 그 시기에 중산층은 중소 규모의 상점이나 작업장을 운영하는 소기업가와 변호사나 목사, 또는 의사 같은 전문 직업인으로 구성되어 있었으며, 활동 영역이나 관심사가 서로 달랐기 때문에 엘리트나 노동자와 달리 포괄적 단체나 교류 관계를 수립하지 못했다. 이런 사정은 오늘날까지도 지속되는데, 이에 관해서는 제3부에서 논의한다.

그래도 중산층은 엘리트나 노동자와 다른 문화를 형성했다. 이 계층에 속하는 사람들은 엘리트의 생활방식을 모방하는 한편, 노동계급과 거리를 두고자 했다. 이는 그들의 주거 생활에서 분명하게 나타났다. 그들은 대개 단층이나 이층 목조 주택을 지은 다음에 하얀 벽 위에 창문을 내고 초록색 덧문을 달았다. 또 헛간이나 작업장은 따로 지은 건물에 두고, 그리로 가는 통로도 현관 대신에 뒷문으로 연결해 놓았다. 그리고 주택 바깥에는 얕은 울타리로 경계를 표시해 조그만 마당을 두고 키가 크지 않은 관목과 화초를 가꾸었다. 그것은 접근하는 사람들에게 여유와 체면을 보여 주는 모습이었다. 현관을 지나면 가까운 곳에 응접실이 있었는데, 이 방은 서재나 거실, 또는 주방 등, 다른 내부 공간과 격리되어 있었다. 이런 구조는 영업장과 가정을 분리하고 겉으로 체면을 유지하며 안으로 가정생활을 보호하는 데 취지가 있었다. 사실, 중산층 가족은 주로 거실이나 서재에 모여 함께 시간을 보냈다. 거기에는 호화로운 양탄자나 장식장이 없었다 해도, 탁자와 의자는 물론이요

---

47 배영수, 「중산층」, 『미국 예외론의 대안을 찾아서』, 255-283.

도자기와 금속제 식기, 그리고 거울과 벽시계가 놓여 있었다. 거기서 주부는 청결하고 안락한 환경을 조성하는 데 각별한 관심을 기울였다. 이런 문화는 미국 전역이 아니라 동부 해안에 국한되어 있었다. 애팔래치아산맥 너머 서부 내륙에는 18세기의 단순하고 소박한 생활방식이 남아 있었고, 서쪽으로 더 나아가면 17세기의 조야한 생활방식도 자취를 감추지 않았다.[48]

주거 생활에서 짐작할 수 있듯이, 중산층에 속하는 사람들은 엘리트와 달리 지역사회를 이끌어 가는 지도적 위치를 차지하고자 하지 않았다. 오히려 체면을 지키는 데 만족하면서 가정생활에 충실한 태도를 지녔다. 가정은 그들에게 공공 영역으로부터 분리, 수호해야 하는 지상낙원으로 보였다. 반면에 공공 영역에서 벌어지는 온갖 갈등이나 사건·사고는 모두 안락한 가정생활을 위협하는 잠재력을 지닌 것으로 여겨졌다. 가장은 그 영역에서 위험을 무릅쓰고 사업을 해서 돈을 벌고, 주부는 그것으로 가계家計를 꾸리면서 가장을 도와 자녀를 기르며 가정을 지키는 현모양처로 살아야 했다. 그런 중산층 가정에서 자녀는 미래의 희망이었다. 자녀 교육에 많은 정성과 비용을 들이고, 그렇게 해서 자녀를 엘리트로 출세하게 하는 것이 사회질서에서 높은 위치로 올라가는 길이었으니 말이다. 오늘날 많은 한국인들에게 친숙한 이런 문화를 역사학자들은 "가정성 의례"cult of domesticity, 또는 "진정한 여성상 의례"cult of true womanhood라 부른다.[49]

그렇지만 중산층은 가정을 넘어 사회에 대해서도 관심을 기울였다. 가정

48 Stuart M. Blumin, *The Emergence of the Middle Class: Social Experience in the American City, 1760–1900* (Cambridge: Cambridge Univ. Pr., 1989), 1–257; Bushman, *Refinement of America*, 207–447. 또한 다음도 참고하라. Paul E. Johnson, *A Shopkeeper's Millenium: Society and Revivals in Rochester, New York, 1815–1837* (New York: Hill & Wang, 1978); Karen Halttunen, *Confidence Men and Painted Women: A Study of Middle-Class Culture in America, 1830–1870* (New Haven: Yale Univ. Pr., 1982).

49 Mary P. Ryan, *Cradle of the Middle Class: The Family in Oneida County, New York, 1790–1865* (Cambridge: Cambridge Univ. Pr., 1981).

은 사회를 구성하는 기본적 요소로서, 언제나 사회와 영향을 주고받는 긴밀한 관계를 지녔기 때문이다. 중산층은 무엇보다 종교에 큰 관심을 기울였고, 이른바 "제2차 대각성 운동"Second Great Awakening에 널리 참여했다. 그 기원은 멀리 1790년대까지 거슬러 올라간다. 계몽사상이 혁명기 이후에 점차 쇠퇴하자, 이른바 낭만주의가 대두하기 시작했다. 많은 사람들이 이성보다 감성에 이끌리고 회의보다 열정에 몸을 맡기며, 오감으로 파악하지 못하는 초자연적 현상을 받아들이는 자세를 갖추었다. 그처럼 새로운 사조 속에서, 종교를 가진 사람들은 경건한 생활을 통해 하느님으로부터 계시를 받고 신실한 기독교인으로 다시 태어나는 데 관심을 기울였다. 미국에서 이런 움직임을 선도한 것은 회중파 목사로서 예일대학 총장이 되었던 티모시 드와이트Timothy Dwight였다. 그는 제1차 대각성 운동을 이끌었던 조너선 에드워즈의 외손자로서, 일찍부터 종교 교육을 받으며 자란 다음에 예일대학을 졸업한 이지적 인물이었다. 그렇지만 1795년 모교 총장직에 취임한 다음에는 학생들이 무신론에 경도되어 있다는 사실을 발견하고 충격을 받았다. 그리고 그들에게 복음에 따라 살며 다른 사람들에게도 복음을 전파하는 데 최선을 다하라고 주문했다.

거기서 시작된 움직임은 1820년대에 들어와 활기를 띠었다. 드와이트의 제자 가운데서도 라이먼 비쳐Lyman Beecher는 뉴잉글랜드의 여러 도읍을 옮겨 다니며 목회와 교육에 진력했다. 특히 1810년대에는 과도한 음주가 사회문제라고 지적하며 절제를 역설하기 시작했고, 그 덕분에 뉴잉글랜드를 넘어 미국 전역에서, 나아가 유럽에서도 주목을 끌었다. 또 1830년대에는 서부로 가서 오하이오에 자리를 잡고 성직자 양성에 힘쓰면서, 노예제의 폐단에 대해 주의를 환기하고 노예제 폐지론을 확산시키는 데 기여하기도 했다. 찰스 그랜디선 피니Charles Grandison Finney는 그와 달리 변호사가 되기 위해 법률 공부를 하다가 어느 날 기독교에 귀의하게 되었고, 또 목사가 되었다. 설교에 남다른 재능을 지녔던 이 목사는 1820년대 중엽부터 뉴욕을 중심으로 부흥회를 이끄는 데 주력했다. 그는 특히 남녀를 구분하지 않고 부흥회에 참석하게 하고, 사람들의 비행을 구체적으로 거론하면서 큰 소리로 기도하며 죄를 회개하게 했다. 피니도 1830년대 중엽에는 오하이오로 가서 성직자를 양성하는 데 힘을 기울였고, 여성은 물론이요 흑인도 학생으로 받아들이는 진보적인 자세를 취했다.

비쳐와 피니를 비롯한 여러 목사와 설교사 덕분에, "제2차 대각성 운동"은 북부에서 서부로 확산되었다. 거기서는 사람들이 대부분 도읍 같은 중심지에 모여 살지 않고, 서로 떨어져 있는 농토에서 농사를 지으며 살아가고 있었다. 그 이유는 연방정부가 1785년 토지령에 따라 1 평방마일 단위로 서부 토지를 분할 매각했고, 이주민이 그런 방침에 따라 매입한 토지에 분산 정착한 데 있었다. 그 결과, 서부 주민은 흔히 교회에 나가지 않고 신앙생활을 잊고 지내기도 했다. 편력하는 목사와 설교사들은 그들에게 종교에 다시 귀의하는 기회를 가져다주었다. 그래서 서부에서 열리는 부흥회에는 사람들이 대개 수백 명에서 수만 명씩 모여들었고, 또 흔히 야영을 해 가며 며칠 동안 계속해서 머무르기도 했다. 그런 열의 덕분에 감리교와 침례교, 그리고 장로교가 세력을 크게 확장했고, 또 1820년대 북부 뉴욕에서 창시된 모르몬교가 임시로 피난처를 확보할 수도 있었다. 결국, 종교는 유럽만큼 빠르게 쇠퇴하지 않고 중요한 비중을 유지하게 되었다.[50] 이는 오늘날까지 이어지는 전통이다.

부흥 운동은 뚜렷한 사회적 함의를 띠고 있었다. 그것은 분명히 평등주의적 색채를 띠었다. 비쳐와 피니를 비롯한 부흥 운동가들은 백인 남성 이외에 여성과 흑인도 받아들였고, 사치와 교만을 비판하고 많은 재산과 높은 지위를 지닌 사람들을 질타했으며, 구원의 은총이 현세에서 누리는 세속적 성

---

50 Sydney E. Ahlstrom, *A Religious History of the American People* (New Haven: Yale Univ. Pr., 1972), 415–454.

공과 관계가 없다는 점도 역설했다. 그래도 부흥 운동가들은 사회질서를 거부하는 혁명파가 아니라, 종교를 통해 더 나은 사회를 만들려 하던 개혁파였다. 비쳐가 시작한 금주운동은 특히 사회통제에 기여하며 사회질서를 확립하는 데 도움을 줄 수 있었다. 과도한 음주는 이미 식민지 시대부터 미국의 고질적 질환이었지만, 농민과 장인 등, 육체노동에 종사하는 사람들 사이에서 유난히 심각한 문제였다. 특히 장인은 일요일에 지나치게 많이 마시고 월요일에는 일을 하지 않고 쉬면서 연장을 보살피는 전통적 관습을 버리지 않았다. 이 관습은 두말할 나위도 없이 근대적 공장에서 용납되지 않는 것이었고, 소규모 작업장에서도 주인이 직공과 견습공을 가계에서 내보낸 경우에는 허용되지 않는 것이었다. 그러나 노동자들은 공장이나 작업장에서 일을 마친 다음에 사용자의 간섭을 받지 않고 술을 마실 수 있었다. 이는 흔히 태만과 질병, 폭력과 빈곤 등, 생산성 저하를 비롯한 사회적 폐단을 가져왔다. 따라서 부흥 운동과 거기서 시작된 개혁 운동에는 중산층이 적극적으로 참여했다.[51]

개혁 운동은 19세기 중엽 미국에서 다양한 사회문제를 발견하고 그 해법을 모색하는 방향으로 확대되었다. 그 가운데서도 중요한 것은 무엇보다도 노예제 폐지 운동이었다. 미국인들은 이미 혁명기부터 노예제를 폐단으로 간주하고 작은 숫자이나마 노예를 해방하기도 했으나, 대다수는 노예제가 점진적으로 쇠퇴할 것이라 기대하며 노예무역을 금지하는 선에서 농장주들과 타협하는 데 만족했다. 그렇지만 퀘이커 교도를 비롯한 일부는 노예해방을 끈질기게 주장했으며, 1820년대에는 대각성 운동에 힘입어 종교적 열정을 갖고서 노예제 폐지에 동조하는 많은 사람들과 힘을 모을 수 있게 되었다. 이는

---

51 David J. Rothman, *The Discovery of the Asylum: Social Order and Disorder in the New Republic* (Boston: Little, Brown, 1971); Paul E. Johnson, *A Shopkeeper's Millenium: Society and Revivals in Rochester, New York, 1815–1837* (New York: Hall & Wang, 1978); Howe, *What Hath God Brought*, 164–202.

1830년대에 이르러 노예제의 즉각 폐지와 함께 인종 사이의 평등과 화합을 주장하는 급진적인 운동으로 발전했고, 결국 미국반노예제협회American Anti-Slavery Society의 결성으로 이어졌다. 이 단체를 창건한 윌리엄 로이드 개리슨 William Lloyd Garrison은 새로운 유형의 개혁가였다. 그는 따로 본업을 갖지 않고 오로지 기관지 『해방자Liberator』를 발행하며 노예제 폐지론을 전파하는 데 헌신했던 것이다. 덕분에, 미국반노예제협회는 1838년에 이르면 대략 2천 개의 지방 조직과 30만 명의 회원을 거느리는 대중운동으로 발전할 수 있었다. 이 운동은 나중에 노예제가 해체되는 과정에서 중요한 역할을 하게 된다.

그다음으로 중요한 운동은 여성 참정권 운동이라 할 수 있다. 노예제 폐지 운동은 부흥 운동과 마찬가지로 여성에게도 문호를 개방했고, 거기에 참여하던 여성들은 자신들의 처지와 권리에 대해서도 공개적으로 거론하기 시작했다. 이미 혁명기에 남녀평등을 주장했던 선조들을 뒤따라, 그들은 여성에게 참정권과 재산권이 없을 뿐 아니라 교육과 고용의 기회도 제한되어 있으며 그렇기 때문에 여성이 자율적 존재로 성장하기 어렵다고 개탄했다. 그리고 1848년 뉴욕의 세네카폴즈Seneca Falls에서 엘리자베스 케이디 스탠튼 Elizabeth Cady Stanton을 중심으로 3백 명이 참석해 이틀 동안 대회를 열고, 여성의 "권리 및 소견 선언문"Declaration of Rights and Sentiments을 발표했다. 그것은 독립선언문의 형태와 내용을 토대로 여성도 남성과 마찬가지로 기본적 권리를 지닌다고 선언하고, 종래에 남성이 그것을 무시하고 여성의 인권을 어떻게 유린했는지 조목조목 열거한 다음, 여성에게도 미국 시민이 누리는 권리를 즉각 부여해야 한다고 주장했다.

"선언문"이 지니는 의미는 오늘날까지 이어지는 여성운동의 기원이라는 데 그치지 않는다. 그것은 가부장제에 대한 도전으로서도 중요한 의미를 지닌다. 가부장제는 이미 지적한 것처럼 혁명기에 완화되는 경향을 보였다. 혁명기에 여성의 역할이 증대됨에 따라, 남편이 가계를 지배하고 부인이 거기에 순종하는 전통이 와해되는 반면에 부부가 연인처럼 서로 사랑하고 존중하는 동반 관계를 지닌다는 새로운 관념이 형성되기 시작했던 것이다. 그러나 이런 변화는 혁명기가 지난 이후에 지속되지 않았다. 자본주의가 발전함에 따라 오히려 퇴행하는 경향을 보였다. 19세기에 북동부를 중심으로 농촌을 떠나 도시에서 일자리를 잡고 임금노동에 종사하는 사람들이 늘어남에 따라, 가부장제에도 중요한 변화가 일어났다. 저 유구한 전통에서 가부장의 권위는 그 오랜 세월 동안 가장 중요한 생산수단으로 여겨졌던 토지에 대해 남성이 지니는 독점적 소유권에 토대를 두고 있었다. 여성은 그런 토지에서 남성이 하는 일을 돕고 육아를 비롯한 가사를 맡으며 남성에게 종속당하는 위치에 머물러 있었다. 그러나 자본주의가 발전함에 따라 토지는 소수의 손에 집중되었고, 토지를 갖지 못한 남성은 대체로 노동시장에서 노동 능력을 팔아 소득을 거두고 그에 의지해 생계를 잇는 생활방식을 받아들였다. 그리고 "밥벌이를 하는 사람"breadwinner으로서 자신이 지니는 능력을 내세우며, 가정에서 전통적 권위를 지키기 위해 노력했다. 반면에 여성이 대개 집에서 아이를 낳아 기르며 음식을 만들어 먹이고 옷을 만들어 입히며 빨래를 하고 청소를 하는 등, 온갖 가사 노동을 도맡아 하는데도, 그것이 돈벌이가 되지 않는다는 이유로 보잘것없다고 폄하했다. 심지어 점점 더 많은 여성이 공장이나 작업장에서 일자리를 잡고 돈을 버는 데 대해서도 비난하는 목소리를 높였다. 그것이 여성에게 주어져 있는 사적 영역에서 벗어나는 일이며, 중산층에서 이상으로 여겨지는 "진정한 여성상"과 어긋나는 일이라고 꾸짖었다. 그 결과, 전통적 가부장제가 자본주의 아래서 공고화되는 경향을 보였다.[52]

그것이 1848년 세네카폴즈 대회와 거기서 발표된 선언문의 공략 대상이었다. 그리고 거기서 시작된 도전은 이후의 여성운동에서 지속되었다. 그 결과로 가부장제가 어떤 변화를 겪었는가, 또 그것이 자본주의와 어떤 관계를

---

52 Jeanne Boydston, *Home and Work: Housework, Wages, and the Ideology of Labor in the Early Republic* (New York: Oxford Univ. Pr., 1990).

지녔는가 하는 것은 중요한 의문이다. 안타까운 일이지만, 이에 관한 연구는 많지 않다. 따라서 이 책에서는 앞으로 그런 의문을 염두에 두고 관계있는 사실을 살펴본다.

19세기 중엽의 개혁 운동으로 되돌아가면, 여성 참정권 운동과 노예제 폐지 운동 이외에 주목할 만한 것은 교육개혁이라 할 수 있다. 이 측면에서는 매서추세츠가 선도적 역할을 했다. 거기서는 이미 17세기부터 도읍별로 읍민회의가 시설을 갖추고 성직자에게 아동교육을 맡기는 청교도 전통이 자리 잡았다. 그리고 19세기 중엽에는 도시에서 빠른 속도로 늘어나는 이민과 빈민을 대상으로 초등교육을 강화하기 시작했다. 특히 1837년에는 미국에서 처음으로 교육위원회Board of Education를 설치하고 변호사이자 정치인이었던 호러스 맨Horace Mann을 위원장으로 임명했다. 그는 가난한 농부의 아들로서 성인이 될 때까지 학교에 제대로 다니지 못했지만, 도서관을 이용해 스스로 공부해서 결국에는 브라운대학까지 진학한 인물이었다. 그런 배경 덕분에 맨은 초등교육을 무상으로 시행하는 외에 중등학교와 사범학교를 설치하는 등, 교육개혁을 추진했다. 그런 개혁은 1850년대 초에 이르면 매서추세츠가 초등교육을 의무화하는 성과로 이어졌다. 그와 같은 조치들은 곧 청교도 전통을 공유하던 뉴잉글랜드 이외에 서부로도 확산되었다. 거기서도 초등교육을 의무화함으로써 공화국 시민에게 필요한 덕목과 경제발전에 필요한 기능을 함양하려 했다.

이 다양한 개혁 운동은 물론 순조롭게 진행되지 않았다. 남부에서는 노예제 옹호론자들이 남부의 노예가 북부의 공장 노동자보다 더 나은 대우를 받는다고 강변하면서, 신체적 특징을 근거로 내세우며 흑인이 열등한 인종이라고 주장했다. 게다가 거기서는 엘리트가 교육개혁에 소극적인 태도를 보였는데, 이에 관해서는 다음 장에서 노예제를 살펴보며 서술한다. 북부에서는 도시에 밀집되어 있던 이민과 노동자를 중심으로 금주운동을 비롯한 개혁에 저항하는 사람들이 적지 않았다. 특히 아일랜드인들은 선교 단체와 교육기관에서 주도하는 아동교육 때문에 자녀들이 가톨릭을 저버리고 개신교를 받아들일지 모른다고 우려하며 반대했다. 그 외에 교도소나 요양원을 설치하는 개혁도 적잖은 부작용을 수반했다. 더욱이 1850년대에 이르면 노예제가 뜨거운 쟁점으로 부각되었고, 그에 따라 개혁 운동도 쇠퇴기에 들어서게 되었다.[53]

그와 같이 19세기 중엽에 고조되었던 일련의 개혁 운동을 놓고 역사학자들은 치열한 논쟁을 벌여왔다. 쟁점은 개혁 운동의 기원에 있었고, 초점은 노예제 폐지 운동에 있었다. 개혁 운동은 위에서 살펴본 것처럼 사회적 약자에 대한 배려, 나아가 동물에 대한 관심 등, 오늘날 우리가 인도주의라 부르는 폭넓은 흐름이었지만, 그 출발점이 노예제에 대한 비판에 있었기 때문이다. 노예제 폐지 운동에 관한 논쟁은 1944년에 간행된 에릭 윌리엄스Eric Williams의 『자본주의와 노예제』에서 시작되었다. 그는 노예제가 자본주의의 발전에 어떻게 기여했는지 탐구했다. 노예제는 무엇보다 노예 상인을 비롯한 영국의 무역업자들이 막대한 재산을 축적할 수 있게 해 주었고, 또 대서양을 무대로 유럽과 아프리카, 그리고 아메리카 사이에 활발한 교역망을 만들어 주었다. 그러나 19세기 초에 이르면 노예제는 쇠퇴하는 운명을 맞이했다. 영국에서 산업혁명이 진행되며 자본주의가 발전함에 따라 예속 노동이 쇠퇴하고 임금노동이 대두하는 커다란 변화가 일어났던 것이다. 그것은 무엇보다 예속 노동이 임금노동에 비해 효율성이 낮았기 때문이다.

그 해석 가운데서 노예제가 자본주의에 어떻게 기여했는지는 아직도 논쟁거리이다. 여기서 주목해야 할 것은 노예제의 쇠퇴에 관한 윌리엄스의 견해이다. 그것은 처음에는 마르크스의 추종자들은 물론이요 반대자들 사이에서도 널리 수용되었다. 예속 노동은 자발적인 것이 아니며 따라서 비효율적인 것이라는 관념은 자유주의자들 사이에서도 널리 퍼져 있었던 것이다. 그

---

53 Ronald G. Walters, *American Reformers, 1815–1860* (New York: Hill & Wang, 1978).

러나 윌리엄스의 견해는 1970년대에 들어와서 설득력을 잃게 되었다. 노예제를 다루는 제10장에서 서술하듯이, 19세기 미국에서 예속 노동이 임금노동에 못지않게 효율성을 지녔으며 노예제에 의지하는 농장이 자본주의 기업만큼이나 높은 수익을 내고 있었다는 사실이 밝혀졌기 때문이다.[54]

다른 한편에서는 여러 학자들이 사회·경제적 기원 대신에 이데올로기에 주목하며 인도주의의 도덕적 기원을 탐구해 왔다. 이들은 경제적 이익이나 물질적 이해관계가 사람들의 의식과 행동에 중요한 영향을 끼친다고 인정하면서도, 그것을 유일하거나 결정적인, 또는 지배적인 요인으로 간주하지 않는다. 사람들은 물질적 이해관계를 넘어 종교적 신념이나 도덕적 관념, 또는 이데올로기에 따라서도 행동하기 때문이다. 이런 시각에 입각해 서양의 노예제를 탐구한 데이비드 브라이언 데이비스David Brion Davis는 1966년에 발표한 저술에서, 고대부터 존재하던 저 낯익은 제도에 대해 유럽인들이 18세기 중엽에 이르러서야 비판적 안목을 갖게 되었다고 지적했다. 서양 문화에서 노예제는 오랫동안 사회질서의 일환으로서, 사람이 저지른 죄악에 대해 하느님이 내리는 형벌로 간주되었다. 그렇지만 그것은 18세기에 이르면 인간의 존엄을 짓밟는 사회적 폐단으로 취급되었다. 그 이유로 데이비스는 18세기에 대두했던 종교적 부흥 운동과 계몽사상에 주목했다. 영국인들은 부흥 운동 덕분에 다른 사람에 대해 자애로운 자세를 지녀야 한다는 점을 다시 깨닫게 되었고, 또 계몽사상 덕분에 노예제가 더 나은 사회를 만드는 데 장애가 된다고 생각하게 되었다는 것이다. 이 해석은 역사학계에 널리 수용되어 사회·경제적 해석의 대안으로 주목을 끌었다.[55]

그러자 사회·경제적 해석을 견지하던 학자들은 새로운 해석을 모색했

---

54 Eric Williams, *Capitalism and Slavery* (1944; Chapel Hill: Univ. of North Carolina Pr., 1994).

55 David Brion Davis, *The Problem of Slavery in Western Culture* (Ithaca: Cornell Univ. Pr., 1966).

다. 그리고 시장경제가 "인도주의적 감수성"humanitarian sensibility을 자극했다
는 토머스 해스컬Thomas Haskell의 견해에 주목했다. 그에 따르면 근대 영국인
들은 시장에서 물건을 사고파는 등, 경제활동을 통해 자신은 물론이요 다른
사람들의 안녕에도 큰 영향을 끼친다는 점을 널리 인식하기 시작했다. 더욱
이 18세기 중엽에는 영국이 설탕과 담배, 쌀과 럼 등, 많은 식민지 농산물 덕
분에 풍요를 누리지만, 반면에 자신들이 그런 농산물을 소비하며 노예에 대
한 잔인한 학대와 착취를 용인하게 된다는 점에도 관심을 기울였다. 이런 감
수성을 지닌 영국인 가운데 일부가 노예제 폐지 운동을 비롯한 인도주의적
개혁에 나섰다는 것이다.[56] 존 애쉬워스John Ashworth는 해스컬의 견해가 피상
적 해석이라고 비판하면서, 시장경제를 넘어 자본주의에 주의를 환기했다.
시장경제는 분명히 노예무역과 연관되어 있었지만, 18세기 영국에서 빠른 속
도로 확산되던 임금노동과도 연관되어 있었다. 더욱이, 그것은 낮은 임금과
열악한 노동조건, 불안한 고용과 심각한 사회문제 등, 여러 가지 폐단을 수
반했다. 이런 폐단은 이미 언급한 바와 같이 19세기 중엽 미국에서도 분명하
게 나타났다. 그런데도 인도주의적 개혁을 외치던 사람들은 노예제의 폐단에
초점을 맞추는 반면에, 임금제의 폐단에 대해서는 주목하지 않았다. 이 일관
성 없는 듯이 보이는 자세는 애쉬워스에 따르면 노예제가 비인도적 제도라는
인식에서 유래했다. 개혁가들은 임금제와 달리 노예제가 인간이 자율적인 존
재라는 점을 부정하고 자신의 양심에 따라 행동할 수 없도록 제약을 가한다
는 점에 주목했다는 것이다.[57]

그러나 사회·경제적 해석은 중대한 비판에 직면하게 되었다. 사회학자

---

56 Thomas Haskell, "Capitalism and the Origins of the Humanitarian Sensibility, Part
    I," *American Historical Review* 90.2 (1985), 339-361; idem, "Capitalism and the
    Origins of the Humanitarian Sensibility, Part II," ibid. 90.3 (1985): 547-566.

57 John Ashworth, "The Relationship between Capitalism and Humanitarianism,"
    American Historical Review 92.4 (1987), 813-828.

피터 스태머토브Peter Stamatov는 최근 연구에서 노예제가 이미 16세기 초부터 교회의 중요한 관심사였다는 사실에 주의를 환기한다. 그 시기에는 유럽에서 쇠퇴하고 있던 노예제가 아메리카에서 원주민을 대상으로 새로이 수립되고 있었는데, 교회는 그것이 원주민에게 기독교를 전파하는 데 장애를 가져온다고 우려했다. 특히, 아메리카에서 선교 사업에 나섰던 성직자들은 노예에 대한 학대에 경악하면서, 유럽인들이 그런 죄악을 저지름으로써 스스로 구원의 은총을 저버린다고 경고했다. 이런 관심은 16세기 중엽에 저 유명한 수도사 바르톨로메 데 라스 카사스Bartolomé de Las Casas의 개혁 운동으로 집약되었고, 그의 글을 통해 스페인을 넘어 영국, 프랑스 등, 유럽 여러 나라로 확산되었다. 그 결과, 17세기 중엽에는 바베이도스Barbados 같은 카리브해의 영국령 식민지에서도 퀘이커 교도를 중심으로 노예제에 반대하는 운동이 일어나기 시작했다. 그리고 그것은 18세기 중엽에 이르러 종교적 부흥 운동에서 자극을 받아 활력을 얻기 시작했다. 바꿔 말하면, 노예제에 반대하는 운동은 자본주의가 발전하기 전부터 종교운동의 일환으로 대두했다고 할 수 있다. 스태머토브는 나아가 인도주의가 자본주의 속에서 성장한 것이 아니라 오히려 "자본주의를 넘어, 또 그에 반해" 대두했다고 주장한다. 그에 따르면 영국의 의회 지도자들은 이미 18세기 초부터 노예에 대한 학대와 착취에 대해 우려했지만, 그래도 노예제와 노예무역에서 얻는 경제적 혜택을 고려해서 그런 관심을 자제했다. 그러나 18세기 중엽에 이르면 그런 물질적 이익을 넘어 인도주의자들의 호소에 반응하기 시작했다.[58]

그렇다면 부르주아지의 계급적 이해관계에 주목하는 사회·경제적 해석은 어느 정도 설득력을 잃었다고 할 수 있다. 무엇보다도 스태머토브의 연구

---

58 Peter Stamatov, *The Origins of Global Humanitarianism: Religion, Empires, and Advocacy* (Cambridge: Cambridge Univ. Pr., 2013); idem, "Beyond and Against Capitalism: Abolitionism and the Moral Dimension of Humanitarian Practice," *International Social Science Journal* 65 (2014), 25–35.

에서 인도주의가 깊은 종교적 기원을 가지고 있으며, 자본주의가 발전하기 전부터 오랜 기간에 걸쳐 서서히 발전했다는 점이 드러났기 때문이다. 더욱이, 데이비스가 주목하는 계몽사상의 영향과 더불어 애쉬워스가 역설하는 바와 같이 자본주의 발전에 따라 부각되었던 노예제의 부정적 함의도 인도주의의 발전에서 중요한 역할을 한 것으로 보인다. 그래도 유념해야 할 것은 인도주의가 깊은 종교적 기원을 지녔다고 해서 자유주의 이데올로기와 아무런 관계도 없이 발전했다고 말할 수 없다는 점이다. 노예제에 반대하는 사람들은 종교적 전통 이외에 자유무역과 세계평화를 역설하는 자유주의와 시민의 권리를 강조하는 공화주의 등, 다른 이데올로기에도 의지했다. 더욱이, 그들은 국경선을 넘고 대서양을 넘어 서로 생각을 주고받으며 노예제 철폐라는 대의를 위해 힘을 모으기도 했다.[59]

그래도 필자가 보기에는 인도주의와 자본주의의 관계에 관심을 기울일 필요가 있다. 특히, 종래의 논의에서 경시되었던 그 이념적 측면에 주목할 필요가 있다. 인도주의는 지난 한 세대 동안 많은 학자들이 연구하면서도 정확하게 개념을 규정하지 못했으나, 대체로 타인에 대한 관심과 배려를 특징으로 삼는 것으로 간주되어 왔다. 이는 물론 인간을 도덕적으로 자율적인 존재로 여기는 근대적 관념을 전제로 삼는다. 그것은 필자가 생각하는 자본주의의 전제이기도 하다. 이미 설명한 바와 같이, 자본주의는 일종의 문명으로서 개인의 경제활동을 정치적 권위나 종교적 권위, 또는 물리적 폭력에서 해방하고 거기에 자율성을 부여하는 체제이다. 이 문명에서 개인은 더 이상 타인에게 예속되지 않고 자기 자신의 주인으로서 자율적으로 사고하고 행동하며 그에 따르는 책임도 짊어진다. 바꿔 말하면, 자본주의는 근대적 개인을 전제

---

59 Marc-William Palen, "Free-Trade Ideology and Transatlantic Abolitionism: A Historiography," *Journal of the History of Economic Thought* 37.2 (2015), 291-304. 인도주의에 대한 역사학계의 연구동향에 관해서는 다음 문헌을 참고하라. "History and Humanitarianism: A Conversation," *Past and Present* 241 (2018), 1-38.

로 삼는다.

그렇지만 이 동일한 전제에서 출발하고서도, 자본주의와 인도주의는 서로 다른 방향으로 전진한다고 할 수 있다. 자본주의는 개인의 권리를 중시하며 사람들이 "돈에 대한 사랑"을 키우고 마음껏 벌고 마음대로 쓰도록 허용하고 유도한다. 반면에 인도주의는 인간의 상호 의존성에 유의하며 타인에 대한 관심과 배려를 자극한다. 바로 그렇기 때문에 자본주의와 인도주의는 발전 과정에서도 동반 관계에 있는 것으로 보인다. 자본주의는 위에서 살펴본 것처럼 발전 과정에서 경제적 불안정과 심각한 부작용을 야기했다. 특히, 여성과 아동을 포함하는 노동자에 대한 억압과 착취는 피비린내 나는 저항을 초래했다. 그에 따라 자본주의는 개혁이 아니라 타도의 대상으로 간주되기도 했고, 실제로 혁명운동으로부터 크고 작은 도전을 받게 되었다. 반면에 인도주의는 자본주의 자체를 문제로 여기지 않고, 그에 따르는 폐단에 주목하며 그것을 완화하거나 통제하는 데 관심을 기울였다. 그것은 앞으로 살펴보듯이 자본주의가 이른바 경제 논리에 따라서만 발전하도록 내버려 두지 않고, 정치, 사회, 문화, 자연 등 여러 측면에서 나타나는 부작용을 억제하거나 방지하면서 발전을 계속할 수 있도록 영향을 끼쳤다.

그와 같은 인도주의적 개혁 운동에서 중산층은 중심을 차지했다. 위에서 살펴본 것처럼 개리슨이나 맨처럼 19세기 중엽에 개혁을 주도한 사람들은 대개 전문 직업인이었다. 개혁을 후원한 사람들도 소수의 엘리트를 제외하면 대체로 중산층에 속했다. 이는 물론 중산층이 자본주의 발전에서 혜택만 누리지 않고 폐단도 맛보는 위치에 있다는 점과 연관되어 있는 것으로 보인다. 엘리트가 사회적으로 대단한 성공을 거두고 풍요와 권위, 그리고 위신을 누리며 살아가는 반면에, 중산층은 흔히 상당한 성공과 함께 실패와 좌절의 경험을 지니고 경제적 안정과 사회적 체면을 유지하는 데 관심을 기울인다. 바꿔 말하면, 자본주의 발전에 따르는 폐단에 대해 엘리트보다 더 민감하게 반응하는 심성을 지닌다고 할 수 있다. 그와 같은 중산층이 19세기 중엽에 개혁 운동에 참여하며 "자본주의를 넘어, 또 그에 반해" 나아갔던 것으로 보인다.

중산층은 그런 개혁 운동을 통해 미국 자본주의의 발전에서 중요한 역할을 담당하는데, 이는 앞으로 계속해서 살펴볼 중요한 주제이다. 그렇지만 중산층의 역할은 대체로 자본주의 발전 과정을 선도하기보다는 지원하는 성격을 띤다. 선도적 역할은 역시 엘리트의 몫이다. 반면에 노동계급과 농민계급은 거기에 제동을 걸며 엘리트가 주장하는 발전 방안과 다른 대안을 제시한다. 그로 인해 나타나는 사회적 갈등에서, 중산층은 흔히 조정이나 타협을 주장하며 사회적 화합을 추구한다. 이처럼 여러 계급과 계층은 서로 다른 입지나 자세를 지니고 미국을 서로 다른 방향으로 이끌기 위해, 국가가 갖고 있는 막강한 권위와 광대한 자원을 활용하고자 한다. 그리고 정치과정에 참여해 발언권을 확대함으로써 국가기구를 장악하고 운영하는 기회를 확보하고자 한다. 결국 다양한 계급과 계층은 사회·경제적 기반을 지니는 문화적 현상이지만, 궁극적으로 정치과정에 호소해 자신의 의지를 실현하는 모습을 보인다. 그리고 중산층은 정치과정에서 자신의 목소리를 높이며 점차 중요한 역할을 수행한다.

그런 사회적 관계가 성립하는 이유는 다양한 계급과 계층이 서로 견제하는 긴장 관계에 있음에도 불구하고 미국을 움직이는 기본 원칙에 관해 상당히 높은 수준의 합의를 유지하는 데서 찾을 수 있다. 그런 원칙 가운데 가장 중요한 것은 위에서 살펴본 바와 같이 자유민주주의와 역동적 시장경제, 그리고 위계적 사회질서로 요약할 수 있다. 다시 말하자면, 미국인들은 정치 측면에서 볼 때 민주정치라는 토대 위에 군주정과 귀족정의 요소를 가미해 정치체제를 수립하고 자유주의와 민주주의의 이상을 함께 추구하는 방향으로 나아가기 시작했다. 이는 소수의 권익을 보호하면서도 다수의 발언권을 확대하는 데 기여했지만, 나중에는 진보주의와 보수주의라는 상충하는 운동으로 정립되었다. 경제 측면에서는 소수가 경제발전에 필요한 제도와 기술, 그리고 기반 시설을 건설하는 데 주력했다면, 다수는 재산권의 보장과 경제활동의 자유를 요구하며 시장경제의 발전에 동참하면서도 그에 수반되는 폐단을 비판하며 저항하는 자세를 보였다. 그렇게 해서 형성된 엘리트주의적 동력과 평등주의적 동력은 19세기 말엽에 이르러 미국 경제가 대기업을 중심으로 빠른 속도로 발전하고 엘리트 권력이 강화되는 반면에 그에 대한 비판과 저항이 격화되는 추세로 나타난다. 또 사회적 측면에서는 신분제의 유산이 퇴색하고 계급 질서가 대두하는 가운데서도, 지위의 상승과 하락이 상당한 수준에서 허용되는 사회적 유동성이 형성되었다. 이는 자수성가에 대한 기대와 사회 개혁에 대한 희망을 중심으로 19세기 중엽에 형성되었던 미국 문화와 밀접하게 연관되어 있었다. 바꿔 말하면, 그 문화에서는 부르주아지가 주도적 위상을 차지하고 패권을 누리고 있었다. 따라서 부르주아지라는 용어도 특정 집단이나 문화가 아니라 사회와 문화를 전반적으로 가리키는 단어로 바뀌며 의미를 잃었고, 결국에는 쓰이지 않게 되었다. 물론, 이런 사회·문화적 패턴은 나중에 다루는 바와 같이 19세기 후반부터 상당한 변화를 겪는다.

그와 같이 19세기 중엽에 뚜렷해진 사회적 긴장과 기본적 합의에는 영역별로 서로 다른 방향으로 움직이는 동력이 들어 있었고, 그것은 미국의 자본주의 문명을 아무도 예견하지 못한 방향으로 이끌었다. 그렇기 때문에 서두에서 밝힌 바와 같이, 필자는 자본주의 발전의 궁극적 요인을 경제적 이익이나 물질적 이해관계에서 찾는 시각을 거부하고, 다양한 영역에서 어떤 동력이 나타나는지 파악하고 또 그것들이 어떤 관계를 맺는지 관찰해야 한다고 생각한다. 이제 중요한 과제는 그런 시각에 따라 미국에서 자본주의가 발전하는 과정을 본격적으로 추적하는 작업이다. 이 작업에서 먼저 해결해야 할 것은 여기서 다루지 않은 노예제를 살펴보는 일이다. 노예제는 미국 자본주의의 발전 과정에서 중요한 장애였고, 결국에는 내전이라는 비극을 통해 해결되었으며, 그 이후에도 극복하기 어려운 유산을 남겼기 때문이다.

자본주의 문명의 발전 동력은 오랜 기간에 걸쳐 많은 논객들이 다루었지만, 아직 아무도 널리 설득력 있는 해석을 내놓지 못한 주제이다. 그 주제는 매우 거대하고 복잡한 작업을 요구한다. 그 작업은 자본주의 문명 속에서 살아온 수많은 사람들을 관찰하고, 그들의 생각과 감정, 행동과 관성을 이해하며, 그것을 토대로 그들의 삶이 움직이는 방향을 식별하는 일이다. 그것은 오랫동안 많은 학자들의 노력에도 불구하고 충분히 진행되지 않았다. 그래서 남은 빈틈은 대부분 역사적 사실 대신에 이데올로기로 채워져 있다. 그렇게 해서 형성된 기존 해석은 면밀하게 검토해야 할 필요가 있다.

자본주의 문명의 발전 동력은 두말할 나위도 없이 미국사를 넘어 서양 근대사에서 핵심적 주제로 취급되는데, 그에 대한 해석 가운데서 근래에 가장 널리 주목을 받은 견해도 중대한 결함을 안고 있다.[60] 그런 견해는 에릭 홉스봄, 크리스토퍼 베일리, 그리고 마이클 맨이 각각 내놓은 저술에 들어 있다. 그렇지만 이들의 저술이 자본주의 발전 과정을 이해하는 데 도움이 되는지 의심스럽다. 특히, 자본주의가 어떻게, 또 어째서 잦은 전쟁과 경기 침체를 견디어 내고 전례 없이 높은 생산성과 물질적 풍요를 달성했는지, 또 동시에 생태계 위기도 초래했는지, 이해하는 데 도움이 되는지 의심스럽다.

먼저, 홉스봄은 널리 알려져 있는 연작에서 마르크스주의 해석 틀을 기반으로 서양 근대사에 대한 종합적 해석을 시도한다. 이 해석 틀에 따라 그는 자본주의가 여러 단계를 거치며 발전했다고 보고, 그 과정이 본질적으로 경제적 동력에 의해, 즉 경쟁이나 독점, 또는 자본이 축적되는 다른 방식에 의

---

60 이하 기존 견해에 대한 비판은 필자의 다음 논문에 토대를 두고 있다. Youngsoo Bae, "Rethinking the Concept of Capitalism: A Historian's Perspective," *Social History* 45.1 (2020), 1-25, 9-12.

해 추진된다고 여긴다. 그 외에 자본주의가 상업이나 산업 같은 경제 부문에 따라 발전한다고도 보지만, 거기에 다른 어떤 동력이 있다고 여기지는 않는다. 결과적으로, 홉스봄은 저 유명한 해석 틀에 따라 자본주의 발전 과정에서 경제적 요인을 강조하는 반면에 정치적 요인이나 문화적 요인에 대해서는 주목하지 않는다. 구체적으로 말하자면, 19세기에는 어떻게 경쟁과 독점이 차례로 중요한 발전 동력으로 작용했는지 설명한다. 그러나 20세기에 관해서는 서술 주제를 바꿔 자본주의 발전이 가져온 결과나 자본주의 발전에 사회주의가 끼친 영향을 다룬다. 반면에 자본주의 발전 과정에서 작용한 동력을 천착하지는 않는다.[61]

　그런 결함에 못지않게 중요한 것은 홉스봄이 유물론적 시각을 고수한다는 데 있다. 이 시각은 역사학계에서 사회사가 지배적 조류였던 1960년대와 70년대까지 널리 존중되었지만, 역사학자들이 언어와 담론에 주목하며 문화에 관심을 기울이던 1980년대부터 경시되기 시작했다. 사회사 연구자들은 사람들의 사고와 행동에 영향을 끼치는 결정적 요인을 찾기 위해 경제적 이익과 물질적 이해관계를 중심으로 사람들을 둘러싸고 있는 구조를 탐구하는 데 주력했다. 그렇지만 그런 구조는 누구나 같은 방식으로 인식하는 것이 아니라 사람에 따라 서로 다른 방식으로 이해할 수 있는 것이라는 점도 인정하지 않을 수 없었다. 그들의 뒤를 이어 역사학계를 주도하던 문화사 연구자들은 거기서 한 걸음 더 나아가, 물질생활이나 사회제도 같은 구조 대신에 사람들의 주관적 이해를 탐구하는 데 주력했다. 그리고 인간이 역사의 전개 과정에서 주체로서 지니는 능동성을 뚜렷하게 파악할 수 있었다. 그렇지만 그들도 사람들을 둘러싸고 있는 구조를 외면할 수는 없었다. 인간의 의식은 그

61　Eric Hobsbawm, *The Age of Revolution, Europe, 1789-1848* (London: Weidenfeld, 1962); idem, *The Age of Capital, 1848-1875* (London: Weidenfeld, 1975); idem, *The Age of Empire, 1875-1914* (New York: Pantheon, 1987); idem, *The Age of Extremes: A History of the World, 1914-1991* (New York: Pantheon, 1994).

외부에 존재하는 구조와 관계없이 움직이는 자율적 기제가 아니기 때문이다. 따라서 21세기를 살아가는 역사학자들은 인간의 행동과 역사의 변화를 설명하기 위해 인간의 의식과 그 외부에 있는 구조를 함께 고려하면서, 양자가 서로 어떤 영향을 끼치는지 주목한다.[62] 바꿔 말해, 이제 유물론적 시각은 역사학계에서 널리 수용되지 않는다고 할 수 있다.

필자는 그와 같은 역사학계의 새로운 사조에 공감한다. 이미 제1부에서 설명한 바와 같이, 특히 제2장에서 인간의 본성에 관해 논의한 바와 같이, 필자는 인간이 경제적 이익이나 물질적 필요를 넘어 매우 다양한 욕구를 지닌다고 생각한다. 사회과학적 관점에서는 물론이요 자연과학적 관점에서도, 인간은 자율성을 지니는 개별적 존재인 동시에 다른 사람들과 서로 의지하는 사회적 존재이기 때문이다. 따라서 자신의 이익을 양보하며 사회적 인정을 받으려는 욕구에서 다른 사람들을 지배하고 억압하려는 의지에 이르기까지, 인간은 다양하고 강력한 사회적 필요를 지닌다. 물론, 자본주의에서는 경제적·물질적 이익을 추구하는 욕구가 인간을 움직이는 동기 가운데 가장 강력한 요인으로 부각된다. 그러나 자본주의에서도 권력이나 위신이나 명예, 또는 신앙을 추구하는 욕구가 존재하며, 사람에 따라 물질적 이해관계보다 훨씬 강력한 동기로 작용하기도 한다. 사실, 자본주의가 발전하지 않은 전근대 사회에서는 그런 욕구가 인간을 움직이는 매우 강력한 동기로 존재했던 것으로 보인다. 따라서 자본주의가 발전함에 따라 사람들을 움직이는 동기에도 의미 있는 변화가 일어나는 것으로 보인다. 물질적 이해관계를 강조하는 유물론적 시각에서는, 그것이 포착되지 않는다.

다음으로, 베일리는 근대 세계사를 다루는 괄목할 만한 저술에서 자유주의적 해석 틀을 발전시키는 데 관심을 기울인다. 거기서 그는 세계 전역에

---

62 Kenneth Lipartito, "Reassembling the Economic: New Departures in Historical Materialism," *American Historical Review* 121.1 (2016), 101–139.

서 일어난 다양한 변화가 어떻게 연관되어 있었는지 밝혀내고자 노력하면서, 특히 "구체제에서 근대성으로 이행하는 과정"을 천착하고 서양뿐 아니라 중국과 인도를 비롯한 다른 지역에서도 "근면 혁명"이 일어났다는 사실에 주의를 환기한다. 그에 따르면 서양은 다른 지역과 구분되는 특징을 지녔는데, 그것은 식민지에서 확보한 노동력과 천연자원, 경제발전에 필요한 법제, 비교적 자율적인 금융제도, 그리고 군사력을 뒷받침하는 상업상 혁신 등, 유럽이 누리던 상대적 이점이었다. 이 해석에서는 유럽인들이 근대 세계로 나아가고자 미리 준비하고 있었던 것처럼 보인다.

그렇지만 베일리는 그 이유를 설명하지 않는데, 이는 그의 해석 틀과 연관되어 있는 듯하다. 그는 마르크스주의적 해석뿐 아니라 포스트모더니즘 시각에 입각한 해석과 그 외의 다른 해석도 비판하면서, 주도적 발전 동력이 있다고 보는 가설을 거부한다. 그 대신 "경제적 변화, 이데올로기 체계, 국가기구로 구성되는 복합적인 동력 평행사변형"이 작용한다고 생각한다. 이 새로운 가설은 분명히 환원론적 해석을 극복하는 데 도움이 되지만, 깊은 인과관계—자본주의 발전 과정을 비롯해 수 세기에 걸쳐 일어나는 장기적 변화에 들어 있는 인과관계—를 탐구하는 데 장애를 가져온다. 이는 그가 자신의 근대 세계사 가운데 제1권을 마무리하는 대목에서 나타난다. "관건은 정치적, 경제적, 이데올로기적 변화가 여러 상이한 수준에서 상호 작용하면서 일으키는 연쇄적 변화에 있다." 바꿔 말하면, 다양한 변화가 뒤얽혀 있어서 서로 꼬리를 물고 이어지며, 그래서 그 인과관계를 파헤칠 수 없다는 것이다.[63]

그런 해석 틀은 깊은 인과관계를 천착하지 않는 자세와 함께 맨의 기념비적 저술에서 버팀기둥 같은 구실을 한다. 사회의 역량에 관한 연구로 널리 격찬을 받는 이 역사사회학자는 근대 유럽이 세계 전역을 제패하는 과정

---

63 Christopher A. Bayly, *The Birth of the Modern World, 1780−1914: Global Connections and Comparisons* (Oxford: Blackwell, 2004), 7, 475; idem, *Remaking the Modern World, 1900−2015: Global Connections and Comparisons* (Oxford: Blackwell, 2018).

을 추적하면서 제국과 국민국가의 역할보다 자본주의의 역할에 관심을 기울인다. 그는 마르크스의 자본주의 개념을 받아들이면서도, 거기에 들어 있는 비관적 전망을 버리고 발전의 동력을 살펴본다. 특히, 조지프 슘페터Joseph Schumpeter가 말하던 창조적 파괴, 자본가와 노동자 사이의 사회적 타협, 대의 민주주의에 주목한다. 그렇지만 서양에서 형성된 이런 동력이 아시아를 비롯한 다른 지역에서 뒤늦게 자본주의가 발전하는 과정에서도 작용했다고 보기는 어렵다. 더욱이, 맨은 서양에서 자본주의가 발전한 깊은 원인을 파헤치고자 하지 않는다. 역사를 설명하는 데 이데올로기적, 경제적, 군사적, 그리고 정치적 자원으로 구성되는 모델에 의지하면서도, 그런 자원이 각기 서로 다른 리듬에 따라 발전한다고 생각하기 때문에 그것들이 어떻게 얽혀 있는지 밝혀내려고 하지 않는다.[64]

그런 문제점 때문에 필자는 기존의 해석 틀을 버리고 나름대로 대안을 마련하고자 한다. 새로운 해석 틀을 상상하는 데는, 이 책에서 쓰이는 자본주의의 개념이 도움이 된다. 첫째, 그것은 자본주의의 역사를 포괄적으로 이해하는 데 도움이 된다. 그에 따르면, 자본주의는 사회·경제체제를 넘어 문화와 정치체제까지 내포하는 문명의 일종이다. 그것은 근대적 개인의 존재에서 인간의 기본적 권리를 거쳐 경제 권력의 자율성을 지원하는 제도적 장치까지 이르는 정치적 토대 위에서 발전한다. 거기에는 오늘날 우리가 민주주의라 부르는 정치체제가 내포된다. 사실, 자본주의는 생명과 자유, 그리고 재산과 계약에 대한 권리를 비롯해 인간의 기본적 권리가 보장되는 국가에서만 대두했다. 그것도 그런 권리가 국가의 구성원으로 간주되는 모든 시민에게 평등하게 보장되는 국가에서만 대두했다. 이런 뜻에서, 민주주의는 자본주의 문명의 전제 조건이다. 더욱이, 이 책에서 쓰이는 개념은 종교와 이데올로

---

64 Michael Mann, *The Sources of Social Power*, 4 vols. (Cambridge: Cambridge Univ. Pr., 1986–2013).

기에서 스포츠와 엔터테인먼트를 거쳐 과학과 기술에 이르기까지 넓은 뜻에서 문화의 영역도 포함한다. 이것은 분명히 유물론적 시각에서 경시되는 영역이지만, 필자의 개념에서는 정치나 경제, 또는 사회에 못지않게 중요한 영역으로 취급된다. 문화는 위에서 언급한 바와 같이 이미 1980년대부터 문화사 연구자들 사이에서 인간의 주체적 능동성이 부각되는 영역으로 간주되었는데, 최근에는 경제사 연구자들을 중심으로 경제발전의 주요 동력이 내재하는 영역으로 중시되고 있다. 특히, 조얼 모키어Joel Mokyr는 근대 서양의 대두 요인으로 과학의 진보와 기술의 혁신을 중심으로 형성된 "성장 문화"에 주의를 환기한다.[65] 이런 근래의 연구 성과를 활용해 자본주의의 역사를 포괄적으로 이해하는 방안을 모색하는 데 필자의 개념이 유용한 것으로 보인다.

둘째, 이 책에서 쓰이는 개념은 자본주의의 다양성에 대한 비교사적 시각을 제공한다. 그것은 자본주의를 경제 권력에 자율성을 부여하는 권력구조로 간주하면서, 경제 권력이 다른 형태의 권력과 관계를 맺는 방식에 다양성이 있다는 점에 주목한다. 필자는 경제 권력과 정치적 권위 사이에 형성되는 관계에 각별한 주의를 환기하는데, 그 이유는 전근대 사회에서 전자가 후자에 긴밀하게 통합되어 사실상 자율성을 확보할 수 없었다는 데 있다. 그 관계에 초점을 맞춤으로써, 필자의 개념은 경제 권력이 자율성을 확보하는 다

---

65 Jeol Mokyr, *The Gifts of Athena: Historical Origins of the Knowledge Economy* (Princeton, NJ: Princeton Univ. Pr., 2002); idem, *The Enlightened Economy: An Economic History of Britain, 1700-1850* (New Haven: Yale Univ. Pr., 2009); idem, *A Culture of Growth: The Origins of the Modern Economy* (Princeton, NJ: Princeton Univ. Pr., 2017); Ian Inskster, "Potentially Global: 'Useful and Reliable Knowledge' and Material Progress in Europe, 1474-1914," *International History Review* 28.2 (2006), 237-286; "Special Issue: Reflections on Joel Mokyr's *The Gifts of Athena*," ed. Maxine Berg, *History of Science* 45.2 (2007), 123-196; Patrick O'Brien, "Historical Foundations for a Global Perspective on the Emergence of a Western European Regime for the Discovery, Development, and Diffusion of Useful and Reliable Knowledge," *Journal of Global History* 8.1 (2013), 1-24.

양한 방식을 관찰하고 또 그것이 자율성을 달성하는 다양한 정도를 탐구한다. 이런 방면의 연구는 역사학자들이 자본주의 다양성에 관한 사회과학자들의 연구를 활용해 자본주의의 역사를 설명하는 데 도움이 될 것이다. 그것은 또한 국가별 특수성과 유럽 중심주의를 재고하고 자본주의의 다양한 발전 경로를 발견하는 데도 도움이 될 것이다.

셋째, 이 책에서 쓰이는 개념은 자본주의 발전 과정에 작용하는 깊은 인과관계를 이해하는 데 도움이 될 것이다. 그것은 무엇보다 자본주의를 하나의 권력구조로 보면서도 특정 형태의 권력을 강조하지 않으며, 따라서 경제결정론이나 다른 어떤 환원론적 해석을 경계한다. 더욱이, 그 개념은 서로 다른 형태의 권력 사이에 형성되는 관계에 변화가 일어난다는 데 주목하면서, 그것을 베일리처럼 "복합적인 동력 평행사변형"으로 간주하지 않고 깊은 인과관계가 들어 있는 블랙박스로, 역사학자들이 열고 분석해야 할 블랙박스로 취급한다. 필자가 보기에 역사에서 인과관계는 궁극적으로 인간이 지니는 "권력의지"에 좌우된다. 이미 언급한 바 있듯이 니체의 설명에 따르면, "권력의지"란 인간이 생존과 번영에 도움이 된다면 무엇이든지 움켜쥐기 위해 힘을 휘두르고자 하는 경향을 가리킨다. 두말할 나위도 없이, 그것은 인간이라면 누구나 지니는 것이지만 모두 같은 것은 아니다. 사람들은 각각 상이한 우선순위를 지닌다. 그래도 사회의 구성원으로서, 특히 국가와 같은 대규모 사회의 구성원으로서, 개별적 존재들은 가치와 규범, 그리고 이해관계에서 공통분모를 찾아내고, 그것을 토대로 자신들을 조직하고 넓은 뜻에서 권력구조를 수립한다. 또는 반대로 그 권력구조에서 영향을 받아 자신의 가치나 규범, 또는 이해관계를 바꾸기도 한다. 이 권력구조는 이 책의 자본주의 개념에서 깊은 인과관계가 들어 있는 블랙박스 한가운데 자리 잡고 있다.

이런 시각에서 볼 때, 그 개념은 자본주의의 역사에서 깊은 원인을 탐구하는 데 도움이 된다. 먼저, 그것은 자본주의의 정치적 토대에 주의를 환기함으로써 역사학자들이 특이한 인과관계의 구조를 탐구하도록 유도한다. 구체적으로 말해, 자본주의에서 경제 권력은 재산의 축적과 향유를 견제하는 전통적 제약으로부터 점차 해방되면서도 결코 완전히 해방되지 않는다. 그래도 그것은 "돈에 대한 사랑"을 사람들을 움직이는 강력한 동인으로 강화하는 동시에 널리 확산시키며 또 다른 여러 동인과 긴밀한 관계를 맺게 만든다. 더욱이, 이 책의 자본주의 개념은 그 특이한 인과관계의 구조에 일어나는 변화에 주의를 환기한다. 그것은 많은 재산을 가진 사람들이 자신들의 권력을 강화하는 다양한 방식—예를 들어 법인 설립, 혁신, 부패, 제국주의, 세계화와 같은 방식—에 대한 관심을 자극한다. 또한 식량 폭동, 노동운동, 여성주의, 민권운동, 환경운동과 같이, 보통 사람들이 경제 권력에 맞서 자신들을 보호하기 위해, 나아가 가능하면 그것을 통제하기 위해 노력하면서 벌이는 여러 가지 민중운동에 대한 관심도 자극한다. 따라서 이 책의 자본주의 개념은 역사학자들이 개인은 말할 것도 없고 사회집단이 권력 자원을 확보하기 위해 기울이는 노력을 커다란 구조적 맥락 속에서 탐구하는 데 도움이 된다. 특히, 많은 재산을 가진 사람들이 서로 경쟁하는 동시에 다른 부문의 엘리트와 협력하면서 보통 사람들의 세력에 대항하고, 그래서 정치적 권위나 사회운동, 또는 문화적 조류에 맞서 경제 권력의 자율성을 강화하며, 결과적으로 넓은 뜻에서 권력구조에 의미 있는 변화를 일으키는 것을 탐구하는 데 도움이 된다. 그와 같은 탐구가 축적되면, 언젠가 자본주의에서 권력 관계가 어떤 변화를 겪었는지, 나아가 깊은 인과관계의 구조가 어떤 변화를 겪었는지, 파악할 수 있는 날이 올지도 모른다. 자본주의 발전의 다양한 경로에 대한 이해와 함께, 그것은 자본주의 발전 과정에서 작용하는 여러 동력을 파악하고 궁극적으로 새로운 해석 틀을 구상하는 데 기여할 것이다.

그런 원대한 희망—필자의 힘으로는 이룰 수 없는 꿈—을 늘어놓는 데는 물론 그만한 이유가 있다. 그 이유는 이미 언급한 기존 해석 틀의 문제점 이외에 필자가 지니고 있는 문제의식에도 들어 있다. 자본주의는 세계사라는 넓은 맥락에서 보면 근대에 와서 처음으로 대두한 특수한 현상인 동시에, 영국에서 시작해서 미국을 포함하는 다른 여러 나라로 점차 확산되며 반복적으로 대두한 일반적 현상이다. 이런 이중성은 자본주의뿐 아니라 그와 연관되어 있는 다른 여러 현상, 예를 들어 근대 국가, 민족주의, 대중문화, 여성주의 등등, 여러 현상에서도 관찰할 수 있다. 바꿔 말하면, 그것은 근대 세계에서 두드러지게 나타나는 양상이다. 그렇지만 역사학자들은 흔히 시야를 국경선 안으로 좁게 잡고, 거기서 일어나는 사건이나 현상을 특수한 것으로 보며, 그것을 깊이 탐구하면 역사를 올바르게 이해할 수 있다고 생각한다. 이것은 적절한 가설이라 할 수 없다. 과거 어느 시기보다 국제적 교류가 활발하게 벌어지는 근대사 분야에서는 더욱 그렇다. 근대 세계의 수많은 사건과 현상에 들어 있는 이중성을 고려한다면, 시야를 넓게 잡고 국제적 교류와 관계를 탐구하며 공통분모와 함께 국가별 특수성을 파악할 필요가 있다. 이는 인과관계를 규명할 때 일반적 원인과 특수한 원인을 분별하는 데 필요한 전제조건이기 때문이다. 이런 조건을 해결하기 위해, 종래에 많은 역사학자들은 위에서 언급한 해석 틀에 의지했다. 그러나 필자는 그런 해석 틀을 받아들일 수 없는 것으로 여기며, 따라서 필요한 개념을 면밀하게 검토하며 대안을 모색하지 않을 수 없게 되었다.

그것은 분명히 거대한 과제이다. 새로운 해석 틀을 구성하기 위해서는, 필자가 제안하는 개념에 입각해 자본주의의 역사를 살펴보면서 거기서 사람들을 움직이는 동인을 파헤치고 그것을 토대로 자본주의의 발전 기제를 밝혀내는 면밀한 연구를 수행해야 한다. 또 그런 연구를 지방과 국가, 지역과 세계 등, 다양한 차원에서 수행해야 하고, 그 성과를 종합하는 작업도 수행해야 한다. 여기에는 필자 이외에도 많은 연구자들의 개입과 노력이 필요하다.

그리고 그에 필요한 적절한 접근 방법도 확립해야 한다. 그런 접근 방법은 물론 자본주의 개념과 따로 뗄 수 없을 만큼 연관되어 있다. 이 책에서 사용되는 개념에 따르면, 자본주의 문명은 내재적 모순을 지닌다고 할 수 있다. 그것은 경제 권력의 자율성을 강조한다는 점에서 특징을 지니는데, 그에 수반되는 경제적 불평등과 사회적 위계질서는 자본주의 문명의 필수적 전제요 당연한 결과로 간주된다. 그러나 그런 사회·경제 질서는 자본주의의 정치적 토대에 내포되는 민주주의와 갈등을 일으킨다. 그 질서에서 우월한 지위를 차지하는 소수의 특권 집단을 제외하면, 대다수 시민이 민주주의의 전제인 정치적 평등에서 출발해 그것을 사회·경제적 측면으로 확대하고자 노력하며 평등주의를 지향하기 때문이다. 이 모순은 새로운 것이 아니다. 사실, 민주주의와 자본주의는 흔히 서로 영향을 주고받는 복잡하고 미묘한 길항 관계에 있는 것으로 생각된다. 필자가 말하고자 하는 것은 그런 관계가 자본주의 바깥에 있는 것이 아니라 그 안에 들어 있다는 점이다.

그 내재적 모순은 자본주의의 발전 과정과 그 동력을 파악하는 데 중요한 의미를 지닌다. 왜냐하면 그것은 위계질서를 옹호하는 소수의 특권 집단과 평등주의를 추구하는 대다수의 보통 사람들 사이의 대립으로 나타나기 때문이다. 그리고 이 대립은 결국 정치적 발언권을 지니는 시민이 집단적으로 내리는 결정에 따라 경제성장을 자극하거나 소득 재분배에 기여하는 등, 자본주의 발전 과정에 지속적으로 영향을 끼치기 때문이다. 이런 뜻에서 자본주의 발전 과정은 인간이 지니는 본성이나 사회를 움직이는 법칙이 아니라 시민의 집단적 의지에 따라 크게 좌우된다. 그렇지만 시민의 개념이 결코 고정되어 있지 않다는 사실도 유념할 필요가 있다. 이 책에서 다루는 미국의 경우에도, 시민은 여성이나 흑인, 또는 원주민과 변화를 거듭하는 관계를 맺으며 이들 비시민을 자본주의 문명에 통합했기 때문이다.

그에 못지않게 유념해야 할 것은 내재적 모순과 사회적 대립이 자본주의 발전 과정에 대한 설명으로서 일정한 한계를 지닌다는 점이다. 모순과 대립은 실제에서는 매우 복잡한 양상을 띤다. 마르크스가 예상했던 것과 달리, 자본주의 사회는 부르주아지와 프롤레타리아로 구성되는 단순한 구조로 개편되지 않았다. 무엇보다도 프롤레타리아가 하나의 계급으로 통합되지 않고 여러 집단으로 분열되었으며, 중산층도 쇠퇴하지 않고 활력을 유지하면서 다양한 계급으로 분화되었다. 따라서 사회·경제적 위계질서는 마치 종류나 모양이 서로 다른 사다리를 여러 개 겹쳐 놓은 것처럼 복잡한 양상을 띠게 되었다. 더욱이, 그 질서를 지양하고자 하는 평등주의도 보통 사람들의 다양한 관심사와 이해관계에 따라 매우 다양한 시각과 초점, 그리고 접근 방법을 갖추고 나타난다. 따라서 평등주의적 동력은 좀처럼 하나의 사회 세력으로 통합되지 못하며, 그래서 여간해서는 기존 질서에 변화를 일으키지 못한다. 다른 한편에서는, 위계질서를 옹호하는 소수의 특권 집단도 단일 대오를 형성하지 못한다. 이 복잡한 양상에 못지않게 중요한 것은 특권 집단과 보통 사람들을 비롯한 시민이 하나의 집단으로서 결정을 내릴 때에는 흔히 내부의 모순과 대립뿐 아니라 외부에 존재하는 국제 질서도 고려한다는 점이다. 특히, 선진국-후진국 관계 내지 강대국-약소국 관계뿐 아니라 경쟁국이나 적대국으로 간주되는 국가와 맺는 관계도 중시한다는 점이다. 그렇기 때문에 내재적 모순과 사회적 대립은 자본주의 발전 과정에서 중요한 역할을 담당하지만, 결코 결정적 요인으로서 기능한다고 보기는 어렵다. 그것은 국제 질서와 함께 매우 조심스럽게 다루어야 하는 요인이다. 그렇다면 자본주의 발전 과정을 올바르게 이해하기 위해서는, 그처럼 다양한 동력을 두루 관찰할 필요가 있다.

여기서 염두에 두어야 할 것은 발전 동력이 새로운 방식으로 개편된다는 점이다. 자본주의를 넓은 뜻에서 권력구조로 본다면, 그것도 과거와 달리 경제 권력에 자율적 위상을 부여하는 권력구조로 본다면, 그것을 움직이는 동력도 과거와 다른 방식으로 구성된다고 할 수 있다. 사람들은 이미 언급한 바와 같이 생존과 번영에 도움이 된다고 생각되는 다양한 자원을 확보하기 위해 노력한다. 그런 노력은 전근대 문명에서 정치적 권위나 종교적 권위에 집중되었다. 그런 권위가 다양한 자원을 통제하는 데 가장 커다란 영향을 끼쳤기 때문이다. 그러나 자본주의 문명에서는 그런 권위가 과거의 위상을 잃어버렸다. 정치적 권위는 더 이상 지배계급이 전유하지 못했을 뿐 아니라 토지를 비롯한 다양한 자원을 통제하지도 못하게 되었다. 또 종교적 권위는 정치적 권위와 분리되면서 자원의 분배에 개입하지 못하게 되었다. 반면에 경제 권력은 과거와 달리 시민의 권리를 토대로 자율적 위상을 누리게 되었고, 정치적 권위나 종교적 권위와 달리 한 세대에서 다음 세대로 상속될 수 있는 자원으로 여겨졌다. 따라서 그것은 자본주의 문명에서 자율적 위상을 넘어 핵심적 위상을 차지하게 되었다. 바꿔 말하면, 많은 사람들이 온갖 노력을 기울여 얻고자 하는 매우 중요한 권력으로 간주되었다.

끝으로, 여기서 자본주의의 역사에서 권력구조도 적잖은 변화를 겪는다는 점을 기억할 필요가 있다. 그것은 본질적으로 경제 권력이 자율적 위상을 누리는 권력구조이지만, 정치적 권위와 사회적 영향력, 그리고 문화적 권위를 포함해 다양한 형태의 권력 사이에 형성되는 복잡한 권력 관계를 내포한다. 그리고 이 권력 관계는 장기적으로 볼 때 의미 있는 변화를 겪는다. 정치적 권위가 전근대 문명에서 누리던 지배적 위상을 잃는 반면에 경제 권력이 점차 중요한 위상을 차지하는 것과 마찬가지로, 문화적 권위도 자본주의 발전 과정에서 복잡한 변화를 겪는다. 문화적 권위는 종교의 측면에서 커다란 훼손을 겪는 반면에 예술과 과학의 측면에서 그것을 능가하는 보상을 받는다. 또 후자의 측면에서는 20세기 중엽부터 괄목할 만한 변화를 겪는다. 특히, 과학은 전례 없이 중요한 위상을 차지하면서 자본주의 문명의 발전 동력으로서 주목을 끌게 된다. 따라서 자본주의의 역사를 살펴보며 발전 동력을 파헤치기 위해서는, 변화에 민감하게 반응하는 열려 있는 접근 방법을 수립할 필요가 있다.

그런 접근 방법에 따라 탐구하면서도, 초점은 경제 권력의 위상에 맞출 필요가 있다. 그것은 필자의 자본주의 개념에서 핵심을 차지하기 때문이다. 따라서 경제 권력이 누리는 위상에 어떤 변화가 일어나는가, 바꿔 말하면 그것이 다른 형태의 권력과 맺는 관계에 어떤 변화가 일어나는가, 관찰하는 것은 매우 중요한 주제이다. 그리고 그것이 그 위상을 어떤 방식으로 유지 내지 강화하는가, 관찰하는 것도 그에 못지않게 중요한 주제이다. 경쟁이나 독점 같은 자본의 축적 방식이나 상업과 산업을 비롯한 경제 부문에 의지해 자본주의 발전 과정을 이해하는 종래의 시각 대신에, 이런 주제는 자본주의의 역사를 새로운 시각에서 바라볼 수 있도록 도움을 주기 때문이다. 이것이 필자가 자본주의 문명의 발전 동력을 파헤치고자 노력하는 가장 중요한 이유이다.

제9장

노예제

미국의 자본주의 문명은 19세기 중엽까지 발전에 필요한 제도적 지주와 내재적 동력을 갖추었지만, 다른 한편으로는 중대한 장애를 해결하지 못한 채 어정쩡한 자세를 취하고 있었다. 노예제라는 낡은 제도가 남부 사회에 깊은 뿌리를 내리고 있었는데도, 그것을 해결할 방안을 찾지 못했고 그로 인해 발생하는 갈등도 가라앉히지 못했으니 말이다.

그 중대한 장애는 최근 학계에서 다시 뜨거운 쟁점으로 부각되었다. 왜냐하면 요즈음 일부 학자들이 노예제가 자본주의와 양립할 수 없을 만큼 다른 체제였다는 인식을 깨뜨리고 있기 때문이다. 심지어 19세기 미국에서는 노예제가 자본주의적 성격을 띠고 있었다는 놀라운 해석까지 내놓고 있기 때문이다.

노예제에 관한 논쟁을 올바르게 이해하기 위해서는, 적어도 20세기 중엽으로 되돌아가서 논쟁의 기원과 전개 과정을 살펴볼 필요가 있다. 20세기 중엽에는 정통파의 해석이 이데올로기의 차이를 넘어 역사학계에서 널리 수용되었다. 많은 역사학자들이 기본적으로 노예노동과 임금노동을 날카롭게 대비시키는 데 공감했기 때문이다. 자유주의자들이 노예제 폐지론자로부터 노예노동의 비효율성과 남부의 후진성이라는 명제를 계승했다면, 마르크스주의자들은 노예제가 하나의 생산양식으로서 역사의 발전에 따라 자본주의로 대체되는 운명을 지녔다는 마르크스의 이론을 고수했다. 실제로, 당시 마르크스주의적 해석을 주도하던 유진 제노베이지Eugene D. Genovese는 농장주들이 전통적 가부장처럼 온정주의적 자세를 지녔던 반면에, 노예들은 오히려 그것을 활용해 자신들에 대한 억압과 착취를 완화시키고자 기도했다고 주장했다. 그리고 19세기 미국에서 노예제가 차지하던 위상에 대해 "자본주의 속에 있지만 그 일부는 아니다"라는 명제를 제시했다.[1]

그러나 정통파 해석은 심각한 도전에 부딪혔다. 1950년대에 등장하기 시작한 수정주의자들은 노예제가 19세기 미국에서 쇠퇴하는 대신에 오히려 번성하고 있었다고 주장했다. 이는 원래 19세기 남부의 노예제 옹호론자들이 주장하던 견해였으나, 20세기 중엽에는 역사학자들 사이에서 남부의 농장이 근대적 기업처럼 운영되었다는 해석으로 다시 나타났다. 노벨 경제학상 수상자 로버트 포겔Robert W. Fogel을 비롯한 경제사 전문가들은 거기서 한 걸음 더 나아가 경제학 이론을 토대로 계량적 방법을 동원해 새로운 사실들을 밝혀내었다. 그에 따르면, 농장주들은 시장의 수요에 따라 주요 작물을 담배와 쌀에서 면화와 설탕으로 확대하며 농장을 근대적 기업가처럼 경영했다. 또 노

---

1 Ulrich Bonnell Phillips, *American Negro Slavery: A Survey of the Supply, Employment and Control of Negro Labor as Determined by the Plantation Régime* (1918; Baton Rouge: Louisiana State Univ. Pr., 1966); Eugene D. Genovese, *The Political Economy of Slavery: Studies in the Economy and Society of the Slave South* (New York: Vintage, 1967); idem, *The World the Slaveholders Made: Two Essays in Interpretation* (New York: Vintage, 1967); idem, *Roll, Jordan, Roll: The World the Slaves Made* (New York: Vintage, 1976); idem and Elizabeth Fox-Genovese, *Fruits of Merchant Capital: Slavery and Bourgeois Property in the Rise and Expansion of Capitalism* (New York: Oxford Univ. Pr., 1983).

예에게 살아 나가는 데 충분한 먹을거리와 함께 여러 가지 일거리를 주며 언제나 열심히 일을 하도록 유도하며 면밀하게 감독했고, 그래서 노예노동의 효율성을 높은 수준으로 유지할 수 있었다. 그 결과, 남부는 북부에서 발전하는 새로운 산업에 못지않게 높은 수익을 올릴 수 있었다. 이런 해석에 대해 일부 역사학자들도 동의했다. 예를 들면 제임스 오크스James Oakes는 남부의 농장주들이 가문과 명예를 비롯한 봉건 귀족의 가치관에 젖어 있었던 것이 아니라, 수익과 생산성 같은 근대적 기업가의 관심사에 얽매여 있었다고 주장했다. 따라서 1980년대에 이르면 일부 역사학자들은 남부와 북부 사이에 얼마나 큰 차이가 있었는가 하는 의문을 제기했다.[2] 그러나 대다수 역사학자들은 경제사 전문가들의 견해를 받아들이기보다는 제노베이지를 비롯한 사회사 연구자들의 해석을 따르는 경향을 보였다. 그 결과, 경제사 전문가들은 역사학계에서 소외되는 사태를 보게 되었다.

그러나 근래에는 "새로운 자본주의 역사"New History of Capitalism를 표방하는 소장 학자들이 정통파의 해석은 물론이요 수정파의 해석도 받아들이지 않는다.[3] 그들은 남부의 농장주들이 북부에서 발전하던 상공업에 투자하

---

2 Kenneth Stampp, *The Peculiar Institution: Slavery in the Antebellum South* (New York: Knopf, 1956); Alfred H. Conrad and John T. Meyer, "The Economics of Slavery in the Ante Bellum South," *Journal of Political Economy* 66.2 (1958), 95–130; Richard Evans, Jr., "The Economics of American Negro Slavery," in *Aspects of Labor Economics*, ed. National Bureau of Economic Research (Princeton, NJ: Princeton Univ. Pr., 1962), 185–256; Robert William Fogel and Stanley L. Engerman, *Time on the Cross: The Economics of American Negro Slavery* (Boston: Little, Brown, 1974); Gavin Wright, *The Political Economy of the Cotton South: Households, Markets, and Wealth in the Nineteenth Century* (New York: Norton, 1978); Robert W. Fogel, *Without Consent or Contract: The Rise and Fall of American Slavery* (New York: Norton, 1989); James Oakes, *The Ruling Race: A History of Slaveholders* (New York: Knopf, 1982); Edward Pessen, "How Different from Each Other Were the Antebellum North and South?" *American Historical Review* 85.5 (1980), 1119–1149.

3 배영수, 「"새로운 자본주의 역사"의 가능성과 문제점」, 『서양사연구』 58 (2018), 129–158.

면서 새로운 문물에 대해 개방적인 태도를 보였을 뿐 아니라, 노예를 상품으로 취급하기도 했다는 사실에 주목한다. 그에 따르면 내전에 이르기까지 대략 반세기 동안 노예를 해외에서 수입하는 무역이 금지되었지만, 국내에서 사고파는 매매는 널리 허용되었다. 그 기간에 있었던 노예 매매는 주로 지방 수준에서 사고파는 형태를 띠었다. 19세기 남부에서는 이런 형태로 대략 200만 명이 매매되었을 것으로 추산된다. 요즈음 연구의 초점으로 떠오른 것은 지역 수준에서 벌어지는 매매, 즉 동부에서 팔아 치우고 서부에서 사들이는 형태이다. 그에 따라 이동하게 된 노예는 100만 명을 넘었던 것으로 추산된다. 특히 1830년대에는 십 년 동안 무려 28만 명이 넘는 노예가 동부에서 서부로 끌려갔다. 더욱이, 내전에 이르기까지 반세기 동안 노예의 가격은 젊은 남성의 경우 대략 600 달러에서 1500 달러로 크게 올랐다. 그 기간에 북부 농촌에서 성인 남성의 일당이 1 달러에서 시작해서 겨우 12 센트 오르는 데 그쳤다는 사실에 비추어 보면, 그것은 폭등이라 할 수 있다. 바꿔 말하면, 노예는 중요한 재산이었을 뿐 아니라 매력 있는 투자 대상이었다고 할 수 있다. 그렇기 때문에 농장주들은 큰돈이 필요할 때면 흔히 노예를 시장에 내다 팔거나 담보로 잡히기도 했다. 게다가 그들이 축적한 부는 북부에서 대두하던 새로운 산업에 동력을 제공하는 등, 자본주의 발전에 기여했다. 줄여 말하면, 새로운 연구 동향을 선도하는 역사학자들은 농장주들이 전통적 가부장이 아니라 냉혹한 자본가였다는 점을 밝혀내며, 남부가 종래의 해석과 달리 미국의 자본주의 발전 과정에서 중요한 역할을 했다고 주장한다.[4]

---

4 Walter Johnson, *Soul by Soul: Life inside the Antebellum Slave Market* (Cambridge, MA: Harvard Univ. Pr., 1999); idem, *River of Dark Dreams: Slavery and Empire in the Cotton Kingdom* (Cambridge, MA: Harvard Univ. Pr., 2013); Steven Deyle, *Carry Me Back: The Domestic Slave Trade in American Life* (Oxford: Oxford Univ. Pr., 2005); Adam Rothman, *Slave Country: American Expansion and the Origins of the Deep South* (Cambridge, MA: Harvard Univ. Pr., 2005); Stephanie E. Smallwood, *Saltwater Slavery: A Middle Passage from Africa to American Diaspora* (Cambridge,

따라서 노예제가 자본주의와 어떤 관계를 지녔는가 하는 문제는 오늘날 미국 역사학계의 뜨거운 쟁점이다. 많은 학자들은 그것이 자본주의와 연관되어 있지만 본질적으로 대립되는 체제라는 전통적 해석을 고수한다. 그렇지만 적잖은 소장 학자들은 그것을 거부하고 미국 노예제의 자본주의적 성격을 탐구한다. 필자는 기존 해석은 물론이요 새로운 견해도 받아들이지 않는다. 필자의 기본적 입장은 이미 서술한 바 있듯이 19세기 미국에서는 노예제라는 사회·경제체제가 자본주의 문명의 일부였다는 것이기 때문이다. 그렇지만 이 원론적 답변으로 양자가 어떻게 연결되어 있었는가 하는 의문이 충분히 해소되었다고는 할 수 없다. 아직 남아 있는 과제는 그것이 어떤 고리를 통해 어떤 모습으로 자본주의와 연결되어 있었는지 확인하는 일이다.

1. 발전

그 과제를 해결하기 위해서는 18세기로 거슬러 올라갈 필요가 있다. 최근 논쟁은 시기적으로 19세기 중엽에 집중되어 있으나, 그 시기에 나타나는 노예제의 성격이 오래 전부터 형성되기 시작했기 때문이다. 그렇다고 해서 미국의

MA: Harvard Univ. Pr., 2007); Edward E. Baptist, *The Half Has Never Been Told: Slavery and the Making of American Capitalism* (New York: Basic Books, 2014); Calvin Schermerhorn, *The Business of Slavery and the Rise of American Capitalism, 1815–1860* (New Haven: Yale Univ. Pr., 2015); Sven Beckert and Seth Rockman, eds., *Slavery's Capitalism: A New History of American Economic Development* (Philadelphia: Univ. of Pennsylvania Pr., 2016); Nicholas T. Rinehart, "The Man That Was a Thing: Reconsidering Human Commodification in Slavery," *Journal of Social History* 50.1 (2016), 28–50. 또한 다음 연구도 참고하라. Michael Tadman, *Speculators and Slaves: Masters, Traders, and Slaves in the Old South* (Madison: Univ. of Wisconsin Pr., 1989); William Kauffman Scarborough, *Masters of the Big House: Elite Slaveholders of the Mid-Nineteenth-Century South* (Baton Rouge: Louisiana State Univ. Pr., 2003).

노예제가 오랜 기간에도 변함없이 그 성격을 유지했다는 말은 아니다. 오히려 그것은 내전을 통해 해체될 때까지 변화를 거듭했으며, 따라서 그런 변화를 고려할 때야 비로소 그 성격도 올바르게 이해할 수 있다는 뜻이다.

그러나 그런 변화가 노예제의 본질까지 바꿔놓은 것은 아니다. 노예제는 인류의 역사에서 나타나는 다양한 예속 제도 가운데서도 극단적인 형태를 띤다. 왜냐하면 그것은 예속당하는 사람의 행동을 제약하는 데 그치지 않고 그의 신체 자체를 속박할 뿐 아니라, 나아가 그것을 예속하는 사람의 소유물로도 취급하기 때문이다. 따라서 주인은 노예를 인간이 아니라 재산으로 취급하면서 그에게 아무런 보상도 하지 않은 채 그의 노동을 착취할 수 있다. 그런데도 노예는 그처럼 일방적인 관계를 변경하거나 거부할 수 없다. 노예제는 예속당하는 사람에게 아무런 권리도 허용하지 않은 채 "사회적 사망"을 강요하기 때문이다. 이처럼 사람을 일방적으로 억압하며 착취하는 극단적 권력 관계는 폭력에 기초를 둔다. 실제로, 노예제는 흔히 전쟁에서 승자가 패자에게 목숨을 살려 주는 대신에 그 몸을 가질 때 성립하는 관계이다. 또 채권자가 채무자에게 부채를 감면해 주는 대가로 그런 관계를 강요하기도 한다. 그 외에 강자가 매매나 납치를 통해 약자에게 그런 관계를 강요하기도 한다. 어떤 경우든, 노예가 그 관계에서 벗어나고자 하면 주인은 폭력으로써 그것을 제지한다. 그래도 노예제는 다른 예속 제도와 마찬가지도 사람과 사람 사이에 성립하는 관계이며, 따라서 양측이 서로 존재를 인정하고 관계를 이해하며 그에 입각해 행동할 때 실제로 존재한다. 그렇기 때문에 그것은 우리가 알고 있는 관계 가운데 가장 일방적인 것인데도 어느 정도 상호 의존성을 지닌다. 바꿔 말하면, 노예는 매우 좁은 한계 안에서나마 주체로서 능동성을 지닌다고 할 수 있다. 이는 역사 속에서 노예제가 다양한 모습을 띠고 나타나는 데 중요한 요인으로 작용한다.[5]

---

5 Orlando Patterson, *Slavery and Social Death: A Comparative Study* (Cambridge, MA:

그런 일반론에 비추어 볼 때, 미국 노예제는 18세기 초에 중요한 변화를 겪은 것으로 보인다. 그것은 무엇보다도 인종주의적 성격을 뚜렷이 띠기 시작했다. 17세기 버지니아에 뿌리를 내린 노예제에서는 이미 제3장에서 살펴본 것처럼 흑인 노예와 백인 하인이 법률상 엄격하게 구분되지 않았고, 일상생활에서도 흔히 뒤섞이며 함께 어울리고 있었다. 그러나 베이컨의 반란을 비롯해 17세기 말에 일어난 소요 사태를 계기로 사정이 바뀌기 시작했다. 소요 사태에서는 중·하층 백인이 주도적 역할을 하며 흑인 노예의 가담과 지원을 환영했고, 그에 위협을 느낀 엘리트는 양자를 분리해서 지배하는 전략을 채택했다. 따라서 버지니아를 비롯한 남부 식민지들은 흑인 가운데 자유인 신분을 지녔던 사람들을 대상으로 일련의 차별 조치를 취했다. 그들에게는 재산자격이 있다 해도 투표권을 부여하지 않았고, 어떤 공직에도 취임하지 못하게 제한했으며, 백인을 대상으로 하는 소송에서 증인이 되는 자격을 박탈했고, 백인을 하인으로 삼을 수 없게 제한했으며, 백인에게 저항하면 공공장소에서 서른 번이나 채찍질을 가하게 규정했고, 또 어떤 무기도 지니지 못하게 금지했다. 이런 조치는 모든 흑인에게 예속적 지위를 강요하는 반면에 백인이라면 누구에게나 그보다 우월한 지위를 부여하는 효과를 가져왔다. 이렇게 해서 흑인의 예속이 백인의 자유와 함께 확립되는 과정, 바꿔 말하면 인종 노예제가 확립되는 과정이 진행되었다.[6]

Harvard Univ. Pr., 1982).

6 Edmund S. Morgan, *American Slavery, American Freedom: The Ordeal of Colonial Virginia* (New York: Norton, 1975); Theodore W. Allen, *The Invention of the White Race*, Vol. 2: *The Origin of Racial Oppression in Anglo-America* (London: Verso, 1997), 201–259.
　　시오도어 앨런은 인종 노예제의 확립이 "백인성"을 만들어 내는 과정, 즉 백인이라는 범주를 만들고 거기에 특권적 지위를 부여하는 과정과 함께 진행된다고 주장하지만, 필자는 그의 견해를 받아들이지 않는다. 이는 필자가 보기에 인종이나 인종주의가 "백인성"이라는 개념과 함께 대두하는 것이 아니라 그 이전부터 존재했기 때문이다. 이에 관한 상세한 논의를 위해서는 다음 문헌을 보라. 배영수, 「미국의 인종관계에 대한 새로운 다른 중요한 변화도 있었는데, 그것은 노예의 공급원이 카리브해에서 아프리카로 바뀌었다는 사실이다. 이미 살펴본 바 있듯이, 17세기 버지니아에서는 노예가 대부분 카리브해에서 수입되었다. 그러나 17세기 말부터 영국이 대서양 노예무역에서 두각을 나타내면서, 북미대륙에도 아프리카에서 끌고 간 노예를 대량으로 공급하기 시작했다. 이제 영국은 대서양 노예무역에서 포르투갈과 네덜란드를 제치고 프랑스와 더불어 주도권을 다투며 저 참혹한 무역을 절정기로 이끌고 있었다. 사실, 18세기는 16세기 초에서 19세기 말까지 350년 정도 지속되는 대서양 노예무역의 역사에서 절정에 해당하는 시기였다. 이 오랜 세월에 걸쳐 아프리카에서 아메리카로 강제로 이주하게 되었던 흑인은 1,200만 명 이상이었던 것으로 추산되는데, 그 절반 정도가 18세기에 집중적으로 이동하게 되었다. 그들을 수출한 지역은 대체로 아프리카의 서해안 중부, 특히 세네갈에서 앙골라까지 이르렀고, 수입한 지역도 카리브해 이외에 미국과 브라질을 비롯해 남북 아메리카에 널리 펼쳐져 있었다. 가장 중요한 수입 지역은 브라질로서, 전체 노예무역에서 3분의 1에 해당하는 400만 명 이상을 끌어들였다. 미국에 도착한 흑인은 대략 60만 명이었는데, 이는 전체에서 5 %에 지나지 않는다. 그러나 19세기 중엽에 이르면, 미국이 400만 명에 가까운 노예를 거느리며 가장 커다란 노예제 사회가 된다. 이는 미국 노예제를 이해하는 데 중요한 단서이다.

여기서 주목해야 할 것은 아프리카에서 곧장 미국으로 끌려갔던 흑인들이 미국 노예제의 발전에 어떤 영향을 끼쳤는가 하는 문제이다. 그 해답을 얻기 위해서는, 먼저 그들이 누구였는지 파악할 필요가 있다. 그들은 아프리카인이라는 정체성 대신에 아프리카 가운데서도 특정 지역에 거주하는 부족의 일원이라는 정체성을 갖고 있었다. 세네갈에서 앙골라까지 넓은 지역에 흩어져 살면서, 상이한 언어를 썼고 다양한 문화를 지녔던 것이다. 그래도 서부

이해」, 『미국 예외론의 대안을 찾아서』 (일조각, 2011), 341-380.

아프리카의 언어들은 어휘가 서로 달랐지만 문법과 음운, 그리고 어의가 비슷했으며, 따라서 여러 언어를 구사할 줄 아는 사람이 적지 않았다. 문화적 측면에서 무엇보다 주목을 끄는 것은 서부 아프리카에도 노예제가 있었지만, 매우 다양한 형태를 띠고 있었다는 점이다. 거기서도 사람들은 패전이나 채무, 매매나 납치로 인해 노예로 전락했으나, 그 결과는 새로운 가족으로 입양되는 경우에서 제의祭儀에서 제물로 희생되는 경우까지 커다란 편차를 보였다. 따라서 서부 아프리카에서 아메리카로 강제 이주하는 과정은 희생자들에게 충격적인 경험을 가져다주었다.

그들의 경험은 노예 상인에게 넘겨져 족쇄에 묶인 채 끌려가는 순간부터 시작되었다. 그리고 선박에 오르기 전에 항구에 있던 노예 상관商館에서 몇 주간이고 머무르는 동안에 더욱 악화되었다. 그렇지만 저 악명 높은 "중간 여정"Middle Passage에서 최악에 이르렀다. 그것은 노예 무역선이 아프리카 서해안에서 흑인을 싣고 아메리카까지 가는 과정으로서, 유럽에서 출발해서 그리로 되돌아가는 전체 여정 가운데 중간에 해당했기에 그렇게 불리었다. 노예로 끌려가던 흑인의 견지에서 볼 때에도, 그것은 자신이 태어나고 살아가던 터전에서 사로잡힌 다음에 낯선 고장으로 끌려가 예속 상태에 떨어지는 길고 험한 과정 가운데서도 중간에 해당하는 여정이었다. 그 과정에서는 흑인이 배 한 척에 대개 300명에서 500명까지 빼곡하게 실렸고, 특히 남성은 둘씩 짝지어 쇠고랑을 차고 기둥 같은 데 묶여서 자유로이 움직이지 못했다. 그런 상태로 보통 한 달에서 두 달 정도, 운이 나쁘면 여섯 달까지 걸리던 여정에 시달려야 했다. 더욱이, 그 여정에서는 음식이 충분히 공급되지 않았고 공기가 제대로 순환되지 않았으며 오물도 제때에 처리되지 않았다. 따라서 이질과 괴혈병, 홍역과 천연두 같은 질병이 자주 발생했고, 그로 인해 대략 10-15 %의 비율로 사망자가 속출했다. 적잖은 흑인들이 배에서 뛰어내리거나 아무것도 먹지 않으며 죽음으로써 저항했으나, 선장을 중심으로 조직된 선원들의 무력을 이길 수는 없었다.[7]

"중간 여정"에서 살아남은 흑인들은 아메리카에서 낯선 풍토에 적응하는 동시에 저항을 단념하고 지시에 복종하는 자세를 강요당하는 "적응 과정"seasoning을 거쳐야 했다. 이 과정에서도 20−30 %에 이르는 사람들이 희생당했다. 따라서 끝까지 살아남은 이들은 같은 배를 탔던 사람들을 "동료"shipmate라 부르며 피붙이 못지않게 소중히 여기고 서로 의지했다. 이런 경험은 서부 아프리카의 문화와 더불어 미국에서 흑인 문화를 구축하는 데 중요한 재료가 된다.[8]

그런 경험을 지니고 북미대륙에 도착한 흑인은 뉴잉글랜드에서 루이지애나까지 다양한 지역으로 분산되었다. 그렇지만 그들 가운데 대다수는 농장 농업이 발달한 지역, 특히 버지니아와 메릴랜드가 자리 잡은 체서피크 지역과 사우스캐롤라이나에서 노스캐롤라이나와 조지아로 뻗어 나가는 저지대 Lowcountry, 두 지역에 집중되었다. 체서피크 지역에서는 이미 살펴보았듯이 17세기 중엽부터 노예제가 형성되었으나, 저지대에서는 그보다 적어도 두 세대 늦게 18세기 초에야 노예제가 수립되었다. 따라서 저지대의 노예제는 여러 측면에서 체서피크 지역에 일어난 변화를 한두 세대 늦게 뒤따르는 양상을 보였다. 그렇지만 다른 측면에서는 체서피크 지역에서 보이지 않는 특징적 양상도 지녔다. 그런 공통점과 차이점은 물론 환경과 문화, 그리고 역사의 산물이다.

7　다음 인터넷 도판을 참고하라. "Plan of Shipping System for Slaves on Brookes Ship Decks after Regulations of 1788," Wikimedia Commons, https://commons.wikimedia.org/wiki/File:Slaveshipposter.jpg.

8　Smallwood, *Saltwater Slavery*; Brendan Wolfe, "Slave Ships and the Middle Passage," Encyclopedia Virginia, Virginia Humanities, http://www.encyclopediavirginia.org/Slave_Ships_and_the_Middle_Passage (2016년 8월 26일 접속). 노예무역을 개관하는 국내 문헌으로는 주경철, 『대항해시대: 해양 팽창과 근대 세계의 형성』 (서울대학교출판부, 2008), 289−359를 보라.

이하 서술은 다음 문헌에 근거를 두고 있다. Philip D. Morgan, *Slave Counterpoint: Black Culture in the Eighteenth-Century Chesapeake and Lowcountry* (Chapel Hill: Univ. of North Carolina Pr., 1998).

체서피크 지역의 노예제는 18세기에 아프리카에서 도착한 흑인들을 기존 관행 속으로 흡수해 들였다. 그 지역에서는 담배를 기르는 농장 농업이 발전했으므로, 그들은 대부분 담배 농장에서 일하게 되었다. 물론, 체서피크 지역에서도 밀, 보리, 귀리, 옥수수, 아마 같은 다른 작물도 길렀다. 이런 작물은 담배와 함께 기를 수 있었을 뿐 아니라 노예를 먹이고 입히는 데도 필요했다. 더욱이, 밀과 옥수수 같은 곡물은 점차 큰 비중을 차지하게 되었다. 그래도 가장 중요한 작물은 금전적 수입을 가져다주는 담배였다. 담배를 기르는 데는 넓은 토지나 많은 자본이 필요하지 않았다. 무엇보다 필요한 것은 노동력이었다. 담배를 기르자면, 밭을 고르고 씨앗을 뿌린 다음에도 가꾸기를 계속하며 잎을 따고 말리는 일을 해야 했다. 게다가 담배는 지력을 빨리 고갈시켰으므로, 3년 동안 농사를 짓고 나면 새로이 농장을 개척해야 했다. 따라서 체서피크 지역에서는 중소 규모의 농장이 많았다. 노예를 10명 이하로 부리는 농장들이 18세기 초에 전체 농장 가운데 58 %를 차지하다가 점차 줄어들었지만, 그래도 18세기 말에 35 %까지 이르렀다. 또 11명 이상 20명 이하의 노예를 부리는 농장도 같은 기간에 32 %에서 35 %까지 차지했다.

중소 규모의 농장에서는 농장주와 노예 사이에 직접적이고 상시적인 접촉이 있었다. 농장주는 대개 밭일을 함께 하면서 노예를 직접 통제하거나, 기껏해야 노예 가운데서 일을 잘 하는 사람을 십장으로 두고 다른 노예들을 통제하게 했다. 그리고 "조별 작업제"gang system라 불리는 비교적 복잡한 분업 체계를 도입했다. 이 제도 아래서는 노예를 노동 능력에 따라 분류하고 필요에 따라 몇 개의 조로 조직한 다음에 각각 서로 다른 종류의 작업을 할당했으며, 작업 조 사이에 균형을 맞추며 작업을 독려했다. 예를 들면 씨앗을 심을 때에는 힘이 센 노예들을 앞장 세워 먼저 구멍을 파게 하고, 그다음에 힘이 약한 노예들에게 뒤따르며 씨앗을 뿌리게 하며, 마지막으로 중간 정도의 힘을 지닌 노예들에게 호미를 쥐고 씨앗 구멍을 흙으로 메우게 했다. 따라서 농장주와 노예 사이에는 언제나 직접적 접촉이 있었다. 더욱이 농장주는 대개 농장에 집을 짓고 거기서 살았고, 노예들에게는 농장 한쪽에 헛간이나 오두막을 짓고 함께 지내게 했다. 그 결과, 농장주와 노예 사이의 접촉도 그만큼 늘어났다.

그러나 밀접한 접촉이 친밀한 관계로 이어졌던 것은 아니다. 그 관계는 인종 노예제와 더불어 전통적 가부장제 속에서 형성되었고, 18세기에 도착한 아프리카인들도 거기에 편입되었기 때문이다. 농장주들은 대개 노예를 엄격하고 가혹하게 다루었다. 그들에게 노예는 자녀나 계약 하인과 마찬가지로 가부장의 권위에 복종하며 보호와 훈련을 받아야 하는 존재였다. 그런 권위는 멀리 중세 영국에서 형성된 전통에 토대를 두고 있었고, 또 근대에 들어와서는 노사 관계를 규정하는 법령에도 근거를 두고 있었다. 물론, 다른 한편에서는 아동을 성인의 축소판으로 보던 안목이나 여성을 미숙한 존재처럼 취급하던 태도가 퇴색하고 있었다. 그래도 가부장제를 떠받치고 있던 권위주의적 전통은 면면하게 이어지고 있었다. 따라서 체서피크 지역의 농장주들은 가부장의 권위를 휘두르며 혹독한 방식으로 노예를 착취했다.

그렇다고 해서 그들이 카리브해나 브라질의 농장주처럼 노예를 거의 소모품처럼 취급했다는 것은 아니다. 그들은 오히려 노예에게 가족생활을 장려했다. 사실, 미국의 농장주들은 노예를 사들이면서 남녀 사이의 성비를 맞추려 노력했다. 노예 인구의 자연증가와 그에 따르는 재산 증식을 기대했기 때문이다. 그랬던 만큼, 노예들이 배우자를 찾아내고 가족생활에 들어가는 것을 반갑게 여겼다. 그러나 노예제 아래서 가족은 법률의 인정과 보호를 받을 수 없었고, 흔히 매매나 상속, 또는 증여로 인해 해체되는 운명을 맞이했다. 그래도 노예는 농장 안에서, 또는 인접한 다른 농장에서 배우자를 찾았다. 그것은 고통스러운 현실에서 살아남는 이유가 되기도 했다. 따라서 체서피크 지역에서는 노예 가운데 절반 이상이 가족생활을 할 수 있었다. 물론, 가족들은 대체로 함께 모여 살기보다는 오히려 따로 떨어져 살아야 했다. 그래도 노예는 한 세대에서 다음 세대로 이어지는 문화적 전통을 구축할 수 있었다.

바로 그렇기 때문에 체서피크 지역에서는 이미 17세기에 형성된 노예 내지 흑인 문화가 존재했다. 그리고 그것은 18세기에 도착한 아프리카인들에게 독자적 문화를 형성하는 기회를 주지 않았다. 그들은 수많은 중소 규모의 농장에 분산, 수용되며 농장주는 물론이요 이미 미국화되어 있던 노예들과도 긴밀하게 접촉하게 되었고, 따라서 그런 노예들 사이에 존재하던 문화에 적응하면서 거기에 활력을 불어넣는 역할을 했다.

저지대는 그와 비슷하면서도 다른 양상을 보였다. 거기서도 농장 농업이 발전했지만, 주요 작물은 담배가 아니라 쌀과 쪽이었다. 이런 작물은 물이 많은 저지대에 적합한 품종이었다. 더욱이, 중간 이상으로 규모가 큰 농장에서 효율적으로 생산할 수 있는 품목이었다. 사실, 사우스캐롤라이나의 저지대에서는 노예를 10명 미만 부리던 소규모 농장이 1720년대에 24 %를 차지했으나 반세기 후에는 불과 7 %로 줄어들었다. 게다가 노예를 10명 이상 50명 미만 부리던 중간 규모의 농장은 같은 기간에 65 %에서 41 %로 줄어들었다. 반면에 노예를 50명 이상 부리던 대규모 농장이 차지하던 비율은 같은 기간에 12 %에서 52 %로 크게 늘어났다. 이런 농장을 소유하던 대농장주들은 물론이요 중간 규모의 농장주들도 흔히 농장에서 살지 않고, 찰스턴 같은 도회지에 따로 호화로운 저택을 짓고 살았다. 그리고 요리를 하는 노예에서 마차를 모는 노예까지 적잖은 노예들로 하여금 거기에 머무르면서 온갖 시중을 들게 했다. 말하자면 유럽 귀족이 지니던 전통적 생활방식을 모방했다고 할 수 있다.[9] 따라서 농장주와 노예 사이의 직접적 접촉은 제한된 범위 안에서 전개되었으며, 이는 노예들이 독자적 문화를 구축하는 데 유리한 환경을 제공했다.

저지대의 농장주들은 체서피크 지역에 비해 전통적 가부장제에 더욱 의

---

9 Bertram Wyatt-Brown, *Southern Honor: Ethics and Behavior in the Old South*, 25th Anniversary ed. (New York: Oxford Univ. Pr., 2007).

존하면서, 노예들을 간접적으로 통제했다. 중간 규모의 농장주들은 대개 백인 감독overseer을 한두 사람 두고, 그에게 노예들을 통제하는 권한을 주며 농장을 운영하는 책임을 지웠다. 대농장의 소유자들은 여러 명의 감독 외에 집사steward까지 두고, 그에게 전반적으로 통제하는 권한과 책임을 맡겼다. 그래도 이들 감독과 집사는 노예들을 면밀하게 통제하지 못했다. 그들은 흔히 노예 가운데서 지도적인 역할을 하는 십장driver을 여럿 두고, 그들에게 수행해야 할 작업을 지시했다. 그리고 작업을 독려하기 위해 채찍질을 서슴지 않는 등, 엄격하고 냉혹한 통제를 가했다. 그러나 저지대의 아열대 기후 때문에 노예의 건강을 해칠 우려가 있었고, 또 가장 중요한 품목인 쌀을 생산하기 위해서는 노예의 지식에 의지할 수밖에 없었다. 벼를 심고 가꾸는 데 필요한 기술과 요령은 노예들이 아프리카에서 가져왔기 때문이다. 따라서 저지대의 농장 감독은 과업 중심제task system에 의지하며, 노예에게 작업을 할당하고 그것을 완수한 다음에는 자신의 채마밭에 가서 채소나 가축을 기를 수 있도록 허용했다. 그것은 물론 노예들을 먹이고 입히는 데 들어가는 비용을 절약하는 길이기도 했다.

그런 노동 체제 덕분에, 저지대의 노예들은 독자적 문화를 구축할 수 있었다. 거기에는 체서피크 지역과 달리 먼저 뿌리를 내리고 자리를 잡은 흑인 문화가 없었던 만큼, 그들이 아프리카에서 가져온 문화가 더욱 중요한 구실을 했다. 그들은 미국의 언어와 문화를 수용하는 데 적극적인 태도를 보이지 않았다. 농장주들은 그들에게 영어식 이름을 붙여 주었고, 때때로 고대 로마에서 쓰이던 이름, 특히 영웅의 이름을 붙여 주며 우스갯거리로 삼기도 했으나, 그들 가운데 일부는 아프리카에서 쓰던 이름을 고집하거나 그렇지 않으면 그것을 영어식 이름에 덧붙여 쓰기도 했다. 그것은 물론 자신의 정체성을 스스로 지키려는 노력이었다. 그들은 또한 "굴라"Gullah라 불리는 새로운 언어를 만들어 썼다. 그것은 영어를 바탕으로 삼되, 그 위에다 서부 아프리카의 다양한 언어에서 가져온 문법과 어휘를 덧붙여 만든 것이었다. 이 언어는 두말할 나위도 없이 그들을 이미 미국화된 흑인과 구분해 주는 중요한 근거가 되었다. 그리고 그들은 체서피크 지역의 노예와 마찬가지로 가족생활을 하고 자 했다. 그렇지만 농장주를 비롯한 미국인들의 가족생활을 본받으려 하지 는 않았다. 오히려 서부 아프리카와 마찬가지로 일부다처제를 받아들이고 자 녀에게 부모의 이름이나 세상을 떠난 사람의 이름을 붙여 주는 등, 전통을 지키고자 했다. 더욱이 서부 아프리카와 마찬가지로 친족의 범위를 넓게 잡 고 그들과 긴밀한 관계를 유지했다. 이런 가족·혈연관계는 특이한 언어와 더 불어 특징적인 문화적 전통을 수립하는 데 기여했다.

그런 전통 가운데서 주목을 끄는 것은 그들의 정신세계에서 나타난다. 그 세계는 미국과 서부 아프리카에서 각각 형성된 이질적 문화들이 기이한 방식으로 융합되는 공간이었다. 저지대의 노예들은 체서피크 지역의 동료들 처럼 18세기 중엽에 식민지를 풍미했던 "대각성 운동"에서 적잖은 영향을 받 았다. 농장주들은 대체로 노예들에게 기독교가 전파되는 데 대해 우려하고 경계했으나, 복음주의자들의 끈질긴 공세를 완전히 차단할 수 없었다. 따라 서 18세기 중엽에는 적잖은 노예들이 세례를 받고 교회에 나갈 수 있었다. 또 스스로 교회를 세우고 거기에 아프리카적 요소를 도입했다. 의례 측면에서는 예를 들면 찬송가를 부를 때 몸을 흔들고 춤추며 노래하는 새로운 모습을 보 였다. 특히, 한쪽에서 주창主唱하고 다른 한쪽에서 응답하는 교창交唱 기법을 널리 사용했다. 교리 측면에서는 무엇보다 유일신 개념을 받아들이면서도, 아프리카에서 가져온 전통적 신앙을 버리지 않았다. 그래서 최고 존재 아래 에 수많은 신령神靈이 있다고, 또 그들이 죽은 사람의 망령亡靈과 함께 마법을 부리며 살아 있는 사람들에게 영향을 끼친다고 믿었다. 그래서 아프리카에서 그랬듯이 필요할 때면 으레 주술의 힘을 빌리고자 했다. 더욱이, 저지대의 노 예들은 체서피크 지역의 동료들과 마찬가지로 장례葬禮를 인생의 종결을 선 고하는 것이 아니라 오히려 인생의 절정을 축하하는 의식으로 간주했다. 그 렇기 때문에 많은 사람들을 불러 모아 망자亡者를 추억하며 함께 춤추고 떠들며 의식을 치렀다. 그리고 망령이 자유로이 아프리카의 고향으로 되돌아가기를 간절히 빌었다.

도회지에서는 체서피크 지역이든 저지대이든 간에 농촌과 다른 노예제가 자리를 잡았다. 거기에는 위에서 언급한 가내 노예 이외에 상당한 자율성을 누리는 노예들이 있었다. 그들은 대개 목공, 벽돌공, 대장장이, 무두장이, 바퀴 제조공 등, 오랜 훈련과 경험을 통해 기술을 연마한 장인들이었다. 이런 노예는 소유자 자신이 해당 분야의 장인으로서 스스로 작업장을 갖고 작업을 함께 수행하며 감독하지 않고서는 통제할 수 없었다. 그렇게 하지 못하는 소유자는 노예를 다른 장인에게 임대했다. 이런 경우에 노예는 자신이 받는 임금 가운데 대부분을 소유자에게 바쳐야 했지만, 그 나머지를 가질 수 있었다. 또 스스로 더 많은 일거리를 맡아서 자신의 몫을 늘릴 수도 있었다. 더욱이, 소유자로부터 통제를 받지 않고 독자적으로 가계를 꾸리며 살아나갈 수도 있었다. 따라서 그들은 돈을 모아 자신은 물론이요 가족도 예속 상태에서 구해 내기도 했다. 그리고 도회지에 집중되어 있던 자유 흑인과 함께 농장 노예와 다른 문화를 건설했다. 그것은 저지대나 체서피크 지역의 노예 문화에 비해 미국의 주류 문화에 가까운 문화였다.

2. 변형

그와 같은 노예제와 흑인 문화는 18세기 말부터 중대한 변화를 겪게 되었다. 그것은 미국혁명을 계기로 시작되었지만, 혁명이 끝난 다음에도 계속되었다. 미국혁명은 이미 살펴보았듯이 노예제에 대한 비판으로 이어졌고, 혁명전쟁은 노예제에 직접적 충격을 입혔으며, 혁명기에 시작된 이주의 물결은 노예제가 서부로 확산되며 팽창하는 결과를 가져왔다. 그에 따라 19세기 중엽에는 이전과 뚜렷이 다른 노예제와 흑인 문화가 형성되었다.

그런 변화는 지역에 따라 다른 양상을 띠었다. 먼저 북부에서는, 구체적으로 말하면 뉴잉글랜드와 뉴욕, 그리고 펜실베이니아에서는, 노예제가 혁명의 논리와 전쟁의 충격에 따라 해체되었다. 혁명은 한마디로 줄이자면 "생명과 자유, 그리고 행복의 추구"를 기본적 인권으로 규정하고 이 새로운 원칙위에서 정부를 수립하고 사회적 관계를 개편하는 작업이었던 만큼, 그것을 노예제로 연장할 것인가, 또 그렇게 한다면 어떤 방식으로 할 것인가 하는 문제가 제기되었다. 다른 한편, 노예들은 전황을 살펴가며 자유를 얻는 데 도움이 될 것으로 보이는 군대에 합류하고자 했다. 이런 상황 속에서 북부는 대개 노예제를 점진적으로 해체하는 방안을 선택했다. 펜실베이니아에서는 이미 1775년에 퀘이커 교도들이 앞장서서 노예제 폐지를 추진하는 단체를 만들고 조직적 운동을 펼쳤으며, 결국 1780년에는 미국에서 처음으로 노예제를 폐지하는 법률을 제정했다. 그 골자는 노예무역을 금지하는 한편, 노예의 자녀로 태어난 사람은 성인이 될 때까지 어머니의 주인에게 계약 하인으로서 봉사해야 하지만 그 이후에는 자유인이 된다는 것이었다. 그것은 "모든 사람은 본래 평등하다"는 혁명의 기본 정신을 노예에게까지 연장하는 동시에, 노예에 대해 주인이 지니는 권리도 재산권으로서 보장해야 한다는 혁명의 다른 취지도 존중하는 조치였다. 이처럼 혁명의 논리에 따라 노예제를 점진적으로 폐지하는 조치는 이후 한 세대 동안 북부 전역으로 확산되었다. 다만 매서추세츠에서는 1780년대 초에 법원이 노예제가 헌법과 합치하지 않는다고 선언했고, 따라서 노예제가 즉각적이고 전면적으로 폐지되었다.

반면에 남부에서 변화를 가져온 것은 혁명의 논리보다 전쟁의 충격이었다. 남부에서도 일부 농장주들은 노예를 자발적으로 해방하거나, 그렇지 않으면 노예에게 자유를 살 수 있는 기회를 주었다. 그러나 대다수는 노예들이 도망하지 못하도록 단속하는 데 관심을 기울였다. 그러나 노예들은 전쟁의 혼란을 틈타 도망하거나 해방을 약속하는 영국군을 따라갔다. 그렇게 해서 사라진 노예가 적어도 4만 명에 이르렀던 것으로 보인다. 그렇지만 남부는 농업에서 일어난 변화 덕분에 그런 타격에서 회복될 수 있었다. 메릴랜드와 버지니아 등, 상남부Upper South에서는 농장주들이 담배를 기르기가 어려워진 해안 지방을 중심으로 밀과 보리를 비롯한 곡물을 기르는 데 주력했다. 이런 곡물을 기르는 데는 파종할 때와 추수할 때를 제외하고는 많은 일손이 필요하지 않았다. 따라서 상남부에서는 농장주들이 필요한 노예만 남기고 나머지는 팔아 치우려 했다. 반면에 사우스캐롤라이나와 조지아 등, 하남부Lower South에서는 농장주들이 면화를 기르는 데 관심을 기울였다. 면화는 농장에서 필요한 옷감을 만들어 쓰기 위해 채마밭에서 길렀는데, 영국에서 산업혁명이 진행됨에 따라 수요가 빠르게 늘어나고 있었기 때문이다. 따라서 그들은 쌀과 쪽 이외에 면화도 시장에서 판매하기 위해 본격적으로 재배하기 시작했다. 실제로 사우스캐롤라이나의 면화 수출은 1790년 1만 파운드에 지나지 않았지만, 10년 뒤에는 무려 600만 파운드로 늘어났다. 그처럼 폭발적으로 증가하는 수출 물량을 생산하기 위해, 하남부는 상남부로부터 노예를 매입했고 그것도 모자라서 아프리카에서 수입했다. 따라서 1800년경에 이르면, 남부에서 노예제는 혁명과 전쟁의 충격에서 벗어나 팽창의 시기를 맞이하게 되었다.[10]

〈도표 9-1. 노예 인구의 변동과 분포, 1790-1860년〉 (단위: 천 명)

	1790	1800	1810	1820	1830	1840	1850	1860
전국	698	894	1,191	1,538	2,009	2,487	3,204	3,954
북동부	49	42	31	22	6	3	3	2
북중부	0	0	0	1	1	0	0	0
남동부	649	793	966	1,112	1,264	1,241	1,390	1,473
남중부	0	58	194	401	738	1,244	1,811	2,480

출처: U.S. Bureau of the Census, *A Century of Population Growth: From the First Census of the United States to the Twelfth, 1790-1900* (Washington, DC: U.S. Government Printing Office, 1909), Table 60.

---

10 Ira Berlin, *Generations of Captivity: A History of African-American Slaves* (Cambridge, MA: Harvard/Belknap, 2003), 217-324.

19세기 남부에서 노예제가 팽창한 양상은 노예 인구의 변동에서 뚜렷하게 드러난다. 〈도표 9-1. 노예 인구의 변동과 분포, 1790-1860년〉에 따르면, 노예 인구는 미국에서 처음으로 국세조사가 시행되었던 1790년에 70만 명이었다. 그렇지만 노예무역이 금지된 직후인 1810년에는 119만 명으로 늘어났다. 바꿔 말해 건국 초기 20년 동안 70 % 증가한 셈이다. 이는 물론 노예무역이 금지되기 직전에 노예 수입이 급증한 결과이다. 그렇지만 노예 인구의 자연증가도 상당한 수준에 이르렀던 것으로 보인다. 노예 인구는 내전이 시작되기 직전인 1860년에 395만 명이었으므로, 50년 동안 무려 232 %나 증가한 셈이다. 아메리카 가운데 다른 지역에서는 대체로 노예무역이 금지된 다음에 노예 인구가 감소하는 경향을 보였다는 사실에 비추어 볼 때, 이는 주목할 만한 현상이다.

그렇지만 노예 인구의 증가 속도가 자유인과 비교하면 뚜렷하게 뒤져 있었다는 점에도 주목할 필요가 있다. 자유인 인구는 1810-60년간에 605만 명에서 2,749만 명으로 354 %나 증가했다(그 가운데서 흑인은 17만 명에서 48만 명으로 늘어났지만, 전체 인구에서 차지하는 비중은 2.8 %에서 1.7 %로 오히려 줄었다). 그 수치에는 500만 명이 조금 넘는 이민도 포함되어 있으므로, 자연증가는 노예 인구보다 조금 더 높은 272 %로 추산된다. 따라서 1810-60년간의 인구 추이 가운데 자유인과 노예 사이에는 40 % 포인트의 차이가 있었던 셈이다. 이는 현격한 차이라 할 수는 없어도 상당한 차이라 할 만하다.

19세기 미국에서 노예 인구는 자연증가뿐 아니라 지리적 이동도 겪었다. 그 추이는 〈도표 9-1〉에서 분명하게 나타난다. 그에 따르면 1790년에는 버지니아와 메릴랜드를 비롯한 남동부에 전체 노예 가운데 93 %가 집중되어 있었다. 그렇지만 그 비율은 1810년 81 %로 조금 줄었고, 1830년에는 63 %로 많이 줄었으며, 결국 1860년에는 37 %로 더욱 많이 줄었다. 반면에 노예 인구의 중심은 동부 해안에서 켄터키와 테네시를 비롯한 서부 내륙을 거쳐 앨라배마, 미시시피, 루이지애나 등, 하남부 또는 저남부Deep South라 불리는 지역으로 옮겨 갔고, 북쪽으로는 아칸소와 미주리까지 뻗어 갔다. 이들 지역에는 1860년도의 전체 노예 395만 명 가운데 63 %에 해당하는 248만 명이 살고 있었다.[11] 그러니까 1830−60년간의 한 세대 동안에 노예 인구의 중심이 동부 해안의 상남부에서 미시시피강 유역의 하남부로 이동했던 것이다. 그에 따라 노예들은 대부분 심각한 고통이나 불안, 또는 공포를 겪지 않을 수 없었고, 그래서 그들의 강제 이주는 "제2의 중간 여정"이라 불리기도 한다.[12]

그런 큰 변화를 가져온 요인은 농업에 있었다. 버지니아와 메릴랜드를 중심으로 담배를 재배하던 농장주들은 이미 혁명기부터 애팔래치아산맥 너머에서 새로운 토지를 확보하려 했다. 또 19세기 중엽에는 텍사스, 쿠바, 니카라과 등, 해외를 넘보기도 했다. 그런 움직임은 19세기에 들어오면 면화와 사탕수수 때문에 더욱 빨라졌다. 이들 작물은 열대나 아열대 기후에서 잘 자라는 식물이었다. 특히, 산업혁명의 총아라 할 만한 면화는 서리가 내리기 전에 꽃봉오리를 딸 수 있을 만큼 더위가 늦게까지 이어지는 기후에서나 제대로 키울 수 있었다. 따라서 면화나 사탕수수를 재배해 높은 수익을 얻으려면, 하남부로 옮겨 가 새로 토지를 확보하고 농장을 개척해야 했다. 토지는 제8장에서 살펴보았듯이 연방정부의 원주민 이주 정책과 국유지 매각 정책 덕분에 개척에 도전하는 농민에게 헐값으로 제공되었다. 더욱이, 하남부는 "교통 혁명" 덕분에 뉴욕이나 필라델피아 같은 동부 해안의 도시는 물론이요 미시시피강과 그 지류를 중심으로 서부 내륙의 오지와도 쉽사리 오갈 수 있는 지역이 되었다. 따라서 수많은 농민이 서부로 이주했으나, 적잖은 농장주들은 동부 해안에 남아 담배나 면화 대신에 곡물이나 가축, 또는 채소를 기르며 근교 농업으로 눈을 돌렸다. 그리고 이런 작물을 기르는 데는 담배나 면화만큼 많

---

11 U.S. Bureau of the Census, *A Century of Population Growth: From the First Census of the United States to the Twelfth, 1790−1900* (Washington, DC: U.S. Government Printing Office, 1909), 132−141, 특히 132−134.

12 Berlin, *Generations of Captivity*, 159−244.

은 일손이 필요하지 않았으므로, 남아도는 노예를 임대하거나 매각했다. 임대 수요는 볼티모어를 중심으로 동부 해안에서 발전하던 제조업에서 불어나고 있었고, 매각 기회는 하남부에서 늘어나던 면화 내지 사탕수수 농장 덕분에 넉넉하게 있었다. 하남부의 농장주들이 면화와 설탕에 대한 수요가 미국을 넘어 세계 전역에서 늘어나는 데 대비해 더 많은 노예를 확보하고자 했기 때문이다.[13]

그렇게 팽창하던 노예제는 미국의 경제발전에 중요한 동력을 제공했다. 19세기 미국은 이미 살펴본 바와 같이 산업혁명과 시장경제의 발전을 겪으며 빠른 속도로 성장했지만, 외환 측면에서는 고질적 적자에 시달리고 있었다. 오래전부터 유럽에서 수입하던 공산품 이외에 산업혁명에 필요한 기계류의 수입도 크게 늘어났기 때문에, 농산물과 수산물을 비롯한 일차 산품의 수출이 늘어나도 적자를 면하기 어려웠기 때문이다. 그렇지만 지역에 따라 사정이 크게 달랐다. 적자는 주로 북부에서 나왔고, 남부는 그것을 대부분 메웠다. 바꿔 말해 북부의 상인들이 해외에서 공산품을 수입해 남부에 공급하고, 그 대금을 남부의 농장주들이 농산물 수출로 벌어들인 돈으로 결제함으로써 무역적자를 대부분 메웠다고 할 수 있다.

실제로 1850년대의 상품 무역을 살펴보면, 가장 중요한 품목이 수입품 가운데서는 63.2 %를 차지한 공산품이었고 수출품 가운데서는 61.6 %를 차지한 원자재였다. 수출품 가운데서 가장 중요한 품목은 면화였다. 면화는 1790년에 불과 4천 베일(960 톤)이 생산되었지만, 1810년에는 18만 베일(8만 톤), 그리고 1860년에는 무려 384만 베일(92만 톤)이 생산되었다. 그것은 물론 대부분 해외로 수출되었고, 그 대금은 1850년대에 매년 평균 1억 2,400만 달러에 이르렀다. 따라서 면화는 19세기 전반기 미국의 경제발전에 가장 중요한 동력을 제공했다고 할 수 있다. 더욱이 그것은 영국의 면화 수요 가운데

---

13 Rothman, *Slave Country*; Schmerhorn, *Business of Slavery*.

4분의 3을 채우며 면제품으로 바뀌었고, 결국 영국이 산업혁명을 선도하며 세계 전역에서 패권을 수립하는 데 기여하는 동시에 많은 사람들이 부드러우 면서도 질기고 따뜻한 옷을 입는 데 도움을 주었다.[14]

노예제가 미국의 경제발전에 기여했다는 사실은 19세기 남부의 농장주 들이 노예노동을 효과적으로 착취했다는 점을 시사한다. 그들은 품종 개량 과 영농 기계화에 애썼을 뿐 아니라 근대적 회계 기법과 관리 기법에도 관심 을 쏟았다. 특히 중·대형 농장에서는 회계장부를 이용해 금전 출납 이외에 노예에 대한 관리에도 면밀한 주의를 기울였다. 사실, 19세기 중엽 남부에서 널리 쓰이던 회계장부는 오늘날 가정에서 흔히 쓰이는 가계부처럼 다양한 항 목을 설정하고 그에 따라 빈 칸을 만들어 둔 것이어서 사용하기 편리하게 제 작되어 있었다. 거기에는 우선 노예의 가격을 기록하는 항목이 있었다. 농장 주는 거기에 자신이 소유하는 노예들의 이름을 하나씩 쓰고, 그 옆에 있는 칸에 가격을 쓸 수 있었다. 게다가 칸이 둘로 나뉘어 있었기에, 가격은 한 해 가 시작될 때와 끝날 때 각각 한 번씩 써넣을 수 있었다. 노예는 성별과 연령, 그리고 노동 능력에 따라 다른 가격으로 거래되었으므로, 그런 기록은 농장 주가 자신의 재산을 정확하게 파악하는 데 도움이 되었다. 농장주는 또한 식 품과 의복을 비롯한 생활필수품을 언제, 얼마만큼, 누구에게 지급했는지도 세밀하게 기록했다. 그럼으로써 노예에 대한 처우를 관리할 수 있었다.[15]

---

14 U.S. Bureau of the Census, *Historical Statistics of the United States: Colonial Times to 1970*, Part 2, Bicentennial ed. (Washington, DC: U.S. Government Printing Office, 1975), Series U 274-316. 면화의 중요한 역할에 관해서는 다음 문헌을 참고하 라. Sven Beckert, *Empire of Cotton: A Global History* (New York: Knopf, 2014).

15 Caitlin Rosenthal, "Slavery's Scientific Management: Masters and Managers," in Beckert and Rockman, eds., *Slavery's Capitalism*, 62-86.
　　다음 인터넷 도판을 참고하라. "Eustatia Plantation Mississippi, Account Book," The African-American Experience in Ohio, 1850-1920, Ohio Historical Society, http://dbs.ohiohistory.org/africanam/html/page10f.html?ID=13902&Current=P090.

더욱이, 19세기 남부의 농장주들은 작업 일지를 상세하게 정리했다. 특히 언제, 누구에게 어떤 작업을 시켰는지, 또 얼마 만한 성과를 거두었는지, 세밀하게 기록했다. 또 그것을 토대로 농장에서 일하는 노예들을 작업 능력에 따라 몇 개 등급으로 구분하고 여러 개의 작업 조로 편성했다. 담배 이외에 면화나 사탕수수를 재배하는 농장에서도 일반적으로 조별 작업제가 도입되었던 만큼, 노예 개개인의 능력과 성과를 정확하게 파악할 필요가 있었기 때문이다.

농장주들은 작업 일지를 바탕으로 노예들에게 이전보다 더 많은 성과를 내도록 압력을 가했다. 특히 일을 잘 하는 노예에게 식품이나 의복 같은 선물을 주며 더 많은 성과를 내도록 유도한 다음, 같은 작업 조에 편성된 다른 노예에게도 그만한 성과를 내지 않으면 채찍질을 가하는 방법을 썼다. 따라서 노예들은 자신에게 할당된 작업을 완수하고 채찍질을 모면하기 위해 동이 틀 때부터 해가 질 때까지 일을 해야 했다. 게다가, 두 손 모두 바른손으로 쓰는 능력도 길러야 했다. 양손잡이와 마찬가지로 두 손 다 바른손으로 써서, 혼자서 두 사람 몫의 일을 해내라는 압력에 시달리기도 했던 것이다. 더욱이, 농장주들은 기록을 토대로 해마다 더 많은 작업량을 노예들에게 부과했다. 그 결과, 1801년 사우스캐롤라이나의 어느 농장에서 노예 한 사람이 하루에 딴 면화가 28 파운드였으나, 1846년 미시시피에서는 그 양이 341 파운드로 12배 이상 늘어났다. 결국, 노예는 인간의 존엄성을 부인하는 가혹한 처우에 시달렸을 뿐 아니라 근대적 공장의 노동자와 마찬가지로 일정한 작업을 착실하게 수행해야 하는 부담도 짊어져야 했다. 남부의 농장은 관리 기법의 측면에서 볼 때 나중에 북부에서 대두하는 대기업의 선례에 해당한다.

따라서 농장주들은 노예에 대해 식민지 시대의 선조들과 다른 자세를 취했다고 할 수 있다. 그들의 선조는 위에서 살펴본 것처럼 전통적 가부장으로서 권위를 내세우며 노예들을 엄격하고 가혹하게 다루었다. 그에 비해 19세기 남부의 농장주들은 노예들을 냉혹하게 착취하면서 전통적 가부장의 권위

대신에 근대적 자본가의 권위에 의지했다고 할 수 있다. 물론, 그들은 때때로 가부장으로서 온정주의적 자세를 취하기도 했다. 특히 노예가 젊었을 때는 물론이요 늙어 죽을 때까지도 주인이 먹이고 입히는 등, 노예를 부양하고 보호하는 만큼, 노예도 착실하게 일하며 주인에게 순종해야 한다고 주장했다. 그러나 그런 주장은 물론이요 그에 가까운 사회사 연구자들의 해석도 오늘날 역사학계에서는 수용되지 않는다. 더욱이, 그들이 노예에게 합리적으로 처우하면서 근면한 노동 윤리를 전파했다는 경제사 전문가들의 해석도 그다지 널리 수용되지 않는다. 이미 밝혀져 있는 바와 같이, 19세기 남부의 농장주들은 채찍질을 아끼지 않으며 노예를 혹독하게 착취했다. 그런 학대와 착취는 "고문"이라 할 수 있을 만큼 심각한 수준에 이르렀다.[16]

그 예로 루이지애나에서 면화 농장을 경영하던 베네트 배로우Bennet H. Barrow를 들 수 있다. 그는 노예를 200명이나 부리던 대농장주였는데, 농장주 가운데서는 드물게 일기를 꾸준히 써서 남겼다. 그에 따르면 배로우는 노예들에게 자주 채찍을 휘둘렀는데, 때로는 그것을 재미로 여기며 노예들을 지나치게 학대하기도 했다. 더욱이, 1838년 5월 1일에는 자신이 농장을 운영하는 규칙―또는 감독에게 내리는 지침―을 상세하게 적어 놓았다. 거기서 배로우는 먼저 노예들이 자신의 허가 없이 농장을 떠나거나 다른 사람에게 물건을 파는 것을 금지했다. 또 다른 농장의 노예가 농장에 들어오거나 자신의 노예와 이야기하는 것도 금지했다. 그는 자신의 노예들이 다른 농장의 운영 방식을 알게 되면 처우에 대해 불만을 품을 수도 있다고 생각했기 때문이다. 더욱이, 노예가 농장 바깥에서 배우자를 구하는 것도 금지했다. 그것을 허용하면 노예들이 다른 배우자를 만난다며 외출을 자주 하고 일을 소홀히 여기

---

16 Herbert G. Gutman, *Slavery and the Numbers Game: A Critique of* Time on the Cross (Urbana: Univ. of Illinois Pr., 1975); Edward E. Baptist, "Toward a Political Economy of Slave Labor: Hands, Whipping—Machines, and Modern Power," in Beckert and Rockman, eds., *Slavery's Capitalism*, 31–61.

지 않을까 우려했기 때문이다. 그리고 자신의 운영 방침을 이렇게 설명했다.

농장은 하나의 기계와 같은 것으로 볼 수 있는데, 그것이 원활하게 작동하려면 그 부품이 모두 일정하고 정확하게 움직여야 하고 그것들을 움직이는 동력이 변함없이 꾸준히 작용해야 한다. 그리고 농장주는 업무를 돌보는 자세를 취할 때면 부품들을 움직이는 동력이 되어야 한다. 만약 농장주가 자신의 농장에서 진행되는 일에 특별한 관심을 보이지 않는다면, 노예들은 전혀 관심을 갖지 않을 수 있으므로 [노예들로부터] 냉담 이외에 다른 어떤 감정도 기대하기 어렵다. 또 노예들은 주인의 분노를 피하는 것밖에는 관심을 기울이지 않으므로, [농장을 돌보지 않는] 농장주가 노예의 주의와 노력을 기대한다는 것은 이치에 맞지 않는 일이다. 농장에서 책임감을 조성하기 위해서는, 될 수 있는 대로 업무를 여러 부분으로 구분하고 분리해야 한다. 감독은 모든 책임을 져야 하지만, 아랫사람들에게 업무를 여러 부분으로 나누어 주고 직접 돌보게 해야 한다. 나는 예를 들어 한 사람에게 말, 소, 돼지 등 가축을, 또 한 사람에게는 식기 종류를, 다른 사람에게 아픈 사람을, 또 다른 사람에게는 닭과 오리를, 또 다른 사람에게는 부모가 들에서 일을 할 때 아이들을 먹이고 보살피는 일을 맡긴다. 농장에서 치안과 질서를 유지하기 위해서도 좋은 계획을 마련해야 하는데, 예를 들어 두 사람 이상으로 조를 짜서 야경을 세우고 침입자가 있으면 자신들의 힘으로 잡거나 즉시 경종을 치지 않으면 야경을 도는 동안 있었던 모든 침입 사건에 대해 책임을 지게 할 수 있다. 농장을 보호하는 일을 노예 전체에게 맡겨 놓으면, 모든 사람의 일은 어떤 사람의 일도 아니라는 격언이 진리라는 점이 금방 드러난다. 그러나 야경을 올바르게 세우면, 모든 사람이 각자 돌아가면서 자신에게 돌아오는 의무를 이행한다. 그래서 아무리 무관심한 노예도 때로는 순종하며 경계하는 모습을 보이게 된다. 야경을 조직하는 행위 자체가 농장주가 지니는 주의와 관심을 말해 주며, 이것이 노예에게 상당한 영향을 끼친다. 위에서 말한 규칙은 "실제로 마지막의 것을 제외하면" 1833년부터 내가 채택했던 것이다. 그렇게 해서 나는 성공을 거두었다. 노예들 사이에서 기강을 세우기만 하면, 농장을 운영하는 것은 즐거운 일이 된다. 그렇지 않으면 끔찍한 일이 되고 감독도 소용이 없다. 모든 노예가 일요일마다 보급품을 받은 다음에 몸을 깨끗이 씻고 머리에 빗질을 하면, 모두 자긍심을 느끼고 사실 주인도 자랑스럽다고 생각한다.[17]

그런 운영 방침은 배로우가 노예들을 가혹하게 착취하면서도 근대적 기업가처럼 합리적 경영을 시도했다는 사실을 보여 준다. 사실, 경영의 견지에서 볼 때 노예는 착취의 대상인 동시에 노동 능력이나 매매 가치를 훼손하지 않도록 보호해야 하는 관리의 대상이기도 했다. 그렇기 때문에 19세기 남부의 농장에서 노예들이 받은 처우는 복잡한 양상을 띠었다. 위에서 살펴보았듯이 19세기 남부에서 노예 인구가 증가했다는 것은 노예에 대한 처우가 적어도 카리브해만큼 열악하지 않았다는 점을 시사한다. 카리브해에서 가장 중요한 품목은 설탕이었고, 그것을 생산하는 과정은 사탕수수를 재배하는 농장에서 끝나지 않고 많은 노예가 뜨거운 열기 속에서 위험한 작업을 수행하던 제당 공장까지 이어졌다. 그리고 카리브해의 농장주들은 짧은 시간 안에 큰돈을 거머쥐기 위해 노예들을 혹사했으며, 그로 인해 노예가 죽음에 이르게 되면 아프리카에서 끌려간 흑인으로 그 자리를 메웠다. 그래서 거기서는 노예무역이 금지되자 노예 인구도 감소하는 경로에 들어섰던 것이다.

반면에 남부에서는 농장주들이 과도한 혹사로 노예의 노동력과 생산성을 훼손하지 않도록 유념했다. 물론 농번기에는 노예에게 충분한 휴식 시간조차 주지 않고 일하게 했지만, 농한기에는 토지를 개량하고 수로를 보수하

---

17 Bennet H. Barrow, *Plantation Life in the Florida Parishes of Louisiana, 1836-1846, as Reflected in the Diary of Bennet H. Barrow*, ed. Edwin Adams Davis (New York: AMS Pr., 1943), http://www2.hawaii.edu/~miekofm/Plantationrules.pdf (2016년 7월 13일 접속).

는 등, 다양한 작업 이외에 가끔 자신과 가족을 돌볼 수 있을 만큼 약간의 여유 시간을 주기도 했다. 남부의 농장주들은 노예를 수입할 수 없었기에 그 노동력을 활용하는 데 장기적 안목을 가져야 했다. 그렇기 때문에 그들은 노예의 건강을 유지하는 데 필요한 식품과 의복 등, 생활필수품을 지급했다. 식품은 주로 감자와 옥수수, 쌀과 콩, 그리고 돼지고기에 지나지 않을 만큼 단조로웠지만, 노예들이 굶주림에서 벗어나지 못할 만큼 지급 분량이 적지는 않았다. 게다가 그들은 자신의 몫으로 닭을 기르거나 채마밭을 가꾸며 식단을 보충할 수 있었고, 그것은 농장주들이 지출을 줄이는 데 도움이 되기도 했다. 따라서 남부 노예들은 아메리카의 다른 지역에 비해 더 좋은 체격을 지녔다. 예를 들어 성인 남성의 키는 평균 170 cm였는데, 이는 다른 지역에 비해 적어도 5 cm나 더 큰 것이었다.[18]

그렇지만 19세기 남부에서 노예가 받은 처우는 자유인과 비교하면 뚜렷한 격차를 보였다. 위에서 언급한 바와 같이 노예 인구의 증가 속도는 자유인에 비해 상당히 뒤져 있었는데, 그 직접적 요인은 노예의 사망률, 특히 유아 사망률이 자유인보다 2배나 높았다는 데서 찾을 수 있다. 이는 노예의 평균 수명이 35−38세로서, 자유인보다 5년이나 짧은 현상으로 이어졌다. 그처럼 높은 유아 사망률은 여성 노예가 임신 중에 충분한 음식과 적절한 휴식을 누릴 수 없었고, 출산 후에도 유아를 제대로 돌보지 못하는 처지에 있었기 때문이다. 그 외에 출산율이 낮았다는 점도 노예 인구의 증가를 저해한 요인이었다. 노예는 두말할 나위도 없이 안정된 가족생활을 영위할 수 없었다. 미국의 노예 인구는 아메리카의 다른 지역과 달리 19세기에 들어오면 남녀 비율의 균형에 접근하지만, 그래도 가족생활에 관해서는 근본적 제약에서 벗어날 수 없었다. 이동의 자유가 없었으므로 배우자를 구하는 데 어려움을 겪었고, 결혼에 이른다 해도 공식적으로 인정받을 수 없었으며, 농장주가 매매하

---

18 Fogel, *Without Consent or Contract*, 123−142.

기로 결정하면 배우자나 혈육과 이별해야 했기 때문이다.[19]

노예가 받은 처우에서 매매 역시 본질적 요소였다고 할 수 있다. 그것은 노예를 재산으로 취급하는 노예제의 본질을 뚜렷이 보여 준다. 노예는 본질적으로 인간이면서도 주인의 소유 아래에 있는 재산으로서 복합적 성격을 띠며, 따라서 시장이 있는 곳에서는 언제나 '상품'으로 거래될 수 있었다. 주목할 만한 것은 19세기 남부에서 노예 매매가 지엽적인 현상이 아니라 중심적인 현상이었다는 점이다. 거기서 노예는 값비싼 '상품'이었다. 노예 가격은 젊은 남성의 경우에 가장 높았는데, 19세기 초에 200 달러 정도였다. 그렇지만 노예무역이 금지되자 600 달러로 급등했고, 게다가 거기서 멈추지 않고 계속 상승해서 내전 직전에는 1,500 달러 수준에 도달했다. 북부 농촌에서 젊은 남성이 벌어들이던 일당이 1 달러 내지 1.12 달러였으므로, 그것과 비교하면 무려 1,300배가 넘는 큰 금액이었다. 그처럼 값비싼 노예가 19세기 중엽에는 보통 연간 7~8만 명씩 거래되었으므로, 노예 매매는 전문 상인들이 담당하는 중요한 사업이었다. 그들 가운데 다수는 버지니아나 메릴랜드를 중심으로 상남부의 동부 해안에서 농장을 돌아다니며 한두 명씩 사들였다. 노예가 고가에 거래되었던 만큼, 농장주들은 노예를 사들일 때와 마찬가지로 내다 팔 때도 여간해서는 한꺼번에 여러 명을 거래하지 않았기 때문이다. 종래의 해석과 달리, 그런 거래는 농장주 가운데서 소수에게 국한되었던 것이 아니라 다수에게 확산되어 있었다. 따라서 노예 매매는 거대한 규모의 사업이었다.

그것은 또한 매우 냉혹한 사업이었다. 상인은 사들인 노예를 대개 쇠고랑을 채워 끌고 갔다. 노예들이 가족과 고향을 떠나지 않으려고 도망하거나 자해하거나 심지어 자살까지 감행하는 등, 강하게 저항했으므로 폭력에 의지하는 수밖에 없었던 것이다. 상인은 끌고 간 노예를 대개 중개업자나 위탁 상인에게 넘겼지만, 전국적인 영업망을 거느린 거대한 기업에 넘기기도 했다.

---

19 Ibid., 142-153.

그런 기업은 사들인 노예를 모아서 도회지의 중간 집결지에 가두어 놓았는데, 그것은 차라리 중간 집하장이라는 명칭이 적합한 공간이었다. 거기서는 상인이 노예에게 새로운 이름을 붙이며 종래의 정체를 지우려 했고, 또 신체 조건에 따라 다른 값어치를 매기며 노예를 '상품'으로 다루고자 했기 때문이다. 따라서 상인은 노예가 저항하는 경우에 잔인한 학대를 가하는 한편, 시장에서 높은 가격으로 팔기 위해 건강한 모습과 순응하는 자세를 연기하도록 강제하기도 했다. 그리고 하남부의 노예시장까지 끌고 가서는 신문이나 잡지, 또는 전단을 통해 '상품'을 광고했다. 그렇게 운영되던 노예시장의 규모를 다른 지역이나 다른 시대의 시장과 면밀하게 비교하기는 어렵지만, 그것이 19세기 미국에서 빠른 속도로 발전하던 시장경제의 일환이었다는 점은 분명하다.[20]

노예시장에서는 미국 노예의 다면적 성격이 뚜렷하게 나타났다. 토지가 풍부하고 비옥한 반면에 노동력이 부족한 미국의 특징적 조건 속에서, 노예는 매우 중요한 생산요소로 간주되었다. 그렇기 때문에 노예는 높은 가격에 거래되었고, 그 가격도 지속적으로 상승하는 추세에 있었다. 따라서 노예는 19세기 미국에서 중요한 재산으로 취급되기도 했다. 그런 노예를 소유한 농장주는 소수였다. 그들은 1830–60년간에 남부의 전체 농가 가운데 36 %에서 25 %로 줄어들었다. 그러나 그들은 노예의 형태로 막대한 재산을 지녔으니, 그 가치가 1860년에는 30–40억 달러에 이르렀다. 따라서 남부의 농장주들은 노예가 재산으로서 지니는 가치도 십분 활용하고자 했다. 노예를 담보로 잡혀 자금을 마련하고, 그것을 이용해 토지를 매입하거나 다른 사업에 투자하기도 했다. 그래서 은행을 비롯한 금융업, 면방직 같은 제조업, 철도나 운하를 건설하는 토목업은 물론이요 심지어 증권에도 손을 뻗쳤다. 이런 측

---

20 Deyle, *Carry Me Back*.

면에서 농장주들은 자본가와 다를 바가 없었다.[21]

노예는 흔히 재산이나 상품으로서 인간성을 잃어버린 존재로 간주되지만, 실제로는 그와 달리 노예가 재산이나 상품으로 취급되면서도 잃어버리지 않는 인간성 때문에 더욱 끔찍한 착취의 대상이 되기도 했다. 노예시장에서는 젊은 여성 가운데서도 피부색이 백인처럼 희고 용모가 아름다운 노예들이 일종의 '명품'으로서 대단한 고가에 거래되었다. 농장주들은 들판이나 집안에서 일하는 노예 이외에 그런 여성도 사들여 성적 착취의 대상으로 삼았다. 더욱이, 젊은 여성은 '명품'이 아니라 해도 재생산 능력을 착취당했다. 농장주들은 그런 노예가 결혼해 가정을 꾸리기를 기대했다. 그렇지 않으면 다른 농장주로부터 젊은 남성을 빌려 와서 그런 노예와 함께 생활하도록 강제하면서까지 아이가 태어나기를 기다렸다. 그 아이는 노예 가족에서 태어나는 아이들과 마찬가지로 그들의 소유물로 취급되었기 때문이다. 이런 뜻에서 "노예 사육"slave breeding이 자행되었다고 할 수 있다. 그것은 노예제에 반대하던 사람들이 자주 거론하고 또 힘주어 비판하던 문제점이었다. 이는 노예 상태에서 벗어나 노예제 폐지 운동에 앞장섰던 프레드릭 더글러스Frederick Douglass의 회고록에서 분명하게 드러난다. 그는 자신의 아버지가 누구인지 모른다고 하면서 이렇게 술회했다.

주인이 아버지라는 소문이 있었지만, 그것은 소문에 지나지 않았고, 나도 그것을 진실이라 여긴 적이 있다고 할 수 없다. 이제는 그것이 진실이 아니라고 생각할 만한 이유가 분명히 있다. 그래도 노예제에서는 법률에 의해 모든 아이들이 그 어머니를 따라 신분을 지니게 된다는 것은 아무리 가증스럽다 해도 여전히 효력 있는 규정이다. 이 규정 덕분에 육욕을 탐하는 노예 주인과 행실이 나쁜 그의 아들과 형제, 혈육과 지인들이 방탕하기 짝이 없는 일을 저지를 수

---

21 Scarborough, *Masters of the Big House*, 217-237.

있고, 또 육체적 쾌락 위에다 부가적 수익을 얻을 수 있다는 매력도 있는 것이다. 내가 지켜본 바로는 노예제 가운데서도 이 측면에만 초점을 맞추어도 책을 한 권 쓸 수 있을 것이다.

그런 관계에서 태어난 아이들이 주인의 손에서 다른 노예보다 더 잘 지낼 것이라 생각하는 사람이 있을지도 모르겠다. 대개 그와 반대되는 일이 벌어지는데, 조금만 생각해 보면 어째서 그런지 이해할 수 있을 것이다. 자신의 혈육을 노예로 만드는 사람은 조금도 너그럽다고 볼 수 없다. 사람들은 회개할 마음이 있다면 모를까 대개 자신이 지은 죄를 떠올리게 하는 사람을 사랑하지 않는다. 더욱이, 혼혈아의 얼굴은 그 아이의 주인이자 아버지가 되는 사람에게 보내는 생생한 고발장이다. 더욱 나쁜 것은 그런 아이가 그 사람의 부인에게 끝없는 모욕이 된다는 점이다. 그 부인은 그런 아이가 있다는 것 자체를 싫어하는데, 노예 주인의 부인은 싫증이 나면 온갖 방법을 써서 그것을 겉으로 드러낸다. 여성은, 정확하게 말하면 백인 여성은, 남부에서 부인이 아니라 우상이다. 남성이 선호하는 대상은 흔히 노예 여성이기 때문이다. 그리고 이들 우상이 머리를 끄덕이거나 손가락을 들기만 해도, 가련한 피해자는 고난에 시달리게 된다—발길질이나 쇠고랑, 또는 채찍질을 피할 수 없게 된다. [그러면] 노예 주인은 흔히 백인 부인의 감정을 좇아서 이런 종류의 노예를 팔게 된다. 사람이 자신의 피붙이를 인신 매매자들에게 판다는 것은 충격적이고 치욕적인 일처럼 보이지만, 그 피붙이가 노예일 때는 무자비한 고문을 당하지 않도록 멀리 보내는 것이 인도적 처사가 되기도 한다.[22]

"노예 사육"이 얼마나 널리, 또는 자주 있었던 일인지 확인하기는 매우 어렵다. 그래도 여성 노예가 노예시장에서 남성의 80−90 %에 이르는 가격

---

22 Frederick Douglass, *My Bondage and My Freedom* (New York: Miller, Orton & Mulligan, 1855), 58−59.

으로 거래되었다는 것, 특히 젊은 여성이 가장 비싼 값으로 거래되던 젊은 남성과 비슷한 가격으로 매매되었다는 것, 이런 사실은 "노예 사육"이 현실이었다는 점을 시사한다. 여성 노예가 농장에서 노동력으로 지니는 가치는 그보다 훨씬 적었으니 말이다. 결국, 남부의 농장주들은 노예가 지니는 성적 매력도 착취했고, 심지어 인간이 지니는 능력 가운데 가장 신비로운 것이라 할 수 있는 임신과 출산의 능력까지도 이용했다. 바꿔 말하면, 노예 여성은 가장 가혹한 억압과 착취의 희생자였다고 할 수 있다. 따라서 19세기 미국의 노예제에서 노예의 인간성이 부정dehumanize되었다는 견해는 이제 설득력을 잃었다고 할 수 있다. 거기서는 인간의 신비로운 능력마저도 착취의 대상으로 취급되었으니 말이다. 그 대신, 인간성이 폄훼dishumanize되었다는 새로운 견해에 머리를 끄덕이게 된다.[23]

그와 같은 노예에 대한 처우에서 폭력은 본질적 요소였다. 농장주들은 도주나 저항을 방지하기 위해 노예의 거주 이전과 무기 휴대를 금지하고 언제나 반란을 제압할 수 있는 무력을 유지했다. 그리고 지시에 순응하지 않는 노예에게 매질이나 채찍질을 하거나, 족쇄를 채우거나 낙인을 찍는 등, 잔인한 처벌을 가하기도 했다. 그러나 그런 처벌을 대다수 노예를 대상으로 일상적으로 자행했던 것은 아니다. 그 대신에 필요하다 싶을 때는 언제든 본보기를 보이듯이 끔찍한 처벌을 가했고, 그럼으로써 노예들을 공포로 몰아넣고 통제력을 유지할 수 있었다. 그런 폭력은 대체로 농장주나 백인 감독이 행사했지만, 때로는 전문가가 담당하기도 했다. 농장주들은 통제에 순종하지 않는 노예가 있으면, 그런 노예를 "노예 길들이는 사람"slave breaker에게 보냈다. 이 전문가는 그런 노예에게 잔인한 학대와 혹사를 가하며 고통을 줌으로써, 주인에게 되돌아간 다음에 순종하는 태도를 보이게 만들었다.

폭력은 더글러스의 경험에서도 잊을 수 없는 것이었다. 그는 어린 시절을

---

23 Johnson, *River of Dark Dreams*, 176-208, esp. 207-208.

도회지에서 보냈고, 그래서 10대 소년이었을 때 새로운 주인을 따라 농장 생활을 시작한 뒤에도 다른 노예만큼 일을 하지 못했다. 그의 주인은 결국 더글러스를 인근의 "노예 길들이는 사람"에게 보내 일 년을 지내게 했다. 그 사람은 오랫동안 농장 감독으로 일한 경력이 있었고, 그래서 노예에게 일을 얼마나 많이 시킬 수 있는지 알고 있었을 뿐 아니라 어떻게 하면 그렇게 할 수 있는지도 알고 있었다. 더글러스가 보기에, 그 비결은 교활한 감시와 야만적 폭력이었다. 그러나 그는 그런 학대를 견디지 못했고, 결국 폭력으로 맞서서 그를 제압했으며, 그 덕분에 학대에서 벗어날 수 있었다. "노예 길들이는 사람"은 더글러스를 꺾지 못했다는 사실이 알려질까 두려워서 더 이상 그를 괴롭히지 않았기 때문이다.[24]

폭력은 특히 노예 여성에게 벗어나기 어려운 공포를 의미했다. 젊은 여성은 농장주에게 손쉬운 능욕의 대상이었다. 농장주는 마음이 내키면 강간을 저지를 수 있었고, 또 마음에 들면 첩으로 삼을 수도 있었다. 그의 아들이나 조카 등, 농장주 일가의 남성도 그에 못지않게 폭력을 휘둘렀다. 그에 저항하는 여성은 물론 채찍질을 비롯한 다양한 형태의 보복을 피할 수 없었다. 그렇기 때문에 노예제를 비판하던 사람들은 남부 백인 사이에 만연한 성적 방종을 질타하기도 했다. 다른 한편, 늙은 여성은 다른 종류의 폭력에 대한 공포, 즉 가족과 강제로 이별해야 할지도 모른다는 공포에서 벗어날 수 없었다. 농장주는 돈이 필요할 때는 물론이요 다루기 어려운 노예를 처벌할 때도 노예를 팔았고, 그래서 흔히 노예의 가족생활을 깨뜨렸다. 따라서 매매라는 형태로 나타나던 이 폭력은 노예 가족의 핵심 구성원 가운데서도 특히 여성에게 언제나 잠재적 공포로 존재했다. 노예제 아래에서, 여성은 남성보다 더욱 심각한 고난을 겪어야 했다.

따라서 노예제는 본질적으로 폭력 체제라 할 수 있는데, 미국의 노예들

---

24 Douglass, *My Bondage and My Freedom*, 205–249.

은 그에 정면으로 대항하지 못했다. 그들은 좀처럼 대규모 봉기를 일으키지 못했고, 봉기에 나선 경우에도 즉각 패퇴하고 말았다. 1822년 덴마크 베시 Denmark Vesey나 9년 뒤에 내트 터너Nat Turner가 봉기에 나섰을 때, 바로 그런 결과를 보게 되었다. 이는 무엇보다도 세력 관계의 불균형 때문이었다. 백인이 무력을 독점했을 뿐 아니라, 카리브해와 달리 인구 측면에서도 압도적으로 우세했던 것이다(예를 들어 1850년 국세조사에 따르면, 노예제를 인정하는 주에서 거주하는 백인은 646만 명이었던 반면에 노예는 320만 명에 지나지 않았다). 게다가 노예제에서 탈출하는 것도 어려운 일이었다. 그것은 노예제를 인정하지 않는 주와 가까운 지역에서나 생각할 수 있는 대안이었다. 그렇지 않은 지역에서는 백인의 감시하는 눈초리에 띄지 않고 머나먼 길을 갈 수가 없었다.

따라서 미국의 노예들은 참담한 상황에서 살아야 했으나, 그래도 인간성을 유지하기 위해 노력했다. 그들은 무엇보다 넓은 가족관계에 의지했다. 가족은 대농장을 제외하면 대개 서로 다른 농장에 속하는 노예들 사이에서 구성되었고, 따라서 주인의 허락을 받지 않고서는 배우자를 방문할 수 없었다. 더욱이 매매나 상속으로 인해 부모와 자식이 흩어지는 일도 피할 수 없었다. 그렇지만 노예 가족은 구성원 한 사람이 사라지면, 할머니와 할아버지, 아주머니와 아저씨, 사촌과 조카 등, 혈족에 속하는 다른 사람의 도움을 받을 수 있었다. 그 중심에는 대개 어머니가 자리 잡고 있었다. 이렇게 넓은 가족관계를 중심으로 형성되는 사회적 관계 속에서, 노예들은 아프리카에서 가져온 문화를 새로운 상황에 맞게 변형시켰다. 그래서 남부에서 쌀이나 고구마 같은 작물을 재배하는 한편, 물고기를 비롯해 주변에서 손쉽게 구할 수 있는 재료를 기름에 튀기는 등, 간단하게 조리하는 요리 방법을 개발했다. 그리고 함께 모여 노래와 춤으로 시름을 달래면서 다양한 우화로 위안을 삼기도 했다. 그들이 즐기던 우화 속에서 주역으로 등장하는 동물은 흔히 보잘 것 없는 약자였지만, 힘과 덩치를 내세우며 다른 동물들을 괴롭히는 강자를 기지로 굴복시키는 능력을 지니고 있었다. 그런 우화에서 짐작할 수 있듯이, 노예들은 언젠가는 자신들을 예속 상태에서 구출해 줄 구세주가 나타나리라는 희망을 안고 살았다.[25] 이처럼 흑인들이 노예제 속에서 형성한 문화는 나중에 미국 문화를 특징짓는 요소 가운데 하나로 자리 잡는다.

노예제는 19세기 남부에 다른 지역과 구분되는 특징을 만들어 주었다. 남부는 분명히 북부 및 서부와 함께 정치제도와 경제체제, 사회구조와 문화적 전통을 공유하고 있었다. 이미 살펴본 바와 같이, 미국인들은 연방헌법을 토대로 민주정치를 도입하고 시장경제를 확립하며, 신분제의 유산을 청산하고 계급사회의 도래를 인정하며, 또 미국 문화가 계급별로 분화되는 경향을 수용하는 데 동참했다. 그렇지만 남부는 그런 일련의 변화에서 뒤처져 있었다. 무엇보다도, 소수의 엘리트가 다른 지역에 비해 매우 강한 세력을 쥐고서 남부를 통제하며 전통적 위계질서를 유지하는 데 주력했다.

그런 질서는 사회구조와 정치체제에서 뚜렷하게 나타났다. 19세기 중엽 남부에서 백인은 결코 동질적인 집단이 아니었다. 그들은 남부 인구 가운데 3분의 2를 차지했는데, 격심한 빈부 격차로 나뉘어 있었다. 그들 가운데서 노예가 없는 백인은 1830년 3분의 2에서 1860년 4분 3으로 늘어났다. 그들 중 일부는 농토도 없는 노동자로서, 농장주를 비롯한 다른 백인들이 주는 일거리에 의존하며 생계를 유지했다. 이들 노동자 위에는, 노예 없는 백인 가운데 3분의 2 정도를 차지하던 자영농이 있었다. 이들은 대규모 농장이 많은 해안 지방보다 그렇지 않은 내륙 지방에, 특히 애팔래치아산맥 주변의 산록 지대를 중심으로 자리를 잡았다. 그리고 노예 소유주들과 달리 시장경제에 적극적으로 참여하지 않고 자급자족에 주력하면서, 스스로 생산하지 못하는 것은 이웃과 주고받는 물물교환에 의존했다. 그렇지만 이들도 대개 노예를 한 사람이라도 사들이고는, 그 노동력을 이용해 재산을 불려 나가며 언젠가

---

25 Lawrence Levine, *Black Culture and Black Consciousness: Afro-American Folk Thought from Slavery to Freedom* (New York: Oxford Univ. Pr., 1977).

는 부유한 농장주가 되고자 했다. 게다가 농산물을 시장에 내다 팔거나 생활 필수품을 사들일 때에는, 흔히 상인이나 농장주의 도움을 얻어야 했다. 다른 한편으로는 시민으로서 자유를 누리며 참정권을 행사하는 등, 농장주와 같은 공식적 지위와 특전을 지녔다. 더욱이 백인 인구의 절반에 가까운 흑인 노예에 둘러싸여 살아야 했기 때문에, 농장주와 함께 노예 반란의 위험에 대처하지 않을 수 없었다. 따라서 자영농은 농장주와 갈등을 벌이면서도 협력하는 자세를 취했다.[26]

노예 소유자들은 백인 인구 가운데 3분의 1 내지 4분의 1에 불과한 소수였지만, 그래도 단일 집단이 아니었다. 이들 가운데 4분 3은 노예를 10명 미만 소유하던 소농장주였고, 나머지가 중·대농장주였다. 그렇지만 농장주들은 비슷한 이해관계를 지니는 소수였기에, 서로 경쟁하면서 협력하는 관계를 유지했다. 그들은 농업 부문에서 남부의 자산 가운데 90 % 이상을 소유했고, 또 남부의 정치에서 우월한 발언권을 장악하고 있었다. 특히 의회에서는 의석 가운데 적어도 50 %를, 많으면 85 %를 차지했으며, 따라서 정책을 결정하는 데 주도적 역할을 수행할 수 있었다. 그 예는 교육개혁에서 찾아볼 수 있다. 제8장에서 살펴본 것처럼, 교육개혁은 19세기 중엽 북부에서 시작되어 서부로 확산되었다. 그러나 남부에서는 농장주들이 소극적인 태도를 보였다. 따라서 초등교육이 의무화되지 않았고, 5세부터 14세 사이의 아동 가운데 학교에 다니는 아동이 북부에서 90 %가 넘었던 반면에 남부에서는 30-40 % 수준에 머물러 있었다. 남부의 농장주들이 공화국 시민에게 필요한 덕목을 함양하는 대신, 자신들을 뒤이을 농장주와 함께 자신들에게 충성을 바치는 추종자들을 확보하는 데 관심을 기울였기 때문이다. 또 경제발전에 필요한

---

26 Steven Hahn, *The Roots of Southern Populism: Yeoman Farmers and the Transformation of the Georgia Upcountry, 1850-1890* (New York: Oxford Univ. Pr., 1983), 15-133; Keri Leigh Merritt, *Masterless Men: Poor Whites and Slavery in the Antebellum South* (Cambridge: Cambridge Univ. Pr., 2017).

다양한 기능을 함양하는 대신에, 농장주가 노예들을 통제하고 노예제를 유지하는 데 도움이 되는 조력자들을 확보하고자 했기 때문이다.[27] 한마디로 줄이면, 남부는 노예제 때문에 과두제에서 벗어나지 못했다고 할 수 있다.

노예제는 남부를 넘어 미국 전체에 중대한 영향을 끼쳤다. 그것은 미국 문명의 발전 과정에 직접, 또는 간접적으로 커다란 영향을 끼쳤고, 그 유산은 노예제가 폐지된 지 150년이 넘게 지난 오늘날에도 남아 있다. 따라서 노예제가 끼친 영향과 남긴 유산은 이 책에서 중요한 관심사로 취급될 것이다.

여기서 미리 밝혀 둘 것은 노예제의 영향과 유산 가운데서 흔히 간과되는 측면에도 주목할 필요가 있다는 점이다. 문명은 매우 넓은 뜻에서 권력구조로서, 정치적 권위와 경제 권력 이외에 종교적 권위와 물리적 폭력 등, 여러 가지 힘으로 구성된다. 그 가운데서 폭력은 문명의 발전 과정에서 오랫동안 경시되었지만, 근래에 정치학자들의 연구 덕분에 의미 있는 주제로 간주되기 시작했다. 그에 따르면, 문명은 전쟁과 함께 탄생했고 지금까지 전쟁과 깊은 관계를 지니고 있다.[28] 이미 문명의 개념을 논의하면서 필자가 지적한 바와 같이, 문명이란 사람들이 자연뿐 아니라 외적에도 맞서기 위해 폭력을 비롯한 여러 가지 힘을 동원하는 장치이기 때문이다. 바로 그렇기 때문에 문명은 또한 내부에서 형성, 행사되는 폭력을 제어하기 위해 노력한다. 이는 사람들이 문명을 건설하는 이면적 이유이다. 그렇다면, 물리적 폭력은 자본주의 문명에서도 결코 경시할 수 없는 측면이라 할 수 있다.

그런 시각에서 볼 때, 노예제의 영향과 유산 가운데 폭력에 주목할 필요

27 Oakes, *Ruling Race*; Harry L. Watson, "Conflict and Collaboration: Yeomen, Slaveholders, and Politics in the Antebellum South," *Social History* 10.3 (1985), 273–298; John Majewski, "Why Did Northerners Oppose the Expansion of Slavery? Economic Development and Education in the Limestone South," in Beckert and Rockman, eds., *Slavery's Capitalism*, 277–298.

28 Azar Gat, *War in Human Civilization* (Oxford: Oxford Univ. Pr., 2006).

가 있다. 노예제는 미국 사회에 폭력이 만연하는 데 중요한 역할을 한 것으로 보인다. 오늘날 미국 사회에 만연하는 폭력이 오랜 전통을 지니고 있다는 점은 널리 알려져 있다. 그렇지만 그런 전통이 어떻게 형성되었고 또 어떻게 변형되었는지, 잘 알려져 있다고 할 수 없다. 그 원천 가운데 일부는 유럽에서 도착한 이주민이 아메리카 원주민과 벌인 오랜 투쟁에 있다. 그렇지만 이미 지적한 바 있듯이 그것은 변경 지대에서 형성된 다음에 변경 지대와 함께 쇠퇴한 것으로서, 부차적 비중을 차지하는 것으로 보인다. 그에 비하면, 노예제에 내재하는 폭력은 미국의 주류 사회에 내재하는 일상적 현상이었다. 더욱이 그것은 나중에 살펴보듯이 노예제가 사라진 다음에도 인종주의의 형태로 살아남는 고질적 경향을 지녔다. 그렇다면, 노예제는 오랫동안 미국 사회에서 유지되어온 폭력적 전통의 원천 가운데 하나로 중시되어야 할 것이다.

3. 성격에 관한 논쟁

노예제가 어떤 성격을 지녔는가 하는 의문에 대해, 역사학자들은 이견을 좁히지 못하고 있다. 적잖은 학자들은 그것이 자본주의와 양립할 수 없을 만큼 전근대적인 예속 제도였다고 생각한다. 이들 가운데 일부는 마르크스를 뒤따라 노예제가 고대에나 활력을 보였던 낡은 생산양식이라고 본다. 그러나 대다수는 그것이 근대에서도 존속되었지만, 그래도 궁극적으로는 근대를 특징짓는 임금노동제와 공존할 수 없다고 여긴다. 이처럼 노예제를 근대적 임금노동제와 날카롭게 대비시키는 해석은 오늘날 널리 수용되지 않는다. 새로운 연구 덕분에, 임금노동제에도 상당한 예속성이 내재한다는 점이 밝혀졌기 때문이다. 다른 한편, 최근에는 "새로운 자본주의 역사"를 표방하는 학자들이 19세기 미국의 노예제가 자본주의의 성격을 지녔다고 주장한다. 그렇지만 이 새로운 해석은 노예제 가운데서 주인에 초점을 맞추는 반면에 노예를 경시하며, 따라서 노예제의 핵심이라 할 수 있는 주인과 노예의 관계도 온전히 취급하지 않는다.

필자는 그와 같은 종래의 해석을 거부하고, 19세기 미국의 노예제가 자본주의와 연결되어 있지만 결코 통합되어 있지 않았다고 생각한다. 노예는 주인과 달리 미국인이면서도 시민권을 보유하지 못했고 정치과정에 참여할 수 없었으며, 따라서 필자가 규정하는 의미에서 자본주의 문명의 내부에 존재하지 않았기 때문이다.[29]

필자의 견해는 새로운 해석에 내재하는 문제에서 출발한다. "새로운 자본주의 역사"를 탐구하는 학자들은 정통파는 물론이요 수정파의 해석에 대해서도 전면적으로 비판하는 자세를 취한다. 그들은 무엇보다도 남부 농장주들이 북부에서 발전하던 상공업에 투자하면서 새로운 문물에 대해 개방적인 태도를 보였을 뿐 아니라, 노예를 상품으로 취급하기도 했다는 사실에 주의를 환기한다. 사실 내전에 이르기까지 대략 반세기 동안 노예를 해외에서 수입하는 무역이 금지되었지만, 국내에서 사고파는 매매는 그렇지 않았다. 19세기 남부에서 매매된 노예는 대략 200만 명에 이르렀는데, 그 가운데서 절반은 노예가 거주하는 지방을 벗어나지 않는 거래였다. 그렇지만 나머지 절반은 지방을 넘어 지역 사이에서 벌어지는 매매, 특히 동부에서 내다 팔고 서부에서 사들이는 매매였다. 남부에서 농업의 중심지가 담배와 곡물을 생산하던 대서양 연안에서 면화와 사탕수수를 생산하던 미시시피강 유역으로 옮아 갔기 때문이다. 그런 지역 사이의 매매와 이동이 새로운 동향에 참여하는 학자들의 주요 관심사이다.[30]

그들 가운데서도 월터 존슨Walter Johnson은 노예가 주인에게 중요한 재산이었을 뿐 아니라 매력 있는 투자 대상이기도 했다는 데 주목한다. 사실, 농

---

29 이하 서술은 배영수, 「"새로운 자본주의 역사"」에 토대를 두고 있다.

30 각주 4 참조.

장주들은 큰 자금이 필요할 때면 흔히 노예를 시장에 내다 팔거나 담보로 잡히기도 했다. 더욱이 그 자금은 미국의 은행들이 채권을 발행해 조달했고, 또 그 채권은 영국을 비롯한 유럽의 자본시장에서 유통되었다. 나아가 면화의 판로에서 드러나듯이, 미국 노예제 아래에서 생산된 물자가 자본주의 세계의 상품시장에서 소화되면서 산업혁명과 경제발전에 크게 기여했다. 따라서 농장주들은 그처럼 발전하던 자본주의 세계의 일원으로서, 피도 눈물도 없는 장사꾼으로 여겨지던 노예 상인과 긴밀한 관계를 맺고 있었다. 그와 같은 농장주의 모습은 존슨이 자신의 근작에서 매우 적나라하게 묘사한다. 미시시피강 유역에 자리 잡았던 면화 농장주들에게 초점을 맞추고, 그들이 더 많은 수익을 얻기 위해 노예들을 어떻게 착취했는지 세밀하게 서술한다. 게다가 그들이 추진하던 노예무역의 재개와 제국주의적 팽창에 대해 언급하면서, 남부의 노예제를 초국가적 맥락에서 관찰한다. 줄여 말하면, 존슨을 비롯해 새로운 동향에 참여하는 학자들은 농장주들이 전통적 가부장이나 합리적 기업가가 아니라 냉혹한 자본가였다고 주장한다.[31]

그런 견해는 노예제에 대한 해석으로 확대된다. "새로운 자본주의 역사"를 표방하는 학자들은 19세기 전반기에 성행했던 노예 매매가 자본주의 발전에서 핵심적 현상이라 할 수 있는 노동력 상품화 경향의 일환이라고 이해한다. 다만, 노예 매매에서는 주체가 노동 능력의 담지자인 노예가 아니라 그를 소유하고 통제하는 주인이었을 뿐이라고 본다. 그들은 더욱이 농장주가 그와 같은 주인으로서 노동 능력을 효과적으로 착취했다고 주장한다. 그리고 수정파의 해석과 달리, 그 근거로 농장의 합리적 경영이 아니라 노예에 대

---

31 Johnson, *Soul by Soul*; idem, *River of Dark Dreams*.
　　존슨의 근작 *River of Dark Dreams*에서는 서로 엇갈리는 평가가 있는데, 이에 관해서는 예를 들어 다음 서평을 참고하라. Philip Morgan, *American Historical Review* 119.2 (2014), 462-464; Gavin Wright, *Journal of Economic Literature* 52.3 (2014), 877-879; Christopher Tomlins, *Law and History Review* 32.1 (2014), 209-211; Dale Tomich, "The History Cotton Made," *Review of Politics* 76.3 (2014), 519-522.

한 가혹한 처우를 강조한다. 특히 에드워드 뱁티스트Edward E. Baptist는 자신의 저술『나머지 절반의 이야기』에서 농장주들이 채찍질을 비롯한 체벌을 적극적으로, 또 체계적으로 활용했다고 주장한다. 그들이 흔히 노예 개개인에 대해 작업의 내용과 성과를 기록하고, 다음 해에는 그것을 토대로 더 많은 작업을 부과하고 완수하도록 독려하며, 그 수단으로 혹독한 체벌을 자행했다고 폭로한다. 그래서 적잖은 노예들이 두 손을 모두 바른손처럼 써서 많은 일을 빨리 해내도록 만들었다고 부연한다. 19세기 미국 남부에서 농장은 한 마디로 줄이면 "채찍질 장치"whipping machine였다고 할 수 있다. 결국 뱁티스트는 수정주의자들과 마찬가지로 19세기 남부의 농장에서 생산성이 크게 향상되었다는 사실을 인정하면서도, 그들과 달리 그 요인이 노동 조직과 품종 개량을 비롯한 합리적 경영에 있다는 해석을 전면적으로 거부한다.[32]

결국 "새로운 자본주의 역사"를 주장하는 학자들은 19세기 미국의 노예제가 자본주의적 성격을 지녔다는 결론에 도달한다. 그들은 거기에 투입된 자본과 거기서 생산된 상품이 산업혁명을 비롯한 자본주의 발전 과정에서 필수적 요소였다는 사실을 지적하는 데서 멈추지 않는다. 나아가 노예노동이 임금노동과 함께 자본주의의 본질적 요소였다는 견해도 내놓는다. 이 견해는 존슨이 밝히듯이 마르크스의 인식에 토대를 두고 있다. 그에 따르면 마르크스는 자본의 순환 과정을 천착하면서, 시야를 영국을 비롯한 유럽에 한정하지 않고 아시아와 아메리카를 포함하는 세계로 확대했다. 그렇기 때문에 영국에서 진행되던 산업혁명이 아메리카에 자리 잡은 노예제와 연관되어 있

---

32 Baptist, *Half Has Never Been Told*; idem, "Toward a Political Economy of Slave Labor."

뱁티스트의 저서에 대한 반응은 다음과 같은 서평에서 분명하게 나타난다. Diana Ramey Berry, *Journal of American History* 103.3 (2016), 718–719; Richard Follett, *Journal of the Civil War Era* 5.4 (2015), 578–581; Dan Rood, "Beckert Is Liverpool, Baptist Is New Orleans: Geography Returns to the History of Capitalism," *Journal of the Early Republic* 36.1 (2016), 151–167.

다는 사실에도 관심을 기울였다. 그 결과, 마르크스는 『자본론』 제1권 제31장 "산업 자본가의 등장"을 마무리하는 대목에서 이렇게 언급한다.

면공업은 영국에서 아동 노예제가 도입되는 데 기여했고, 미국에서는 일찍부터 다소 가부장제적 성격을 띠며 발전했던 노예제가 상업적 착취 체제로 변형되는 데 동력을 제공했다. 사실, 임금노동자를 착취하는 유럽의 실질적 노예제는 신세계의 명명백백한 노예제를 받침대로 삼았다.[33]

이 구절을 근거로, 존슨은 마르크스가 노예제를 자본주의 발전에 중요한 요소로 취급했다고 해석한다. 그리고 19세기 미국의 노예제도 자본주의의 일부로 간주해야 한다고 주장한다.[34] 다른 학자들은 존슨처럼 이론적 논거를 제시하지 않지만, 최근에 간행된 논문집 『노예제의 자본주의』에서 드러나듯이 19세기 미국의 노예제가 자본주의적 성격을 지녔다는 해석에 동의한다.[35]

그러나 그것은 통렬한 비판의 대상이 되었다. 경제사 전문가들은 사료에 대한 자의적 이해의 혐의를 제기했고, 역사학자들은 거시적 해석의 문제점에 주의를 환기했다. 진보적 역사학자 제임스 리빙스턴James Livingston은 2015년 2월 미국지성사학회 블로그에 발표한 논문에서 새로운 해석에 역사관의 문제가 있다는 비평을 제기했다. 그 요점은 "새로운 자본주의 역사"를 연구하는 학자들이 19세기 미국의 노예제가 자본주의적 성격을 지녔다고 주장하면서 저 고래의 제도를 근대적인 것으로 취급하고, 그래서 역사를 올바르게 이

---

33 Karl Marx, *Capital: A Critique of Political Economy*, Vol. 1, trans. Ben Fowkes (New York: Vintage, 1977), 925.

34 Walter Johnson, "The Pedestal and the Veil: Rethinking the Capitalism/Slavery Question," *Journal of the Early Republic* 24.2 (2004), 299–308.

35 Beckert and Rockman, eds., *Slavery's Capitalism*.

해하지 못하는 오류에 빠지게 되었다는 것이다. 바꿔 말하면 존슨은 자본주의에서 임금노동이 노예노동과 함께 공존한다고 주장하지만, 그것은 마르크스의 역사관을 외면하는 피상적 이해에 지나지 않는다는 것이다. 노예제 전문가 제임스 오크스도 2016년에 발표한 논문에서 새로운 해석의 문제점을 지적했다. 그에 따르면, 그런 해석을 제시하는 학자들은 미국 노예제의 자본주의적 성격을 강조하면 할수록 내전의 원인을 설명할 때 더 큰 난관에 직면한다. 그 이유는 새로운 해석을 수용하면 "북부의 자유노동 체제와 남부의 노예제 사회 사이에 존재하는 근본적 차이점과 점증하는 이질성"을 강조하기가 어렵다는 데 있다.[36]

필자가 보기에는 다른 문제점도 있다. 새로운 해석은 분명히 미국 노예제를 깊이 있게 이해하는 데 도움이 된다. 특히, 농장주들이 냉혹한 자본가로서 노예를 상품으로 취급하고 철저하게 착취하며 미국의 자본주의 발전을 뒷받침했다는 점을 설득력 있게 보여 준다. 그렇지만 새로운 해석이 과연 노예제를 포괄적으로 취급하고 있는가 하는 의문도 떠오른다. 근래의 연구에서 초점을 차지하는 것은 노예 상인과 농장주, 그러니까 노예를 지배하고 착취하는 인물이다. 반면에 노예는 부수적 존재로 취급된다. 물론, 뱁티스트는 『나머지 절반의 이야기』에서 노예의 증언을 주요 자료로 삼고서 노예의 관점에서 노예제를 이해하고자 시도한다. 그렇지만 그의 서술에서 부각되는 것은 주인이 노예를 착취하는 방법이지, 노예가 그것을 어떻게 생각하고 또 어떻게 대처했는가 하는 문제가 아니다.

노예제가 본질적으로 노예와 주인 사이의 관계라는 점을 기억한다면, 그

---

36 "Roundtable of Reviews for *The Half Has Never Been Told*," *Journal of Economic History* 75.3 (2015), 919−931; James Livingston, "What Is Called History at the End of Modernity?" S.USIH, 28 February, 2015, Society for U.S. Intellectual History, https://s-usih.org/2015/02/what-is-called-history-at-the-end-of-modernity/ (2021년 4월 15일 접속); James Oakes, "Capitalism and Slavery and the Civil War," *International Labor and Working-Class History* 89 (2016), 195−220, 195.

와 같은 편향성은 중대한 결함이라 할 수 있다. 이 잔인한 제도에서는 주인이 주도권을 쥐고 있는 반면에 노예는 그 제물에 해당하는 처지에 있었다는 사실을 감안한다 해도 그렇게 말할 수 있다. 왜냐하면 그처럼 일방적인 권력 관계에서도, 노예는 로보트와 같이 주인에게 완전하게 종속되고 또 그의 의사대로 완벽하게 조종되는 존재가 아니었기 때문이다. 오히려 노예는 뚜렷한 한계 속에서도 자율성을 지니는 인간이었으며, 바로 그렇기 때문에 주인의 눈에 지배하고 착취하는 권력의 대상으로 부각되었다고 할 수 있다.[37] 그런데도 새로운 해석에서는 노예 상인과 농장주가 주역으로서 집중적으로 조명되는 반면에 노예는 배경으로 취급된다.[38] 그러므로, 새로운 해석은 노예제 가운데 한편에 초점을 맞추고 그것이 자본주의 세계와 깊이 연관되어 있었다는 사실을 부각시킨다. 반면에 다른 한편에 대해서는 큰 관심을 기울이지 않는다. 새로운 해석은 본질적으로 편향성을 띤다고 할 수 있다.

그에 못지않게 중요한 문제는 자본주의의 개념에 있다. 위에서 언급한 바와 같이, "새로운 자본주의 역사"를 표방하는 학자들은 자본주의의 개념을 규정하지 않는다. 그렇기 때문에 노예제까지 거기에 포함시킬 수 있다. 이에 관해서는 흑인사 전문가 스코트 레놀즈 넬슨Scott Reynolds Nelson이 정확하게 지적한 바 있다. "새로운 자본주의 역사"에 대한 비평에서 노예제와 자본주의의 관계에 대한 논쟁을 회고하면서, 그 논쟁이 1940년대부터 오늘날까지 이어지는 것으로 보인다고 주장한다. 1944년 에릭 윌리엄스가 『자본주의와 노예제』에서 영국의 자본주의가 신세계의 노예제와 동반해서 발전했다는 사실

---

37 David Brion Davis, *The Problem of Slavery in the Age of Revolution, 1770-1823* (Ithaca: Cornell Univ. Pr., 1975), 557-564. 다음 연구도 참고하라. David Brion Davis, *The Problem of Slavery in Western Culture* (Ithaca: Cornell Univ. Pr., 1966); idem, *Inhuman Bondage: The Rise and Fall of Slavery in the New World* (Oxford: Oxford Univ. Pr., 2006); Robin Blackburn, *The Making of New World Slavery: From the Baroque to the Modern, 1492-1800* (London: Verso, 1997); Patterson, *Slavery and Social Death*.

38 Merritt, *Masterless Men*, 22-25.

에 주의를 환기한 이래, 양자의 관계는 자본주의 이행과 근대화 이론, 그리고 세계체제 이론을 둘러싼 논쟁에서 핵심적 쟁점으로 취급되었다고 지적한다. 그럼에도 "새로운 자본주의 역사"를 탐구하는 학자들은 그런 논쟁의 역사를 되돌아보지 않으며, 그래서 근대화 이론가들처럼 시장에 참여해 이윤을 추구하는 행위를 발견하면 모두 자본주의로 치부한다고 비판한다. 또 그렇게 한다면 19세기 미국의 노예제만이 아니라 고대 그리스를 비롯해 다른 시대, 다른 지역에 존재하던 노예제에서도 자본주의적 성격을 읽어 낼 수 있다고 부연한다. 결국, 넬슨은 문제의 근원이 자본주의의 개념을 규정하지 않는 그들의 입장에 있다고 진단한다.[39]

그렇다면 "새로운 자본주의 역사"를 주창하는 학자들의 해석을 수용하기는 어렵다. 그렇다고 해서 필자가 미국의 노예제가 "자본주의 속에 있지만 그 일부는 아니다"라는 기존 해석을 고수하는 것도 아니다. 이것은 마르크스의 역사 이론에 근거를 두고 있는 해석이다. 구체적으로 말하자면, 마르크스주의자들은 노예제가 생산양식의 일종으로서, 역사적으로 볼 때 고대 사회에서 널리 나타났고 중세 사회에서 농노제로 대체되었으며 근대 사회에서는 자본주의라는 새로운 생산양식의 대두로 인해 소멸되는 운명을 지녔다고 본다. 그렇기 때문에 노예제가 근대 세계에서 일시적으로 활력을 되찾으며 자본주의 발전에 기여했지만, 궁극적으로는 자본주의와 양립하거나 통합되지 못하고 쇠퇴했다고 생각한다. 그러나 필자는 이미 밝힌 바와 같이 자본주의를 문명 가운데 하나의 유형으로, 그러니까 생산양식보다 훨씬 더 크고 복잡한 구조로 본다. 그리고 이 구조에는 노예제를 비롯한 다양한 사회체제나 경제체제가 공존할 수 있다고 생각한다. 그렇다면 그런 체제가 자본주의와 어떤 관계를 지니는가 하는 문제가 떠오른다.

---

39 Scott Reynolds Nelson, "Who Put Their Capitalism in My Slavery?" *Journal of the Civil War Era* 5.2 (2015), 289–310.

이 문제를 해결하기 위해서는 노예제 가운데서도 노예-주인 관계에 관심을 기울일 필요가 있다. 그 관계에서도 노예에 초점을 맞추고 노예제에 대해 다시 생각해 보자. 무엇보다 먼저 주목을 끄는 것은 필자가 정의하는 자본주의 개념에 노예가 포함되지 않는다는 점이다. 이미 설명한 바 있듯이, 자본주의는 매우 넓은 뜻에서 일종의 권력구조로서 정치조직과 그것을 구성하는 시민의 존재를 전제로 삼는다. 또한 시민이 누리는 다양한 권리, 특히 생명과 자유, 그리고 재산과 계약에 대한 권리를 비롯한 기본적 인권도 전제로 삼는다. 이런 자본주의의 정치적 토대에서 노예는 철저히 배제되어 있었다. 노예는 언제, 어디서나 사회적으로 사망 선고를 받고 기본적 권리를 박탈당한 존재였다. 19세기 미국처럼 시민의 권리가 중시되던 사회에서는, 그런 무권리 상태가 더욱 뚜렷하게 부각되었다.[40] 따라서, 19세기 미국에서 노예는 시민과 달리 주체적으로 자본주의 문명에 참여할 수 없었다.

그래도 노예는 자본주의와 연관되어 있었는데, 이는 그가 자본주의 세계에 들어가 있던 노예 상인이나 농장주와 관계를 지녔기 때문이다. 그 관계는 본질적으로 폭력에 토대를 두고 있었다. 노예에게 사회적 사망을 강제하는 것, 그에게서 인신의 자유를 비롯한 기본적 권리를 박탈하는 것, 그것은 위에서 언급한 바 있듯이 노예제 사회가 그 제물에 대해 가하는 폭력이었다. 그 폭력은 일차적으로 노예의 신체를 대상으로 행사하는 물리적 폭력의 형태를 띠었지만, 이차적으로는 문자 사용이나 종교 생활을 금지하고 인종주의를 유포하는 등, 노예의 저항 의지를 꺾기 위해 구사하는 정신적 학대의 형태로도 나타났다. 바로 그렇기 때문에 노예제는 자본주의 문명과 어울리지 않는다. 왜냐하면 자본주의 문명에서 사회적 관계는 폭력이 아니라 계약을 토대로 형성되기 때문이다. 그것은 사람들이 자율성을 지니는 시민으로서 국가나 사회, 또는 시장에서 맺는 관계의 본질적 특징이 된다. 따라서 노예제와

---

40 Davis, *Inhuman Bondage*, 193-204.

자본주의는 본질적으로 양립하기 어렵다.

그래도 양자가 19세기 미국에서 공존했던 것은 남부의 후진성 때문이었다. 남부는 이미 17세기 중엽부터 카리브해를 비롯한 다른 여러 아메리카 식민지를 따라 노예를 수입하며 노동력을 확보하기 시작했고, 19세기 중엽까지 체계적이고 효율적인 억압과 착취를 통해 높은 수익을 얻을 수 있었으며, 따라서 인종주의에 호소하며 노예제를 유지하고자 했다. 그 결과, 인종 노예제는 미국이 독립을 성취하고 자본주의를 수립한 뒤에도 남부에서 지속되었다. 이런 뜻에서 남부는 자본주의 미국에 남아 있던 내부 식민지라 할 수 있다. 바꿔 말하면 미국의 노예제는 자본주의와 연관되어 있었지만, 결코 그 일부로 통합되지 않았다고 할 수 있다. 그처럼 기이한 관계는 무한정 지속될 수 없었다. 그것은 결국 폭력을 통해 해소된다.

제10장

내전

남부에 남아 있던 노예제는 이미 살펴보았듯이 미국 자본주의의 발전 과정에서 중대한 장애가 되었다. 미국인들은 그것을 해결하기 위해 대화와 타협을 시도했지만, 결국 실패하고 무력 충돌에 이르렀다. 1861-65년, 그들은 남북으로 나뉘어 서로 총칼을 겨누며 싸웠고, 그 결과로 무려 75만 명이나 목숨을 잃었다. 어떻게 해서 그렇게 되었는가 하는 것이 이 장의 주제이다.

그 비극에 관해서는 오랫동안 치열한 논쟁이 있었다. 논쟁은 내전의 성격을 어떻게 규정할 것인가 하는 쟁점에서 시작되었다. 한편에서 그것을 "반란"으로 규정했지만, 다른 한편에서는 "전쟁"으로 간주했기 때문이다. 물론 전자는 연방을 유지하려던 북부의 입장을 대변하는 용어였고, 후자는 연방에서 분리해 독립을 쟁취하려던 남부의 희망을 표현하는 것이었다. 오늘날 한국에서 널리 쓰이는 "남북전쟁"은 남부의 소망을 표현하는 용어, 그러니까 지역 사이의 갈등을 국가 사이의 충돌로 취급하며 국가로서 지위를 확보하고자 하던 남부의 용어이다. 따라서 그것은 편향성을 지닌다. 오늘날 미국에서는 다양한 명칭이 사용되지만, 가장 널리 쓰이는 것은 "내란"Civil War 이다. 이것은 분명히 저 갈등이 정통성을 지닌 연방과 그에 반기를 든 남부 반란 주 사이의 투쟁이라는 점을 드러낸다. 그렇지만 우리의 견지에서 볼 때, 그것은 정통성을 부각시킨다는 점에서 역시 편향성을 띤다고 할 수 있다. 따라서 이미 설명한 바 있듯이, 여기서는 그것을 "내전"internal war으로 순화시켜 사용한다. 영어 용어 civil war에서 civil이라는 단어가 도시나 국가의 내부를 가리키기도 한다는 점을 생각하면, 사실 "내전"이 더욱 적절한 역어라 할 수 있다.

성격보다 더 중요한 쟁점은 갈등의 본질이다. 바꿔 말해, 내전이 무엇에 관한 갈등이었는가 하는 문제를 놓고 오늘날까지 이견을 좁히기 어려웠다. 한편에서는 내전을 서로 다른 체제 사이의 충돌로 여겼다. 이는 당대의 북부인들, 특히 노예제 폐지론자를 비롯한 자유주의자들의 인식에 근거를 두고 있었다. 그들은 북부가 계약 하인과 같은 예속 노동자 대신에 자유인 신분을 지닌 노동자에 기대면서 비약적 경제발전을 이룩한 반면에, 남부가 노예제를 유지하며 예속 노동에 의지하기 때문에 정체 상태에 빠져 있다고 생각했다. 그리고 남부가 노예제를 새로운 영토로 확대하며 낡은 체제의 생명을 연장하려고 하자, 북부와 "피할 수 없는 충돌"irrepressible conflict에 이르게 되었다고 보았다.[1]

이런 종류의 견해 가운데서 가장 유력한 것은 내전을 노예제와 자본주의 사이의 충돌로 보는 해석이다. 이것은 위에서 언급한 자유주의자는 물론이요 마르크스주의자들도 널리 받아들인다. 특히 후자는 내전을 미국혁명

---

1 Allan Nevins, *Ordeal of the Union*, 8 vols. (New York: Scribner, 1947–1971); David M. Potter, *The Impending Crisis, 1848–1861*, ed. Don E. Fehrenbacher (New York: Harper & Row, 1976); James McPherson, *Battle Cry of Freedom* (Oxford: Oxford Univ. Pr., 1988); Bruce Levine, *Half Slave and Half Free: The Roots of Civil War*, revised ed. (New York: Hill & Wang, 2005).

에 버금가는 "제2의 시민혁명"Second Bourgeois Revolution이라 부르며, 그것이 미국의 자본주의가 거침없이 발전하기 시작하는 계기가 되었다고 말하기도 한다.[2] 이런 해석은 한국에도 꽤 알려져 있는데, 전파 과정에서 약간의 굴절을 겪은 듯하다. 왜냐하면 필자가 만난 학생들 가운데 일부는 내전이 경제발전에 필요한 노동력을 놓고 서로 다른 체제가 벌인 알력이라고 생각하고 있었으니 말이다. 이는 사실과 어긋난다. 북부는 노예제에서 해방된 흑인들을 받아들이려 하지 않았다. 링컨을 비롯해 적잖은 사람들은 그들을 아프리카로 이주시키고자 했다. 게다가 남부는 내전에서 패배한 후에도 그들이 지니는 노동 능력이 필요했다. 더욱이, 해방 노예들은 아프리카는 물론이요 북부로도 가지 않고 대부분 남부에 남아 있었다. 그들은 예속 상태에서나마 미국 남부에 뿌리를 내린 사람들이었기 때문이다.

그런 오해를 차치하고, 내전을 서로 다른 체제 사이의 갈등으로 보는 견해는 받아들이기 어렵다. 필자는 노예제와 자본주의를, 경제체제이든 생산양식이든 또는 다른 무엇이든 간에, 같은 종류의 범주로 취급하지 않는다. 더욱이, 필자는 두 체제가 궁극적으로 충돌할 수밖에 없을 만큼 양립하지 않는 본질을 지닌다고 생각하지도 않는다. 노예제는 혁명기에 문제로 거론되었고 연방헌법을 제정할 때나 미주리를 연방에 편입시킬 때 쟁점으로 부각되었지만, 남부와 북부는 타협을 통해 이견을 해소하고 공존을 계속할 수 있었다. 내전은 남과 북이 그와 같은 타협과 공존을 계속하지 못한 데서 시작되었다.

이는 내전이 "피할 수 있는 갈등"repressible conflict이었다고 보는 해석의 출발점에 해당한다. 이 해석은 남부와 북부 사이에 타협과 공존이 지속되지 않은 이유를 규명하기 위해 19세기 중엽에 일어난 정치적 변화에 주목한다. 그

---

2 Charles A. Beard and Mary Beard, *The Rise of American Civilization*, Vol. 2 (New York: Macmillan, 1930), 52-121; John Ashworth, *Slavery, Capitalism, and Politics in the Antebellum Republic*, 2 vols. (Cambridge: Cambridge Univ. Pr., 1995-2007); idem, *The Republic in Crisis, 1848-1861* (Cambridge: Cambridge Univ. Pr., 2012).

에 따르면 19세기 중엽에 미국 정치는 타협과 공존 대신에 대립과 대결로 나아갔으며, 그 계기는 1850년대에 일어난 정당 체제의 개편에 있었다. 그 시기에는 "제2차 정당 체제"가 무너졌는데, 다양한 정파가 이합집산 하는 가운데 휘그당이 사라지고 공화당이 나타났다. 더욱이 공화당은 북부에서 가장 유력한 정당으로 대두했지만, 휘그당과 달리 남부에서는 지지 세력을 거의 확보하지 못했다. 반면에 민주당은 남부를 석권했지만, 북부에서는 아일랜드계를 비롯한 이민 사이에서 지지를 얻었을 뿐이다. 바꿔 말해, 양대 정당이 전국에 걸쳐 지지 세력을 얻지 못하고 각각 북부와 남부를 대변하게 되었다. 이와 같은 정당 체제 속에서 정치인들은 노예제에 관한 쟁점을 놓고 지역의 이해관계에 따라 접근했고, 그 결과 미국 정치가 대립과 대결로 치닫게 되었다.[3]

그러나 이런 해석을 주장하는 학자들은 대체로 정치인들의 실책이나 역사적 우연을 탓하는 경향을 보인다. 반면에 남북 사이의 체제 차이에 주목하지 않으며, 나아가 내전이 발생하는 과정에 대해 면밀하게 설명하면서도 그 원인에 관해서는 깊이 천착하지 않는다.

그렇다면 내전의 원인을 올바르게 이해하기 위해서는, 서로 다른 체제가 타협과 공존을 계속하지 못한 이유를 탐구할 필요가 있다. 그 이유가 노예제와 연관되어 있다는 점은 기존 연구에서 밝혀져 있다. 그렇지만 종래의 연구에서는 노예제 옹호론과 폐지론을 중심으로 노예제에 관한 갈등이 부각되는 반면에, 그와 얽혀 있는 다른 쟁점이 상대적으로 경시되는 듯하다. 노예제는 이미 살펴본 것처럼 주인과 노예 사이의 관계뿐 아니라 그것을 뒷받침하는 여러 제도와 문화도 포괄하는 복잡한 사회체제이며, 생명을 지니고 변화를 거

---

3 J. G. Randall and David Herbert Donald, *The Civil War and Reconstruction*, 2nd ed. (Lexington, MA: Heath, 1969); Michael F. Holt, *The Political Crisis of the 1850s* (New York: John Wiley, 1978); idem, *The Fate of Their Country: Politicians, Slavery Extension, and the Coming of the Civil War* (New York: Hill & Wang, 2004); J. Morgan Kousser, "The Irrepressible Repressible Conflict Theory," *Reviews in American History* 21.2 (1993), 207–212.

듭하던 실체였다. 따라서 그것은 아래에서 살펴보듯이 정치와 이념은 물론이요 사회와 경제에도 관계되는 다양한 문제를 수반하고 있었다. 그리고 미국인들은 19세기 중엽에 이르러 그런 문제에 대한 해법을 찾아내는 데 실패했다. 어떻게 해서 그렇게 되었는가, 그리고 그 결과로 어떤 일이 벌어졌는가, 이런 문제를 살펴보는 것이 제10장의 과제이다.

1. 서부 팽창

내전은 중대한 갈등을 정치적으로 타결하는 데 실패했을 때 시작되었으므로, 내전의 원인을 파악하기 위해서는 정계에 주목하고 거기서 일어난 변화를 추적할 필요가 있다. 정계의 변화는 근본적으로 인구 변화에서 시작되었다.

인구 변화는 〈도표 10-1. 미국 인구의 증가와 분포, 1790-1860년〉에 요약되어 있다. 이 도표에서 유념해야 할 것은 지역을 가리키는 명칭이 모두 19세기 중엽이 아니라 오늘날 사용되는 것이라는 점이다. 거기서 북동부는 뉴잉글랜드와 함께 뉴욕, 뉴저지, 펜실베이니아 등, 대서양 연안 중부를 포괄

〈도표 10-1. 미국 인구의 증가와 분포, 1790-1860년〉 (단위: 천 명)

	1790	1800	1810	1820	1830	1840	1850	1860
전국	3,929	5,308	7,240	9,638	12,866	17,063	23,192	31,443
북동부	1,968	2,636	3,487	4,360	5,542	6,761	8,627	10,594
북중부	0	51	272	792	1,470	2,968	4,722	7,915
남동부	1,851	2,287	2,675	3,062	3,648	3,925	4,678	5,365
남중부	110	335	806	1,424	2,200	3,410	4,988	6,950
서부	0	0	0	0	0	0	179	761

출처: U.S. Bureau of the Census, *Historical Statistics of the United States: Colonial Times to 1970*, Bicentennial ed. (Washington, DC: U.S. Government Printing Office, 1975), Series A 172-194.

한다. 이 지역은 19세기 중엽에 흔히 북부라 불리었다. 북중부는 거기서 애팔래치아산맥을 넘어 미시시피강 유역에 이르는 중부 저지를 가리킨다. 그래서 오하이오에서 시작해 서쪽으로는 미네소타부터 미주리까지 이어진다. 이 지역은 미주리를 제외하면 19세기 중엽에 서부로 간주되었다. 미주리는 노예제를 인정했기 때문에 도표에서 남중부의 일원으로 취급된다. 남동부는 건국기에 남부라 불리던 지역으로서, 메릴랜드에서 플로리다까지 이르는 대서양 연안 남부를 가리킨다. 그리고 남중부는 거기서 애팔래치아산맥을 넘어 켄터키에서 텍사스까지 이어진다. 이 지역은 원래 서부로 간주되었지만, 19세기 중엽에 이르면 미주리와 함께 남부의 일환으로 취급되었다.

〈도표 10-1〉에서 나타나듯이, 미국의 인구는 1810-60년 반세기 동안 724만 명에서 3,144만 명으로 크게 늘어났다. 인구의 지리적 분포도 커다란 변화를 겪었다. 1810년에는 북동부에 거주하는 인구가 349만 명으로, 전체 인구 724만 명 가운데 절반에 가까운 48.1 %를 차지했다. 반면에 남동부 인구는 268만 명이었고, 그 비율은 36.9 %였다. 1790년에는 남부 인구가 47.0 %를 차지했다는 점을 감안하면, 그 비율이 10 % 포인트나 줄어든 셈이다. 반면에 북중부와 남중부를 합친 지역, 그러니까 19세기 중엽에 서부로 간주되던 지역에서는 인구가 1790년 11만 명, 2.8 %에서 1810년 108만 명, 14.9 %로 급증했다. 이런 추세는 1860년에 이르면 더욱 뚜렷해졌다. 당대에 북부로 취급되던 북동부의 인구는 1,059만 명으로 크게 늘어났다. 그래도 전체 인구 가운데서 차지하는 비율은 33.7 %로 크게 줄었다. 남동부 인구는 537만 명으로 늘어났지만, 그 비율은 17.1 %로 북동부보다 더 크게 줄었다. 반면에 북중부와 남중부를 합친 서부의 인구는 1,487만 명에 이르렀고, 그 비율은 47.3 %로 훨씬 크게 늘어났다. 따라서 전체 인구의 절반이 애팔래치아산맥 서쪽에서 살고 있었던 셈이다. 그 외에 캘리포니아를 비롯한 태평양 연안에 62만 명이 살고 있었는데, 그 비율은 2.0 %에 지나지 않는다.

인구의 지리적 분포는 노예제와 연관되어 있었다. 노예제는 19세기에 들어와 켄터키와 테네시에서 미주리와 텍사스에 이르는 지역까지 확산되었다. 따라서 1860년에 이르면 노예제가 정착한 지역의 인구는 모두 1,232만 명까지 늘어났다. 여기서 노예 인구 395만 명을 제외하면, 자유인 인구는 837만 명으로 줄어든다. 이 지역의 자유인 인구가 1810년에는 229만 명이었으니, 반세기 동안의 증가율은 266 %가 된다. 반면에 노예제가 없는 북동부와 북중부의 자유인 인구는 376만 명에서 1,851만 명으로 늘어났으므로, 증가율은 392 %에 이른다. 이 차이는 시야를 서부로 한정하면 훨씬 뚜렷해진다. 도표에서 남중부로 표기되어 있는 지역에는 1810년 61만 명의 자유인들이 살고 있었다. 그들이 1860년까지 447만 명으로 늘어났으므로, 반세기 동안 이 지역에서 자유인 인구가 증가한 비율은 633 %에 이른다. 그에 비해 도표에서 북중부로 표기되어 있는 지역에서 자유인은 1810년 겨우 27만 명에 지나지 않았는데, 1860년까지 792만 명으로 급증했다. 따라서 증가율은 무려 2,810 %라는 놀라운 수치에 이른다. 서부 가운데서도 노예제가 없는 지역의 자유인 인구는 남쪽에 비해 4배가 넘는 속도로 증가한 셈이다. 바꿔 말하면 19세기 서부에서는 자유인들이 빠른 속도로 늘어났고, 그 가운데서도 노예제에 의존하는 남쪽보다 그렇지 않은 북쪽에서 훨씬 빠른 속도로 늘어났다.

속도에 못지않게 중요한 또 다른 차이도 있었다. 서부로 이주하는 미국인들은 대체로 위도를 따라 움직이는 경향을 보였다. 그러니까 뉴잉글랜드 주민이 미네소타와 위스콘신을 비롯해 가장 북쪽에 있는 지역을 선호했다면, 대서양 연안의 중부 주민은 오하이오, 인디애나, 일리노이 등, 위도에서 그 아래에 있는 지역에 집중되었다고 할 수 있다. 남부 주민도 처음에는 남서쪽으로 움직였으나, 나중에는 미주리를 비롯한 서부 중앙까지 시야를 넓혔다. 게다가 유럽에서 이주한 사람들 가운데 일부가 서부에 정착했는데, 그들 사이에서도 스칸디나비아 출신은 미네소타에, 독일 출신은 위스콘신에 집중되는 등, 역시 위도에 따라 움직이는 경향이 나타났다. 이는 물론 서부로 이주하는 사람들이 토지와 기후를 비롯해 자신들이 적응하고 정착하는 데 유리한 자연환경을 찾으려 했기 때문이다.

이주 패턴은 남과 북에 상이한 농업 체제가 형성되는 결과를 가져왔다. 남에서나 북에서나 이주민은 새로운 자연환경에 적응해야 했다. 그들은 무엇보다 먼저 나무를 베어 내고 오두막을 짓는 한편, 농토를 만들어 곡물을 심고 가축을 기르며 자급자족하는 데 주력했다. 그러나 그렇게 개간한 토지를 십분 활용하지는 못했다. 영농 기술이 부족했기 때문에, 지력이 고갈될 때까지 몇 해 동안 농사를 지은 다음에는 더 서쪽으로 나아가 새로운 농토를 일구었다. 특히 토지를 사들이지 않은 채 농사를 지었던 무단 점유자들은 그런 방식으로 계속해서 움직이며 살아갔다. 그들을 뒤따라 이주한 농민은 소유권을 확보하고 영농 기술을 개발하며 시장을 위한 생산으로 방향을 바꿨다. 서부 내륙이 "교통 혁명" 덕분에 동부 해안과 연결되자, 새로 이주한 농민은 환금작물을 재배하는 데 관심을 기울였던 것이다. 그 결과, 기후가 온난 다습한 남쪽에서 면화와 사탕수수를, 또 한랭 건조한 북쪽에서는 옥수수를 재배하는 데 주력하게 되었다. 그런데 면화와 사탕수수는 재배하는 데 많은 일손이 필요한 반면에, 옥수수는 그렇지 않았다. 따라서 남쪽에서는 농장주의 주도 아래 노예제에 의존하는 농장 농업이 발전한 반면에, 북쪽에서는 자영농이 주도하는 자작 농업이 확립되었다. 이런 차이는 농장의 규모에서 뚜렷하게 나타났다. 1860년에 이르렀을 때 서부의 농장은 남쪽에서 평균 135.9 에이커(55 ha)였지만, 북쪽에서는 그 절반에도 미치지 못하는 64.5 에이커(26 ha)에 지나지 않았다.[4]

그와 같은 농업 체제의 차이는 중요한 정치적 함의를 지녔는데, 그것은 먼저 〈도표 10-2. 내전 이전기 연방 하원 의석의 지역별 분포〉에서 분명하게 나타난다. 하원 의석은 도표에 나타나듯이 건국 이후 십 년에 한 번씩 국세

---

4 Gavin Wright, *The Political Economy of the Cotton South: Households, Markets, and Wealth in the Nineteenth Century* (New York: Norton, 1978), 23.

〈도표 10-2. 내전 이전기 연방 하원 의석의 지역별 분포〉

	1787*	1790	1800	1810	1820	1830	1840	1850	1860
전국	65	105	141	181	212	240	223	234	241
북동부	36	58	77	99	106	113	95	93	88
북중부	0	0	0	6	18	29	41	50	65
남동부	29	45	55	60	59	60	45	42	35
남중부	0	2	9	16	29	38	42	47	49
서부	0	0	0	0	0	0	0	2	4

* 연방헌법 제정기에 산정되었던 의석 분포

출처: "Congressional Apportionment," History, Art & Archives: Institution, U.S. House of Representatives, http://history.house.gov/Institution/Apportionment/Apportionment (2016년 5월 19일 접속).

조사를 실시하고 거기서 드러난 인구 분포를 토대로 배정되었다. 그렇게 배정된 의석은 건국 초기부터 한쪽으로 기울어 있었다. 노예제를 허용하는 노예주들에 비해 그렇지 않은 자유주들이 더 큰 비중을 차지했기 때문이다. 그렇지만 그 이후에 진행된 인구 변동과 서부 팽창 덕분에 더욱 기울어졌다. 구체적으로 말하자면, 그 관계는 건국기에 45 대 55였지만 1840년대에는 40 대 60으로 바뀌었다. 더욱이 내전 직전에는 35 대 65로 기울어졌다. 이런 불균형을 바꿀 도리는 없었다. 연방 하원의 의석은 헌법에 따라 인구 분포에 의해 결정되었기 때문이다. 의석 하나를 배분하는 인구의 규모는 자유인 30,000명에서 100,000명으로 늘어났지만, 노예 인구를 자유인 인구의 5분의 3으로 산정한다는 원칙에는 아무런 변화가 없었던 것이다.

연방 상원에서는 노예주와 자유주 사이의 세력 관계가 그보다 늦게 바뀌었다. 서부 영토에서는 1787년 북서부령에 따라 주민이 60,000명에 이르면 헌법을 제정하고 정부를 수립한 다음에 연방 가입을 신청할 수 있었다. 따라서 건국 직후에는 켄터키와 테네시가 먼저 연방에 가입하면서 노예주와 자유주 사이의 균형에 접근할 수 있었다. 그리고 1820년에는 미주리가 메인과 함께 연방에 가입함으로써 완벽한 균형을 갖출 수 있었다. 그런 균형은 1836-

37년에 아칸소와 미시건이 함께 가입할 때에도 유지되었다. 그러나 1845-46년에 무너지기 시작했다. 그 시기에는 남쪽에서 텍사스와 플로리다가 함께 노예주로 가입한 반면에 북쪽에서는 아이오와 하나만 자유주로 가입했기 때문이다. 그러나 북쪽에서는 위스콘신과 캘리포니아가 빠른 속도로 성장하고 있었다. 특히, 캘리포니아는 1848년 1월에 금광이 발견된 이래 2년도 지나지 않아 인구가 100,000명으로 늘어나면서 정부를 수립하고 연방에 가입하려 했다. 결국, 북쪽에서 위스콘신(1848년)과 캘리포니아(1850년)가 먼저 자유주로 연방에 가입했고, 이어서 얼마 지나지 않아 미네소타(1858년)와 오리건(1859년)이 합류했다. 따라서 이미 무너졌던 균형이 다시 뒤바뀌면서 자유주 세력의 우위가 확립되었다.[5]

결국 정치적 측면에서 볼 때, 노예주와 자유주 사이의 세력 관계는 세월이 흐를수록 균형에서 멀어져 갔다. 따라서 남부의 노예주들은 노예제를 비롯한 공동의 이해관계를 옹호하기 위해 일찍부터 서로 협력하고 단결하며 정치적 열세를 극복하고자 노력했다. 반면에 자유주들은 1840년대 중엽에 확고한 우위를 차지한 이후에도 노예주들의 공세에 공동으로 대처하는 모습을 갖추지 못했다. 더욱이, 정치인들은 아래에서 살펴보듯이 지역 갈등을 억제하기 위해 양측의 이견을 타협으로 봉합하고 뒤로 미루거나, 그렇지 않으면 노예제에 관한 쟁점을 덮어 두려고 했다. 그 결과, 노예주와 자유주 사이의 대립은 1850년대 중엽 이후에야 비로소 정면충돌을 향해 치닫게 되었다.

---

5 다음 인터넷 도판을 참고하라. "United States Westward Expansion," National Geographic Society, https://www.nationalgeographic.org/maps/united-states-westward-expansion/.

2. 정계 개편

위에서 살펴보았듯이 서부에서 나타난 대립과 갈등은 노예제를 중심으로 형성되었다. 그리고 그것은 결국 정계의 개편으로 이어졌다. 그렇다면 노예제를 중심으로 형성된 대립 구도가 19세기 중엽 미국 정치에 어떤 영향을 끼쳤는지 살펴볼 필요가 있다.

노예제는 흔히 단일 쟁점으로 취급되지만, 가만히 살펴보면 다양한 문제를 포괄하는 복합적 쟁점이다. 돌이켜보면, 노예제가 혁명기에 처음으로 쟁점으로 부각되었을 때 관심을 끌었던 것은 미국이 영국에 대한 예속을 거부하면서 미국 내부에 존재하는 노예제를 유지할 수 있는가 하는 의문이었다. 그것은 바꿔 말하면 이념 문제였다. 그리고 미국인들이 찾아낸 해답은 남부가 혁명의 대의를 저버리지 않도록 하려면 노예제를 쟁점으로 취급하지 않고 덮어 둔다는 정치적 타협이었다. 노예제가 건국기에 다시 쟁점으로 부각되었을 때 주목을 끌었던 것은 그것을 허용하는 주들과 그렇게 하지 않는 주들 사이에 세력균형을 어떻게 유지할 것인가 하는 정치 문제였다. 그리고 건국 지도자들이 마련한 대책은 하원 의석은 노예 인구를 자유인 인구의 60 %로 산정하며 배분하고 상원 의석은 인구 규모에 관계없이 모든 주에 각각 둘씩 배정한다는 정치적 타협이었다. 그들은 덧붙여 노예무역을 금지함으로써 이념 문제를 부분적으로 해결하기도 했다.

노예제가 1819-20년에 또다시 쟁점으로 떠올랐을 때에는, 이념이나 정치 문제가 아니라 영토 문제가 제기되었다. 위에서 언급한 것처럼 1787년 북서부령에 따르면, 미주리는 오하이오강 북쪽에 있었으므로 법률상 노예제가 허용되지 않는 영토로 여겨졌다. 그렇지만 실제로는 노예제가 허용되어 있었다. 정치 지도자들은 이번에도 타협을 이끌어 낼 수 있었다. 그 골자는 미주리를 메인과 함께 연방에 가입시키되, 이후에는 북위 36도 30분을 기준으로 서부 영토를 구분하고 그 아래에서 노예제를 허용하되 그 위에서는 그렇게 하지 않는다는 것이었다. 따라서 미국인들은 노예제와 관련해 다양한 종류의 문제를 놓고 논쟁을 벌였고, 또 정치적 타협을 통해 해법을 찾아낼 수 있었다.[6]

그러나 19세기 중엽에 이르면 이념 문제가 다시 부각되었고, 따라서 타협의 여지도 줄어들었다. 노예제에 대한 비판은 혁명과 건국을 거치며 수그러들면서 온건한 반대론으로, 구체적으로 말하자면 노예의 점진적 해방과 아프리카 식민을 주장하는 의견으로 자리 잡았다. 그러나 1830년대에는 폐지론자들이 노예제를 즉각적이고 전면적으로 철폐해야 한다고 촉구하면서 흑인도 백인과 마찬가지로 평등한 인간이며 시민으로서 모든 권리를 지닌다고 주장하기 시작했다. 그들은 대부분 윌리엄 로이드 개리슨처럼 "제2차 대각성 운동" 덕분에 종교적 열정에 휩싸였다가 노예제의 폐단에 주목하고는 미국혁명의 이념을 되새기며 사회 개혁에 뛰어든 인물이었다. 그들이 보기에 노예제는 죄악이었다. 다른 어느 나라보다도 미국에서 더욱 심각한 죄악이었다. 개리슨은 1833년에 작성한 미국반노예제협회 창립 선언문에서 이렇게 주장했다.

따라서 우리는 다음과 같이 천명한다.

미국인들이 누리는 시민적·종교적 권리에 비추어 볼 때, 미국이 노예를 억압하는 데 따르는 죄악은 이 지상에 존재하는 다른 어떤 죄악보다 심각한 것이다. 그러므로 미국인들은 반드시 즉시 회개하고 그 무거운 짐을 내려놓으며 모든 멍에를 부수고 억압받는 사람들을 풀어 주어야 한다.

나아가 우리는 이렇게 천명한다.

---

6 노예제라는 쟁점의 복합적 성격에 주목하는 연구로는 다음을 보라. Michael A. Morrison, *Slavery and the American West: The Eclipse of Manifest Destiny and the Coming of the Civil War* (Chapel Hill: Univ. of North Carolina Pr., 1997); James L. Huston, *Calculating the Value of the Union: Slavery, Property Rights, and the Economic Origins of the Civil War* (Chapel Hill: Univ. of North Carolina Pr., 2003).

어떤 사람도 자신의 형제를 노예로 만들거나 짐승처럼 다루거나, 잠시라도 사고파는 물건으로 취급, 또는 간주하거나, 그에게 주어야 할 품삯을 거짓으로 가로채거나, 또는 그에게 지적·사회적·도덕적 발전에 필요한 수단을 주지 않고 그의 정신을 황폐화시키는 권리를 지니지 못한다.

자유를 누리는 권리는 양도할 수 없다. 그것을 침해하는 것은 여호와가 부여한 특권을 박탈하는 것이다. 모든 사람은 자신의 몸에 대해, 자신의 노동으로 얻은 산물에 대해, 법률의 보호에 대해, 또 사회에서 얻을 수 있는 일반적 혜택에 대해 권리를 지닌다. 아프리카 원주민을 매입하거나 납치하고 노예 상태에 종속시키는 것은 해적 행위이다. 아프리카인을 노예로 만드는 것은 아메리카인을 노예로 만드는 것과 마찬가지로 커다란 죄악이다.[7]

그처럼 기독교 신앙과 미국혁명 이념이 혼합되어 있던 관념에 따라, 폐지론자들은 미국인들이 도덕적으로 각성해야 한다고 역설했다. 그리고 여러 지역을 돌아다니며 강연회를 열어 노예제의 폐단을 고발하고 인종 사이의 평등을 주장했다. 심지어 그들의 주장에 반대하는 사람들이 집회를 방해하는데도 대중 강연을 멈추지 않았다. 그리고 강연 내용을 신문이나 책자로 인쇄하고 우편제도를 이용해 전국에 배포했다. 거기에 필요한 비용은 주로 아서 태펀Arthur Tappan과 그의 동생 루이스Lewis가 나서서 마련했다. 그들은 포목을 주로 취급하는 상인이었으나, 사업으로 벌어들인 돈을 종교적 신념에 따라 노예제 폐지 운동에 쓰고자 했다. 그들이 보내는 간행물을 막기 위해, 남부에서는 군중이 우편물을 강탈해 불태웠고 지도자들이 우체국에 압력을 넣어 그런 간행물을 취급하지 못하게 했다. 따라서 남부에 간행물을 보내는 운

---

7 William Lloyd Garrison, "Declaration of the National Anti-Slavery Convention," *Liberator*, 14 December 1833. Fair Use Repository, http://fair-use.org/the-liberator/1833/12/14/declaration-of-the-national-anti-slavery-convention (2016년 5월 20일 접속).

동은 얼마 지나지 않아 중단되었다. 더욱이, 1840년대에는 미국반노예제협회가 남녀평등까지 나아가려는 급진파와 거기에 반대하는 온건파를 중심으로 양분되면서 초기의 활력을 잃어버리기도 했다.

그러나 전국 조직이 분열된 뒤에도, 지방 조직을 중심으로 노예제 폐지 운동은 지속되었다. 덕분에 19세기 중엽에 이르면, 그 운동은 전국에 걸쳐 미국인들의 관심을 끌었다. 이는 1833년 영국 식민지에서, 또 1848년 프랑스 식민지에서 노예제가 폐지되는 등, 폐지론이 대서양 세계에 확고하게 정착하는 과정의 일환이었다. 폐지론은 퀘이커를 중심으로 종교인들이 먼저 제기한 지 반세기만에 대서양 세계의 대세로 자리 잡은 셈이다.[8]

남부인들은 물론 그런 대세를 따르지 않고 노예제를 옹호했다. 먼저 도덕적 비난의 화살을 피하기 위해, 노예제라는 용어 대신에 "특이한 제도"peculiar institution라는 완곡한 표현을 선호했다. 노예제가 남부 특유의 제도여서 외부인들이 제대로 이해하지 못한다는 것이었다. 그리고 그것을 옹호하는 데 인종주의를 동원했다. 이미 언급한 바 있듯이, 인종주의는 근대에 들어와서 언어나 종교 대신에 신체상의 차이에 주목하고 거기서 차별의 근거를 발견하는 이데올로기로 변형되었다. 특히 18세기에는 두개골의 모양과 용량을 계측하고, 그것을 근거로 인종별로 지적 능력이 다르다고 주장하는 이른바 "과학적 인종주의"scientific racism가 대두했다. 그런 사조 위에서 새뮤얼 조지 모튼 Samuel George Morton은 1839년 『아메리카의 두개골Crania Americana』을 발표함으로써 미국은 물론이요 유럽에서도 주목을 끌었다. 그것은 두개골에 대한 "과학적" 조사를 바탕으로 인종의 기원과 특징을 진단하는 저술이었다. 그에 따르면 아메리카 원주민은 근대 사회에 맞지 않는 인종이었고, 흑인은 다른 인종과 구분되는 기원을 지니는 열등한 종족이었다. 그것을 계기로 과학적 인

---

8 David Brion Davis, *The Problem of Slavery in the Age of Revolution, 1770-1823* (Ithaca: Cornell Univ. Pr., 1975).

종주의 가운데서도 이른바 "미국파"American School가 등장했다.[9]

남부인들은 한 걸음 더 나아가 노예제를 "적극적 선"positive good이라고 주장했다. 이 점에서는 남부를 대표하던 정치인 존 캘훈이 선봉에 섰다. 그는 사우스캐롤라이나 출신으로서 청년 시절에는 남부의 이해관계에 주목하면서도 보호관세를 용인하고 연방정부의 권위를 존중하던 인물이었다. 그러나 노예제를 둘러싸고 지역 갈등이 심화됨에 따라 남부의 대의와 명분을 주장하는 데 앞장서기 시작했다. 그는 1837년 2월 연방 상원에서 노예제 폐지 운동에 관해 언급하면서, 그것이 심각한 분열과 갈등을 일으키고 있다고 비판했다. 그리고 그것을 초기부터 저지해야 한다고 주장하며 이렇게 노예제를 옹호했다.

우리 남부는 우리의 제도를 포기하지 않을 것이며 포기할 수도 없습니다. 연방 가운데 남부 지역에 거주하는 두 인종 사이의 관계를 종래와 같이 유지하는 것은 두 인종의 화목과 행복에 필수불가결한 일입니다. 그것을 무너뜨리면 나라를 피로 물들이거나 두 인종 가운데 어느 하나를 내쫓아 버려야 합니다. 그것은 좋든 나쁘든 남부의 사회와 제도의 일환으로 자리 잡으며 그와 밀접하게 연결되어 있기 때문에, 그것을 파괴한다면 우리 남부를 파괴하는 결과에 이르게 될 것입니다. 그러나 이런 말씀을 드린다고 해서 노예제를 유지하는 지역에서 두 인종 사이의 현존하는 관계가 악이라고 인정하거나 암시하는 것이 아니라는 점에 대해 오해가 없기를 바랍니다. 전혀 그렇지 않습니다. 저는 그것이 지금까지 두 인종에게 그랬듯이 선이라고 주장합니다. 그리고 폐지론이라는 독소가 혼란을 가져오지 않는다면, 앞으로도 그럴 것이라고 주장합니다. 사실을 살펴봅시다. 중앙아프리카의 흑인은 역사가 시작된 이래 현재에 이르는 동안, 육체적으로는 물론이요 정신적으로나 지적으로도 지금과 같은 문명과 발

---

9 William Stanton, *The Leopard's Spots: Scientific Attitudes toward Race in America, 1815–59* (Chicago: Univ. of Chicago Pr., 1966).

전 단계에 도달한 적이 없습니다. 흑인은 우리와 만났을 때 저열하고 비참하며 야만적인 상태에 있었지만, 몇 세대가 지나는 동안 고생을 하기는 했어도 우리의 제도 아래서 보살핌을 받으며 자라나 현재와 같이 비교적 문명화된 상태에 도달했습니다. 이것은 그들의 숫자가 빠르게 늘어난 것과 마찬가지로 흑인이 전반적으로 행복을 누리고 있다는 확실한 증거입니다. 이것과 어긋나는 모든 이야기는 과장입니다.……

그러나 저는 기존 견해를 한 단계 더 끌어올리고자 합니다. 현재의 문명 단계에서는 서로 기원이 다르고 피부색과 다른 신체적 특징은 물론이요 지적 능력도 다른 두 인종이 함께 지내고 있는데, 노예제가 존재하는 지역에서 두 인종 사이에 현존하는 관계는 악이 아니라 선, 적극적 선이라고 말입니다.[10]

따라서 이념 측면에서 볼 때, 이미 1830년대 말에는 노예제를 놓고 정면으로 충돌하는 대립 구도가 형성되었다고 할 수 있다.

그래도 19세기 중엽에는 지역 사이의 갈등을 억제하고 타협을 도출하기 위해 노력하던 정치 지도자들이 있었다. 헨리 클레이는 서부를 대표하는 정치인답게 내륙 개발에 주력하고 있었던 만큼, 노예제에 관심이 집중되는 것을 바라지 않았다. 그래서 이미 1820년 미주리 타협에서 주도적 역할을 했던 것처럼 노예제를 둘러싸고 일어나는 분열을 어떻게든 봉합하기 위해 노력했다. 대니얼 웹스터Daniel Webster는 뉴잉글랜드를 대표하는 정치인으로서, 미국인들을 하나의 국민으로 통합하고 미국을 강대국으로 발전시켜야 한다는 국민주의적 열망을 품고 있었다. 따라서 노예제로 인해 국민이 분열되는 것을 막는 한편, 청교도 정신과 공화주의 이념을 비롯해 뉴잉글랜드에서 형성된 전통을 내세우며 새로운 미국 문화를 만들어 내는 데 관심을 기울였다. 예를

---

10 John C. Calhoun, "Speech on the Reception of Abolition Petitions, February, 1837," *Speeches of John C. Calhoun: Delivered in the Congress of the United States from 1811 to the Present Time* (New York: Harper & Brothers, 1843), 222-226, 224-225.

들어 1830년 연방 상원에서 한 유명한 연설에서, 그는 남부의 정치인들이 보호관세에 반대하면서 개별 주들이 연방의 관세 입법을 무효화시킬 수 있다고 주장하는 데 대해 강력한 비판을 제기했다. 거기서 웹스터는 "연방정부가 주들의 창조물인가, 아니면 국민의 창조물인가" 하는 질문을 던졌다. 그리고 이렇게 대답했다.

만약 연방정부가 주 정부들의 대리자라면, 그러면 주 정부들이 연방정부를 통제할 수 있습니다. 단, 주 정부들이 통제 방식에 관해 합의에 도달할 수 있다면 말입니다. 그것이 만약 국민의 대리자라면, 그러면 오직 국민만이 그것을 통제하거나, 제약하거나, 변경하거나, 또는 개혁할 수 있습니다. [로버트 헤인 Robert Y. Hayne] 의원님의 견해에 따른다면 결국에는 연방정부가 여러 주들이 함께 창조한 것일 뿐 아니라 각 주가 개별적으로 창조한 것이기도 하며, 그래서 각 주는 그 자체의 권위에 따라 행동할 수 있는지 그렇지 않은지 스스로 결정하는 권한도 보유한다고 주장하는 데에 이르게 됩니다. 이는 연방정부가 서로 다른 의지와 서로 다른 목적을 지니는 스물 네 개의 주를 상전으로 모시고 그 지시에 따라야 하는 하인이라는 겁니다. 어불성설이라 할 수밖에 없는 이 견해는 연방정부의 기원과 진정한 성격에 대한 오해에서 유래하는 것입니다. 의원님, 연방정부는 국민이 수립한 국민의 정부입니다. 국민을 위해 만들어졌고, 국민에 의해 만들어졌으며, 국민에게 책임을 지는 정부입니다.[11]

나중에 링컨 대통령이 주목하는 그의 견해는 캘훈의 주권州權 이론을 막는 방패와 같은 것이었다. 그래도 웹스터와 캘훈, 그리고 클레이는 서로

---

11 "Proceedings January 28, 1830," *Register of Debates*, Senate, 21st Congress, 1st Session, A Century of Lawmaking for a New Nation: U.S. Congressional Documents and Debates, 1774–1875, Library of Congress, 43–92, 73–74 (http://memory.loc. gov/cgi-bin/ampage, 2016년 5월 31일 접속).

경쟁하면서도 협력할 수 있는 관계를 유지했다. 당대에 흔히 "삼거두"Great Triumvirate라 불리던 그들은 모두 연방정부에서 상·하원 의장직이나 국무장관직 같은 요직을 거치며 서로 긴밀하게 논의하며 국정을 이끌었다. 노예제에 관해서는 그것이 쟁점으로 부상하지 않도록 덮어 두려 했고, 그렇게 되지 않으면 문제를 해결하기보다는 남북이 주고받는 타협을 이끌어 내며 문제를 뒤로 미루려 했다.

그러나 그들조차도 지역 갈등이 심화되는 추세를 막을 수는 없었다. 갈등은 이념 이외에 영토 문제로 인해 심화되었고, 그 문제는 역시 서부에서 재발했으며, 거기서도 남쪽에서 먼저 나타났다. 남서부에서는 농장주들이 새로운 토지를 확보하기 위해 서부 팽창을 선도하고 있었다. 그런 움직임은 1820년대 초에 일부 미국인들이 국경선을 넘어 텍사스로 이주하는 양상으로 나타났다. 텍사스는 스페인으로부터 독립한 멕시코의 일부였지만, 코맨치Comanche 부족을 비롯한 원주민이 적잖이 살고 있었기 때문에 멕시코 당국이 제대로 통제하지 못했다. 그래서 멕시코는 미국인 이주민에게 토지를 제공하며 그 지역을 개척하고자 했다. 그에 따라 미국인들이 정착하기 시작했고, 1830년대에 이르면 노예제에 의지해 광대한 토지를 장악하며 텍사스에서 지배적 위상까지 차지했다. 그러자 멕시코는 군사력에 호소해 텍사스에 대한 통제권을 되찾으려 했다. 그에 대응해 미국인 이주민은 1836년 텍사스의 독립을 선포하고 미국과의 합병을 추진했다. 당시 텍사스는 서너 개의 주로 분할할 수 있을 정도로 넓은 영토였고, 거기에는 이미 노예제가 자리 잡기 시작했기 때문에 남부에 커다란 보탬이 될 수 있었다. 바로 그렇기 때문에 미국은 부정적인 태도를 취했다. 텍사스를 받아들인다면, 노예주와 자유주 사이의 세력균형이 무너지게 될 것으로 보였기 때문이다. 게다가 미국과 멕시코 사이에 분쟁이 벌어질 가능성도 있었다. 결국, 텍사스 합병안은 의회에서 부결되었다.[12]

---

12 이하 19세기 중엽 미국의 영토 팽창에 관한 서술은 주로 다음 문헌에 토대를 두고 있

그것은 텍사스 합병의 첫 단계에 지나지 않았다. 텍사스는 1830년대 말부터 이민과 투자가 줄어드는 등, 난관에 부딪히게 되었고, 탈출구를 찾기 위해 태평양까지 이르는 광대한 영토를 확보하고 독립국가로 생존하는 방안을 모색했다. 그것은 남부 농장주들에게 기회의 땅이었다. 결국, 1844년 대통령 존 타일러John Tyler는 비밀리에 텍사스와 접촉해 합병안을 마련한 다음에 그 결과를 의회에 보고하고 인준을 요청했다. 새로운 텍사스 합병안은 곧 의회를 넘어 공론에 부쳐졌고, 대통령 선거에 커다란 영향을 끼쳤다. 원래 북동부에 뿌리를 두고 있던 휘그당은 북부에서 합병에 반대하는 여론이 우세하다는 사실을 외면할 수 없었다. 따라서 노예제를 옹호하면서도 내륙 개발을 역설하던 켄터키의 지도자 클레이를 대통령 후보로 지명했다. 그는 처음에 합병에 반대한다는 입장을 밝혔으나, 나중에는 당내 불만과 국민 여론에 떠밀려 찬성하는 쪽으로 입장을 바꿨다. 그렇게 해서 적어도 휘그당의 분열을 막을 수 있었다.

민주당에서는 전임 대통령 마틴 밴 뷰런이 유력한 후보로 간주되었는데, 그는 텍사스 합병 때문에 민주당과 국민이 분열의 위기에 직면했다고 보고 합병에 반대했다. 남부의 민주당원들은 전당대회에서 그에 대해 반기를 들고 새로운 후보를 찾았다. 오랜 논의 끝에 북부의 당원들도 지지하는 후보를 찾을 수 있었는데, 그것은 노스캐롤라이나 출신의 정치인 제임스 포크James K. Polk였다. 그가 갑자기 대통령 후보로 주목을 끈 것은 텍사스와 함께 오리건도 합병해야 한다는 그의 주장 때문이었다. 당시 오리건은 태평양 연안의 광대한 영토였지만, 미국이나 영국, 또는 다른 어떤 근대 국가도 영유권을 확립하지 못한 지역이었다. 포크의 주장은 남부와 함께 북부에서도 지지를 얻을 수 있는 정강이었다. 바꿔 말하면, 텍사스 합병이라는 영토 문제를 놓고 남

다. Steven Hahn, *A Nation without Borders: The United States and Its World in an Age of Civil Wars, 1830–1910* (New York: Penguin, 2016), 114–152.

부와 북부가 타협에 이를 수 있는 새로운 방안이었다. 그 문제는 선거의 핵심적 쟁점이었고, 그에 관해 미국인들이 선택한 해답은 포크의 신승이었다. 그는 134만 표를 얻었고, 그래서 겨우 3만 9천여 표 차이로 승리를 거두었다.

여기서 주목을 끄는 것은 이미 1844년 선거에서 노예제에 관한 문제가 정당의 전략에 결정적 영향을 끼쳤다는 사실이다. 주요 정당은 이 문제를 당원은 물론이요 국민도 분열시키는 요인으로 간주했는데, 서로 다른 전략을 채택함으로써 승패가 엇갈리는 결과를 보게 되었다. 휘그당은 텍사스 합병에 관해 신중한 태도를 취하는 클레이를 선택함으로써, 당내 분열을 모면할 수 있었지만 선거에서 패배하는 결과를 보게 되었다. 반면에 민주당은 팽창주의를 주장하는 포크를 옹립하면서 당내 분열을 봉합하고 나아가 선거에서도 승리를 거둘 수 있었다. 더욱이, 자유당Liberty Party이라는 신생 정당도 그런 결과에 기여했다. 이 정당은 1830년대 말에 미국반노예제협회에서 분리해 정치에 적극적으로 참여하며 연방정부가 노예제를 뒷받침하지 못하게 저지하는데 주력했다. 자유당은 노예제에 반대하는 최초의 정치단체로서, 1844년 선거에서 6만 2천여 표를 얻었다. 그것은 물론 클레이의 표를 잠식하고 포크에게 승리를 가져다준 요인이었다. 그렇다면, 1844년 대통령 선거에서는 서부 영토의 노예제 문제가 결정적 쟁점으로 대두했다고 할 수 있다.

그것은 점점 더 중요한 쟁점으로 부각되었다. 미국인들은 서부 팽창에 대해 합의할 수 있었다. 텍사스에 이어 오리건도 합병하자는 포크의 주장은 1844년 선거를 통해 미국인들 사이에 널리 확산되었고, 다음 해에는 민주당을 지지하는 언론인 존 오설리번John L. O'Sullivan이 쓴 논설문에서 "명백한 운명"Manifest Destiny이라는 어구로 압축되었다. 그것은 대서양에서 태평양까지 이르는 광대한 영토에 자유를 구가하는 강대국을 수립하는 것이 미국에 부여된 운명이라는 팽창주의 노선을 담고 있었다. 그러나 그 혜택이 미국 시민에게 국한되는 반면에, 흑인과 원주민을 비롯한 비시민에게는 연장되지 않았다. 아니, 그들에게 "명백한 운명"은 오히려 억압과 착취를 의미했다. 그렇기 때문에 적잖은 우려와 반발도 있었다. 실제로, 1844년 선거의 결과에 따라 다음 해에는 텍사스가 플로리다와 함께 연방에 가입했고, 이어서 아이오와 와 오리건도 연방에 편입되었다. 그렇지만 미국인들은 서부 팽창 덕분에 얻은 새로운 영토에서 노예제를 허용할 것인가 금지할 것인가 하는 문제에 관해 합의할 수 없었다. 텍사스와 플로리다, 그리고 아이오와에서는 이미 주민의 결정이 내려져 있었지만, 그래도 남아 있던 드넓은 영토에서는 그렇지 않았다. 그리고 미국인 가운데 한 편은 거기에 노예제를 도입하려 했고, 다른 한 편은 그것을 저지하고자 했다. 서부 영토는 그렇게 해서 미국인들을 분열시키는 요인으로 떠올랐다.[13]

영토에 관한 분열은 바꿔 말하면 팽창의 산물이었다고 할 수 있다. 이미 살펴본 바와 같이 미국은 17세기 초에 대서양 연안에 식민지를 건설하며 원주민을 몰아내고 그 토지를 차지한 데서 출발했고, 건국 이후에는 외국인 귀화 정책과 원주민 이주 정책에서 드러나듯이 그런 식민주의적 자세와 정책을 유지했다. 그런 전통은 19세기 중엽에 이르면 남쪽에서 텍사스에서 캘리포니아까지 차지하고 북쪽으로는 오리건까지 손을 뻗치는 움직임으로 나타났다. 더욱이, 바다를 건너 쿠바마저 스페인으로부터 매입하고 니카라과를 텍사스처럼 장악하려는 움직임으로 나타나기도 했다. 그렇기 때문에 "명백한 운명"으로 압축되는 팽창 운동은 식민주의 전통의 연장이며 나아가 제국주의 노선의 개막이라 할 수 있다.

여기서 제국주의에 관해 간략하게나마 언급할 필요가 있는 것 같다. 제국주의라는 용어는 적어도 20세기 중엽부터 이데올로기에 깊이 물들었고,

---

13 내전의 원인으로서 서부 영토에 관한 분쟁에 주목하는 견해로는 다음을 보라. Edward E. Baptist, *The Half Has Never Been Told: Slavery and the Making of American Capitalism* (New York: Basic Books, 2014); Dan Rood, "Beckert Is Liverpool, Baptist Is New Orleans: Geography Returns to the History of Capitalism," *Journal of the Early Republic* 36.1 (2016), 151–167.

그래서 역사를 이해하는 데 도움을 주는 데 못지않게 적잖은 오해도 가져왔기 때문이다. 더욱이, 근래에는 미국의 대외 정책을 다루는 학자들 사이에서 쟁점으로 떠오르면서 큰 혼선을 빚기도 했다. 그런 문제점에서 벗어나기 위해, 필자는 먼저 제국주의를 자본주의와 구분한다. 제국주의는, 바꿔 말해 제국을 건설하고 발전시키려는 노선과 노력은, 자본주의와 거리가 먼 저 고대 세계에서 유래해서, 중세와 근대를 거쳐 오늘날까지 지속되어 왔기 때문이다. 다른 한편으로, 필자는 제국이 황제나 그와 비슷한 존재가 지배하는 체제라고 좁혀 생각하지 않는다. 제국은 하나의 국가가 그 국경선을 넘어 다른 국가에 대해 지배–종속 관계를 수립하고자 할 때 나타나는 양상이라 할 수 있다. 따라서 제국과 제국주의에서 관건은 하나의 국가가 대외 정책에서 어떤 목표를 추구하는가, 또 그것을 어떻게 실천하는가에 있는 것으로 보인다. 상세한 것은 제14장에서 논의한다.

그런 개념에 비추어 볼 때, 미국은 이미 19세기 중엽부터 멕시코와 쿠바, 그리고 니카라과를 포함하는 주변 지역에서 제국주의 노선을 채택하고 그것을 실천에 옮겼다고 할 수 있다. 되돌아보면, 그것은 먼로 독트린에 들어 있는 제국주의적 함의가 미국의 대외 정책에서 구체적으로 실현된 초기 사례라 할 수 있다. 그런 사례는 나중에 살펴보는 바와 같이 점점 늘어난다. 더욱이, 미국 자본주의의 발전에 따라 중요한 변화를 겪기도 한다. 따라서 대외 정책은 미국 자본주의의 발전 과정에서 주목할 만한 측면이라 할 수 있다.

내전과 관련해서 주목해야 할 것은 제국주의적 팽창 노선이 미국인 대다수의 지지를 얻었을 뿐 아니라, 그들 사이에서 이견과 분열의 단서가 되기도 했다는 점이다. 왜냐하면 팽창을 통해 확보한 영토에서 노예제를 허용할 것인가, 아니면 금지할 것인가 하는 문제에 관해, 미국인들은 합의를 도출할 수 없었기 때문이다. 이 시각에서 볼 때, 내전의 원인은 노예제를 넘어 서부 영토에서, 또 멀리 나아가 식민주의 전통에서도 찾아야 할 것으로 보인다.

그 점은 1840년대 중엽부터 점점 분명하게 나타난다. 1846년, 포크 대통령은 오리건 지방에서 국경선을 확정하기 위해 영국과 협상을 시작했고, 곧 북위 49도 선을 경계선으로 삼는다는 데 합의할 수 있었다. 그것은 강경한 팽창주의자들의 희망에 미치지 못하는 것이었지만, 그로서는 미국과 멕시코의 관계가 악화되고 있다는 점을 고려해 선택한 방안이었다. 다른 한편에서는 멕시코가 미국의 텍사스 합병을 용납하지 않았다. 더욱이 텍사스의 서부 경계선이 분명하지 않았기 때문에, 양국 사이에 분쟁의 소지도 있었다. 포크 대통령은 군대를 파견해 분쟁 지역을 점령하고 멕시코에 매입 의사를 전달했지만, 멕시코는 정권이 빈번하게 교체되는 불안한 상황 속에서도 해당 지역을 매각하지 않는다는 방침을 수립했다. 따라서 1846-48년에 전쟁이 벌어졌고, 미국의 승리로 일단락되었으며, 멕시코가 미국의 텍사스 합병을 인정하고 또 태평양까지 이르는 광대한 영토를 할양하는 결과에 이르게 되었다.

그러나 새로운 영토에 노예제를 허용할 것인가 금지할 것인가 하는 문제가 다시 떠올랐다. 1846년 8월 멕시코전쟁이 시작된 직후에 포크 대통령이 의회에 전비와 배상금의 지출을 요청했을 때, 펜실베이니아 출신의 하원 의원 데이비드 윌머트David Wilmot는 지출 법안에 멕시코로부터 확보하는 영토에서는 노예제를 금지한다는 단서를 추가하자고 제안했다. 그것은 그의 독자적 행동이 아니라, 민주당 내부에서 북부 당원들이 남부 세력의 일방적 행보에 반발하면서 준비한 조치였다. 그러자 다른 한편에서는 1820년 타협에 포함되었던 북위 36도 30분 경계선을 태평양까지 연장하자는 대안을 제시했다. 바꿔 말하면 텍사스를 포함하는 새로운 영토 가운데 남부에서는 노예제를 허용해야 한다는 것이었다. 더욱이, 또 다른 한편에서는 노예제가 새로운 영토에서 주민이 헌법을 제정하고 정부를 수립할 때 결정할 문제라고 지적하면서 주권재민의 원칙을 새로운 대안으로 제시하기도 했다.

그렇지만 윌머트 단서 조항은 하원에서 정당과 관계없이 북부 출신 의원들의 지지 속에서 통과되었고, 그 대안들은 역시 그들의 반대로 부결되었다. 반면에 상원에서는 남부 출신 의원들이 상대적으로 많았고, 결국 그들의 저지로 인해 월머트 단서 조항이 통과되지 않았으며 지출 법안 자체도 처리되지 않았다. 다음 해 2월에 다시 지출 법안이 상정되었을 때, 그와 비슷한 단서 조항이 다시 추가되었고, 의원들은 또다시 정당이 아니라 출신 지역에 따라 찬반양론으로 나뉘었다. 그러나 이번에는 민주당의 북부 당원 가운데 일부가 남부 세력에 가담했고, 따라서 지출 법안은 단서 조항이 없는 채로 처리되었으며, 결국 텍사스에서는 노예제가 존속할 수 있게 되었다. 그러나 서부영토의 노예제 문제는 이제 정치인들이 정당의 정책이 아니라 지역의 이해관계에 따라 움직인다는 점을 분명히 보여 주었다.

그 점은 1848년 대통령 선거에서 더욱 분명하게 나타났다. 1848년 2월 멕시코전쟁이 끝남에 따라, 새로운 영토 가운데 어느 부분에서 노예제를 허용하고 어느 부분에서 금지할 것인가 하는 문제가 주요 관심사로 떠올랐다. 휘그당은 노예제의 확산을 제한하는 데 관심을 두고 있었다. 그러나 선거에서 승리하고 정권을 장악하기 위해서는 남부에서 지지를 얻어야 했기 때문에, 남부의 대농장주이자 멕시코전쟁의 영웅이었던 재커리 테일러Zachary Taylor를 영입했다. 그러자 남부에 주요 기반을 두고 있던 민주당은 반대 이유에서 미시건 출신의 정치 지도자 루이스 캐스Lewis Cass를 대통령 후보로 지명했다. 그는 북부의 대표적 정치인이면서도 노예제에 관해 주권재민의 원칙을 주장하며 남부에 우호적인 태도를 보였기 때문이다. 바꿔 말해 양대 정당은 각각 북부와 남부에 기반을 두고 있었지만, 정권을 잡기 위해 노예제에 관해 애매모호한 입장을 취하며 타협하고자 노력했다.

그러나 다른 한편에서는 그와 같은 양당의 입장과 행태에 반발하는 세력이 형성되었다. 일부 정치인들이 양당의 타협적 태도를 비판하며 양당에서 탈퇴하고, 노예제의 확산에 반대한다는 대의 아래 자유토지당Free Soil Party이라는 새로운 정당을 결성했다. 그들은 새로운 영토에 노예 대신 자유인이 정착하면 남부에서도 노예제가 정체되고 결국에는 쇠퇴할 것이며, 그렇게 되면 미국이 도덕적으로나 경제적으로나 더 나은 사회가 될 것이라고 주장했다.

이런 정강은 자유당과 비슷한 것이었고, 그렇기 때문에 선거에서 서로 협력하기도 했다. 그렇지만 이 새로운 정당은 자유당과 달리 남부보다 서부에 주목하고 있었다. 무엇보다 서부에 농장주들이 진출한다면, 이미 남부에서 드러났듯이 거기에 자영농이 정착하고 성장하기가 어려울 것이라고 우려했다. 자영농은 주로 자신과 가족의 노동에 의지하는 만큼, 노예의 노동 능력을 가혹하게 착취하며 거대한 농장을 경영하는 농장주에 맞설 만한 경쟁력을 지니지 못한다는 것이었다. 그렇다면 서부에서 노예제가 확산되는 것을 막아야 했다. 그렇게 하지 않고서는, 거기서 자유로운 신분을 지닌 사람들이 자신의 노동으로 먹고살 수 있는 세상을 만들 수가 없었다.

자유토지당은 "자유 토지, 자유 언론, 자유 노동, 자유 인간"이라는 구호를 내걸었는데, 이는 결국 서부를 농장주가 지배하는 남부와 달리 자영농이 주도하는 사회요, 시민이 스스로 통치하는 공화국으로 만들겠다는 의지를 담고 있었다. 제퍼슨이 "자유의 제국"을 위해 루이지애나를 사들이며 생각했듯이, 이 새로운 정당이 보기에 서부는 미국의 미래를 좌우하는 관건이었다. 그처럼 미국의 공화주의 전통에 토대를 두고 있었으나, 자유토지당은 밴 뷰런을 대통령 후보로 지명하고도 뉴욕과 매서추세츠 이외에는 널리 지지를 얻지 못했다. 그래도 자유당과 더불어 노예제에 대한 반대를 대의로 내세웠고, 따라서 노예제를 주요 쟁점으로 부각시키는 성과를 거두었으며, 나중에 공화당을 창설하는 데 크게 기여하게 되었다.[14]

1848년 대통령 선거는 결국 테일러의 승리로 끝났다. 그는 전체 투표자 가운데 47.3 %에 해당하는 136만 표를 얻는데 그쳤지만, 민주당의 캐스를 물리칠 수 있었다. 그러나 선거 결과로 부각된 정책은 없었다. 테일러도 캐스도 서부 영토의 노예제 문제와 다른 주요 현안에 관해 뚜렷한 정책을 제시하

---

14 Eric Foner, *Free Soil, Free Labor, Free Men: The Ideology of the Republican Party before the Civil War* (New York: Oxford Univ. Pr., 1970).

지 않았던 만큼, 선거를 통해 나타난 민의도 분명하지 않았던 것이다.

해법은 정치인들이 제시해야 했다. 그러나 그들은 오랫동안 논쟁을 벌인 끝에 현안에 대한 해결책을 강구하는 대신, 그것을 미래의 과제로 미루는 방안을 선택했다. 1850년 1월, 클레이는 멕시코전쟁 이래 거론되었던 여러 문제에 관해 포괄적인 해법을 제시했다. 그것은 다섯 가지 항목으로 구분된다. 첫째, 캘리포니아는 미주리 타협에서 획정된 북위 36도 30분 경계선 남쪽으로 뻗어 있지만 자유주로 연방에 가입시킨다(널리 알려져 있듯이 거기서는 1848년 금광이 발견됨에 따라 인구가 10만 명 가까이 폭증했지만, 법과 질서가 확립되지 않은 상태에 있었다). 둘째, 텍사스는 오늘날과 같은 경계선으로 제한하고, 거기서 분할되는 서부와 북부는 국유지로 편입함으로써 미래에 다른 주들이 성립할 수 있게 허용한다. 셋째, 유타와 뉴멕시코의 노예제 허용 여부는 주권재민의 원칙에 따라 주민이 결정한다. 넷째, 수도 워싱턴에서는 노예제에 반대하는 여론을 존중해 노예 매매를 금지한다. 다섯째, 도망 노예 단속법Fugitive Slave Act을 강화해 노예제의 존속을 지원한다. 이렇게 다양한 조치를 하나의 해법으로 묶어 처리함으로써, 클레이는 다가오는 분열의 위기에 대처하려 했다.

그의 제안은 노예제에 관해 대조적 입장을 취하던 북부의 휘그당원들과 남부의 민주당원들 사이에서 공감을 얻지 못했다. 따라서 논의는 몇 달 동안 정체 상태에 빠졌다. 그러나 그해 여름에 테일러 대통령이 갑자기 질병으로 사망하고 부통령이던 밀러드 필모어Millard Fillmore가 그 직위를 승계하자, 행정부의 태도가 바뀌었다. 서부 영토의 경계선과 노예제 문제를 빨리 해결하기 위해, 그는 클레이가 제시한 타협안을 지지하기로 결정했다. 이제 노쇠하고 병약해진 클레이는 일리노이 출신의 상원 의원 스티븐 더글러스Stephen A. Douglas에게 법안의 처리를 부탁했다. 더글러스가 휘그당이 아니라 민주당의 당원이었지만 타협에 적극적인 태도를 보였기 때문이다. 그는 클레이가 만든 법안을 여섯 개로 나누고 하나하나에 대해 동료 의원들을 설득했으며, 결국 9월에는 모두 의회를 통과시킬 수 있었다. 더글러스는 이를 계기로 지도적 정치인으로 부상했다.

그러나 이 "1850년 타협"은 쟁점을 덮어 두거나 뒤로 미루는 데 보탬이 되기는커녕 오히려 첨예한 갈등을 가져오는 요인이 되었다. 먼저 도망 노예 단속법이 북부에서 커다란 반발을 불러일으켰다. 그 법은 북부에서 오래전에 사라졌던 노예제의 폐단을 되살려내는 효과를 지녔기 때문이다. 그것은 건국 초기에 제정된 적이 있었지만, 북부에서는 흔히 경찰이나 법원이 도망 노예 단속에 협력하지 않았기 때문에 사실상 사문화되어 있었다. 그러나 새로운 법은 도망 노예에 대한 단속을 강화하는 조치였다. 우선, 단속에 필요한 근거로는 노예에 대한 소유권을 주장하는 사람의 진술서 한 장이면 충분했다. 도망 노예로 지목당한 사람은 법원에 가서 배심원 앞에서 자신을 변호하는 진술조차 할 수 없었다. 따라서 도망 노예를 환송하는 일은 물론이요 북부에서 자유를 누리던 흑인을 납치하는 일도 일어났다. 더욱이, 경찰이나 법원은 도망 노예의 단속에 협력해야 했다. 심지어 일반인도 협력해야 했다. 만약 거부하면 10 달러의 벌금—오늘날 가치로 환산하면 300 달러에 가까운 금액—을 부담하게 되었다. 이는 분명히 북부의 주민에게 남부에서 노예제를 유지하는 데 협력하라고 강요하는 조치였다.

북부의 반응은 한마디로 말해 격렬한 반발이었다. 북부인들은 대체로 노예제를 지원하는 데 대해 부정적인 태도를 지니고 있었다. 그 아래에는 노예제에 대한 혐오감뿐 아니라 북부에 대한 자긍심도 깔려 있었다. 무엇보다도 북부에서는 많지 않은 비용을 내고 자녀에게 좋은 교육을 받게 하고 높은 지위에 오를 수 있는 기회를 누리게 할 수 있었으나, 남부에서는 노예제 때문에 그렇게 할 수 없다는 것이었다.[15] 그런 생각을 지녔던 사람들은 이제 남부

---

15 John Majewski, "Why Did Northerners Oppose the Expansion of Slavery? Economic Development and Education in the Limestone South," in *Slavery's Capitalism: A New History of American Economic Development*, ed. Sven Beckert and Seth Rockman (Philadelphia: Univ. of Pennsylvania Pr., 2016), 277-298.

가 저 가증스러운 제도를 유지하기 위해 연방정부를 장악하고 자신들을 통제하려는 것이 아닌지 의심하기 시작했다. 그리고 "노예제 세력의 음모"에 맞서 싸우지 않으면, 미국 전역이 노예제로 뒤덮일 것이라고 우려했다. 사실 남부의 농장주들은 노예제를 지키기 위해 다양한 조치를 강구했고, 그런 조치에는 쿠바나 니카라과를 병합하려는 계획처럼 분명히 "음모"에 가까운 것도 들어 있었다. 따라서 북부에서 온건파는 점차 강경책으로 선회하고 있었다. 더욱이, 1852년 봄에는 해리엇 비쳐 스토우Harriet Beecher Stowe가 『톰 아저씨의 오두막Uncle Tom's Cabin』를 써서 도망 노예 단속법을 고발했는데, 이 책은 그 해에만 30만 부 이상 팔리면서 북부에서 선풍적인 인기를 누렸다. 또 노예제 폐지 운동가들은 "지하철도"Underground Railroad를 통해 도망 노예를 보호하고 멀리 캐나다로 피신시키고자 노력했다. 특히 해리엇 터브먼Harriet Tubman이라는 흑인 여성은 스스로 노예제에서 벗어난 다음에, 체포 위험을 무릅쓰고 노예주로 되돌아가 무려 70명 내외의 노예들을 안전한 지역으로 인도하기도 했다. 그런 용기와 희생 덕분에, 이제 그의 초상화는 미국의 20 달러 지폐에서 앤드루 잭슨의 초상을 대체하게 되었다. 결국, 북부의 주들은 차례로 문제의 법에 대해 위헌을 선언하는 등, 무력화시키는 조치를 취했다. 그리고 남부는 그런 조치에 커다란 불만을 품었다.

그렇게 해서 심화된 이념 갈등 위에 영토 분쟁이 겹치는 사태가 벌어졌다. 1854년 1월, 더글러스는 캔저스-네브래스카 법안을 의회에 제출했다. 당시 캔저스-네브래스카는 오늘날과 달리 대평원 북부를 대부분 포괄하는 광대한 지역이었는데, 그는 그것을 두 개의 준주territory로 조직하고 행정기관을 수립함으로써 이주민이 재산권을 확보할 수 있도록 지원하자고 제안했다. 그 취지는 그렇게 해서 주민이 늘어나면 당시 거론되고 있던 대륙횡단철도를 그 지역에서 건설할 수 있게 되고, 따라서 북서부의 개발도 촉진할 수 있게 된다는 데 있었다. 그리고 그 지역에서 노예제를 허용할 것인가 금지할 것인가 하는 문제에 관해, 더글러스는 "1850년 타협"과 마찬가지로 주권재민의 원칙에 따라 주민의 결정에 맡기자고 제안했다. 이것은 남부에서 지지를 이끌어 내면서도 북부에 타격을 주지 않는 방안이었다. 그가 보기에 그 지역은 기후가 면화나 사탕수수를 심기에 적당치 않았고, 따라서 노예제가 뿌리내리기도 어려웠기 때문이다. 그러나 그의 제안은 이미 1820년 타협에서 확정된 경계선을 무너뜨린다는 함의를 지녔다. 따라서 남부에 기회의 땅을 열어 주는 반면에 북부에는 그만큼 닫아 버린다는 함의도 지녔다.

그것은 뜨거운 쟁점이었다. 법안이 공개되자, 치열한 토론이 시작되었다. 당시 『뉴욕타임스New York Times』는 온건한 신문으로 널리 알려져 있었지만, 법안이 통과된다면 북부에서 노예제를 용인하는 여론이 사라지고 "노예제에 대한 강렬한 반감이 뿌리 뽑을 수 없을 만큼 깊이 자리를 잡고는, 어떤 위험을 무릅쓰고 어떤 대가를 치르더라도 노예제가 지니는 정치권력을 깨뜨리게 될 것"이라고 예언했다.[16] 그런 우려에도 불구하고, 법안은 그 해 봄에 의회를 통과했다. 남부는 의회에서 열세에 있었지만, 바로 그렇기 때문에 의원들이 단합하는 모습을 보였다. 반면에 북부의 의원들은 공조하는 관계를 구축하지 못하고 분열된 상태로 표결에 들어갔다. 바꿔 말하면 클레이와 웹스터 등, 지도자들이 세상을 떠남에 따라, 휘그당이 사실상 와해되어 있었다고 할 수 있다. 따라서 정치권은 더 이상 미봉책도 마련하지 못했다.

영토 분쟁은 물리적 충돌로 이어졌다. 미주리를 비롯한 남부의 농장주들은 이웃한 캔저스를 노예주로 만들기 위해 그리로 이주하거나, 그렇지 않으면 적어도 일시적으로 체류하기 시작했다. 그에 맞서 북부의 자영농들도 캔저스로 이주해 노예제의 확산을 저지하려 했다. 그리고 양측은 각각 헌법을 제정하고 정부를 수립하는 작업에 돌입했다. 결국, 1855년 가을에는 노예제 지지자들이 반대자들을 견제하기 위해 주민을 총으로 살해하는 사건이 벌

---

16 *New York Times*, 24 January 1854. Nevins, *Ordeal of the Union*, Vol. 1, 111에서 재인용.

어졌다. 다음 해 봄에는 매서추세츠를 대표하는 상원 의원 찰스 섬너Charles Sumner가 연방의회에서 캔저스의 유혈 사태에 관해 언급하면서 동료 의원을 비난했다는 이유에서 의사당 안에서 지팡이로 얻어맞고 피를 흘리며 쓰러지는 사건이 일어났다. 그 해 가을에는 존 브라운John Brown이라는 오하이오의 노예제 폐지론자가 동료들을 이끌고 캔저스로 달려가 노예제 지지자들을 공격했다. 그는 노예제를 저지하기 위해서는 무력에 호소하는 수밖에 없다고 생각했고, 그래서 다섯 사람이나 칼로 처단하듯이 살해했다. 그러자 노예제 지지자들이 무장을 하고 캔저스로 몰려들었고, 유혈 사태는 상승작용을 일으키며 계속되었다.

그런 갈등은 결국 정계 개편을 초래했다. 캔저스-네브래스카 법안을 저지하지 못한 북부의 정치인들은 휘그당을 되살리는 대신에 새로운 정당을 조직했다. 거기에는 노예제에 반대하던 휘그당원들, 자유토지당에 가담했던 사람들, 노예제 폐지 운동가들, 그리고 심지어 이민 반대론자들도 참여했다. 그들 가운데 일부는 노예제를 폐지하고 흑인에게도 평등한 권리를 보장해야 한다고 주장했으나, 대다수는 노예해방이나 인종 평등에 관심을 기울이지 않았다. 그래도 그들은 노예제의 확산과 농장주 세력의 확대를 저지해야 한다는 데 공감했다. 특히 서부 영토에 노예제와 농장주가 정착하지 못하게 저지함으로써, 자영농과 언젠가 자영농이 되려는 노동자들을 위해 충분한 토지를 확보해야 한다고 확신했다. 이런 신념은 궁극적으로 북미대륙에서 시민이 자유와 재산을 누리며 스스로 통치하는 공화국을 발전시켜야 한다는 커다란 신조의 일환이었다. 이제 서부는 "서로 경쟁하는 두 가지 미국인의 꿈을 시험하는 실험장"이 되었다.[17] 그처럼 자영농 공화국을 지향하던 정치인들은 1854년 7월 전당대회를 열고 제퍼슨을 뒤따른다는 뜻에서 공화당Republican Party이라는 명칭을 선택했다. 그리고 "자유 노동, 자유 토지, 자유 인간"이라

---

17 Davis, *Inhuman Bondage*, 286.

는 구호도 채택했다. 공화당은 겨우 몇 년 사이에 민주당에 맞서는 세력으로 발전했고, 그에 따라 오늘날까지 이어지는 양당 체제가 수립되었다. 결국, 노예제에 관한 문제는 1850년대 초반에 휘그당의 와해에서 공화당의 창건으로 이어지는 정치적 변화를 가져왔다. 이제 정치는 갈등을 억제하는 대신에, 오히려 그에 좌우되는 영역으로 변모했다고 할 수 있다.

3. 위기

노예제는 따라서 1850년대 중엽에 이르러 미국의 정치를 지배하는 쟁점으로 부상했고, 이념 갈등과 영토 분쟁을 함께 불러일으키며 미국인들을 형제들이 서로 총칼을 겨누는 내전으로 이끌기 시작했다.

그 점은 1856년 대통령 선거에서 분명하게 드러났다. 민주당은 펜실베이니아 출신의 정치인으로서 열렬한 팽창주의자인 제임스 뷰캐넌James Buchanan을 후보로 지명했다. 신생 공화당은 캘리포니아 출신의 군인이자 정치인으로서 역시 팽창주의자였던 존 프리만트John C. Frémont를 후보로 지명했다. 선거전은 노예제에 관한 문제를 중심으로 전개되었다. 뷰캐넌은 주권재민의 원칙을 강조하면서, 캔저스가 노예주로 연방에 가입하기 바란다는 뜻을 밝혔다. 반면에 프리만트는 캔저스-네브래스카법을 거론하며 노예제의 확산을 경계하는 한편, 내륙 개발의 필요성을 역설했다. 결과는 뷰캐넌의 대승이었다. 그는 노예주에서 나온 몰표 덕분에 국민투표에서 45.3 %의 지지를 얻었고, 선거인단 가운데 다수를 차지했다. 반면에 프리만트는 공화당의 승리 가능성을 보여 주었다. 그는 국민투표에서 33.1 %의 지지를 얻었으나, 이는 신생 정당으로서 놀라운 성과였다. 더욱이, 그를 지지한 표는 거의 모두 북부에서 나왔다. 남부에서는 겨우 1,200표밖에 나오지 않았지만, 그것은 바꿔 말해 유권자가 많은 북부에서 지지를 늘릴 수만 있다면 다음 선거에서 승리를 기대해도 좋다는 것을 뜻했다. 이제 정당뿐 아니라 국민 자신도 노예제를 놓고 서로 대립되는 견해로 분열되고 있었다.

사태는 얼마 지나지 않아 더욱 심화되었다. 1857년 3월 뷰캐넌이 대통령 직에 취임한 직후, 연방 대법원은 흑인과 노예제에 관해 중요한 판결을 내렸다. 그것은 드레드 스코트Dred Scott라는 흑인이 자유를 얻기 위해 벌인 오랜 소송에 대해 미국 법원이 내리는 최종 결정이었다. 그는 태어나면서부터 노예였지만, 스스로 벌어 모은 돈으로 자신과 가족의 자유를 사려 했다. 그러나 주인은 그의 요청을 들어주지 않았다. 결국 스코트는 노예제 폐지론자들의 도움을 받아 소송을 제기했고, 그의 변호인은 그가 한동안 노예주인 미주리에서 살았으나 주인을 따라 자유주인 위스콘신에서도 머무른 적이 있다는 사실을 들어 그의 자유를 주장했다. 대법원은 그의 소송을 기각한다는 판결을 내렸다. 그 이유로 대법원장 로저 토니Roger B. Taney는 스코트가 노예의 후손이므로 미국 시민이 아니라는 점을 들었다. 더욱이, 미주리 타협이 위헌이라고 선언했다. 그 조치가 북위 36도 30분 이북에서 노예제를 금지함으로써, 그 지역으로 노예를 데리고 가는 시민의 재산권을 침해하는 조항을 담고 있다는 것이었다. 토니는 이 판결로 노예제에 관한 논쟁에 종지부를 찍으려 했으나, 그의 희망과 달리 북부에서 격렬한 비난을 불러일으켰다. 그의 판결은 한마디로 줄이면 노예제가 미국 법원의 보호 아래 서부 전역으로 확산될 수 있다는 것을 의미했기 때문이다. 특히 공화당원들이 보기에, 그것은 농장주들이 서부 영토를 차지하고 자영농이 성장할 수 있는 기회를 빼앗으며 나아가 미국이 공화국으로 발전하는 데 기여할 자립적 시민의 육성을 가로막는다는 것을 뜻했다.

그런 함의는 곧 주요 쟁점으로 부각되었는데, 그 계기는 에이브러햄 링컨의 정치적 대두와 깊이 연관되어 있었다. 잘 알려져 있는 바와 같이, 그는 1809년 켄터키의 오지에서 가난한 농부의 아들로 태어났다. 그의 아버지는 전형적인 소농으로서, 자신의 땅에서 땀 흘리며 농사짓고 자식 낳아 기르며 먹고사는 것을 무엇보다 소중하게 여겼다. 따라서 가까운 곳에 학교가 없기도 했지만, 아들을 학교에 보내 공부를 시키는 데는 관심이 없었다. 그러나 어머니는 그렇지 않았다. 특히, 새어머니는 아홉 살이 된 에이브러햄에게 자주 책을 읽어 주었고 또 스스로 읽을 수 있도록 도왔다. 덕분에 아들은 책 읽기를 좋아하게 되었을 뿐 아니라 스스로 글을 짓고 남들에게 이야기를 하는 것도 즐겼다. 그렇게 해서 언제나 이야기를 즐기며 시를 외우고 문학을 가까이하는 습관을 갖게 되었다. 더욱이, 일상적인 어휘에 보통 사람들에게 친숙한 비유를 섞어 가며 자신의 생각을 명료하게 표현하는 능력을 지니게 되었다. 그리고 키가 크고—다 자랐을 때 193 cm—힘이 센데도 일하기를 싫어한다고 핀잔을 들었지만, 아버지와 달리 워싱턴 같은 위인이 되기를 소망했다. 어려운 환경 속에서 얻은 남다른 인내심 위에 그런 자질과 소망을 지녔기에, 링컨은 끊임없이 성장할 줄 아는 인물이 되었다.

링컨은 또한 뛰어난 정치적 감각을 지녔다. 스물한 살이 넘어 부모로부터 독립한 다음에는 잠시 상점에서 일하기도 했지만, 결국에는 글을 읽고 쓸 줄 아는 능력 덕분에 법률사무소에서 일하며 변호사 자격증을 얻을 수 있었다. 그러나 수입이 넉넉하지 않았기 때문에 우편 업무와 측량 업무도 마다하지 않았고, 또 그 덕분에 많은 사람들과 알고 지낼 수 있었다. 그리고 그들이 법률 상담을 요청하는 경우에는, 흔히 소송을 제기하기보다는 조정이나 중재를 받아들이도록 유도했다. 강경한 자세로 대결에 나서기보다는 온건한 태도로 타협에 들어가기를 권했다. 그래도 링컨은 어린 시절의 소망을 잊지 않고 있었다. 그런 소망 때문인지, 배우자도 보통 사람들이 아니라 엘리트 가운데서 찾으려 했다. 그리고 오랜 망설임 끝에 켄터키 대농장주의 딸로서 고관의 부인이 되기를 바라던 메리 토드Mary Todd를 부인으로 맞이했다. 그렇지만 그는 자신의 꿈을 실현시키기 위해 서두르지 않고 상황에 따라 조금씩 밀고 나아가는 현실적 감각과 대단한 인내심을 지니고 있었다. 특히 노예제에 관해서는 이미 소년 시절에 배를 타고 뉴올리언스까지 다녀오는 길에 노예가 학대당하는 것을 본 뒤로 강한 반감을 품었으나, 그것을 겉으로 드러내지는 않았다. 그 대신에 정치적 상황이 전개되는 데 따라, 또 자신의 생각이 발전하는 데 따라, 그 반감을 조금씩 구체적 실행 계획으로 바꾸었고 결국에는 노예해방령까지 나아갔다. 거기에 이를 때까지 그에게 중요했던 것은 노예제가 이미 점진적으로 쇠퇴하기 시작했다는 전제 위에서 노예제의 확산을 저지하며 내륙 개발을 추진하는 일이었다. 그 아래에는 미국의 건국 정신에 대한 신념—거의 신앙에 가까운 신념—이 자리 잡고 있었다.[18]

그런 신념은 1854년 10월에 이르러 분명하게 형성되었다. 당시 링컨은 일리노이에서 활동하는 지방 정치인에 지나지 않았다. 십여 년 전에 윌머트 단서 조항을 둘러싸고 파란이 일어났을 때, 연방의회에서 하원 의원으로 활동하고 있었지만 주목할 만한 성과를 거두지 못했다. 그 후 일리노이로 돌아와 이전과 마찬가지로 변호사로 일하면서 넓은 인맥을 쌓고 있었다. 그리고 1854년에는 일찍부터 캔저스-네브래스카법을 계기로 공화당을 창립하는 데 적극적으로 가담했고, 가을에는 자신의 견해를 밝힐 수 있는 기회를 얻으려 했다. 나이 마흔다섯에 이르렀던 링컨은 그것을 정치적 재기의 계기로 삼고자 했던 것이다. 따라서 10월 16일 피오리아Peoria라는 일리노이 중부의 도읍에서 연사로 나섰을 때, 무려 세 시간에 걸쳐 미국의 역사를 되새기며 자신의 견해를 밝혔다. 그 요점은 캔저스-네브래스카법이 1820년에 있었던 미주리 타협을 폐기하는 것이며, 따라서 건국 정신에 위배된다는 것이었다. 왜냐하면 미주리 타협은 북서부에 노예제를 도입하지 못하도록 금지한 1787년 북서부령에 근거를 두고 있는데, 이 법령이 "모든 사람은 본래 평등하다"는 건국 정신을 구현하는 것이었기 때문이다. 바꿔 말하면, 흑인도 사람이라는 사실

---

18 이하 링컨과 내전에 관한 서술은 따로 전거를 표시하는 부분을 제외하면 모두 다음 두 연구에 토대를 두고 있다. David Herbert Donald, *Lincoln* (New York: Simon & Schuster, 1995); Eric Foner, *The Fiery Trial: Abraham Lincoln and American Slavery* (New York: Norton, 2010).

을 외면하지 말자는 것이었다.

그러나 링컨은 폐지론자들과 달리 노예제에 대한 도덕적 비판에 주력하지 않았다. 오히려 노예제 폐지가 매우 어려운 일이라고 지적하고는, 설령 폐지한다 해도 해방 노예들을 아프리카로 되돌려 보내기가 어렵고 또 그렇다고 해서 미국에서 백인과 평등한 지위를 누리며 살게 하기도 어렵다고 부연했다. 이처럼 인종 평등을 부인하는 조심스러운 언행은 당대 미국에 인종주의가 만연했다는 사실을 감안할 때 정치적 고려의 결과라 할 수 있다. 실제로 대다수 미국인들은 인종 평등이 혼인을 통한 인종 혼합을 가져올지 모른다고 우려했고, 그래서 1860년대부터 새로운 용어 'miscegenation'을 만들어 쓰며 인종 평등에 대해 부정적 태도를 보였다.

링컨이 피오리아 연설에서 주력한 것은 노예제에 대한 정치적 비판이었다. 그는 캔저스-네브래스카법에 따르면 주민이 주권재민의 원칙에 따라 노예제에 관한 정책을 스스로 결정할 수 있는데, 이는 자치라는 명분 아래 전제정을 수립할 수 있도록 허용하는 것이라고 주장했다. 노예제란 결국 한 사람이 다른 사람을 일방적으로 지배하고 착취하는 전제정이라는 것이었다. 그렇기 때문에 노예제는 시민의 자치를 지향하는 공화주의와 공존할 수 없는 제도였다. 링컨은 이렇게 호소했다.

누구도 속지 않도록 경계합시다. 미국의 건국 정신과 캔저스-네브래스카법의 정신은 전적으로 상치되는 것입니다. 더욱이 전자가 급격하게 후자에 의해 대체되고 있습니다.

미국 시민 여러분, 북부는 물론이요 남부에서도 이런 일을 막도록 노력해야 하지 않습니까? 세계 전역에서 자유를 갈구하는 사람들은 이미 "미국의 저 퇴행적 제도로 인해 진보의 대의가 훼손되고 있으며, 지금까지 세상에 존재하던 정치체제 가운데 가장 고귀한 체제가 중대한 타격을 당하고 있다"고 우려합니다. 이는 적수의 조롱이 아니라 친구의 경고입니다. 그것을 무시하거나 경멸

해도 괜찮을까요? 우리의 오랜 신조 가운데 가장 먼저 실행해야 하는 첫 번째 교훈을 저버리는 것만큼 자유 자체를 위험에 빠뜨리는 것이 있을까요? 흑인을 이용해 수익을 얻으려고 탐욕스럽게 노력하다가, 백인을 위한 자유의 헌장마저 "찢어 없애 버리는 일"을 저지르지 않도록 조심합시다.

우리가 입고 있는 공화주의라는 옷이 더럽혀진 채 땅에 끌리고 있습니다. 그것을 다시 깨끗하게 만듭시다. 그것을 뒤집어서, 혁명의 피가 아니라 혁명의 정신 속에 넣고 하얗게 빨아 봅시다. 노예제를 "도덕적으로 정당하다"는 주장 위에서 끌어내리고, 현존하는 법적 권리와 [현실적으로] "필요하다"는 주장 위에다 올려 놓읍시다. 그것을 우리 선조들이 마련했던 위치로 되돌려 놓고, 거기서 머무르게 합시다. 독립선언문을 다시 채택하고, 그와 어울리는 관행과 정책도 함께 다시 채택합시다. 북부와 남부가, 모든 미국인들이, 자유를 사랑하는 모든 세상 사람들이 중대하고 유익한 작업에 참여하게 합시다. 이렇게 한다면, 우리는 연방을 수호할 수 있을 뿐 아니라 그것을 언제까지나 수호할 가치가 있는 것으로 만들고 간직할 수도 있을 것입니다. 우리가 그렇게 연방을 수호한다면, 자유와 행복을 누리는 수많은 사람들이 세계 전역에서 잇달아 일어나 언제까지나 우리를 축복받은 이들이라 부를 것입니다.[19]

그런 정치적 비판은 노예제 폐지론자들의 주장에 비해 훨씬 온건한 견해였지만, 분명히 자유토지당원들을 포함해 북부의 주민 가운데 다수의 생각을 대변하고 있었다. 청중은 실제로 호의적인 반응을 보였고, 링컨도 연설 원고를 책자로 간행하고 널리 배포하며 자신의 입지를 다지고자 노력했다. 사실, 그는 피오리아 연설을 위해 독립선언문과 연방헌법, 그리고 주요 판례 등

---

19 Abraham Lincoln, "Speech at Peoria, Illinois [October 16, 1854]," The Collected Works of Abraham Lincoln, Vol. 2, University of Michigan Digital Library, 248-283, 275-276 (http://quod.lib.umich.edu/cgi/t/text/text-idx?c=lincoln;cc=lincoln;rgn=div2;view=text;idno=lincoln2;node=lincoln2:282.1, 2016년 6월 30일 접속).

을 면밀하게 검토했고, 그렇게 해서 정리한 자신의 견해를 일관되게 견지하려고 노력했다.

덕분에, 링컨은 1858년 선거에서 공화당이 지명하는 연방 상원 의원 후보가 될 수 있었고, 나아가 일리노이를 넘어 전국에서 명성을 누리는 정치인으로 부상할 수 있었다. 그의 경쟁 상대는 민주당 후보로 나선 캔저스-네브래스카법 발의자 더글러스였다. 그는 이미 세 차례나 상원으로 진출한 경력을 바탕으로 대통령직에 도전하려는 야심을 품고 있는 거물 정치인이었다. 링컨과 더글러스는 유권자들 앞에서 일곱 차례에 걸쳐 토론을 벌였는데, 토론은 더글러스의 업적과 비중 때문에 캔저스-네브래스카법과 드레드 스코트 판례 등, 국가적 현안을 중심으로 전개되었다. 따라서 지방에서 벌어진 선거전이 신문을 통해 널리 전파되면서 전국적 관심사로 부상했다.

링컨-더글러스 논쟁Lincoln-Douglas Debate에서 초점으로 부각된 것은 역시 노예제였다. 더글러스는 링컨과 공화당이 노예제를 폐지하고 인종 평등을 주장한다고 몰아붙였다. 나아가 인종 사이의 혼합을 부추긴다고 에둘러 말했다. 이는 물론 북부에 널리 퍼져 있던 인종주의에 호소하는 메시지였다. 반면에 링컨은 더글러스가 노예제를 서부로 확산시키려는 '노예제 세력'의 음모에 장단을 맞추고 있다고 비판했다. 그리고 그 음모가 먼저 캔저스-네브래스카법에서 나타났고, 다음으로 드레드 스코트 판례에서 한 걸음 더 나아갔다고 주장했다. 덧붙여 전자가 주권재민의 원칙을 전제로 삼고 있는 반면에 후자가 서부에서 노예제를 금지하지 못한다고 선언함으로써 그 원칙을 부정한다고 지적하고는, 더글러스가 양자를 모두 지지하면서 그 모순을 외면한다고 비판했다. 그러자 더글러스는 노예제란 경찰을 비롯해 지방에서 수립되는 제도적 장치가 없으면 존립할 수 없으므로, 그것은 여전히 지방 주민이 스스로 결정할 수 있는 문제라고 강변했다. 이른바 이 "프리포트 노선"Freeport Doctrine은 노예제 세력에게 실망스러운 견해였으며, 그로 인해 더글러스는 남부의 지지를 상당 부분 잃게 되었다.

반면에 링컨은 노예제에 반대하는 사람들에게 샛별처럼 영감을 주며 북부를 이끌어 갈 정치인으로 부상했다. 이는 무엇보다도 그가 섬세하면서도 단호한 어조로 북부의 정서를 대변한 덕분이라 할 수 있다. 북부에서 대다수 주민은 노예제를 싫어하면서도 인종주의에 빠져 있었고, 따라서 정치인들은 흔히 노예제에 반대하면 자칫 인종주의를 비판하는 인상을 주게 되지 않을까 두려워하며 조심스러운 태도를 취했다. 더욱이 더글러스처럼 대통령직을 꿈꾸는 정치인은 남부의 지지를 얻기 위해 노예제에 관해 타협적인 자세를 취했다. 그러나 링컨은 달랐다. 그는 노예제에 반대한다는 뜻을 이렇게 밝혔다.

집이란 갈라지면 서 있지 못합니다. 저는 이 정부가 절반은 노예이고 절반은 자유인 상태로 영원히 지속될 수 있다고 생각하지 않습니다. 그리고 연방이 해체되리라 예상하지 않고 집이 무너지리라고 보지도 않습니다만, 분열 상태에서는 벗어나리라고 생각합니다. 연방은 전체가 하나, 아니면 다른 하나로 통일될 것입니다. 노예제에 반대하는 사람들은 그것이 더 이상 확산되는 것을 저지할 것입니다. 그리고 국민 여론이 노예제가 궁극적으로 소멸하는 경로에 들어서 있다는 판단에 이르는 경우에는, 거기에 노예제를 맡겨 놓을 것입니다. 그렇지 않으면 노예제를 옹호하는 사람들이 그것을 더 밀고 나아가서, 노예제가 신생 주들은 물론이요 기존 주들까지 모든 주에서, 남부에서는 물론이요 북부에서도 합법화되도록 만들 것입니다.[20]

그처럼 링컨은 명료한 판단을 온건한 어조로 표명했다. 무엇보다도 오랫동안 정치인들이 쟁점을 덮어 두거나 미루려 했던 데 반해, 그 핵심을 찌르며 대책을 모색하자고 호소했다. 더욱이 노예제 폐지론자들이 도덕과 이념을 내

---

20 Abraham Lincoln, "House Divided Speech," Speeches & Writings, Abraham Lincoln Online Organization, http://www.abrahamlincolnonline.org/lincoln/speeches/house.htm (2016년 6월 30일 접속).

세우며 노예제를 비난한 데 비해, 헌법과 이성에 따라 접근해야 한다고 강조했다. 그러나 링컨은 선거에서 패배했다. 그래도 자신의 생각을 알리기 위해 연설을 책으로 엮어 간행했고, 또 여기저기서 들어오는 요청을 받아들여 뉴욕을 비롯한 주요 도시를 돌아다니며 강연하는 데 주력했다.

링컨은 그렇게 해서 유력 정치인이 되었고, 나아가 1860년에는 공화당 대통령 후보가 되었다. 그것은 결코 당연한 결과가 아니었다. 그 해 5월 시카고에서 공화당 전당대회가 개최되었을 때, 선두 주자는 뉴욕 주지사직을 역임했던 연방 상원 의원 윌리엄 수어드William H. Seward였다. 그러나 그는 열렬한 노예제 폐지론자인 부인과 함께 "지하철도"에서 도망 노예를 도울 만큼 노예제에 반대하는 투철한 도덕과 이념을 갖추고 있었으며, 바로 그렇기 때문에 노예주와 자유주 사이에 "피할 수 없는 충돌"이 다가온다고 예언하며 타협을 거부하는 강경한 노선을 걷고 있었다. 오하이오에서 역시 주지사직을 거쳐 연방 상원으로 나아갔던 새먼 체이스Salmon P. Chase는 수어드와 달리 온건한 자세를 취했다. 그는 한때 자유토지당 창건에 가담했을 정도로 노예제를 폐지하기보다는 그 확산을 저지하는 데 주력했다. 그러나 보호관세에 반대하며 민주당과 협력함으로써 공화당에서 널리 신뢰를 얻지는 못했다. 반면에 링컨은 오래전부터 클레이를 존경하며 보호관세와 내륙 개발을 연계시키는 "미국형 [발전] 체제"의 실현에 주력했다. 따라서 그는 수어드와 달리 온건파에 속하면서도 체이스보다 훨씬 폭넓은 신뢰를 받고 있었고, 결국 공화당 전당대회에서 다수의 지지를 끌어낼 수 있었다.

링컨은 1860년 선거에서 관심의 초점이 되었다. 민주당이 역시 노예제 문제 때문에 남북으로 분열되어 각각 대통령 후보를 지명했고, 그래서 그와 경쟁할 만한 호적수를 내세우지 못했기 때문이다. 반면에 공화당은 링컨이 밑바닥에서 꼭대기까지 올라가는 자수성가형 인물로서, 노예제가 확산되는 것을 막으며 자영농의 서부 이주와 대륙횡단철도의 부설을 지원하는 등, 미국의 발전을 선도하는 지도자라고 역설했다. 그 결과, 북부에서 압도적 지지를 확보할 수 있었던 반면에 남부에서는 그 반대의 결과를 보게 되었다. 그러나 북부가 이미 살펴본 것처럼 인구와 의석 측면에서 확실한 우위를 차지하고 있었기 때문에, 링컨이 전체 투표자 가운데서 39.8 %에 해당하는 186만 표를 얻어 승리를 거둘 수 있었다.

4. 충돌

남부의 노예주들은 즉각 반발했다. 링컨은 분명히 온건한 정치인이었으나, 그래도 "집이란 갈라지면 서 있지 못한다"고 단언하는 노예제 반대론자였다. 그런 반대론자는 노예주의 견지에서 볼 때 폐지론자와 크게 다를 바 없었다. 비록 노예제 자체를 비난하거나 공격하지는 않지만, 그처럼 단호하게 노예제의 확산을 저지한다는 것은 궁극적으로 노예제의 쇠퇴를 기대한다는 것을 뜻했기 때문이다. 따라서 남부의 농장주들은 노예라는 가장 중요한 재산—총액 30-40억 달러에 육박하는 재산—을 잃을지도 모른다는 두려움에 휩싸였다. 그리고 사우스캐롤라이나를 필두로 미시시피, 플로리다, 앨라배마, 조지아, 루이지애나, 텍사스 등, 하남부 7개 주가 연방의 해체를 선언하며 탈퇴했다. 그리고 이들은 1861년 2월 남부연합Confederate States of America을 수립하고, 제퍼슨 데이비스Jefferson Davis 대통령의 지휘 아래 독립을 목표로 움직이기 시작했다. 그 목표는 소수의 농장주가 지배하는 공화국을 건설하는 데 있었다. 과두제를 통해 남부를 지배하던 농장주들은 흔히 적법 절차를 거치지 않고 탈퇴와 함께 독립을 기정사실로 만들었다.

링컨은 그것을 불법으로 규정했다. 그리고 자신이 헌법에 따라 연방을 수호하기 위해 모든 노력을 기울일 것이라고 선언하면서, 연방은 남부에 존재하는 노예제에 개입하지 않을 것이라고 천명했다. 다른 한편으로는 내전이라는 국가의 위기에 대처하기 위해 자신의 정치적 경쟁자들도 각료로 영입하며 모든 지혜와 능력을 모으고자 했다.[21] 그러나 사태는 이미 무력 충돌로 치 닫고 있었다. 1861년 4월, 남부연합[이하 연합]은 사우스캐롤라이나의 관문 찰스턴에 있던 섬터Sumter 요새를 접수하고자 했다. 그러나 거기에 주둔하던 연방군은 그에 응하지 않고 연방정부에 지원을 요청했다. 연방정부는 보급품을 보내겠다고 통보했으나, 사우스캐롤라이나는 즉각 요새에서 철군하라고 응답했다. 결국, 4월 12일 사우스캐롤라이나의 포격으로 전투가 시작되었다.

그에 따라 전선과 전력이 명확하게 드러났다. 전투가 시작되자 버지니아, 아칸소, 테네시, 노스캐롤라이나 등, 상남부 4개 주가 연방을 탈퇴하고 연합에 가담했다. 반면에 북부와 인접한 메릴랜드, 델라웨어, 켄터키, 그리고 미주리는 연방에 남아 있었다. 따라서 연합은 인구 910만 명을 지니게 되었으나, 거기서 노예를 제외하면 그 숫자가 560만 명에 지나지 않았다. 반면에 연방은 그 4배에 해당하는 2,200만 명의 인구를 갖고 있었다. 더욱이, 연합은 무기를 스스로 생산하지 못했으므로 외부에서 반입하는 무기에 의존했다. 반면에 연방은 무기를 스스로 생산하는 능력을 지녔을 뿐 아니라, 철도와 선박을 이용해 무기와 함께 병력을 효율적으로 배치할 수 있었다.

그에 따라 서로 다른 전략이 자리 잡았다. 연합은 연방에 맞설 수 있을 만한 역량을 지녔다고 생각했다. 무엇보다 연방과 대등한 농업 생산력을 들 수 있었다. 곡물과 가축 등, 식량의 생산량에서 연방에 뒤지지 않았으므로, 인구가 적다는 사실을 감안하면 오히려 연방에 비해 우세한 위치에 있었다. 더욱이 가장 중요한 품목이었다고 할 수 있는 면화는 모두 남부에서 생산되었던 만큼, 영국이 자국의 면방직 산업을 보호하기 위해 연합을 독립국가로 인정하고 미국의 내전에 개입할 가능성도 생각할 수 있었다.[22] 결국, 연합은

---

21 도리스 컨스 굿윈, 『권력의 조건: 라이벌까지 끌어안은 링컨의 포용 리더십』, 이수연 역 (21세기북스, 2013).

22 R. Douglas Hurt, *Agriculture and the Confederacy: Policy, Productivity, and Power in the Civil War South* (Chapel Hill: Univ. of North Carolina Pr., 2015).

독립을 성취한다는 제한된 목표 아래 수비에 치중하는 전략을 세웠고, 그래서 상대적으로 적은 전력으로도 연방에 맞설 수 있었다. 그에 비해 연방은 노예주들의 "반란"을 제압해야 한다는 군사적 부담을 지고 있었고, 따라서 공세를 통해 승리를 쟁취해야 했으며, 결국 수많은 인명과 엄청난 자원을 투입하는 이른바 총력전에 돌입하게 되었다.

연방과 연합은 먼저 군대를 조직하는 과정에서 커다란 난관에 부딪혔다. 군대라고는 연방군 16,000명밖에 없는 상태에서 내전이 시작되었기 때문이다. 그런 난관은 연합에서 더욱 심각했다. 연합은 새로 만들어진 기구였을 뿐 아니라 연방에 비해 훨씬 제한된 권력을 지녔다. 연합은 연방과 비슷한 헌법을 제정했지만, 남부의 정치인들이 주장하던 주권州權에 따라 과세권을 비롯한 주요 권한을 주에 집중시키고 연합을 협의회에 가까운 기구로 만들었다. 그래도 양측은 곧 민병대를 토대로 지원자를 받아 정부가 통제하는 정규군을 조직했다. 결국 내전이 끝날 때까지 4년 동안, 연인원 300만 명—연방군 210만 명, 연합군 90만 명—을 동원했는데, 그 대부분을 3년 동안 복무하는 지원자로 채울 수 있었다. 양측 모두 필요한 인원을 주별로 할당하며 지원자에게 상당한 보상금—연방군에서는 1,000 달러에 이르는 금액—을 제공했고, 할당 인원을 채우지 못하는 경우에는 징집령을 발동했다. 따라서 징집된 인원은 전체 복무자 가운데서 10 % 내외에 지나지 않았다. 그렇지만 공직자와 농장주를 비롯한 엘리트가 징집 대상에서 제외되었고, 또 경제적 여유를 누리는 사람들은 300 달러를 납부하거나 대리자를 내세우면 징집을 면제받을 수 있었다. 그래서 "전쟁은 부자가 하고, 전투는 가난뱅이가 한다"는 불만이 조성되기도 했다. 또 1863년 7월 뉴욕시를 비롯해 여기저기서 징집을 거부하는 폭동이 일어나기도 했다. 그러나 실제로는 복무자들의 출신 배경이 사회구조와 그리 다르지 않았다. 더욱이, 복무자의 대부분을 차지하던 지원자들은 자신들이 왜 싸우는지 알고 있었다. 소수만이 노예제의 수호나 폐지를 위해 나섰고, 대다수는 남부나 북부의 기존 정치체제와 생활방식을 지키기 위해 무기를 들었다.

남부의 지원자도 대부분 노예제를 포함하는 기존 질서를 지키기 위해 무기를 들었다는 것은 언뜻 보기에 납득하기 어려운 일이다. 왜냐하면 내전이 시작되었을 때 노예를 소유하고 있던 농장주들은 남부의 농가 가운데서 4분의 1에 지나지 않았기 때문이다. 더욱이, 남부 백인 가운데 3분의 1을 차지하던 빈민은 농장주를 추종할 생각이 없었다. 노예는 물론이요 토지도 없던 이들 빈민은 흔히 소작이나 날품팔이로 연명했고, 그래서 흔히 흑인 노예와 뚜렷이 구분되지 않는 것으로 여겨졌다. 따라서 그들은 군대에 지원한다면 결국 자기 자신이 아니라 노예제와 농장주를 위해 목숨을 걸고 나서는 꼴이라고 생각했다. 그런 견해는 빈민이 집중되어 있던 애팔래치아산맥 아래 내륙에서 널리 퍼졌고, 실제로 그런 지역 가운데 일부는 버지니아에서 분리한 다음에 1863년 웨스트버지니아로 연방에 가입하기도 했다.

그렇지만 노예가 없어도 토지를 가졌던 소농은 대체로 자신들의 백인성을 내세우며 인종 노예제를 남부의 사회질서로 여겼고, 나아가 스스로 흑인 노예를 갖고 농장주가 되고자 했다. 노예가 이미 살펴본 것처럼 노동력과 부의 원천이었으므로, 그들은 노예제를 이용해 재산을 축적하고 지위를 제고하고자 했다. 따라서 농장주들이 남부에서 재산과 지위를 토대로 정치적 권위를 장악하는 데 대해 이의를 제기하지 않았다. 19세기에 민주정치가 발전함에 따라 남부에서도 참정권이 널리 확대되었는데도, 농장주들이 수립한 과두제에 도전하지 않았던 것이다. 결국 농장주들은 남부에서 입법권과 행정권은 물론이요 사법권까지 장악했고, 그것을 활용해 남부를 자신들의 뜻대로 통제할 수 있었다. 특히 내전이 예상과 달리 일찍 끝나지 않자 징집령을 발동했고, 그에 의지해 빈민도 연합군에 입대하도록 강제할 수 있었다.[23]

---

23 Allen C. Guelzo, *Fateful Lightning: A New History of the Civil War and Reconstruction* (New York: Oxford Univ. Pr., 2012), 232-239; John Whiteclay Chambers, II, "Confederate Army" and "Union Army," *The Oxford Companion to American Military*

그렇게 해서 군대가 편성되고 내전이 시작되자, 그것은 전장에 나간 남성뿐 아니라 집에 남은 가족, 특히 여성에게도 커다란 영향을 끼쳤다. 기혼 여성은 흔히 농장을 혼자 도맡아 꾸려 나가야 했다. 그것은 이전부터 전담하고 있던 가사와 육아, 그리고 농사 뒷바라지 이외에 파종에서 수확까지 남편이 맡아서 하던 농사를 모두 감당해야 한다는 것을 뜻했다. 게다가 북부에서는 도시를 중심으로 산업이 발전했던 만큼, 여성은 산업 현장에도 발을 들여 놓아야 했다. 특히 군복이나 군화를 제작하는 작업장에서는, 여성이 이전보다 더 크고 많은 역할을 맡게 되었다. 그 외에, 적잖은 여성이 전장으로 나가 군대를 지원하는 부담을 짊어졌다. 연방군에서도 연합군에서도, 여성은 음식을 조리하고 의복을 세탁하며 또 부상이나 질환에 시달리는 병사들을 치료하는 일을 맡았다. 따라서 이미 혁명기에 그랬던 것처럼, 내전기에도 여성은 중요한 역할을 하게 되었다. 특히, 연합에서는 남편이나 아들이 군대에 징집되었기 때문에 생계를 꾸릴 수 없다고 공직자에게 탄원서를 보내거나 식량이 제대로 공급되지 않을 때 폭동을 일으키는 등, 공식적 정치의 영역 밖에서 발언권을 행사하기도 했다.

그렇지만 내전이 끝난 다음에는 그런 역할을 잃게 되었다. 여성은 가정에 머무르며 남성을 도와야 한다는 가부장제 이데올로기는 위기가 다가왔을 때 수그러들었다가 위기가 사라지고 나면 또다시 기승을 부렸다. 저 고래의 전통은 19세기 중엽에 제기되었던 비판에도 불구하고 끈질긴 활력을 지녔던 것이다. 이런 패턴은 20세기 중엽에 와서야 바뀐다.[24]

어쨌든 내전이 시작되자, 초기에는 연합군이 주도권을 잡았다. 남부의

History (Oxford: Oxford Univ. Pr., 2000), Encyclopedia.com (http://www.encyclopedia.com, 2016년 6월 8일 접속).

24 Stephanie McCurry, *Confederate Reckoning: Power and Politics in the Civil War South* (Cambridge, MA: Harvard Univ. Pr., 2010), 1-217; Guelzo, *Fateful Lightning*, 389-404.

농장주들이 중세 유럽의 귀족을 모방하며 상무 정신을 중시했던 만큼, 연합에는 사관학교에서 훈련을 받은 유능한 장교들이 많았다. 연합군을 지휘한 로버트 리Robert E. Lee는 그 대표적인 인물로서, 열세에 있는 남부가 독립을 달성하는 데에는 외국의 인정과 개입이 필요하다고 생각했다. 그래서 정치적으로 중요한 의미를 지니는 동부 해안을 주요 무대로 삼고, 연합의 생존 가능성을 입증하는 데 주력했다. 그리고 연합의 수도인 버지니아의 리치먼드Richmond를 거점으로 삼고, 거기서 북쪽으로 진격해 연방군을 공격했다. 결국 1861년 여름 북부 버지니아의 불런Bull Run 하천에서 양측 사이에 대규모 접전이 벌어졌고, 연합군이 승리를 거두었다. 다음 해 여름에도 같은 지역에서 또다시 대규모 접전이 벌어졌는데, 이번에도 연합군이 승리했다. 거기서 용기를 얻은 리는 1862년 9월 리치먼드에서 겨우 160 km 떨어져 있는 연방 수도 워싱턴으로 진격해 연합군의 우위를 확립하려 했다. 그러나 그때쯤에는 연방군이 인력과 물자를 충분히 확보했기 때문에 메릴랜드 남부에서 치열한 전투를 치르게 되었다. 특히 9월 17일 벌어진 앤티텀Antitem 전투에서는 하루 동안에 양측에서 22,000명이 사망 또는 실종하는 막대한 피해가 있었다. 리는 결국 남쪽으로 퇴각했고, 이를 계기로 전략상 주도권을 잃게 되었다.

그때에 이르면, 연방군이 우월한 위치에 있다는 점이 드러나기 시작했다. 링컨 대통령은 처음부터 끝까지 최고 사령관으로서 전략을 결정하는 권한을 행사했다. 무엇보다 먼저 윈필드 스코트Winfield Scott 장군의 건의를 받아들여 반란 지역을 봉쇄하는 조치를 취했다. 그것은 반란 주들이 면화를 수출하고 무기를 수입하지 못하게 막으려는 뜻을 담고 있었다. 그리고 선박과 화력에서 압도적 우위를 누리던 연방 해군은 1862년 4월 뉴올리언스를 점령하고 남부에서 서부 내륙으로 들어가는 관문을 통제하기 시작했다. 반면에 육상에서는 동부 해안에서 연방군이 연합군에 제대로 대처하지 못했다. 총사령관 조지 맥클렐런George B. McClellan은 병력과 화력을 확보하는 데 많은 노력을 기울이는 반면에, 정작 그것을 활용해 전투를 벌이는 데는 소극적인 태도를 보였다. 특히 앤티텀에서 리가 퇴각하는데도 추격하지 않는 실수를 저질렀다.

그러나 서부 내륙에서는 연방군이 주목할 만한 전과를 거두고 있었다. 남부는 북부와 마찬가지로 애팔래치아산맥을 중심으로 동서로 나뉘어 있었는데, 서부는 육로 대신에 수로를 통해, 특히, 테네시강과 앨라배마강, 그리고 미시시피강을 통해 동부와 연결되어 있었다. 그러므로 연방군은 그런 수로를 중심으로 서부 내륙을 공략했다. 그리고 전선이 켄터키에서 테네시를 거쳐 루이지애나까지 길게 펼쳐져 있었던 만큼, 병력과 무기, 그리고 병참에서 우위를 누릴 수 있었다. 실제로 연방군은 1861년 4월 켄터키에서 출발해 테네시로 진격하며 연합군을 압박하기 시작했다. 그리고 1년 뒤에는 테네시의 남쪽 끝에 있는 실로Shiloh에서 대규모 접전을 벌였고, 이틀 동안 양측에서 23,000명의 인명이 희생되는 처절한 전투를 치른 뒤에 승리를 거두었다. 따라서 서부 내륙에서는 1862년 4월에 이르러 연방군의 우위가 드러났다고 할 수 있다. 그로부터 5개월 뒤에 있었던 앤티텀 전투는 연방군이 동부 해안에서도 전세를 바꾸며 우위를 차지했다는 점을 보여 주었다.

바로 그런 상황 속에서 링컨은 노예해방령을 발표했다. 1862년 9월 22일 발표된 이 행정명령은 주민이 반란에 가담한 지역에 한해 다음 해 1월 1일자로 모든 노예가 예속 상태에서 해방된다고 선언했다. 그것은 켄터키처럼 노예주라 해도 주민이 반란에 가담하지 않고 연방에 잔류한 지역에는 적용되지 않는 조치였다. 그런 지역에서는 여전히 노예가 법률상 재산이었고 노예제가 헌법에 의해 보장되는 제도였으므로, 링컨은 거기에 영향을 끼치지 않으면서도 노예제 폐지로 나아가는 길을 찾아야 했던 것이다. 그렇기 때문에 링컨은 내전이 시작된 다음에 폐지론자들이 해방령을 요구하는 데 대해 반응을 보이지 않았고, 전선에서 몇몇 장군들이 반란 지역을 점령한 다음에 노예를 해방하는 조치를 취한 데 대해서도 질책을 서슴지 않았다. 그래도 그들이 노예가 전투에 활용될 수 있으므로 "금수품"으로 취급되어야 한다고 주장하면서 원래 소유자에게 되돌려 보내지 않는 것을 제지하지는 않았다. 이는 링컨이 노예제 폐지를 염두에 두고 있었다는 것을 시사한다. 다른 한편, 그는 이 중대하고 민감한 문제를 도덕이나 이념이 아니라 내전이라는 국가의 위기에 비추어 바라보았다. 그리고 위기 상황에서 대통령이 발동하는 행정명령에서 해법을 찾았다. 따라서 혼자서 조용히 문안을 만들고 몇 차례에 걸쳐 손질했다. 결국 1862년 7월에야, 그러니까 전세가 연방군에 유리하게 전개되기 시작한 다음에야 각료들에게 문안을 보여주고 조언을 들었다.

그렇게 해서 완성된 노예해방령은 반란 지역에서 노예에게 해방의 빛을 던져 주는 반면에, 농장주를 비롯한 백인에게 내전을 치르는 부담 위에 내부에서 노예에 대한 감시와 통제를 강화해야 하는 부담까지 안겨 주었다. 대외적으로는, 내전을 연방을 수호하려는 정치적 투쟁에서 노예해방을 위한 도덕적 투쟁으로 격상시킨다는 효과를 지녔다. 그것은 영국이 산업혁명에 필요한 면화를 확보하는 동시에 미국을 분열시켜 그 세력을 약화시키기 위해 내전에 개입하지 못하게 차단하는 포석이었다. 결국, 노예해방령은 내전의 성격을 바꿔놓는 중대한 조치가 되었다.

실제로 내전에는 중요한 변화가 일어났다. 노예들은 이미 남부가 분리를 선언하고 내전이 시작되었을 때부터 해방을 기대하며 들떠 있었다. 특히, 전투가 벌어졌던 지역과 그 주변에서는 적잖은 노예들이 농장을 벗어나 연방군을 찾아갔고, 또 무기나 탄약, 또는 식량을 나르는 등, 연방군을 도왔다. 그런 움직임은 해방령 덕분에 더욱 뚜렷해졌다. 이제 노예들은 연방군이 점령한 반란 지역에서 자유를 누리게 되었고, 이어서 인접한 지역에서는 무리를 지어 농장을 떠나 연방군 진지를 찾아갔다. 또 그들은 자유 흑인과 함께 연방군에서 훈련을 받고 복무하고자 했다. 그렇게 할 수 있었던 사람은 내전이 끝날 때까지 대략 18만 명에 이르렀다. 반면에 연합군은 병력 부족을 해결하기 위해 노예에게 무장을 시켜 전선에 배치한다는 방안을 고심했으나, 결국

에 가서는 폐기하지 않을 수 없었다.[25]

그리고 전세에서는 연방군의 우위가 더욱 분명하게 나타났다. 동부 해안에서는 1863년 5월 연방군이 남쪽으로 진격했으나 연합군의 역습에 부딪혔고, 북부 버지니아의 챈슬러스빌Chancellorsville에서 양측에서 3만 명 이상의 병사를 잃는 대접전을 벌인 끝에 퇴각하게 되었다. 거기서 힘을 얻은 리는 다시 북부를 침공했고, 7월에는 남부 펜실베이니아의 게티즈버그Gettysburg에서 연방군과 일대 혈전을 벌이게 되었다. 전투는 사흘 동안 계속되며 5만 명 내외의 인명 손실을 가져왔고, 결국 연합군의 패배와 퇴각으로 끝났다. 같은 시기에 서부에서는 율리시즈 그랜트Ulysses S. Grant 장군이 연방군을 이끌고 미시시피의 빅스버그Vicksburg에서 승리를 거두었다. 그는 이미 5월부터 이 교통 요충지를 장악하기 위해 노력했고, 결국 47일간의 포위 작전으로 연합군을 굴복시키는 데 성공했던 것이다. 따라서 연방군은 미시시피강 전체를 통제할 수 있게 되었을 뿐 아니라 서부의 연합군을 동부로부터 고립시키는 성과도 거둘 수 있었다. 이제 전세는 사실상 결정되었다.

그런 상황에서 링컨은 저 유명한 게티즈버그 연설을 했다. 1863년 11월 19일, 그는 격전지 게티즈버그에 새로 건립된 국립묘지를 봉헌하는 행사에 참석했다. 그런 행사에서 으레 그랬듯이 먼저 장중한 음악이 연주되었고, 이어서 행사의 의의를 설명하는 장황한—무려 2시간 동안 계속된—연설이 있었으며, 그 다음에 대통령의 공식적 헌사가 있었다. 링컨은 그것을 의례적 인사로 채우는 대신에, 내전의 대의와 희생의 가치를 짚어 보는 실질적 성찰의 기회로 삼았다. 그래서 여러 차례에 걸쳐 문안을 손질했고, 결국 273개의 단어로 이루어지는 짤막한 글을 지었다. 그리고 겨우 2분에 걸쳐 담담하게 읽어 내려갔다.

---

25 McCurry, *Confederate Reckoning*, 218-357; Steven Hahn, *A Nation under Our Feet: Black Political Struggles in the Rural South from Slavery to the Great Migration* (Cambridge, MA: Harvard Univ. Pr., 2003), 62-115.

여든일곱 해 전에 우리 선조들은 이 대륙에 새로운 나라를 세웠습니다. 자유 속에서 잉태되었던 그 나라는 인간은 본래 평등하다는 명제에 헌신하는 나라였습니다.

지금 우리는 중대한 내전에 휘말려서, 그처럼 자유와 평등을 소중히 여기는 나라가 오랫동안 존속할 수 있는가 하는 시험을 받고 있습니다. 우리가 모인 장소는 그 내전의 격전지입니다. 우리가 모인 이유는 그 나라가 존속할 수 있도록 여기서 자신의 목숨을 바친 사람들을 위해 격전지의 일부를 영면의 안식처로 봉헌하는 데 있습니다. 우리가 이렇게 하는 것은 실로 적절하고 타당한 일입니다.

그러나 더 큰 뜻에서는 우리가 이 땅을 봉헌하거나 정화하거나 성화할 수 없습니다. 여기서 전투를 벌였던 용사들이 이미 삶과 죽음으로써 정화했고, 우리의 보잘것없는 힘으로는 더하거나 줄일 수 없기 때문입니다. 세상은 여기서 우리가 하는 말에 거의 주목하지 않고 오래 기억하지도 않겠지만, 여기서 용사들이 한 일은 결코 잊지 않을 것입니다. 그들이 여기서 싸우며 그토록 숭고하게 추진했던 미완의 과업을 위해 자신을 봉헌하는 것이 차라리 우리 살아남은 이들이 해야 할 일입니다. 이제 우리가 해야 할 일은 차라리 앞에 남아 있는 커다란 과제에 헌신하는 것—이들 전몰장병을 뒤따라 그들이 마지막까지 최선을 다해 헌신했던 대의를 위해 한층 더 헌신하는 것—전몰장병의 죽음을 헛되게 하지 않도록 여기서 단호하게 결의하는 것—이 나라가 하느님의 보살핌으로 자유 속에서 다시 탄생하도록 하는 것—그리고 국민의, 국민에 의한, 국민을 위한 정부가 지상에서 사라지지 않도록 하는 것입니다.[26]

그렇게 링컨은 미국의 건국 정신을 되새기며 내전의 목표를 가다듬었다.

---

26 Abraham Lincoln, "Gettysburg Address," Primary Documents in American History, Library of Congress, http://www.loc.gov/rr/program/bib/ourdocs/Gettysburg.html (2016년 6월 20일 접속).

그리고 노예제 반대와 연방 수호를 넘어 자유와 함께 평등을 강조하며 민주주의에 대한 헌신을 역설했다.

링컨은 그런 대의 이외에 재선이라는 개인적 목표도 생각하고 있었다. 재선을 위해서는 전선에서 승리를 거두는 것이 무엇보다 중요했다. 따라서 그는 스스로 전쟁에 관한 책자들을 읽고 전략에 관해 고민하는 한편, 틈이 나는 대로 전선으로 가서 장병들을 격려하면서 유능한 사령관을 발탁하기 위해 노력했다. 또 워싱턴을 중심으로 일정 지역에서 인신보호령을 중지시킴으로써, 내전을 수행하는 데 방해가 되는 것으로 보이는 사람들을 영장 없이 구금하는 무리한 조치를 취하기도 했다. 다른 한편으로는 공화당이 지배하는 의회와 협력해 북부에서 오랫동안 경제발전을 위해 요구하던 제도를 갖추는 데 관심을 기울였다. 우선 관세를 여러 차례에 걸쳐 인상했고, 그래서 내전이 시작되었을 때 20 % 내외였던 세율을 내전이 끝났을 때는 47 % 수준까지 끌어올렸다. 그리고 농지법Homestead Act을 제정해, 시민 가운데 성인 남성으로서 가족을 이끌고 5년 이상 서부에 정착해 농사를 짓는다면 누구나 160 에이커(65 ha)의 국유지를 불하받을 수 있게 했다. 게다가 태평양 철도법Pacific Railroad Act을 통해 연방정부가 토지를 불하하고 대여금을 제공하는 등, 대륙횡단철도의 건설을 지원할 수 있게 했다. 그 외에 법정 통화를 제정하고 중앙은행을 설립하며 금융제도를 정비하는 작업도 추진했다. 이런 조치는 전후에 미국 경제가 발전하는 데 크게 기여한다. 덕분에, 링컨은 1864년 대통령 선거에서 어렵지 않게 승리를 거둘 수 있었다.

그렇지만 그는 무엇보다도 내전을 종식시키기 위해 고심했다. 1864년 3월, 링컨은 서부에서 그랜트 장군을 불러와 총사령관으로 임명하고 동부 전선을 맡겼다. 그랜트는 연합군과 접전을 벌이다가 적잖은 피해를 입기도 했으나, 6월부터 버지니아에서 리치먼드와 더불어 피터즈버그Petersburg를 포위하기 시작했고, 다음 해 3월까지 9개월 동안 계속해서 고립시키는 데 성공했다. 그것은 연합군으로 하여금 보급이 끊긴 상태에서 무기와 군수품을 모두 써버리게 만드는 작전이었다. 그 동안, 서부에서는 윌리엄 셔먼William T. Sherman—1866년 8월 평양에서 불에 타 사라지는 미국 선박 제너럴 셔먼호의 명칭에서 등장하는 바로 그 인물—이 연합군에 중대한 타격을 입히고 있었다. 그는 남부 테네시에서 출발해 사우스캐롤라이나로 남진하고 이어서 조지아를 가로질러 서배나Savannah까지 진격했다. 그리고 그 경로에 있는 가옥을 불사르고 농토를 짓밟는 등, 남부를 폐허로 만듦으로써 연합군을 지원하지 못하게 저지하는 초토화 작전을 실행했다. 리는 고립무원 상태에서 벗어나기 위해 1865년 3월 말에 반격을 시도했고, 4월 초에는 리치먼드에서 탈출하는 데 성공했다. 그리고 일주일 후에는 리치먼드에서 서쪽으로 150 km 떨어져 있는 애퍼매톡스Appomatox까지 진출했지만, 연방군의 추격에서 벗어나지는 못했다. 결국, 4월 9일 애퍼매톡스 법원 건물에서 그랜트에게 항복하고 말았다. 그래도 버티던 연합군은 4월 26일 노스캐롤라이나의 더럼Durham에서 셔먼에게 항복했다. 그렇게 해서 4년 넘게 계속되던 내전이 끝났다.

내전은 미국인들에게 막대한 피해를 입혔다. 사망자는 무려 752,000명에 이르렀다. 여기에는 흑인 36,000명도 포함된다. 바꿔 말하면, 당시 미국의 전체 인구 가운데 2.4 %에 해당하는 사람들이 희생되었다.[27] 그것은 오늘날이라면 790만 명이 넘게 희생되었을 정도로 놀라운 비율이다. 그 이유는 전투의 치열성보다 의료와 위생의 낮은 수준에서 찾을 수 있다. 왜냐하면 전투에서 희생된 사람들은 전몰자 가운데 3분의 1에 지나지 않았기 때문이다. 많은 장병들이 오늘날이라면 치료할 수 있을 부상이나 질병으로 인해 목숨을 잃어야 했다. 더욱이, 사망자보다 훨씬 많은 사람들이 실종되거나 부상을 입었다. 재산상의 피해도 심각했는데, 이는 전투가 벌어졌던 남부에 집중되었다. 가장 중요한 재산이었던 노예가 사라졌고, 가옥과 농토가 폐허로 변했

---

27 J. David Hacker, "A Census-Based Count of the Civil War Dead," *Civil War History* 57.4 (2011), 307-348.

으며, 철도와 은행도 움직일 수 없게 되었다. 따라서 남부의 개인소득은 내전이 벌어지기 전에 다른 어떤 지역보다 높았으나, 그 후에는 북부의 40 % 수준으로 떨어졌다. 한마디로 줄이면, 남부 경제가 사실상 파탄 상태에 빠졌다고 할 수 있다.

그렇게 막대한 피해를 입으며 미국인들이 얻은 결과 역시 중대한 변화였다. 첫째, 노예제가 폐지되었다. 반란 주에 있던 노예 350만 명은 해방령 덕분에 예속 상태에서 벗어났고, 반란에 가담하지 않은 주에서도 노예제가 무너졌다. 그리고 의회는 1865년 1월 연방헌법 수정조항 제13조를 제정하고 노예제의 폐지를 공식적으로 선언했다. 이것은 근대 세계에서 인신적 지배−종속 관계가 해체되는 거대한 조류의 일환이었다. 그런 관계는 우리가 기억하지도 못하는 머나먼 과거에서 시작되어 근대 초기에 더욱 확산, 악화되었다. 그러나 18세기 말에는 저 잔인한 제도를 청산해야 한다는 생각이 사회운동으로 발전했고, 19세기에 들어와서는 중요한 성과를 내기 시작했다. 그리고 그것은 미국의 노예해방령과 더불어 그보다 2년 앞서 시행된 러시아의 농노제 폐지 덕분에 세계사의 대세로 자리 잡았다고 할 수 있다. 그런 역사적 조류 속에서, 미국은 중대한 계기를 맞이하게 되었다. 노예제는 이미 살펴본 것처럼 미국에서 자본주의 문명이 발전하는 데 커다란 기여를 했을 뿐 아니라 심각한 장애를 가져오기도 했다. 그러므로 그 잔인한 제도가 철폐됨에 따라, 미국은 내부에 남아 있던 식민지마저 청산하고 전역에서 자본주의 문명을 확립하는 기회를 얻었다. 시민권을 부여하지 않으며 열등한 국외자로 취급하던 흑인도 이제 미국의 자본주의 문명 속으로 끌어들일 수 있었다. 이런 뜻에서 노예제 폐지는 미국의 자본주의 발전 과정에서 중요한 계기였다고 할 수 있다.

둘째, 연방이 유지되었다. 연방은 이미 창설 과정에서 비판의 대상으로 간주되었을 뿐 아니라 분열과 내전이라는 해체의 위기에 직면하기도 했으나, 그런 도전을 극복하고 존속할 수 있게 되었다. 이는 바꿔 말하면 미국이 연방을 중심으로 긴밀하게 통합되기 시작했다는 것을 의미한다. 이런 변화는 연방을 가리키는 용어에서 뚜렷하게 나타났다. 이제 United States는 더 이상 복수가 아니라 단수로 취급되기 시작했다. 그것은 또한 연방을 상징하는 성조기에서도 나타났다. 성조기는 원래 혁명기에 대륙군의 깃발로 고안, 사용되었고, 그 후에도 군대 이외에는 널리 보급되지 않았다. 그러나 1861년 4월 섬터 요새에서 주목을 끌기 시작했고, 내전 동안 연방군을 비롯한 국가기관과 공공단체로, 나아가 일반 시민 사이에 널리 확산되었다. 이는 연방이 확고한 위상을 차지했음을 드러낸다. "건국 선조들"이 미국 헌법을 제정하며 상정했던 것과 달리, 이제 연방은 더 이상 주가 도전하지 못하는 지위에 이르렀다. 바꿔 말하면, 연방이 다양한 주민과 지역을 하나로 통합하고 국가 전체를 통제할 수 있는 권위를 확보했으며, 따라서 미국인들의 생활에서 점점 더 중요한 역할을 담당하게 되었다고 할 수 있다. 이는 미국의 권력구조에, 또 나아가 자본주의 문명에 중대한 변화가 일어났음을 뜻한다. 그 함의는 내전 이후에 이어지는 사태에서 점점 뚜렷하게 드러난다.

셋째, 미국은 내전이 끝난 다음에 인접한 멕시코와 캐나다를 비롯한 주변 국가와 맺은 대외 관계에서 영향력을 확대하기 시작했다. 멕시코에서는 프랑스가 식민지를 건설하고자 했으나, 멕시코인의 저항 이외에 미국의 압력에도 부딪혀 포기하고 말았다. 캐나다의 주민은 내전을 치른 미국의 군사력과 팽창주의를 경계하면서 오랜 내분을 뛰어넘어 새로운 중앙정부를 수립할 수 있었다. 그리고 러시아는 알래스카를 전부터 탐내던 영국 대신에 미국에 매각함으로써, 북태평양에서 영국을 견제하는 동시에 부족한 재정을 보충할 수 있었다. 내전을 치른 다음, 미국은 이전보다 더 강력한 국가로 부상한 것이다.

링컨은 그런 변화 속에서 내전을 마무리하는 작업에 착수했다. 그는 무엇보다도 관용을 호소했다. 1865년 3월 4일, 자신의 두 번째 대통령 취임식에서 내전이 끝나는 단계에 있다고 말하면서 말문을 열었다. 그러나 앞으로 4년 동안 국정을 어떤 방향으로 이끌고 나갈 것인지 포부를 밝히지 않았다.

그 대신, 무거운 어조로 지난 4년 동안 있었던 일을 되새겨 보았다. 그는 먼저 양측 모두 내전을 두려워하면서도 그것을 막지 못했고, 양측 모두 예상하지 못한 엄청난 피해를 입었으며, 또 양측 모두 성경을 읽으며 하느님에게 도움을 요청했음을 상기했다. 그리고 "어떤 사람들이 다른 사람들에게서 얼굴에 땀을 흘리며 얻은 빵을 빼앗아 가면서 정의로운 하느님께 도움을 청한다는 것이 이상하게 보일지라도, 그들에 대해 판단을 내리지 말고 그래서 우리도 판단을 당하지 않도록 합시다"라고 당부했다. 나아가 인간은 전능한 존재의 의도를 이해할 수 없다고 말하면서, 평소와 달리 종교적 심성을 분명하게 드러내었다. 더욱이, 길지 않은 연설을 마무리하며 다시 종교적 자세를 촉구했다.

"누구에게도 원한을 품지 않고, 누구에게나 관용을 베풀며, 하느님이 우리에게 정의를 분간할 수 있도록 해주시므로 정의에 대한 확신을 지니고, 우리가 하고 있는 일을 끝내도록 노력합시다. 이 나라가 입은 상처를 감싸고, 전투를 치른 용사들과 그들을 잃은 여인과 고아들을 보살피며, 우리 사이에서, 또 모든 나라 사이에서 정의롭고 지속적인 평화를 달성하고 유지하는 데 도움이 되는 일은 무엇이든지 하도록 노력합시다."[28]

그러나 링컨은 자신이 호소한 것을 실천에 옮기지 못했다. 그로부터 7주가 지난 4월 14일 금요일 저녁, 그는 부인과 함께 연극을 보기 위해 극장으로 갔다. 밤 10시 30분, 존 윌크스 부스John Wilkes Booth라는 연극배우가 대통령 좌석으로 통하는 출입문을 열고 들어와 링컨을 향해 권총을 쏘았다. 대통령은 다음날 아침 숨을 거두었다. 전국이 충격에 빠졌다. 그리고 4월 19일

---

28 Abraham Lincoln, "Second Inaugural Address," Primary Documents in American History, Library of Congress, https://www.loc.gov/rr/program/bib/ourdocs/Lincoln2nd.html (2016년 6월 20일 접속).

워싱턴에서 장례식이 거행된 다음에 시신이 일리노이의 스프링필드까지 철도로 운구, 매장될 때까지, 수백만 명의 미국인들이 연도에서 그의 죽음을 슬퍼했다.

부스의 범행 동기는 연합군의 패배에 관한 원한이었던 것으로 보인다. 그는 다른 공모자들과 함께 링컨 이외에 그랜트도 살해하고자 했으니 말이다. 부스는 열렬한 남부 옹호자요 극렬한 인종주의자였지만, 출신 배경에서는 그런 요소를 찾아보기 어렵다. 그가 아버지와 형을 따라 어릴 때부터 연극을 천직으로 여기고 살았기 때문이다. 기이한 것은 당시 미국에서 셰익스피어 연극배우로 이름을 떨치던 그의 형 에드윈Edwin이 한 해 전에 링컨 대통령의 큰 아들 로버트 토드Robert Todd를 위험에서 구해 주었다는 사실이다. 두 사람은 서로 모르는 사이였는데 우연히 함께 역에서 기차를 타려고 하다가, 로버트가 발을 헛디뎌 기차 아래로 떨어지는 것을 에드윈이 뒤에서 옷깃을 잡고 끌어올려 사고를 막은 적이 있었다. 결국, 부스 형제는 링컨 부자에게 생명을 구해 준 뒤에 도로 빼앗아 버리는 기이한 인연을 맺고 있었던 셈이다.

부스의 범행은 큰 맥락에서 볼 때 미국 사회에 뿌리내린 폭력의 일부라 할 수 있다. 그것은 결국 폭력을 본질로 삼고 있던 노예제를 대화로 해결하지 못하고 내전이라는 폭력으로 타파한 데 대해 다시 폭력으로써 복수하는 행위였으니 말이다. 더욱이 다음 장에서 살펴보듯이 노예제가 폐지된 뒤에도 남부에는 인종 관계를 재편해야 한다는 과제가 남아 있었고, 백인 인종주의자들은 그 대책으로 또다시 폭력에 호소했으니 말이다. 이는 백인이 흑인에게 덧씌운 악순환의 고리였다. 그 고리를 끊은 것은 그것을 만든 백인이 아니라, 그로부터 한 세기 가까이 세월이 흐른 다음에 인종 관계에서 주체로 등장한 흑인이다.

그렇다면 미국은 내전을 통해 노예제를 폐지하고 자본주의 문명이 전국적으로 확산되는 계기를 맞이했다고 할 수 있다. 이제 남부에서도 농장주가 지배하는 과두제가 무너지고 정치적 권위와 경제 권력이 분립되는 현상이 나타나기 시작했다. 그렇지만 폭력이라는 원시적 유형의 권력은 여전히 중요한 요소로 남아 있었다. 노예제가 사라진 뒤에도 인종 질서라는 폭력 체제가 살아 있었고 심지어 더욱 기승을 부렸다. 그래도 내전은 미국에서 자본주의 문명이 비약적으로 발전하는 계기였다고 할 수 있다. 이는 다음 장에서 다루는 남부의 재건과 발전에서 분명하게 드러난다.

제11장

재건과 신남부

내전이 끝나자, 미국은 재건이라는 새로운 과제에 당면했다. 재건이란 좁게 보면 반란에 가담했던 주들이 연방으로 복귀하고 정치체제가 개편되는 과정이지만, 넓게 보면 그것을 넘어 남부의 사회와 경제, 그리고 문화가 재편되는 과정이라 할 수 있다. 반란 주들은 내전의 결과로 400만 명에 가까운 노예를 잃어버렸고, 따라서 총액 30억 달러가 넘는 그들의 몸값은 물론이요 그들이 지녔던 노동 능력까지 잃어버렸으므로, 먼저 남부의 경제를 어떻게 재건할 것인가 하는 과제에 직면하게 되었다. 게다가 노예제에서 해방된 흑인들이 시민으로서 어떤 권리를 누리며 정치에서 어떤 역할을 맡아야 할 것인가, 내전이 끝난 뒤에도 미국 사회를 지배하던 인종주의 속에서 그들이 어떤 지위를 차지해야 할 것인가, 그리고 흑인의 위상을 비롯해 남부에 일어나는 변화를 어떻게 이해하고 또 어떤 방향으로 이끌고 나갈 것인가 하는 과제에도 당면하게 되었다. 더욱이, 그처럼 거대하고 복잡한 과제는 남부가 스스로 해결할 수 없었다. 내전을 승리로 이끌었던 공화당은 노예제의 폐지에서 멈추지 않고, 남부 사회의 재편까지 나아가려 했기 때문이다.

그런 재건이 결국 실패로 끝났다는 것이 오늘날 미국 역사학계의 정설이다. 많은 역사학자들은 재건이 1865년부터 연방군이 남부에서 완전히 철수하는 1877년까지 12년 동안 진행되었지만, 위에서 언급한 과제가 제대로 해결되지 않았다는 점에 주목한다. 특히 핵심에 해당한다고 할 수 있는 흑인의 지위가 재건 초기에 개선되는 듯했지만, 결국에는 정치적 억압과 경제적 종속, 그리고 사회적 격리로 귀결되었다는 사실에 주의를 환기한다. 간단히 줄이면 흑인이 "자유 말고는 아무것도" 얻지 못했고, 그래서 결국 지주와 상인에게 종속되는 농업 노동자가 되었다고 해석한다. 이런 견해를 대변하는 에릭 포너Eric Foner는, 그래서 재건을 "미완의 혁명"unfinished revolution이라고 말한다.[1]

그런 해석을 전면적으로 수용하기는 어렵다. 흑인의 지위가 재건의 핵심적 과제라는 것은 부인하기 어렵고, 그것이 제대로 해결되지 않았다는 것도 결코 경시할 수 없는 사실이다. 그래도 노예제에서 해방된 흑인이 결국 농업 노동자로 변신했다는 해석은 너무 도식적인 견해인 듯하다. 해방 흑인은 아래에서 살펴보겠지만 토지를 얻을 수 없었기 때문에 지주로부터 토지를 빌려 경작해야 했다. 그것도 식량과 종자와 농기구 등, 생계와 농사에 필수적인 물품들을 상인에게서 외상으로 사들여서 경작해야 했다. 그렇기 때문에 그들은 지주와 상인에게 경제적으로 종속되었고, 또 그런 관계에서 벗어나지 못

---

1 Eric Foner, *Nothing But Freedom: Emancipation and Its Legacy* (Baton Rouge: Louisiana State Univ. Pr., 1983); idem, *Reconstruction: America's Unfinished Revolution, 1863–1877* (New York: Harper & Row, 1988). 그런 해석은 다른 주요 업적에서도 나타난다. W. E. B. DuBois, *Black Reconstruction in America: An Essay toward a History of the Part Which Black Folk Played in the Attempt to Reconstruct Democracy in America, 1860–1880* (1935; New York: Atheneum, 1977); Steven Hahn, *A Nation under Our Feet: Black Political Struggle in the Rural South from Slavery to the Great Migration* (Cambridge, MA: Harvard Univ. Pr., 2003).

했을 뿐 아니라 그것을 자손에게도 물려주게 되었다. 더욱이, 20세기 전환기에 이르면 정치적으로나 사회적으로, 또 문화적으로도 열악한 위치를 차지하게 되었다. 바꿔 말하면, 해방 흑인은 사실상 후손에게 세습되는 종속적 신분을 차지하게 되었다고 할 수 있다. 그런데도 이와 같은 전근대적 신분제의 잔재는 포너의 해석에서 경시된다.

그런 문제점에서 벗어나기 위해, 필자는 재건을 자본주의 발전 과정이라는 넓은 맥락에 비추어 보고자 한다. 필자의 시각에서 볼 때, 재건은 남부가 자본주의 문명으로 편입되는 과정 가운데 한 부분이다. 이미 지적한 바와 같이, 노예제는 미국의 자본주의 문명과 연결되어 있었지만 결코 통합되어 있지는 않았다. 이 야만적인 제도는 분명히 내전을 계기로 해체되었지만, 그렇다고 해서 남부가 자본주의 문명에 충분히 통합되었다고 보기는 어렵다. 이는 미국 역사학계에서 쟁점으로 취급되지 않는다. 대다수 학자들이 남부가 노예제에도 불구하고 자본주의 세계의 일부였다고 생각하고, 일부 학자들이 남부의 노예제가 자본주의적 성격을 지녔다고 주장하고 있으니 말이다. 그러나 자본주의를 경제체제나 사회·경제체제가 아니라 넓은 뜻에서 권력구조로 보는 필자의 시각에서는, 흑인의 지위를 넘어 그것을 둘러싸고 형성되는 권력 관계를 포괄적으로 살펴보지 않을 수 없다. 이 각도에서 바라보면, 재건 시대에도 남부는 미국의 자본주의 문명에 충분히 통합되지 않았던 것으로 보인다. 남부는 내부 식민지로서 지녔던 전근대적 제도들을 제대로 청산하지 못하고 오히려 다른 형태로 유지하고자 노력했고, 그래서 자본주의에 필요한 정치적 토대를 완비하지 못한 채 후진성을 띠게 되었다고 할 수 있다.

어떻게 해서 그렇게 되었는가 하는 의문이 제11장의 주제이다. 이 의문을 풀기 위해서는, 먼저 1865~77년 재건 시대를 넘어 남부가 변모하는 과정을 살펴보아야 한다. 재건은 정치적 측면에서 볼 때 분명히 1877년에 종결되었지만, 다른 측면에서는 재건 시대에 시작된 변화가 그 이후에도 지속되었기 때문이다. 그런 변화는 필자가 보기에 적어도 1890년대 중엽까지 계속되었다. 따라서 필자는 그때에 이르기까지 흑인의 지위에 초점을 맞추면서도, 그것을 둘러싸고 있던 넓은 권력 관계를 살펴보고자 한다.

1. 연방의 정책

먼저 다루어야 할 것은 재건에서 주도권을 쥐고 있던 연방정부가 어떤 정책을 수립, 실행했는가 하는 문제이다. 그렇지만 재건이 내전에서 남은 과제를 해결하는 작업이었으므로, 그것부터 살펴볼 필요가 있다.

내전에서 남은 과제는 세 가지로 나뉜다. 첫째, 예속 상태에서 해방된 흑인을 어떻게 처리할 것인가 하는 문제가 있었다. 링컨 행정부는 해방흑인국 Freedmen's Bureau을 설치하고 해결책을 모색했다. 그리고 먼저 그들을 해외로 이주시키고자 했다. 흑인을 법률상 백인과 같은 권리를 지니는 평등한 시민으로 간주하면서도, 사회적으로나 경제적으로, 또는 문화적으로는 백인과 함께 교류하고 화합할 수 있는 동등한 존재로 취급하지 않았기 때문이다. 그러나 라이베리아처럼 낯선 고장으로 이주하고자 하는 흑인은 거의 없었다. 그들은 당장 생계를 꾸려야 했고, 그래서 농토를 얻기 위해 연방정부와 정치 지도자들에서 탄원서를 보내기도 했다. 더욱이, 흑인은 전후에도 남부 경제에 필수불가결한 노동력의 원천이었다. 따라서 연방정부는 그들의 생계를 지원하는 대책을 세워야 했다. 내전이 끝날 때까지 그들에게 생명과 자유를 주었지만, 그런 권리를 누리는 데 필요한 재산을 주지는 않았기 때문이다.

급진파에 속하는 인사들은 해방 노예에게 "땅 40 에이커와 노새 한 마리"를 제공해야 한다고 주장했다. 이는 1862년 농지법에서 드러나듯이 조금도 생소한 제안이 아니었다. 그렇지만 거기에 필요한 토지를 어디서, 어떻게 마련할 것인가 하는 문제가 있었다. 북부에서는 인종주의적 이유에서 흑인의 이주를 바라지 않았다. 서부에서도 같은 사정이 있었다. 남부에서는 해방 흑인에게 토지를 나누어 주면 저렴한 노동력을 확보하기가 어려워질 것이라는 우려가 있었다. 따라서 해방흑인국은 남부의 일부 지역에서 흑인에게 토지를 분배하는 한편, 다른 일부 지역에서는 백인의 농장에 가서 일을 하고 품삯을 받도록 하는 임금제를 도입했다. 그것은 어디까지나 실험이었고, 거기서 어떤 결론을 이끌어 내는가 하는 것은 정치인들이 풀어야 하는 과제였다.

둘째, 남부의 인종 관계를 어떻게 재편해야 하는가 하는 문제가 있었다. 미국의 노예제는 이미 살펴보았듯이 노동을 착취하는 제도였을 뿐 아니라 인종 사이에 질서를 유지하는 장치이기도 했다. 그 장치는 본질적으로 폭력을 통해 작동하지만 공식적 제도라는 형태를 지녔다. 그것이 내전으로 인해 파괴됨에 따라, 남부는 노예제에 의지하지 않고서도 위계적 인종 질서를 유지하고자 했다. 그 과정에서 주도적 역할을 맡은 것은 물론 백인이었다. 흑인은 노예제의 폐지에서 부차적인 역할을 했던 만큼, 그 이후에 인종 질서를 수립하는 과정에서 주도권을 잡을 수 없었다. 그렇지만 흑인도 시민으로서 참정권을 지녔고, 또 거주 이전의 자유, 무기 휴대의 권리, 법정에서 증언하는 자격 등, 과거에 맛보지 못했던 자유와 권리, 그리고 특전을 누리고 있었다. 따라서 남부의 백인은 그런 것을 제한하지 않고서도 흑인을 통제하는 방안을 찾고자 했다. 이는 물론 해방 노예에게 땅을 나누어 줄 것인가, 아니면 품삯을 받도록 할 것인가 하는 문제와 깊이 연관되어 있었다.

셋째, 반란에 가담했던 주들을 어떻게 연방으로 복귀시키는가 하는 문제가 있었다. 내전이 끝났을 때, 그런 주들은 연방군의 점령 아래에 있었다. 더욱이 이미 연방에서 탈퇴했던 만큼, 연방으로 복귀하는 절차를 다시 밟아야 했다. 그것도 노예제를 포기한 채로 그래야 했다. 다른 한편에서는 공화당이 반란에 대한 응징을 요구하고 있었다. 특히, 급진파는 차제에 남부의 뒤떨어진 사회·경제체제까지 혁신해야 한다고 주장했다. 이는 반란을 주도했던 농장주들의 정치적 영향력을 제한하는 데 그치지 않고, 그들의 토지를 몰수하고 해방 노예에게 분배하며 그들의 세력 기반을 파괴한다는 것을 뜻했다.

급진파의 주장은 이미 1863년 12월 링컨이 발표했던 "10 % 방안"Ten percent plan과 대조되는 것이었다. 그 골자는 반란 주에서 내전이 일어나기 전에 참정권을 지녔던 사람 가운데 10 %에 해당하는 사람만 연방에 대해 충성을 서약하고 노예제 폐지를 수용한다면 새로운 정부를 수립하고 연방에 복귀할 수 있게 하자는 것이었다. 따라서 이 관대한 방안과 급진파의 방침 가운데 어떤 것을 선택할 것인가, 그렇지 않으면 다른 어떤 대안을 모색할 것인가 하는 문제가 불거져 있었다.

그러나 링컨을 뒤이은 앤드루 존슨Andrew Johnson은 적절한 해결책을 마련하지 못했다. 그는 1864년 대통령 선거에서 링컨이 선택한 부통령 후보였던 만큼, 링컨의 정책을 이해하고 계승하고자 했으나 그에 필요한 자세나 역량을 갖추지는 못했다. 존슨은 테네시를 대표하는 민주당원으로서, 내전이 시작된 다음에도 연방 상원에 남아 있으면서 남부의 소규모 자영농을 대변하는 데 관심을 기울였다. 그는 무엇보다도 링컨의 "10 % 방안"에 초점을 맞추고 반란 주들을 연방에 복귀시키는 데 주력했다. 그리고 공화당 급진파와 대화하며 의회에서 협력을 얻어 내는 대신, 대통령으로서 지니는 권력에 의지하며 신속하게 움직였다. 실제로, 1865년 봄에 존슨은 반란에 가담했던 사람들 가운데서 고위 공직자와 대농장주를 제외하고는 연방에 대한 충성과 함께 노예해방령에 대한 지지를 선언하는 모든 이들에게 사면을 베풀고 재산권도 되돌려 주었다. 그리고 반란 주에 임시 지사를 임명함으로써, 헌법을 개정하고 연방에 가입하는 절차를 시작하게 해 주었다.[2]

존슨의 정책은 남부가 연방에 복귀하는 데 그치지 않고 낡은 질서를 부활시키는 데 기여했다. 우선, 반란에 가담했던 사람들은 물론이요 심지어 반란을 주도했던 이들마저 의회를 비롯한 국가기구에서 과거의 직책을 되찾으

---

2 이하 재건 정책에 관한 서술은 따로 전거를 밝히는 경우를 제외하면 모두 서두에서 언급한 포너의 저술에 토대를 두고 있다.

며 이전의 정치체제를 되세우려 했다. 더욱이, 그들은 정치적 권위를 이용해 이른바 "흑인 법규"Black Codes를 제정함으로써 흑인에게 노예제에 버금가는 종속 상태를 강제했다. 이 법규는 단일한 법률이 아니라 다양한 법령에 들어 있는 조항으로서, 흑인의 자격이나 행동에 제약을 가하는 조치를 담고 있었다. 그 예로, 흑인은 시민이라면 누구나 지니는 배심원 자격을 갖지 못한다든가, 백인과 결혼하지 못한다든가 하는 조항을 들 수 있다. 일부 조치는 분명히 흑인에게 예속 노동을 강제하려는 데 취지가 있었다. 특히 "부랑"vagrancy에 대해서는 무거운 벌금을 부과하거나 강제 노역을 명령했고, 노동자가 계약이 만료되기 전에 일을 그만두면 밀린 임금을 받을 수 없다고 규정하기도 했다. 일부 주에서는 심지어 흑인의 토지 소유를 금지하기까지 했다.

흑인은 그런 퇴행적 조치에서 벗어나 자유를 누리고자 했다. 오랜 예속 상태에서 해방된 이들은 두말할 나위도 없이 새로운 삶을 원했다. 그들은 그저 자유를 맛보기 위해 농장을 떠나기도 했지만, 흔히 타지로 팔려 간 가족을 찾거나 새로운 일자리를 얻기 위해 먼 길을 마다하지 않고 나섰다. 노예제의 참상을 상기시키는 농장과 주인을 떠나, 백인과 마찬가지로 가정을 꾸리고 자신들의 뜻대로 살아가려 했던 것이다. 실제로 적잖은 흑인은 농장이든 공장이든 간에 일손을 쓰고 품삯을 주는 곳을 찾아 떠났고, 또 노동 능력을 팔아 생계를 잇는 임금노동자로 변모했다. 그렇지만 대다수는 다른 곳으로 떠나지 못하고 과거의 농장에서 일을 하게 되었는데, 그래도 과거와 달리 남성은 여성과 아동을 밭으로 내보내지 않고 집에 머무르게 했다. 사실, 그들의 노동 능력까지 동원해야 할 만큼 넓은 토지를 얻을 수도 없었다. 흑인은 또한 백인 감독 아래에서 조별 작업제에 따라 일하던 과거의 관행에서 벗어나려 했다. 그 대신, 농장의 토지 가운데 일부를 빌려 농사를 짓고 그 수확물을 주인과 나누어 갖는 소작제를 선호했다. 소작인은 자율성이라는 측면에서 볼 때 자영농만 못해도, 분명히 노예보다 나은 지위를 누렸기 때문이다. 그런 희망은 공동체 생활에서도 나타났다. 흑인은 백인의 교회에 가서 백인과 어울리는 대신, 흔히 자신들의 힘으로 따로 교회를 세우고 예배를 올렸다. 또 학교를 세우고 자녀 교육에 관심을 기울였다.[3]

　　그처럼 자유를 추구하는 흑인을 통제하기 위해, 남부 백인은 폭력에 호소했다. 1866년 5월 테네시의 남서부에 자리 잡은 도시 멤피스Memphis에서 마차 두 대가 충돌했을 때, 경찰은 두 마부 가운데 백인을 방면하고 흑인만 구속했다. 그러자 흑인 재향군인들이 항의했고, 그에 맞서 백인 군중이 모여들었다. 양측의 충돌은 곧 백인 군중이 흑인 거주지에 침입해 살인과 방화 등, 폭력을 자행하는 사태로 이어졌다. 사흘 뒤에 사태가 진정되자, 백인 2명을 포함해 적어도 48명이 사망하고 흑인 여성 5명이 성폭력에 희생되었으며 수백 채의 건물이 파괴되었다. 이어서 그 해 7월에는 루이지애나를 대표하는 도시 뉴올리언스에서도 백인 군중이 흑인 시민에게 폭력을 휘둘렀고, 그로 인해 37명이나 죽고 100명 넘게 다쳤다. 흑인 시민이 반란 가담자들의 정치적 영향력에 맞서 거리에서 시위를 벌이자, 백인 군중은 그처럼 무자비한 폭행을 가했던 것이다. 이런 폭력은 일시적 사태로 끝나지 않고, 결국 지속성을 띠는 조직적 형태로 자리 잡았다. 1865-66년간에 테네시 남부의 어느 소도시에서 큐클럭스클랜Ku Klux Klan이라는 비밀결사가 결성되었다. 이 단체는 남부에서 백인의 지배적 지위를 유지하기 위해 폭력으로써 흑인을 통제하고자 했는데, 불과 수년 사이에 남부 전역으로 확산되었다. 더욱이, 그와 비슷한 단체들이 여럿 결성되었다. 그리고 물리적 폭력을 휘두르며 과거의 인종 질서를 다시 수립하기 위해 노력했다.[4]

3　Roger L. Ransom and Richard Sutch, *One Kind of Freedom: The Economic Consequences of Emancipation* (Cambridge: Cambridge Univ. Pr., 1977), 1-105.

4　폭력과 인종주의의 관계에 대해서는 다음 문헌을 참고하라. Barbara Fields, "Ideology and Race in American History," in *Religion, Race, and Reconstruction: Essays in Honor of C. Vann Woodward*, ed. J. Morgan Kousser and James M. McPherson (New York: Oxford Univ. Pr., 1982), 143-177; idem, "Slavery, Race and Ideology in the United States of America," *New Left Review* 181 (1990), 95-118.

그렇게 해서 남부에서 낡은 질서가 되살아나는 경향이 뚜렷해지자, 그것을 저지하기 위해 의회가 나섰다. 의회를 지배하던 공화당은 존슨의 재건 정책을 비판했다. 공화당은 이미 1864년에 남부의 재건에서 반란 가담자들을 배제해야 한다는 웨이드-데이비스 법안Wade-Davis Bill을 통과시킨 바 있었다. 그러나 링컨과 존슨이 그와 같이 엄격한 조치가 오히려 통합을 방해할 것이라며 거부하고 온건한 노선을 천명함에 따라, 의회는 재건 정책의 주도권을 잃었다. 그렇지만 전후에 남부에서 사태가 악화되자, 의회를 지배하던 공화당은 급진파의 주장에 따라 움직이기 시작했다. 급진파는 상원의 찰스 섬너와 하원의 새디어스 스티븐스Thaddeus Stevens를 중심으로 소수에 지나지 않았다. 1866년 봄, 그들은 그래도 존슨의 재건 정책과 어긋나는 중요한 법안들을 통과시키는 데 앞장섰다. 특히 민권법Civil Rights Act을 제정하고, 노예제에서 해방된 흑인을 시민으로 규정하고 그들에게 재산을 소유하는 권리와 소송을 제기하는 권리 등, 다양한 권리가 있음을 확인했다. 또 해방흑인국에 학교를 건립하고 교사를 채용하는 권한을 부여하는 등, 그 기능을 확대했다.

급진파는 남부의 재건을 위해 무엇보다도 흑인의 시민권을 보장해야 한다고 생각했다. 이는 급진파 가운데서 정치적으로는 물론이요 지적으로도 가장 큰 영향력을 지녔던 섬너에게서 뚜렷하게 나타난다. 매서추세츠를 대표하던 이 상원 의원은 평생 국제 평화와 사회 개혁을 위해 노력했지만, 그의 가장 중요한 관심사는 노예제를 폐지하고 인종 평등을 실현하는 데 있었다. 그는 1811년 보스턴에서 변호사요 행정가로 살아가던 아버지의 큰아들로 태어났는데, 일찍부터 바깥에서 뛰어놀기보다는 집에서 책을 읽는 데 재미를 느꼈고, 특히 스스로 라틴어를 깨우치고 고전을 읽으려 애썼다. 그리고 아버지는 큰아들이 살림에 보탬이 되기를 기대하지 않고 오히려 대학에 이르기까지 공부할 수 있도록 도움을 주었다. 덕분에 찰스 섬너는 보스턴 라틴학교Latin School을 거쳐 하버드대학에서 수학할 수 있었고, 또 거기서 법학 대학원으로 진학해 결국 아버지처럼 변호사로서 일할 수 있게 되었다. 그리고 19세기 중엽 보스턴을 휩쓴 사회 개혁의 물결에 합류하면서, 고전과 법률에 관한 풍부한 지식을 활용해 개혁의 대의를 전파하는 데 주력했다. 그 결과 1851년에는 연방 상원으로 진출해 도망 노예 단속법의 폐지를 주장하며 정치인으로서 주목을 끌기 시작했다. 그런 활동은 1856년 의회에서 남부 정치인의 야만적 폭력 때문에 쓰러진 뒤에도 위축되지 않았다.[5]

1866년 남부에서 흑인의 권리가 위기에 부딪혔을 때, 그의 활동은 다시 강화되었다. 섬너는 이틀에 걸쳐 계속된 연설에서 흑인의 참정권이 재건의 핵심이라고 역설했다. 그에 따르면, 재건은 본질적으로 연방에서 이탈했던 주들을 다시 받아들이는 것이므로 의회의 소관 사항이었다. 그리고 의회는 연방에 가입하는 주가 미국 헌법에 따라 공화주의 정부 형태를 채택한다는 점을 확인해야 했다. 섬너는 그런 정부 형태가 어떤 것인지 설명하기 위해, 고대 그리스부터 당대 프랑스에 이르기까지 수많은 사례를 거론했다. 그러나 결국에는 미국혁명과 연방헌법에 주의를 환기했다. 거기에 "공화주의 정부 형태에 대한 미국의 정의"가 있었기 때문이다.

이들[과거의 철학이나 이론, 또는 사례들]과 대비되는 것은 일찍이 우리의 건국 선조들이 제시한 불변의 원리, 선조들의 집단적 선언, 선조들의 공표된 견해, 선조들의 공적 행위를 일관하는 하나의 명백한 의견입니다. 그것은 첫째, 모든 인간은 평등한 권리를 지닌다는 것. 그리고 둘째, 정부의 정당한 권력은 피치자의 동의에서 나온다는 것입니다. 여기에 공화국에 대한 미국의 정의가 있고, 이것은 미국 헌법에 대한 해석에서 빠뜨릴 수 없습니다.[6]

---

5 David Herbert Donald, *Charles Sumner and the Coming of the Civil War* (1960; Chicago: Univ. of Chicago Pr., 1981).

6 U.S. Congress, *Congressional Globe*, 39th Congress, 1st Session, 673−687, 682.

그런 공화주의의 견지에서 볼 때, 흑인의 참정권은 필수 조건이었다. 더욱이, 섬너는 그것이 흑인을 보호하는 장치이기도 하다고 강조했다.

노예제에서 해방된 사람들에게 투표권을 주십시오. 그러면 그들은 법에 따라 언제나 변함없이 살아가면서 자신들을 보호해 주는 힘을 갖게 될 것입니다. 시민권으로 무장을 한다면, 그것은 그들의 안전을 지키는 가장 좋은 방책이 될 것입니다. 투표권은 그들에게 칼이요 방패가 될 것입니다. 그들의 적을 찌르는 칼이요, 적의 공격을 받아치는 방패 말입니다. 투표권을 지니기만 하면, 그것은 적에게 두려움을 주는 방어책이 될 것입니다. 이성의 최고 단계라 할 수 있는 법률에 따르면, 모든 사람에게는 집이라는 성이 있다고 합니다. 그러나 노예제에서 해방된 사람들은 투표권이 없으면 집도 가질 수 없습니다.[7]

이런 믿음에 따라, 급진파는 민권 법안을 통과시키는 데 힘을 쏟았다. 그들이 보기에 해방흑인국의 기능을 확대하는 법안은 흑인이 예속에서 자유로 나아가는 과정에서 일시적으로 도움을 주는 보조 장치에 지나지 않았다.

실제로, 공화당은 흑인의 시민권을 보장하기 위해 헌법에 호소하는 방법까지 선택했다. 민권 법안이 대통령의 거부권뿐 아니라 대법원의 위헌 판결이라는 암초에도 부딪힐 가능성이 보이자, 급진파는 온건파의 지지를 얻어 그것을 헌법의 일부로 바꾸어 어떤 압력도 이겨낼 수 있게 만들고자 했다. 1866년 6월, 그들은 의회에서 수정조항 제14조를 통과시켰다. 제1항은 이렇게 선언한다.

미국에서 태어나거나 미국으로 귀화한 개인으로서 미국의 관할권 아래에 있는 모든 개인은 미국과 그가 거주하는 주의 시민이다. 어떤 주도 미국 시민의

---

7 Ibid., 685.

특권과 면책권을 박탈하는 법률을 제정하거나 시행하지 못한다. 또 어떤 주도 적법 절차에 의하지 아니하고는 어느 개인으로부터도 생명이나 자유, 또는 재산을 박탈하거나, 그 관할권 아래에 있는 어느 개인에 대해서도 법률의 평등한 보호를 거부하지 못한다.

이 조항에서 주목해야 할 것은 먼저 노예제에서 해방된 흑인을 시민으로 규정함으로써 1857년 드레드 스코트 판례를 무효화시켰다는 점이다. 그들은 미국에서 태어난 사람으로서 원주민과 달리 미국의 관할권 아래에 있으므로, 미국의 시민이자 그들이 거주하는 주의 시민이라는 것이었다.

그에 못지않게 주목해야 할 것은 제1항이 시민의 권리를 보장하기 위해 "적법 절차"due process of law와 "법률의 평등한 보호"equal protection of the laws를 강조한다는 점이다. 이들 구절은 이후 소수가 자신의 권리를 주장하는 데 중요한 근거로 활용된다. 더욱이, 그것을 활용하는 소수는 대체로 해방 흑인에서부터 오늘날 성소수자에 이르기까지, 미국 사회를 주도하는 주류로부터 자신의 권리를 확보하려던 사회적 약자라 할 수 있다. 그들은 주나 지방에서 자신의 권리가 침해된다고 생각할 때 수정조항 제14조를 근거로 연방의 권위에 호소해 왔다. 이는 미국의 권력구조에서 연방이 주나 지방의 권위를 견제하며 시민의 권리를 보호하는 권위를 지니게 되었음을 뜻한다.

그러나 수정조항 제14조는, 특히 적법 절차와 평등한 보호에 관한 구절은, 엘리트의 권력을 보호하는 기능도 지니게 되었다는 점을 기억할 필요가 있다. 이미 살펴본 바와 같이, 19세기 전반기까지 소수의 권익을 강조한 것은 정치적 다수로부터 자신의 발언권을 지키려던 엘리트였다. 그들의 노력은 다음 장에서 살펴보겠지만 수정조항 제14조를 활용해 법인의 권익을 보장하는 데까지 이어졌다. 이런 뜻에서도 이 조항은 미국 자본주의의 발전 과정에서 주목해야 하는 요소이다.

더욱이, 공화당은 그 조항을 토대로 대통령의 재건 정책을 전면 수정하고자 했다. 무엇보다도 제3항에서 공직자로서 반란에 가담한 사람은 다시 공직에 취임하지 못한다고 명시함으로써, 남부에서 낡은 정치체제가 되살아나는 것을 막으려 했다. 존슨은 이에 반발했지만, 공화당은 정치적으로 우월한 위치를 차지했다. 1866년 가을 선거에서 하원 의석 224석 가운데 4분의 3이 넘는 175석을 차지하는 등, 압승을 거두었기 때문이다. 그렇게 해서 구성된 의회에서 공화당은 대통령이 상원의 동의 없이는 장관을 해임하지 못하게 규제했고, 나아가 1868년 2월에는 이 조치를 회피하려던 대통령에 대해 탄핵을 추진했다. 탄핵은 3개월에 가까운 심판 절차 끝에 겨우 1표 차이로 기각되었으나, 존슨은 대통령으로서 위상이나 권력을 유지할 수 없었다. 따라서 공화당이 지배하는 의회는 재건에 관해 완벽한 주도권을 장악할 수 있었다.

그러나 공화당은 반드시 급진파가 바라는 대로 움직이지는 않았다. 급진파는 위에서 서술한 것처럼 흑인에게 토지를 분배하고 남부의 사회·경제체제를 개편하고자 했으나, 온건파는 거기까지 나아가려 하지 않았다. 결국, 급진파는 1866년 6월 제정된 남부 농지법Southern Homestead Act에 만족해야 했다. 그것은 남부에 있는 공유지 4,600만 에이커(1,860만 헥타르)를 지정해, 5년 이상 농사를 지으며 거기에 정착하는 세대주에게 80 에이커(32 ha)씩 무상으로 분배하는 조치였다. 그에 따라 지정된 공유지는 대체로 영농보다 벌목에 유리한 산지이거나 심지어 영농이 불가능한 습지였다. 그 대부분은 백인 농민에게, 그것도 흔히 목재 회사의 앞잡이에게 넘어갔다. 따라서 남부 농지법은 개혁 조치로서 보잘 것 없는 결과를 가져왔다. 1869년까지 이주한 흑인은 4,000 세대에 지나지 않았다. 대다수 흑인은 생계를 잇기 위해 다시 백인 농장주에게 의지하는 수밖에 없었다. 그들에게 경제적 자립은 실현되기 어려운 꿈이었다.

반면에 공화당 온건파는 급진파의 주장을 받아들여 남부의 정치체제를 개편하기 위해 노력했다. 1867년 3월부터 1년에 걸쳐 4개의 법률을 제정함으로써, 남부를 5개의 지역으로 나누어 연방군을 주둔시키고 지역 사령관에게 행정을 관장하며 헌법을 다시 제정하고 정부를 수립하는 등, 연방으로 복귀하는 절차를 거치게 했다. 이 계엄 체제 아래서, 사령관은 공직자 가운데 반란에 가담했던 사람을 해임하고 그 자리에 다른 사람을 임명할 수 있는 권한도 지녔다. 이처럼 강압적인 정책에 따라, 반란에 가담했던 주들은 헌법을 개정하고 정부를 수립하면서 흑인에게 참정권을 부여하고 연방헌법 수정조항 제14조를 수용했다. 그 결과, 남부 백인 가운데 약 15만 명이 반란에 가담했던 경력 때문에 참정권을 잃은 반면에, 흑인 70만 명이 새로 유권자로 등록하고 투표할 수 있게 되었다.

이런 변화 덕분에, 공화당은 1868년 선거에서도 우월한 입지를 유지할 수 있었다. 먼저, 공화당에서 후보 지명을 받은 율리시즈 그랜트 장군이 남부 여러 주에서도 승리를 거두며 제18대 대통령에 당선되었다. 더욱이, 공화당은 연방 하원의 243석 가운데 70 %가 넘는 171석을 차지함으로써 남부에서 부활을 기도하는 민주당을 압도했다. 반면에 남부 백인은 그런 결과가 흑인의 참정권 때문에 나타났다고 보고, 그것을 제한하는 다양한 방안을 생각해 내었다. 예를 들면 투표 자격으로 인두세 납부 실적이나 문자 해독 능력을 요구한다든가, 심지어 과거에 자유인이었는지 노예였는지 신분을 심사한다든가 하는 방안을 생각해 내었다. 1869년 2월, 공화당은 그 대책으로 연방헌법 수정조항 제15조를 의회에서 통과시켰다. 그 골자는 "인종이나 피부색, 또는 과거의 예속 신분을 근거로 삼아" 미국 시민의 투표권을 제한하지 못한다는 데 있었다. 이 조항은 흑인의 참정권을 제한하던 다양한 방안을 모두 차단하지는 못했다. 그래도 연방이 시민의 권리를 보장하기 위해 주의 권한을 제한할 수 있는 권위를 지닌다는 점을 분명하게 보여 주었다.

결국 1870년 여름까지, 남부의 주들은 연방이 지니는 우월한 권위 아래서 연방에 복귀하는 절차를 마쳤다. 그때에 이르면, 이미 과거와 다른 정치체제가 형성되었다는 점이 분명하게 나타났다. 무엇보다도 농장주들이 지배하던 과두제가 사라지고 자영농이 독자적 세력으로 부상했다. 특히, 애팔래치아산맥 아래에 자리 잡고 살던 가난한 소농들이 공화당과 연방정부에 협조하면서 새로운 세력을 형성했다. 이들은 민주당 지지자들을 비롯한 남부 백인들이 보기에 변절자였고, 그래서 흔히 무뢰한을 뜻하는 "스캘러왜그"scalawag라 불렸다. 그럼에도 새로운 세력은 농장주들이 자리 잡은 해안 평야를 벗어나 내륙에도 철도와 도로를 개설하고 상업과 공업에 투자할 것을 요구하는 등, 근대적 경제체제를 건설하자고 주장했다. 그리고 재건 시대의 남부에는 북부에서 이주한 사람들이 적지 않았다. 이들 가운데는 흑인 교육에 종사하며 흑인이 새로운 질서에 적응하는 것을 도우려는 교육자들이 상당수 있었다. 그렇지만 공화당이 지배하는 남부에서 공직을 얻거나 사업을 벌여 이득을 챙기려는 사람도 많았다. 그래서 이들은 남부 백인 사이에서 흔히 뜨내기 정상배를 뜻하는 "카페트배거"carpetbagger라 불렸다. 그렇지만 독자적 정치 세력을 형성할 수 있을 만큼 숫자가 많고 뿌리가 깊었던 것은 아니다. 그래도 북부 출신으로서 지니는 인맥을 이용해, 공화당이 지배하는 정치체제 속에서 많은 공직을 차지했다. 더욱이, 스캘러왜그와 함께 흑인 지도자들의 정계 진출에 적극적으로 협력했다.

남부에 나타난 새로운 정치체제에서 가장 주목할 만한 것은 흑인이 새로운 세력으로 등장했다는 점이다. 재건 시대에는 흑인 가운데 70만 명이 새로 참정권을 얻었는데, 그들은 반란 가담자 15만 명이 참정권을 잃어버린 상황에서 남부의 정치체제에 뚜렷한 변화를 일으킬 수 있었다. 무엇보다도, 흑인 지도자들을 의회에 내보낼 수 있었다. 예를 들어 1868-70년간에 남부에서 열렸던 여러 주의 제헌 회의에서, 흑인 대표는 267명으로 전체에서 4분의 1이 넘는 비중을 차지하기도 했다.[8] 그래도 그들은 단일 정치 세력을 형성하지는 못했다. 한두 군데에 모여 살지 않고 널리 흩어져 살았고, 또 오랜 예속 상

---

8 Kenneth M. Stampp, *The Era of Reconstruction, 1865-1877* (New York: Vintage, 1965), 169, note 9.

태로 인해 지도자로 활동할 수 있을 만큼 교육을 받은 흑인이 드물었기 때문이다. 그래서 내전 이전부터 자유를 누렸던 일부 흑인이 정치 지도자로서 중요한 역할을 맡게 되었다. 그들은 대개 상당한 교양과 함께 경제적 여유를 지녔던 덕분에 정치인으로서 활동할 수 있었다. 그렇지만 바로 그런 배경 때문에, 흑인 가운데 대다수를 차지하던 농민과는 일정한 거리를 유지하기도 했다. 그래도 흑인은 선거에서 공화당에 표를 몰아주었다. 그들에게 공화당은 노예해방령을 선포한 링컨의 정당이었다.[9]

따라서 흑인 참정권은 새로운 정치체제에 반발하던 남부 백인들에게 공격의 표적이 되었다. 그것은 인종주의적 편견에 물들어 있던 이들에게는 도저히 용납할 수 없는 것이었다. 더욱이, 연방의 권위와 공화당의 지배 아래에서 살아가는 것도 견디기 어려운 일이었다. 그들은 민주당을 중심으로 남부 정치의 주도권을 되찾으려 했다. 따라서 수정조항 제14조와 제15조에 불구하고, 인두세 납부 실적과 문자 해독 능력을 비롯해 흑인의 참정권을 제약할 수 있는 다양한 제도적 장치를 활용했다. 그리고 그런 장치에도 불구하고 참정권을 행사하기 위해 투표장에 나타나는 흑인을 저지하고자 물리적 폭력에 호소했다. 그 결과, 1860년대 말부터 남부 전역에서 흑인을 대상으로 하는 폭력 사태가 자주 일어났다. 그랜트 대통령이 이끄는 연방정부는 수정조항 시행법Enforcement Act을 제정하고 흑인의 참정권을 제약하는 제도적 장치와 물리적 폭력을 저지하기 위해 노력했다. 그리고 1871년에는 큐클럭스클랜을 와해시키는 성과를 거두기도 했다.

그러나 백인 우월주의자들은 비밀결사 대신에 "백인 연맹"White League이나 "붉은 셔츠"Red Shirts 같은 준군사 조직을 결성하고 공개적으로 활동하기도 했다. 그들은 총기로 무장하고 군대와 같은 조직을 수립하며 언론을 통해 자

---

9 Thomas Holt, *Black over White: Negro Political Leadership in South Carolina during Reconstruction* (Urbana: Univ. of Illinois Pr., 1977).

신들의 활동을 널리 알림으로써, 흑인을 대상으로 공포 체제를 구축하고자 했다. 그리고 흑인 가운데서 실제로 공직 후보로 나서는 지도자나 투표장을 향해 가는 일반인을 대상으로 폭력을 휘둘렀다. 그렇게 해서 1870년대에만 해도 무려 1,000명이나 되는 흑인의 목숨을 앗아갔다. 그런 테러에 의지해, 민주당은 1870년대 중엽에 이르면 남부에서 공화당을 밀어내고 정치권력을 되찾을 수 있었다. 이것이 남부 백인들 사이에서 "구원"Redemption이라 불리던 정치적 변화였다.

그런 변화는 1876년 대통령 선거를 통해 공식적으로 확인되었다. 선거 결과는 대부분의 지역에서 발표되었고, 민주당 후보가 공화당 후보 러더포드 헤이즈Rutherford B. Hayes보다 앞섰다는 사실이 분명해졌다. 그러나 남부의 일부 지역에서는 부정선거 시비가 일어났고, 따라서 선거 결과도 확정되지 않았다. 1877년 1월, 양대 정당은 타협에 이르렀다. 민주당은 헤이즈의 승리를 선언하고 그에게 선거인단을 몰아주며, 공화당은 남부에서 연방군을 철수시키고 남부에 대륙횡단철도를 건설하는 사업을 지원한다는 것이었다. 이른바 이 "1877년 타협"Compromise of 1877으로 재건은 공식적으로 종지부를 찍었다.

그렇게 해서 끝난 재건을 "미완의 혁명"이라고 규정하는 포너의 해석은 언뜻 보기에 타당한 것 같다. 그러나 그의 견해에 대해서는 다시 생각해 볼 필요가 있다. 그것은 재건이 혁명으로 나아가던 운동이었다는 점을 암묵적 전제로 삼는데, 이는 타당한 명제라 하기 어렵기 때문이다. 재건을 통해 남부에서 낡은 질서를 타파하고 새로운 질서를 수립하며 혁명적 변화를 기도하던 사람들은 분명히 있었다. 그러나 그들은 공화당 급진파를 비롯한 소수에 지나지 않았다. 남부 백인은 말할 것도 없고 공화당 온건파와 대부분의 북부인들은 인종 평등을 부인했고, 따라서 전후 남부에서 근본적 변화를 기도하지 않았다. 그들은 링컨이 제안했던 것처럼 반란 주들을 연방으로 복귀시키는 데까지만 나아가고자 했을 뿐이다. 그렇다면 포너의 해석은 당대 미국에서 소수에 지나지 않았던 급진파의 시각에 입각한 견해라 할 수 있다. 그 시각은 인종주의의 퇴조라는 역사적 추세에 비추어 보면 분명히 수긍할 만한 것으로 보인다. 그러나 그것은 흔히 오늘날의 견지에서 과거를 이해하는 현재주의적 해석으로 이어지며, 따라서 과거를 올바르게 이해하지 못하는 결과를 낳기도 한다.

사실, 포너는 재건을 "미완의 혁명"으로 규정하고 그런 결과가 나타나는 과정을 치밀하게 서술하지만, 재건을 실패로 이끈 요인을 면밀하게 분석하지는 않는다. 다만, 남부뿐 아니라 북부에서도 만연했던 인종주의에 대해 언급하는 데 그칠 뿐이다. 필자가 보기에 그것은 충분한 답변이 아니다. 먼저, 인종주의는 19세기 미국에서 하나의 상수처럼 존재했다. 따라서 그것은 재건이 왜 1877년에 끝났는지, 다시 말해 그보다 10년 전이나 후가 아니라 왜 하필이면 1877년에 끝났는지, 이해하는 데 도움이 되지 않는다. 더욱이, 포너의 해석에 따른다면 재건은 처음부터 실패할 운명을 안고 있었던 셈이다. 그렇다면 설명해야 할 것은 인종주의의 폐단이 아니라, 그런 운명에도 불구하고 혁명적 변화를 기도했던 소수가 결국 실패를 맞이하는 요인이다. 구체적으로 말해 그처럼 암울한 상황 속에서 인종 평등이라는 이상을 추구하던 소수는 어떤 접근 방법을 선택했는가, 그런 이상을 경멸하던 다수는 그에 대해 어떤 반응을 보였는가, 그리고 그들은 자신들을 감싸고 있던 구조적 제약에 어떻게 대처했는가 하는 의문이다.

재건을 실패로 이끈 요인은 인종주의 이외에 공화당 급진파의 좁은 안목에서 찾을 수 있다. 위에서 언급한 섬너의 연설에서 드러나듯이, 급진파는 공화주의 전통에 따라 남부에서 농장주가 주도하는 과두제를 철폐하고 시민이 정치의 주체가 되는 공화정을 수립하는 데 관심을 기울였다. 따라서 그들은 흑인의 참정권을 보장하는 데 주력하는 반면에, "땅 40 에이커와 노새 한 마리"를 외치면서도 흑인에게 필요한 경제적 기반을 구축하는 데에는 그만한 노력을 기울이지 않았다. 이처럼 정치에 초점을 맞추는 사고방식은 오늘날의 견지에서 볼 때 낯선 것으로 보일 수도 있다. 그렇지만 오늘날 우리는 흔히 경제적 이익이나 물질적 이해관계가 사람들을 움직이는 가장 중요한 요인이라고 생각한다는 점을 기억할 필요가 있다. 이런 경제주의 내지 유물론은 19세기 미국인들 사이에서도 확산되고 있었다. 그러나 다른 한편에서는 급진파의 공화주의에서 드러나듯이 정치적 권위에서 사회를 움직이는 결정적 요인을 찾아내는 전통적 사고방식이 자리 잡고 있었다. 그것은 지배계급이 정치적 권위를 토대로 위세를 부리던 상황—17세기 중엽 영국에서 급진주의가 형성되었을 때부터 19세기 중엽까지 두 세기가 흐른 뒤에도 지속되었던 상황—에 적절한 관념이었다. 그런 상황에서는 참정권이 지배계급의 착취와 억압에 맞서는 데 필수적인 관건으로 간주되었다.

재건의 실패 요인은 또한 공화당 온건파의 보수적 태도에서도 찾을 수 있다. 온건파가 보기에, 흑인에게 나누어줄 토지는 없었다. 드넓은 서부는 이미 1862년에 제정된 농지법에 따라 자영농을 육성하는 데, 그러니까 공화국의 사회적 기반을 확대하는 데 할애되었다. 바꿔 말하면, 미국 시민이지만 피부색 때문에 백인과 동등한 지위를 지니지 못하던 흑인에게는 허용되지 않는 공간이었다. 설령 이주가 허용된다 해도, 대다수 흑인은 수많은 백인과 마찬가지로 토지를 개간하는 동안에 필요한 식량과 농기구, 그리고 생활필수품을 마련할 경제적 능력이 없었다. 그리고 급진파가 주장하듯이 반란에 가담했던 대농장주의 토지를 몰수하는 방안도 온건파로서는 받아들일 수 없었다. 그것은 정치적 재건과 국민적 통합을 저해하는 결과를 가져오고, 나아가 국가가 정치적 이유에서 시민의 재산권을 침해하는 선례가 될 수 있었다. 이는 "생명과 자유, 그리고 재산"에 관한 기본적 권리를 보장해야 한다는 혁명과 건국의 이념에 어긋나는 일이었다.

더욱이, 온건파는 흑인에게 토지를 주지 않으려 하던 남부 농장주들의 견해에 주목했다. 그들은 흑인에게 토지를 주면 농장에서 일자리를 찾는 노동자를 보기가 어려워질 것이라고 예상했다. 흑인은 노예제에서 해방된 이래 백인의 지시와 감독에 따라 백인의 농장에서 일하는 것을 꺼렸기 때문이다. 따라서 농장주들은 흑인에게 토지를 주지 않음으로써 농장에서 일자리를 구하도록 강제하고자 했다. 그리고 대다수 백인은 토지나 일자리를 놓고 흑인과 경쟁하는 사태를 저지하고자 했다. 일찍이 재건 시대의 흑인에 대한 연구를 선도했던 윌리엄 에드워드 버그하트 두보이즈William Edward Burghardt DuBois는 이렇게 지적했다.

대다수 논객들은 토지 문제가 흑인에게는 부수적인 것이라고 생각했다. 그것은 "언젠가 생기는" 그 어떤 것이었다. 다른 한편으로 종전의 노예 소유자들은 토지에 관건이 있다고 생각하고, 모든 역량을 토지 소유보다 노동력 확보에 집중시켰다. "[그들이 지니는] 보편적 견해는 흑인이 토지를 획득하거나 보유하지 못하도록 해야 한다는 것이다. 이것은 내가 처음부터 들었던 말이다. 그들에 따르면, 흑인은 그들에게 와서 일을 하지 않으면 아예 일을 못하게 해야 한다는 것이다."[10]

그렇다면 재건의 실패 요인은 흑인 노동력에 대한 남부의 수요에서도 찾을 수 있다. 바꿔 말하면, 당대 미국에서 사회적 주류를 지배하던 관념과 함께 남부 백인의 사회·경제적 필요가, 특히 저렴하고 순종적인 노동력에 대한 수요가, 뛰어넘기 어려운 장벽이었던 셈이다. 이는 미국 흑인사를 바라볼 때 잊지 말아야 하는 명제라고도 할 수 있다. 왜냐하면 흑인은 재건이 실패한 이후 적어도 100년 동안 빈곤과 무지, 편견과 핍박에서 벗어나지 못했고, 심지어 오늘날에도 그 후유증에 시달리고 있기 때문이다.

재건의 실패 요인은 지금까지 언급한 인종주의적 편견, 급진파의 좁은 안목과 온건파의 보수적 태도, 그리고 흑인 노동력에 대한 남부의 수요 이외에, 연방의 권위를 둘러싸고 있던 구조적 제약에서도 찾을 수 있다. 재건 시

---

10 DuBois, *Black Reconstruction in America*, 369.

대의 남부에서 흑인을 대상으로 자행되었던 물리적 폭력은 연방의 권위가 뚜렷한 한계를 지녔다는 점을 보여 준다. 위에서 살펴보았듯이, 연방정부는 남부에 새로운 정치체제를 수립하고자 했으나 그에 반발하는 민주당과 남부 백인의 저항을 제압하지 못했다. 또 흑인의 참정권을 보호하기 위해 법률을 집행하고 질서를 확립할 만한 역량을 지니지 못했다. 연방은 내전을 계기로 압도적으로 우월한 군사력을 구축했으나, 재건 시대 남부의 행정과 치안, 그리고 사법을 관장하는 데 필요한 인력과 자원까지 확보하지는 못했던 것이다.

미국의 연방주의 권력구조에서 지역의 행정과 치안, 그리고 사법은 연방이 아니라 주와 지방의 관할권 아래에 있었다. 그리고 남부의 주 정부나 지방정부는 백인 우월주의자들의 테러에 소극적으로 대처하며, 연방정부가 테러범들을 체포하고 처벌하는 데 협력하지 않았다. 따라서 범인들 가운데서 사법 처리를 받은 인물은 극소수에 지나지 않았다. 결국 70년대 중엽에 이르러, 공화당은 남부에서 새로운 정치체제를 수립하는 작업을 단념하게 되었다. 급진파를 이끌던 섬너와 스티븐스는 세상을 떠났고, 다른 이들은 정계를 떠났으며, 그들이 모두 기대를 걸었던 연방은 남부 사회를 바꿔놓을 만한 권위와 역량을 지니지 못했다.

따라서 재건의 실패는 내전을 계기로 확대되었던 연방의 권위가 크게 위축되었다는 점을 보여 준다. 연방의 권위는 남부 주들의 집단적 저항을 제압할 수 있을 정도로 확대되었으나, 재건이 끝날 때에는 남부에서 과거의 정치체제가 부활하는 것을 막지 못할 만큼 위축되었다고 할 수 있다. 그래도 주목할 만한 것은 연방의 권위가 시민의 권리를 보장하기 위해 주의 권한을 제한하는 데 동원되기도 했다는 사실이다. 이는 연방헌법 수정조항 제14조와 제15조, 그리고 민권법과 시행법에서 분명하게 나타났다.

그와 같은 연방의 권위는 20세기에 들어오면 더욱 강화된다. 덕분에 여성 참정권과 흑인 시민권에서 드러나듯이, 시민의 권리가 더욱 확고하게 보장되면서 소수집단으로 넓게 확장된다. 이처럼 시민의 권리가 연방의 권위와 함께 신장되는 반면에 주의 권한이 상대적으로 위축되었고, 그 결과 오늘날 미국은 건국기에 수립된 것과 상당히 다른 권력구조를 갖게 되었다. 그렇다면 미국의 권력구조는 건국 이래 상당한 변화를 겪으면서 시민의 권리가 신장되는 데 기여했다고 할 수 있다. 이는 물론 19세기 초부터 미국에서 자유주의와 개인주의가 대두하는 데 제도적 기반으로 작용했다. 바꿔 말하면, 연방의 권력구조와 시민의 권리에 일어난 변화는 미국 자본주의의 발전 과정과 그 특징을 이해하는 데 중요한 요소라 할 수 있다.

그렇지만 여기서 중요한 것은 재건의 실패 요인을 살펴보는 일이다. 그 요인으로서 빠뜨릴 수 없는 것은 급진파나 공화당을 지지하던 북부인들이 1870년대 중엽에 이르면 실험이나 개혁에 지쳤다는 점이다. 그들의 염증은 이미 내전기에 시작되었다. 연방정부는 내전을 치르는 동안 막대한 예산을 지출하며 군수물자를 확보하기 위해 노력했는데, 거기에 호응하던 사업가들은 흔히 비리와 부패를 저지르며 부당한 이익을 챙겼다. 예를 들면, 존 피어폰트 모건John Pierpont Morgan은 내전이 시작되자 연방군으로부터 제대로 움직이지 않는 낡은 소총 5,000정을 헐값으로 사들였다가 나중에 연방군이 무기 부족에 시달리게 되었을 때 그것을 손질해 새 총이라고 하면서 6배가 넘는 값으로 되팔았다. 그렇게 해서 그는 당시에 10만 달러—오늘날이라면 150만 달러—에 이르는 거액을 거머쥐었고, 그것을 바탕으로 자신의 금융 제국을 만들어 가기 시작했다.

그런 비리와 부패는 몇몇 개인에게 국한되지 않고 정치권으로 널리 확산되면서 심각한 문제로 악화되었다. 그 기원은 이미 언급한 것처럼 식민지 미국에 정착한 전통적 정치체제—바꿔 말하면 정치적 권위와 경제 권력이 뒤얽혀 있던 구체제—에 있었다. 그것이 19세기 미국에서 심각한 문제로 악화된 배경에는 먼저 산업혁명을 비롯한 경제발전이 있었다. 도로와 운하에서 제분 공장과 방직 공장까지 여러 가지 사업을 벌이고 많은 수익을 거둘 수 있는 새로운 기회가 열림에 따라, 소수의 유력자는 물론이요 다수의 보통 사람들도 그런 기회를 잡으려 했다. 더욱이, 19세기 전반기에 대두한 정당 체제도 비리와 부패를 악화시키는 데 배경으로 작용했다. 이미 살펴본 바와 같이, 민주당은 잭슨 시대부터 정치인들을 조직하고 유권자들을 동원했고, 휘그당은 그것을 본받았다. 이들 정당은 거기에 필요한 자금을 마련하기 위해, 엽관제를 이용해 당원들에게 공직을 나누어 주고 그들로부터 기부금을 거두어들였다. 선거에서 승리한 정당은 수많은 공직에 당원을 임명할 수 있었기 때문이다. 이 엽관제는 오늘날과 다른 보상 제도와 연계되어 있었다. 공직을 얻은 사람들은 정부가 지급하는 봉급보다 직책을 수행하면서 징수하는 요금 가운데 적잖은 몫을 챙겼다. 예를 들어 세금을 징수하는 관리는 스스로 징수한 세금 가운데 일정한 비율을 자신의 수입으로 떼어 가졌다. 공직을 지닌 당원들은 그런 보상 제도를 통해 얻는 수입 가운데 일부를 정당에 기부했다. 정당들은 또한 정부에서 사업을 수주하는 기업가들로부터 금품을 상납 받았다. 한 걸음 더 나아가, 그런 기업가들이 정부에 과도한 비용을 청구해 부당한 이익을 챙기도록 도와주고 그것을 나누어 갖기도 했다. 더욱이, 이런 비리와 부패는 정당정치가 "조직 정치"machine politics로 변질되는 현상과도 연결되어 있었다. 일부 정치인들이 비리와 부패를 저지르며 자신을 중심으로 사적 조직을 구축하고 그에 의지해 정당을 지배했던 것이다. 그리고 그들은 그런 "조직 정치"에 필요한 자금을 19세기 중엽에 빠른 속도로 팽창하던 도시와 철도에서 마련했다. 따라서 재건 시대에 이르면 비리와 부패가 미국 정치체제의 일부처럼 자리 잡았다.

그런 현상은 미국을 대표하던 도시 뉴욕에서, 1870년에 인구가 94만 명이나 되었던 이 대도시에서 뚜렷하게 나타났다. 거기서는 이미 1830년대부터 형성되었던 정당 체제가 비리와 부패, 그리고 조직 정치에 적합한 터전을 제공했다. 거기서도 정당 체제를 선도했던 민주당은 일찍부터 아일랜드계를 비롯해 빠르게 늘어나는 이민에게 직장을 알선해 주고 선거가 있을 때 지지를 얻어내면서 오랫동안 시청을 지배했다. 그런 정당에서 실질적 운영을 맡았던 것은 직업 정치인들이었다. 그들은 태머니협회Tammany Society—그 본부 건물의 명칭에 따라 태머니홀Tammany Hall이라 불리기도 하던 단체—를 통해 서로 긴밀한 관계를 유지했고, 그것을 통해 정당을 장악하고 나아가 시청을 통제했다.

시청에 대한 그들의 통제력은 1858년 태머니협회의 수장이 되었던 윌리엄 트위드William M. Tweed 덕분에 크게 강화되었다. 그는 1823년 아일랜드계 이민의 아들로 태어나, 일찍이 학교를 그만두고 아버지를 도와 일하면서 의자 만드는 기술을 배우거나 다른 사람 밑에서 말안장 만드는 기술을 배우기도 했지만, 친구들과 어울리는 것을 좋아했다. 특히 사회단체 이외에 의용소방대에도 가입해, 자신이 살던 지역에서 폭넓은 교류 관계를 구축했다. 거기에 주목한 민주당에서 시 의원에 출마할 것을 권하자, 트위드는 서슴지 않고 받아들였고 서른 살이 되기도 전에 시 의원으로 활동하기 시작했다. 그는 시 의원이나 주 의원, 또는 연방 하원 의원으로서 중요한 업적을 내지는 못했으나, 1860년대 초에 뉴욕시 민주당에서 운영을 총괄하는 직책을 맡으면서 민주당을 한손에 장악하는 능력을 발휘했다. 자신의 직책을 이용해 거리 청소, 문서 인쇄, 문구 공급 등, 각종 이권에 개입해 많은 사람들에게 일자리를 마련해 주면서 스스로 큰 수입을 챙겼고, 또 그것으로 자신의 배만 불린 것이 아니라 관계자들의 주머니도 채워 주면서 "트위드 패거리"Tweed Ring를 만들었다. 그리고는 맨해튼 개발을 비롯한 대규모 토목 사업에 개입해, 시의 공금에서 대략 6백만 달러의 거액—오늘날이라면 1억 달러가 넘는 거금—을 횡령하며 뉴욕에서 손꼽히는 부동산 소유자가 되기에 이르렀다. 그러나 1871년 7월, 트위드는 갑자기 인생의 반전을 맞이하게 되었다. 『뉴욕타임스』가 트위드와 태머니홀의 비리를 폭로했고, 『하퍼즈 위클리Harper's Weekly』를 비롯한 다른 언론사들이 가세하면서 미국인들에게 부정부패의 심각성을 일깨워주었다. 그는 곧 재판을 거쳐 투옥되었고, 7년 뒤에는 가족도 없이 홀로 일생을 마치게 되었다.[11]

---

11 Kenneth D. Ackerman, *Boss Tweed: The Rise and Fall of the Corrupt Pol Who Conceived*

1870년대 초에는 그와 같은 비리와 부패가 시나 주를 넘어 연방에도 깊이 스며들었다는 사실이 드러났다. 그 계기는 크레디 모빌리에Crédit Mobilier라는 기업을 중심으로 벌어진 추문에 있었다. 1872년에 불거진 이 추문은 대륙횡단철도를 부설, 운영하는 거대한 사업에 뿌리를 두고 있었다. 그 사업을 추진하기 위해 이미 1862년에 유니언 퍼시픽철도Union Pacific Railroad가 설립되었지만, 실적은 보잘것없었다. 연방정부의 관대한 지원에도 불구하고, 민간인 투자자들이 나서지 않았다. 미주리강에서 태평양까지 이르는 광대한 서부에는 거주하는 인구가 많지 않았기 때문에, 대륙횡단철도가 완공된다 해도 수익을 기대하기는 어려웠기 때문이다. 그래서 유니언 퍼시픽철도를 지배하던 몇몇 주주들은 철도를 부설하는 사업에서 잇속을 챙기기로 하고, 1864년 철도 건설을 담당하는 기업으로 크레디 모빌리에를 설립했다. 그리고는 실제 비용을 2배 가까이 부풀린 금액을 청구하게 한 다음에, 유니언 퍼시픽철도로 하여금 연방정부에서 대여하는 부설 비용으로 변제하게 했다. 그렇게 해서 크레디 모빌리에가 챙긴 부당 이익은 대략 4,400만 달러였다. 더욱이 연방정부가 과도한 부설 비용을 너그럽게 인정하도록 만들기 위해, 예산을 관장하는 연방의회에서 상원 의장과 하원 의장 등, 유력자 15명에게 크레디 모빌리에와 유니언 퍼시픽철도의 주식을 헐값으로 넘겼다. 바꿔 말하면, 철도 기업가들이 의회 유력자들과 함께 연방정부의 예산을 나누어 먹는 부패의 고리를 만들었다고 할 수 있다. 그 고리는 1872년 대통령 선거를 앞두고 언론 보도를 통해 알려지기 시작했다. 그리고 다음 해에는 의회에서 구성된 조사 위원회를 통해 상세하게 드러났다. 그러나 유력자들은 헐값으로 사들인 주식과 그것을 따라온 배당금이 결코 뇌물이 아니고 주장했다. 가까운 친구들이 아무런 대가를 바라지 않고 그저 호의로 주고받은 선물에 지나지 않는다고 강변했다. 오늘날 한국에서도 가끔 들리는 이런 궤변 때문인지, 의회는

the Soul of Modern New York (New York: Carroll & Graf, 2005), 1-150.

아무도 징계하지 않은 채 조사를 끝냈다. 이제 연방정부의 수뇌부마저 비리와 부패에 깊이 물들어 있었다.[12] 그처럼 부패한 권력에 실험이나 개혁을 기대할 수는 없었다. 공화당을 지지하던 북부인도 남부의 사회·경제적 재건에 대한 미련을 버렸다.

결국, 재건의 종결은 연방의 후퇴와 함께 진행되었다고 할 수 있다. 돌이켜보면, 연방은 내전을 계기로 전면에 나섰다. 반란을 제압하기 위해 주들을 압도할 만한 경제력과 군사력을 확보했고, 그에 의지해 실제로 내전을 승리로 이끌었다. 더욱이, 의회의 주도 아래 남부를 재건하는 사업—남부의 정치체제와 사회·경제체제를 개조하는 작업—도 감행했다. 그러나 연방은 그 권위를 뒷받침할 수 있는 역량을 지니지 못했다. 백인 우월주의자들의 폭력을 통제하지 못했고, 남부에서 낡은 정치체제가 되살아나는데도 군대를 철수시키며 재건에 종지부를 찍었다. 다른 한편에서는 권력에 대한 오랜 염증이 심화되었다. 특히 시민과 거리가 먼 곳에 집중되어 있는 권력, 그렇기 때문에 시민이 감시하고 통제하기 어려운 권력, 그런 권력은 이미 혁명과 건국의 시대에 미국인들 사이에서 두려움과 경계의 대상으로 부각된 바 있었다. 그런 관념은 재건 시대에 와서 비리와 부패에 물들어 있던 연방의 권위에 대한 염증으로 나타났다. 그것은 연방이 내전을 계기로 강화된 권위를 거두어들이고 뒷전으로 물러나 있어야 한다는 것을 의미했다.

2. 남부의 변모

재건이 끝남에 따라, 남부는 연방의 직접적 간섭에서 벗어나 스스로 나아갈

---

12 Richard White, *Railroaded: The Transcontinentals and the Making of Modern America* (New York: Norton, 2011), 63-66.

방향과 경로를 선택하고 그에 따라 발전할 수 있었다. 이런 가능성을 실현하기 위해, 남부는 먼저 정치과정, 즉 주민의 의사를 결집하고 역량을 동원하며 자원을 배분하는 과정을 거치며 지역의 장래에 관해 결정을 내려야 했다. 이 과정은 두말할 나위도 없이 남부인들의 참여를 전제로 삼고 있었다. 그리고 그것은 남부인 가운데 누가 참여할 것인가, 또 누가 얼마만한 발언권을 행사할 것인가 하는 문제를 안고 있었다.[13]

오랫동안 남부를 지배했던 농장주들은 이제 주도적 역할을 담당할 수 없었다. 그들은 대개 반란에 주도적으로 가담한 전력을 지녔기 때문에 내전 직후에는 정치에 참여하지 못했다. 더욱이, 남부에서 과두제를 유지할 수도 없었다. 종래에 그들이 구축했던 과두제는 노예제에 토대를 두고 있었다. 노예제는 남부에서 경제 권력과 함께 정치적 권위의 집중을 가능하게 만들어 주었으니 말이다. 이는 연방 하원 의석과 인구 분포의 관계에서 분명하게 나타난다. 예를 들면 연방 하원의 의석은 1830년에 모두 240석이었는데, 그 가운데서 남부에 배정된 98석에는 노예 인구 덕분에 늘어난 22석이 포함되어 있었다. 그것은 1820년 국세조사에서 나타난 노예 인구 154만 명 덕분에 생긴 의석이었다. 그런 의석이 차지하는 비중은 1860년에 이르면 더욱 커져서, 남부의 전체 의석 84석 가운데 4분의 1까지 늘어났다. 게다가 그런 의석은 남부 전역에 고르게 배분되지 않고, 노예 인구가 집중되어 있던 지역에 많이 배정되었다. 따라서 농장주들은 자신들이 소유하고 있던 노예의 숫자에 비례해 정치적 발언권을 확대할 수 있었고, 그것을 토대로 남부에서 과두제를 유지할 수도 있었다. 따라서 내전을 계기로 노예제가 철폐되자, 농장주들은 과거에 누리던 정치적 권위를 되찾을 길도 잃어버렸다.

그들은 또한 전후에 농장의 경영 방식을 바꾸지 않을 수 없었다. 이미 살

---

13 이하 서술은 따로 전거를 밝히는 경우를 제외하면 다음 문헌에 근거를 두고 있다. C. Vann Woodward, *Origins of the New South, 1877-1913* (Baton Rouge: Louisiana State Univ. Pr., 1951).

펴본 바 있듯이, 전전戰前에는 남부의 농장에서 노예가 가장 중요한 자산이었고, 또 이동 가능한 노동력이었다. 그에 비해 토지는 상대적으로 저렴했고, 그래서 수년 동안 담배나 면화를 재배한 다음에 지력이 고갈되면 새로운 것으로 교체되어야 하는 자원으로 취급되었다. 따라서 농장주들은 새로운 토지를 찾아 광활한 서부로 진출하면서 노예 노동력도 함께 이동시켰다. 그러나 전후에는 그럴 수가 없었다. 노예라는 가장 중요한 자산을 잃어버렸을 뿐 아니라 노동력을 마음대로 움직일 수도 없었기 때문이다. 오히려 노동력이 움직이지 못하도록 억제하면서, 노동력이 있는 곳에서 머물러야 했다. 더욱이, 농장주들은 치열한 시장경쟁에 직면했다. 내전을 치르는 동안 잃어버렸던 해외 시장은 쉽사리 되찾을 수 없었다. 예를 들면, 영국을 비롯한 유럽 국가들은 면화를 확보하기 위해 브라질, 인도, 또는 이집트 같은 다른 지역으로 관심을 돌렸다. 그리고 그런 지역에서 자급자족을 추구하는 농민에게 면화를 생산하는 데 집중하도록 강제했다. 특히 그들이 대대로 갈아먹던 땅을 빼앗고 그 대신 대규모 농장에서 일하며 받은 임금으로 살아가게 하면서, 값싼 면화를 대량으로 생산하게 만들었다.[14]

따라서 남부의 농장주들은 노동 비용을 낮은 수준으로 유지하기 위해 노력해야 했다. 실제로 그들은 위에서 살펴본 것처럼 "흑인 법규"를 통해 해방 노예의 이주를 억제하는 한편, 노예제에 의지하지 않고 농장을 경영하는 방안을 강구했으며 결국에는 임금제보다 소작제를 채택했다. 소작제는 물론 단일한 제도가 아니라 다양한 형태를 띠는 제도였다. 지주는 흔히 소작인에게 토지를 빌려 주는 대가로 수확물 가운데 일부를 갖다 바치라고 요구했지만, 가끔 그 대신에 일주일에 이틀 동안 자신의 농장에 와서 일을 하라고 요구하기도 했다. 더욱이, 지주에게 갖다 바치는 수확물의 분량도 소작인의

---

14 Sven Beckert, *Empire of Cotton: A Global History* (New York: Knopf, 2014), 242-339.

자율성에 따라 달라졌다. 소작인이 몸뚱이밖에는 지닌 것이 없어서 토지 이외에 종자와 농기구, 그리고 식량까지 지주에게 의존하는 경우에는 수확물 가운데 절반을 내놓아야 했다. 그러나 농사와 생계에 필요한 자원은 물론이요 노새까지 갖고 있는 경우에는 4분의 1만 내놓을 수도 있었다. 그렇게 할 수 있는 농민은 어느 정도 자율성을 지닐 수 있었고, 그래서 소작인이 아니라 차지인이라 불리기도 했다. 어쨌든 농민은 지력이 약해지는 토지에서 조금이라도 더 많은 수확물을 얻기 위해, 더 많은 비료를 뿌리며 더 굵은 땀을 흘려야 했다.[15]

그처럼 소작제에 의지하는 농장주는 더 이상 농장주로 살아갈 수 없었다. 그들은 농장을 여러 조각의 땅으로 쪼개어 소작인에게 나누어 주고 경작하게 함으로써 농장주에서 지주로 변신했다. 나아가 소작인들에게 종자와 농기구와 식량 등, 여러 가지 물품을 공급하는 상인의 역할을 겸하기도 했다. 그리고 그런 물품을 외상으로, 그것도 이자까지 쳐서 높은 가격으로 제공하고는, 그 대금을 받기 위해 수확물에 대해 유치권留置權을 설정했다. 수확물 유치권 제도crop-lien system에 따르면, 외상에 의존하던 농민은 자신의 수확물을 팔 때 외상 대금부터 먼저 갚아야 했다. 그리고 상인은 그런 농민에게 면화를 비롯한 환금작물을 재배하도록 강요했다. 따라서 19세기 말에 이르면, 남부는 곡물을 포함하는 다양한 농산물을 생산하지 않고 몇몇 환금작물에 집중하는 모습을 띠게 되었다. 바꿔 말해, 남부는 식량의 자급자족마저 포기한 채 시장경제에 더욱 깊이 의존하게 되었다. 그에 따라 지주들은 이제 근대적 기업가의 면모를 더욱 뚜렷하게 지니게 되었다. 그들은 전전에도 그런 면모를 지녔으나, 그래도 당시에는 남부의 엘리트로서 봉건 귀족을 모방하는 행태를 보였다. 그러나 19세기 말에 이르면, 그런 행태와 함께 정치에 대한

---

15 Gavin Wright, *Old South, New South: Revolutions in the Southern Economy Since the Civil War* (New York: Basic Books, 1986), 17-50, 81-123.

관심을 버리고 지주이자 상인으로서 경영에 집중하는 자세를 취했다.

그 대신, 정치과정에서 주도권을 장악한 것은 남부의 "구원"을 주장한 "구원자들"Redeemers이었다. 그들은 민주당 안에서도 주로 법조계와 기업계 출신의 남부 정치인으로서, 남부가 과거에서 벗어나 새로운 출발을 해야 한다고 주장했다. 그것은 재건을 주도했던 공화당 급진파에 대한 반발이었을 뿐 아니라, 남부를 내전으로 이끌었던 기존 엘리트에 대한 비판이기도 했다. 그들은 새로운 출발을 위해서는 먼저 자치와 백인 우월주의를 확립해야 한다고 역설했다. 남부를 연방의 간섭에서 되찾고 위계적 인종 질서를 다시 확립하자는 것이었다. 이 점에서 "구원자들"은 남부 민주당을 대변했다고 할 수 있다. 사실, 그들은 남부 민주당원과 함께 흔히 "부르봉 민주당원들"Bourbon Democrats이라 불렸는데, 이 별칭은 남부를 대표하는 술이라 할 수 있는 켄터키의 버번 위스키, 또는 프랑스혁명을 계기로 권좌에서 쫓겨났다가 나중에 되돌아갔던 부르봉 왕가에서 유래한 것으로 알려져 있다.

그렇지만 경제 측면에서 볼 때, 그들은 남부 민주당에서 근대화 바람을 불러일으켰다. 19세기 중엽에 민주당과 맞서던 휘그당의 강령을 이어받아 내륙 개발과 상공업 발전을 함께 추구하는 전략을 세웠다. 특히 남부에 대륙횡단철도를 건설하고 광산을 개발하며 공장을 수립하는 등, 산업혁명을 일으키려 했다. 그러면서도 공화당과 달리 보호관세에 반대하며 자유방임을 강조했다. 특정 산업을 보호하는 관세장벽과 마찬가지로, 보조금을 비롯해 일부 기업에 제공하는 직접적 지원도 시장경제의 기본 원칙에 어긋난다는 것이었다. 이런 뜻에서 "구원자들"은 남부를 새로운 방향으로 이끌고 가며 "신남부"New South를 만들고자 했다. 그들의 전략은 흔히 "신남부의 대변인"이라 불리던 헨리 그레이디Henry W. Grady에게서 잘 드러났다. 이 조지아 출신의 언론인은 남부인은 물론이요 북부인들에게도 "신남부"의 도래를 역설하면서, 애틀랜타Atlanta를 중심으로 경제개발에 필요한 자본을 유치하는 데 주력했다. 예를 들어 1886년 뉴욕을 방문했을 때, 그는 과장하는 어조로 "남부에서는 도시든 농촌이든 어디서나 근면한 자세가 자리를 잡았고, 누구나 즐겁게 일하고 있으며, 언제나 교양과 품위가 깃들어 있는 가정에도 안락한 세월이 되돌아왔다"고 말했다.[16]

그러나 그들이 제기한 발전 방안은 새로운 정책과 함께 낡은 관념도 내포하고 있었다. 우선, 그들은 흑인을 정치과정에서 배제하고자 했다. 따라서 투표장으로 가는 흑인에게 폭력을 사용하는 백인 우월주의 단체를 억제하지 않았고, 또 인두세 납부 실적이나 문자 해독 능력을 근거로 투표 자격을 제한하는 제도적 장치도 철폐하지 않았다. 그런 장치가 빈곤과 무지에서 벗어나지 못하던 백인 빈민의 참정권까지 침해하는 데도 개의치 않았다. 그 결과, 20세기 초에 이르면 성인 남성 가운데서 실제로 투표에 참여한 사람들은 북부에서 65 % 정도였지만 남부에서는 겨우 29 % 수준에 머물렀다. 이런 격차는 1960년대까지 지속된다. "구원자들"에게 중요한 것은 남부의 정치체제를 민주주의로 발전시키는 것이 아니라 자신들의 구상을 실현하는 데 필요한 정치적 권위였다. 사실, 그들은 과거의 농장주 세력에 맞서 정치적 권위를 잡기 위해 소농들의 지지를 얻고자 했다. 그렇기 때문에 소농이 집중되어 있던 내륙에 해안과 연결되는 철도와 도로를 건설하고 상공업을 유치하며 도시를 개발하는 정책을 주장했다. 그렇지만 그들은 그 외에 다양한 수단과 방법을 동원하기도 했다. 특히, 선거에 개입해 투표 결과를 조작하는 부정, 토지 불하와 같은 이권을 거래하는 부패, 정부의 공금을 횡령하는 비리, 그리고 이런 일들을 하기 위해 패거리를 만들고 움직이는 조직 정치 등, 19세기 말 미국에서 전염병처럼 퍼져 있던 문제점에서 조금도 벗어나지 못했다.

"구원자들"은 새로운 출발에 필요한 재원을 확보해야 했다. 그러나 남부

---

16 "Henry Grady Sells the 'New South,'" History Matters: The U.S. Survey Course on the Web, American Social History Project, http://historymatters.gmu.edu/d/5745/ (2021년 10월 20일 접속). 그레이디에 대해 주의를 환기해 준 이형대 교수에게 이 자리를 빌려 감사의 뜻을 표시한다.

는 자본 부족이라는 고질병 위에 막대한 부채라는 새로운 질환에도 시달리고 있었다. 그 근원은 내전에 있었다. 내전을 치르는 데는 모두 67억 달러에 이르는 거액의 비용이 들었다. 그 가운데서 34억 달러는 연방정부에서 지출한 비용인데, 연방정부는 그것을 대부분 채권과 더불어 "그린백"greenback이라 불리던 지폐—뒷면이 초록색이어서 그렇게 불리던 사실상의 법정 화폐—의 발행을 통해 조성했다. 그리고 나중에 살펴보듯이 오랜 기간이 걸렸지만 결국 모두 상환했다. 나머지 33억 달러는 남부연합에서 지출한 것이었는데, 역시 지폐와 채권으로 조성되었지만 조금도 변제되지 않았다. 지폐는 연합의 와해에 따라 가치를 잃었고, 채권은 "반란"을 지원하는 데 사용되었다는 이유에서 법적으로 효력을 잃었기 때문이다.[17] 따라서 전후 남부는 재정상 곤경에 빠졌고, 필요한 비용을 마련하기 위해 부채에 의존하게 되었다. 그 액수는 1874년에 이미 2억 8,700만 달러에 이르렀다. "구원자들"은 그런 부채를 인정하지 않으려 했다. 그것은 재건 시대에 만연했던 부패와 비리의 산물이므로, 자신들이 책임질 일이 아니라는 것이었다. 그렇게 버틴 결과, 남부는 부채의 규모를 총액의 절반에 가까운 1억 5,000만 달러로 줄일 수 있었다. 그래도 부채에서 헤어날 수는 없었다. 그리고 그 부담은 다른 지역에 비해 훨씬 과중했다. 예를 들면, 대서양 연안에 있는 여러 주 가운데 남부 주들은 1890년에도 주민 일인당 10.12 달러의 부채를 지녔는데, 이는 북부 주들의 평균 1.44 달러에 비하면 7배가 넘는 금액이었다.

그런 부채가 있었기 때문에, "구원자들"은 긴축을 강조했다. 그것도 세금을 많이 걷지 않으면서 지출을 줄이는 방안을 고집했다. 이는 분명히 공화당 급진파의 재건에 대한 반발이었다. 남부는 식민지 시대부터 세금을 적게 부과하고 정부도 작게 유지하는 반면에 개인의 자발적 노력을 중시하는 전통을

---

17 Jonathan Hughes and Louis P. Cain, *American Economic History*, 8th ed. (Boston: Addison-Wesley, 2011), 264-268.

지녔다. 그에 비추어 볼 때, 재건은 정부의 지나친 팽창을 가져왔고, 그와 함께 비리와 부패의 만연을 낳기도 했다. "구원자들"은 그와 같은 외부의 간섭에서 벗어나 작은 정부의 전통으로 되돌아가면서 자유방임이라는 구호를 내세웠다. 구체적으로 말하면 과세권을 제한하며 정부의 세입을 통제하는 한편, 정부의 지출도 크게 감축하고자 했다.

긴축은 필수불가결한 비용이 아니라면 지출하지 않는다는 것을 의미했다. "구원자들"은 먼저 공직자들에 대한 보수를 크게 삭감했다. 일부 주에서는 절반으로 삭감하기도 했다. 그리고 적잖은 공직을 폐지하고 기구를 축소했다. 더욱이, 교육 예산도 삭감했다. 무상교육은 사치이며, 교육비는 수혜자가 부담해야 한다는 것이었다. 따라서 예를 들어 남부 가운데 대서양 연안의 여러 주에서는 학생 일인당 교육비가 1871년 10.27 달러에서 1890년 7.65 달러로 줄어들었는데, 이는 전국 평균 17.22 달러에 비하면 절반에도 미치지 않는 금액이었다. 이처럼 인색한 예산은 특히 빈곤에서 벗어나지 못하던 흑인에게 교육의 기회를 주지 않는 결과를 가져왔다. 그것은 장기적으로 흑인의 지위와 미국의 인종 관계를 개선하는 데 장애로 작용하는 요인이 된다.

재원을 마련하는 데는 토지 매각이라는 친숙한 방안이 남아 있었다. "구원자들"은 공유지를 팔아 예산을 확보하고 나아가 산업을 유치하고자 했다. 그리고 북부의 기업가들은 물론이요 영국을 비롯한 해외의 기업가들도 재건이 끝나던 시기에 이르면 남부의 목재와 석탄, 그리고 철광석에 주목하고 있었다. 이는 기본적으로 철도의 팽창을 전제로 하고 있었다. 내전이 시작되기 전까지 남부에 부설된 철로는 15,000 km—전국 철로의 3분의 1에 가까운 길이—에 지나지 않았고, 그로부터 10년이 지난 1870년에도 그보다 2,000 km 가까이 늘어났을 뿐이다. 그러나 1870년대에는 10년 동안 9,000 km 이상 새로 건설되었고, 1880년대에는 무려 35,000 km 이상 증설되었다. 따라서 1890년에 이르면 남부는 62,000 km가 넘는 철로를 지니게 되었다, 거기에는 텍사스와 캘리포니아를 연결하는 대륙횡단철도뿐 아니라 남부의 주요 도시들을 연결하는 조밀한 철로도 포함되어 있었다. 이제 남부는 철도를 이용해 여객과 화물을 순조롭게 수송할 수 있게 되었다. 그에 따라 1880년대부터 외부의 기업가들이 남부의 토지를 사들이며 투자를 늘려갔다. 예를 들면 루이지애나에서는 영국의 목재 기업가들이 멕시코 연안의 토지 60만 헥타르를 헐값으로 사들이고는, 거기서 자라던 나무를 베어 목재로 만들어 팔기 시작했다. 또 앨라배마에는 철도 노선을 따라 석탄과 석회암, 그리고 철광석을 캐는 광산들이 들어섰는데, 이들 광산은 1870년대부터 개발되었던 버밍엄 Birmingham을 중심으로 철도로 서로 연결되어 있었다. 따라서 버밍엄은 1887년에 이르면 용광로를 32개나 지닌 제철업 중심지로 부상했다. 그 외에 방직업과 궐련 제조업처럼 남부에서 생산되는 원료를 공업 제품으로 가공하는 산업도 발전했다. 그렇게 해서 남부는 1880년대에 산업혁명을 맞이했다.

미국의 역사학자들은 그런 변화를 과소평가하는 경향을 보인다. 남부사의 권위자 씨 밴 우드워드C. Vann Woodward는 『신남부의 기원Origins of the New South』이라는 정평 있는 저술에서 19세기 말에 있었던 산업의 발전이 전국적인 변화를 따라잡는 데 그쳤다고 지적한 바 있다. 그 근거는 무엇보다 미국의 제조업에서 남부가 차지하는 비중이 늘어나지 않았다는 데 있다. 1860년에서 1904년까지 44년 동안, 남부의 비중은 제조 업체의 숫자에서 17.2 %에서 15.3 %로 오히려 줄었고, 자본의 규모에서도 11.5 %에서 11.0 %로 약간 낮아졌다. 반면에 제조업을 통해 늘어난 부가가치에서는 10.3 %에서 10.5 %로 조금 늘어났다. 같은 기간에 북부에서 산업이 비약적으로 발전했다는 사실을 감안해도, 그런 변화가 의미 없는 것이라 말하기는 어렵다. 그래도 우드워드는 남부 경제를 "식민지 경제"colonial economy로 봐야 한다고 주장한다. 그에 따르면 남부 경제의 주력이 여전히 면화와 담배 같은 농산물을 생산하는 농업에 있었고, 뒤늦게 출발한 산업도 목재와 석탄과 철광석 같은 원자재를 생산하는 채취 산업을 중심으로 발전하고 있었으며, 제조업에서 주목을 끄는 방직업조차 소비자가 구매하기 전에 북부에서 가공하는 과정을 거쳐야 하는 반제품을 생산하는 데 머물러 있었다. 다만, 궐련 제조업이 기술혁신 덕분에 생산량을 획기적으로 늘리며 주도적 위치를 차지했을 뿐이다. 더욱이, 남부의 산업은 20세기 초까지 전반적으로 임금수준이 낮고 부가가치도 낮다는 후진적 성격을 지녔다. 이런 우드워드의 견해는 미국 역사학계에서 널리 수용된다. 예를 들면, 근래에 미국 산업화의 기원을 탐구한 데이비드 마이어 David R. Meyer는 내전 이후 반세기 동안의 제조업 발전에서 남부가 북부는 물론이요 서부에도 뒤쳐졌다고 지적한다.[18]

그렇지만 그런 견해에서는 전국적 맥락이 지나치게 강조되는 것으로 보인다. 더 넓은 맥락에서 보면, 19세기 말 미국에서 진행된 비약적 산업 발전은 이른바 제2차 산업혁명이라는 불리는 현상의 일환이었다. 더 정확하게 말하면, 그것은 제2차 산업혁명의 첨단에 해당하는 현상이었다. 그런 첨단에 비추어 보면, 남부에서 일어났던 변화는 크게 뒤처졌던 것으로 보인다. 그렇지만 역사적 시각에서 보면, 그런 변화는 다른 의미를 띠고 나타난다. 이는 경제학자 개빈 라이트Gavin Wright의 연구에서 확인할 수 있다. 그에 따르면 남부의 제조업 부문에서는 부가가치의 성장률이 1870-1909년간에 매년 평균 7.3 % 늘어났는데, 이는 전국 평균 4.5 %에 비해 훨씬 높은 수치이다. 바꿔 말하면, 남부는 19세기 말부터 빠른 속도의 산업 발전을 경험했다고 할 수 있다.[19] 따라서 19세기 말에 이르면, 남부는 산업화에 따르는 결과를 볼 수 있었다. 무엇보다도 산업이 남부 경제의 일부로 자리를 잡았다. 예를 들면, 앨라배마에서는 1860-1900년간에 면방직 공장이 늘어남에 따라 거기에 고용된 노동자가 1,300명에서 9,000명으로 크게 늘어났다. 이런 변화는 제철소 이외에 면실유, 밀가루, 비누, 또는 비료를 만드는 공장 등, 다른 여러

---

18 Woodward, *Origins of the New South*, 107-141, 291-320; David R. Meyer, *The Roots of American Industrialization* (Baltimore: Johns Hopkins Univ. Pr., 2003), 281-290.

19 Wright, *Old South, New South*, 60-64.

사업체에서도 일어났다. 따라서 1880년에서 1900년까지 이르는 20년 동안에만, 앨라배마에서 가동되는 공장이 2,000 개소에서 5,500 개소로 늘어났고, 또 노동자가 10,000명에서 33,000명으로 불어났다.[20]

더욱이, 산업화와 함께 도시화도 진행되었다. 1870년에서 1900년까지 30년 동안, 남부의 도시―즉, 인구 2,500명 이상이 집중적으로 거주하는 지역―에서는 인구가 150만 명에서 442만 명으로 세 배 가까이 늘어났다. 같은 기간에 남부의 전체 인구가 1,288만 명에서 2,452만 명으로 두 배 가까이 늘어났다는 사실을 감안하면, 도시 인구의 비중이 11.6 %에서 18.0 %로 높아진 셈이다. 이런 뜻에서 남부의 도시화는 뚜렷한 현상이었다고 할 수 있다.[21] 그런 도시화에서 중요한 역할을 한 것은 물론 노동자이지만, 중산층의 역할도 무시할 수 없다. 늘어나는 공장과 기업에서 일하던 중간 관리자들이 나타났고, 또 상점이나 소규모 작업장을 운영하던 자영 내지 영세 사업자들도 늘어났기 때문이다.

그런 변모를 겪은 남부의 경제가 우드워드의 주장처럼 북부에 대해 식민지의 지위를 지녔는가, 아니면 다른 어떤 상태에 있었는가 하는 문제는 뒤로 미룬다. 필자는 경제를 정치나 사회, 또는 문화 같은 다른 영역에서 분리한 채, 그 측면에 국한해서 지역 사이의 관계를 관찰하는 데 반대하기 때문이다. 따라서 남부의 위상을 파악하자면, 위에서 살펴본 정치 영역 외에 사회와 문화의 영역도 살펴볼 필요가 있다. 필자는 아래에서 이들 영역을 살펴보되, 흑인의 지위에 초점을 맞추고자 한다. 위에서 농장주와 정치인을 살펴보았으

---

20 Rob Dixon, "New South Era," Encyclopedia of Alabama, Alabama Humanities Alliance, http://www.encyclopediaofalabama.org/article/h-2128 (2017년 7월 5일 접속).

21 U.S. Bureau of the Census, *Historical Statistics of the United States: Colonial Times to 1970*, Bicentennial ed. (Washington, DC: U.S. Government Printing Office, 1975), Series A 172-194.

므로 이제 남부인 가운데서 대다수를 차지하던 농민을 다룰 차례이지만, 이들은 서부의 농민과 함께 제13장에서 주역으로 취급될 것이다. 그렇지만 남부의 농민 가운데서 흑인은 도시로 이주한 흑인과 함께 이 장에서 살펴보고자 한다. 이 장의 주제인 재건과 남부의 변모에서, 흑인의 지위는 핵심적 요소이기 때문이다.

3. 인종 격리 체제

흑인은 재건 이후 남부에서 점점 더 열악한 지위로 내몰렸다. 그들의 지위는 먼저 인종 사이의 기본적 세력 관계에 뿌리를 내리고 있었다. 흑인 인구는 1870년부터 1900년까지 30년 동안 488만 명에서 883만 명으로 1.8배 늘어났다. 그런데 전체 인구에서 차지하는 비중은 12.7 %에서 11.6 %로 오히려 줄었다. 그 기간에 전체 인구가 3,856만 명에서 7,599만 명으로 2배 가까이 늘어났기 때문이다. 흑인이 집중되어 있던 남부에서도 사정이 같았다. 남부의 인구는 같은 기간에 1,229만 명에서 2,452만 명으로 거의 2배 늘어났지만, 그 가운데서 흑인은 442만 명에서 792만 명으로 그보다 조금 적게 늘어났다. 따라서 그 비중도 36.0 %에서 32.3 %로 줄었다. 바꿔 말하면, 남부에서 흑인은 이전과 마찬가지로 인구가 대략 2배나 많은 백인에게 둘러싸여 있었다고 할 수 있다.[22] 더욱이, 흑인은 무력의 측면에서도 열등한 위치에 있었다. 노예 상태에 있던 때와 달리 무기를 소유할 수 있었지만, 준군사 조직을 만들며 무력을 갖추었던 백인 우월주의 단체에 맞설 수는 없었다. 그러므로 인종 사이의 세력 관계는 노예제 시대와 별반 다르지 않았다.

그렇다고 해서 흑인이 수동적 태도를 취했던 것은 아니다. 내전을 계기로

---

22 Ibid., Series A 90-104, A 172-194.

남부에서 정치체제가 와해되자, 그들은 스스로 집회를 갖고 대책을 논의했다. 나아가 지역별로 "연방 협회"Union League를 비롯한 단체를 만들고, 남부에서 새로운 질서를 수립하는 데 기여하고자 했다. 무엇보다도 해방 노예가 정착하는 데 필요한 토지를 확보하는 한편, 선거에 참여하는 데 그치지 않고 의회를 중심으로 공직에 진출하며 새로운 정치체제를 수립하고자 했다. 그러나 위에서 살펴본 바와 같이, 백인 우월주의자들은 군대나 다름없는 조직을 갖추고 물리적 폭력을 휘두르며 과거의 인종 질서를 부활시키려 했다. 따라서 내전이 끝난 뒤부터 1870년대 중엽까지 10년 동안에는 흑백 사이에서 크고 작은 충돌이 자주 일어났다. 예를 들면, 루이지애나에서는 1865년부터 1884년까지 20년 동안 폭력에 희생된 인명이 무려 4,986명이나 되었는데, 그 가운데서 3,584명(72.0 %)이 재건 시대인 1866-77년간에 희생되었다.[23]

그런 상황 속에서, 일부 흑인은 새로운 지역으로 이주하는 방안을 선택했다. 라이베리아를 비롯한 해외 이주는 여전히 현실적 대안으로 여겨지지 않았다. 미국의 흑인에게는 아프리카가 낯선 곳이었을 뿐 아니라, 막대한 이주 비용이 들어가는 위험한 지역이기도 했다. 그런 부담을 지고 해외 이주에 나섰던 흑인은 1865-80년간에 4,000명도 되지 않았다. 그보다 훨씬 많은 흑인이 1870년대에 캔저스로 이주했다. 캔저스는 인종을 가리지 않고 농지를 제공하며 이주민을 끌어들이고자 했으나, 흑인은 그런 정책을 쉽게 활용하지 못했다. 한편으로 대다수 흑인이 재건에 걸었던 희망을 버리지 않으려 했고, 다른 한편으로 백인 지주가 이주하려는 흑인에게 밀린 임금을 주지 않거나 이주 선박의 운행을 방해하는 등, 다양한 방법으로 괴롭혔기 때문이다. 결국, 캔저스 이주민도 25,000명을 넘지 않았던 것으로 추산된다. 그 외에 1,000명이 넘는 흑인이 비슷한 시기에 인디애나로 이주했다. 따라서 1865-

---

23 Hahn, *Nation under Our Feet*, 163-313; Giles Vandal, *Rethinking Southern Violence: Homicides in Post-Civil War Louisiana, 1866-1884* (Columbus: Ohio State Univ. Pr., 2000), 21-27.

80년간에 남부를 떠난 흑인은 대략 30,000명 정도였다.[24]

그들을 제외하고 남부에 잔류했던 흑인은 대부분 노예에서 소작농으로 변모했다. 위에서 살펴본 것처럼 농장주들은 소작제와 수확물 유치권 제도에 의지하며 지주와 상인으로 변신했고, 그에 따라 흑인도 소작인으로 변모했다. 그렇지만 흑인은 소작인 가운데서도 더욱 열악한 처지에 놓였다. 면화 농가에 대한 조사에 따르면, 1880년도에 흑인 농가는 전체의 37.3 %를 차지했으므로 남부에 거주하는 흑인 인구에 비해 조금 더 높은 비율을 보였다. 그러나 흑인이 경작하는 토지는 전체 가운데서 16.8 %에 지나지 않았다. 흑인은 백인에 비해 훨씬 규모가 작은 토지에서, 구체적으로 말하면 대개 30 에이커(12 ha) 내지 50 에이커(20 ha)의 토지에서 농사를 지었다. 그리고 흑인 농가 가운데서 소작인은 80.2 %에 이르렀는데, 이는 백인 농가 가운데 소작인이 차지하는 비율 34.3 %에 비하면 훨씬 높은 비율이다. 게다가 흑인 소작인 가운데 68.9 %는 분익 소작제에 묶여 있었다. 더욱이 이들은 전체 면화 농가 가운데서 무려 20.3 %나 차지했지만, 경작하는 토지는 전체 토지 가운데서 겨우 6.7 %에 지나지 않았다. 바꿔 말하면, 면화를 재배하던 흑인 소작인은 다른 농가보다 훨씬 더 규모가 작은 토지에서 농사를 지었다.[25] 20세기 남부 농촌에서 흑인 인구가 늘어남에 따라, 이런 사정은 더욱 나빠진다. 그리고 이는 1910년대 중엽부터 두 세대에 걸쳐 흑인이 남부 농촌을 떠나 북부 도시로 이주하는 데 기본적 배경이 된다.

그래도 과거와 달리, 흑인은 예속적 지위에서 벗어나기 위해 노력할 수 있었다. 무엇보다도 과거의 농장이나 주인에게 되돌아가려 하지 않았다. 또 백인의 감독 아래서 일하는 것을 달가워하지 않았다. 그 대신, 토지를 빌려 농사를 짓고자 했다. 스스로 식량을 조달하며 종자와 농기구를 확보할 수 있

---

24 Hahn, *Nation Under Our Feet*, 355-363.

25 Ransom and Sutch, *One Kind of Freedom*, 81-105.

다면, 일정한 금액의 임차료나 그에 상응하는 수확물을 지주에게 납부한다는 조건으로 토지를 빌리고 자신의 뜻에 따라 농사를 지을 수 있었다. 그렇지 않으면, 가을에 수확물을 나누는 분익 소작제를 선택할 수도 있었다. 그렇게 해서 소작인이 되면, 지주로부터 토지 이외에 식량과 종자와 농기구, 또 노새와 사료도 빌려야 했고, 심지어 면화를 심고 열심히 가꾼다고 약속까지 해야 했다. 그래도 농장주나 감독의 세세한 지시와 가혹한 처벌에 시달리지 않을 수 있었다. 더욱이 농장주의 저택 뒤에 줄지어 서 있던 오두막을 버리고, 자신이 빌린 토지에 집을 짓고 살아갈 수 있었다. 남부의 흑인은 자신을 억압하고 경멸하는 백인으로부터 공간적으로나 사회적으로 분리되는 생활방식을 선호했던 것이다.[26]

더욱이, 흑인은 과거와 달리 미국 시민으로서 권리를 주장할 수 있었다. 실제로 흑인의 참정권을 제한 내지 박탈하기 위해 백인 우월주의자들이 물리적 폭력을 동원하고 제도적 장치를 수립하는 데 대해, 흑인 지도자들은 규탄하는 성명서를 내고 의회에 탄원서를 보내는 데 그치지 않고 생명의 위협을 무릅쓰고 투표장에 가기도 했다. 그래서 흑인이 주민 가운데 다수를 차지하던 지방에서는, 흑인이 서기에서 의원을 거쳐 판사에 이르기까지 다양한 공

〈도표 11-1. 연방의회에 진출한 흑인 의원의 회기별 변동, 1869-1901년〉

	41	42	43	44	45	46	47	48	49	50	51	52	53	54	55	56
상원	1	0	0	1	1	1	0	0	0	0	0	0	0	0	0	0
하원	2	5	7	7	3	0	2	2	2	0	3	1	1	1	1	1

출처: "Black-American Representatives and Senators by Congress, 1870-Present," History, Art & Archives: Exhibitions & Publications, House of Representatives, http://history. house.gov/Exhibitions-and-Publications/BAIC/Historical-Data/Black-American-Representatives-and-Senators-by-Congress/(2017년 7월 7일 접속).

---

26 Ibid, 56-80. 또한 다음 인터넷 도판을 참고하라. "From Slave Labor to Free Labor," America's Reconstruction: People and Politics after the Civil War, Gilder Lehrman Institute of American History, https://www.digitalhistory.uh.edu/exhibits/reconstruction/section3/section3_11.html.

직에 취임하고 지방정부를 운영하는 데 주도적인 역할을 할 수 있었다. 더욱이, 그들은 연방의회에 흑인 대표를 보낼 수도 있었다. 〈도표 11-1. 연방의회에 진출한 흑인의 회기별 변동, 1869-1901년〉에서 나타나듯이, 흑인 의원은 1875-77년에 소집된 44대 의회에 8명의 대표를 보낼 수 있었다. 그러나 그 다음 회기에 의회에 보낸 대표는 4명으로 크게 줄었고, 1879-81년간에 소집된 46대 의회에서는 결국 상원 의원 1명에 지나지 않았다.

그처럼 갑작스럽게 흑인의 정치적 발언권이 줄어든 이유는 물론 재건 이후 남부에서 백인 우월주의자들이 정치권력을 장악하고 폭력을 행사하며 흑인 참정권을 제한 내지 박탈한 데 있었다. 그에 못지않게 중요한 이유는 먼저 공화당의 무관심에 있었다. 공화당은 급진파가 쇠락한 1870년대 중엽부터 흑인의 지위를 비롯한 남부의 문제를 외면하기 시작했다. 반면에 북부의 경제발전에 따라 철도와 관세, 시장경쟁과 자유방임을 비롯한 경제정책에 관심을 기울였다. 그것은 남부의 기본적 세력 관계에서 불리한 위치에 있던 흑인에게 커다란 타격이었다.

그 이유는 또한 연방 대법원에도 있었다. 대법원은 흑인의 권리 신장에 대해 부정적인 태도를 취했다. 이는 흔히 "민권법 판례"Civil Rights Cases이라 불리는 1883년 판례에서 뚜렷하게 나타났다. 그것은 흑인이 자신들의 지위와 권리를 지키기 위해 법원에 제기했던 다섯 건의 소송을 하나로 묶어서 다룬 판례였다. 여기서 연방 대법원은 연방헌법 수정조항 제14조와 1875년 민권법—기차나 선박, 음식점이나 숙박업소 같이 공중을 대상으로 영업하는 시설에서 인종에 따른 차별을 금지하는 법률—이 개인 사이의 사적 관계에는 적용되지 않는다고 선언했다. 수정조항 제14조는 개인이 다른 개인과 맺는 관계가 아니라 주에서 제정하는 법률이나 시행하는 조치로 인해 권리를 침해당하는 경우에 한해 적용된다는 것이었다. 그것이 문구에 얽매이는 편협하고 인위적인 해석이라는 소수 의견이 있었다. 공중 시설이 주의 위임 아래 사업을 수행하는 공적 성격을 지니며, 따라서 거기서 실제로 벌어지는 인종 차별이 수정조항 제14조와 민권법에 위배된다는 것이었다. 그러나 다수 의견에 따라 1883년 민권법 판례는 연방의 권위가 남부의 인종 관계까지 미치지는 않는다고 단언했다.[27]

　설마 하며 판결을 기다리던 흑인 사회는 충격에 빠졌고, 그것은 곧 분노로 바뀌었다. 그 지도자 가운데 대표적 인물이었던 프레드릭 더글러스는, 하지만 분노보다 슬픔에 빠졌다. 그로부터 일주일 뒤에 있었던 집회에서, 이미 환갑을 훌쩍 넘기고 칠순을 바라보던 이 늙은 투사는 외쳤다.

　그렇지만 이 판결에 그런 의도가 없었다 해도 우리가 간과할 수 없는 것은 그로 인해 이 나라 국민 가운데 7백만 명이 무거운 불행에 빠지게 되었고, 또 악랄하고 조야하며 냉혹한 편견으로 가득 찬 행동 앞에 아무런 방책도 없이 맨몸으로 서 있게 되었다는 점입니다. 그로 인해, 미국은 이 세상에서 자국의 시민이 자국의 영토 위에서 지니는 권리를 보호할 힘조차 없는 나라가 되었습니다. 미국은 그 시민에게 봉사와 희생, 충성과 생명을 요구할 수 있지만, 그들이 인간의 기본적 권리를, 정부를 수립하는 이유가 되는 그런 권리를, 명명백백하게 침해당하는데도 그들을 보호할 수 없습니다. 미국은 그들이 먹는 빵에서 세금을 떼어 갈 수 있고 그들이 지니는 피에서도 세금을 떼어 갈 수 있지만, 그들의 몸에 대해서는 보호할 힘이 조금도 없습니다. 미국이 국가로서 지니는 힘은 워싱턴 특별구와 준주에, 즉 주민에게 투표권이 없고 땅에 주민이 없는 그런 지역에 국한되어 있습니다. 그 외에는 모두 주의 관할권 아래에 있습니다. 상식의 이름으로 묻겠습니다. 이 판결과 그에 따른 권리 상실에 비추어 볼 때, 우리는 스스로 국민이라는 이름을 지닐 만한 권리를 지니고 있습니까?[28]

---

27 Civil Rights Cases, 109 U.S. 3 (1883).

28 Frederick Douglass, "Speech at the Civil Rights Mass-Meeting Held at Lincoln Hall, October 22, 1883," Documents: Frederick Douglass, Teaching American History. org, http://teachingamericanhistory.org/library/document/the-civil-rights-case/

더글러스가 그렇게 개탄했으나, 그 판결은 백인 우월주의자들에게 면죄부 같은 것이었다. 그들은 이제 연방의 권위에 개의치 않고 공중 시설에서 인종을 차별하고 나아가 투표장에서도 흑인을 배제하고자 했다. 그래도 흑인은 연방의회에 진출하는 기회를 완전히 잃지는 않았다. 위의 도표에서 드러나듯이, 47대부터 51대까지 1880년대에 소집된 의회에는 대체로 2명 정도의 하원 의원을 보낼 수 있었다. 그렇지만 1891년부터는 그나마 1명으로 줄었고, 급기야 57대 의회가 소집되었던 1901년부터 한 세대 동안에는 흑인 의원의 명맥조차 유지할 수 없었다. 따라서 흑인은 재건이 끝난 다음에 정치적 영향력을 급격하게 잃어버렸다고 할 수 있다. 그렇지만 지방 수준에서는 그렇지 않았다. 흑인은 대체로 밀집해서 거주했기 때문에, 지방에서는 흑인 대표를 뽑을 수 있었다. 그래서 재건이 끝난 뒤에도 지방정부에는 흑인 공직자들이 적잖이 남아 있었다.

바로 그 점이 백인 우월주의자들의 공격 목표가 되었다. 그 배경에는 민주당의 집권을 위협하는 제3당 운동이 있었다. 제13장에서 자세히 살펴보겠지만, 1890년대에는 남부에서도 제3당 운동이 소농의 지지를 확보하면서 민주당의 기반을 잠식하는 반면에 공화당의 재집권 가능성을 열어 주었다. 그에 대비해, 백인 우월주의자들은 흑인에 대한 참정권 박탈을 공식적 제도로 수립하는 운동을 벌였다. 앞장을 선 것은 미시시피였다. 1890년, 그곳의 백인 우월주의자들은 재건 시대에 채택되었던 헌법을 개정하는 작업에 착수했다. 가장 중요한 것은 인두세 납부 실적과 문자 해독 능력에 따라 참정권을 제한한다는 규정을 신설하는 일이었다. 그것은 흑인이 전체 인구 가운데 58 %를 차지하고 있던 미시시피에서 이미 실제로 존재하고 있던 현실이었다. 게다가 그것을 공식적 제도로 수립하고자 하던 미시시피 제헌 회의에서는 백인이 전체 대의원 134명 가운데 133명이었다. 더욱이, 미시시피 제헌 회의는 헌법

(2017년 7월 22일 접속).

개정안을 주민투표에 붙이지도 않고 통과시켰다. 그 후에 실시된 선거에서 유권자 등록을 마친 사람들은 21세 이상의 백인 남성의 경우 110,000명 가운데 68,000명, 즉 61.8 %였으나, 21세 이상의 흑인 남성의 경우에는 147,000명 가운데 8,600명, 즉 5.9 %에 지나지 않았다. 그 결과, 개정 헌법 아래서는 백인 유권자가 압도적 우위를 누릴 수 있었다. 더욱이, 개정 헌법은 1898년 연방 대법원에서 연방헌법이나 수정조항 제14조와 합치한다는 판결을 받기도 했다.[29] 그러자 다른 주들도 미시시피의 선례를 본받아 헌법을 개정하는 작업에 착수했다. 그 결과, 1910년까지 남부의 모든 주들이 개헌을 통해 흑인의 참정권을 박탈했다.

그 과정에서 적잖은 비판이 있었다. 특히 논란을 일으킨 것은 할아버지의 신분을 근거로 삼아 투표 자격을 결정한다는 조부 조항과 선거관리위원장이 유권자의 문자 해독 능력을 점검하고 투표 자격을 결정할 수 있다는 양해 조항이었다. 이런 조항은 명백한 인종 차별이나 부정선거 가능성 때문에 남부 백인 사이에서도 문제점으로 간주되었다. 그런 조항은 개정 헌법에 도입되지 않았다. 더욱이, 북부에서도 우려가 제기되었다. 1888년 매서추세츠 출신의 하원 의원 헨리 캐보트 로지Henry Cabot Lodge는 선거관리를 연방이 담당하는 방안을 제출했다. 그 골자는 연방에서 임명하는 관리로 하여금 각 주에서 시행하는 유권자 등록과 투표 자격 심사를 감독하게 하자는 데 있었다. 이는 물론 남부의 흑인 참정권 박탈 운동을 견제하는 효과적 방안이었다. 바로 그렇기 때문에 남부 정치인들은 분개했고, 결국 로지의 법안은 민주당의 반대와 공화당의 미온적 태도 속에서 부결되었다.

그 배경에는 북부에서도 확산되었던 백인 우월주의가 있었다. 인종주의는 이미 살펴본 것처럼 남부를 넘어 북부에도 널리 퍼져 있었고, 19세기 말에 제국주의와 결합되었으며, 그래서 해외에서 식민지를 지배, 착취하는 노력을

---

29 Williams v. Mississippi, 170 U.S. 213 (1898).

넘어 세계적 차원에서 인종 질서를 확립하려는 구상으로 확대되었다. 이에 관해서는 제14장에서 자세하게 살펴볼 것이다. 여기서 중요한 것은 제국주의가 미국 남부에서 인종 질서를 확립하는 데 기여했다는 점이다. 19세기 말에 강대국 사이에서 식민지 쟁탈전이 가열되던 때에, 제국주의를 옹호하던 논객들은 그것이 제국의 이익보다는 오히려 식민지의 발전에 기여한다고 주장했다. 더욱이 식민지가 제국의 "후견" 아래에서 야만이나 미개 상태에서 빨리 벗어나 문명에 이를 수 있다고 하면서, 그것을 돕는 것이 "백인의 사명"이라고 강변했다. 제국을 건설한 백인은 고도의 문명을 지닌 만큼, 식민지에서 흑인을 비롯한 유색인에게 문명을 가르치는 부담을 지닌다는 것이었다. 1890년대에 미국이 스페인과 전쟁을 벌이고 그 식민지를 빼앗으며 제국주의적 팽창을 밀고 나감에 따라, 이 그릇된 관념은 미국 전역의 백인 우월주의자들 사이에서 널리 확산되었다. 이제 그들은 미국에서 백인이 정점을 차지하는 인종 질서를 확립하면서, 흑인을 비롯한 유색인이 그것을 받아들이고 백인으로부터 문명을 배우는 과정을 밟게 해야 한다고 주장했다. 이는 분명히 흑인을 아동에 비유하면서 열등한 존재로 비하하던 인종주의의 연장이었다.

많은 흑인이 그런 질곡에서 벗어나기 위해 도시로 옮겨 가 새로운 삶을 개척하려 했지만, 그들도 백인 우월주의에서 벗어날 수 없었다. 도시에 거주하는 흑인은 1880년부터 1900년까지 20년 동안 85만 명에서 181만 명으로 두 배 넘게 늘어났다. 그 가운데 4분의 3에 해당하는 137만 명은 남부에 살고 있었다. 이들이 가질 수 있는 직업은 제한되어 있었다. 위에서 살펴본 것처럼 신남부에서는 도시를 중심으로 교통과 상업, 광업과 공업이 발전하고 있었지만, 새로운 부문에서 생기는 좋은 일자리는 모두 백인이 차지했다. 그래도 철로를 놓거나 석탄을 캐거나 나무를 베는 일은 짐을 나르는 일과 마찬가지로 "흑인 직종"Negro jobs으로 여겨졌다. 그 외에 청소나 세탁, 요리나 보육처럼 오랜 관습에 따라 흑인 여성에게 주어지던 일거리가 있었다. 노동시장에서는 대체로 위험하거나 비천하면서도 보수가 적은 일자리가 흑인에게 돌아갔던 것이다. 더욱이, 흑인은 도시에서도 집세가 싼 지역에 모여 사는 경향을 보였다. 그런 지역은 대개 철도역이나 부두, 또는 공장 지대에서 가까운 반면에 혼잡이나 오염으로 인해 쾌적한 주거 환경을 기대하기 어려운 곳이었다. 그러나 그런 곳에서 흑인은 교회와 학교는 물론이요 식품점에서 이발소와 미용실을 거쳐 장의사에 이르기까지 다양한 시설을 갖추고 자신들이 바라는 방식대로 살아갈 수 있었다. 바꿔 말해, 남부 도시에서는 노동시장뿐 아니라 주거지역과 생활방식에서도 흑인이 백인으로부터 분리되는 경향을 보였다.

그와 달리, 두 인종이 서로 부딪히고 뒤섞이는 현상도 뚜렷하게 보였다. 도시에서는 일정한 지역에 사람들이 밀집 거주하기 때문에, 주민 사이에 피부색을 뛰어넘는 접촉이 일어나게 마련이었다. 그 가운데서 친밀한 접촉은 백인 상층 및 중산층 가정에서 일어났다. 19세기 남부 도시에서 대두하던 백인 중산층은 상층을 본받아 흑인을 하인으로 고용하는 경향을 보였다. 특히, 중산층에서는 흑인 여성에게 청소와 세탁, 요리와 보육 같은 가사를 맡김으로써 중산층 주부에게 상층 "귀부인" 같은 지위를 누리게 하고자 했다. 이는 백인 중산층 가정이 계급 질서와 인종 질서 속에서 차지하는 위치를 확인하고 과시하는 방식 가운데 하나였다.

그렇지만 남부 도시에서는 그런 질서와 어긋나는 접촉도 있었는데, 그것은 주로 상점에서 뚜렷하게 나타났다. 다음 장에서 자세히 살펴보겠지만, 19세기 말 미국에서는 대기업이 대두하면서 식품과 약품에서 가구와 의복을 거쳐 장신구와 기호품까지 다양한 상품을 대량으로 생산하고 과거에 비해 저렴한 가격으로 공급했다. 그리고 구매력을 지닌 사람이라면 지위나 인종을 가리지 않고 누구나 고객으로 대우하며 상품을 판매하고자 했다. 그렇게 해서 대두하던 대중 소비에서는, 인종을 구분하는 피부색의 경계선이 허물어지는 경향이 있었다. 이런 경향은 19세기 말 남부 도시에서 등장한 흑인 중산층에게서도 나타났다. 목사와 의사, 변호사와 상점주를 비롯한 흑인 중산층은 백인 중산층에 못지않은 복색을 갖추고 상점을 드나들었고, 또 백인 중산층에 못지않은 대우를 요구했다. 오늘날 값비싼 자동차를 타고 돌아다니며 자신의 부를 과시하는 사람들처럼, 일부는 심지어 호화로운 마차로 행인의 눈길을 끌기도 했다. 그런 흑인은 백인 상점주가 인종을 차별하는 언행을 보이면, 거기서 나와 다른 상점으로 발길을 돌렸다. 그렇다고 해서 상점에서 인종 차별이 없었던 것은 아니다. 예를 들면, 옷이나 신발, 또는 모자를 파는 가게에서는 흑인에게 입거나 신거나 써보는 기회를 주지 않는 것이 관행으로 여겨졌다. 그래도 대중 소비와 상업주의에 들어 있는 평등주의적 함의는 분명하게 보였다. 비록 구매력을 지닌 고객에 국한된다는 한계를 지녔으나, 대중 소비와 상업주의는 남부 도시에서 인종 질서를 위협하고 있었다.[30]

백인 우월주의자들은 그런 위협에 대비해 인종 격리racial segregation 체제를 수립하고자 했다. 그리고 정계에는 그들과 협력해 인종 질서를 공식적 제도로 수립하는 데 협력하고자 하는 정치인들이 있었다. 그런 정치인은 대체로 전후 남부에서 과두제가 쇠퇴하고 민주정치가 대두함에 따라 정계에 진출한 중산층 출신이었다. 이들은 1900-11년간에 남부의 여러 주에서 철도와 선박 등, 교통 시설에서 인종을 격리해야 한다는 법령을 제정했다. 심지어 승강기마저 백인 전용기와 유색인 전용기로 구분하고자 노력하기도 했다. 더욱이 1911-14년간에는 리치먼드와 애틀랜타 같은 주요 도시들이 주거지역을 흑백으로 구분하고 격리하는 규정을 제정했다. 이런 움직임은 음식점과 음수대, 대합실과 화장실에서도 흑백을 격리하는 시설로 이어졌다.

그처럼 인종 격리를 규정하는 법규는 흔히 "짐 크로우 법"Jim Crow laws이라 불렸는데, 이 명칭은 흑인을 조롱하는 가사로 널리 알려 졌던 노래 "뛰어라, 짐 크로우"Jump, Jim Crow의 제목에서 유래했다. 그런 법규가 제정된 결과, 흑인은 백인에 비해 같은 요금을 내고도 나쁜 시설을 이용하게 되었다.

---

30 Grace Elizabeth Hale, *Making Whiteness: The Culture of Segregation in the South, 1890-1940* (New York: Vintage, 1999), 1-197.

그것은 전적으로 새로운 현상이 아니었다. 이미 내전 이전에도 실제로 존재하고 있었고, 내전 이후에는 학교를 설립할 때도 관습으로 여겨졌다. 게다가 북부에서도 취업이나 주거에서 인종을 격리하고 차별하는 것은 일반적 관행이었다. 새로운 것이 있다면 19세기 말 20세기 초에 이르러 인종 격리가 남부에서 법률로 제정되면서 공식적 제도로 확립되었다는 점이다. 그것도 연방 대법원이 인정하는 제도로서 확고한 위상을 차지했다는 점이다. 1896년 플레시 대 퍼거슨Plessy v. Ferguson 판례에서, 대법원은 철도와 같은 공익사업체에서 고객에게 인종에 따라 "분리되어 있지만 동등한 시설"separate but equal accommodations을 제공한다면 연방헌법이나 수정조항에 위배되지 않는다고 선언했다.[31] 그에 따르면

> [제14조] 수정조항의 목적은 의심할 나위도 없이 법 앞에서 두 인종의 절대적 평등을 실현하는 것이지만, 사리에 비추어 볼 때 피부색에 기초를 두는 구별을 철폐한다거나 정치적 평등과 구분되는 바와 같은 사회적 평등을 실현한다거나, 또는 어느 인종에게도 만족스럽지 않은 방식으로 두 인종을 혼합한다거나 하는 취지에서 제정되었다고는 생각되지 않는다. 두 인종이 서로 접촉하게 되는 장소에서 법률이 그들을 분리하도록 허용하거나 요구한다고 해서, 반드시 어느 인종이 다른 인종에 비해 열등하다는 것을 의미하지 않으며, 그런 법률은 보편적이라 할 수는 없어도 일반적으로 주에서 치안권을 행사하는 입법부의 권능에 속하는 것으로 인정된다. 이를 보여 주는 가장 비근한 사례는 백인 아동을 위한 학교와 유색인 아동을 위한 학교를 별도로 설치하는 데서 찾을 수 있는데, 이는 유색 인종의 정치적 권리가 가장 오랜 기간에 걸쳐 가장 성실하게 보장되는 주에서도 입법권의 유효한 행사라는 판결을 법원이 내린 바 있다.[32]

---

31 인종 격리 체제의 기원을 둘러싼 논쟁에 관해서는 다음을 보라. Joel Williamson, ed., *The Origins of Segregation* (Lexington, MA: Heath, 1968).

32 Plessy v. Ferguson, 163 U.S. 537 (1896), 545.

인종 격리 체제는 흑인에 대한 물리적 폭력과 긴밀하게 연관되어 있었다. 백인 우월주의자들은 흑인이 참정권을 행사하는 것을 막는 데서 그치지 않고 흑인이 인종 질서를 지키게 만들기 위해서도 폭력을 휘둘렀다. 그것은 흔히 "린칭"lynching이라 불렸다. 이 용어는 혁명기 버지니아에서 찰스 린치Charles Lynch 대령이 근왕파를 압박하기 위해 애국파를 동원하며 폭력을 행사한 사례에서 유래했다. 그런 사형私刑은 대개 흑인이 백인을 대상으로 범죄를 저질렀을 때보다는 그런 혐의나 고발이 있었을 때 시작되었다. 그것도 살인이나 방화, 폭행이나 강간 같은 범죄에 관한 것만이 아니라 백인 여성에게 접근하는 것처럼 보이는 행동이나 백인에 대한 불경스러운 언행 같이 예의범절에 관한 것도 있었다. 그렇지만 그 결말은 거의 모두 처형이었다. 그것도 대개 흑인이 집중적으로 거주하는 지역에서 관객이 수천 명이나 모인 가운데, 희생자의 손발을 자르는 등, 신체적 고통을 가한 다음에 밧줄에 목을 매달거나 불에 태워 죽이는 잔인한 폭력을 가하는 방식으로 진행되었다. 더욱이 관객 가운데에는 먼 곳에서 기차를 타고 와서 관광하듯이 그것을 즐기는 사람이나, 심지어 희생자의 잔해를 기념품으로 모으거나 사고파는 끔찍한 일을 저지르는 사람도 있었다.[33]

린칭은 남부 어디서나 일어났지만, 그 가운데서도 미시시피, 루이지애나, 텍사스, 앨라배마, 조지아, 플로리다, 사우스캐롤라이나 등, 멕시코만 연안의 저남부에서 자주 일어났다. 그 외에 아칸소, 켄터키, 그리고 테네시에서도 자주 일어났다. 역사적 시각에서 볼 때, 린칭의 발생 빈도는 1890년대에 절정에 이르렀다가 20세기에 들어와서 뚜렷하게 감소하기 시작했다. 흑인이 희생된 린칭은 1882-91년간에 732건이었으나, 1892-1901년간에는 1,123건으로 크게 늘었고, 1902-11년간에는 707건으로 뚜렷하게 줄었다. 반면에 백

---

33 Stewart E. Tolnay and E. M. Beck, *A Festival of Violence: An Analysis of Southern Lynchings, 1882-1930* (Urbana: Univ. of Illinois Pr., 1995).

인이 희생된 린칭은 같은 기간에 751건에서 381건으로, 그리고 77건으로 크게 줄었다. 따라서 흑인에 대한 린칭이 전체에서 차지하는 비중은 같은 기간에 2분의 1에서 4분의 3으로, 그리고 10분의 9로 오히려 늘어났다. 그 결과, 린칭으로 희생된 흑인은 반세기에 가까운 기간에 대략 2,500명에 이르렀다. 이런 통계는 정확하지 않으나, 적어도 역사적 추세를 보여준다—린칭이 점차 흑인에게 집중되었고 또 흑인에 대한 린칭이 1890년대에 절정에 이르렀다는 사실을 보여 준다. 바꿔 말하면, 린칭은 남부에서 인종 격리 체제가 확립되는 과정의 일환이었다고 할 수 있다.[34]

그것은 미국 문명의 발전 과정에서 폭력이 중요한 의미를 지닌다는 점을 또다시 일깨워준다. 린칭은 흔히 알려져 있는 것처럼 1880–1930년간에 남부에서 집중적으로 일어났지만, 그보다 더 오랜 기간과 더 넓은 지역에 걸쳐 나타났던 현상이다. 그것은 언제, 어디서든, 다수 시민이 법원을 비롯한 국가기구가 제 기능을 수행하지 못한다고 보고 스스로 법과 질서를 확립해야 한다고 생각하고 행동에 나설 때 나타났다. 예를 들어 19세기 서부의 변경 지대에서는 이주민이 자신들 사이의 일탈을 스스로 규제할 때는 물론이요, 생존을 위해 몸부림치던 원주민과 멕시코계 주민을 통제할 때도 흔히 린칭에 호소했다. 그렇지만 이 용어가 1830년대 중엽에 널리 쓰이기 시작했을 때부터, 그것은 노예제와 깊은 관계를 맺게 되었다. 린칭은 일반적으로 국가기구가 발전함에 따라 쇠퇴했으나, 노예제가 존재하는 지역에서는 그렇지 않았다. 거기서는 주인이 국가의 지원 아래 노예에 대한 폭력을 행사했고, 또 노예 반란과 같은 사태가 일어났을 때에는 국가의 지원을 넘어 폭력을 행사했다. 더욱이, 재건 시대에는 위에서 살펴본 것처럼 흑인으로부터 참정권을 박탈하고

---

34 "Lynching, Whites & Negroes, 1882–1968," Tuskegee University Archives Repository, Tuskegee University, http://archive.tuskegee.edu/archive/handle/123456789/511 (2017년 7월 14일 접속); Equal Justice Initiative, *Lynching in America: Confronting the Legacy of Racial Terror*, 2nd ed. (Montgomery, AL: Equal Justice Initiative, 2015).

인종 위계질서를 확립하는 데 널리 폭력이 동원되었고, 그 결과로 희생된 인명도 1880–1930년간에 희생된 인명보다 훨씬 많았다. 이런 뜻에서 린칭은 일시적 현상에 그치는 것이 아니라, 노예제와 인종 격리 체제를 중심으로 미국 문명의 발전 과정을 점철하는 폭력적 전통의 일환이라 할 수 있다.[35]

흑인은 그처럼 폭력에 토대를 두는 인종 격리 체제에 효과적으로 대처하지 못하고 묵종하는 자세를 보였다. 위에서 언급한 것처럼 일부는 개인적 차원에서 산발적 저항을 시도했으나, 대다수는 인종 격리 체제에서 살아남는 방안을 선택했다. 이는 흑인 지도자의 세대교체에서 상징적으로 나타났다. 1895년 2월, 프레드릭 더글러스는 스스로 노예제에서 벗어난 다음에 다른 흑인의 해방과 자유를 위해 열심히 싸웠던 생애를 마치고 77세를 일기로 세상을 떠났다. 같은 해 9월, 부커 워싱턴Booker T. Washington이 남부 흑인을 대표하는 인물로 주목을 끌었다. 그는 1856년 버지니아에서 노예로 태어났지만, 노예해방령 덕분에 자유인으로 자랄 수 있었다. 더욱이, 일찍이 자유를 찾아 웨스트버지니아로 떠났던 아버지를 만나서 교육에 관심을 갖게 되었다. 그리고 자신의 힘으로 돈을 벌며 공부를 하는 길을 택했고, 결국 대학까지 졸업할 수 있었다. 덕분에, 1881년 앨라배마에 설립된 터스키기대학Tuskegee Institute에서 교편을 잡을 수 있었다. 그리고 거기서 교사와 기술자를 양성하는 교육에 주력하는 한편, 학교에 부지를 마련하고 시설을 갖추는 등, 행정에도 관심을 기울였다. 그 결과, 터스키기대학은 흑인 교육을 선도하는 기관이되었고, 워싱턴은 흑인 지도자로서 주목을 끌게 되었다.

그런 인물이 1895년 애틀랜타 박람회에서 인종 관계에 대해 연설한 것은 자연스러운 일이었다. 그리고 그가 흑인에게 필요한 것은 무엇보다 교육과 직

---

35 Michael J. Pfeifer, *Rough Justice: Lynching and American Society, 1874–1947* (Urbana: Univ. of Illinois Pr., 2004); idem, *The Roots of Rough Justice: Origins of American Lynching* (Urbana: Univ. of Illinois Pr., 2011); Ashraf H. A. Rushdy, *American Lynching* (New Haven: Yale Univ. Pr., 2012).

업, 특히 상공업 부문의 직업이라고 강조하며, 남부의 백인 기업가들을 향해 흑인에게 일자리를 달라고 요구한 것도 자연스러운 일이었다. 그러나 흑인이 정치적 권리나 사회적 평등을 요구하는 것이 어리석은 일이라고 선언한 것은 지나친 순응이었던 것으로 보인다. 그것은 물론 교육과 직업의 중요성을 강조하는 연설의 전반적 취지에 비춰 이해할 필요가 있다. 그렇지만 그것은 흑인 참정권 박탈과 인종 격리 체제를 수용하는 발언으로 해석될 수도 있었다. 그렇기 때문에 다음 세대의 흑인 지도자들은 워싱턴의 연설을 "애틀랜타 타협"Atlanta Compromise으로 규정하며 남부의 인종 질서에 순응하는 그의 자세를 비판하고 오히려 기존 질서에 도전하는 방향으로 나아간다. 그러나 워싱턴은 당대인들의 눈에 띄지 않는 활동에도 적잖은 노력을 기울였다. 특히, 그가 은밀하게 민권운동을 지원했다는 점, 또 그가 강조한 교육이 나중에 민권운동에 크게 기여했다는 점도 고려할 필요가 있다.[36]

더욱이, 20세기 전환기 흑인 사회에서 워싱턴은 유일한 지도자가 아니었다. 예를 들어 아이다 웰즈Ida Bell Wells는 린칭에 초점을 맞추고 인종 격리 체제를 비판하는 데 앞장섰다. 그녀는 1862년 미시시피 북부의 촌락에서 태어나 부모의 가르침에 따라 학교에 다니며 교육을 받을 수 있었다. 그러나 겨우 16살에 이르렀을 때 전염병으로 부모를 잃었고, 동생들과 함께 가계를 꾸리기 위해 초등학교 교사로 취업해야 했다. 더욱이, 20대에는 방학을 이용해 대학에 다니는 동시에 흑인 신문에 인종 격리 체제를 고발하는 기사를 쓰기 시작했다. 이런 활동은 그녀가 30대에 이르렀던 1890년대 초부터 린칭에 집중되었고, 거기서 얻은 명성 덕분에 웰즈는 인종주의에 대한 투쟁을 선도할 수 있었다. 그 외에, 남부에는 참정권을 중시하면서도 백인과의 교류나 협력을 경시하지 않는 중산층 흑인 여성이 있었다. 그들은 19세기 말부터 스스

---

36 "Booker T. Washington Delivers the 1895 Atlanta Compromise Speech," History Matters, American Social History Project, http://historymatters.gmu.edu/d/39/ (2017년 7월 14일 접속).

로 단체를 조직하고 금주운동과 보건 운동, 그리고 육영사업을 전개했고, 그런 운동이 흑인의 지위를 개선하는 데 기여할 것이라고 생각했다. 그리고 그런 운동을 벌이던 백인 여성 단체와 교류하고 협력하는 데 적극적으로 나섰고, 때때로 여러 가지 지원을 받기도 했다. 그렇지만 그들은 남성 우월주의의 공동 희생자로서 백인 여성과 자매애를 지닌다는 점을 강조하면서, 인종 격리 체제에 순응하지 않는 자세를 취했다. 더욱이, 그런 운동을 통해 남성을 포함하는 흑인 사회의 정치적 입장을 대변하고자 노력하기도 했다. 역설적 현상이지만, 흑인 사회에서는 참정권이 없던 여성이 정치적으로 거세당한 남성을 위해 상당한 역할을 했다고 할 수 있다.[37]

어쨌든, 20세기 전환기 남부에서는 위계적 인종 질서가 확립되고 흑인이 예속에 가까운 열등한 지위를 차지하게 되었다. 그 체제의 성격을 어떻게 이해해야 하는가 하는 물음에, 일각에서는 노예제의 재판이라고 대답한다. 이 대답에서는 흑인이 그만큼 열악한 처지에 놓였다는 점이 부각되는 반면에, 거주 이전과 직업 선택의 자유를 비롯해 노예보다 훨씬 많은 자유를 누렸다는 사실이 경시된다. 다른 일각에서는 20세기 전환기 남부의 인종 관계가 인도의 카스트제도에 가깝다고 생각한다. 사실, 흑인은 미국 시민이면서도 남부는 물론이요 북부에서도 이등 시민의 대우를 받았다. 특히 정치적 권리를 빼앗기고 사회적 평등을 누리지 못하는 등, 열등한 위상을 강요당했다. 그러나 카스트제도와 달리, 남부의 흑인은 역시 거주 이전과 직업 선택 등, 다양한 자유와 권리를 지녔고, 또 얼마 지나지 않아 그것을 활용해 북부 도시로 가서 새로운 삶을 꾸릴 수 있었다. 또 다른 일부에서는 20세기 전환기 남부의 인종 관계가 남아프리카의 아파르트헤이트와 비슷하다고 생각한다. 그렇지만 그와 달리, 남부는 인종이 지리적으로 뒤섞여 있는 지역에서 인종을 사회

---

37 Glenda Elizabeth Gilmore, *Gender and Jim Crow: Women and the Politics of White Supremacy in North Carolina, 1896–1920* (Chapel Hill: Univ. of North Carolina Pr., 1996).

적으로 격리하는 체제를 수립하고, 그것을 유지하기 위해 공식적 법률과 제도에 못지않게 린칭을 비롯한 사사로운 폭력과 규찰에도 의지했다. 더욱이, 흑인이 남부를 떠나 북부로 가는 것을 막을 수도 없었다. 이런 차이는 결국 20세기 전환기 남부에서 확립된 인종 격리 체제가 지역적 현상이라는 점, 그것도 시민의 자유와 권리를 보장하는 미국 헌법의 테두리 안에서 제한적으로 성립한 체제였다는 점에서 유래하는 것으로 보인다.

이제 그런 체제가 어떻게 해서 20세기 전환기 남부에서 대두했는가 하는 마지막 물음을 다룰 차례가 되었다. 그에 대해 인종주의라는 답변을 내놓는다면, 그것은 재건의 실패에 관한 설명과 마찬가지로 충분한 답변이라 할 수 없다. 인종주의는 일종의 상수로서 인종 격리 체제가 대두하기 전에도, 또 철폐된 후에도 존재했다. 주목해야 할 것은 인종주의도 밀물이나 썰물처럼 일정하지는 않지만 상당한 변화를 겪었다는 사실이다. 위에서 지적한 바 있듯이 인종주의가 19세기 말에 이르러 제국주의와 결합되며 더욱 격화되었으나, 그런 변화를 저지하는 운동은 사실상 존재하지 않았다. 1888년 로지 법안을 제외하면, 인종 격리 체제의 대두에 제동을 거는 공식적 시도는 없었다. 바꿔 말하면, 공화당은 재건 시대에 남부의 인종 질서를 개편하는 데 관심을 기울였으나 그 이후에는 그 관심을 접어 버렸다고 할 수 있다. 그래서 "구원자들"이 낡은 질서를 다시 수립하는 데 주목하지 않았고, 거기서 한 걸음 더 나아가 흑인 참정권을 박탈하기 위해 주별로 헌법을 개정하는 데도 개입하지 않았다. 그러므로, 이와 같은 북부의 방관이 인종주의의 격화와 함께 남부에서 인종 격리 체제가 대두하는 데 기여했다고 할 수 있다. 그 외에, 위에서 살펴본 것처럼 신남부의 대두에 따라 도시에서 인종 관계가 악화되었다는 점도 기억할 필요가 있다.

그렇지만 인종 격리 체제의 대두를 가져온 근본적 원인으로는 저렴하고 순종적인 노동력에 대한 남부의 지속적 관심에 주목하지 않을 수 없다. 남부는 재건 이후에 산업화와 도시화를 추진하면서 남부의 면모를 일신하고자 했으나, 남부 경제가 담배와 면화, 곡물과 염료 등, 몇몇 농산물에 기초를 두고 있다는 사실을 경시할 수 없었다. "신남부"라는 구호는 농업이라는 전통적 토대를 허물어뜨리지 않고, 오히려 그 위에 도시를 건설하고 상공업을 이식시키는 발전 방안이었다. 그렇기 때문에 내전을 계기로 농장이 해체되었지만, 남부 농업에는 노동력이, 그것도 저렴하고 순종적인 노동력이 여전히 필수불가결한 요소였고, 그런 노동력은 물론 노예제에서 해방된 흑인으로 채울 수밖에 없었다. 이민은 이미 오래전부터 북부에서 더 나은 일자리를 찾고 있었으니 말이다. 반면에 흑인은 17세기에 북미대륙에 영국 식민지가 건설될 때부터 노동력으로 도입되었고, 얼마 지나지 않아 백인 농장주들의 폭압 아래 노예제에 편입되며 저렴하고 순종적인 노동력으로 변형되었다. 그러나 노예제가 해체되자, 흑인은 다시 과거와 같은 예속 상태로 돌아가려 하지 않았다. 더욱이 공화당이 주도한 재건 시대에는, 미국 시민으로서 참정권을 비롯한 다양한 권리를 누리기도 했다. 따라서 재건이 끝난 다음에, 백인 농장주들은 "구원자들"을 비롯한 정치 지도자들에게 의지하며 흑인을 저렴하고 순종적인 노동력으로 되돌리고자 했다. 그들의 노력은 우선 해방 노예에게 자영농으로 독립할 수 있는 토지를 제공하지 않음으로써 농장으로 돌아가게 만드는 데 집중되었다. 다음에는 소작제도와 수확물 유치권 제도를 도입하는 데서 시작해서 참정권을 박탈하고 인종을 격리하는 체제를 수립하는 데까지 이르렀다. 이런 뜻에서 저렴하고 순종적인 노동력에 대한 지속적 관심이 악명 높은 인종 격리 체제의 대두를 가져온 근본적 원인이었다고 할 수 있다.[38]

그 점은 "신남부"의 성격을 규정하는 데 중요한 의미를 지닌다. 남부는 내전과 재건을 거치며 미국의 내부 식민지에서 벗어나 자본주의 문명에 통합되기 시작했다. 이제 흑인에게 인간이자 시민으로서 기본적 권리를 부여함으로

---

38 경제학자 개빈 라이트는 재건 이후 남부의 경제사에서 노동력이 중요한 요인이었다는 점을 강조하면서도, 그것이 인종 격리 체제와 어떻게 연관되어 있었는지 천착하지 않는다. 이에 관해서는 다음을 보라. Wright, *Old South, New South*, 51-80.

써 이미 연방 차원에서 구축되었던 자본주의의 정치적 토대를 받아들였고, 또 정치, 경제, 사회, 문화 등, 여러 영역에서 근대화를 추진하며 북부에 뒤지지 않으려 애썼다. 그러나 상업과 공업, 그리고 금융에서는 북부에 뒤졌을 뿐 아니라 얽매이기도 했다고 할 수 있다. 남부는 무엇보다 면화를 가공하거나 수출하는 데, 또 생활에 필요한 공업 제품을 확보하는 데 북부의 상인에게 의존해야 했고, 그들과 거래하는 데 필요한 신용을 얻기 위해서는 뉴욕과 필라델피아의 은행에 의존해야 했다. 이런 점에서 남부는 분명히 종속적 위치에 있었다. 거기에는 분명히 식민지 시대에 형성되었던 역사적 관성이 작용하고 있었다.

그러나 내부로 눈을 돌리면, 거기에는 "신남부"를 건설하던 남부 백인의 의도적 선택도 작용하고 있었다. 재건 이후 남부는 농업을 중시하는 자세를 버리지 않았고, 그에 필요한 노동력을 확보하기 위해 인종 격리 체제를 확립하는 데서 만족하지 않았다. 그것은 결국 흑인을 이등 시민으로 격하시키고 정치과정에서 배제하면서, 자본주의의 정치적 토대를 부분적으로 왜곡하는 결과로 이어졌다. 더욱이, 남부는 교육에 대한 투자에 적극적으로 나서지 않았고, 흑인에게는 기술교육을 허용하는 반면에 인문교육을 금지하기까지 했다. 그 취지는 두말할 나위도 없이 저렴하고 순종적인 노동력을 지속적으로 유지하는 데 있었다. 그것은 분명히 외부의 강제가 아니라 남부 백인의 선택이었다. "신남부"는 북부에 종속되어 그 필요에 따라 좌우된 것이 아니라 남부의 발전을 주도하던 새로운 세력의 산물이었다. 그리고 이는 20세기 중엽에 이르면 식민지가 아니라 개발도상국에서 특징적으로 나타나는 발전 전략으로 확산된다. 이 시각에서 볼 때, "신남부"는 낙후 지역에서 지배 집단이 경제개발을 추진할 때 흔히 채택하는 억압적 발전 전략으로 보이기도 한다. 물론, 그것은 퇴행적 인종 질서를 전제로 삼고 있었다는 점에서 뚜렷한 특징도 지녔다. 그렇다면 20세기 전환기 남부를 "식민지 경제"로 규정하는 밴 우드워드의 견해는 남부의 대내적 발전을 충분히 고려하지 않는 것이라 할 수 있다.[39] 그 시대의 남부는 아직 종속적 위치에 있으면서도 이미 개발 도상에 들어가 있었으니 말이다.

인종 격리 체제에 관해 이 책에서 주목하고자 하는 것은 그것이 본질적으로 노예제와 마찬가지로 폭력에 뿌리를 두고 있었다는 점이다. 노예제가 극단적 권력 관계로서 주인이 노예에게 행사하는 일방적 폭력을 전제로 성립하는 제도였다면, 인종 격리 체제도 린칭에서 분명하게 드러나듯이 폭력을 통해 흑인에게 열등한 지위를 강제하는 제도였다. 차이점이 있다면, 인종 격리 체제에서 폭력은 사적이면서도 공개적인 성격을 지녔다는 점이다. 노예제 아래에서 주인이 자신의 노예에게 채찍을 휘두르는 권한을 지녔던 것과 달리, 인종 격리 체제에서는 폭력이 공식적으로 허용되지 않았다. 그 대신, 린칭이 빈발했다. 더욱이, 인종 격리 체제에서는 폭력이 주로 하나의 인종이 다른 인종과 어떤 관계를 지니는지 공개적으로 확인하는 데 사용되었다. 주인이 노예에게 행사하는 폭력과 달리, 린칭은 관객을 끌어 모으는 공개 행사로서 흑인에게 열등한 위상을 강제하려는 노력이었기 때문이다. 그렇기 때문에 그것은 인종 격리 체제가 확립된 다음에도 사라지지 않았다. 그것은 서서히 줄어들어 1940년대에는 매년 평균 2~3건에 지나지 않았으나, 그래도 1960년대까지 매년 평균 1건 가까이 일어났다. 백인 우월주의자들은 인종 격리 체제를 유지하기 위해 공식적 제도에 못지않게 물리적 폭력에 의존했던 것이다.

그 폭력적 현실은 20세기 초에 시작되는 흑인 대이주의 배경이 된다. 그것은 결국 1950년대에 대두하기 시작한 민권운동으로 인해 사라지게 되지만, 그때까지는 남부의 권력구조에서 중요한 의미를 지니고 있었다. 더욱이 흑인이 북부로 이주함에 따라, 물리적 폭력은 대도시를 중심으로 미국의 권력구조에서 결코 경시할 수 없는 위상을 차지하게 된다.

---

39 유사한 입장은 다음 문헌에서도 확인할 수 있다. Wright, *Old South, New South*, 13-14.

그에 관한 논의는 뒤로 미루고, 이제 시야를 남부에서 전국으로 넓힐 필요가 있다. 내전에서 벗어난 이후, 미국은 정치와 경제, 사회와 문화 등, 여러 영역에서 거대한 변화를 겪고 있었으니 말이다. 이어지는 장에서는 먼저 정치와 경제에 초점을 맞춘다.

제12장

법인 자본주의

내전이 미국 경제에 나쁜 영향을 끼쳤다는 것은 분명하다. 예를 들면, 선철의 생산은 1850−55년간에 24 % 늘어났고, 1855−60년간에도 17 %나 늘어났지만, 1860−65년간에는 겨우 1 %밖에 늘어나지 않았다. 그러나 내전이 끝난 다음 1865−70년간에는 무려 100 %나 늘어났다. 내전을 치르는 동안에 미국 경제는 무기, 탄약, 군복 등, 군수물자의 생산에 치중하는 반면에, 도로와 철도를 비롯한 기반 시설이나 일상생활에 필요한 소비재를 경시했기 때문이다. 한마디로 말해, 내전은 미국 경제를 왜곡해 놓았다.[1]

그러나 내전이 끝난 뒤에 미국 경제가 비약적 발전을 맞이했다는 것도 사

---

[1] Charles A. Beard and Mary Beard, *The Rise of American Civilization*, Vol. 2 (New York: Macmillan, 1930), 166−200; Thomas C. Cochran, "Did the Civil War Retard Industrialization?" in *The Economic Impact of the American Civil War*, ed. Ralph Andreano (1962; Cambridge, MA: Schenkman, 1967), 167−179; Stanley L. Engerman, "The Economic Impact of the Civil War," ibid., 188−209.

실이다. 예를 들면 1870년 미국의 강철 생산량은 8만 톤에도 미치지 못했지만, 1910년에는 2,800만 톤을 넘어서 영국과 독일의 생산량을 합친 것보다 더 많아졌다. 이 40년 동안, 산업생산지수는 1850년을 기준으로 잡을 때 대략 200에서 1,800으로 뛰어올랐으니 무려 9배나 늘어났다고 할 수 있다. 이런 폭발적 성장에서 인구 증가는 그리 큰 요인이 아니었다. 인구는 같은 기간에 3,900만에서 7,600만으로 2배 가까이 늘어나는 데 그쳤으니 말이다.[2]

그와 같은 비약적 경제발전을 해명하기 위해 역사학자들은 무엇보다도 기업에 주목했다. 기업은 내전 이전에도 있었지만, 은행이나 운하, 또는 철도를 운영하던 법인을 제외하면 대부분 개인이 가족이나 친지와 함께 소유하고 경영하던 소규모 사업체였다. 그러나 내전 이후에는 제조업 부문에서도 기업이 그야말로 우후죽순처럼 나타났고, 또 흔히 노동자를 수천 내지 수만 명씩 고용할 정도로 그 규모도 엄청나게 커졌다. 이런 변화에 대해 역사학자들은 일찍부터 관심을 기울였다.

그들 가운데서도 앨프리드 챈들러Alfred D. Chandler, Jr.는 대기업에 관한 기존 관념을 깨뜨리는 데 결정적으로 기여했다. 20세기 중엽까지 사회과학계와 마찬가지로 역사학계에서도, 19세기 말부터 대기업이 나타나 시장을 독점하고 과도한 이윤을 챙기며 자본주의를 위기로 몰아간다는 관념이 널리 퍼져있었다. 그러나 챈들러는 19세기 말부터 20세기 중엽까지 미국 경제를 주도했던 대기업의 발전 과정을 탐구하고, 그 가운데서 독점적 지위를 차지하고 그에 안주한 기업들이 시장에서 오래 버티지 못하고 결국에는 밀려났다는 사실을 밝혀내었다. 그리고 오랫동안 살아남은 기업들이 다른 몇몇 기업과 함께 시장을 과점하고 서로 치열하게 경쟁하면서 생산성을 제고하는 데 치중했다는 사실도 밝혀내었다. 챈들러에 따르면, 그런 기업은 막대한 자본을 동원

2 Jonathan Hughes and Louis P. Cain, *American Economic History*, 8th ed. (Boston: Addison-Wesley, 2011), 338-366.

해 많은 자원과 인력을 확보했고, 최고 경영자와 중간 관리자, 그리고 하급 관리자로 구성되는 위계적 관리 체제를 구축해 자원과 인력을 효율적으로 관리했다. 그래서 대규모 시설을 구축하며 새로운 생산기술을 도입했고, 대중 시장을 겨냥해 상품을 대량으로 생산, 유통시켰으며, 결국 생산성을 이전에는 상상하지 못했던 높은 수준으로 끌어올렸다. 한마디로 줄이면, 대기업이 혁신을 통해 미국의 자본주의 발전 과정에 핵심적 동력을 제공했다는 것이다.[3]

그러나 챈들러는 기업과 기업가에 초점을 맞추는 반면에 넓은 맥락을 경시한다는 문제점을 안고 있다. 그의 견해에서 노동자들은 아무런 역할도 하지 않은 것처럼 보이고, 관리자들은 최고 경영자의 결정에 따라 무엇이든 해낸 것처럼 보이며, 소비자들은 대기업에서 제공하는 상품에 만족하며 대기업이 지배하는 경제생활에 안주한 것처럼 보인다. 더욱이, 국가는 기업을 지원하거나 규제하기 위해 나서지 않고 오히려 점잖게 뒷전으로 물러나 있었던 것으로 보인다.[4]

그런 문제점에도 불구하고, 역사학자들은 대체로 대기업의 대두가 미국의 자본주의 발전 과정에서 중요한 의미를 지닌다는 데 공감한다. 이는 "법인

---

3 Alfred D. Chandler, Jr., *Strategy and Structure: Chapters in the History of the Industrial Enterprise* (Cambridge, MA: MIT Pr., 1962); idem, *The Visible Hand: The Managerial Revolution in American Business* (Cambridge, MA: Harvard/Belknap, 1977); idem, *Scale and Scope: The Dynamics of Industrial Capitalism* (Cambridge, MA: Harvard/Belknap, 1990).

4 Stephen Meyer, III, *The Five Dollar Day: Labor Management in the Ford Motor Company, 1908-1921* (Albany: State University of New York Pr., 1981); Olivier Zunz, *Making America Corporate, 1870-1920* (Chicago: Univ. of Chicago Pr., 1990); T. J. Jackson Lears, *Fables of Abundance: A Cultural History of Advertising in America* (New York: Basic Books, 1994); Louis Galambos and Joseph Pratt, *The Rise of the Corporate Commonwealth: United States Business and Public Policy in the 20th Century* (New York: Basic Books, 1988). 챈들러의 연구에 대한 상세한 분석으로는 배영수, 「기업가—미국 기업사 연구에 관한 제언」, 『미국 예외론의 대안을 찾아서』(일조각, 2011), 225-253.

자본주의"corporate capitalism라는 어구가 널리 사용된다는 사실에서 잘 드러
난다. 그 개념은 본래 1960년대에 신좌파에 속하는 지식인들이 제기한 것으
로, 비판적 함의를 지녔다. 그들은 대기업이 법인의 형태를 갖추고 지배적 위
상을 차지하는 한편, 노동조합 역시 그와 같은 형태를 갖추고 대기업에 협조
하며 동반자로 행세하는 데 대해 주의를 환기했으니 말이다. 그렇지만 1970
년대에는 보수파도 "법인 자본주의"라는 어구를 사용하기 시작했다. 그리고
대기업이 자본주의 발전 과정에서 나타난 현상으로서 이미 미국 문명의 일부
가 되었다고 지적하면서, 개인기업과 자유경쟁에 집착하는 낡은 관념을 버려
야 한다고 주장했다. 그에 따라 "법인 자본주의"는 이념을 구분하는 경계선
을 넘어 미국 역사학계에서 널리 쓰이면서 상당히 중립적인 의미를 띠게 되었
다. 그것은 미국의 자본주의가 오랫동안 개인이나 가족이 소유하고 운영하는
기업을 중심으로 발전했지만, 19세기 말에 이르면 대기업을 중심으로 법인이
그런 기업을 밀어내고 미국 경제를 주도하기 시작했다는 것을 가리킨다.[5]

그렇지만 그것이 19세기 말 20세기 초 미국 자본주의에 대한 충분한 이
해라 할 수 있는지 의심스럽다. 필자의 관점에서 볼 때, 대기업의 대두는 미
국의 경제체제와 사회구조를 넘어 넓은 뜻의 권력구조에도 중요한 변화를 가
져왔기 때문이다. 그 변화는 무엇보다도 기업에 집중되는 경제 권력과 국가에
귀속되는 정치적 권위 사이의 관계에서 일어났다. 그러나 그것은 "법인 자본
주의"의 개념에서 올바르게 취급되지 않는다. 따라서 대기업의 대두를 넘어
권력구조의 변화까지 이해하기 위해서는 대안적 해석을 모색할 필요가 있다.

---

5 James Weinstein, *The Corporate Ideal in the Liberal State, 1900–1918* (Boston: Beacon,
   1968); Irving Kristol, "On Corporate Capitalism in America," *Public Interest* 41 (Fall
   1975), 124–141; Martin Sklar, *The Corporate Reconstruction of American Capitalism,
   1890–1916: The Market, the Law, and Politics* (Cambridge: Cambridge Univ. Pr.,
   1988); Zunz, *Making America Corporate*.

1. 국가의 역할

19세기 말 20세기 초에 있었던 미국의 비약적 경제발전에서 국가가 담당한 역할은 쉽사리 이해하기 어렵다. 이미 살펴보았듯이 국가는 내전을 거치며 거대한 기구로 변모했고, 그래서 남부 사회를 재편하고자 시도할 만큼 강력한 권위를 확보했다. 그런데도 이 강력한 기구는 1880년대에 이르면 자유방임을 외치는 목소리에 묻혀 버린 것처럼 보였다. 어째서 그런 일이 벌어졌는가? 또 그것은 19세기 말에 있었던 비약적 경제발전과 어떻게 연관되어 있었는가? 나아가 자유방임의 대두와 그에 연관된 일련의 변화는 미국의 자본주의 발전 과정에서 어떤 의미를 지니는가? 이런 의문은 미국 역사학계에서 경시되지만, 필자가 보기에는 곰곰이 생각해 볼 만한 문제이다.

연방의 권위가 재건의 종결과 함께 크게 위축되었다고 해서 국가의 역할도 그만큼 축소되었다고 생각한다면, 그것은 지나친 확대 해석이라 할 수 있다. 국가는 평화와 치안을 유지하고 재산권을 보호하는 것과 같은 기본적 기능을 넘어, 경제발전을 지원하는 역할을 담당했기 때문이다.

그런 역할은 먼저 경제발전의 토대를 구축하는 작업에서 찾을 수 있다. 경제발전의 토대는 미국인들이 보기에 천연자원을 개발하고 적극적으로 이용하는 데 있었다. 미국은 많은 물과 좋은 흙을 비롯해 풍부한 천연자원을 가진 반면에 고질적인 노동력 부족에 시달리고 있었으므로, 그들은 국가가 관대한 이민정책을 통해 인구를 늘리는 데 관심을 기울여야 한다고 생각했다.

미국의 이민정책은 내전 이후에도 개방 기조에서 크게 벗어나지 않았다. 이미 살펴본 바와 같이 1790년에 제정된 귀화법에서, 미국은 "자유로운 백인"이라면 누구든 받아들이며 또 2년 이상 거주하고 미국 헌법을 준수하는 사람에게는 시민권을 준다는 정책을 채택했다. 이 개방 기조는 1864년 이민법Immigration Act에서도 유지되었다. 내전이 끝나기도 전에 제정된 이 법은 한편으로 국무부 산하에 이민국을 설치하고 뉴욕에 사무소를 개설하며 거기서 이민 업무를 처리하도록 제도를 정비했다. 다른 한편으로, 이민이 미국으로 이주하기 위해 해외에서 체결하는 노동계약도 미국에서 유효한 것으로 인정한다고 선언했다. 특히 이민이 미국으로 이주하는 데 소요되는 여행 비용을 변제하기 위해, 12개월을 넘지 않는 기간에 한해 미국에서 임금을 받지 않겠다고 약속한다 해도 그것을 미국에서 유효한 것으로 인정한다고 명시했다.[6] 바꿔 말하면, 미국으로 이주하는 데 필요한 비용을 감당할 수 없을 만큼 가난한 노동자도 미국의 사용자와 노동계약을 체결하면 이민의 여정에 나설 수 있도록 미국의 문호를 개방했다고 할 수 있다.

개방 기조가 19세기 말까지 온전히 유지되었던 것은 아니다. 노동계약을 통한 이민은 노동단체를 비롯한 반대 세력에 밀려 1868년부터 부분적으로 억제되었다. 더욱이, 1882년에는 중국인 이민을 규제하는 중국인 배제법 Chinese Exclusion Act이 제정되었다. 인종주의자들은 이른바 "황화론"을 내세우며 중국인의 유입을 경계했을 뿐 아니라, 적은 임금을 받고 오랜 시간 동안 일하며 열악한 생활 여건을 견디는 중국인들이 미국 노동자들의 처우를 위협한다고 우려하기도 했다. 이 법률은 원래 10년 동안 시행되는 한시적 조치였는데, 1892년에는 그 시한이 10년 더 연장되기도 했다. 이런 폐쇄적 조치들이 있었지만, 그래도 이민정책은 20세기 초까지 대체로 개방 기조 위에서 유지되었다고 할 수 있다.

국가는 또한 후진 지역에서 경제발전을 촉진시키고자 노력했다. 이는 1862년 농지법에 따라 서부—오늘날 중서부나 북중부라 불리는 지역까지 포함하는 19세기 후반의 서부—로 이주하는 농민에게 토지를 분배하는 사업에서 뚜렷하게 나타났다. 그 법은 노예제에 의지해 환금작물을 경작하는 농장

---

6 An Act to encourage Immigration, *Statutes at Large*, 38th Cong., 1st Sess., 385–387, A Century of Lawmaking for a New Nation: U.S. Congressional Documents and Debates, 1774–1875, Library of Congress, https://memory.loc.gov/cgi-bin/ampage (2019년 5월 8일 접속).

주 중심의 농업을 지원하지 않았다. 그 대신, 공화당의 주장에 따라 자영농을 기반으로 공화주의 정체를 수립하고 근대적 경제를 발전시키는 데 주력했다. 구체적으로 말하면, 미국 시민 가운데 21세 이상의 세대주로서 서부에서 5년 이상 거주하며 농장을 건립하면 160 에이커(64 ha가 넘는 면적)의 토지에 대해 소유권을 얻을 수 있게 허용한다는 것이었다. 더욱이, 미국에 방금 도착한 이민이라 해도 시민권을 신청할 의사가 있다고 밝히면 같은 혜택을 받을 수 있었다. 이는 분명히 관대한 분배 정책이었다. 토지가 여전히 가장 중요한 자원이자 재산으로 여겨지던 시대에, 국가가 시민에게 재산을 가질 수 있는 기회를 제공했으니 말이다.

그렇지만 그런 기회를 활용할 수 있는 사람들은 제한되어 있었다. 여성은 기본적으로 세대주가 될 수 없었기에 그런 기회를 얻기가 어려웠다. 흑인은 인종주의적 편견뿐 아니라 경제적 이유에서도 그런 기회를 가질 수 없었다. 서부로 옮겨 가 자리를 잡고 살아남기 위해서는, 집을 짓고 우물을 파고 또 식량과 농기구를 갖춰야 했다. 게다가 가뭄과 추위, 해충과 역병도 이겨내야 했다. 그런 정착 과정에는 적어도 600 달러 이상의 자금이 필요했다. 19세기 말 미국에서 도회지 노동자의 임금이 대개 하루에 1 달러 40 센트 정도였으니, 그것은 노동자가 적어도 4–5년 동안 구두쇠 노릇을 해야 만들 수 있는 거액이었다.

그래도 노동자 가운데 부부가 맞벌이를 하거나 자녀가 가계에 보탬이 되는 경우에는 그리 어렵지 않게 만들 수 있는 금액이었다. 그처럼 약간의 경제적 여유를 가진 사람들은 농지법에 따라 1868년부터 서부에서 소유권을 얻을 수 있었다. 그 해에 소유권을 얻은 세대주는 2,800명이었고, 그들이 확보한 토지는 14만 헥타르가 넘었다. 그 수는 1875년 18,000명, 84만 헥타르로 늘어났고, 1888년에는 무려 115,000명, 127만 헥타르로 크게 늘어났다. 그 결과, 1900년까지 농지법의 직접 수혜자는 모두 560,000명에 이르렀고, 그들이 취득한 토지는 3,000만 헥타르를 넘었다. 이렇게 국가는 서부에서 자영

농이 정착하고 농업이 발전하는 과정을 지원했다.[7]

국가는 또한 서부의 경제발전을 지원하기 위해 새로운 원주민 정책을 도입했다. 서부에는 8만 명이 넘는 멕시코계 주민과 함께 대략 25만 명 내지 30만 명의 원주민이 살고 있었는데, 그들은 부족별로 여러 곳에 흩어져 수렵 생활을 하면서 정치적 자치와 문화적 전통을 유지했다. 1860년대 후반에 재건 정책을 주도하던 연방의회는 그런 기존 정책을 다시 검토했다. 그 취지는 노예제를 철폐하고 흑인에게 시민권을 부여한 것과 마찬가지로, 원주민을 "국내 속국인"에서 미국 시민으로 만들고 문명의 혜택을 누릴 수 있게 하자는 데 있었다. 이는 원주민 정책의 기조를 정복에서 동화로 바꾼다는 것을 의미했다. 연방정부는 이제 남부와 마찬가지로 서부에서도 사회질서를 개혁하고자 했다. 그러나 이런 개혁론은 얼마 지나지 않아 굴절을 겪었다. 농지법에 의지해 서부로 이주하는 미국인들은 여기저기서 원주민과 물리적으로 충돌했다. 그러자 연방정부는 원주민 영토를 축소하며 토지를 수탈하는 한편, 군대를 파견해 원주민과 이주민의 충돌을 막으려 했다. 그러나 원주민은 그런 조치에 반대하며 연방군에 저항했다.[8]

따라서 1870년대 서부에서는 유혈 참극이 이어졌다. 특히 1876년 6월 몬태나의 리틀빅혼Little Bighorn에서는, 널리 알려져 있듯이 수Souix족이 조지 커스터George A. Custer 장군이 이끄는 제7기병대 264명을 전멸시키는 전과를 올리기도 했다. 그러나 제7기병대는 1890년 12월 사우스다코타의 운디드니

---

7 Trina Williams Shanks, "The Homestead Act: A Major Asset-Building Policy in American History," in *Inclusion in the American Dream: Assets, Poverty, and Public Policy*, ed. Michael Sherraden (Oxford: Oxford Univ. Pr., 2005), 20-41.

8 이하 원주민 정책에 관한 서술은 다음 문헌에 토대를 두고 있다. Steven Hahn, *A Nation without Borders: The United States and Its World in an Age of Civil Wars, 1830-1910* (New York: Penguin, 2016), 377-391; Richard White, *The Republic for Which It Stands: The United States during Reconstruction and the Gilded Age, 1865-1896* (New York: Oxford Univ. Pr., 2017), 103-135, 290-305, 593-606, 635-649.

Wounded Knee에서 여성과 아동을 포함해 300명에 가까운 수족을 학살하며 보복했다. 연방군은 기차로 이동하며 기관총을 사용했고, 그래서 물리적 폭력으로 원주민을 압도할 수 있는 위치에 있었다. 더욱이, 그때에 이르면 원주민이 살아가는 데 중요한 식량 자원이 사실상 사라졌다. 특히 들소는 1865년 1,000만 마리에 이르렀으나, 가죽을 노리는 사냥꾼 때문에 1890년에는 겨우 1,000 마리로 줄어들었다.

그런 갈등 속에서 연방정부는 원주민을 미국 시민으로 만드는 작업에 착수했다. 모든 원주민을 연방정부가 지정하는 여러 보호구역에 나누어 수용하고, 구역별로 임명되는 백인 관리인의 감독에 따라 수렵 대신 농경에 종사하며 생계를 유지하도록 강요했다. 또 구역별로 학교를 세우고 원주민에게 기독교와 미국 문화를 전파하고자 노력했다. 특히 아동을 기숙학교에 수용해 부모와 격리한 가운데, 그들에게 영어만 쓰면서 전통문화를 버리고 미국 문화를 배우라고 강요했다.

원주민을 미국 시민으로 만드는 작업은 1887년에 제정된 일반 할당법 General Allotment Act으로 이어졌다. 이 법은 발의자의 이름을 따서 도즈 분할법Dawes Severalty Act이라 불리기도 하는데, 그 골자는 원주민이 원한다면 보호구역의 토지를 분할해 개개인에게 할당함으로써 부족을 해체하고 그 구성원을 미국 시민으로 만든다는 데 있었다. 그에 따라 많은 원주민은 "국내 속국인"으로서 누리던 정치적 자치와 문화적 전통마저 유지할 수 없게 되었다. 더욱이, 개별 세대주에게 할당되었던 160 에이커(약 64 ha)의 토지는 점차 백인의 손에 들어갔다. 농경에 필요한 기술이나 관습을 지니지 못했던 원주민은 매매가 금지되었던 25년 기간이 지난 다음에 흔히 토지를 팔아 버렸기 때문이다. 그 결과, 20세기 중엽까지 백인에게 넘어간 토지는 본래 원주민에게 할당되었던 1억 3,800만 에이커(5,520만 헥타르) 가운데서 3분의 2에 이르렀다. 게다가 나머지는 대부분 불모지였다. 바꿔 말하면, 원주민을 미국 시민으로 만드는 작업은 원주민 영토를 백인 농토로 바꾸는 결과를 가져왔다고 할 수 있다.

그 결과는 오랜 세월에 걸쳐 전개된 이주민 정착 과정의 산물이라는 점을 기억할 필요가 있다. 이미 언급한 바 있듯이 북미대륙에 정착한 유럽인들은 17세기 중엽부터 원주민을 밀어내고 원주민 대신에 자신들을 가리켜 '아메리카인'이라 부르며 그들의 토지를 차지했다. 그런 자세와 갈등은 1830년대 잭슨 대통령의 원주민 이주 정책에서 드러나듯이 건국 이후에도 지속되었다. 그리고 이제 19세기 말 서부에서 유혈 충돌로 이어졌다. 이런 뜻에서 도즈법이 가져온 결과는 유럽계 이주민이 수행한 "정복의 유산"이라 할 수 있다. 역사학자 프레드릭 잭슨 터너는 그런 서부를 "변경 지대"라 부르며 미국 민주주의의 온상으로 여겼지만, 바로 거기서 이주민이 수행했던 "정복"과 그에 수반되었던 처절한 갈등을 잊었던 것으로 보인다.[9] 그가 잊었던 "정복"과 갈등, 그리고 그에 따르는 원주민의 좌절이 저 깊고 넓은 뿌리를 가진 미국의 식민주의 전통에서 나온 산물이라는 점을 기억할 필요가 있다.

서부의 경제발전을 지원하기 위해, 국가는 광업의 진흥에도 관심을 기울였다. 특히, 1872년에는 광업 기본법General Mining Act을 제정하고 광업의 발전을 위해 국유지를 개방하는 조치를 취했다. 1848–49년 "황금 열풍"Gold Rush 이래, 수많은 사람들이 캘리포니아로 몰려가 금이나 은을 캐내기 위해 사유지는 물론이요 공유지에서도 땅을 마구 파헤쳤다. 거기서 광물을 캐낸 사람들은 이미 멕시코의 지배 아래에서 수립되었던 제도와 관행에 따라 광물에 대한 권리를 가질 수 있었다. 그래도 광물이나 토지에 대한 권리를 놓고 자주 분쟁이 일어났고, 흔히 유혈 사태로 번지던 그런 분쟁에서 광부들은 자신의 생명과 권리를 지키기 위해 물리적 폭력에 의지했다. 이는 곧 광업의 발전을 가로막는 중대한 장애가 되었다. 캘리포니아를 비롯한 서부 주들은 그

---

9 Patricia Nelson Limerick, *The Legacy of Conquest: The Unbroken Past of the American West* (New York: Norton, 1987); Frederick Jackson Turner, *Rereading Frederick Jackson Turner: The Significance of the Frontier, and Other Essays* (New York: Holt, 1994).

런 장애를 넘어 광업을 진흥시키기 위해 제도를 정비했다. 광업 기본법은 거기서 한 걸음 더 나아가 연방이 관리하는 국유지에 관해 제도를 정비하는 조치였다. 그에 따르면, 미국 시민으로서 18세 이상의 성인이라면 누구나 국유지에서 광물 채굴권을 신청할 수 있었다. 또 채굴권은 토지 1 에이커(0.4 ha)에 2 달러 50 센트 내지 5 달러만 내면 확보할 수 있었다. 게다가 채굴할 수 있는 광물도 금과 은에 국한되지 않고, 구리, 납, 아연, 텅스텐 등, 다양한 종류로 확대되었다.[10] 광업 기본법은 미국 시민에게 광대한 국유지에 쉽사리 접근할 수 있도록 문턱을 낮추고 거기서 다양한 광물을 채취할 수 있는 길을 열어 주었던 셈이다.

그와 같이 경제발전을 지원하던 국가의 정책은 거대한 인구 변화에 기여했다. 인구 변화 가운데 주목을 끄는 것은 먼저 인구가 크게 늘어났다는 점이다. 〈도표 12-1. 미국의 인구 변화 추이, 1860-1900년〉에서 드러나듯이, 미국의 인구는 1860년부터 1900년까지 40년 동안 3,144만 명에서 7,621만 명으로 크게 증가했다. 이렇게 인구가 40년 동안 두 배 넘게 증가한 것은 오늘날에 비하면 상당히 빠른 속도이지만, 건국 초기에 비하면 절반 정도의 속

〈도표 12-1. 미국의 인구 변화 추이, 1860-1900년 (천 명)〉

	북동부	남부	북중부	서부	전체
1860	10,594	11,133	9,097	619	31,443
1870	12,299	12,288	12,981	991	38,558
1880	14,507	16,517	17,364	1,801	50,189
1890	17,407	20,028	22,410	3,134	62,980
1900	21,047	24,524	26,333	4,309	76,212

출처: U.S. Bureau of the Census, *Historical Statistics of the United States, Colonial Times to 1970*, Bicentennial ed., Part 1 (Washington, DC: U.S. Government Printing Office, 1975), Series A 172-194.

---

10 An Act to promote the development of the mining resources of the United States, *Statutes at Large*, 42nd Cong. 2nd Sess., 91-96, Century of Lawmaking, https://memory.loc.gov/cgi-bin/ampage (2019년 5월 8일 접속).

도에 지나지 않는다. 19세기 중엽까지 미국의 인구는 거의 20년마다 두 배로 증가했으니 말이다.

그 이유는 주로 출생율과 연관되어 있었다. 출생율은 인구 1,000명을 기준으로 할 때 백인의 경우에 1800년에 무려 55.0명이나 되었지만, 1850년에는 43.3명으로 줄었고 1900년에는 다시 30.1명으로 떨어졌다. 따라서 여성 개인의 출산율도 백인의 경우에 평균 7.04명에서 5.42명으로, 또 3.56명으로 낮아졌다―이 비율은 2000년에 이르면 2.05명으로 더욱 낮아진다. 반면에 사망률이 뚜렷하게 줄어들었다. 무엇보다도, 19세기 말부터 도시를 중심으로 오물 처리장과 함께 상·하수도를 설치하고 화장실에 수세식 변기를 도입하며 전염병에 대비하는 방역 작업이 시행되는 등, 공중보건과 개인 위생을 개선한 결과였다. 따라서 사망률은 인구 1,000명을 기준으로 1900년에 17.2였으나, 불과 20년 후에는 13.0으로 크게 낮아졌다.[11] 이는 출생율의 하락에 따라 인구의 증가 속도가 느려지는 것을 어느 정도 막아 주는 효과를 가져왔다.

그보다 더 중요한 효과를 지닌 것은 이민이었다. 이민은 1880년대부터 매년 대략 40만 명 내지 60만 명씩 도착했는데, 이는 1840년대 말부터 50년대 중엽까지 몇 년 동안 나타났던 기록적인 현상을 크게 넘어서는 수준이었다. 그 숫자는 20세기에 들어서면서 더욱 크게 늘어서 매년 100만 명 내외가 되었는데, 이런 "대량 이민"mass immigration은 제1차 세계대전이 시작되던 1914년까지 계속되었다. 따라서 1880년부터 1920년까지 미국에 도착한 이민의 숫자는 무려 1,750만 명에 이른다. 더욱이, 이민의 구성에도 큰 변화가 있

---

11 U.S. Bureau of the Census, *Historical Statistics of the United States, Colonial Times to 1970*, Bicentennial Ed. (Washington, DC: U.S. Governemnt Printing Office, 1975), Part 1, Series B 5-10, 181-192; Michael Haines, "Fertility and Mortality in the United States," EH.net Encyclopedia, Economic History Association, https://eh.net/encyclopedia/fertility-and-mortality-in-the-united-states/ (2019년 4월 4일 접속).

었다. 독일이나 아일랜드 출신이 점차 줄어드는 반면에, 폴란드, 러시아, 이탈리아를 비롯한 동부 및 남부 유럽 출신이 크게 늘어났다. 그리고 영국이나 아일랜드, 스웨덴이나 오스트리아-헝가리, 또는 캐나다나 멕시코 출신도 적지 않았다. 게다가 중국과 일본을 비롯한 아시아 출신도 섞여 있었다.[12]

그런 변화는 19세기 말 20세기 초에 세계를 휩쓸었던 거대한 이주의 물결 가운데서 가장 중요한 부분이라 할 수 있다. 1871년에서 1915년까지 이르는 시기에, 태어난 나라를 떠나 다른 나라로 옮겨 간 사람들은 대략 3,540만 명으로 추산된다. 그렇다면 그 가운데서 절반 정도가 미국으로 이주한 셈이다. 나머지 절반 가운데 대부분은 아르헨티나, 캐나다, 브라질 등, 다른 아메리카 국가로 이주했다. 이들 이민은 대부분 유럽 출신이었다. 아시아나 아프리카 출신도 있었지만, 그 비중은 크지 않았다. 그런데 유럽 안에서도 국가별로 큰 차이가 있었다. 프랑스 출신이 적었던 반면에, 영국 출신이 아일랜드 출신과 함께 가장 많았다. 그다음으로 많은 이민을 보낸 나라는 이탈리아, 오스트리아-헝가리, 독일, 스페인, 러시아, 포르투갈, 스웨덴이었다. 그런 차이는 다양한 요인에서 유래하지만, 가장 중요한 요인은 인구의 추이와 근대화 내지 산업화의 진전에서 찾을 수 있다. 19세기 후반에는 동부 및 남부 유럽에서도, 봉건제의 유산에서 벗어난 수많은 농민이 토지를 얻기 어려운 농촌을 떠나 도시로 가서 공장에서 일자리를 얻으려 했다. 더욱이, 영국에 뒤이어 산업혁명에 박차를 가하던 프랑스나 독일에서 일자리를 얻기 위해 국경선을 넘나들기도 했다. 그래서 19세기 말에 이르면, 유럽은 수많은 사람들이 일자리를 찾아 농촌에서 도시로, 또 근대화에 뒤처진 나라에서 앞선 나라로 움직이는 현상을 보게 되었다. 더욱이, 그 가운데서 다수가 유럽을 떠나 다른 대륙에서 새로운 기회를 찾는 현상도 보게 되었다.

그 거대한 이주의 물결이 어느 나라보다 미국으로 많이 쏠린 이유는 물

---

12 U.S. Bureau of the Census, *Historical Statistics*, Part 1, Series C 89-119.

론 미국의 고질적 노동력 부족 이외에 19세기 말부터 빠르게 진행된 제2차 산업혁명에서 찾을 수 있다. 미국은 인구나 경제 측면에서 볼 때 브라질을 비롯한 다른 아메리카 국가보다 훨씬 앞서 있었고, 게다가 더 빨리 성장하고 있었다. 이주하려는 사람들의 견지에서 보자면, 미국에서 성공적으로 정착해 새로운 삶을 꾸릴 수 있는 기회가 그만큼 더 열려 있었다. 그렇지만 그런 기회 이외에 교통수단의 발달도 고려해야 한다. 특히, 대서양을 횡단하는 교통수단에 주목해야 한다. 19세기 후반에는 대서양을 운행하던 선박이 범선에서 기선으로 바뀌었고, 그에 따라 여행 기간도 30-40일에서 10일 내외로, 또 나중에는 7일 내외로 줄었다. 그리고 여객선은 대개 3,000톤 내지 4,000톤에서 그 10배가 넘는 규모로 커졌고, 그래서 1912년 첫 항해에서 침몰한 타이태닉Titanic호의 비극에서 드러나듯이 승객을 수송하는 능력도 2,500명 내외로 크게 늘었다. 이런 여객선이 "대량 이민"을 가능하게 만든 중요한 여건이었다.[13]

그래도 이주는 대체로 그런 여건보다 더 중요한 요인에 따라 결정되었다. "대량 이민"의 대열에 참여한 유럽인들은 대개 경제적 이유에서 미국으로 이주했다. 사실, 그들 가운데에는 이미 유럽에서 이주를 경험한 사람들이 적지 않았다. 농촌에서 태어나 거기서 자라다가 도회지로 옮겨 가서 크고 작은 공장에서 일을 해본 사람들이 적잖이 있었다. 그런 경험은 주로 종교적 동기에서 이주했던 유대인들 사이에서 흔한 편이었다. 그들은 러시아나 폴란드를 비롯한 동부 유럽에서도 농토를 가질 수 없었기에 대개 상업이나 제조업에 종사했는데, 19세기 말에는 포그롬pogrom이라 불리던 반유대인 폭동에 자주 시달리다가 결국 미국으로 이주하는 방안을 선택했다. 그처럼 빈곤과 억압에 시달리다가 이주의 대열에 참여한 사람들이 "대량 이민"에서 대부분을 차

---

13 Walter Nugent, *Crossings: The Great Transatlantic Migrations, 1870–1914* (Bloomington: Indiana Univ. Pr., 1992).

지했으나, 그래도 그들은 말이 통하지 않는 낯선 나라에서 자리를 잡고 삶을 꾸리기 위해 많은 것을 준비해야 했다. 19세기 말에 이르면, 미국 경제의 발전상이 유럽인들에게 널리 알려져 있었다. 물론, 그들이 지닌 관념은 대체로 '뉴욕에서는 사람이 걷는 길이 금으로 덮여 있다 하더라'는 종류의 환상에 가까웠다. 그런 환상이 "미국인의 꿈"을 심어 주었다면, 경기변동은 그 꿈의 실행을 좌우했다.

실제로, 이민의 추이는 경기에 민감한 반응을 보였다. 이주를 준비하는 사람들은 무엇보다도 일자리와 들어갈 살 집이 필요했고, 이민을 받아들이는 사용자나 중개인은 경기에 따라 움직였기 때문이다. 그런 사용자나 중개인은 흔히 이민에게 먼저 여비를 지원하고 나중에 임금에서 공제했고, 그래서 가난한 이들도 미국으로 이주할 수 있는 길을 열어 주었다. 그보다 여유가 있는 이들은 이미 미국에 정착한 친지와 연락을 주고받으며 사전 준비에 관심을 기울였다. 일자리는 흔히 친지가 직장의 상사나 사용자로부터 일손을 데려오라는 말을 듣고서 알려주었다. 집도 대개 친지가 이웃에서 알아봐 주었다. 친지는 도회지 안에서도 집세가 싸고 일자리가 가까운 지역에 살고 있었기에 그런 일을 어렵지 않게 해낼 수 있었다. 따라서 이민은 대체로 출신 국가나 지방에 따라 특정 지역에 모여들었고, 그래서 미국의 대도시에는 "작은 이탈리아"Little Italy를 비롯해 다양한 민족 문화권이 형성되며 미국 문화의 다양성에 기여했다. 이는 이주의 물결이 이민 사이에서 일어나던 일종의 연쇄반응의 산물이었다는 점을 일깨워준다.

그렇기 때문에 이제 이민은 고국에서 "뿌리 뽑힌 사람들"uprooted이 미국에서 새로운 문화를 받아들이고 미국인으로 다시 태어나는 과정으로 여겨지지 않는다. 그런 인식은 미국이 "용광로"melting pot처럼 다양한 민족 내지 인종과 그 문화를 받아들이고, 그 잡다한 요소들을 서로 융합해 미국 문화를 만들어 낸다는 관념의 일환이다. 그런 인식이나 관념과 달리, 이주자들은 고국에서 형성된 사회적 관계와 문화적 전통에 의지하며 미국으로 이주하고, 또 그것을 미국 문화에 덧붙이며 미국의 문화적 다양성에 기여한 것으로 보인다. 그래서 그들은 마치 옮겨 심긴 나무처럼 "다른 땅에 옮겨 심긴 사람들"transplanted이라 할 수 있다.[14]

이들 이민은 미국 전역으로 고르게 확산되지 않았다. 오히려 인구의 전반적 동향에 따라 서쪽으로 이동하는 경향을 보였다. 〈도표 12-1. 미국의 인구 변화 추이, 1860-1900년〉에 따르면, 북중부 내지 중서부 지역에서는 40년 동안 인구가 세 배 가까이 늘어났다. 따라서 이 지역이 전체 인구에서 차지하는 비율도 28.9 %에서 34.6 %로 늘었다. 게다가 오늘날 서부라 불리는 지역에서도 인구가 같은 기간에 일곱 배 넘게 늘어났다. 그래서 이 지역이 차지하는 비율도 2.0 %에서 5.7 %로 눈에 띄게 커졌다. 반면에 북동부와 남부에서는 인구가 꾸준히 늘어났지만, 그 비율이 69.1 %에서 59.8 %로 뚜렷하게 줄었다. 이런 추이는 19세기 후반 서부의 경제발전, 특히 농업과 광업을 비롯한 산업의 발전과 연관되어 있었다.

19세기 후반 미국의 경제발전에서 국가가 수행한 역할로 화제를 되돌리면, 경제발전 가운데서도 시장경제를 진흥시키는 조치들도 다룰 필요가 있다. 이런 조치 가운데서 먼저 주목을 끄는 것은 국가가 은행과 통화에 관한 제도를 정비했다는 사실이다. 1836년 미국은행이 문을 닫자, 미국은 중앙은행이 없이 지방은행에만 의존하게 되었다. 지방은행에서 발행하는 지폐와 채권은 미국조폐국에서 발행하는 경화는 물론이요 스페인 등지에서 주조된 금·은화와도 함께 사용되며 경제발전에 필요한 통화 수요를 메워주었다. 그러나 이런 통화로는 내전으로 인해 갑자기 크게 늘어난 연방정부의 지출을 감당할 수 없었다. 따라서 연방정부는 법정 통화를 도입했다. 구체적으로 말

---

14 Oscar Handlin, *The Uprooted: The Epic Story of the Great Migrations That Made the American People* (New York: Grosset & Dunlap, 1951); John Bodnar, *The Transplanted: A History of Immigrants in Urban America* (Bloomington: Indiana Univ. Pr., 1985).

하자면 미국 재무부에서 발행하는 지폐를 법화로 규정하고, 세금을 납부하거나 채무를 변제하는 등, 경화처럼 사용할 수 있다고 선언했다. 내전기에 총액 4억 5,000만 달러까지 발행되었던 지폐는 뒷면이 녹색이어서 흔히 "그린백"Greenback이라 불렸는데, 연방정부가 군수품을 구입하거나 군인들에게 보수를 지급하는 데 사용되는 등, 널리 통용되었다. 연방정부는 그 외에 신뢰할 만한 은행권도 새로이 도입했다. 지방은행 가운데서 규모가 크고 신용이 있는 은행을 선별해서 연방정부에서 별도의 인가를 얻어 전국을 대상으로 영업을 하는 전국은행을 창설하고, 거기서 은행권을 발행할 수 있게 했던 것이다. 이로써 오늘날에도 존속하는 은행·통화제도의 기초가 마련되었다. 그러나 당시에는 통화량이 크게 늘어나는 동시에 물가도 치솟는 결과가 나타났다. 연방정부는 새로운 은행·통화제도에 의지해 전비를 마련할 수 있었지만, 결국에는 인플레이션이라는 부작용을 피할 수 없었다.

그것은 재건 시대의 과제로 떠올랐다. 초점은 "그린백"에 집중되었다. 이 지폐는 1870년에 3억 2,000만 달러가 넘게 통용되고 있었는데, 이는 은행권 2억 9,000만 달러와 경화 및 경화 증권 1억 2,000만 달러 등, 다른 주요 화폐보다 더 중요한 통화이자 인플레이션의 주범이었다. 대책은 크게 둘로 나뉘었다. 한편에서는 채권자들을 중심으로 "그린백"을 점차 경화로 태환하며 궁극적으로 퇴장시켜야 한다고 주장하는 사람들이 있었다. 그렇게 함으로써 물가를 잡고 경제에 안정을 가져올 수 있다는 것이었다. 그렇지만 이 주장은 돈을 값어치가 떨어졌을 때 빌려 주고는 나중에 값어치가 올라갔을 때 되돌려 받으려는, 그래서 실제로는 높은 이자를 챙기려는, 그런 저의가 있는 것으로 보였다.

다른 한편에는 채무자들을 중심으로 "그린백"을 유지해야 한다고 주장하는 사람들이 있었다. 1873년에 유럽과 마찬가지로 미국에서도 불황이 시작되자, 농민과 노동자 이외에 기업가 가운데서도 "그린백"을 선호하는 사람들이 늘어났다. 이들은 다음 해에 "그린백당"Greenback Party을 결성하며 조직적으로 움직이기 시작했다. 그러나 북동부를 중심으로 상공업의 진흥을 위해 노력하던 공화당은 그와 다른 방향으로 움직였다. 먼저 1873년 2월 주화법Coinage Act을 제정해 은화의 주조를 제한함으로써, 금화와 함께 은화도 사용하는 복본위제를 폐지하고 금본위제를 수립했다. 이어서 1875년 1월 태환재개법Specie Payment Resumption Act을 제정하고, 미국 재무부로 하여금 수년에 걸쳐 점차 금 보유량을 늘리고 그것으로 다시 "그린백"을 회수하고 정화를 지급하게 만들었다. 이런 조치는 19세기 말에 장기적으로 지속된 물가 하락세에 기여했다.

국가는 또한 관세를 높은 수준으로 유지하며 미국의 유치산업을 보호하는 정책도 채택했다. 연방정부는 내전을 계기로 관세 인상을 적극적으로 추진했다. 그 추진력은 1860년 대통령 선거에서 관세 인상을 역설했던 공화당에서 나왔다. 19세기 중엽 미국의 관세는 대체로 35 %에서 15 %까지 내려가는 낮은 수준에 머물러 있었는데, 이는 이미 살펴본 바와 같이 남부 주들의 목소리가 반영된 결과였다. 공화당은 반전을 기도했다. 관세를 인상해 영국을 비롯한 유럽 공업 제품의 수입을 억제하고, 철강과 방직을 비롯한 국내 산업을 보호한다는 정책을 수립했다. 특히, 버몬트 출신의 하원 의원 저스틴 스미스 모릴Justin Smith Morrill은 보호가 필요한 품목을 지정해 관세를 크게 인상하는 방안을 제시했다. 이런 정책은 펜실베이니아, 뉴욕, 매서추세츠 등, 산업이 발전하고 있던 지역에서 기업가와 노동자들의 지지를 얻는 데 도움이 되었다. 인상안은 내전을 계기로 실행될 수 있었다. 1860년 선거에서 공화당이 우월한 위치를 차지한 반면에, 남부의 입장을 대변하던 민주당 의원 가운데 다수가 반란에 가담하기 위해 의회를 떠났기 때문이다. 따라서 1861년 3월 링컨이 집권하기 직전에, 모릴이 제시한 방안은 의회를 통과해 법률이 되었다. 그리고 연방정부는 내전을 수행하는 데 필요한 예산을 확보하기 위해 관세를 더욱 인상했고, 그 후에는 국내 산업을 보호하기 위해 관세를 높은 수준으로 유지했다. 따라서 19세기 말에 한 세대 동안 관세는 한때 45 %까지 치솟기도 했지만, 대체로 28 % 수준에서 머물렀다.

국가의 역할 가운데서는 철도의 부설을 소홀하게 다룰 수 없다. 19세기 말 서부에 부설된 철도는 국가가 시장경제를 촉진하기 위해 어떤 일을 했는지 분명하게 보여주기 때문이다. 철도는 이미 1865년에 56,000 km에 이르렀는데, 30년 뒤에는 무려 290,000 km로 늘어났다. 이는 19세기 말에 미국을 제외하고 세계에 부설된 철도의 전체 길이를 넘어서는 길이였다. 이렇게 미국에서 철도가 팽창한 계기는 1862년에 제정된 태평양 철도법에 있었다. 이 법은 미시시피강에서 태평양까지 이르는 광활한 서부에 철도 부설을 지원하는 조치를 담고 있었다. 그 취지는 동해안과 서해안을 연결하는 대륙횡단철도의 구축을 추진하고 국민과 국가의 통합을 도모하는 데 있었다. 그에 따른 지원 조치는 철도를 건설, 운영하는 기업을 대상으로 철도 부지와 함께 인접 토지를 무상으로 제공하고, 또 철도 1 마일(약 1.6 km)에 16,000 달러 내지 48,000 달러의 자금을 국고에서 대여한다는 것이었다. 이런 조치에 힘입어, 위에서 언급한 유니언 퍼시픽과 서던 퍼시픽 외에 노던 퍼시픽Northern Pacific, 센트럴 퍼시픽Central Pacific, 산타페Santa Fé 등, 대륙횡단철도를 부설하고 운영하는 회사들이 수립되었다. 이들은 연방정부로부터 토지 1억 3,000만 에이커(5,200만 헥타르)—한반도 면적의 2.4배에 가까운 토지—를 불하받았고, 또 건설비 6,500만 달러를 대여 받았다.

국가의 지원은 거기에 그치지 않았다. 서부의 여러 주들은 대륙횡단철도를 직접 끌어들이지 못하면 그 지선이라도 끌어들이려 했고, 또 그런 목적으로 철도 회사에 토지를 무상으로 제공하는 지원 대책을 수립했다. 그렇게 해서 철도 회사에 불하된 토지는 2,000만 헥타르에 이른다. 따라서 국가가 이들 회사에 제공한 토지는 모두 7,200만 헥타르를 넘는다. 이는 한반도의 세 배가 훨씬 넘는 면적이다. 그렇지만 그 가운데 일부만 철로를 놓는 데 이용되었고, 나머지 대부분은 인접 토지로서 철도가 부설, 운행됨에 따라 가격이 크게 뛰어올랐다. 따라서 철도 회사는 그것을 팔아 엄청난 수익을 챙길 수 있었다. 더욱이 크레디 모빌리에 추문에서 드러났듯이, 국가에서 대여하는 건설비 가운데서도 막대한 금액을 횡령했다. 또 그런 비리를 저지르기 위해, 지방정부의 관리에서 연방정부의 수뇌부까지 수많은 공직자에게 무료 탑승권을 나누어 주고 주식을 헐값에 넘기는 등, 정부와 정치인의 부패에 기여하기도 했다. 철도 회사들은 유니언 퍼시픽처럼 처음부터 국가가 지원하는 예산과 자원에 눈독을 들이면서, 그것을 관장하는 공직자들을 움직이기 위해 수단이나 방법을 가리지 않았던 것이다. 그 결과, 대륙횡단철도를 비롯해 19세기 말에 팽창한 미국의 철도에는 천문학적 규모의 예산과 자원이 투입되었다. 경제적 타당성이나 효율성이라는 측면에서 볼 때, 그것은 분명히 성공이 아니라 실패라 할 만하다.[15]

그런 비리와 부패는 낭비로 이어졌다. 기업가들은 유니언 퍼시픽에서 드러나듯이 철도를 운영해 수익을 올리는 데 기대를 걸지 않은 반면에, 철도를 건설하며 국가에서 지원을 얻어 내는 데 관심을 기울였다. 여객이나 화물이 거의 없다는 것을 알면서도, 광활한 서부에 철도를 부설하는 데 주력했다. 그 결과 1869년 대서양에서 태평양까지 연결되는 대륙횡단철도가 처음으로 완성되었고, 1900년까지는 그런 철도가 4개나 더 건설되었을 뿐 아니라 그와 연결되는 많은 지선도 부설되었다. 그러나 서부에서는 수익이 나지 않았다. 반면에 동부에서는, 특히 북동부에서는, 인구가 성장하고 산업이 발전함에 따라 여객과 화물이 늘어나고 수익도 불어났다. 거기에도 적잖은 문제가 있었다. 철도는 지방에 따라 서로 다른 회사에 의해 건설되었고, 그래서 서로 다른 크기의 궤도 위에서 운행되었다. 그렇기 때문에 장거리 여행을 하기 위해서는, 여객이든 화물이든 몇 번이고 기차를 갈아타야 하는 번거로움을 피할 수 없었다. 더욱이, 많은 철로가 연철에서 강철로 교체되지 않은 채로 있

---

15 Richard White, *Railroaded: The Transcontinentals and the Making of Modern America* (New York: Norton, 2012).

었다. 연철로 만든 철로가 견디는 무게는 강철에 비해 절반에도 미치지 못했고, 또 기차가 시속 30 마일 이상으로 달리는 것도 견디지 못했다.

해결책은 철도 회사에서 나왔다. 철도 여행에 들어가는 시간과 비용을 줄이며 여객과 화물을 더 많이 끌어들이지 않고서는, 기업에 필요한 수익을 올릴 수 없었기 때문이다. 더욱이, 1870년대 중엽부터 시작된 장기 불황으로 인해 기업 사이의 경쟁이 심화되기도 했다. 따라서 철도 기업가들은 먼저 서로 협력하는 관계를 맺고, 장거리 여행도 번거롭지 않게 할 수 있는 체제를 갖추고자 했다. 그러나 그런 관계는 흔히 오래 지속되지 않았다. 기업가들은 오히려 수단 방법을 가리지 않고 경쟁자를 물리치며 자신이 지배하는 "제국"을 건설하고자 했다. 예를 들면, 코닐리어스 밴더빌트Cornelius Vanderbilt는 뉴욕 철도를 장악한 다음에 철로와 차량을 개선해 수익을 내기 시작했고, 그것을 바탕으로 다른 철도를 인수하고 커다란 체계로 통합하는 데 주력했다. 또 제이 굴드Jay Gould는 펜실베이니아 철도에서 출발해 유니언 퍼시픽까지 장악함으로써, 문자 그대로 대서양에서 태평양까지 대륙을 횡단하는 철도 체계를 수립했다. 그런 체계를 운영하기 위해서는 매표원과 기관사, 회계 감독과 운행 감독 등, 수만 명에 이르는 임금노동자와 중간 관리자가 필요했다. 또 그들이 각자 업무를 성실하게 수행하면서 동료와 원활하게 협력하도록 능률적 관리 체제를 구축할 필요가 있었다. 이런 뜻에서 철도 회사는 오늘날 우리에게 익숙한 대기업의 선두 주자가 되었다. 그런 대기업을 수립하면서, 기업가들은 철로를 강철로 교체하고 궤도를 4 피트 8 인치 반(1,435 mm)으로 통일했다. 따라서 철도 여행에 들어가는 시간과 비용을 크게 줄일 수 있었다. 예를 들어, 시카고에서 뉴욕까지 90 kg에 가까운 밀가루 한 통을 보내는 데는 1865년에 3 달러 45 센트가 들었지만, 30년 뒤에는 5분의 1에 지나지 않는 68 센트가 필요했을 뿐이다.[16] 따라서 철도가 19세기 말 미국에서 비리와 부패와 낭비의 주범이라 해

---

16 Chandler, *Visible Hand*, 122-187.

도, 그것이 경제발전에 기여했다는 것은 분명하다.

그렇다면, 19세기 후반 미국에서 국가는 경제발전에서 중요한 역할을 수행했다고 말할 수 있다. 이민과 원주민에 관한 정책, 그리고 농지법과 광업 기본법에서 드러나듯이, 국가는 인구를 늘리면서 후진 지역으로 보내는 조치를 취함으로써 풍부한 천연자원을 개발하는 데 필요한 인력을 확보하며 경제발전의 토대를 구축하기 위해 노력했다. 또 은행·통화제도를 정비하고 보호관세를 다시 확립하며 철도 부설을 위해 막대한 토지를 불하하는 등, 시장경제를 진흥하기 위해서도 노력했다. 한마디로 줄이면, 국가는 경제발전을 지원하는 데 적극적인 자세를 보였다고 할 수 있다.

2. 대기업의 대두

그와 같은 국가의 지원에 힘입어, 미국의 시장경제는 커다란 변화를 겪으며 오늘날에 가까운 면모를 갖추게 되었다. 무엇보다도 산업이 중화학공업을 중심으로 빠른 속도로 발전하면서 상업과 농업의 성장을 이끌었고, 그래서 20세기 미국 경제의 초석을 만들어 주었다. 그와 같은 급속한 경제발전은 영국과 독일을 비롯한 다른 산업국가에서도 비슷한 시기에 진행되었고, 그래서 흔히 제2차 산업혁명이라 불린다. 그에 못지않게 중요한 변화는 법인의 형태를 갖춘 대기업이 대두하며 경제를 주도하는 역할을 떠맡았다는 점이다. 개인이 가족과 친지에게 의지하며 운영하던 소기업은 19세기 말에 이르면 경제의 중심에서 밀려나 주변에 자리 잡았다. 반면에 미국 경제의 견인차로 성장한 대기업은 수많은 노동자를 움직이는 경제 권력을 장악하고 매우 높은 수준의 자율성을 누렸다. 이 변화를 파악하기 위해서는 대기업과 연방정부 사이에 수립되었던 관계를 중심으로, 경제 권력과 정치적 권위 사이에 형성되었던 관계를 살펴봐야 한다.

대기업의 대두는 인구의 변화와 밀접하게 연관되어 있었다.[17] 미국의 인구는 앞에서 살펴본 것처럼 빠른 속도로 증가하면서 서쪽으로 확산했지만, 경제적 측면에서 볼 때 하나의 국민으로 통합되어 있었다. 그것은 기본적으로 교통·통신수단의 발전 덕분이었다. 철도의 팽창은 미국의 여러 지역이 하나의 국민경제로 통합되는 데 필요한 조건 가운데 가장 중요한 것이었다. 그 외에 필요한 조건은 통신의 발전이었다. 통신은 시장에 정보를 제공하며 상품의 거래를 용이하게 해 주었다. 근대 초기에는 신문과 잡지가 그런 기능을 발휘했지만, 19세기 중엽부터는 전신도 일익을 담당하기 시작했다. 전신은 철도와 함께 발전했다. 신속한 정보는 철도의 안전한 운행에 필수적 조건이었기 때문이다. 게다가 철도와 달리, 전신은 일찍부터 통합되었다. 지방에 산재하던 전신 회사는 서로 통합하며 지역별로 영업을 독점하는 동시에, 다른 지역의 전신 회사와 협력하며 전국에 걸쳐 서비스를 제공하면서 빠른 속도로 성장할 수 있었다. 더욱이, 내전 직후인 1866년에는 웨스턴 유니언Western Union이 경쟁 기업을 흡수하고 전국적인 독점 체제를 구축했다. 이 회사는 그 해에 미국과 유럽을 연결하는 전신선을 설치했고, 그것을 통해 주식과 면화, 그리고 곡물의 가격을 비롯한 정보를 미국을 넘어 대서양 세계에 널리 전파하기 시작했다. 그에 못지않게 중요한 발전은 전화의 도입이었다. 전화기는 1876년 알렉산더 그레이엄 벨Alexander Graham Bell이 개발한 이후에 새로운 통신수단으로 부상했다. 그것은 곧 벨전화Bell Telephone를 비롯한 기업들이 전화선과 교환기를 설치하고 통화 서비스를 제공하는 데 활용되었다. 따라서 1900년에 이르면 미국인들은 무려 130만 대의 전화기를 사용해 서로 대화하면서 정보를 주고받았다.

---

17 대기업의 대두에 대한 간략한 설명으로는 다음 문헌을 참고하라. Glenn Porter, *The Rise of Big Business, 1860–1910* (New York: Crowell, 1973); Stuart Bruchey, *Enterprise: The Dynamic Economy of a Free People* (Cambridge, MA: Harvard Univ. Pr., 1990), 308–349.

그처럼 교통과 함께 통신이 발전하자, 시간과 공간을 조정할 필요가 생겼다. 철도는 두말할 나위도 없이 인간이 공간저 장애를 정복하는 데 크게 기여했다. 구체적으로 말해, 그것은 마차나 기선에 의지하던 과거에 비해 훨씬 짧은 시간 안에 매우 먼 거리를 여행할 수 있게 해 주었다. 더욱이, 여간해서는 만날 수 없을 만큼 서로 멀리 떨어져 사는 사람들도 전신과 전화 덕분에 긴밀하게 교류하며 부분적으로 생활을 공유할 수 있게 되었다. 그렇지만 동서간의 여행과 교류는 새로운 문제를 야기했다. 미국인들은 해가 뜨고 지는 데 따라 지방별로 서로 다른 시간을 사용하고 있었기 때문에, 동서로 서로 멀리 떨어져 있는 경우에는 정확한 정보를 주고받는 데 적잖은 혼선을 겪게 되었다. 그런 혼선은 때때로 기차의 운행에 차질을 가져오면서 충돌 사고로 이어지기도 했다. 결국, 1883년에는 네 개의 시간대를 설정하고 지역 사이의 시간 차이를 확정하기에 이르렀다. 이제 미국인들은 그만큼 더 긴밀하게 통합되었다고 할 수 있다.

교통·통신수단의 발전에 못지않게 미국의 경제적 통합에 기여한 것은 유통 부문의 혁신이었다. 물자의 유통을 담당하던 상업은 내전이 시작될 때까지도 전통적인 모습에서 크게 벗어나지 못했다. 밀가루, 우유, 채소, 과일 같은 식품은 물론이요 옷, 그릇, 구두, 가구 등, 많은 물품도 전국적으로 유통되지 않고 대체로 지방별로 생산, 소비되었다. 지방 수준의 유통에서 중요한 역할을 담당한 것은 생산자와 소비자가 직접 거래할 수 있는 시장 이외에 잡화점을 운영하던 소매상이었다. 소매상은 매년 한두 차례 뉴욕이나 필라델피아 같은 동부 해안의 주요 도시로 가서 다양한 종류의 상품을 사들이고는, 흔히 현금이 부족한 농민에게 외상으로 팔면서 상품 대금에 이자까지 붙여 높은 가격을 매겼다. 소매상에게 상품을 공급하던 도매상은 수입과 해운, 중개와 위탁 가운데 어느 하나에 주력하기보다는 흔히 두 가지 이상의 기능을 겸하며 유통 구조를 복잡하게 만들었다.

그러나 재건 시대에 이르면, 유통 체제가 전문화되고 단순화되는 추세가 뚜렷해졌다. 이 새로운 추세는 1840년대에 곡물과 면화의 유통 과정에서 먼저 나타났다. 서부에서 곡물의 생산량이 크게 늘어나는 동시에 서부와 동부를 연결하는 교통수단이 발전함에 따라, 서부에서 곡물을 수집하고 그것을 동부로 운송하는 데 전념하는 상인들이 등장했던 것이다. 그들은 교통 요충지에 양곡기를 설치하고 많은 물량을 수집, 저장하는 한편, 곡물에 매기는 등급을 표준화시킴으로써 거래하기 전에 현물을 보고 확인하는 번거로운 절차를 생략할 수 있었다. 더욱이, 1848년에는 시카고에 곡물 거래소를 설치하며 자신들의 활동을 제도화시키기에 이르렀다. 이런 제도는 다른 지방으로 점차 확산되었고, 1874년 뉴욕에 농산물 거래소가 수립되면서 전국적인 유통망으로 자리 잡았다. 면화의 유통에서도 전문적인 수집상이 나타나서, 오랫동안 핵심적 역할을 담당했던 중개인을 대신하기 시작했다. 수집상은 농장주와 자영농뿐 아니라 잡화점도 방문해서 농민으로부터 상품 대금으로 받은 면화를 사들인 다음, 그것을 전문적으로 취급하는 도매상에 보냈다. 그러면 도매상은 교통 요충지에 면화를 압착해 저장하는 시설을 설치하고, 거기에 면화를 보관했다가 북부나 영국의 방직 공장에 팔았다. 1870년대에는 이들도 뉴욕 등지에 면화 거래소를 수립하며 유통 체제를 제도화시키기 위해 노력했다. 결국, 재건 시대에 이르면 미국의 유통 체제 가운데 도매 부분에서 몇몇 품목을 중심으로 많은 물량을 빠른 속도로 처리하는 추세가 뚜렷하게 나타났다. 실제로 1840년대의 포목 도매상에서는 연간 25만 달러 이상의 매출이 희귀한 일이었지만, 30년 뒤에는 5,000만 달러의 매출도 희귀한 일이 아니었다.

그런 변화는 소매 부문에서도 나타났다. 이 부문에서는 백화점과 우편 판매점, 그리고 연쇄점이 대두하면서, 역시 많은 물량을 빠른 속도로 처리하는 추세에 기여했다. 이미 1860년대부터 뉴욕, 필라델피아, 보스턴, 시카고를 비롯한 주요 도시에서는, 의류를 취급하는 포목 상점이 보석과 가구 등, 다른 종류의 상품도 취급하면서 백화점의 형태를 갖추기 시작했다. 메이시즈

Macy's, 워너메이커즈Wanamaker's, 파일린즈Filene's, 마셜 필드Marshall Field를 비롯한 대표적 백화점은 내전이 끝난 뒤에 매장을 더욱 늘리고, 도서와 문구, 도자기와 유리 제품 등, 취급하는 상품의 종류와 물량도 더욱 늘렸다. 이들 백화점은 무엇보다도 박리다매와 현금 판매의 원칙에 따라 많은 물량을 빠른 속도로 처리하고자 노력했다. 또 고객을 끌어들이기 위해 상품의 진열과 광고에 주목하는 한편, 현금이 부족한 고객에게는 단기 신용을 제공하는 정책도 도입했다. 덕분에 백화점은 대량 유통의 선두주자로 부상했다. 예를 들어 마셜 필드의 매출은 1865년 9,100만 달러에서 1900년 3억 6,400만 달러로 네 배 늘어났다.

그렇지만 백화점의 상권은 주요 도시와 그 주변 지역에 한정되었고, 거기서 멀리 떨어진 농촌의 주민은 1870년대부터 나타나기 시작한 우편 판매점을 많이 이용했다. 시카고에 자리 잡은 몽고메리 워드Montgomery Ward, 시어즈 로벅Sears, Roebuck 등, 이 새로운 유형의 상점은 의류와 가구에서 공구와 악기까지—20세기 초에는 심지어 주택까지—다양한 상품을 목록에 수록해 널리 배포했다. 그리고 품질이 좋은 상품을 저렴한 가격에 공급하는 데 주력했다. 더욱이, 미국의 우편제도를 이용해 외딴 농촌까지 상품을 우송했다. 이들 상점은 1900년에 이르면 주요 백화점의 매출을 능가할 정도로 성장했고, 그에 따라 크게 늘어난 취급 물량을 빠른 속도로 처리하기 위해 엘리베이터와 켄베이어 벨트 등, 다양한 운송 장비를 도입했다.

연쇄점은 식료품, 약품, 차, 담배, 구두, 가구 등, 상품의 신선도나 소비자의 취향이 중시되는 일부 품목에 집중되었다. 예를 들어 1869년에 설립된 에이앤드피A&P는 원래 차를 취급하던 상점에서 출발했지만, 점차 다양한 식료품을 취급하면서 1900년까지 점포를 200개 가까이 늘리고 500만 달러가 넘는 매출을 올리며 전국적인 규모의 기업으로 성장했다. 그렇게 규모가 커진 에이앤드피는 1902년에 이르러 기업 형태도 자산이 200만 달러가 넘는 주식회사로 바꾸고 안정된 제도적 기반을 갖추었다. 그와 같이 연쇄점도 유통의 전문화와 단순화를 통해 대량 유통의 시대를 여는 데 기여했다.

　대량 유통은 기업의 형태와 구조에 커다란 변화를 가져왔다. 백화점과 우편 판매점, 그리고 연쇄점은 흔히 두세 사람이 의기투합해서 만든 합명회사로 출발했지만, 얼마 지나지 않아 주식회사로 변모했다. 설립된 지 10년도 지나지 않아 기업 형태를 바꾼 시어즈 로벅처럼, 대량 유통에 종사하는 기업들은 급격하게 성장하는 데 필요한 자본을 확충하는 동시에 제도적 안정을 확보하고자 했기 때문이다. 더욱이 그런 기업은 위에서 살펴본 것처럼 많은 물량을 빠른 속도로 처리하는 데 주력했던 만큼, 그것을 담당하는 수많은 인력에 의존하지 않을 수 없었다. 예를 들어 보스턴의 조던 마쉬Jordan Marsh 백화점이 고용한 인력은 1899년의 경우 3,000명을 넘어 5,000명까지 이르기도 했다. 이런 인력은 상품의 판매에서 구매와 운송을 거쳐 현금의 출납까지 담당하는 많은 노동자들, 인사와 회계에서 기획과 시설까지 담당하는 중간 관리자들, 그리고 정책을 결정하고 자원을 배정하는 최고 경영자들로 구성되었다. 이들은 과거에 시장에서 이루어지던 거래를 기업 내부로 끌어들여 문서로 처리했고, 따라서 거래에 드는 시간과 노력과 비용을 절감했다. 또 전통적 상점에 비해 훨씬 큰 규모로 상품을 처리함으로써, 하나의 상품을 처리하는 데 들어가는 단위 비용도 절감했다. 그렇게 거래 비용을 절약하고 이른바 "규모의 경제"를 달성함으로써, 새로운 기업들은 가격이나 품질 측면에서 매력 있는 상품을 소비자에게 제공할 수 있었고 또 대량 유통의 시대를 열 수 있었다.

　대량 유통의 도래는 대량생산의 발전으로 이어졌다. 대량생산은 대체로 1870년대와 1880년대에 뚜렷한 발전을 보였다. 그것은 먼저 정유업, 제당업, 주류 제조업 등, 원료를 정제 내지 증류하는 산업에서 시작되었고, 이어서 제분업과 궐련 제조업처럼 원료를 기계적으로 처리하는 부문과 철강업을 비롯해 금속을 생산하는 부문으로 확산되었으며, 그다음에 총기, 재봉틀, 타자기, 전기 모터, 자동차 등, 금속을 가공하는 부문과 기계를 제작하는 부문으

〈도표 12-2. 미국의 에너지 소비, 1775-2009년〉(단위: 1,000조 비티유)

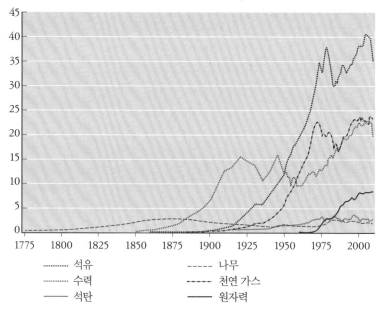

출처: "History of Energy Consumption in the United States, 1775-2009," Today in Energy, U.S. Energy Information Administration, http://www.eia.gov/todayinenergy/detail.php?id=10 (2017년 3월 3일 접속).

로 전파되었다. 그렇지만 이들 부문은 공통적으로 이전보다 더 큰 시설을 수립하고 더 많은 인력을 투입하는 데 그치지 않고, 새로운 생산기술을 도입하고 더 많은 에너지를 사용함으로써 이전에 비해 훨씬 많은 물량을 매우 빠른 속도로 처리하는 능력을 갖추는 데까지 나아갔다. 그 결과, 제품의 생산량을 크게 늘렸을 뿐 아니라 생산성도 높은 수준으로 끌어올릴 수 있었다. 그러나 19세기 말에 발전한 대량생산은 몇 가지 한계를 안고 있었고, 그래서 20세기 초에 완성되는 것과는 다른 형태를 띠고 있었다.

대량생산의 발전은 공장을 움직이는 동력의 변화를 수반했다. 사실, 동력을 비롯한 에너지는 제2차 산업혁명을 전반적으로 밑받침하는 토대였다. 그것은 공장의 가동에 필요한 동력의 원천이었고, 또 난방, 취사, 조명 등, 일상생활에 필요한 연료였기 때문이다. 이미 살펴본 것처럼, 미국의 공장에서 사용되던 동력은 19세기 초부터 인력과 축력에서 수력과 증기력 같은 비동물 동력으로 바뀌기 시작했다. 그렇지만 변화는 결코 급격하게 진행되지 않았다. 〈도표 12-2. 미국의 에너지 소비, 1775-2009년〉에서 나타나듯이, 가장 중요한 동력 공급원은 1885년에 와서야 나무에서 석탄으로 바뀌었다. 석탄이 증기력을 얻는 데 필요한 원료였다는 점을 기억한다면, 이는 증기력의 비중이 19세기 말에 와서야 뚜렷하게 늘어났다는 것을 시사한다.

사실, 석탄이 에너지 공급원 가운데 차지하는 비율은 1865년 18.5 %에 지나지 않았으나 30년 뒤에는 64.6 %로 크게 늘어났다. 반면에 나무가 차지하는 비율은 같은 기간에 81.2 %에서 31.3 %로 줄어들었다. 그리고 석유와 전기는 20세기가 시작된 다음에야 비로소 중요한 에너지 공급원으로 부상한다.[18] 이런 변화는 물론 가정에서 난방과 취사에 사용되는 연료에서도 일어났다. 그렇지만 19세기 말에는 기차와 기선 이외에 많은 공장에서도 석탄이 동력 공급원으로 사용되었다. 조지 헨리 코얼리스George Henry Corliss를 비롯한 여러 기술자들이 증기기관을 개량해 효율성을 크게 끌어올린 덕분에, 증기기관이 방직 이외에 다양한 산업으로 확산되었던 것이다. 더욱이 증기기관을 도입하는 공장은 입지도 강변에서 도시로 옮겨 가는 경향을 보였다. 자본과 노동력을 얻기 쉽고 상품 시장이 가까운 곳으로 옮겨 갈 수 있었던 것이다.

그런 변화는 탄광업의 발전 덕분에 가능했다. 석탄 생산량은 이미 19세기 중엽에도 빠른 속도로 증가했으나, 생산하는 기술과 조직에는 큰 변화가 없었다. 펜실베이니아와 버지니아, 그리고 오하이오 등지에서는 석탄이 지표에 노출되어 있었고, 광부는 몇몇 조수와 함께 삽과 곡괭이로 석탄을 캐서는

---

18 "Table E1. Estimated Primary Energy Consumption in the United States, Selected Years, 1635-1945," Total Energy: Annual Energy Review, U.S. Energy Information Administration, https://www.eia.gov/totalenergy/data/annual/showtext.php?t=ptb1601 (2017년 3월 3일 접속).

스스로 그것을 시장에 내다 팔았다. 그러나 내전을 계기로 석탄 수요가 급증하자, 기업가들이 채굴권을 장악하고 광부들을 고용해 생산량을 확대하기 시작했다. 전후에는 철도 회사들이 거기에 가세했다. 철도 회사는 기차를 움직이기 위해 스스로 석탄을 소비하며 탄광에서 시장까지 석탄을 운반했으므로, 흔히 별도의 회사를 수립하고 탄광을 운영하는 데 나섰기 때문이다. 그렇게 해서 대두한 탄광 기업들은 새로운 기술과 조직을 도입했다. 이는 기본적으로 지표에서 캐낼 수 있는 석탄이 줄어들어드는 상황에 대한 반응이었다. 전후에 광부들은 갱도를 파고 지하로 내려갔고, 거기서 흐르는 지하수를 지상으로 퍼내고 공기를 갱도로 끌어들여야 했으며, 막장에서는 화약과 채굴기를 이용해 석탄을 캐서 궤도차에 실어 보내야 했다. 탄광 기업은 거기에 필요한 시설과 기계와 장비를 설치하는 한편, 광부들이 새로운 기술을 이용해 생산량을 늘리도록 성과급제를 통해 압력을 가했다. 그 결과, 석탄 생산량은 1869년 3,300만 톤에서 1899년 2억 5,400만 톤으로 여덟 배 가까이 크게 늘어났다. 덕분에, 일인당 석탄 소비량은 같은 기간에 0.85 톤에서 3.44 톤으로 네 배 정도 늘어났다.[19] 다른 한편에서는 전통적 방식으로 채굴하던 광부들이 대기업의 그늘에 가려 찾아보기 어려운 존재가 되었다.

대량생산과 함께 대기업이 대두하는 현상은 제조업에서도 일어났다. 제조업 가운데서는 위에서 언급한 바와 같이 정유업, 제당업, 주류 제조업 등, 원료를 정제 내지 증류하는 부문에서 먼저 시작되었다. 이들 업종은 원료에 열을 가해 화학적 반응을 일으킴으로써 제품을 생산했으므로, 기존 시설을 이용하면서도 에너지를 더 많이 사용해 생산량을 확대할 수 있었다. 이는 정유업에서 뚜렷하게 드러난다. 미국의 정유업은 1859년 서부 펜실베이니아에서 석유가 발견되면서 시작되었다. 석유는 오래전부터 동물이나 식물이 아

19 Sean Patrick Adams, "The US Coal Industry in the Nineteenth Century," EH.net Encyclopedia, Economic History Association, https://eh.net/encyclopedia/the-us-coal-industry-in-the-nineteenth-century-2/ (2017년 3월 3일 접속).

니라 암석에서 나온다고 해서 그런 이름으로—영어 사용권에서도 "rock oil"이라—불렸는데, 대부분 수레바퀴나 다른 기계장치에 윤활유로 쓰였다. 그리고 19세기에는 고래 기름을 대신해 등불을 밝히는 데도 쓰였다. 펜실베이니아에서 발견된 석유도 그런 점에서 사람들의 주목을 끌었고, 존 록크펠러(또는 록펠러 John D. Rockefeller)도 그런 사람 가운데 하나였다.

그는 당시에 겨우 스무 살에 지나지 않았지만, 석유에서 큰돈을 벌 수 있을 것이라 생각했다. 그것은 결코 우연히 맞아떨어진 예측이 아니었다. 록크펠러는 어려운 가정 형편 때문에 어렸을 때부터 돈을 버는 데 큰 관심을 기울였다. 그의 아버지는 온갖 사기와 도박으로 손쉽게 큰돈을 벌려고 하면서, 가정을 돌보지 않고 문란한 애정 행각을 벌였다. 반면에 그의 어머니는 홀로 농사를 지어 생계를 이어가면서 자녀들에게 엄격한 청교도 윤리를 가르쳤다. 존은 장남으로서 아버지와 거리를 두는 한편, 일찍부터 그런 어머니를 도와 농사를 거들며 한푼 두푼 돈을 모아 가난을 이겨내는 데 힘을 보태었다. 그리고 중등학교까지 마친 다음에 더 이상 공부를 계속할 수 없다는 것을 깨닫고, 16살 나이에 클리블랜드의 어느 상점에 회계원으로 취업할 수 있었다. 그가 숫자를 계산하는 데 뛰어났을 뿐 아니라 사소한 것까지도 정확하게 파악하고 정리하는 세심한 자세도 지녔던 덕분이었다. 실제로 그는 상점의 회계를 면밀하게 처리하면서, 곧 어디서 수익이 나고 어디서 손실이 나는지 파악할 수 있었다. 따라서 얼마 지나지 않아 몇몇 지인과 함께 새로운 상점을 열었고, 또 농산물 중개업에 뛰어 들어 적잖은 수익을 올리기 시작했다. 거기서 쌓은 경험과 자금 덕분에, 그는 석유가 유망한 사업 품목이라 보고 거기에 투자하기로 결정했다.

그러나 록크펠러는 많은 사람들과 달리, 유전에 투자하지 않고 정유 사업에 뛰어들었다. 정유는 원유를 등유로 가공하기 위해 반드시 거쳐야 하는 과정이었고, 그래서 유전과 달리 확실한 투자 대상이었다. 더욱이, 등유는 뜨거운 증기로 원유를 섭씨 50도 가까이 데우고, 거기서 증류되는 액체를 식히는 비교적 단순한 처리 과정을 통해 얻을 수 있었다. 그는 다른 많은 기업가들과 마찬가지로 내전기에 군대에 가는 대신에 300 달러를 내는 부담을 지고는, 가까운 사람들과 함께 회사를 만들고 정유업에 뛰어들었다. 그리고 1870년 스탠다드 오일Standard Oil이라는 법인을 만들고, 교통이 편리한 오하이오의 클리블랜드에 공장을 세웠다. 그때에 이르면 공장의 생산능력은 하루 150 배럴에서 500 배럴로 늘어났다. 그래도 그는 원유를 가열하고 냉각하는 과정을 개선하는 등, 정유 공정은 물론이요 사소한 세부 사항에도 주목하며 생산량을 늘리기 위해 노력했다. 게다가 근면과 절약, 그리고 능률 같은 노동 윤리도 강조했다. 예를 들면 석유를 옮기는 데 필요한 관과 통을 사서 쓰다가, 나중에는 스스로 기술자를 고용해 만들게 함으로써 비용을 줄였다. 또 석유를 운송하는 철도 회사와 협상해서 먼저 공식적으로 책정된 요금을 지불한 다음에 나중에 그 일부를 환급받는 특혜를 이끌어 내기도 했다.

록크펠러는 그렇게 해서 늘어나는 수익을 바탕으로 다른 정유 기업을 인수·합병하며 지속적으로 사업을 확장했다. 사실, 정유 업계는 과도한 경쟁으로 말미암아 공급이 수요를 초과하는 상태에 이르렀고, 따라서 가격이 떨어지고 수익이 줄어드는 현상이 나타났으며, 그 결과 여러 기업이 파산하는 위기에 부딪혔다. 그는 파국을 막기 위해서는 기업을 통합하고 경쟁을 제한해야 한다고 생각했다. 그리고 자신의 생각에 따르지 않는 기업에 대해 기만과 협박 등, 갖가지 위법적 행위를 저지르며 인수·합병을 추진했다. 그러면서도 아랫사람들이 혼자 알아서 한 일이라 자신은 모른다고 잡아뗄 수 있을 만큼 은밀하게 추진했다. 다른 한편으로 돈을 흥청망청 쓰면서 부를 과시하는 이른바 상류사회와 거리를 두고, 독실한 침례교도로서 다양한 자선사업을 지원하며 시카고대학의 설립을 위해 거금을 기부하는 등, 사회적으로 기여하는 데 적극적으로 나섰다. 이는 물론 그 자신과 그의 기업에 대한 비난을 누그러뜨리는 데 도움이 되었다. 그렇게 해서 스탠다드 오일은 이미 1880년에 미국에서 생산되는 등유 가운데 90 %를 차지했다. 그렇게 사업의 규모를 확대함으로써, 그는 원유나 장비 같은 것을 사들이거나 제품을 운송할 때 들어가는 비용을 절감하는 등, 규모의 경제를 누릴 수 있었다. 그래서 1870년에서 1890년까지 20년 동안에 등유 가격을 갤런(약 3.8 리터) 당 23.5 센트에서 7.5 센트로 낮출 수 있었다고 자랑했다.[20]

대량생산이 정유업 같은 정제 내지 증류 부문에서 점진적으로 발전했다면, 제분업과 궐련 제조업 등, 원료를 기계적으로 처리하는 부문에서는 혁명적인 양상을 띠었다. 제분업에서는 이미 18세기 말부터 공정을 기계화하는 동시에 연속적으로 통합하는 공장이 나타났으나, 그 규모는 지방의 수요에 적합한 수준에 머물러 있었다. 밀가루를 소비하는 지방 주민의 수요를 넘어 생산량을 늘릴 필요가 없었기 때문이다. 그러나 교통·통신수단의 발전과 시장의 통합 덕분에 밀가루를 전국으로 수송할 수 있게 되자, 제분 공장의 규모를 확대하고 새로운 기술을 도입하며 공정을 개선하는 노력이 강화되었다. 예를 들어 분쇄기를 돌에서 강철로 바꾸고 분쇄 작업을 여러 차례 반복하며, 전체 공정을 더욱 긴밀하게 통합하고자 했다. 그 결과, 예를 들어 미네소타의 제분 공장에서는 일일 생산량이 1870년대에 25 톤에도 미치지 않았으나 1880년대 말에는 162 톤을 넘어 여섯 배 이상 늘어났다. 궐련 제조업에서는 1880년대 초에 개발된 궐련 제조기 덕분에 놀라운 변화가 일어났다. 숙련공이 하루에 만들 수 있는 궐련이 3,000 개비에 지나지 않았으나, 새로운 기계에서는 하루 70,000 개비가 생산되었으니 말이다. 이 놀라운 생산력은 몇 년 지나지 않아 하루 120,000 개비로 더욱 늘었고, 따라서 1880년대 중엽에 이르면 궐련 제조기 30대로 미국 전역의 소비량을 감당할 수 있을 정도에 이르렀다.

강철을 비롯한 금속을 생산하는 부문에서는, 대량생산이 그보다 더 점

---

20 론 처노, 『부의 제국 록펠러: 그 신화와 경멸의 두 얼굴』, 안진환·박아람 역 (20세기북스, 2010).

진적으로 발전했다. 금속이 다루기 어려운 재료였으므로, 대량생산에는 복잡하고 값비싼 기계와 설비가 필요했고 또 공정을 면밀하게 설계하고 섬세하게 조정하는 노력도 필요했기 때문이다. 이 부문에서 가장 중요한 변화는 제강업에서 일어났다. 강철은 얇고 길게 늘려도 잘 부러지지 않는 굳센 성질을 지니기 때문에 시계를 비롯한 기계장치를 만드는 데 좋은 재료였으나, 생산량이 적어서 19세기 중엽까지 널리 쓰이지 않았다. 그때까지 강철은 용광로에서 얻지 못하고, 선철이나 연철을 가공해서 만들었다. 강철을 얻기 위해서는 무엇보다도 탄소 함량을 0.2 %에서 1.5 %까지 이르는 범위 안에서 조절해야 하는데, 이는 많은 경험을 지닌 숙련공들이 고로의 온도를 섭씨 1,400도 가까이 끌어올려 철을 녹이고 긴 막대기로 잘 저으면서 불순물을 태워야 하는 힘들고 위험한 작업이었다. 이 어려운 작업은 1856년 영국의 금속학자 헨리 베세머Henry Bessemer가 발명한 전로轉爐로 대체되었다. 그것은 항아리 모양의 커다란 용기였는데, 위에는 커다란 구멍이 뚫려 있어서 강철을 만드는 데 필요한 재료를 넣을 때나 옆으로 기울여서 액체 상태로 녹은 강철을 흘러내리게 할 때 쓸 수 있었다. 또 아래에는 내부에 구멍이 여럿 뚫려 있어서 그리로 뜨거운 바람을 불어넣어 속에 들어 있는 재료를 녹이면서 탄소를 비롯한 불순물을 태워 없앨 수 있었다. 이 전로는 보통 한 번에 5 톤에서 30 톤까지 강철을 생산할 수 있었고, 그것도 15분 내지 20분 밖에 걸리지 않았다. 한마디로 줄이면, 베세머의 전로는 강철의 대량생산을 가능하게 해 주는 기술혁신이었다.

그것은 미국에서 제강업이 발전하는 데 핵심적 역할을 했다. 베세머 전로는 1864년부터 미국에 도입되기 시작했는데, 앞장을 선 것은 제철 공장과 통합되어 있는 철로 공장이었다. 이미 1850년대부터 철광석에서 선철을 만들어내는 공장과 그것을 철로로 가공하는 공장을 하나로 통합하는 추세가 나타났는데, 그 이유는 철도의 팽창에 따라 철로 수요가 늘어난 데 있었다. 제철 공장에서 선철 덩어리를 옮겨온 다음에 그것을 녹여 철로로 만드는 것보다는, 용광로에서 흘러나오는 선철을 식히면서 그것을 눌러 철로로 만드는 것이 시간과 함께 비용을 줄이는 길이었기 때문이다. 전후에는 거기에 베세머 전로를 부가하며 공정을 조정했다. 특히, 종래의 공정 가운데 일부 작업─용광로 속에 녹아 있는 철을 휘젓는 교반 작업, 뜨거운 철을 강한 힘으로 누르는 압연 작업 등─을 생략하고, 용광로에 철광석을 투입하는 데서 철로를 완성하는 데까지 모든 단계를 하나의 일관 공정으로 통합했다. 바꿔 말해, 강철을 만드는 데 필요한 여러 시설을 어떻게 배치해야 공정을 효율적으로 진행할 수 있는가 하는 문제를 해결했던 것이다.

해법은 "강철왕"Steel King 앤드루 카네기Andrew Carnegie가 추진한 조직혁신에 있었다. 카네기는 1870년대 초부터 공학 전문가를 고용하고, 그의 설계에 따라 피츠버그 인근에 거대한 일관 제철소를 건설하는 데 착수했다. 수년 뒤 가동에 들어간 제철소는 곧 비용을 줄이면서도 생산성을 높이 끌어올린 공장으로 알려졌고, 다른 철강 기업도 재빨리 베세머 전로를 도입하며 공정을 조정하고 통합했다. 그 결과는 철로의 생산에서 뚜렷하게 나타났다. 1867년 미국에서 생산된 철로는 46만 톤을 조금 넘었는데, 거의 모두 톤당 83 달러에 거래되던 연철로 만들어졌다. 강철은 톤당 170 달러나 나갈 만큼 비쌌고, 따라서 그것으로 만든 철로는 2천 톤을 조금 넘는 데 그쳤다. 그러나 1884년에 이르면 철로의 생산량이 150만 톤으로 크게 늘어났지만, 모두 강철로 만들어졌고 그 가격도 톤당 32 달러로 크게 줄어들었다. 이 가격은 1890년에 이르면 14 달러까지 떨어졌다.

강철은 금속을 가공하는 부문과 기계를 제작하는 부문에서 대량생산이 시작되는 데 기여했다. 이들 부문에서는 대량생산이 비교적 뒤늦게 시작되었으나, 미국인들의 생활방식에 커다란 변화를 가져왔다. 이 변화는 칼이나 가위 같은 낯익은 도구를 만드는 산업보다 재봉틀, 타자기, 전동기, 자전거, 자동차 등, 이전에 없었던 새로운 기계를 만드는 여러 산업에서 뚜렷하게 나타났다. 예를 들어 재봉틀은 1850년대에 미국에서 개발되었는데, 일찍부터 여러 업체에서 대량생산을 시도했지만 부분적인 성공을 거두었을 뿐이다. 이는 오늘날에도 적잖은 사람들이 기억하는 싱거 재봉틀Singer Sewing Machine에서 분명하게 드러난다. 그것을 고안한 아이작 싱거Isaac M. Singer는 연극배우로 무대에 서면서도 기계를 다루는 데 재능과 관심을 보였는데, 1851년에 재봉틀에 관해 몇 가지 특허를 얻은 뒤에는 그것을 개량, 제작하고 판매하는 데 주력했다. 그는 특히 가정에서도 쓸 수 있는 다루기 쉬운 재봉틀을 개발하는 한편, 처음으로 할부판매 제도를 도입하며 판매망을 확충하기 위해 노력했다. 그 결과, 1880년대에 이르면 연간 50만 대를 제작, 판매할 수 있었다.

그러나 싱거의 재봉틀은 20세기의 대량생산과 차이가 있는 방식으로 제작되었다. 무엇보다도 제품을 완성하는 단계에서 부품을 조립하기 전에, 줄을 써서 부품을 갈고 다듬는 작업을 거쳐야 했다. 싱거는 물론 일찍부터 "미국형 제조 체제"를 도입하고자 노력했다. 그 방면에서 선도적 역할을 했던 소총 제조업계에서 기술자를 영입하고, 1873년에는 대규모 공장을 건설하고 당시로서는 첨단을 걷는 시설을 갖추는 등, 호환성 있는 부품을 생산하고자 했다. 그리고 1883년에는 계측기를 전담하는 부서를 설치하고 정밀한 계측기를 생산해 공장 전체에 보급함으로써, 동일한 규격의 부품을 생산하는 데 박차를 가했다. 그래도 싱거의 재봉틀이 20세기와 다른 방식으로 제작되었던 것은 기술적 측면에서 볼 때 부품의 제작 과정에서 나타나는 오차를 통제하는 데 실패했기 때문이다. 싱거는 계측기를 전담하는 부서를 설치하면서도 부품의 제작 과정에서 허용되는 오차의 한계를 설정하지 않았고, 따라서 그 한계를 넘는 부품은 공정의 마지막 단계에서 다듬어야 했다. 그것은 재봉틀을 넘어 제조업 전반에서 널리 나타나던 문제점이었다. 미세한 오차의 범위 안에서 부품을 제작하는 데 필요한 정밀 계측기는 1890년대 중엽에 이르러서야 비로소 보급되기 시작했기 때문이다. 결국, "미국형 제조 체제"는 19세기 말에도 대량생산을 향해 점진적으로 발전하고 있었다. 오늘날 우리에게도 친숙한 대량생산은 20세기 초에 이르러 자동차공업에서 처음으로 구

현된다.[21]

대량생산이 미국인의 생활방식에 가져온 변화는 기계를 제작하는 부문 가운데서도 전기와 연관된 여러 산업에서 매우 뚜렷하게 나타났다. 전기는 오래 전부터 알려져 있었지만, 1879년 토머스 에디슨Thomas Edison이 백열전구를 발명한 뒤에야 널리 주목을 끌었다. 그것은 등유나 가스를 사용하는 등불보다 훨씬 밝고 편리한 조명 장치였기 때문이다. 에디슨은 1882년 뉴욕시에 발전소를 건설하고 인근의 기업과 주택 등에 전기를 공급하기 시작했다. 얼마 지나지 않아 먼 곳에서도 전기를 공급해 달라는 요청이 들어왔지만, 에디슨은 선뜻 응하지 못했다. 그의 발전소에서 생산되는 전기는 직류여서, 1.6 km 이상 멀리 떨어진 곳으로 보내면 전압이 지나치게 낮아져서 쓸모가 없었기 때문이다. 그러나 1880년대 중엽에는 조지 웨스팅하우스George Westinghouse가 교류에서 해법을 찾으려 노력하고 있었다. 기술에 큰 관심을 지녔던 이 기업가는 교류가 직류와 달리 손쉽게 전압을 올리거나 내릴 수 있는 전기라는 데 주목했다. 그리고 변압 장치를 이용하면 전압을 올려 전기를 멀리 보낼 수 있을 뿐 아니라 쓰는 곳에서 다시 내릴 수도 있으리라고 확신했다. 실제로 그는 유럽에서 개발된 교류 설비를 도입해 피츠버그를 비롯한 여러 도시에 설치하기 시작했다. 그 결과 이른바 "전류 전쟁"War of Currents이 벌어졌고, 승리는 물론 웨스팅하우스에게 돌아갔다. 그는 1893년 시카고에서 열린 만국박람회를 백열전구 20만 개로 장식함으로써 전기 조명의 시대가 왔음을 널리 알렸다.

웨스팅하우스는 전기가 동력원으로 사용되는 데도 기여했다. 그는 먼저 1888년 미국 특허국에 등록된 전동기에 주목했다. 그리고 그것을 고안한 니콜라 테슬라Nikola Tesla로부터 사용권을 얻는 한편, 그와 연관되어 있던 다른

---

21 David A. Hounshell, *From the American System to Mass Production, 1800–1932: The Development of Manufacturing Technology in the United States* (Baltimore: Johns Hopkins Univ. Pr., 1984), 67–123.

여러 건의 특허 사용권도 얻어 효율적인 전동기를 개발하는 데 관심을 기울였다. 결국 1890년대 초에 이르러 웨스팅하우스의 진동기는 공업용으로 쓰일 수 있을 정도로 개량되었다. 그것은 공장 이외에 전차에도 활용되었다. 19세기 말에 팽창하던 대도시에서는 대중의 교통수단으로 궤도 마차가 널리 이용되었는데, 그것이 1880년대부터 전동기를 사용하는 전차로 대체되기 시작했던 것이다. 그렇지만 전차도 "전류 전쟁"에 휘말려 들었고, 승리는 역시 테슬라가 고안하고 웨스팅하우스가 개량한 전동기가 차지했다. 이제 전기는 미국인의 생활방식 가운데 불가결한 부분으로 자리 잡기 시작했고, 이런 추세는 20세기 초에 냉장고, 세탁기 등, 오늘날 우리가 가전제품이라 부르는 새로운 제품들이 개발됨에 따라 더욱 심화되었다.[22] 따라서 19세기 말부터 20세기 초까지 미국인의 생활방식에는 중대한 변화가 일어난다.

지금 여기서 주목해야 할 것은 19세기 말 미국에서 있었던 경제발전의 양상이다. 특히, 대량생산이 대량 유통과 함께 대기업의 대두에 속도를 더하는 환경을 제공했다는 점이다. 위에서 살펴본 바와 같이, 대량생산의 발전은 대량 유통의 도래와 마찬가지로 다양한 부문에서 대기업이 탄생하고 성장하는 과정과 겹쳐 있었다. 19세기 후반에 개발된 새로운 생산기술은 흔히 넓은 시장과 함께 대규모 자본과 많은 노동력을 요청했고, 따라서 대기업의 대두를 가져온 요인 가운데 하나로 작용했다.

더욱이, 19세기 말에는 시장에서 심화되는 경쟁이 기업 사이의 통합을 자극했다. 내전 이후에 미국의 생산력은 빠른 속도로 발전했고, 그에 따라 물가가 하락하는 경향이 심화되었다. 1869년에서 1886년까지 한 세대도 되지 않는 기간에, 도매 물가의 지수는 151에서 82로 떨어졌다. 이런 추세는 농산물보다 공산품에서 더욱 뚜렷하게 나타났다. 농산물의 지수는 같은 기간에

---

22 Maury Klein, *The Genesis of Industrial America, 1870–1920* (Cambridge: Cambridge Univ. Pr., 2007), 89–103.

128에서 그 절반이 조금 넘는 68로 낮아졌으나, 공산품의 지수는 227에서 그 절반에도 미치지 않는 110으로 낮아졌으니 말이다. 그 요인이 1870년대에 시작된 장기 불황과 물가 하락세 이외에 위에서 살펴본 생산력의 비약적 발전에 있음은 부인되기 어렵다. 사실, 이런 추세는 미국에 국한되지 않고 영국, 독일 등, 자본주의 발전을 경험하던 다른 여러 나라에서도 나타났다. 더욱이, 기선과 전신을 비롯한 교통·통신수단의 발전 덕분에 자본주의 세계가 긴밀하게 통합되고 있었다. 그 결과, 19세기 말에는 미국을 포함하는 자본주의 세계에서 전반적으로 상품의 공급이 늘어나며 가격의 하락이 계속되었다. 따라서 기업은 국내에서는 물론이요 해외에서도 심각한 경쟁에 직면했다.

그런 상황에서 미국의 기업들이 선택한 전략은 변화를 거듭했다. 먼저 떠오른 전략은 상표를 만들어 사용하는 것이었다. 상표는 오래전부터 존재했으나, 고급 도자기를 비롯한 몇몇 상품에 국한되어 있었다. 대부분의 상품은 큰 단위로 생산, 유통되었고, 대개 소매 단계에서 작은 단위로 나뉘어 매매되었다. 그러나 19세기 말에 이르면 기업들이 상품을 작은 단위로 포장해 출하, 유통시킴으로써, 소비자가 특정 상품을 인식하고 그에 대해 애착심을 지니도록 유도하기 시작했다. 그 결과, 오늘날 우리에게도 알려져 있는 다양한 상표가 자리 잡기 시작했다. 그에 못지않게 중요한 전략은 카르텔cartel, 또는 풀pool이라 불리는 기업 사이의 연합이었다. 1870년대부터 많은 기업들이 업종별 협의회trade association를 구성하고, 그것을 통해 가격과 생산량을 통제하고 시장을 분할하려 했다. 이런 카르텔은 제화, 가구, 유리, 석유, 철강, 기계 등, 거의 모든 산업 부문에서 나타났다. 그러나 그것은 오래 지속되지 않았다. 적잖은 기업이 비밀리에 가격을 할인하고 판매량을 확대하는 등, 업종별 협의회의 결정을 준수하지 않았기 때문이다.

따라서 기업가들은 시장에서 통제력을 강화할 수 있는 새로운 전략을 모색했고, 1880년대 초부터 "트러스트"trust라는 제도를 활용하기 시작했다. 그것은 주주가 어떤 사람에게 주식의 관리권을 위탁하고, 그 수탁자에게 주주의 권리를 행사하며 기업을 통제하게 만드는 방안이었다. 이런 방안에 따라 여러 기업의 주주들이 주식 관리권을 어떤 인물이나 기구에게 위탁하면, 수탁자는 그들 기업에 대해 위탁 주식에 상응하는 통제권을 장악할 수 있었다. 따라서 트러스트는 여러 기업을 하나로 묶어 새로운 실체를 만드는 효과를 가져왔다.

그것은 정유업에서 뚜렷하게 나타났다. 록펠러는 다른 정유 업체를 인수·합병하는 데서 한 걸음 더 나아가 유전을 매입하는 데 나서는 한편, 운송에 필요한 유조차를 제작하고 송유관을 설치하며 소비자에게 배달하는 제도까지 만들었다. 바꿔 말해 동일 업종에 종사하는 기업을 합병하는 "수평적 통합"을 넘어 원료의 구매에서 제품의 판매까지 모든 단계에 걸쳐 다양한 기업을 합병하는 "수직적 통합"까지 감행했다. 그러나 그렇게 통합한 다양한 기업들을 효과적으로 관리하기는 어려웠다. 그런 기업은 각각 여러 명의 주주들이 지배하고 있었는데, 록펠러도 그들 가운데 한 사람에 지나지 않았기 때문이다. 그래서 1882년에는 주주들을 설득해 자신들이 소유하던 주식의 관리권을 자신과 다른 몇몇 사람에게 위탁하게 만들었다. 그는 그런 수탁자 가운데 한 사람이었으나, 가장 많은 지분을 갖고 있었기에 그 다양한 기업에 대해 통제권을 장악할 수 있었다. 이런 방안은 곧 정유업에 이어서 설탕, 위스키, 식용유 등, 다른 산업으로 확산되었다. 그에 따라 트러스트라는 용어는 독점이나 대기업과 혼동될 정도로 널리 쓰이게 되었다. 당대의 미국인들은 그것이 엄청난 부와 함께 경제 권력의 집중을 낳고 시장에서 중소기업을 밀어내며 경쟁을 가로막는 결과를 가져오지 않을까 우려했던 것이다.

그러자 기업가들은 여러 기업을 결합하는 새로운 방안을 생각해 내었다. 사실, 트러스트에서는 안정을 기대하기가 어려웠다. 그것은 위탁자와 수탁자 사이의 신뢰를 전제로 성립하는 제도였기 때문이다. 이 문제점을 해결하는 방안도 록펠러가 먼저 찾아내었다. 그것은 이미 1870년대부터 철도 회사에 도입되었던 지주회사holding company라는 제도였다. 지주회사란 스스로 사업을 벌이지 않고, 주식이나 채권, 또는 부동산 같은 자산을 소유함으로써 다른 기업을 지배하며 영리를 추구하는 회사를 가리킨다. 그것은 실제로 사업을 벌이고 수익을 올리는 여러 기업들을 몇몇 사람들이 효과적으로 통제하는 데 도움이 된다. 그러나 바꿔 말하면 몇몇 사람들이 다른 많은 사람들의 돈을 끌어들여 큰 자본을 모은 다음에, 그것을 다른 기업에 투자해 지배적 영향력을 장악하는 데 도움이 되기도 한다. 그렇기 때문에 지주회사는 기존 법률에서 허용되지 않았으며, 따라서 의회의 특별 입법을 통해서만 설립될 수 있었다.

그러나 1889년, 뉴저지는 기업가들이 그런 규제를 회피할 수 있는 길을 열어 주었다. 뉴저지에 소재하는 회사가 합법적 사업이라면 어디서 무엇이든지 할 수 있다고, 그러니까 다른 주에서 다른 기업의 주식을 소유하는 일도 할 수 있다고 선언했던 것이다. 록펠러는 재빨리 스탠다드 오일의 소재지를 뉴저지로 옮기고 그것을 지주회사로 바꿈으로써, 이미 트러스트의 형태로 묶어 놓았던 여러 기업에 대해 확고한 통제권을 장악했다. 그러자 다른 트러스트들도 뒤이어 소재지를 옮겼고, 뉴저지는 법인의 등록을 받으며 챙기는 수수료 덕분에 풍부한 예산을 가질 수 있게 되었으며, 다른 주들도 곧 뉴저지를 뒤따라 법률을 개정하고 지주회사를 허용했다.[23]

그와 같이 지주회사가 허용되자, 미국의 기업계에는 합병의 바람이 불었다. 특히 1895년부터 1904년까지는 그 바람이 유난히 거세게 불었다. 채 10년도 되지 않는 그 기간에 모두 1,800개 이상의 기업이 사라지면서 157개의 기업으로 통합되었다. 그 가운데서 가장 규모가 큰 기업은 자산이 14억 달러나 되던 유에스 스틸US Steel이었지만, 그 외에 두폰트(또는 듀폰DuPont), 앨리스-차머스Allis-Chalmers 등, 오늘날 한국인에게도 그리 낯설지 않은 여러 대

---

23 Morton J. Horowitz, *The Transformation of American Law, 1870–1960: The Crisis of Legal Orthodoxy* (Cambridge, MA: Harvard Univ. Pr., 1977), 80–90.

기업이 그 시기에 대두했다.

그런 합병이 모든 산업에서 고르게 진행되었던 것은 아니다. 수많은 업체가 치열한 경쟁을 벌이던 식품 가공업과 철강 생산업계에서 가장 활발했고, 그 다음으로는 석탄공업계와 더불어 석재·유리 등, 비금속 재료를 가공하는 부문에서 활발했으며, 그 외에 화학, 금속, 기계 등, 몇몇 산업부문에서도 비교적 활발했다. 이들 부문에서는 19세기 말에 여러 기업들이 경쟁적으로 새로운 기술을 도입하며 대량생산에 진입했다. 그렇지만 어느 기업도 해당 산업에서 지배적이거나 주도적인 위치를 차지하지 못했다. 따라서 그런 기업들은 1893-96년에 불황이 심화되었을 때 격심한 경쟁에 시달리게 되었고, 결국 거기서 벗어나기 위해 합병이라는 방안을 선택했다. 실제로 그 시기에 있었던 합병은 거의 모두 하나의 업종에서 여러 기업을 수평적으로 통합하는 형태를 띠었다. 그렇기 때문에 통합된 기업들은 대체로 시장을 주도하는 위상을 지니게 되었다. 흔히 알려져 있는 것과 달리 시장을 독점하지는 못했으나, 시장 점유율을 적어도 40 %에서 많게는 70 % 이상으로 끌어올렸다. 따라서 1895-1904년간에 합병을 통해 대두한 대기업은 시장에서 주도권을 장악하고 가격의 하락을 저지하며 안정과 수익을 향유할 수 있었다.[24]

합병에서는 자본시장이 중요한 역할을 담당했다. 자본시장은 기업가들이 통합에 필요한 막대한 자금을 조달하는 창구로서 적절한 역할을 수행했다. 이는 무엇보다도 19세기 중엽부터 발전한 투자은행 덕분이었다. 투자은행이란 은행권을 발행하며 저축과 대부에 주력하는 상업은행과 달리, 주식과 채권을 비롯한 여러 가지 증권을 취급하며 자산가와 기업가 사이에서 장기 투자를 중개하는 은행을 가리킨다. 이런 은행 가운데서 주도적 위상을 차지했던 것은 앞에서 언급한 제이 피 모건 이외에, 오늘날 한국에도 알려

---

24 Naomi R. Lamoreaux, *The Great Merger Movement in American Business, 1895-1904* (Cambridge: Cambridge Univ. Pr., 1985).

져 있는 골드먼 삭스Goldman Sachs, 리먼 브라더스Lehman Brothers 등, 대개 독일계 유대인 이주민이 운영하던 은행들이었다. 그들은 유럽 금융계에서 넓고 깊은 뿌리를 지녔기에, 자본 부족에 시달리던 미국 기업계에 크게 기여할 수 있었다.

자본시장은 또한 기업의 통합에서 선도적 역할을 수행하기도 했다. 이는 모건의 활동에서 매우 뚜렷하게 나타난다. 모건은 일찍부터 아버지가 은행가로 기른 인물이었다. 그의 아버지는 매서추세츠 출신 사업가 조지 피바디George Peabody를 뒤따라 19세기 중엽 영국 런던에서 은행을 운영하면서, 미국의 기업이나 정부가 발행하는 채권을 영국의 자산가들에게 판매하는 데 주력했다. 그리고 자신의 사업을 아들에게 물려주기 위해, 수학과 외국어, 그리고 강인한 정신을 강조하며 아들의 교육과정을 통제했다. 그런 교육을 받은 아들은 1857년 런던에서 아버지를 도우며 은행가로서 첫발을 내딛었고, 다음 해부터는 뉴욕에서 머물면서 아버지가 운영하는 은행의 미국 대리인으로 일하기 시작했다. 그리고 커피와 소총 같은 물품을 거래하기보다는 철도회사의 주식과 채권을 취급하면서 착실하게 성장했다. 그는 사이가 좋지 않았던 아내와 가정에 큰 관심을 기울이지 않은 반면에, 취미로 미술품을 수집하며 은행 업무에 몰두했다. 그는 아버지의 방침에 따라 가장 부유한 소수의 고객을 대상으로 보수적 투자를 통해 그들의 이익에 충실하게 봉사하기 위해 노력했다. 그리고 1880년대에는 과당경쟁과 채산성 악화에 시달리던 철도회사들을 통합하는 작업을 주도했다. 고객들로부터 얻은 굳건한 신뢰를 배경으로 삼아, 적대적 관계에 있던 철도 기업가들을 타협으로 이끌 수 있었던 것이다. 나아가 1901년에는 다양한 철강 기업들을 통합해 유에스 스틸을 수립하는 데 핵심적 역할을 수행했다. 모건은 거기에 필요한 14억 달러—오늘날의 소비자 물가지수로 계산한다면 대략 403억 달러—를 조달하는 데 성공했다. 그것도 미국의 자본시장에 충격을 주지 않고 그렇게 했다.

그런 역할을 이해하기 위해서는 모건 은행의 높은 위상과 함께 제이 피

모건의 개인적 자질을 고려해야 한다. 그는 쏘아 보는 눈으로 상대방을 위압했을 뿐 아니라 고압적 언행으로 사람들을 대하기도 했다. 또 영국 귀족처럼 명예와 책임을 중시하는 한편, 재산 이외에 인종과 성에 따라 구분되는 사회적 위계질서를 옹호했다. 더욱이, 은행 업무가 기업계의 낭비를 줄이고 효율성을 높임으로써 고객의 이익을 넘어 국민경제의 발전에 기여한다고 확신했다. 그렇기 때문에 1890년대 중엽에 영국의 투자자들이 미국 경제에 대해 불안을 느끼고 자금을 회수하기 시작했을 때, 모건은 막대한 액수의 미국 채권을 인수하는 데 앞장서는 과감한 행보를 취하며 경제 위기를 타개하는 데 결정적으로 기여하기도 했다. 그렇지만 그는 유능한 인재를 발견하면 수단 방법을 가리지 않고 모건 은행에 끌어들였다. 특히 동업자들에게는 대단한 금액의 보수를 지급했지만, 그들 가운데 적잖은 이들이 병환에 시달리거나 심지어 목숨을 잃을 만큼 과로하게 만듦으로써 결과적으로 그들에게 가혹한 대가를 치르게 하기도 했다.[25]

그런 금융계의 지원에 힘입어 미국의 산업계가 대기업을 중심으로 재편되었고, 이는 20세기 미국 경제의 특징이 되었다. 이 특징은 무엇보다도 대기업의 숫자에서 뚜렷하게 드러난다. 노동자를 20,000명 이상 고용하는 대기업에 초점을 맞춘다면, 그런 대기업은 1973년도를 기준으로 미국에 211개 있었던 반면에 그 외의 국가에는 모두 합쳐 190개밖에 없었다. 국가별로 살펴보면, 영국 50개, 독일, 29개, 일본 28개, 프랑스 24, 기타 59개로 나뉘어 있었다.[26] 이들 국가에서 대기업이 대두한 것이 대체로 20세기 중엽이었다는 사실을 감안하면, 그 이전에는 미국과의 격차가 더 컸을 것으로 보인다. 그런 국제적 격차에 못지않게 주목할 만한 것은 역사적 변화이다. 이미 제8장에서

25 론 처노, 『금융제국 J. P. 모건』 제1권, 강남규 역 (플래닛, 2001), 101–225; Susie J. Pak, *Gentlemen Bankers: The World of J. P. Morgan* (Cambridge, MA: Harvard Univ. Pr., 2013), 1–106.

26 Chandler, *Scale and Scope*, 19.

언급한 바 있듯이, 건국에서 내전까지 이르는 시기에 미국은 중소기업의 나라였다. 그렇지만 내전 이후에는, 특히 19세기 말부터 20세기 초까지 이르는 기간에는 대기업이 미국 경제의 핵심부에 자리 잡았다.

어째서 미국이 중소기업의 나라에서 대기업의 나라로 바뀌었는가? 챈들러는 기술과 조직보다 시장과 문화에 주목한다. 그는 분명히 19세기 후반에 도입된 새로운 기술과 조직이 대기업의 성장에 중요한 영향을 끼쳤다는 사실을 인정한다. 철강업이나 정유업, 또는 유통업에서 드러나듯이, 일부 기업은 제품을 처리하는 과정에서 여러 단계를 통합하며 규모를 키우는 동시에 시장 점유율을 높였고, 그렇게 해서 대기업으로 성장할 수 있었다. 그렇지만 새로운 기술과 조직은 미국뿐 아니라 유럽에서도 활용할 수 있었다. 따라서 그것이 미국과 유럽의 차이를 설명하는 요인이라 말하기는 어렵다. 챈들러는 그 대신에 미국 시장의 특징과 미국 기업의 행태에 주의를 환기한다. 간단히 말해, 19세기 미국의 시장은 지리적 규모가 컸던 데다가 매우 빠른 속도로 팽창했고, 거기서 기업은 존망을 걸고 경쟁을 벌여야 했다고 설명한다. 사실, 유럽 국가에서는 시장이 미국만큼 넓지 않았고 빠른 속도로 팽창하지도 않았으며, 또 기업들이 오랜 전통과 관습에 따라 시장을 분점하며 서로 존중하는 자세를 취했다. 따라서 거기서는 시장을 지배하는 대기업이 대두하는 대신에, 여러 기업이 공존하며 심지어 협력하는 모습을 보이기도 했다.[27]

그렇지만 시장에 대한 규제에도 주목할 필요가 있다. 이는 기업사 분야의 또 다른 거장 나오미 라모로Naomi R. Lamoreaux가 강조하는 요인이다. 미국은 유럽과 달리 19세기 말부터 독점을 억제하고 경쟁을 보호하는 법률을 제정하는 데 나섰다. 무엇보다도 여러 기업이 서로 제휴하거나 연합해서 시장을 독점 내지 과점하는 것을 저지하는 데 주력했다. 또 법인이 다른 기업에 투자하거나 부동산을 필요 이상으로 매입하는 등, 설립 취지에 어긋나는 활

---

27 Ibid., 224-294, 389-427, 587-628.

동을 하지 못하도록 엄격하게 규제하기 위해서도 노력했다. 그 대신, 뉴저지를 비롯한 여러 주에서 하나의 기업이 다른 기업을 통합하거나 지배할 수 있는 길을 열어 주었고, 그에 따라 기업 사이의 통합이 활발하게 진행되었으며, 그 결과로 많은 대기업이 대두했다. 이런 뜻에서 법률은 미국 기업의 발전 과정에서 중요한 역할을 담당했다. 바꿔 말해 국가가 기업 사이의 제휴나 연합을 억제하는 반면에 통합을 허용하는 정책을 채택함에 따라, 기업계를 이끌던 엘리트는 법인이라는 제도에 의지하며 여러 기업을 통합함으로써 자신들의 특권을 지키려 했다고 할 수 있다.[28]

그런 사정은 19세기 중엽에 발전하기 시작한 전신 사업에서 분명하게 나타난다. 전신 사업은 멀리 떨어져 있는 도시 사이에 선로를 확보하고 전선을 설치하는 등, 토대를 마련하는 데 많은 자금을 투입해야 했다. 더욱이, 특정 지방에 안주하지 않고 다른 지방의 사업체와 연계해 광대한 지역을 대상으로, 나아가 전국이나 해외까지도 대상으로 서비스를 제공할 수 있을 때에 안정을 누릴 수 있었다. 그것도 고객이 상업과 금융, 그리고 언론에 한정되어 있던 초기 상황에서, 그처럼 광대한 네트워크를 구축해야 했다. 따라서 전신 사업은 우편 사업과 마찬가지로 국가가 소유하고 운영하는 형태로 발전할 수도 있었다. 실제로, 유럽에서는 그것이 일반적 현상이었다. 그러나 미국에서는 처음부터 여러 투자자들이 법인 기업을 세우고 전신 사업에 뛰어들었고, 얼마 지나지 않아 전국에 걸쳐 네트워크를 마련하고 서비스를 제공하기 시작했다. 그런 기업들은 서로 제휴하거나 연합하는 데 그치지 않고, 결국에는 서로 통합해서 하나의 거대한 기업을 만들었다. 그리고 독점적 지위를 이용

---

28 Naomi R. Lamoreaux, "Revisiting American Exceptionalism: Democracy and the Regulation of Corporate Governance in Nineteenth-Century Pennsylvania," National Bureau of Economic Research Working Paper 20231 (2014). 국제적 비교를 통해 국가의 역할에 주의를 환기하는 다음 문헌도 참고하라. Charles Perrow, *Organizing America: Wealth, Power, and the Origins of Corporate Capitalism* (Princeton, NJ: Princeton Univ. Pr., 2002).

해 높은 요금을 매기는 대신, 우체국처럼 적은 요금을 받고 믿음직한 서비스를 제공하기 시작했다. 그 결과, 전신 사업을 국가가 소유하거나 운영해야 한다는 견해도 설득력을 잃게 되었다.[29]

그렇다면, 라모로가 강조하듯이 국가의 정책이 대기업의 대두를 자극하는 중요한 요인이었다고 할 수 있다. 국가가 독점을 억제하고 경쟁을 보호하기 위해 여러 조치를 취하자, 기업들은 거기서 벗어나기 위해 서로 통합하는 방향으로 움직였으니 말이다. 따라서 대기업의 대두를 올바르게 이해하자면, 기업 통합을 이끈 소수 엘리트에 더욱 관심을 기울일 필요가 있다. 그런 관심은 종래에 기업가의 자질에 집중되는 경향을 보였다. 그에 따르면, 위에서 살펴본 모건의 자질은 예외적인 것이라 할 수 없다. 사실, 그것은 록펠러를 비롯해 20세기 전환기 미국에서 대기업을 일구었던 여러 기업가에게서 흔히 보이는 특징이다. 널리 알려져 있듯이, 막스 베버는 그들이 마치 스포츠를 하듯이 서로 얼마나 많은 돈을 버는지 경쟁했다고 지적한 바 있다. 또 경제학자 슘페터는 그들이 꼭 야전군 사령관처럼 스스로 결정한 전략에 따라 부하들을 지휘하며 목표를 달성하는 데 매진했다고 부연 설명했다.[30]

그러나 이 저명한 학자들은 모건이나 록펠러 같은 지도적 기업가들이 누렸던 권력을 중요한 주제로 간주하지 않았다. 기업가들은 분명히 일종의 제국을 건설하듯이 사업을 확장하고, 거기서 황제처럼 다른 사람들 위에 군림하며 막강한 권력을 휘둘렀다. 자신의 기업에서 일하는 수많은 노동자는 말할 나위도 없고, 심지어 동업자조차 자신의 면전에서는 쩔쩔매게 할 만큼

---

29 Richard R. John, *Network Nation: Inventing American Communications* (Cambridge, MA: Harvard Univ. Pr., 2010), 1–199.

30 Max Weber, *The Protestant Ethic and the Spirit of Capitalism*, trans. Talcott Parsons (1930; Los Angeles: Roxbury, 1996); Joseph A. Schumpeter, *The Theory of Economic Development: An Inquiry into Profits, Capital, Credit, Interest, and the Business Cycle*, trans. Redvers Opie (1934; Oxford: Oxford Univ. Pr., 1961).

대단한 위세를 부렸다. 재산이라는 토대 위에서 성립하는 이 경제 권력은 20세기 전환기 미국에서 전례 없이 강력한 모습을 띠었다고 할 수 있다. 이 권력을 올바르게 이해하기 위해서는, 그것을 권력구조라는 큰 맥락 속에서 살펴볼 필요가 있다.

3. 권력구조의 변형

권력구조의 맥락에서 볼 때 무엇보다 눈에 띄는 것은 경제 권력이 자율적 위상을 누렸다는 점이다. 경제 권력은 이미 살펴보았듯이 본래 권력구조에서 뚜렷한 위상을 차지하지 못했다. 미국인들은 연방헌법과 권리장전을 제정하며 연방주의와 삼권분립의 원칙을 도입하는 데서 그치지 않고, 소수의 엘리트와 다수의 민중에게 권력을 나누어 주는 동시에 정치와 경제를 각각 독립된 영역으로 만들었다. 그리고 시민권에서 금융·통화제도를 거쳐 사법 심사에 이르기까지 새로운 권력구조에 필요한 제도적 지주를 수립했다. 특히, 엘리트가 재산과 계약에 관한 권리를 바탕으로 경제 권력을 확보하고 또 자유로이 향유하는 데 도움이 되는 제도적 장치를 마련했다. 그런 토대 위에서, 경제 권력은 19세기 초부터 활발하게 성장했고, 19세기 말에 이르면 전례 없이 자율적인 양상을 띠었다.

그것을 올바르게 파악하기 위해서는, 엘리트 가운데서도 기업계를 이끌던 이들에 초점을 맞추고 그들이 사회적으로, 문화적으로, 또 정치적으로 어떤 위치에 있었는지, 또 거기서 어떤 역할을 했는지, 찬찬히 짚어볼 필요가 있다. 그리고 그들이 누리던 자율적 위상이 미국 자본주의 문명의 발전 과정에서 어떤 역사적 함의를 지녔는지, 곰곰이 생각해 볼 필요가 있다. 그렇게 하자면, 이미 제8장에서 자본주의 문명의 발전 동력을 설명하면서 주의를 환기한 바와 같이 자본주의에 내재하는 엘리트주의적 동력에 주목하게 된다.

1) 사회적 위신

경제 권력에 대한 미국인들의 인식은 결코 단순하지 않았다. 한편에서는 많은 사람들이 그것을 부러워하며 뒤좇으려 했다. 이는 "호레이쇼 앨저 성공담"Horatio Alger myth에서 분명하게 나타났다. 앨저는 젊은 시절에 성직자에서 저술가로 변신한 인물로서, 흔히 어린 소년이 거지에서 거부로 성공하는 이야기를 널리 퍼뜨린 것으로 알려져 있다. 그러나 실제로는 가난한 소년이 정직과 근면과 절제, 그리고 행운 덕분에 결국 체면을 차릴 수 있는 상당한 지위에 오른다는 성장소설을 쓰는 데 주력했다. 그의 소설은 1868년부터 큰 인기 속에서 팔리면서, 많은 보통 사람들이 "미국인의 꿈"을 버리지 않고 살아가는 데 도움이 되었다.

다른 한편에서는 적잖은 미국인들이 경제발전에 수반되었던 부정부패와 물질주의에 대해 우려했다. 그들의 우려는 "도금 시대"Gilded Age라는 어구로 집약되었다. 이 어구는 1873년 마크 트웨인Mark Twain이 발표한 소설─친구와 함께 지은 특이한 작품─의 제목으로 등장하면서 당대 미국인들 사이에서 주목을 끌기 시작했다. 소설에서 트웨인은 사람들이 탐욕 때문에 투기와 부패를 저지르는 모습을 그리면서 그들의 황폐한 내면을 파헤쳤다. 당대의 미국인들이 황금시대를 누리는 것이 아니라, 겉만 번지르르하게 보이고 속으로는 헛된 꿈에 매달리는 "도금 시대"에 살고 있다는 것이었다. 이 소설은 트웨인의 기대와 달리 널리 읽히지 않았지만, 그 제목만은 비판적 지식인들의 뇌리에 남아 있었다.[31] 덕분에 오늘날에는 미국의 역사에서 19세기 말에 있었던 경제발전과 그에 따른 사회적 폐단을 가리키는 역사학 용어로 널리 쓰이게 되었다.

그 시대의 미국 기업가들─그 가운데서도 특히 대기업 총수들─은 엘리트

---

31 Horatio Alger, *Ragged Dick; or, Street Life in New York with the Boot-Blacks* (1868; Philadelphia: Henry T. Coates, 1895); Mark Twain and Charles Dudley Warner, *The Gilded Age: A Tale of Today* (1873; New York: Trident Pr., 1964).

의 지위를 차지하고자 했다. 그들은 먼저 자신들이 지닌 재력을 거리낌 없이 과시하며 향유했다. 예컨대 뉴욕시에서는 5번가에 호화로운 저택을 짓고 서로 이웃하며 살아가기를 좋아했다. 5번가는 이미 내전이 시작되기 전부터 거부들이 모여 사는 지역으로 주목을 끌었다. 그 중심에는 부동산 개발업자 존 제이컵 애스터John Jabob Astor와 그의 후손이 있었다. 그 가운데서도 손자 윌리엄 블랙하우스 2세William Blackhouse, Jr.는 네덜란드계 귀족의 후예를 아내로 맞아들이고 재산뿐 아니라 품위도 갖추고자 했다. 부부는 5번가에 저택을 마련하고는, 뉴욕에서 내로라하는 부자 가운데서도 가문과 평판이 좋은 사람들을 선별해 초대하고 성대한 파티를 열어 대접하기 시작했다. 그러자 거기에 참석했던 사람들도 답례로 그에 못지않은 파티를 열기 시작했고, 그에 따라 그들의 파티는 점차 호사스러운 양상을 띠게 되었다. 그런 파티는 대개 애스터 부부가 선별한 부자 400명이 돌아가며 열었는데, 이들은 명절이 되면 서로 찾아보고 인사를 나누며 긴밀한 유대 관계를 형성했다. 이런 행태는 다른 도시로 퍼져나갔고, 그에 따라 미국에서는 "사백인"Four Hundred이 엘리트를 가리키는 용어로 쓰이게 되었다.[32]

더욱이, 대기업 총수들은 흔히 "신사 사교회"gentlemen's club라 불리는 단체를 통해 유대 관계를 강화했다. "신사 사교회"는 원래 18세기 영국에서 귀족 남성이 술집이나 찻집에서 평민과 어울리는 것을 피하고 자신들끼리 유흥

32 Frederic Cople Jaher, *The Urban Establishment: Upper Strata in Boston, New York, Charleston, Chicago, and Los Angeles* (Urbana: Univ. of Illinois Pr., 1982); Jerry E. Patterson, *The First Four Hundred: Mrs. Astor's New York in the Gilded Age* (New York: Rizzoli, 2000); Eric Homberger, *Mrs. Astor's New York: Money and Social Power in a Gilded Age* (New Haven: Yale Univ. Pr., 2002); Sven Beckert, *The Monied Metropolis: New York City and the Consolidation of the American Bourgeoisie, 1850-1896* (Cambridge: Cambridge Univ. Pr., 2003). 뉴욕시의 발전 과정에 관해서는 다음 문헌을 참조하라. Elizabeth Blackmar, *Manhattan for Rent, 1785-1850* (Ithaca: Cornell Univ. Pr., 1989); idem and Roy Rosenzweig, *The People and the Park: A History of Central Park* (Ithaca: Cornell Univ. Pr., 1992).

을 즐기기 위해 만든 친목 단체였다. 그것은 점차 귀족을 넘어 영국의 상층으로 확산되었고, 또 북미대륙을 포함하는 해외 식민지로 널리 전파되었다. 그런 단체는 1830년대에 필라델피아와 뉴욕에서 각각 하나씩 나타났는데, 19세기 말 20세기 초를 중심으로 반세기 동안에 번성기를 맞이했다. 특히 뉴욕에서는 "유니언 클럽"Union Club에서 일부 회원이 갈라져 나와서 "니커보커 클럽"Knickerbocker Club과 "메트로폴리턴 클럽"Metropolitan Club을 만들며 서로 경쟁하기도 했다. 더욱이, 오래전부터 이른바 "사교계"를 주도하던 상류층 여성도 20세기 초에는 그와 유사한 단체를 만들며 그런 추세에 합류했다.

그런 단체는 대개 회원 후보의 재력과 평판을 전제로 기존 회원의 추천과 표결을 거쳐 가입 여부를 결정했으므로 배타적 성격을 띠게 마련이었다. 이는 19세기 말 뉴욕에 있었던 대다수 친목 단체와 다른 점이었다. 거기에는 친목 단체가 143개나 있었고 회원도 34,000명을 넘었지만—그래도 1900년 뉴욕시 인구의 1 %에 지나지 않는 숫자였지만—대부분 컨트리클럽처럼 지분을 사고파는 데 따라 회원 자격이 결정되는 개방적 성격을 지녔다. 그와 달리, "신사 사교회"는 5번가를 비롯한 중심가에 호화로운 회관을 짓고, 회원들이 유흥을 즐기며 친목을 다질 수 있는 시설을 갖추었다. 그들 가운데는 모건이나 밴더빌트 같은 기업가는 물론이요 내전을 승리로 이끌고 대통령직에 올랐던 그랜트 같은 인물도 있었다. 뉴욕의 "신사 사교회"는 미국의 재계와 정계를 움직이는 엘리트의 사교장이었던 셈이다. 그런 단체의 회원들은 1880년대부터 발행되던 『사교계 인명록Social Register』에서 드러나듯이 자신들을 보통 사람들과 구분하면서 의식적으로 엘리트 계급을 형성했다.[33]

엘리트는 또한 자신들이 지닌 재산과 권력을 후손에게 물려주기 위해 교육에 큰 관심을 기울였다. 그들은 영국을 비롯한 유럽의 귀족을 모방했지만, 그와 달리 생업에 종사했고 또 후손에게 그것을 물려주고자 했다. 그리고 스

---

33 *Club Men of New York, 1898-99* (New York: Republic Pr., 1899).

스로 치열한 경쟁을 치르고 재산과 권력을 차지한 것과 마찬가지로, 자신들의 후손도 성공하는 데 필요한 적절한 훈련을 받지 않으면 물려받은 지위를 유지하지 못할 것이라 생각했다. 그런 훈련이 특히 후계자로 성장할 아들에게 반드시 필요하다고 보았다. 따라서 아들이 육체적으로나 정신적으로 빠르게 성장하는 사춘기에 이르면, 더 이상 가정에서 기르지 않고 학교로 보내고자 했다.

그러나 중등학교 가운데는 그들이 바라는 훈련을 제공하는 기관이 많지 않았다. 따라서 1880년대부터 로렌스빌Lawrenceville, 그로톤Groton, 태프트Taft 등, 새로운 학교들이 동부에, 특히 뉴잉글랜드를 중심으로 설립되었는데, 흔히 모건을 비롯한 재계의 거물들이 후원자로 나섰다. 이런 학교는 대개 영국의 사립학교를 모델로 삼아 설립된 예비학교preparatory school였다. 따라서 한적한 전원에 자리를 잡고 넉넉한 부지와 호화로운 시설, 그리고 우수한 교사진을 갖추고 학생들을 모두 기숙사에 수용하며 유수한 대학에 진학하는 데 필요한 교육과정을 도입했다. 특히, 고전을 섭렵하며 다양한 외국어와 스포츠를 체득하도록 가르쳤다. 그렇지만 영국과 달리 학생들에게 강인한 정신과 함께 겸손한 자세를 갖추게 하는 데 주력했다. 어떤 분야에서든 경쟁에 뛰어들어 포기하지 않고 노력하면 결국 승리를 거둘 수 있다고 믿게 만드는 한편, 민주 사회의 지도자로서 자신의 역량이나 지위를 과시하기보다는 오히려 자제하는 자세를 갖추게 만들고자 했다. 한마디로 줄이면, 미국에 적합한 지도자의 자질을 기르는 데 역점을 두었다고 할 수 있다.[34]

그처럼 재산과 권력, 그리고 지위를 향유하던 엘리트가 자신들을 둘러싸고 있던 사회적 여건에 대해 무관심했던 것은 아니다. 그들은 무엇보다도 혁

---

34 Peter W. Cookson, Jr. and Caroline Hodges Persell, *Preparing for Power: America's Elite Boarding Schools* (New York: Basic Books, 1985); Shamus Rahman Khan, *Privilege: The Making of an Adolescent Elite at St. Paul's School* (Princeton, NJ: Princeton Univ. Pr., 2012).

명기의 상인이나 농장주와 달리, 스스로 정치적 권위를 장악하고 국가기구를 운영하고자 하지 않았다. 건국한 지 한 세기가 지나는 동안, 미국의 엘리트는 점차 재계에 집중되는 뚜렷한 경향을 보였다. 이런 경향은 이미 살펴본 바와 같이 1830년대에 직업 정치인이 대두하면서 나타났는데, 내전이 끝난 뒤에 경제가 빠르게 발전함에 따라 크게 강화되었다. 그렇다고 해서 그들이 정치에 관심이 없었던 것은 결코 아니다. 태머니홀에서 나타났듯이 이미 직업 정치인들이 정당을 장악하고 있었던 만큼, 그들은 정당을 직접 통제하고자 하지는 않았다. 그래도 크레디 모빌리에에서 드러난 것처럼 정치인들에게 뇌물을 주며 이권을 차지하는 데 적극적인 태도를 보였다. 그로 인해 나타난 부정부패와 정경 유착에 관해서는 아래에서 따로 다룰 것이다. 여기서 주목해야 할 것은 19세기 말에 대두한 엘리트가 재계에 집중되는 반면에 정계에 진출하지 않는 경향을 보였다는 사실이다. 바꿔 말하면 한때 경제 권력과 함께 정치적 권위도 차지했던 초기 미국의 엘리트와 달리, 그들은 정치로부터 일정한 거리를 유지하는 경제 엘리트였다고 할 수 있다.

경제 엘리트는 사회적 위계질서에서 정점을 차지하고자 했다. 대기업 총수를 비롯해 성공한 기업가들은 분명히 상인과 법률가를 중심으로 이미 자리를 잡고 있었던 기존 엘리트와 다른 집단이었다. 그들은 더 이상 거주 지역에서 높은 지위와 영향력을 누리던 지방 유지가 아니라, 미국 전역을 대상으로 사업을 벌이며 전국에 걸쳐 권력을 휘두르던 새로운 유력자였다. 따라서 이들 신흥 엘리트는 권력이나 지위 측면에서 볼 때 기존 엘리트를 압도했다. 물론, 기존 엘리트는 자수성가에 성공한 신흥 엘리트를 품위가 없는 "새 돈"new money이라 부르며 받아들이지 않으려 했다. 그러나 신흥 엘리트는 얼마 지나지 않아 다음 세대로 재산과 지위를 넘겨주며 스스로 "헌 돈"old money이 되었고, 따라서 신구 엘리트 사이의 구분은 세대교체를 통해 빠른 속도로 흐려졌다. 이는 20세기 전환기에 유럽에서 일어난 변화와 다른 양상이었다. 거기서는 귀족의 후예가 이미 사회적 위계질서에서 확고하게 정점을 차지하고 있었고, 따라서 기업가들을 비롯한 신흥 엘리트는 그와 타협하며 기존 엘리트에 합류하는 태도를 보였다.[35] 그에 비하면, 미국의 사회질서는 상대적으로 빠른 변화를 겪었다고 할 수 있다.

경제 엘리트는 또한 사회적으로 높은 평판을 얻기 위해 상당한 노력을 기울였다. 예를 들면, 카네기는 이미 1880년대부터 도서관을 지어 기부하는 일을 시작했다. 그 취지는 물론 미래를 바라보며 열심히 일하는 사람들에게 도움을 주는 데 있었다. 이 사업은 처음에 그의 연고지에 한정되었지만, 얼마 지나지 않아 미국 전역으로 확대되었다. 결국, 그는 자신의 재산 가운데 대부분을 출연해 재단을 설립하고 육영사업과 자선사업, 그리고 평화운동에 사용하도록 했다. 또 록펠러는 1890년 60만 달러―오늘날이라면 대략 2,500만 달러가 넘는 액수―를 기부함으로써 시카고대학이 탄생하는 데 결정적으로 기여했다. 1910년대에 이르면, 그도 카네기처럼 재단을 설립하고 육영사업과 보건사업을 위해 거액을 기부했다. 이와 같은 기부는 두말할 나위도 없이 부를 사회에 환원하는 활동이었다. 그렇지만 그것이 기업가들에 대한 사회적 인식을 개선하고 그들의 사회적 위상을 강화하는 효과를 지녔다는 점에도 유념할 필요가 있다.

여기서 주목해야 할 것은 대기업 총수를 비롯한 엘리트가 그처럼 자신들의 정체와 위상을 단단하게 다지고 있었는데도, 보통 사람들이 그에 대해 사회적 제재를 가하지 못했다는 점이다. 그들 가운데서 농민과 노동자는 이어지는 제13장에서 살펴보듯이 문제를 제기하며 개혁을 요구했지만, 자신들의 요구 사항을 관철시키지 못했다. 반면에 엘리트는 경찰과 군대, 그리고 법원에 기대어, 바꿔 말하면 국가의 권위에 의지해 농민운동과 노동운동을 저지하는 데 성공했다. 더욱이, 엘리트는 변화하는 이데올로기에서 도움을 얻기

35 Jerome Blum, *The End of the Old Order in Rural Europe* (Princeton, NJ: Princeton Univ. Pr., 1978); Arno J. Mayer, *The Persistence of the Old Regime: Europe to the Great War* (New York: Pantheon, 1981).

도 했다. 경제발전에 따라 빈부 격차가 심화되었던 만큼, "도금 시대"의 미국은 공화주의 전통에 비추어 볼 때 심각한 문제점을 안고 있었다. 이미 살펴보았듯이, 공화주의는 거부와 빈민의 존재를 경계하며 건전한 시민을 주권의 주체로 상정하는 이데올로기였으니 말이다. 그래서 19세기 말에 농민운동과 노동운동이 성장하는 데 기여하기도 했다. 그러나 그것은 사회적 다윈주의 Social Darwinism라는 새로운 사조에 밀려 영향력을 잃고 있었다.

사회적 다윈주의는 1860년대 중엽에 영국의 철학자 허버트 스펜서Herbert Spencer가 찰스 다윈의 진화론을 사회로 연장하며 주창한 이데올로기였다. 스펜서는 생존경쟁이나 자연도태 같은 개념이 자연계의 진화 과정을 넘어 인간 사회의 발전 과정에도 적용된다고 주장했다. 그리고 "적자생존"survival of the fittest이라는 개념을 제기하면서, 인간 사회에서도 뛰어난 적응력을 지닌 사람들이 우월한 지위를 차지하는 반면에 그렇지 못한 사람들은 열등한 위치에 머무르게 된다고 강변했다. 그의 견해는 1870년대 중엽 윌리엄 그레이엄 섬너William Graham Sumner를 비롯한 미국의 사회과학자들에게 수용되었고, 사회적 위계질서를 옹호하는 데서 한 걸음 더 나아가 그에 대한 인위적 간섭에 반대하는 이념으로 정착했다. 그에 따르면 기존 질서는 자연스러운 발전 과정의 결과이며, 거기에 국가가 개입해 변화를 일으킨다면 그것은 순리에 어긋나는 일이다. 한마디로 줄이면, 바람직한 정책은 자유방임밖에 없다는 것이었다. 물론, 적잖은 지식인들이 부정부패와 빈부 격차에 대해 우려하며 사회적 다윈주의에 대해 이견을 제기했다. 그리고 국가의 개입과 개혁을 요구하는 진보주의의 대두에 기여하기도 했다. 그러나 엘리트는 스펜서와 섬너를 비롯한 사회적 다윈주의자들을 지원하는 데 적극적으로 나서는 반면에, 비판적 지식인들이 대학에 자리 잡지 못하게 영향력을 행사하는 등, 진보주의를 견제하기 위해 노력했다.[36]

---

36 Richard Hofstadter, *Social Darwinism in American Thought* (1944; Boston: Beacon,

2) 정치적 위상

20세기 전환기 미국에서 경제 권력이 차지한 자율적 위상은 그것이 정치적 권위와 맺은 관계에서 더욱 분명하게 드러난다. 이 점을 올바르게 이해하기 위해서는, 먼저 대기업의 대두를 가능하게 만들어 준 공식적 제도에 주목해야 한다. 대기업은 제도의 측면에서 볼 때 거의 예외 없이 법인의 형태를 띠었다. 법인은 무엇보다도 많은 사람들로부터 거대한 자본을 모아 장기적이고 안정적으로 사업을 벌이는 데 유리한 제도였기 때문이다. 이런 제도는 고대 로마까지 거슬러 올라가는 오랜 기원을 지녔지만, 근대에 들어와서 국가의 지원 덕분에 크게 발전했다. 이미 살펴본 바와 같이, 미국에서는 연방 대법원이 1819년 다트머스대학 판례를 통해 법인이란 미국 헌법의 보호를 받는 사적 계약으로서 정부가 침해하지 못하는 제도라고 선언했고, 나중에 다른 판례들을 통해 그것을 확인했다. 또 19세기 중엽에는 각 주가 법인의 설립을 자유화하는 조치를 취함으로써, 기업가들이 일정한 요건을 갖추고 정부에 신고만 하면 법인을 설립할 수 있게 되었다. 그래도 법인이 공익 단체라는 관념이 완전히 사라지지는 않았다. 그것은 시민 사이의 사적 계약에 의해 설립되지만, 원래 주권자가 공익 단체에 부여하는 특별한 지위였으니 말이다. 그러나 19세기 말에 이르면, 법인이란 결국 일부 시민으로 구성되는 사익私益 단체로서, 다른 시민과 마찬가지로 헌법에서 규정되는 시민의 권리를 지닌다는 새로운 관념이 자리 잡기 시작했다.

그런 변화는 1886년 산타클라라군 판례Santa Clara County case에서 뚜렷하게 나타난다. 이 판례는 세금 문제를 놓고 산타클라라군과 서던 퍼시픽 철도 회사Southern Pacific Railroad Company가 다툼을 벌인 데서 시작되었다. 산타클라라라군은 관내의 철도 회사에 재산세를 부과하면서, 철도 회사가 철로와 인

1955); Dorothy Ross, *The Origins of American Social Science* (Cambridge: Cambridge Univ. Pr., 1991), 53-140.

접 토지 사이에 세운 담장을 과세 대상으로 삼았다. 담장은 "철로"의 일부가 아니라 지방세의 부과 대상인 "건조물"에 해당한다는 것이었다. 그러나 서던 퍼시픽은 그것이 "철로"의 일부로서 철도 회사가 소유하는 재산이며, 따라서 캘리포니아가 철도 회사를 대상으로 세금을 산정하는 데 포함되어 있다고 주장했다. 그리고 산타클라라군이 그것을 과세 대상에 포함시킴으로써 개인과 달리 과도한 부담을 지게 되었다고 항의하면서 소송을 제기했다. 그리고 그 근거로 연방헌법 수정조항 제14조 제1항 가운데 "어떤 주도 …… 그 관할권 아래에 있는 어느 개인에 대해서도 법률의 평등한 보호를 거부하지 못한다"는 구절을 내세웠다. 연방 대법원은 소송 당사자들의 주장을 검토하면서 수정조항 제14조의 적용 여부에 관해 깊이 논의하지 않았다. 대법원의 판결 요지에 따르면

피고[산타클라라군]의 오류에 관한 소송 사건 적요서에서 상세하게 지적, 논의된 요점 가운데 하나는 "법인이 연방헌법 수정조항 제14조의 효력에 포함되는 개인"이라는 것이었다. 변론에 앞서 대법원장 웨이트Morrison Remick Waite는 이렇게 말했다.

"본 법정은 연방헌법 수정조항 제14조에서 주가 그 관할권에 속하는 어느 개인에 대해서도 법률의 평등한 보호를 거부하지 못하도록 금지하는 조항이 이들 법인에 적용되는가 하는 문제에 관해 논쟁이 벌어지는 것을 바라지 않는다. 본 법정은 그 조항이 법인에 적용된다는 데 대해 합의하고 있다."[37]

그러나 이 판결 요지는 사실을 정확하게 반영하지 않았다. 그것은 분명히 대법원이 수정조항 제14조가 "법인에 적용되는가 하는 문제에 관해 논쟁

---

37 Santa Clara Country vs. Southern Pacific Railroad Company, 118 U.S. 394 (1886), 396.

이 벌어지는 것을 바라지 않는다"고 올바르게 지적했다. 당시에는 그 문제가 다른 몇 건의 소송에서도 제기되어 있었는데, 대법원은 산타클라라군 소송에서 그것을 다루고자 하지 않았던 것이다. 따라서 판결 요지에서 "본 법정은 그 조항이 법인에 적용된다는 대해 합의하고 있다"는 마지막 문장은 명백하게 사실과 어긋나는 내용을 담고 있었다. 그것은 나중에 밝혀졌듯이 판결문을 정리하는 과정에서 발생한 오류의 결과였다.

그래도 제14조가 법인에도 적용된다는 해석은 점차 산타클라라군 판례의 요점으로 취급되었고, 나아가 미국 법조계에서 하나의 전통으로 자리 잡았다. 어째서 그렇게 되었는가 하는 의문에 대해서는, 판결 요지에 있는 오류가 겉으로 드러나지 않은 음모의 소산이라는 답변이 널리 받아들여졌다. 그러나 이제 그보다 나은 설명이 주목을 끈다. 그것은 오류가 전통으로 바뀌는 과정에 대법관 스티븐 필드Stephen J. Field를 비롯한 몇몇 법조인이 개입했다는 것이다. 매서추세츠에서 자란 이 법률가는 일찍이 황금 광부들을 따라 캘리포니아로 이주해 출세 기회를 잡으려 했는데, 철도 사업가들과 친분을 쌓으며 유능한 변호사로서 명성을 얻었다. 그리고 1863년부터 연방 대법관으로 재직하면서, 철도를 비롯한 기업계의 이해관계에 관심을 기울였다. 다음 장에서 살펴보는 바와 같이 19세기 말 미국에서 철도에 대한 반감이 고조되었다는 사실을 고려할 때, 그의 관심은 중요한 의미를 지녔다고 할 수 있다. 필드는 무엇보다도 다트머스대학 판례를 근거로 삼아 법인이란 결국 시민이 맺은 계약이라고 보았고, 따라서 만약 누군가 법인에 대해 부당한 대우를 한다면 그것은 시민의 권리를 침해하는 것이라고 생각했다.[38]

---

38 Malcolm J. Harkins, III, "The Uneasy Relationship of *Hobby Lobby, Conestoga Wood,* the Affordable Care Act, and the Corporate Person: How a Historical Myth Continues to Bedevil the Legal System," *Saint Louis University Journal of Health Law & Policy* 7.2 (2014), 201-310. 필드의 역할에 대해 주의를 환기해 준 김성엽 교수에게 이 자리를 빌려 감사의 뜻을 표시한다.

그런 생각은 필드가 주도한 판례에 반영되었다. 1888년 펨비나광산 판례Pembina Mining Co. case에서, 그는 어느 주에서 설립된 법인이 다른 주에서 사무실을 개설한다 해도 다른 주가 그에 대해 영업 허가 수수료를 부과하지 못한다고 결정하면서 수정조항 제14조를 근거로 들었다. 그에 따르면 "사립 법인은 연방헌법 수정조항 제14조 제1항에서 규정되는 '개인'에 속한다"는 것, 그러므로 "법률의 평등한 보호"를 받아야 한다는 것이었다. 이는 분명히 수정조항 제14조에 대한 확대 해석이었다. 그 조항의 취지는 노예제에서 해방된 흑인의 권리를 보장하는 데 있었으나, 법원은 그것을 그와 같은 사회적 약자가 아니라 오히려 특권을 누리고 있던 법인을 보호하는 데 적용했으니 말이다. 다음 해에 미네아폴리스철도 판례Minneapolis & St. Louis Railway Co. case에서, 필드는 산타클라라군 판례를 인용하면서 법인이 수정조항 제14조의 "개인"에 속한다고 선언했다. 그리고 "적법 절차에 따르지 않고서는 그 재산을 박탈당하지 않고 법률의 평등한 보호를 거부당하지 않는다"고 천명했다.[39] 그렇게 해서 필드는 새로운 전통의 토대를 만들었다.

그런 판례는 미국의 자본주의 발전 과정에서 중요한 함의를 지닌다. 거기에 들어 있는 법인에 대한 인식은 20세기 미국에서 한층 더 발전하면서 법인을 인공적 제도가 아니라 자연적 실체로 취급하는 관념으로 연결된다. 이 관념은 오늘날 법인이 재산과 계약에 관한 권리를 넘어 일반 시민과 마찬가지로 언론의 자유를 비롯해 연방헌법과 권리장전에 규정되어 있는 모든 권리를 누린다는 견해의 이론적 토대가 된다. 다른 한편에는 법인을 인공적 제도로 간주하는 관념이 자리 잡고 있는데, 이것은 오늘날 대기업이 지니는 막강한 영향력을 우려하면서 그에 대한 규제와 개혁의 필요성을 주장하는 견해의 기본 전제가 된다. 이처럼 상반되는 견해와 그 아래에 깔려 있는 상이한 관념은 산

---

39 Pembina Consolidated Silver Mining Co. v. Pennsylvania, 125 U.S. 181 (1888), 189; Minneapolis & St. Louis Ry. Co. v. Beckwith, 129 U.S. 26 (1889), 129.

타클라라군 판례를 비롯해 1880년대에 나온 연방 대법원 판례에서 유래한다.[40] 따라서 필자는 이 책에서 그런 견해와 관념이 어떻게 전개되었는지 추적할 것이다.

여기서 주의를 환기하고자 하는 것은 역사적 맥락이다. 오늘날 법인에 관한 논쟁에서는 법인이 시민이 지니는 권리를 어디까지 누리는가 하는 문제가 관심을 끄는 반면에, 시민이 지니는 권리가 본래 어떤 취지에서 확립되었던가 하는 문제는 경시되는 듯하다. 이 문제는 이 책의 제1부에서 거론된 바 있다. 그에 따르면 미국인들은 영국의 자의적 지배에 맞서 인간의 기본권을 주장했고, 그것을 확보하기 위해 결국에는 독립국가를 수립하면서 시민이 지니는 권리를 확립했다. 따라서 그런 권리는 본질적으로 권력의 횡포와 침해에 대한 보호 장치였다. 그렇지만 그 가운데서 재산에 관한 권리는 이미 지적한 바 있듯이 권력으로 변모하는 잠재력을 지니고 있었다. 재산을 많이 가진 사람은 그렇지 않은 사람들에게 일거리를 주고 자신이 시키는 대로 일하게 만드는 권력을 쥘 수 있기 때문이다. 이 경제 권력은 혁명기에도 이미 알려져 있었으나, 사회적 쟁점으로 부각되지는 않았다. 바로 이런 역사적 맥락은 시민이 지니는 권리를 법인으로 확장하는 여러 판례와 그에 관한 논쟁에서 간과되어 왔다. 특히 연방 대법원은 법인을 시민과 다름없는 존재로 취급하면서, 그것이 본래 인간의 기본권으로 확립되었던 권리를 지닌다고 선언했다. 나아가 법인이라는 형태를 갖춘 대기업이 강대한 권력을 지녔다는 사실을 외면하고, 그것이 그런 권리를 지닌다고 주장했을 뿐이다.

따라서 대기업은 법원의 지원 아래 시민이 지니는 권리를 누리며 경제 권

---

40 Horowitz, *Transformation of American Law*, 65-107; Carl J. Mayer, "Personalizing the Impersonal: Corporations and the Bill of Rights," *Hastings Law Journal* 41.3 (1990), 577-667; Susanna K. Ripken, "Corporations Are People Too: A Multi-Dimensional Approach to the Corporate Personhood Puzzle," *Fordham Journal of Corporate & Financial Law* 15.1 (2010), 97-177; Elizabeth Pollman, "Reconceiving Corporate Personhood," *Utah Law Review* 2011.4 (2011), 1629-1675.

력을 더욱 확대, 행사할 수 있었다. 그러자 다른 한편에서는 대기업의 경제 권력을 제어하려는 운동이 대두했다. 그것은 먼저 1860년대 말에 여러 주에서 철도 산업을 규제하는 조치로 나타났다. 이런 움직임은 1887년에 이르면 연방 차원에서 주간 통상법Interstate Commerce Act을 제정하는 성과로 이어졌다. 상업과 제조업에 대한 규제는 1870년대부터 주 차원에서 시작되었고, 연방 차원에서는 1890년에 제정된 셔먼 독점 금지법Sherman Anti-Trust Act으로 나타났다. 이 법은 이렇게 선언했다.

> 제1조. 미국의 여러 주 사이의 교역이나 통상 또는 미국과 외국 사이의 교역이나 통상을 저해하는 계약이나, 트러스트나 그밖에 다른 형태를 취하는 합병 또는 공모는 모두 이 법에 따라 위법으로 규정된다. 그와 같은 계약을 체결하거나 그와 같은 합병이나 공모에 가담하는 사람은 모두 경범죄를 범한 것으로 간주되며, 유죄 판결을 받으면 법원의 재량에 따라 오천 달러 미만의 벌금형이나 일 년 미만의 금고형, 또는 이들 두 가지 형벌에 함께 처해진다.
> 제2조. 미국의 여러 주 사이의 교역이나 통상 또는 미국과 외국 사이의 교역이나 통상 가운데서 어느 부분이라도 독점하거나, 독점하고자 시도하거나, 또는 독점하기 위하여 다른 어떤 사람이나 사람들과 합병 또는 공모하는 사람은 모두 경범죄를 범한 것으로 간주된다. 그와 같은 계약을 체결하거나 그와 같은 합병이나 공모에 가담하는 사람은 모두 경범죄를 범한 것으로 간주되며, 유죄 판결을 받으면 법원의 재량에 따라 오천 달러 미만의 벌금형이나 일 년 미만의 금고형, 또는 이들 두 가지 형벌에 함께 처해진다.[41]

셔먼법은 또한 개인이나 기업이 그런 위법 행위로 인해 피해를 입은 경우

---

41 Transcript of Sherman Anti-Trust Act (1890), Our Documents: A National Initiative on American History, Civics, and Service, National Archives, https://www.ourdocuments.gov/doc.php?doc=51&page=transcript (2017년 3월 25일 접속).

에 손해배상을 청구할 수 있다고 부연했다.

그것은 물론 타협의 산물이었다. 독점과 대기업은 19세기 말 미국에서 흔히 "트러스트 문제"라 불리던 커다란 사회적 쟁점이었다. 그것은 기업계를 넘어 농민과 노동자, 그리고 중산층에서도 널리 관심을 끈 문제였다. 그랬던 만큼 다양한 해법이 거론되었다. 자유주의자들은 대개 자연이 자연도태라는 법칙에 따라 발전하듯이 경제와 사회도 자연의 법칙에 따라 발전하는 과정을 거치며, "트러스트 문제"는 그 과정에서 나타나는 것이니 정부가 해결하거나 제어할 수 없는 문제라 간주하고 자유방임을 권고했다. 그렇지만 자유주의 자들 가운데서도 일부는 "트러스트 문제"가 대도시를 중심으로 악화되던 빈곤, 범죄, 실업 등, 다양한 도시문제와 함께 새로이 나타난 사회적 폐단이며, 이것은 국가의 적극적 개입을 통해 해결할 수 있는 사회적 윤리의 문제라고 주장했다. 게다가 사회주의자를 포함하는 소수의 혁명주의자들은 기존 체제를 철폐하고 새로운 질서를 수립하는 혁명을 역설했고, 또 개혁론자들은 조세제도의 개편이나 노동시간의 단축에 초점을 맞추는 개혁을 주장했다. 미국인들은 이처럼 다양한 해법을 의회에 전달하고 입법에 반영하고자 했다.[42] 따라서 의회는 포괄적 용어를 사용하고 문장을 간략하게 압축하면서 여러 법안을 하나로 통합했다. 그리고 상원에서 찬성 51표와 반대 1표, 하원에서는 242표 만장일치의 찬성 속에서 통과시켰다.

입법 과정에서는 독점에 대한 우려가 중요한 요인으로 부각되었다. 셔먼법은 오하이오 출신의 상원 의원 존 셔먼John Sherman—내전에서 명성을 떨쳤던 윌리엄 셔먼 장군의 동생—이 발의했는데, 그는 여론 가운데서도 정유업에 종사하는 중소기업의 호소에 각별한 관심을 기울였다. 이 부문의 중소기업들은 셔먼에게 편지를 보내 스탠다드 오일의 독점으로 인해 자신들이 시장에서

---

42 William I. Letwin, "Congress and the Sherman Antitrust Law: 1887–1890," *University of Chicago Law Review* 23.2 (1955), 221–258; William H. Page, "Ideological Conflict and the Origins of Antitrust Policy," *Tulane Law Review* 66.1 (1991), 1–67.

도태되는 위기에 처해 있으니 대책을 마련해 달라고 탄원했다. 그리고 셔먼은 스탠다드 오일이 유조차나 송유관 같은 운송 수단을 통해 등유를 효율적으로 수송하며 경제발전에 기여하는 반면에, 국가의 정치적 권위에 못지않은 막강한 경제 권력을 장악함으로써 기존 질서를 위협한다고 우려했다.[43] 그는 1890년 법안을 발의하는 연설을 시작하면서 서두에서 법안의 내용과 배경을 설명하는 가운데, 독점이 소비자에게 피해를 입히기도 한다는 점을 분명하게 지적했다. 기업들이 트러스트와 같은 합병을 통해 가격을 낮추며 시장을 지배하는 지위를 확보한 다음에는, 가격을 올려 폭리를 취하면서 소비자를 갈취한다는 것이었다. 한마디로 줄여, 독점은 경쟁을 억제하고 교역이나 통상을 저해한다는 것이었다. 더욱이, 셔먼은 그것이 중요한 정치적 함의를 지녔다는 점에도 주의를 환기했다.

만약 이 [기업 사이의] 합병에 집중되는 권력이 어느 한 사람에게 위임된다면, 그것은 미국의 정부 형태와 부합하지 않는 제왕적 권력이며, 따라서 주와 연방의 권위로부터 강력한 통제를 받아야 합니다. 만약 옳지 않은 것이 있다면, 그것이 옳지 않은 것입니다. 만약 우리가 정치권력을 지니는 제왕을 용납하지 못한다면, 우리는 생활필수품 가운데 어느 것이든 생산, 운송, 판매하는 과정을 지배하는 제왕도 용납해서는 안 될 것입니다. 만약 우리가 황제에게 복종하지 않으려 한다면, 어떤 상품이든 간에 경쟁을 억제하고 가격을 결정하는 권력을 지니는 교역의 독재자에게도 복종하지 말아야 할 것입니다. 만약 합병이 어느 주에 국한되어 있다면 그 주가 해법을 제시해야 하고, 그것이 주간 통상에서 나타나 여러 주에서 생산을 통제한다면, 연방의회가 해법을 제시해야 합니다. 그것이 미국의 관세법으로부터 지원을 받고 있다면 관세법을 신속하게

43 Werner Troesken, "The Letters of John Sherman and the Origins of Antitrust," *Review of Austrian Economics* 15.4 (2002), 275–295.

개정해야 하며, 필요하다면 독점 품목을 취급하는 기업이 전 세계의 기업과 평등하게 경쟁하도록 해야 할 것입니다. 만약 합병이 주간 운송과 연관되어 있거나 어떤 방식으로든 운송 기업으로부터 지원을 받고 있다면, 그것은 분명히 연방의회의 권한에 속하는 사안이며, 거기에 포함되는 기업들을 대상으로 신속하고 확실한 해법이 제시되어야 합니다.[44]

이처럼 셔먼의 연설은 입법 취지가 독점의 "제왕적 권력"을 견제한다는 정치적 함의에도 있었다는 사실을 보여 준다. 따라서 셔먼법은 독점이 가져오는 경제적 결과뿐 아니라 그것이 지니는 정치적 함의도 겨냥하고 있었다고 할 수 있다. 바로 그렇기 때문에 그것은 20세기 미국에서 여러 상이한 방식으로 해석되었고, 그에 따라 독점에 대한 정책도 변화를 겪었다.

지금 여기서 주목해야 할 것은 셔먼법이 당대에 어떻게 해석, 적용되었는가 하는 문제이다. 이 문제는 행정부와 사법부의 관할권에 속하는 사안이었다. 행정부는 셔먼법의 시행 초기에 그것을 자의적으로 집행하는 경향을 보였다. 1893년 3월 루이지애나의 뉴올리언스 검찰은 얼마 전에 거기서 총파업을 주도했던 노동조합을 제어하기 위해 연방 법원에 소송을 제기하면서 셔먼법을 근거로 들었다. 그리고 노동조합이 교역이나 통상을 저해하는 합병에 해당한다고 주장했다. 그다음 해에는 연방정부가 철도 파업을 저지하기 위해 철도 노조를 대상으로 소송을 제기하면서, 주간 통상법과 함께 또 셔먼법을 근거로 들었다. 그리고 철도 파업으로 인해 주간의 교역이나 통상이 저해된다고 주장했다. 이런 소송에서 법원은 행정부의 주장을 받아들였고, 그럼으로써 19세기 말에 노동조합과 노동운동을 제약하는 데 기여했다.[45] 더욱이,

---

44 21 Cong. Rec. 2455-2474 (Mar. 21, 1890), 2457.

45 Christopher L. Tomlins, *The State and the Unions: Labor Relations, Law, and the Organized Labor Movement in America, 1800-1960* (Cambridge: Cambridge University Press, 1985), 48-51.

법원은 1895년 나이트회사Knight Company에 관한 판례에서 드러나듯이 독점에 유리한 입장을 취하기도 했다. 이 회사는 당시 미국의 설탕 생산량 가운데 98 %를 장악하던 제당업 트러스트의 일원으로서, 연방정부가 추진하던 반독점 정책의 표적이 되었다. 그러나 대법원은 거기에 가담한 기업들이 교역이나 통상이 아니라 제조에 종사하는 기업이며, 따라서 그들 기업이 셔먼법을 위반한 것으로 볼 수 없다고 판결했다.[46] 결국, 셔먼법은 시행 초기에 독점을 규제하는 데 기여하지 못했다.

그러므로 19세기 말 미국에서 대기업은 독점적 지위를 누리면서도 국가의 규제를 받지 않을 만큼 자유롭게 경제 권력을 누릴 수 있었다. 이런 상황은 1906년에 있었던 로크너 판례Lochner case에서 뚜렷하게 드러났다. 이 판례는 로크너라는 뉴욕주의 제과 업체가 피고용인들에게 주당 60시간 이상의 노동을 요구한 데서 시작되었다. 뉴욕주는 그와 같은 장시간 노동이 노동자의 건강과 작업장의 안전을 해친다며 주의 법률에 따라 벌금을 부과했고, 로크너는 그에 맞서 소송을 제기했던 것이다. 연방 대법원은 뉴욕주가 작업장을 규제할 수 있는 치안권을 지닌다는 점을 인정하면서도, 해당 법률이 계약의 자유를 보장하는 헌법에 위배된다고 판결했다.

"사용자는 어떤 피고용인에 대해서도 [일일 10시간 이상] 작업을 하라고 지시하거나 허용하지 못한다"는 해당 법률의 규정은 "어떤 피고용인도 [일일 10시간 이상] 작업한다고 계약을 맺거나 동의를 하지 못한다"는 법률을 제정하는 것과 실질적으로 동등한 것이며, 또 특별한 경우에 관한 규정이 없으므로 해당 법률은 어떤 경우에도 준수해야 하는 명령의 성격을 띤다. 그것은 법률에 의거해 일일 노동에 해당하는 작업 시간을 규정하는 데 그치는 것이 아니라, 사용자가 어떤 상황에서도 자신의 사업장에서 10시간 이상의 노동을 허용하지 못하

---

46 United States v. E. C. Knight Co., 156 U.S. 1 (1895).

게끔 절대적으로 금지하는 것이다. 피고용인은 규정된 시간보다 더 오래 작업을 하면 발생하는 추가 수입을 얻으려 할 수도 있지만, 해당 법률은 피고용인이 그런 수입을 얻을 수 있도록 사용자가 허용하는 것을 금지한다.

해당 법률은 필연적으로 사용자와 피고용인이 사용자의 제과 업체에서 피고용인이 노동에 종사할 수 있는 작업 시간에 관해 계약을 체결하는 권리를 간섭한다. 자신의 사업에 관해 계약을 체결하는 일반적 권리는 연방헌법 수정조항 제14조가 보호하는 개인의 자유의 일부이다.[47]

그처럼 대법원은 계약의 자유를 옹호하며, 정부가 기업의 노사 관계에 개입하지 못하도록 가로막았다. 이는 두말할 나위도 없이 사용자의 입장을 두둔하는 효과를 지녔다. 대법원이 일반적으로 고용계약에서 사용자가 피고용인에 대해 우월한 지위와 권력을 누린다는 사실을 외면하고, 사용자와 피고용인이 대등한 위치에 있다고 가정함으로써 사용자의 입장을 옹호하는 결론을 끌어내었기 때문이다.

그런 결론은 19세기 말 미국에서 자유방임이 국가를 지배하는 이데올로기로 자리 잡았음을 말해 준다. 이제 국가는 기업들이 독점을 추구하며 경쟁을 파괴하는 데도 시장에 대한 개입을 자제하며 방관하는 한편, 오히려 노사 관계에서 노동운동을 견제하고 사용자를 옹호하는 자세를 취했으니 말이다. 이런 자유방임은 이미 살펴본 바와 같이 미국에서 자유주의가 대두하고 공화주의와 중상주의가 퇴조하는 오랜 과정의 일부이다. 그 덕분에, 기업가는 시민으로서 국가의 간섭이나 특혜에 개의치 않고 재산과 계약에 관한 권리를 누리며 시장에서 자유롭게 경제활동을 펼칠 수 있게 되었다. 더욱이 산타클라라군 판례를 비롯한 주요 판례와 1890년대에 집행된 셔먼법에서 드러나듯이, 국가는 법인의 형태를 갖추고 시민과 같은 권리를 누리려는

---

47 Lochner v. New York, 198 U.S. 45 (1905), 52-53.

기업의 경제활동을 보호하기 위해 노력했다. 또 로크너 판례에서는 사용자가 지니는 권리를 옹호함으로써, 그가 피고용인에 대해 행사하는 권력을 옹호하는 데 기여했다. 그렇다면 20세기 전환기에 이르러 자유주의는 자유방임이라는 구호로 집약되면서 국가를 지배하는 이데올로기로 정착하기 시작했다고 할 수 있다.

미국에서 자유주의가 발전하는 과정은 거기서 완결되지 않았다. 그것은 근래에 미국의 국가에 대한 역사학계의 연구에서 초점으로 부각된 바 있다. 필자가 이 장에 딸린 〈부록: 19세기 미국에서 국가가 지니는 성격〉에서 지적하듯이, 몇몇 역사학자들은 미국에서 국가가 지니는 특징과 그것이 발전하는 과정을 탐구하면서, 19세기 미국에서 국가는 자유주의를 이데올로기적 기초로 삼아 건설되었으며 시장에서 방관자와 같은 입장을 취했다고—혹시 개입이 필요한 경우에도 중립을 지키는 중재자와 같은 입장을 취했다고—주장한다. 그러나 그들은 미국에서 자유주의가 대두하는 과정이 오랫동안 점진적으로 진행되었다는 사실에 주목하지 않는다. 더욱이 그 과정의 관건이 시장에 대한 국가의 개입에 있다고 지적하면서도, 시장 가운데서 자본시장과 상품시장에 주목하는 반면에 노동시장을 간과하는 경향을 보인다. 노동 능력을 사고파는 시장이 자본주의 문명에서 특징적으로 발전하는 양상인데도, 국가를 연구하는 역사학자들은 그것을 경시한다고 할 수 있다. 자본시장이나 상품시장과 달리, 노동시장에서 자유주의가 대두하는 과정은 매우 길고 복잡하다. 그것은 이 책에서 이미 중요한 주제로 취급된 바 있고, 앞으로도 그렇게 될 것이다.

3) 역사적 함의

더욱이, 19세기 말에 대두한 자유방임을 넓은 맥락에서 바라볼 필요도 있다. 자유방임의 이면에는 부정부패가 자리 잡고 있었다. "트위드 패거리"는 재건 시대에 사라졌으나, 태머니홀을 비롯한 "조직 정치"가 남아 있었고 부정부패의 개념이 흐려져 있었다. 이는 그 시기에 태머니홀을 장악하고 거부가 되었던 조지 워싱턴 플렁기트George Washington Plunkitt에게서 뚜렷하게 나타난다. 뉴욕시에서 공원을 조성하거나 교량을 건설하는 계획을 세우면, 그는 그것이 발표되기 전에 정보를 얻어 내어 인접 토지를 사들이고는 나중에 비싸게 팔아서 큰돈을 벌었다. 그러나 그것을 자신의 정보력 덕분에 얻을 수 있었던 "정직한 이득"이라고 큰소리쳤다.[48]

그런 부패는 정계 수뇌부에도 스며들어 있었는데, 이는 1896년 대통령 선거에서, 특히 공화당 대통령 후보 윌리엄 매킨리William McKinley에게서 분명하게 드러났다. 이 오하이오 출신의 변호사는 재건이 끝나던 시기에 정치에 뛰어든 다음에 연방 하원 의원을 거쳐 오하이오 주지사로 지내면서 미국 정계의 거물로 떠올랐다. 그리고 선거 유세에서 보호관세와 함께 "믿을 수 있는 돈"sound money이 번영의 조건이라고 역설했다. 그는 같은 오하이오 출신의 사업가이자 정치인이었던 마크 해나Mark Hanna의 적극적 후원을 받고 있었다. 해나는 젊었을 때 아버지를 따라 상업에 뛰어들었고, 결혼한 뒤에는 장인의 사업을 도와 철강과 석탄을 취급하며 거부가 되었다. 물론, 다른 기업가들과 마찬가지로 많은 정치인들과 우호적 관계를 맺었다. 그리고 40대에 들어선 다음에는 아예 정계에 뛰어들어 유력 정치인을 후원하는 데 관심을 기울였다. 고등학교 동창생이었던 록크펠러 등, 기업가에게서 정치자금을 모으고, 그것으로 유력 정치인의 선거운동을 도우면서 기업가들에게 유리한 정책을 주문하고자 했다. 특히 1896년 선거에서는 금본위제를 옹호하던 제이 피 모건과 함께 정치자금을 조성하기 위해 활약했고, 덕분에 공화당은 공식적 발표에 따르면 무려 400만 달러라는 전례 없는 거액—오늘날이라면 1억 달러가 넘지만, 2016년 대통령 선거에서 힐러리 클린턴이 쓴 선거 자금에 비하면 5분의

---

48 William L. Riordon, *Plunkitt of Tammany Hall*, Dutton paperback ed. (New York: Dutton, 1963), 3.

1에도 미치지 못하는 액수—의 자금을 사용했다.[49]

　19세기 말 미국에서 자유방임과 함께 부정부패가 대두한 것은 결코 우연이 아니다. 그것은 정당정치를 고리로 삼아 서로 연결되어 있었다. 당대 미국에서 정당정치는 공화당과 민주당의 전유물이나 다름없었다. 다음 장에서 살펴보는 바와 같이, 제3당 운동은 농민이나 노동자, 또는 다른 집단의 대변인을 자임하며 나섰지만 모두 실패로 끝나고 말았다. 이런 사정은 1930년대 중엽까지 큰 변화를 겪지 않는다. 그 이유로는 흔히 정당에 대한 충성심이 거론된다. 20세기 중엽에 이르기까지, 미국인들은 대개 종교에 대한 태도와 함께 정치적 식견도 부모로부터 물려받았다. 이런 경향이 1860년대에 형성된 민주당–공화당 양당 구도가 수 세대에 걸쳐 지속되는 데 기여했다. 게다가 19세기 말에는 양당이 비슷한 지지 세력을 확보하고 있었다. 물론, 두 정당은 각기 서로 다른 정강과 서로 다른 지지 기반을 갖고 있었다. 민주당이 권위의 집중에 반대하고 개인의 자유와 주의 권한을 강조하며 남부의 백인과 북부 대도시의 이민 사이에서 확고한 지지를 얻었다면, 공화당은 국민의 통합과 연방의 권위를 옹호하고 보호관세를 비롯해 경제성장에 필요한 제도의 개혁을 역설하며 북부와 서부의 토박이 시민 사이에서 많은 추종자를 확보하고 있었다. 그렇지만 1870년대 중엽부터 90년대 초까지 있었던 선거에서, 양당은 각기 48–49 %의 득표율을 기록하며 팽팽한 경쟁 관계를 유지했다.

　그에 못지않게 중요한 것은 이들 두 정당이 지지자들을 효과적으로 동원했다는 점이다. 1840년부터 1900년까지 60년 동안, 선거에 참여해 투표한 사람들은 전체 유권자 가운데 70 %를 넘어 80 %에 이르렀다. 그 비율이 건

---

49 Zephyr Teachout, *Corruption in America: From Benjamin Franklin's Snuff Box to Citizens United* (Cambridge, MA: Harvard Univ. Pr., 2014), 174–182; Rebbeca Edwards and Sarah DeFeo, "1896," The Presidential Campaign: Cartoons & Commentary, Vassar College, http://projects.vassar.edu/1896/1896home.html (2017년 5월 19일 접속).

국 초기와 마찬가지로 근래에도 50 %에서 60 % 사이에 머물러 있다는 사실에 비추어 보면, 그것은 무려 20 % 포인트나 높은 것이다. 그 요인은 먼저 양대 정당의 선거 전략에서 찾을 수 있다. 민주당도 공화당도 상대방보다 더 많은 지지자를 얻기 위해 제3당에서 표방하는 정강이나 정책을 채택하는 등, 정강과 정책을 유연하게 조정하는 전략을 취했다. 구체적인 사례는 다음 장에서 인민당의 부침을 서술하며 살펴보겠지만, 이런 전략은 오늘날까지 이어지는 전통이 된다.

다음으로, 선거제도 역시 중요한 요인이라 할 수 있다. 미국에서 선거는 19세기에도 연방이 아니라 각 주에서 관리했는데, 그 가운데 상당한 부분을 특별한 선거 관리 기구가 아니라 선거에 나서는 후보가 담당했다. 후보는 무엇보다 자신의 이름이 적힌 투표용지를 인쇄하는 일, 그것을 유권자들에게 배포하는 일, 그리고 지지자들을 투표장까지 이끌어 내는 일을 해야 했다. 이런 일을 선거 관리 기구가 떠맡으며 비밀투표를 보장하는 조치는 1880년대에 매서추세츠에서 먼저 시작해서 점차 다른 주로 확산되었다. 그 전까지는 후보가 투표장까지 나온 지지자들에게 술과 함께 먹을거리를 내며 대접할 수 있었고, 또 당연히 그래야 하는 것으로 생각되었다. 만일 그렇게 하지 못할 때에는, 후보가 지지자들에게 몇 달러씩 나누어 주어야 하는 것으로 생각되었다. 더욱이, 누군가 여러 사람들을 투표장으로 끌고 와서 자신에게 투표하도록 유도하겠다고 약속하면, 그에게도 몇 십 달러 정도 쥐여 주어야 하는 것으로 생각되었다. 그것은 매표라는 부정행위가 아니라 친구들 사이의 호의로 여겨졌다.[50]

그런 선거제도가 부정부패의 온상이었다는 점은 의심할 여지가 없다. 후보들은 선거를 치르는 데 들어가는 비용을 마련하기 위해, 자신의 주머니 이

---

50 Mark Wahlgren Summers, *Party Games: Getting, Keeping, and Using Power in Gilded Age Politics* (Chapel Hill: Univ. of North Carolina Pr., 2004).

외에 다른 사람들로부터 도움을 받을 수밖에 없었고 당선 후에는 그에 보답해야 했기 때문이다. 그들 가운데 일부는 해나처럼 자신의 재력만으로도 선거비용을 마련하고 상원에서 의석을 차지할 수 있었지만, 대다수는 관직을 차지하고 그 수입에 기대어 살아 나가는 직업 정치인이었다. 이들은 이미 설명한 것처럼 엽관제를 이용해 자신의 추종자들에게 여러 직책을 맡기고는 그들로부터 기부금을 거두어들이며 "조직 정치"를 꾸려 나갔다. 게다가 1860년부터 1900년까지 40년 동안 연방정부에서 일하는 공무원이 4만 명에서 24만 명으로 늘어나는 등, 공공 부문의 일자리가 빠른 속도로 늘어났다. 이런 상황에서 "조직 정치"는 유권자들을 선거에 동원하는 데 효과적으로 움직이는 기구였다. 그렇지만 거기에 들어가는 비용을 마련하기 위해, 정치인들은 기업가와 자산가들로부터 금전적 후원을 얻어 내고자 했다. 반면에 기업가와 자산가들은 자신들에게 유리한 제도나 정책을 이끌어 내기 위해 정치인들과 우호적 관계를 맺으려 했다. 그 관계는 필자가 보기에 자유방임과 함께 부정부패가 자라나는 터전이었다.

　미국의 역사학자들은 그것이 금권金權정치라고 그 성격을 규정하면서도, 거기에 어떤 함의가 있는가 하는 문제까지 다루지는 않는다. 그 이유는 그 이후에 점차 부정부패가 수그러들었고, 또 사회적 관심도 잦아들었다는 데 있는 듯하다. 물론, 최근에는 부패가 다시 사회적 쟁점으로 부각되었고, 그에 따라 역사학계에서도 흥미로운 저술이 나타나기 시작했다.[51] 그렇지만 최근 논의에서도 19세기 말 미국의 금권정치가 어떤 역사적 함의를 지니는가 하는 문제에 대해 적절한 해답을 얻기는 어렵다. 왜냐하면 최근 연구는 아직 충분히 축적되지 않았을 뿐 아니라 시야도 대체로 정치적 전통에 국한되어 있기 때문이다.

---

51 "Interchange: Corruption Has a History," *Journal of American History* 105.4 (2019), 912-938.

그와 달리, 필자는 이 책에서 주목하는 권력구조의 견지에서 그 문제에 접근해 보고자 한다. 부정부패는 이미 언급한 것처럼 새로운 현상이 아니라, 구체제에 뿌리를 박은 오랜 관행이었다. 정치적 권위와 경제 권력이 뒤얽혀 있던 전통적 정치체제에서, 그것은 분명히 체제의 일부였다. 지배자는 주민에 대해 정치적 억압과 경제적 착취를 함께 자행했고, 관리는 자신의 권위에 기대어 관습이나 법규보다 더 많은 세금이나 요금, 또는 벌금을 주민에게 물리고는 거기서 남는 것으로 자신의 주머니를 불렸으니 말이다. 거기에 내재하는 부패는 근대 영국인들이 보기에 군주가 권력을 강화하고 영국인들의 타고난 권리를 침해하는 데 동원되는 무기였다.

제1부에서 살펴보았듯이, 혁명기 미국인들은 부패가 영국에서 "균형 정체"를 무너뜨리고 전제정을 가져왔다고 생각했다. 더욱이, 그것이 신생 미국의 공화정에서 파당과 내분을 일으키며 결국에는 국가를 쇠망의 길로 이끌지도 모른다고 두려워했다. 그와 같은 위험 요인을 제어하기 위해, 그들은 권력을 분산시키고 서로 견제하게 만드는 데 많은 노력을 기울였다. 그들에게 부패란 본질적으로 공화국의 시민으로서 지녀야 하는 미덕을 저버리는 것, 구체적으로 말하면 "사적 이익이 공적 권위의 행사에 과도하게 영향을 끼치는 것"이었다. 이 포괄적인 개념은 18세기 말 미국에서 특이한 권력구조와 행정기관을 수립하는 데 기여했다. 그리고 건국 초기에는 공직자들의 행동 지침으로 중시되었다.[52]

그러나 그것은 실제와 거리가 있는 모호한 원칙이었다. 실제에서는 식민지 시대에 뿌리 내린 구체제의 관행이 지속되었다. 예를 들면, 공직자들은 식민지 시대와 마찬가지로 토지를 비롯한 국가의 자원에 관해 정책을 결정하는 과정에서 사적 이해관계에 따라 움직이는 행태를 보였다. 권력구조가 공화주의적 가치와 함께 견제와 균형의 원칙에 따라 수립되었으나, 그들의 행동

---

52 Teachout, *Corruption in America*, 1-80. 인용은 38쪽.

을 규제하는 제도적 장치나 문화적 여건은 마련되지 않았던 것이다. 더욱이 이미 살펴본 것처럼 19세기 미국에서 정당정치와 함께 산업 경제가 발전함에 따라, 부패가 심화되면서 고질적 폐단으로 자리 잡았다. 법인 설립 자유화와 같은 조치가 도입되었으나, 그런 폐단을 제어하기에 충분하지 않았다.[53] 따라서 19세기 말에 이르면, 적잖은 정치인들이 플렁키트처럼 부패의 개념을 자의적으로 해석하는 모습을 보였다. 이는 분명히 당대의 도덕적 타락과 연관되어 있지만, 그것을 넘어 자본주의 문명의 본질과도 연관되어 있는 듯하다.

그와 같은 부패는 자유방임과 긴밀하게 연계되어 있는 현상인 듯하다. 이 책에서 쓰이는 자본주의의 개념에 비추어 볼 때, 양자는 정치적 권위와 경제 권력의 상호 관계를 서로 다른 방식으로 인식, 접근할 때 나타나는 현상이다. 자유방임은 정치적 권위와 경제 권력을 엄격하게 분리하며 경제 권력에 자율성을 부여해야 한다고 주장하는 구호이다. 반면에 부패는 양자가 밀접하게 연관되어 있다는 전제 위에서, 그것을 서로 특혜를 주고받는 관계로 발전시킬 때 발생하는 현상이다. 더욱이 자유방임이 양자의 분리를 일반 원칙으로 천명하는 정책이라면, 부패는 양자의 호혜적 관계를 특정 사례에 국한시키는—그것도 흔히 비공식적 절차를 거치며 은밀한 방식으로 그렇게 하는—행위이다. 이렇게 서로 다른 인식과 접근 방법이 공존하는 이유는 자본주의가 본질적으로 정치적 권위와 경제 권력 사이의 복잡한 관계 위에서 발전하는 문명이라는 데 있다. 바꿔 말하면, 자본주의 문명이란 정치적인 것과 경제적인 것을 구분하고 정치과정에서 경제활동을 해방시킴으로써 경제 권력에 자율성을 부여하면서도 필요할 때는 정치적 권위의 개입을 요청하며, 따라서 정치

---

53 John Joseph Wallis, "Constitutions, Corporations, and Corruption: American States and Constitutional Change, 1842 to 1852," *Journal of Economic History* 65.1 (2005), 211–256; Eric Hilt, "Corporation Law and the Shift to Open Access in the Antebellum United States," National Bureau of Economic Research Working Paper 21195, http://www.nber.org/papers/w21195 (2015년 9월 21일 접속).

적 권위와 경제 권력 사이에 복잡하고 미묘한 관계를 수립하기 때문이다. 그 관계는 19세기 말 미국에서 동전의 양면처럼 서로 떼어 놓을 수 없이 얽혀 있던 자유방임과 부정부패로 나타났다고 할 수 있다.

그러므로 19세기 말 미국에서 금권정치는 자본주의 발전 과정의 일환이었다고 할 수 있는데, 그렇다고 해서 그것을 가리켜 "정실 자본주의"crony capitalism라 부르는 것은 적절치 않은 듯하다. 이 용어는 1997-98년 동아시아 경제 위기를 계기로 이 지역에서 발전한 자본주의의 문제점을 지적하는 데 쓰이기 시작했다. 그에 따르면, 한국과 대만 등, 여러 동아시아 국가에서는 기업의 흥망성쇠가 자유로운 시장경쟁에 의해 결정되기보다는 뿌리 깊은 정실에 의해 좌우된다. 구체적으로 말하면, 기업이 혈연이나 지연, 또는 학연 같은 연고를 동원해 관료 기구나 다른 기업과 우호적 관계를 맺고, 그에 의지해 자금의 조달에서 제품의 판매에 이르기까지 여러 측면에서 혜택을 누린다고 할 수 있다.[54] 그러나 이런 정실과 그에 따른 부정부패는 이미 살펴본 바와 같이 19세기 후반 미국에서도 만연했던 현상이다. 바꿔 말해, 그것은 동아시아에서 특징적으로 나타나는 현상으로 보기 어렵다. 그렇다고 해도 그것을 가리켜 "정실 자본주의"라 부른다면, 이는 자본주의에 대한 오해로 이어질 수 있다. 왜냐하면 이 용어는 그와 같은 정실과 그에 수반되는 부정부패가 없는 상태를 '정상 자본주의'로 상정하기 때문이다. 바꿔 말하면, 그것은 자본주의에서는 경제 권력이 정치적 권위로부터 분립되어야 한다는 자유주의자들의 기본 신조에 토대를 두고 있다고 할 수 있다. 이 신조는 위에서 필자가 지적한 바와 같이 자본주의를 이해하는 데 중요한 주제를 문제로 삼고 파헤치는 대신에 이미 해결되어 있는 것으로 여기고 그냥 덮어 두자는 주장과 다를 바 없다. 따라서 거기에 토대를 두고 있는 "정실 자본주의"도 자본주의 발

---

54 Helen Hughes, "Crony Capitalism and the East Asian Currency and Financial 'Crises,'" *Policy* 15.3 (1999), 1-9; David Kang, *Crony Capitalism: Corruption and Development in South Korea and the Philippines* (Cambridge: Cambridge Univ. Pr., 2002).

전 과정을 올바르게 이해하는 데 도움이 되지 않는 것으로 보인다.

그래도 여기서 짚어 두어야 할 것은 미국이 "정실 자본주의"에서 벗어나기 위해 노력했다는 점이다. 물론 오늘날의 미국에도 부패가 남아 있으나, 그래도 오늘날 동아시아에서 나타나는 바와 같은 "정실 자본주의"는 보이지 않는다. 다음 장에서 살펴보는 바와 같이, 미국은 20세기 전환기부터 엽관제를 폐지하고 공무원 임용제를 도입하며 선거제도를 개혁하고 로비 활동을 규제하는 등, 일련의 조치를 통해 부패를 통제하기 시작했다. 반면에 부패가 동아시아에서 어떤 변화를 겪고 있는지는 분명하지 않다. 적어도 한국에서는 근래에 국정을 뒤흔드는 부패가 있었지만, 그래도 "정실 자본주의"가 쇠퇴기에 접어들었다고 할 수 있다. 그런 변화가 가장 뚜렷하게 나타나는 곳은 경찰서와 소방서를 비롯한 일선 행정기관이다. 이들 기관에서는 지난 한 세대 동안에 비리와 부패가 크게 줄었다고 할 수 있다. 최근에 제정된 청탁 금지법은 그런 변화에 힘을 보태고 있는 것으로 보인다. 반면에 권력을 장악하고 있는 한국의 지도부에서는 부패가 끈질기게 남아 있다. 최근에 드러난 것처럼 청와대와 재벌, 검찰과 기업, 국회와 언론 등, 지도부에서는 분명히 개인의 일회성 비리를 넘어서는 부패가 자리 잡고 있는 것으로 보인다. 그래도 그것이 결국 대통령 탄핵으로 이어졌다는 사실은 한국인들이 지도부의 부패를 척결하고자 하는 의지를 지니고 있다는 점을 보여 준다.

그러나 한국과 미국 사이에는 구조적 차이가 있다는 점도 기억할 필요가 있다. 이 장의 부록에서 논의하는 바와 같이, 미국에서 국가는 시장에 적극적으로 개입하지 않고 방관하는 자세를 견지하면서 가끔 필요할 때 중재하는 역할을 담당해 왔다. 이런 특징은 좁은 뜻의 권력구조와 연관되어 있다 — 주권이 연방과 주로 분립되는 동시에 입법부, 행정부, 사법부로 분립되어 있을 뿐 아니라 행정기관도 상대적으로 작고 또 연방과 주, 그리고 지방으로 분화되어 있는 구조와 연관되어 있다. 바꿔 말해 미국에서 국가가 지니는 권위나 역량은 서로 다른 여러 기구에 걸쳐 분화되어 있으며, 따라서 국가는 시장에 개입해 경제발전에 영향을 끼치는 데 내재적 한계를 지닌다. 앞에서 살펴본 것처럼, 그렇기 때문에 미국의 국가는 금융과 통화, 교통과 통신을 비롯한 기반 시설을 구축하며 경제발전을 지원하는 역할에 주력했다.

반면에 한국과 같은 동아시아 국가에서는 권력구조—좁은 뜻의 권력구조—가 단일한 정치적 권위 아래 긴밀하게 통합되어 있고, 또 그 아래에 거대하고 정교한 행정기관이 자리 잡고 있다. 그런 권위와 역량을 갖추고 있었기에, 동아시아에서 국가는 20세기 중엽부터 시장에 적극적으로 개입하며 경제발전에 큰 영향을 끼칠 수 있었다. 특히, 산업정책industrial policy을 도입해 일부 산업을 전략적으로 중요한 부문으로 지정하고 거기에 자원을 할당하는 데 그치지 않고, 목표와 기준을 설정하고 그에 따라 기업에 특혜를 주거나 제재를 가하며 기업 활동을 통제하기도 했다. 그 결과, 정부와 기업이 깊이 얽히면서 정경 유착이라는 부정부패의 온상을 만들어 내었다. 물론, 동아시아 국가들도 20세기 말부터 무역과 금융을 자유화하면서 시장에 대한 개입을 자제하는 경향을 보인다. 그렇지만 이들 국가는 기존의 권력구조와 행정기관을 유지하고 있을 뿐 아니라 그것을 뒷받침하는 권위주의 전통에서도 충분히 벗어나지 못한 상태에 있다. 바꿔 말하면, 한국을 비롯한 동아시아국가들은 구조적 측면에서 볼 때 부정부패의 온상을 안고 있는 셈이다. 그래도 온상에 해당하는 권력구조가 근본적 문제로 여겨지지 않는 듯하다. 예를 들어 한국에서는 대통령이 흔히 제왕에 견줄 수 있을 만큼 강대한 권력을 장악하고 있는데도, 그 해법에 관한 논의는 아직 원론적이고 단편적이며 피상적인 수준에 머물러 있을 뿐이다.

지금 여기서 주목해야 할 것은 그런 구조적 차이가 아니라 19세기 말 미국에서 부정부패와 함께 대두했던 자유방임이다. 자유방임은 19세기 말 이후 미국의 자본주의 발전 과정에 커다란 영향을 끼친다. 따라서 그것이 어떤 의미를 지니는가 하는 것은 중요한 문제이다. 위에서 살펴본 것처럼 대기업은 자유방임 덕분에 다른 기업과 맺는 관계는 물론이요 노동자와 맺는 관계에서도 우월한 지위와 권력을 누릴 수 있었다. 보다 정확하게 표현하자면, 대기업의 주주와 경영진은 전례 없이 고도로 집중된 경제 권력을 장악하고 수많은 노동자를 대상으로 행사하면서도 국가가 정치적 권위를 가지고 가하는 견제에 개의치 않고 지낼 수 있었다.

돌이켜보면, 그것은 미국의 권력구조에 일어난 중대한 변화였다. 건국기에 수립되었던 넓은 뜻의 권력구조에서 경제 권력은 뚜렷한 위상을 지니지 못했다. 그러나 19세기가 끝나고 20세기가 시작되던 전환기에 이르면, 대기업에 집중된 경제 권력이 종교적 권위는 말할 것도 없고 정치적 권위에도 못지 않은 위상을 차지하고 있었다. 이미 베버가 지적했던 것처럼, 일부 미국인들은 스포츠를 즐기듯이 돈을 버는 일에 뛰어들 수 있었고, 나아가 교회나 국가의 제재를 두려워하지 않고 마음 내키는 대로 돈을 쓸 수 있었다. 그들이 누리는 권력은 20세기 말에 이르면 교회와 국가를 넘어 사회의 제재조차 두려워하지 않을 만큼 더욱 확대된다. 그런 권력은 두말할 나위도 없이 "생명과 자유, 그리고 재산"으로 집약되는 시민의 자유와 권리에 토대를 두고 있었다. 더욱이, 그것은 법원의 자유주의적 신조—특히, 사용자와 피고용인이 자유롭고 평등한 시민이라고 가정하고 그들 사이에 존재하는 권력 관계를 외면하는 보수적 안목—덕분에 안전한 지위를 누리고 있었다. 바꿔 말해, 경제 권력은 전례 없이 강력한 수준과 형태로 성장했을 뿐 아니라 유례를 찾기 어려울 만큼 자율적인 위상도 확보했다고 할 수 있다. 이런 뜻에서, 미국의 자본주의 문명은 20세기 전환기에 이르러 자유방임을 구가하며 성숙 단계에 도달했다고 할 수 있다.

그것은 자본주의 발전 과정에 관한 견해이므로, 약간의 부연 설명이 필요한 것 같다. 오늘날, 자본주의를 연구하는 학자들은 발전 단계를 구분하는 데 큰 관심을 기울이지 않는다. 마르크스주의자들이 "독점 자본주의"나 "국가 독점 자본주의" 같은 어구를 포기했다면, 자유주의자들은 시장을 넘어 국가에 이르기까지 시야를 넓히며 발전 과정을 이해하고자 시도한다. 그리고 다수의 학자들은 설명의 편의상 발전 단계를 상업 자본주의, 자유경쟁 자본주의, 국가 관리 내지 사회민주 자본주의, 그리고 금융 주도 자본주의로 느슨하게 설정한다. 그러나 상업이나 자유경쟁, 국가 관리나 금융 주도 등, 수식어에서 분명하게 드러나듯이, 그들의 설명에는 자본주의를 바라보는 다양한 초점과 시각이 혼재되어 있다. 한편에서는 경제 가운데 한 부문에 초점을 맞추거나 시장에서 자본이 운동하는 방식에서 입지를 택한다면, 다른 한편에서는 국가나 정치의 역할에서 입지를 택하거나 경제 가운데 다른 한 부문에 초점을 맞춘다. 한마디로 줄이자면, 요즈음 통용되는 설명 방식에는 자본주의의 역사를 구분하는 일정한 근거와 일관성 있는 방법이 없다고 할 수 있다.

그렇다면 자본주의의 개념을 명확하게 설정하고 그에 입각해서 발전 과정을 이해할 필요가 있다. 이런 뜻에서 필자가 제안하듯이 자본주의를 문명으로 간주하고 그것을 특정 권력구조로 규정한다면, 다양한 권력 사이에서 수립되는 관계에 초점을 맞추고 거기서 일어나는 변화를 관찰하며 자본주의 발전 과정을 이해할 수 있을 것이다. 특히, 권력 관계 가운데서 자본주의를 이해하는 데 가장 중요한 정치적 권위와 경제 권력 사이의 관계에 초점을 맞춘다면, 이 장에서 살펴본 "법인 자본주의"를 미국 자본주의의 성숙 단계로 이해할 수 있을 것이다. 정치적 권위와 경제 권력은 혁명과 건국을 거치며 제도상 분립되었지만, 초기 미국의 엘리트가 장악한 권력에서 드러나듯이 실제로는 구분할 수 없을 만큼 혼합되어 있었다. 그러나 1830년대부터 정치 엘리트가 대두함에 따라 실제로도 분립되기 시작했고, 19세기 말에 이르면 경제 엘리트가 정치 엘리트와 거리를 유지하고 자유방임을 구가하면서도 필요에 따라 부정부패를 만연시키며 정치적 권위를 좌우할 수 있었다. 경제 권력이 그와 같이 제도상으로는 물론이요 실제에 있어서도 자율적 위상을 차지하는 데 결정적 계기를 제공한 것은 법인이라는 제도의 자유화였다. 그리고 이 제도는 이후에도 미국 자본주의의 발전 과정에서 중요한 역할을 담당한다. 이런 뜻에서 필자는 "법인 자본주의"를 미국 자본주의의 성숙 단계로 보자고 제안한다.

이 단계는 오늘날까지 지속된다. 그러나 두말할 나위도 없이 적잖은 변화를 겪는다. 정치적 권위와 경제 권력은 자본주의 문명에서 제도상 분립되어 있으나, 실제에 있어서는 결코 따로 떼어 놓을 수 없을 만큼 뒤얽혀 있기 때문이다. 지금까지 학자들은 흔히 두 권력이 전통 사회에서 그랬던 것처럼 하나로 뒤엉켜 있다고 보거나, 그렇지 않으면 그 둘이 분립되어 있거나 분립되어야 한다고 생각했다. 각각 마르크스주의와 자유주의에 토대를 두고 있는 이런 견해는 필자가 보기에 자본주의 문명을 이해하는 데 핵심적인 권력 관계를 경시 내지 간과하는 결과로 이어졌다. 이제 우리는 그런 견해나 그 아래에 깔려 있는 이데올로기를 벗어던지고, 권력 관계에 주목하며 거기서 일어나는 변화를 파악하는 데 주력할 것이다.

위에서 살펴본 바와 같이 19세기 미국에서 국가는 경제발전에 기여하는 지원자 역할을 수행하면서도 대기업이 시장을 독점하고 노동운동을 탄압하는 데 대해 수수방관하는 자세를 취했는데, 이를 올바르게 이해하기 위해서는 국가가 지니는 성격을 살펴볼 필요가 있다.

무엇보다 먼저 살펴봐야 할 것은 미국의 국가가 지니는 제도적 특징이다. 미국의 권력구조는 이미 제6장에서 연방헌법의 제정을 다루며 살펴본 바 있다. 그 가운데서도 주목해야 할 것은 좁은 뜻의 권력구조, 즉 정치적 권위를 둘러싸고 형성되는 권력 관계의 체계이다. 거기서 특징적인 것은 미국의 주권이 주와 연방이라는 상이한 수임 기관으로 분산되어 있을 뿐 아니라 통치 기능에 따라 입법부, 행정부, 사법부 등, 삼부로도 분립되어 있다는 점이다. 또 이들 주권 기구가 서로 견제하는 관계에 있기 때문에, 어느 기구도 권력을 독단적으로 행사할 수 없다는 점이다. 따라서 대다수 근대 국가와 달리, 미국은 하나의 권위 아래 긴밀하게 통합된 권력구조를 만들지 못하고 여러 권위가 서로 견제하며 복잡하게 얽혀 있는 특이한 구조를 지니게 되었다. 더욱이 대다수 근대 국가가 단일한 권력구조 아래에 거대하고 정교한 행정기관을 수립하지만, 미국은 상대적으로 작고 또 다양하게 분화되어 있는 행정기관을 지니게 되었다.

그런 특징을 확인하는 방법 가운데 하나는 정부 지출을 살펴보는 것이다. 〈도표 12-3. 정부 지출이 국내총생산에서 차지하는 비중, 2015년〉은 경제협력개발기구OECD 회원국에서 정부 지출이 국내총생산 가운데서 차지하는 비중을 보여 준다. 그에 따르면, 스웨덴, 덴마크, 핀란드 등, 대표적인 복지국가에서 그 비중이 50 %를 넘는 반면에, 미국에서는 38 %에도 미치지 않는다. 더욱이, 미국의 정부 지출은 연방정부와 주 정부, 그리고 지방정부의

〈도표 12-3. 정부 지출이 국내총생산에서 차지하는 비중, 2015년〉

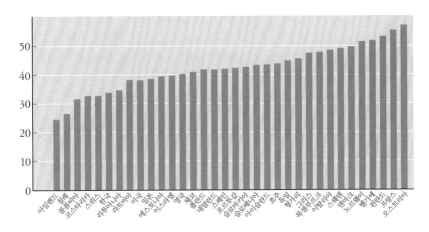

출처: "General Government Spending," OECD Data, Organisation for Economic Co-operation and Development, https://data.oecd.org/gga/general-government-spending.htm (2017년 4월 15일 접속).

지출로 나뉜다. 실제로 2015년도의 총액 6.4조 달러는 연방정부 3.1조, 주정부 1.6조, 그리고 지방정부 1.8조로 나뉘었다. 여기서 지방정부란 군과 시를 비롯해 주 정부의 위임에 따라 지방자치를 수행하는 행정기관을 가리킨다. 바꿔 말해, 이들 세 부류의 행정기관은 하나로 통합되지 않은 채 각기 자율적으로 움직이는 조직이다.

더욱이, 그런 조직이 19세기에는 오늘날과 다른 위상을 지녔다는 점도 기억할 필요가 있다. 오늘날 미국의 국가는 거대하고 강력한 존재로 보이지만, 이는 주로 20세기 중엽부터 사회보장제도와 국가안보기구가 발전한 결과이다. 이에 관해서는 나중에 살펴볼 것이다. 여기서 주목해야 할 것은 19세기에는 사정이 달랐다는 사실이다. 정부 지출의 증가를 우려하는 어느 보수적 논객의 계산에 따르면, 1891년도의 정부 지출은 10.4억 달러였는데, 이는 국내총생산 155.6억 달러 가운데서 6.7 %에 지나지 않았다. 이 비중은 오늘날에 비해 5분의 1에도 미치지 않는다. 더욱이, 그것도 연방정부 4.4억 달러, 주 정부 0.8억 달러, 그리고 지방정부 5.2억 달러로 나뉘어 있었다.[55] 바꿔 말하면, 19세기 말 미국의 행정에서 주도권은 지방정부가 쥐고 있었다고 할 수 있다. 게다가 연방정부의 지출은 대부분 연방군을 유지하고 우편물을 배달하는 데 할애되었다. 실제로, 우체국은 1891년 95,000명에 이르는 직원을 고용하는 등, 19세기에 연방정부에서 가장 많은 인력을 지녔던 기구였다. 그러나 내전 이후에 대기업이 급격하게 성장함에 따라, 그런 행정기관조차 상대적으로 왜소한 존재가 되었다. 예를 들면, 펜실베이니아철도는 같은 해에 노동자를 110,000명이나 고용하고 있었다. 게다가 이 회사는 여러 대기업 가운데 하나에 지나지 않았다. 그랬던 만큼, 19세기 미국에서 국가는 눈에 잘 띄지 않았다.

그와 같은 제도적 특징은 이데올로기와 함께 국가가 지니는 성격에 중요한 영향을 끼쳤다. 미국의 국가가 지니는 특징과 성격은 몇몇 역사학자들이 발표한 새로운 연구 성과 덕분에 상당히 잘 알려져 있지만, 그래도 적잖은 난관이 남아 있다. 새로운 연구 성과에 따르면, 19세기 미국에서 국가가 허약한 존재였다는 관념은 이제 하나의 "신화"에 지나지 않는다. 이 책에서 이미 서술한 바와 같이, 각 주는 19세기 초부터 치안권을 내세우며 시장 기제가 원활하게 작동할 수 있도록 지원했고, 연방은 은행과 통화의 제도를 정비하는 데서 대륙횡단철도의 부설을 지원하는 데 이르기까지 다양한 조치를 취하며 경제발전을 지원했다. 해명이 필요한 것은 위에서 지적한 바와 같이 권력이 분산되어 있고 행정기관도 발전하지 않은 19세기 미국에서 어떻게 국가가 그처럼 적극적인 역할을 해낼 수 있었는가 하는 의문이다.

윌리엄 노박크William J. Novak가 내놓은 해답은 먼저 국가를 지원하는 다

---

55 Christopher Chantrill, "Government Spending Details for 1891," U.S. Government Spending, usgovernmentspending.com, http://www.usgovernmentspending.com/year_spending_1891USmn_18ms2n#usgs302 (2017년 4월 15일 접속).

양한 단체가 있었다는 것이다. 그에 따르면 성격을 명백하게 규정할 수 없는 단체들이, 바꿔 말해 순전히 사적인 성격을 지닌다거나 완전히 공적인 성격을 띠고 있다고 잘라 말할 수 없는 수많은 기구들이, 치안을 유지하고 공무를 분담하며 법률의 집행을 지원했다. 노박크가 그에 덧붙여 내놓은 해답은 19세기 미국인들이 기본적으로 "자유주의와 법의 지배"에 관해 합의하고 있었다는 점이다. 그는 그런 합의가 있었기에, 다양한 단체가 행정기관을 도와 국가를 원활하게 운영하는 데 기여할 수 있었다고 본다.[56]

그러나 노박크의 두 번째 해답은 선뜻 받아들이기 어렵다. 자유주의는 19세기 미국에서 확립되어 있던 이데올로기가 아니라 다른 여러 이념과 함께 공존하면서 점차 널리 수용되었던 신조였기 때문이다. 그것은 분명히 독립선언문과 연방헌법에서 명시적으로 등장했지만, 18세기 말부터 미국을 지배했던 것은 아니다. 실제로는 19세기에도 공화주의와 중상주의, 그리고 급진주의 등, 다른 여러 이념과 경쟁해야 했다. 그렇기 때문에 자유주의가

---

56 William J. Novak, "The Myth of the 'Weak' American State," *American Historical Review* 113.3 (2008), 752–772, 770. 국가에 관한 근래의 연구 성과로는, 다음과 같은 문헌을 참고할 필요가 있다. Stephen Skowronek, *Building a New American State: The Expansion of National Administrative Capacities, 1877–1920* (New York: Cambridge Univ. Pr., 1982); William J. Novak, *The People's Welfare: Law and Regulation in Nineteenth-Century America* (Chapel Hill: Univ. of North Carolina Pr., 1996); Max M. Edling, *A Revolution in Favor of Government: Origins of the U.S. Constitution and the Making of the American State* (Oxford: Oxford Univ. Pr., 2003); idem, *A Hercules in the Cradle: War, Money, and the American State, 1783–1867* (Chicago: Univ. of Chicago Pr., 2014); Patrick Griffin, *American Leviathan: Empire, Nation, and Revolutionary Frontier* (New York: Hill & Wang, 2007); Brian Balogh, *A Government Out of Sight: The Mystery of National Authority in Nineteenth-Century America* (Cambridge: Cambridge Univ. Pr., 2009); idem, *The Associational State: American Governance in the Twentieth Century* (Philadelphia: Univ. of Pennsylvania Pr., 2015); Gary Gerstle, *Liberty and Coercion: The Paradox of American Government* (Princeton, NJ: Princeton Univ. Pr., 2015); James T. Sparrow, William J. Novak, and Stephen W. Sawyer, eds., *Boundaries of the State in US History* (Chicago: Univ. of Chicago Pr., 2015).

어떻게 해서 미국에서 지배적 이데올로기로서 대두했는가 하는 것은 중요한 문제이다.

사실, 역사학자 가운데서도 19세기 미국에서 국가가 지니는 특징을 탐구하면서 자유주의가 대두하는 과정에 주목하는 이들이 있다. 특히, 브라이언 밸로Brian Balogh는 연방정부가 19세기 초부터 도로와 항만을 비롯한 기반시설의 건설을 지원하는 등, 경제발전에 적극적으로 기여했다고 지적한다. 그렇지만 연방정부가 시장에서는 "눈에 띄지 않도록" 뒷전으로 물러나서, 개인이 각자 자신의 이익을 추구하는 것을 지켜보았다고 부연한다. 19세기 말에는 거기서 한 걸음 더 나아가, 법원이 법인이란 시민과 마찬가지로 계약의 자유를 누린다고 선언하면서 계약의 자유를 국가가 침해하지 못하는 신성한 것으로 취급했다고 강조한다. 밸로에 따르면, "그것[계약의 자유]은 자유방임의 논리와 시장 교환에 대한 신념을 구현했다. 그에 따르는 논리적 귀결은 정부란 수동적 방관자로 지내다가 필요할 때 중립적 중재자로 나서며 봉사해야 한다는 것이었다."[57]

그러나 밸로가 말하듯이 자유방임으로 이행하는 과정이 정말로 19세기 말에 완결되었다고 할 수 있는지 의심스럽다. 우선, 20세기 전반기에는 국가의 개입과 개혁을 요구하는 주장이 자유방임과 대립되는 전통을 형성한다. 이에 관해서는 이어지는 여러 장에서 살펴볼 것이다. 더욱이, 자유주의가 국가를 지배하는 이데올로기로 대두하는 과정은 흔히 알려져 있는 것보다 훨씬 더 길고 복잡하다. 그 과정을 탐구하는 학자들은 대체로 시장에 주목하는데, 흔히 시장 가운데서도 상품시장과 자본시장에 초점을 맞추는 반면에 노동시장을 경시하는 경향을 보인다. 그래서 대개 정부와 기업 사이의 관계를 탐구하는 반면에 정부의 노동정책을 고려하지 않는다. 따라서 노동시장에서는 19세기 말에도 국가가 자유방임 대신에 개입과 탄압을 일삼았다는 사

---

57 Balogh, *Government Out of Sight*, 329.

실도 간과하는 결과에 이른다. 더욱이, 20세기 중엽부터는 국가가 개입과 탄압에서 개입과 개혁으로 정책 기조를 바꾸었다는 사실도 경시하는 경향을 보인다. 그런 결함을 메우기 위해, 필자는 이어지는 여러 장에서 정부의 노동정책을 살펴볼 것이다. 상품시장과 자본시장 이외에 노동시장까지 고려할 때야 비로소 국가의 역할을 올바르게 평가할 수 있다고 보기 때문이다.

그래도 19세기 미국의 국가에서 일찍부터 자유주의가 대두하기 시작했다는 사실은 분명하다. 이미 살펴본 것처럼, 미국은 19세기 초부터 재산과 계약에 관한 권리를 확립하고 법인의 설립을 자유화하며 시장경쟁에 활력을 불어넣었고, 또 19세기 말에는 법인을 시민으로 취급하는 판례를 수립하며 계약의 자유를 확립하는 데 힘을 쏟았다. 이런 조치는 나중에 살펴보는 노동정책과 더불어 자유주의가 미국을 지배하는 이데올로기로 자리를 잡는 과정—종래에 알려져 있던 것보다 훨씬 길고 복잡한 과정—의 일환이다. 이와 같이 19세기에 대두하기 시작한 자유주의는 정치적 권위가 분산되어 있고 정교한 행정기관을 갖추지 못했다는 제도적 특징과 함께 시장에 대한 국가의 적극적 개입을 억제하는 효과를 가져왔다. 결국, 19세기 말에 이르면 미국의 국가는 밸로의 표현을 빌린다면 "수동적 방관자"가 되거나 아니면 기껏해야 "중립적 중재자"가 되었던 것이라 할 수 있다.

그런 성격은 대조적 사례와 비교할 때 뚜렷하게 드러난다. 대조적 사례는 20세기 후반에 비약적 경제발전에 성공한 동아시아 국가에서 찾을 수 있다. 한국과 일본, 그리고 대만 등, 동아시아 국가들은 미국과 달리 이른바 산업정책을 채택해 왔다. 이것은 국가가 경제발전을 위해 전략적으로 중요한 산업을 지정하고 거기에 필요한 자원을 할당하며, 나아가 목표와 기준을 설정하고 그에 따라 기업에 특혜를 주거나 제재를 가함으로써 기업 활동을 경제발전에 기여하는 방향으로 유도하는 것을 가리킨다. 이런 정책에 따라 국가는 기업에 대해 이른바 "행정 지도"administrative guidance를 수행하는데, 그 방식은 나라에 따라 다르다. 한국은 주로 정부가 금융을 장악하고 그것을 통해 기업을 통제하는 방식을 선택했고, 일본은 정부-기업 사이의 협의회를 통해 관리가 기업인에게 보내는 지침을 중시했으며, 대만은 정부가 통제하는 업종별 협의회와 국가가 투자하는 기업에 의존했다.

그래도 이들 국가는 모두 산업정책을 비롯한 제도적 권위에 의지하며 경제발전을 주도하는 역할을 담당했다. 특히, 한편으로는 국제무역에 대해 보호주의적 입장을 취하고 다른 한편으로 개별 기업의 활동을 점검하면서 국가 경쟁력을 강화하는 데 많은 노력을 기울였다. 물론, 이런 신중상주의적 행태는 20세기 말부터 퇴색했다. 동아시아 국가들은 무역과 금융을 자유화하는 조치를 취하면서 이전과 다른 모습을 보였으니 말이다. 그렇지만 이들 국가는 아직도 "시장을 바람직한 방향으로 유도하려는 성향"을 지니고 있다. 더욱이, 2007-08년 경제 위기 이후에는 산업정책을 세련된 방식으로 발전시키는 경향을 보인다. 바꿔 말해, 이른바 동아시아의 "발전 국가"developmental state는 오늘날에도 권위주의적 전통과 함께 남아 있다고 하겠다.[58]

---

58 Daniel I. Okimoto, *Between MITI and the Market: Japanese Industrial Policy for High Technology* (Stanford: Stanford Univ. Pr., 1989), 12; Chalmers Johnson, *MITI and the Japanese Miracle: The Growth of Industrial Policy, 1925–1975* (Stanford: Stanford Univ. Pr., 1982); idem, "Political Institutions and Economic Performance: The Government-Business Relationship in Japan, South Korea, and Taiwan," in *The Political Economy of the New Asian Industrialism*, ed. Frederic C. Deyo (Ithaca: Cornell Univ. Pr., 1987), 136–164; Bruce Cumings, "The Origins and Development of the Northeast Asian Political Economy: Industrial Sectors, Product Cycles, and Political Consequences," *International Organization* 38.1 (1984), 1–40; Alice H. Amsden, *Asia's Next Giant: South Korea and Late Industrialization* (Oxford: Oxford Univ. Pr., 1989); Robert Wade, *Governing the Market: Economic Theory and the Role of Government in East Asian Industrialization* (Princeton, NJ: Princeton Univ. Pr., 1990); Jung-en Woo, *Race to the Swift: State and Finance in Korean Industrialization* (New York: Columbia Univ. Pr., 1991); Peter Evans, *Embedded Autonomy: States & Industrial Transformation* (Princeton, NJ: Princeton Univ. Pr., 1995); Linda Weiss, "Governed Interdependence: Rethinking the Government-Business Relationship in East Asia," *Pacific Review* 8.4 (1995), 589–616; Stephan Haggard, "Institutions and Growth in East Asia," *Studies in Comparative International Development* 38.4 (2004), 53–81;

그에 비하면, 미국의 국가는 일찍부터 자유주의로 나아가는 여정을 시작했다. 그것은 처음부터 특이한 권력구조, 즉 정치적 권위가 여러 갈래로 분산되어 있고 정교한 행정기관을 갖추지 못한 복잡한 구조를 지녔다. 따라서 동아시아 국가들과 달리, 경제발전을 주도할 수 있는 강력한 권위와 제도적 역량을 갖추지 못했다. 그래도 국가는 19세기 초부터 재산과 계약에 관한 권리를 확립하고 법인의 설립을 자유화하는 등, 자유로운 시장에 필수적인 제도를 수립하기 시작했다. 또 도로와 항만, 그리고 철도의 건설을 지원하는 등, 경제발전을 지원하는 역할을 담당했다. 그러나 동아시아의 "발전 국가"와 달리, 미국의 국가는 경제발전을 위해 목표와 전략을 세우고 기업 활동을 바람직한 방향으로 유도하는 그런 역할까지 수행하지는 않았다. 경제발전을 적극적으로 추진하면서도 기업을 지도하는 수준까지 나아가지는 않았던 것이다. 이는 두말할 나위도 없이 19세기 초부터 대두한 자유주의가 미국의 특이한 권력구조와 함께 국가가 시장에 개입하며 침해하지 못하게 저지하는 한계를 확립해 주었기 때문이다. 이런 뜻에서, 19세기 미국에서 국가는 점차 뚜렷한 자유주의적 성격을 띠었다고 할 수 있다.

자유주의는 분명히 "생명과 자유, 그리고 재산"을 비롯해 시민이 지니는 권리를 중시한다는 점에서 뚜렷한 특징을 지니는 이데올로기이지만, 다른 한편으로는 다양한 초점이나 강조점을 허용하는 느슨한 이념 체계이기도 하다. 그런 다양성은 이미 19세기 미국에서도 나타났으나, 20세기에는 서로 경쟁하며 갈등을 일으키기도 하는 여러 사조로 분화된다. 그 가운데서 가장 중요한 사조는 국가의 개입과 개혁을 강조하는 진보주의, 그리고 개인의 자율성과 시장경쟁을 중시하는 보수주의이다. 이런 사조들은 20세기 미국을 서로

Hwasook Nam, *Building Ships, Building a Nation: Korea's Democratic Unionism under Park Chung Hee* (Seattle: Univ. of Washington Pr., 2009); Robert Wade, "After the Crisis: Industrial Policy and the Developmental State in Low-Income Countries," *Global Policy* 1.2 (2010), 150-161.

다른 방향으로 이끌며 미국의 자본주의 문명에 뚜렷한 특징을 가져다 준다. 이는 물론 이 책에서 필자가 관심을 기울이는 중요한 주제이다.

제13장

대안과 개혁

미국의 자본주의는 19세기 말에 성숙 단계에 도달했으나, 두말할 나위도 없이 거기서 발전을 멈추지 않았다. 오히려 이전에는 상상하지도 못했던 양상을 띠며 발전을 계속했다. 자본주의는 그 본질에 있어서 어떤 법칙에 따라 발전하는 체제가 아니며, 또 어떤 의미에서든 완성에 이를 수 있는 실체도 아니다. 그것은 다양한 종류의 권력을 서로 분립시키며 각각에 대해 상당한 자율성을 보장하는 체제이기 때문이다. 그 특징 가운데 가장 두드러지게 보이는 경제 권력의 자율성도 지속적 변화를 겪는데, 이는 앞에서 살펴본 것처럼 경제 권력과 정치적 권위 사이의 관계에서 뚜렷하게 나타난다.

그렇지만 그 관계는 19세기 말에 시작되어 20세기 초까지 지속되었던 사회적·문화적·정치적 변화와 함께 살펴볼 때야 비로소 올바르게 이해할 수 있다. 미국인들은 자본주의가 성숙함에 따라 경제가 비약적으로 발전하는 동시에 심각한 폐단이 발생한다는 것을 깨닫고 있었다. 무엇보다도 소수의 엘리트가 거대한 규모의 재산을 장악하고 그것을 배경으로 정치적 권위를 좌우하며 부정부패를 저지른다는 것, 반면에 농민과 노동자 등, 대다수 보통 사람들이 실업이나 빈곤, 산업재해나 인종차별, 또는 성차별에 시달리며 생존의 위기에 내몰린다는 것, 더욱이 모든 미국인들이 도시의 혼잡과 자연환경의 오염으로 인해 고통을 받게 되었다는 것을 알고 있었다. 그리고 그런 폐단에 어떻게 대처할 것인지 생각하기 위해, 선조들로부터 물려받은 전통뿐 아니라 유럽에서 대두한 새로운 사조에도 의지했다. 그렇게 해서 미국인들은 다양한 해법을 찾아내었고, 또 그것을 실천에 옮기기 위해 서로 힘을 모으고 여러 제도를 바꾸려고 노력했다. 그러나 그에 필요한 지지 세력을 확보하는 것은 결코 쉬운 일이 아니었다. 그들은 해법은 물론이요 의제에 관해서도 여간해서 합의를 보지 못한 채, 상이한 노선에 따라 움직였기 때문이다. 따라서 미국인들은 20세기 전환기에 심각한 갈등을 겪으며 변화를 모색했다.

그런 갈등과 변화는 흔히 "질서의 모색"Search for Order이라는 어구로 집약된다. 이것은 대략 반세기 전에 역사학자 로버트 위비Robert H. Wiebe가 제안한 어구로서, 1877-1920년간에 있었던 미국사의 전개 과정을 포괄적으로 이해하는 데 널리 사용된다. 그는 무엇보다도 당대의 역사를 개혁 운동의 관점에서 파악하는 기존 해석을 재고해야 한다고 주장한다. 그 대신, 미국 사회 전반에 걸쳐 일어난 변화를 종합적으로 이해하고자 시도한다. 그에 따르면 미국은 재건 시대까지도 수많은 지방 사회로 나뉘어 있었으나, 그 이후에 그것들을 통합하면서 새로운 체제를 수립하기에 이르렀다. 위비는 특히 교통·통신수단의 발달과 함께 정부와 기업의 성장에 힘입어, 전국을 아우르는 효율적인 운영 체계가 수립되었다고 지적한다. 그리고 그런 운영 체계가 기본적으로 많은 사람들을 조직하고 기구를 수립하며 그것을 통해 업무를 처리하는 근대적 관리 체제였다는 사실에 주의를 환기한다. 위비가 보기에, 20세기 초에 이르러 미국은 합리적 분업과 효율적 절차에 따라 업무를 처리하는 체제를 수립하고 그것을 통해 운영되는 사회로 변모했다.[1]

그러나 "질서의 모색"이라는 어구에는 적잖은 문제점이 들어 있다. 위비는 먼저 19세기 미국에서 수많은 지방 사회가 점진적으로 통합되었다는 사실을 경시한다. 이미 살펴보았듯이 도로와 운하, 그리고 철도의 부설 덕분에, 19세기 중엽에도 수많은 지방 사회가 지역적으로 통합되었다. 이는 19세기 말부터 빠른 속도로 진행되었던 전국적 통합의 서막에 해당하는 변화라 할 수 있다. 더욱이, "질서의 모색"이라는 어구는 당대의 복잡다단한 변화를 지나치게 정연한 과정으로 묘사하는 듯이 보인다. 물론, 위비는 실험과 실패, 도전과 좌절에 대해 언급한다. 그렇지만 결국에는 미국인들이 그런 방황에서 벗어나 중산층을 중심으로 진보주의Progressivism 개혁을 추진했다는 사실에 주목하면서, 미국이 20세기 초에 이르면 새로운 질서를 수립하고 개인의 자유와 권리 이외에 효율성이나 사회적 화합 같은 가치도 중시하게 되었다고 주장한다. 이 견해에서는 당대에 농민이나 노동자, 흑인이나 여성이 제기했던 비판과 저항이 "질서"를 향해 나아가는 거대한 진보주의적 조류의 일환으로 취급되는 듯하다. 그러나 소수집단의 비판과 저항에는 진보적 가치와 어울리지 않는 요소도 있었다. 예를 들면, 인종주의나 가부장제는 흑인과 여성의 항의에도 불구하고 농민과 노동자들 사이에서 넓고 깊은 뿌리를 내리고 있었다. 그렇기 때문에 근래의 저술에서 드러나듯이 20세기 전환기 미국에서 대두했던 다양한 개혁 운동을 사회적 합의에 따라 움직이는 하나의 흐름으로 묶어서 파악하기는 어렵다.[2]

---

1 Robert H. Wiebe, *The Search for Order, 1877-1920* (New York: Hill & Wang, 1967). 기존 해석에 관해서는 다음 문헌을 참고하라. Richard Hofstadter, *The Age of Reform: From Bryan to F.D.R.* (1955; New York: Vintage, 1960).

2 근래에 나온 포괄적 해석으로는 다음 문헌을 참고하라. Alan Trachtenberg, *The Incorporation of America: Culture and Society in the Gilded Age* (New York: Hill & Wang, 1982); Nell Irvin Painter, *Standing at Armageddon: The United States, 1877-1919* (New York: Norton, 1987); Jackson Lears, *Rebirth of a Nation: The Making of Modern America, 1877-1920* (New York: Harper, 2009); Richard White, *The Republic for Which It Stands: The United States During Reconstruction and the Gilded Age, 1865-1896* (New York: Oxford Univ. Pr., 2017).

그런 문제점에서 벗어나기 위해, 필자는 19세기 말에서 20세기 초까지 미국에서 전개되었던 사회적·문화적·정치적 변화를 "대안과 개혁"이라는 제목 아래 포괄적으로 이해하고자 시도한다. 여기서 대안이라는 용어는 중립적 의미를 지닌다. 역사학자들은 그 시기에 미국인들이 제시한 다양한 대안을 살펴보면서, 흔히 거기에 들어 있는 진보적 개혁의 전통에 주목하거나 그렇지 않으면 퇴행적 자세를 발견하고 전반적으로 폄하하는 경향을 보였다. 이런 해석은 물론 근거를 갖고 있으나, 전적으로 수긍하기는 어렵다. 왜냐하면 그 시기에 등장한 대안들은 그와 같은 상이한 해석이 가능할 정도로 일관성을 지니지 않았기 때문이다. 그것들은 대개 하나의 체계적 사상이 아니라 잡다한 제안이나 주장을 한데 엮어 놓은 서로 다른 강령이었다.

　　그래도 그것들을 "대안과 개혁"이라는 제목 아래 묶어 보려는 것은 당대의 대안에서 상당한 공통분모를 찾아볼 수 있기 때문이다. 첫째, 20세기 전환기에 제기되었던 여러 대안들은 본질적으로 성숙한 자본주의에서 심각한 폐단을 발견하고 그에 대처하는 방안으로 등장했다. 특히, 경제 권력을 지닌 소수의 엘리트가 정치적 권위까지 좌우하며 수많은 보통 사람들을 억압하고 착취하는 데 대한 처방으로 관심을 끌었다. 둘째, 그런 처방은 대체로 혁명과 건국을 거치며 확립되었던 공화주의 전통에 기원을 두고 있었다. 물론 무정부주의처럼 그와 거리가 있는 대안도 있었지만, 그런 대안은 많은 사람들 사이에서 지지를 얻거나 의미 있는 영향을 끼치지는 못했다. 셋째, 의미 있는 대안들은 대체로 정치적 해법에 주의를 환기했다. 심각한 폐단을 막거나 없애기 위해, 많은 사람들이 뜻과 힘을 모으고 그에 의지해 기존의 제도나 관행을 바꾸고자 했기 때문이다.

　　그런 공통분모는 여러 대안이 자본주의에 내재하는 평등주의적 동력의 소산이었다는 점을 시사한다. 이미 제8장에서 자본주의의 발전 동력을 탐구하면서 지적한 바 있듯이, 엘리트는 "생명과 자유, 그리고 행복의 추구"라는 어구로 집약되는 자유주의적 신조를 내세우며, 국가와 시장을 구분하고 시장에 대한 국가의 개입을 억제하며 자신들이 지닌 재산과 그것을 기반으로 확보한 경제 권력을 수호하고자 했다. 이 엘리트주의적 동력에 맞서, 보통 사람들은 정치적 평등과 다수의 지배라는 원칙을 강조하며 자신들의 권익을 옹호하고자 했다. 민주정치에서 핵심을 차지하는 이들 원칙에 의지해, 나아가 국가가 엘리트에 못지않게 보통 사람에게도 평등한 기회와 공평한 혜택을 보장해야 한다고 주장했다. 이 평등주의적 동력은 자본주의 발전에 따르는 폐단을 해결하기 위해 국가의 역할에 주목하고 정치적 해법을 모색하는 경향을 지닌다.

그 동력은 필자가 보기에 20세기 전환기 미국에서 뚜렷하게 나타났다. 물론, 거기서도 해법은 다양하게 제시되었고, 합의는 도출하기가 어려웠으며, 따라서 좌절이나 굴절도 모면하기가 어려웠다. 그래도 약간의 느슨한 타협이 있었는데, 그것은 한마디로 줄이면 "법인 자본주의"를 수용하되 거기에 규제를 가한다는 것이라 할 수 있다. 그 산만하고 복잡한 과정을 살펴보고 의미 있는 결과를 찾아내는 일이 이 장의 과제이다.

1. 인민주의

19세기 말 미국에서 거론된 여러 대안 가운데 가장 주목을 끄는 것은 농민이 제시한 인민주의populism라 할 수 있다. 그것은 1890년대 미국의 정치 지형에 태풍처럼 거센 바람을 몰고 왔으나, 뚜렷한 변화를 가져오지 못한 채 얼마 지나지 않아 사라져 버렸다. 그 결과, 엘리트에게 집중된 권력과 그것을 뒷받침하던 기존 체제에 대한 비판과 저항도 그만큼 줄어들었다. 바꿔 말해, 미국 자본주의에 내재하던 평등주의적 동력이 위축되었다.

인민주의라는 용어는 조심스럽게 쓸 필요가 있다. 여기서 인민은 농민을 넘어 미국인들을 포괄적으로 지칭한다. 이런 의미는 오늘날 한국에서 잘 부각되지 않는다. 이는 공산주의자들이 피지배계급을 가리킬 때 '인민'을 자주 들먹이는 데 따르는 부작용인 듯하다. 그래도 인민이라는 용어는 가끔 쓰이는데, 그런 때는 대체로 국민과 달리 국가를 수립하기 이전의 상태에 있는 사람들을 일컫는다. 이런 용법 탓인지, 그것을 근간으로 삼아 만들어진 용어로서 인민주의는 오늘날 한국에서 널리 쓰이지 않는다. 다만, 미국사 분야에서는 19세기 말 미국에서 대두했던 농민운동을 가리키는 데 흔히 쓰인다. 여기서도 주의해야 할 것은 인민주의의 원어 populism이 오늘날 미국뿐 아니라 한국에서도 '대중 영합주의'라는 뜻으로도 쓰인다는 점이다. 그래서 발생하는 오해를 피하기 위해, 이 책에서는 문맥에 따라 이들 역어를 구분해서 사용한다.[3]

미국사에서 인민주의는 좁게 말하면 1890년대에 인민당People's Party; Populist Party을 중심으로 대두했던 개혁 운동을 가리킨다. 그렇지만 그것은 적어도 한 세대 전부터 전개되었던 농민운동까지 포괄하는 용어로 쓰이기도 한다. 사실, 인민당은 1890년대에 느닷없이 나타났다가 사라져 버렸으나, 1880년대에 대두했던 여러 농민연맹Farmers' Alliance에 토대를 두고 있었다. 그리고 농민연맹은 이미 1860년대부터 농촌에서 주목을 끌었던 조직 운동에 기원을 두고 있었다.

그처럼 19세기 말 미국에서 한 세대 동안 전개되었던 조직적 농민운동을 설명하기 위해, 역사학자들은 흔히 경제적 배경에 주목한다. 특히 농산물 시장의 동향에 관심을 기울인다. 사실, 19세기 말 미국에서 농산물은 생산량이 크게 늘어나는 반면에 가격이 그에 못지않게 떨어지는 경향을 보였다. 〈도표 13-1. 주요 농산물의 생산량과 산지 가격, 1866-1911년〉에서 드러나듯

---

3 인민주의라는 용어는 러시아사 분야에서도 등장하는데, 거기서는 다른 의미를 지닌다. 그것은 19세기 말 러시아에서 일부 지식인들이 농민을 사회적 발전의 주체로 간주하고, 그들을 계몽해 혁명에 동원하고자 했던 운동을 가리킨다. 이런 용법은 이 책에서 채택되지 않는다.

〈도표 13-1. 주요 농산물의 생산량과 산지 가격, 1866-1911년〉

	옥수수 (백만 부셸)	옥수수 (센트/부셸)	밀 (백만 부셸)	밀 (센트/부셸)	면화 (천 베일)	면화 (센트/파운드)
1866	868	47.4	152,000	152.7	1,948	31.6
1871	992	43.4	230,722	114.5	2,757	20.5
1876	1,283	34.0	289,357	96.8	4,118	11.7
1881	1,195	63.6	383,280	119.2	5,136	12.2
1886	1,665	36.6	457,218	68.7	6,315	10.3
1891	2,060	40.6	611,780	83.9	8,941	7.3
1896	2,289	21.5	427,684	72.6	8,516	7.3
1901	1,523	60.5	748,460	62.4	9,676	8.1
1906	2,927	39.9	735,261	66.7	13,596	10.0
1911	2,531	61.8	621,338	87.4	16,250	9.7

출처: U.S. Bureau of the Census, Table 66. -- Cereal Crops: Estimated Production and Value, 1866 to 1909; Table 249. -- Cotton: Production, Consumption, Exports, and Imports, 1858 to 1909, in *Statistical Abstract of the United States: 1909* (Washington, DC: U.S. Government Printing Office, 1910), 125-126, 587; Table 84. -- Cereal Crops: Estimated Production and Value, 1866 to 1911, ibid. *1911*, 128; Table 298. -- Cotton: Production, Consumption, Imports, and Exports, 1860 to 1910, ibid. *1912*, 594.

이, 옥수수와 밀, 그리고 면화는 1866-96년간에 생산량이 3-4배로 늘어났다. 그러나 그 가격은 오히려 2분의 1 내지 4분의 1로 떨어졌다.

그런 동향이 나타난 이유는 무엇보다도 농산물 시장에서 공급이 크게 늘어난 데서 찾을 수 있다. 그것은 인구를 고려할 때 뚜렷하게 나타난다. 인구는 1860-90년간에 3,144만 명에서 6,298만 명으로 두 배 정도 늘어났으나, 농산물 생산량은 그런 폭을 뛰어넘어 크게 늘어났다. 더욱이, 미국의 농산물 가격은 국내시장에 못지않게 국제시장에서도 상당한 영향을 받았다. 19세기 말에는 아르헨티나, 오스트레일리아, 우크라이나 등지에서도 농산물의 생산량이 크게 증가했고, 국제적 교역도 과거 어느 때보다 활발하게 진행되었다. 따라서 19세기 말에는 국제시장에서도 농산물 가격이 하락하는 추세를 보였다. 이 추세는 한발이나 병충해로 인해 작황이 좋지 않을 때 일시적으로 반전되었으나, 장기적으로 지속되는 양상을 띠었다. 그것은 이미 언급한 바 있는 장기 불황—1870년대 중엽부터 1890년대 중엽까지 지속되며 물가의 전반적 하락을 가져왔던 불황—의 일환이었다. 따라서 농산물뿐 아니라 공산품도 가격이 하락하는 추세를 보였고, 이는 농민의 실질소득이 농산물의 액면가격만큼 감소하지는 않았다는 것을 뜻한다.

그러나 농민에게는 실질소득에 못지않게 명목소득도 중요했다. 그들은 농장을 운영하기 위해 토지를 매입하거나 기계를 구입할 때 은행에서 자금을 빌려 썼기 때문에 그 대출금을 갚아야 했고, 또 농산물을 시장에 출하하기 위해서는 그것을 운송하는 철도 회사에 수송비를 내야 했다. 이런 비용은 농민의 지출 가운데서 큰 비중을 차지했는데, 물가의 변동에 따라 곧바로 오르내리지도 않았다. 따라서 농민에게는 그만큼 힘겨운 부담이었다.

부담은 북동부보다 서부와 남부에서 훨씬 더 무거웠다. 이미 서술한 바와 같이, 북동부의 농민은 19세기 초부터 빠르게 발전하던 도시의 농산물 수요에 맞춰 원예와 낙농에 주력하며 경제적 안정을 누릴 수 있었다. 그렇지 않으면 도시에서 새로운 일자리를 찾거나 서부로 가서 새로운 농장을 일구었다. 서부의 농민은 북동부에서 이주했든 해외에서 이주했든 간에 경제적 안정을 누리지 못했다. 특히, 기후가 건조한 대평원에서는 물을 얻기 위해서는 물론이요 자유롭게 돌아다니는 짐승으로부터 농작물을 지키기 위해서도 많은 애를 써야 했는데, 그 대책으로 풍차를 세우고 철조망을 치는 데 적잖은 비용을 써야 했다. 게다가 철도 회사는 농산물을 수송하거나 저장 시설에 보관하는 데 상대적으로 높은 요금을 부과했다. 서부에서는 동부에 비해 여객이나 화물이 많지 않았기에, 요금을 상대적으로 높게 책정했던 것이다. 남부의 농민도 비슷한 여건에 시달렸다. 가난한 농민은 종자에서 생활필수품까지 지주나 상인에게서 얻어 쓴 다음에 그에 따르는 부채와 이자를 갚아야 했고, 또 철도 회사에 상당한 요금도 치러야 했다.

서부와 남부의 농민은 그런 부담을 이겨내기 위해 더 많은 농산물을 재배하고 수확하고자 노력했다. 그래서 더 넓은 땅을 얻고 더 많은 비료를 뿌리며 더 굵은 땀을 흘렸다. 한 걸음 더 나아가, 영농 방법을 개선하고자 했다. 특히, 수확량이 많은 새로운 품종과 종자를 확보하고 작업 능률을 올리는 데 도움이 되는 기계를 도입하는 데 관심을 기울였다. 그리고 그런 관심을 가진 이웃과 만나 정보를 주고받으며 함께 힘을 모으고자 노력했다. 그와 같은 관심과 노력은 이미 1850년대부터 뚜렷하게 나타났고, 공화당은 그것을 정책으로 뒷받침했다. 예를 들면 1862년에는 연방정부에 농무부Department of Agriculture를 설치하는 한편, 모릴법Morrill Act을 제정해 실업實業에 관한 교육과 연구를 위해 국유지를 공여하는 조치를 취했다. 전자는 농업에 관한 국가 정책을 효율적으로 수립, 집행하는 데 초점을 맞추고 있었고, 후자는 각 주에 12,000 ha의 국유지를 제공하고 그것을 토대로 농업과 공업의 발전에 기여하는 대학을 설립하도록 유도하는 데 역점을 두고 있었다. 그에 따라 많은 주립 대학이 탄생했으며, 고등교육이 농업과 공업의 발전에서 중요한 역할을 담당하게 되었다.

미국의 농민은 정부의 지원에 만족하지 않고 자조 운동을 전개했다. 먼저 1860년대에는 그레인지Grange 운동을 조직했다. 그레인지라는 용어는 농가나 농장이라는 의미를 지녔는데, 1867년에 결성된 농업진흥협회Order of the Patrons of Husbandry의 기구 명칭에서 유래한다. 이 단체는 지방 수준에서 결성되는 수많은 단위 조직으로 구성되었는데, 그 단위 조직을 가리켜 그레인지라 불렀던 것이다. 그런 조직은 농민이 자발적으로 수립하는 단체로서, 스스로 책이나 잡지를 찾아 읽으며 농업에 관한 새로운 정보를 모으고 공동 관심사를 실천에 옮기는 데 기반이 되었다. 실제로 그레인지는 처음에 영농 방법에서 농산물 시장에 이르기까지 다양한 정보를 다루었고, 얼마 지나지 않아 영농에 필요한 자재를 공동으로 구매하고 수확물을 공동으로 출하하는 등, 협동조합으로 활동 영역을 넓혀갔다. 나아가 은행과 보험을 비롯한 금융업과 농기계를 만들어 내는 제조업에도 손을 뻗쳤다. 그리고 활동 지역을 대서양 연안의 중부에서 서부와 남부로 넓혀갔다. 특히, 미주리와 캔자스, 오하이오와 인디애나, 일리노이와 아이오와 등, 오늘날 북중부 또는 중서부에 속하는 지역에서 강세를 보였다. 이런 추세는 1873년에 시작된 경기 침체로 인해 크게 강화되었다. 그 결과, 1875년에 이르면 그레인지는 19,000개에 가까운 단위 조직에 76만 명에 육박하는 농민을 포괄하는 단체로 성장했다.[4]

그레인지 운동은 철도에 대한 규제를 제도화시키는 데 성공하는 등, 적잖은 성과를 거두었다. 일리노이를 비롯한 여러 주에서 의회는 요금을 중심으로 철도를 규제하는 제도를 수립했는데, 이는 나중에 연방 차원으로 확대되면서 기업에 대한 국가의 규제라는 중요한 전통으로 발전한다.

그런데도 그레인지 운동은 그런 성과를 성장의 동력으로 활용하지 못했다. 그 이유 가운데 일부는 내재적 한계에서 찾을 수 있다. 이 운동은 여성의 참여를 환영하면서도, 여성에게 평등한 지위와 권리를 보장하는 데에는 소극적인 모습을 보였다. 더욱이 흑인에 대해서는 참여 자체를 허용하지 않는 등, 인종주의에 얽매여 있었다. 그에 못지않게 중요한 한계로는, 그레인지 운동이 정치적 토론이나 행동을 억제하는 방침을 선택했다는 점을 들 수 있다. 농민은 시민으로서 정치적 발언권을 적극적으로 행사할 수 있지만, 그레인지에서는 다른 회원이나 그레인지 자체를 정치에 끌어들이는 언행을 할 수 없었다. 대다수 농민이 공화당이나 민주당 같은 기존 정당에 깊은 충성심을 지녔다는 사실에 비추어 볼 때, 그것은 어쩔 수 없는 방침이었던 것 같다. 그레인지 운동이 종교에 대해서도 그런 방침을 취했다는 점도 같은 맥락에서 이해할 수 있다.[5] 그러나 그런 한계로 인해, 그레인지 운동은 농민이 관심을 지녔던 정치적 쟁점에 올바르게 대처하지 못했다. 실제로 1870년대 중엽에 많은

---

4 Elizabeth Sanders, *Roots of Reform: Farmers, Workers, and the American State, 1877–1917* (Chicago: Univ. of Chicago Pr., 1999), 105–107.

5 Oliver Hudson Kelley, *Origin and Progress of the Order of the Patrons of Husbandry in the United States: A History from 1866 to 1873* (Philadelphia: J. A. Wagenseller, 1875), 48–76, 117–130,

농민이 통화 문제에 관심을 기울이며 정치적 활동에 나서자, 그레인지 운동은 폭발적 성장세를 잃어버리고 갑자기 쇠퇴하는 모습을 보였다.

많은 농민은 그린백 운동으로 관심을 돌렸다. 이미 살펴본 바와 같이 미국의 화폐제도가 1873년 주화법과 1875년 태환 재개법을 통해 금은 복본위제에서 금본위제로 재편됨에 따라, 그린백은 시장에서 퇴장하게 될 것으로 보였다. 그러나 화폐 부족에 시달리던 농민과 노동자들은 그런 정책에 저항했다. 화폐 공급을 늘려야 한다는 그들의 주장은 당시에 심화되고 있던 불황으로 인해 더 큰 설득력을 얻었다. 그들 가운데서 정치적 행동에 나설 만큼 적극적인 이들은 금본위제를 고집하는 기존 정당과 결별하지 않을 수 없다고 생각했다. 그런 생각을 가진 사람들은 먼저 서부에서, 정확하게 말해 오늘날 중서부나 북중부라 불리는 지역에서 행동에 나섰다. 이들은 무엇보다도 화폐의 공급이 은행의 결정에 따라 좌우된다고 비판했다. 그것은 국민의 주권에 속하는 중요한 사안이지만, 실제로는 국민이 아니라 소수의 거부巨富가 은행권의 발행을 통제하며 자의적으로 결정한다는 것이었다. 그러므로 국민이 화폐에 대한 통제권을 회복하기 위해서는, 그린백을 옹호하는 인사들이 의회로 진출할 수 있도록 지원해야 한다고 역설했다. 더욱이, 넓은 지지를 얻기 위해 소득세를 도입하고 여성에게 투표권을 부여하며 노동시간을 하루 8시간으로 감축해야 한다고 주장하기도 했다.

그러나 결과는 조금도 만족스럽지 않았다. 1876년 선거에서 그린백 운동이 내세운 대통령 후보는 전체 투표자 가운데서 겨우 1 %의 지지를 얻었을 뿐이다. 그 비율은 4년 뒤에 3 %로 늘어났지만, 정치적으로는 역시 의미가 없는 결과였다.[6]

그러자 많은 농민은 통화정책에서 자조 운동으로 관심을 되돌렸다. 그리고 그레인지 운동에서 얻은 협동 정신과 경험에 의지하며 해법을 찾았다. 서

---

6 Sanders, *Roots of Reform*, 108–117.

부의 농민은 가축을 훔쳐가는 도적이나 자영농의 농토를 갈취하는 유력자, 또는 공유지를 무단으로 점유하는 대규모 축산업자들에 맞서는 데 힘을 모았다. 남부의 농민은 농산물 거래소를 세워 지역의 상인이나 지주를 거치지 않고 동부와 직접 거래하고자 했다. 또 종자와 기계, 그리고 생활필수품을 공동으로 구매하고자 했다. 따라서 1870년대 말부터 많은 지방에서 협동조합을 중심으로 자조 운동에 주력하는 새로운 농민 단체가 등장했다.

그런 단체는 얼마 지나지 않아 주 수준에서 통합되면서 "농민연맹"이라 불리기 시작했다. "농민연맹"은 지방별로 전개되던 자조 운동을 체계적으로 조직하기 위해 노력했다. 특히 농산물을 거래하거나 공산품을 구매하는 협동조합을 주 수준에서 개설하는 한편, 지방을 순회하며 강연을 담당하는 연사를 임명했다. 연사는 대개 농민운동에 뛰어든 목사나 교사, 또는 의사 가운데서 임명하고, 그들에게 지방을 돌아다니며 농민과 만나 이야기를 나누고 농민을 조직하는 일을 맡게 했다. 그들은 영농 방법과 철도 규제에서 물가와 금융, 독점과 부패를 비롯한 다양한 쟁점을 다루었다. 그런 강연과 이어지는 토론을 통해, 많은 농민은 자신들에게 닥친 난관을 해결하기 위해 자조 운동을 넘어 개혁 운동으로 나아가야 한다고 생각하기에 이르렀다. 그리고 주 수준의 단체들을 지역별로 통합해 거대한 기구를 수립하는 데 성공했다. 노스캐롤라이나에서 텍사스까지 이르는 지역에는 흔히 남부연맹Southern Alliance이라 불리던 기구를, 그리고 오하이오에서 노스다코타까지 이르는 지역에는 북부연맹Northern Alliance으로 알려진 기구를 수립했다. 이들 연맹은 1890년대에 이르면 미국의 전체 농민 가운데 10 %를 회원으로 거느리는 대표적 농민 단체가 되었다.[7]

그러나 "농민연맹"은 노선에 관한 갈등에서 벗어날 수 없었다. 적잖은 농

---

7 Lawrence Goodwyn, *The Populist Moment: A Short History of the Agrarian Revolt in America* (New York: Oxford Univ. Pr., 1978).

민은 자조와 협동에 초점을 맞추고 경제적 해결책을 찾았다. 찰스 맥퀸Charles W. Macune을 비롯해 일찍부터 "농민연맹"을 이끌었던 지도자들은 제분소와 조면기를 설치, 운영하고 농민에게 적합한 보험을 개발하는 등, 사업을 확대하고 대기업에 못지않게 거대한 규모와 효율적 방식으로 운영할 수 있다고 주장했다. 그러나 다른 사람들은 정치를 외면할 수 없다고 생각했다. 그들은 농촌문제를 빈부 격차와 부정부패 등, 전후 미국에서 악화된 구조적 문제의 일환이라고 보았다. 그리고 그것을 해결하기 위해서는, 소득세를 도입하고 엽관제를 폐지하며 연방 판사와 상원 의원을 주민의 직접선거로 선출하는 등, 소수 엘리트의 영향력을 제한하는 반면에 대다수 보통 사람들의 발언권을 강화해야 한다고 주장했다.

정치적 해법을 모색하던 개혁론자들은 모든 "생산자들"producers이 단합해야 한다고 역설했다. 상인, 은행가, 법률가 등, 다른 사람들의 노동에 의지하는 "기생자"parasites를 제외하고는, 스스로 땀 흘리며 일하는 모든 사람들이 힘을 모아야 한다는 것이었다. 그렇기 때문에 여성과 노동자의 참여를 환영했다. 여성에게는 회비를 면제해 주고, 집회에서 남성과 똑같은 발언권을 누리며 조직에서 적잖은 직책을 차지할 수 있도록 문호를 개방했다. 이처럼 진보적인 자세를 취하면서, "농민연맹"은 여성의 지위와 권리를 신장시키는 데 기여하고자 했다. 더욱이 노동자들을 도와 열악한 처우를 개선하기 위해서도 노력했다. 특히 노동시간 단축과 이민 제한에 동조하며 주요 노동단체와 연대 관계를 수립함으로써, 개혁 운동에 박차를 가하고자 했다. 이처럼 제도적 개혁을 역설하며 정치적 행동을 지향하던 개혁론자들은 나중에 진보주의자들에게 계승되는 주장과 제안을 내놓았다. 그러나 그것은 자조와 협동에 집중하며 경제적 해법을 추구하던 자조론자들로서는 수용하기 어려운 견해였다.[8]

---

8 Charles Postel, *The Populist Vision* (New York: Oxford Univ. Pr., 2007).

노선 갈등에 못지않게 중요한 장애는 인종 갈등이었다. 남부연맹에 속한 백인 농민은 흑인 농민과 한자리에 앉아 농촌문제에 관해 이야기를 나누는 것을 비롯해 인종 위계질서에 어긋나는 일을 하려고 하지 않았다. 사실, 그들은 전후 남부에서 노예제를 대체하는 인종 질서를 수립하고 흑백 격리 체제를 도입하는 데 결정적인 역할을 하고 있었다. 이미 살펴본 바와 같이, 심지어 수많은 흑인의 목숨을 앗아가는 끔찍한 일에 나서고 있었다. 그랬던 만큼, 흑인에게는 남부연맹의 거래소나 구매조합의 문호도 개방하지 않았다. 남부의 흑인도 백인과 함께 집회를 갖거나 단체를 만들려 하지 않았다. 그 대신, 유색인 농민연맹Colored Farmers' Alliance을 결성하고 거래소나 구매조합을 따로 수립하고자 했다. 그러나 자금의 부족과 상인과 은행의 방해로 인해 사업을 활발하게 벌일 수 없었다. 북부연맹은 그처럼 부진한 상황에 대해 남부연맹이 상당한 책임을 져야 한다고 보았다. 나아가 남부연맹이 그렇게 하지 않는다면, 서로 통합해 전국적 농민단체를 수립하는 일에도 착수할 수 없다고 생각했다.

그래도 농민연맹은 정치적 행동에 관해 합의할 수 있었다. 무엇보다도, 1892년 7월에는 전국 대의원 대회를 열고 인민당이라는 새로운 정당을 수립했다. 이는 무엇보다 개혁론자들이 자조론자들의 정책을 수용하며 포괄적인 강령을 제안한 결과였다. 특히, 자조론자들이 제시한 보관창고안subtreasury plan─연방정부가 전국에 창고를 설치하고 거기에 농산물을 보관하는 농민에게 보관 증권을 발행하며, 농민은 그것을 담보로 은행에서 자금을 융통할 수 있게 하자는 방안─을 주요 정강으로 채택했다. 그렇지만 철도 규제와 화폐제도 개혁에서 소득세 도입과 선거제 개선에 이르기까지, 이전부터 농민운동에서 제기되었던 중요한 개혁 강령도 계승했다. 따라서 인민당은 19세기 말 미국에서 농민을 대변하는 정당으로 자리를 잡을 수 있었다.

사실, 인민당은 당대에 미국 농민이 지녔던 관념의 소산이라 할 수 있다. 이는 오마하 강령Omaha Platform, 즉 1892년 창당 대회에서 채택된 정강 정책에서 드러난다. 거기에서는 위에서 언급된 다양한 요구 사항이 집약되었고, 또 당대 미국에 대한 농민의 인식도 선명하게 표출되었다. 특히, 서문에서는 격심한 빈부 격차와 부정부패로 인해 사회가 소수의 거부와 땀 흘리며 일하는 다수의 "평범한 사람들"plain people로 양분되고 공화정이 위기에 봉착했다는 인식이 뚜렷하게 나타났다. 그에 따르면,

우리를 둘러싸고 있는 상황을 보면, 우리가 협력해야 하는 이유가 잘 드러난다. 우리의 상황은 이 나라에 도덕적이고 정치적이며 물질적인 파국이 임박했다는 것이다.……

지난 한 세대 동안, 우리는 국민이 중대한 부정으로 인해 고통을 받고 있는데도 양대 정당이 권력을 잡고 욕심을 채우기 위해 싸우는 모습을 보았다. 우리는 기존의 두려운 상황을 방지하거나 억제하려는 진지한 노력도 기울이지 못한 채, 그 상황이 저들 정당을 움직이는 지배적 영향력으로 인해 악화되는 것을 보게 되리라고 주장한다. 양대 정당은 어떤 실질적 개혁도 약속하지 않는다. 저들은 다가오는 선거에서 하나의 쟁점을 제외하고는 모든 쟁점을 무시한다는 합의에 도달했다. 양당은 착취당하는 국민의 아우성을 묻어 버리기 위해 관세를 놓고 시끄럽게 싸우는 척하면서, 자본가, 대기업, 전국은행, 부패 패거리, 트러스트, 주식 물타기, 은화 퇴출, 그리고 악랄한 고리대금업자가 보이지 않게 만든다. 저들은 우리의 가정과 인생, 그리고 자녀를 재신財神의 제단에 바치고 수많은 사람들을 희생시킴으로써 백만장자들로부터 뇌물을 받아 내려한다.

미국의 탄생을 기념하는 날에 모여 독립을 성취한 위대한 조상의 정신을 되새기며, 우리는 미국의 기원이 되었던 "평범한 사람들"의 손에 공화국 정부를 되돌려 놓고자 시도한다. 그리고 우리의 취지가 미국 헌법의 취지와 같은 것이라고 단언한다. 즉, 보다 완벽한 연방을 구성하고 정의를 확립하며 국내 치안을 확보하고 공동 방위를 도모하며 국민 복지를 증진하고 우리 자신과 후손

을 위해 자유의 혜택을 확보하는 것이다.[9]

이 구절에서 드러나듯이, 미국의 농민은 19세기 말에 이르러 계급의식을 갖추었다고 할 수 있다. 그들이 당대의 미국이 소수의 거부와 다수의 "평범한 사람들"로 양분되어 있으며, 그로 인해 발생하는 파국을 막기 위해 "평범한 사람들"이 단결해 공화정을 복구해야 한다는 생각에 이르렀다는 점에서 그렇게 말할 수 있다. 그렇다면, 미국이 계급사회로 재편되는 과정은 19세기 말에 완성되었다고 할 수 있다. 엘리트와 노동자, 그리고 중산층은 이미 살펴보았듯이 내전이 일어나기 전에 계급의식 내지 문화를 갖추었으니 말이다.

그렇지만 미국의 농민계급에 관해 말할 때에는 몇 가지 유념해야 할 것이 있다. 먼저, 그들이 노선이나 인종에 따라 나뉘어 있었다는 사실을 명심해야 한다. 특히, 남부에서는 인종 질서가 농민의 계급적 통합을 제한하는 중대한 요인이었다는 사실을 기억할 필요가 있다. 그에 못지않게 중요한 것은 미국의 농민에게서 나타나는 계급의식을 사회혁명의 전조로 보는 시각을 경계해야 한다는 점이다. 이 시각은 마르크스-레닌주의의 영향 아래 계급과 혁명을 직결되는 현상으로 취급하는 경향을 지닌다. 그러나 그것은 계급의 형성을 가리키는 관념이나 언어를 그 맥락에서 떼어 내며 지나치게 확대해서 해석하는 과오로 이어지기도 한다. 그런 오류에 빠지지 않기 위해서는 맥락에 주목할 필요가 있다. 오마하 강령은 위의 인용 구절에 이어 농민이 요구하는 구체적 정책을 제안하는데, 거기서 혁명을 시사하는 것을 찾아보기는 어렵다. 정책은 철도와 통신의 국영화처럼 새로운 것도 있지만 거의 모두 이미 농민이 요구해 왔던 것이고, 기존 체제를 바꾸려는 의도를 내세우지는 않는다.

사실, 인민당의 정강 정책에서 주목을 끄는 것은 미국의 정치적 전통이다. 오마하 강령에 따르면, 미국이 당면한 위기를 타개하는 길은 위의 인

---

9 *National Economist*, July 9, 1892.

용 구절에서 드러나듯이 건국 정신으로 되돌아가는 데 있다. 구체적으로 말해 농민과 노동자를 비롯한 보통 사람들이 재력가들과 결탁하는 양대 정당을 버리고 새로운 개혁 정당을 만들고, 또 그것을 통해 정부를 장악한 다음에 철도와 통신을 국유화하고 은화의 자유로운 주조를 허용하는 등, 자본가와 대기업 대신에 노동에 종사하는 "생산자"에게 혜택을 돌려주는 정책을 펼치는 데 있다. 이런 강령은 미국의 정치체제에 대한 깊은 신뢰를 바탕으로 삼는다. 특히, 소수가 막대한 부를 축적하고 그것을 이용해 정부를 좌우함으로써 공화정에 위기를 가져왔으나, 보통 사람들이 개혁 정당을 통해 권력을 장악하면 머지않아 위기를 타개할 수 있다는 믿음을 간직하고 있다.[10]

그러나 미국의 정치적 전통에서 자라난 그 낙관적 전망은 형성되자마자 적잖은 좌절을 겪었다. 1892년 선거에서, 인민당은 아이오와의 농민운동가로서 연방 하원에 진출한 경력이 있는 제임스 위버James V. Weaver를 대통령 후보로 내세웠으나, 일반투표에서 8.5 %에 지나지 않는 104만 표를 얻는데 그쳤다. 그것은 제3당의 역사에서 주목할 만한 결과였지만, 인민당의 전망을 조금도 밝혀주지 못했다. 그런 사정은 1893년에 공황이 시작된 뒤에도 크게 바뀌지 않았다. 전반적으로 집권 민주당에 대한 불만이 커졌으나, 통화의 축소를 주도했던 공화당에 대한 비판도 드세졌다. 인민당은 외부에서 지지자들이 늘어날 것으로 기대했으나, 그에 못지않게 내부에서 은화론자들이 늘어나는 것을 보게 되었다. 그들은 은화의 자유로운 주조를 허용하고 금화와 함께 은화도 본위화폐로 인정해야 한다고 주장했다. 더욱이, 오마하 강령에서 개혁이 지나치게 강조되었다고 생각하고, 그것을 버리는 것이 인민당

---

10 이 해석은 앞에서 인용한 근래의 연구 동향에 토대를 두고 있다. 기존의 연구 동향에 관해서는 무엇보다 다음 문헌을 참고하라. John D. Hicks, *The Populist Revolt: A History of the Farmers' Alliance and the People's Party* (Minneapolis: Univ. of Minnesota Pr., 1931); Richard Hofstadter, *Age of Reform*, 23-130; Norman Pollack, *The Populist Response to Industrial America: Midwestern Populist Thought* (Cambridge, MA: Harvard Univ. Pr., 1962).

지지자들을 늘리는 길이라고 주장했다. 따라서 묵은 노선 갈등이 되살아났다. 그리고 화합을 지향하는 중도론자들을 포함해 다른 정파의 입지도 좁아졌다. 그 결과, 인민당은 1896년 선거를 앞두고 대통령 후보에 대해 합의를 볼 수 없었다.

인민당은 오히려 민주당 후보에 관심을 기울였다. 민주당에서는 은화론자 윌리엄 제닝스 브라이언William Jennings Bryan이 후보 지명전에 나섰기 때문이다. 그는 네브래스카 출신의 하원 의원으로서, 금본위제로 인해 이미 한 세대 동안 통화량이 줄어들었고, 그로 인해 유력자들이 혜택을 보는 반면에 보통 사람들이 고통을 당했으며, 이제 더 이상 그런 사태를 용납할 수 없다고 주장했다. 그리고 민주당 전당대회에서 열렬한 연설로써 대의원들을 사로잡고 대통령 후보 지명전에서 승리를 거두었다. 그러자 인민당은 은화론자들에 이끌려 그를 인민당 후보로 지명했다. 그러나 브라이언은 선거에서 패자가 되었다. 일반투표에서 46.7 %에 해당하는 651만 표를 얻었으나, 그것은 윌리엄 매킨리에 비해 60만 표가 적었다.

인민당은 패배에서 헤어나지 못했다. 브라이언을 지지했던 은화론자들은 인민당으로 돌아오지 않았다. 남은 당원들 가운데서도 민주당에 합류한 이들이 적지 않았다. 바꿔 말하면, 민주당이 보통 사람들에게 매력 있는 정강을 채택함으로써 외연을 넓히는 데 성공했다고 할 수 있다. 더욱이, 많은 농민이 인민당은 물론이요 그것을 밑받침했던 농민연맹에 대해서도 관심을 잃어버리고 있었다. 그 이유는 먼저 경기변동에서 찾을 수 있다. 앞의 〈도표 13-1〉에서 드러나듯이 1890년대 중엽부터 농산물 가격이 오르는 등, 농업 경기가 호전되는 기미를 보이기 시작했다. 그리고 그것은 1920년대까지 지속되는 호황으로 이어졌다.

더욱이, 농촌에서 일어나던 사회적 변화도 경시할 수 없다. 그것은 본질적으로 미국의 농민이 자영농 내지 차지농에서 기업농으로 변모하는 과정인데, 이를 올바르게 이해하기 위해 농업에 관한 통계를 살펴볼 필요가 있다. 〈도표

〈도표 13-2. 미국 농업의 장기적 변화 추이〉

	인구 (천 명)	토지 (천 에이커)	농장 수효 (천 개)	평균 면적 (에이커)	소유 (천 명)	임차 (천 명)
1870	……	407,735	2,660	153	……	……
1880	21,973	536,082	4,009	134	2,984	1,024
1890	24,771	623,219	4,565	137	3,269	1,295
1900	29,875	841,202	5,740	147	3,713	2,026
1910	32,077	881,431	6,366	139	4,008	2,358
1920	31,974	958,677	6,454	149	3,995	2,459
1930	30,529	990,112	6,295	157	3,262	2,669
1940	30,547	1,065,114	6,102	175	3,737	2,365
1950	23,048	1,161,420	5,328	216	3,941	1,447
2002	3,115	938,279	2,129	441	1,979	150
2012	3,233	914,528	2,109	434	1,961	148

출처: U.S. Bureau of the Census, *Historical Statistics of the United States: Colonial Times to 1970*, Bicentennial Ed. (Washington, DC: U.S. Government Printing Office, 1975), Part 1, Series K 1–16, 109–153; "Farms and Land in Farms," Census of Agriculture, U.S. Department of Agriculture, National Agricultural Statistics Service, https://www.nass.usda.gov/Publications/AgCensus/ (2019년 5월 15일 접속).

13-2. 미국 농업의 장기적 변화 추이〉에서 나타나듯이, 농업에 종사하는 인구는 1880년에 2,197만 명이었는데, 이는 전체 인구 가운데 43.8 %에 이른다. 이 비율은 30년 뒤인 1910년에 이르면 3,207만 명, 34.8 %로 줄어든다. 게다가 그 뒤에도 계속 줄어서 오늘날에는 1 %밖에 되지 않는다. 여기서 주목해야 할 것은 비율 측면에서 볼 때 농민의 감소가 오랫동안 천천히 진행된 추세였다는 점이다.

　그에 못지않게 유의해야 할 것은 수효 측면에서 볼 때 농업 인구가 산업혁명이 진행되는 기간에도 늘어났다는 점이다. 구체적으로 말해 미국의 농민은 19세기 내내 늘어났고, 이 추세는 1910년대까지 지속되었다. 그래서 그 수효는 1910–17년간에 3,200만 명을 넘어 절정에 이르렀다. 이들 농민이 운영하던 농장의 수효에서는, 그런 분수령이 뒤늦게 나타났다. 농업의 기본 단위로서 농장은 1870년에 266만 개였는데, 1900년에는 574만 개까지 늘어났다. 이런 증가세는 1930년대 중엽까지 이어졌고, 그다음부터 감소세가 나타났다. 그 이유는 이농 현상이 인구보다 농장의 수효에 뒤늦게 반영되기 때문인 듯하다. 농장은 대부분 농민 개인이 아니라 가족 단위로 운영되었으므로, 가족 가운데 일부가 농촌을 떠난 뒤에도 유지될 수 있었으니 말이다. 따라서 인구 측면에서 볼 때, 미국의 농민은 이미 1910년대에 분수령을 맞이했다고 할 수 있다.

토지 측면에서는, 그와 비슷하면서도 다른 추세가 나타난다. 〈도표 13-2〉에 따르면 미국의 국토 가운데 농업에 이용되는 토지는 1870년에 4억 700만 에이커에 지나지 않았는데, 1900년에는 8억 4,100만 에이커로 크게 늘어났다. 이런 증가세는 20세기 중엽까지 지속되었고, 그래서 농토는 1950년에 11억 6,100만 에이커로 늘어났다. 더욱이 몇 년 뒤에 감소하기 시작했지만, 그 추세는 매우 완만한 양상을 띠었다. 이는 농장의 규모에 중요한 영향을 끼쳤다. 농장의 규모를 가리키는 평균 면적은 내전을 계기로 남부에서 대농장이 해체되었던 1860-70년간에 199 에이커에서 153 에이커로 무려 46 에이커나 줄었다. 게다가 위 도표에서 나타나듯이 1870년부터 1910년까지 40년 동안에 다시 14 에이커나 줄어들었다. 그런 규모는 1910년대 초에 정체 상태에 빠졌다가 조금씩 늘어나기 시작했고, 오늘날에는 그보다 세 배가 넘게 커졌다. 그 이유는 무엇보다도 농토가 농민과 농장의 수효에 비해 훨씬 느리게 줄어들었다는 데서 찾을 수 있다. 이농 현상에 따라 농민과 농장의 수효가 줄어들었으나, 농촌에 남아 있던 농민은 오히려 농장의 규모를 늘릴 수 있었던 것이다. 여기서 주목해야 할 것은 그런 변화가 1910년대에 시작되었지만, 근래에 이르기까지 오랜 기간에 걸쳐 서서히 진행되었다는 점이다.

더욱이, 1910년대 이전 반세기 동안에 미국의 농업은 그와 다른 방향의 변화를 겪었다. 위 도표에서 드러나듯이, 그 기간에 농업에 종사하던 인구는 농장의 수효와 함께 꾸준히 늘어났다. 이들은 대평원을 농토로 바꾸는 등, 농업에 이용할 수 있는 토지를 넓혔지만, 그 속도는 농장의 수효보다 느렸다. 따라서 1870-1910년간에 미국의 농장은 평균 면적이 줄어드는 추세를 맞이했다. 게다가 그 기간에는 이들 농장 가운데서 남의 땅을 빌려 농사를 짓던 차지농이 크게 늘어났다. 차지농은 대부분 소작농이었는데, 그 비율은 1880년 25.6 %였으나 1900년 35.3 %로 크게 늘어났다. 이런 추세는 1930년 42.4 %까지 늘어났다가 감소세로 바뀐다. 이렇게 빠르게 늘어나던 차지농은 어느 지역에나 있었으나, 아무래도 남부에 가장 많았다. 거기서 차지농이 차지하던 비중은 1880년에 3분의 1을 훨씬 넘었고, 1930년에는 2분의 1을 훨씬 넘었다. 그리고 남부의 차지농 가운데서는 흑인이 거의 절반에 가까웠다. 흑인이 19세기 남부 인구 가운데서 3분의 1 조금 넘었다는 사실을 고려하면, 이는 흑인이 매우 어려운 처지에 있었다는 점을 보여 준다.

결국, 미국의 농민은 1870-1910년간에 자영농이라는 이상에서 멀어지고 있었던 셈이다. 그들은 수적으로 꾸준히 늘어나고 있었지만, 그만큼 토지를 확보하지는 못했다. 따라서 그들이 운영하는 농장도 평균 면적이 점점 줄어드는 현상을 보게 되었다. 더욱이, 점점 더 많은 농민이 남의 땅을 빌려서 농사를 짓는 처지에 놓이게 되었다. 이는 분명히 공화주의의 핵심적 신조와 어긋나는 사태였다. 제퍼슨에서 잭슨을 거쳐 링컨까지 이르는 공화주의 지도자들은 자영농을 공화국의 사회적 토대로 간주했고, 그래서 서부에서 광대한 토지를 확보하고 그것을 수월한 조건으로 농민에게 제공하며 자영농을 육성하고자 했다. 그런데도 내전 후에 농민은 번영을 누리는 대신에 오히려 쇠퇴의 위기에 부딪히게 되었다. 그들 가운데서 적잖은 이들이 농장을 잃고 아예 농촌을 떠나야 했다. 이는 장기적 안목에서 볼 때 20세기 미국에서 기업농이 착실하게 성장하는 추세의 전조였다고 할 수 있다. 그러나 이농 현상과 그 아래에 깔려 있던 농촌의 사회적 변화는 수많은 농민에게 파산의 위험이 눈앞에 다가왔다는 것을 뜻했다.

그런 농민이 인민주의의 사회적 토대였는데, 그것은 굳건하지 않았다.

인민주의는 본질적으로 위축에 직면한 농민의 반응이었던 만큼 19세기 말에도 흔들리고 있었다. 게다기 농업이 호황을 누렸던 20세기 전환기에는, 그토대가 아예 허물어졌다고 할 수 있다. 그렇지만 농민 가운데서 농촌에 남은 이들은 농토를 늘리며 기업농으로 변모하기 시작했다. 실제로, 그들은 허물어져 버린 인민당이나 농민연맹을 되살리려 하지 않았다. 그 대신, 영농회Farm Bureau를 조직하고 영농 정보를 수집, 교환하며 생산성을 올리고 소득을 늘리는 데 관심을 기울였다. 반면에, "생산자"의 단결이나 기존 체제의 개혁에는 나서지 않았다. 나아가 1919년에는 미국영농회연합American Farm Bureau Federation이라는 이익단체를 결성하고 기업농의 이해관계를 대변하는 데 주력했다. 이런 기업농의 대두에 따라, 인민주의는 종지부를 찍었던 것으로 보인다.

그런 변화는 미국 자본주의 문명의 역사에서 주목할 만한 의미를 지닌다. 인민주의의 쇠퇴는 자본주의 문명에 내재하는 평등주의적 동력이 그만큼 약화되었다는 것을 의미한다. 무엇보다 인민주의의 핵심적 신조, 특히 미국 사회가 소수의 "기생자"와 다수의 "생산자"로 양분되었다는 것, 또 "생산자"가 시민으로서 단결해 권력을 되찾아야 한다는 것, 이런 관념이 쇠퇴했으니 말이다. 물론, 그 유산을 경시할 수는 없다. 아래에서 살펴보듯이, 철도 규제와 농산물 보관창고에서 누진 소득세와 상원 의원 직접선거제까지 인민주의자들이 주장하던 다양한 제도가 진보주의 개혁에 흡수되었다. 그렇지만 그들이 지녔던 핵심적 신조가 쇠퇴하면서 평등주의적 동력이 약화되었다는 사실은 그보다 더 중요한 의미를 지닌다고 할 수 있다.

2. 노동자 공화주의와 사업 노조주의

비슷한 변화가 노동운동에서도 일어났다. 19세기 말에는 미국의 노동자들도 공화주의 전통에 입각해 기존 체제를 비판하고 개혁을 주장했으나, 농민과 마찬가지로 그것을 실천에 옮기는 데 실패했다. 농민과 달리, 그들은 위축되는 경로 대신에 성장하는 경로에 들어서 있었다. 그러나 그 경로는 그들에게 독립적인 "생산자"라는 관념을 버리고 종속적인 임금노동자라는 정체성을 받아들일 것을 요구했다.[11]

내전이 끝난 뒤에 미국의 노동자들은 전국적 기구를 수립하는 데 관심을 기울였다. 그들이 조직한 단체는 방직과 제화를 중심으로 일부 직종에 지나지 않았고, 게다가 좀처럼 특정 지방을 넘어서지도 못했다. 노동단체는 뉴욕, 필라델피아, 보스턴을 비롯한 동부 도시 이외에 시카고와 신시내티, 세인트루이스와 뉴올리언스, 그리고 샌프란시스코 등, 서부와 남부의 주요 도시에도 있었으나, 서로 연락을 주고받으며 함께 행동에 나설 만큼 긴밀한 관계를 맺지는 못했던 것이다. 반면에 기업은 빠른 속도로 사업을 확장하며 지방을 넘어 지역이나 전국에 걸쳐 움직이는 기구를 갖추었다. 특히, 철도, 전신, 유통, 정유, 제당, 제철 등의 부문에서는, 대기업이 긴밀하게 통합되고 효율적으로 작동하는 기구를 갖추고 많은 인력과 자원을 움직였다. 노동자의 견지에서는, 그에 대응할 수 있는 조직이 필요했다.

그 필요에 먼저 부응한 것은 1866년에 수립된 전국노동조합National Labor

---

11 이하 서술은 주로 다음 문헌에 토대를 두고 있다. David Brody, *Steelworkers in America: The Nonunion Era* (1960; New York: Harper Torchbooks, 1969); idem, *Workers in Industrial America: Essays on the 20ᵗʰ Century Struggle* (New York: Oxford Univ. Pr., 1980); James R. Green, *The World of the Worker: Labor in Twentieth-Century America* (New York: Hill & Wang, 1980); Michael H. Frisch and Daniel J. Walkowitz, eds., *Working-Class America: Essays on Labor, Community, and American Society* (Urbana: Univ. of Illinois Pr., 1983); Daniel J. Leab, ed., *The Labor History Reader* (Urbana: Univ. of Illinois Pr., 1985); David Montgomery, *The Fall of the House of Labor: The Workplace, the State, and American Labor Activism, 1865-1925* (Cambridge: Cambridge Univ. Pr., 1987); J. Carroll Moody and Alice Kessler-Harris, eds., *Perspectives on American Labor History: The Problem of Synthesis* (Dekalb, IL: Northern Illinois Univ. Pr., 1990).

Union이었다. 그것은 여러 노동단체의 연합 기구였으나, 농민과 개혁가도 받아들이는 등, 시민 단체의 성격도 지녔다. 사실, 전국노동조합은 노사 갈등을 해결하는 데 파업을 비롯한 대결보다 중재를 통한 타협을 중시했고, 또 노동자 정당의 건설을 추진하는 등, 정치적 행동에 나서는 데 주력했다. 공화당이나 민주당 같은 기존 정당을 통해서는, 일일 8시간 노동제의 도입과 중국인 이민의 금지 등, 노동자들의 주요 요구 사항을 실현하기가 어렵다는 것이었다. 그러나 전국노동조합은 양대 정당에 대한 미국인들의 충성심을 넘어서지 못했다. 조합이 지원하는 후보들은 1872년 선거에서 거의 모두 패배의 고배를 마셨다. 그리고 다음 해에 공황이 시작되자, 조합원들은 대부분 조합을 떠나기까지 했다.

그런 상황은 노사 갈등이 악화되고 나아가 사회불안까지 조성되는 결과로 이어졌다. 공황에 대처하기 위해, 사용자들은 대체로 노동자를 해고하고 임금을 삭감하는 등, 노동비용을 줄이는 데 관심을 기울였다. 그것은 혁신을 통해 생산성을 올리는 것보다 간단했을 뿐 아니라, 노동자들이 노동조합을 통해 조직적으로 대항하지 못했기에 부담이 적은 방안이기도 했다. 그러나 실업자가 크게 늘어나고 소비가 더욱 줄어들며 불황이 장기화되는 사태를 막기는 어려웠다. 그와 같은 악순환을 주도한 것은 가장 많은 노동자를 고용하던 철도 부문이었다. 이 부문에서는 거대한 기업들이 전후 호경기 속에서 성장을 누렸으나, 갑자기 공황을 맞이하자 노동비용을 줄이는 방안을 선택했다. 노동자들은 제대로 조직을 갖추지 못했기에 효과적으로 대응할 수 없었다. 그러나 불황이 지속되고 해고와 임금 삭감이 확산되자, 그들은 집단적으로 저항하기 시작했다. 특히 1877년 여름에는 노동자들이 철도 역사로 몰려가 차량에 불을 지르고 철로를 헐어 버리는 등, 행동을 통해 철도의 운행을 저지했다. 반면에 기업들은 핑커튼Pinkerton을 비롯한 경비 업체를 동원해 시설과 장비를 지키고 파업을 분쇄하려 했다. 파업은 철도를 따라 전국으로 확산되면서 수십만 명이 가담하는 소요 사태로 악화되었다. 사태를 진정시키기 위해 여러 주에서 동원되었던 민병대는 대체로 적극적으로 나서지 않았고, 심지어 철도 노동자 편에 서기도 했다. 그 결과로 전국이 혼란에 빠졌고, 연방정부가 군대를 투입해 무력으로 파업 노동자들을 진압해야 했다. 철도 파업은 그렇게 해서 수많은 사상자를 내고서야 끝났다.

철도 파업은 노동자들에게 무엇보다 조직의 필요성을 일깨워주었다. 거기에 부응한 것은 노동기사단이었다. 이 단체는 1869년 필라델피아에서 결성되었을 때 "고귀하고 신성한 노동기사단"Noble and Holy Order of the Knights of Labor이라는 명칭 아래 동료애를 강조하는 비밀결사로 출발했다. 그렇지만 1879년에 그 수장이 테런스 파우덜리Terence V. Powderly라는 개혁가로 바뀐 다음, 큰 변화를 맞이했다. 그는 철도 정비소에서 기계공으로 일하면서 노동운동에 뛰어든 인물로서, 비밀 의식을 폐지하고 노사 관계에 집중함으로써 노동기사단이 노동조합으로 발전하는 데 주도적 역할을 맡았다. 기사단에서 노동은 포괄적 의미를 지녔다. 그것은 농민연맹이 말하던 "생산자"와 마찬가지로 재화 내지 가치를 생산하기 위해 땀 흘리며 일하는 것이며, 그래서 "고귀하고 신성한" 행위로 여겨졌다. 그렇기 때문에 노동기사단은 은행가와 법률가, 투기꾼과 도박꾼, 그리고 양조釀造업자 등, 태만이나 부패를 일삼는 것으로 보이는 사람들을 배척했다. 반면에 그 외에는 사실상 모든 사람들을 포용했다. 심지어 소규모 사업체를 이끌며 피고용인과 함께 일하는 사용자도 받아들였다. 여성과 흑인에게도 비교적 개방적인 자세를 취했다. 그러나 흑인에게는 별도의 조직을 만들게 하고, 또 중국인을 배척하고 이민 제한을 주장하는 등, 인종주의에서 벗어나지 못하는 모습을 보였다.

그와 같이 비교적 개방적인 자세 덕분에, 노동기사단은 필라델피아를 넘어 다른 지방에서도 가입자들을 확보할 수 있었다. 지방은 더 넓은 지역으로 통합되는 과정에 있었지만, 그래도 사회생활의 무대로서 중요한 기능을 발휘하고 있었다. 그에 따라 노동기사단은 단원들을 직종이 아니라 지방 단위로 조직했고, 그들에 의해 운영되는 지회local assembly에 상당한 자율성을 허용했다. 사실, 지회는 파업과 같은 중요한 사안에 관해서도 본부의 지휘를 받지 않고 지방의 상황을 고려해 스스로 의사를 결정할 수 있었다. 따라서 파우덜리는 파업이 노사 갈등을 악화시키는 등, 많은 폐단을 가져온다고 생각하며 그것을 억제하고자 했지만, 지회들은 흔히 그에 개의치 않고 파업을 벌이며 사용자에 맞서는 자세를 취했다. 기사단은 전국노동조합처럼 연합 기구의 성격을 띠었던 것이다.

바로 그런 성격 덕분에, 노동기사단은 짧은 기간 안에 미국의 노동자들을 대표하는 단체로 성장할 수 있었다. 파우덜리가 이끄는 본부는 이민 제한 이외에 일일 8시간 노동제, 아동노동 금지, 협동조합 설립, 등 노동자들의 관심사에 초점을 맞추었지만, 철도·전신 국유화, 토지 투기 억제, 누진 소득세 도입, 등 농민의 요구 사항도 외면하지 않았다. 그런 포괄적 방침 아래서, 지회들은 지방의 노동 현안에 관해 상당히 자율적으로 활동했다. 특히 1884-85년에 유니언 퍼시픽을 비롯해 몇몇 철도에서 파업이 시작되었을 때, 서부의 지회들은 본부의 방침을 따르지 않고 주도적 역할을 떠맡았다. 그것도 당대 미국의 대표적 철도 사업가 제이 굴드를 상대로 그렇게 했다. 그렇지만 결과는 노동자들의 승리였고, 그에 고무된 수많은 노동자들이 기사단에 가입했다. 덕분에 기사단은 1884년에서 1886년까지 겨우 2년 사이에 단원이 10만 명에서 70만 명으로 폭증하는 현상을 맞이했다. 이제 미국의 노동자를 대변하는 전국적 노동단체가 탄생한 것으로 보였다.

그러나 노동기사단은 마치 썰물처럼 쇠퇴하는 과정을 겪었다. 1886년 봄, 기사단은 굴드가 이끄는 철도 회사에서 또다시 파업을 벌였으나 이번에는 패배하고 말았다. 더욱이, 그 시기에 시카고 지회는 일일 8시간 노동제의 도입을 요구하는 총파업을 추진했다. 5월 1일, 시카고에서는 3만 명 내지 4만 명의 노동자가 파업에 돌입했고, 그에 못지않은 수의 노동자가 시위나 집회에 참여했으며, 전국적으로는 적어도 그 10배에 이르는 노동자들이 호응했다. 이 파업은 평화롭게 진행되었으나, 5월 4일 저녁 헤이마케트 광장

Haymarket Square에서 비극적 사태로 바뀌었다. 거기서 있었던 집회를 해산시키기 위해 경찰이 접근했을 때 누군가 폭탄을 던졌고, 경찰이 군중을 향해 발포하며 진압했으며, 결국 경찰 7명과 노동자 4명 등, 적어도 11명이 사망하는 사태가 벌어졌다.

경찰은 범인을 잡기 위해 대대적인 수색에 들어갔고, 언론은 폭탄을 던졌다고 생각되던 혁명론자들에게 비난을 퍼부었으며, 자경 단체들이 폭력을 휘두르며 탄압에 가세했다. 결국 범인이 밝혀지지 않았으나, 무정부주의자 8명이 폭력 혁명을 선동했다는 이유로 기소되었다. 증거보다는 편견과 여론에 좌우된 재판에서 그들 가운데 7명이 극형을, 나머지 1명이 15년이라는 중형을 선고받았다(나중에 피고인 가운데 4명이 처형되었고, 1명이 스스로 목숨을 끊었으며, 여러 나라에서 수많은 노동자들이 그들을 애도하며 5월 1일을 노동절로 삼았다. 그리고 나머지 3명의 피고인은 결국 사면을 받았다). 이 사건에서 노동기사단은 심각한 타격을 받았다. 파우덜리가 헤이마케트 사건을 비판하는 동안, 수많은 단원들이 탈퇴했기 때문이다. 1890년에 이르면, 기사단은 단원이 10만 명으로 줄면서 겨우 명맥을 유지하는 단체로 위축되었다.[12]

그렇지만 이데올로기의 측면에서 볼 때, 노동기사단은 중요한 의미를 지닌다. 기사단은 한마디로 말해 노동자 공화주의의 전통을 이어받아 생산자가 주도하는 사회·경제체제를 세우고자 했다. 그 전통은 이미 제8장에서 살펴본 바와 같이 19세기 중엽에 형성되었다. 당대 미국의 노동자들은 재화를 비롯한 가치를 자신들이 생산하는데도 그 대부분을 자본가들이 가져간다고 지적하면서, 그것을 "임금 노예제"라고 비판했다. 또 그런 체제가 빈부 격차를 심화시키며 결국에는 공화국을 위기로 이끌고 갈 것이라고 우려했다. 그리고 정부가 자본가를 비롯한 "기생자"들에게 특권을 주고 특혜를 베풀지 않도록, 노동자와 농민 등, "생산자"들이 단결해 정치권력을 장악해야 한다고

---

12 Paul Avrich, *The Haymarket Tragedy* (Princeton, NJ: Princeton Univ. Pr., 1984).

주장했다. 이런 이데올로기를 이어받아, 기사단은 모든 "생산자"를 포괄하는 기구를 수립하고, 거기에 협동조합을 도입함으로써 "기생자"의 착취를 방지하고자 했다. 또 노동자들이 공화국 시민으로서 지니는 권리를 작업장에서도 누릴 수 있어야 한다고, 구체적으로 말해 노동조합을 결성하고 임금과 노동시간에 관해 발언하는 권리를 지닌다고 주장했다. 그리고 그런 구상을 실현하기 위해서는, 노동자들이 정부를 바꾸는 데 나서야 한다고 역설했다.[13]

그래도 노동기사단이 산업혁명 이전으로 되돌아가거나 사회주의와 같은 새로운 체제를 세우고자 했던 것은 아니다. 기사단을 이끌었던 지도자들은 산업혁명이 "임금 노예제"나 경제적 불안과 같은 폐단만 가져온 것이 아니라, 물질적 진보와 함께 재산 축적과 지위 향상의 기회도 가져왔다고 생각했다. 그래서 사회주의와 같이 사유재산을 폐지하고 국가가 관리하는 체제를 세우자는 혁명적 이데올로기를 받아들이지 않았다. 그 대신, 협동조합이라는 대안에 관심을 기울였다. 당대 미국에서 노동운동을 관찰하고 있던 어느 언론인은 이렇게 지적했다.

협동은 사회주의와 다르다.…… 그것은 국가가 모든 자본을 소유하고 모든 산업을 경영하며 군대에서 병사에게 명령을 내리듯이 산업 현장에서 모든 사람에게 명령을 내리지는 않는다.…… 사회주의에 동조하는 사람들이 있는데, 그 이유는 그들이 다른 수단으로 사회체제를 개선할 수 없다고 본다는 데 있다. 영국의 시인이자 사회주의자인 윌리엄 모리스William Morris는 오랫동안 사용자로서 기업의 이윤을 노동자들에게 분배하는 데 관심을 기울였는데, 협동이 사회주의로 확장되지 않는다면 치열한 경쟁을 이겨낼 가능성이 없다고 주장한다. 이는 매우 중요한 사실을 간과하는 것, 즉 현재 경쟁과 연관되어 있

---

13 Leon Fink, *Workingmen's Democracy: The Knights of Labor and American Politics* (Urbana: Univ. of Illinois Pr., 1983).

는 심각한 폐단이 존재하는데, 그것이 자라난 기간에는 부끄럽게도 정부가 평
등한 권리를 보장하고 정의를 실현한다는 주요 기능을 완수하지 않았다는 점
을 간과하는 것이다. 특권을 지닌 대기업과 독점 기업은 모든 산업부문에서 다
른 기업으로부터 이윤을 가로채는데, 이는 정부가 만들어 낸 제도이며, 또 정
부가 적절한 권한과 행동의 한계 안으로 끌어들일 수 있는 제도이다. 이런 일이
실현된다면, 또 부당한 토지법과 연관되어 있는 폐단을 비롯해 다른 여러 폐단
이 개선된다면, 협동의 이상을 실현하기 위해 혁명을 일으키고 사회주의 국가
를 세울 필요는 없을 것이다.[14]

그렇다면, 그런 대안을 모색하던 노동기사단은 노동자 공화주의의 전통
을 대변했다고 할 수 있다. 거기에는 여성과 흑인, 그리고 이민에 대한 차별이
내재되어 있었다. 기사단은 초기의 노동단체와 달리 소수집단을 포용하는
자세를 취했지만, 미국의 백인 남성이 지니던 우월 의식까지 버렸던 것은 아
니다. 사실, 그 의식은 초기 미국에서 형성된 전통에서 핵심적 전제였다. 그
것은 그들이 가치를 창조하는 생산자라는 관념에서, 그리고 자신들이 생명과
자유와 재산에 관한 기본적 권리를 누리는 공화국 시민이라는 관념에서, 토
대에 해당하는 정서였다.

그런 전통은 노동기사단과 함께 쇠퇴했다. 물론, 공화주의는 오늘날까지
미국 정치체제의 근간으로 살아 있다. 그렇지만 그것이 정치적 비판과 저항의
이데올로기로서 활력을 잃었다는 사실을 부인하기는 어렵다. 따라서 미국 자
본주의에 내재하는 평등주의적 동력도 그만큼 약화되었다고 할 수 있다.

노동기사단을 대신해 노동운동을 주도한 것은 미국노동연맹American

---

14 Frank Giddings, "Cooperation," in *The Labor Movement: The Problem of Today*, ed.
George M. McNeil (Boston: A. M. Bridgeman, 1887), 531. Kim Voss, *The Making
of American Exceptionalism: The Knights of Labor and Class Formation in the Nineteenth
Century* (Ithaca: Cornell Univ. Pr., 1993), 87-88에서 재인용.

Federation of Labor이었다. 이 새로운 기구가 대두하는 과정은 기사단이 쇠퇴하는 과정과 겹쳐 있었다. 연맹은 1880년대 초에 몇몇 노동조합이 새로운 연합 기구를 수립하면서 기사단과 뚜렷이 다른 노선을 표방한 데서 유래했다. 이런 움직임은 인쇄공, 주물공, 제철공, 목공 등, 오랜 기간에 걸쳐 기술과 경험을 쌓은 숙련 노동자들 사이에서 일어났다. 그들은 자신들을 "생산자"보다 노동자라고 여겼고, 자신들이 수립하는 단체도 노동자에 초점을 맞추고 노동자의 권익을 옹호하는 데 주력해야 한다고 생각했다. 따라서 노동조합은 임금제도를 받아들이고, 그것을 전제로 임금과 노동시간 등, 고용조건을 개선하는 데 주력해야 했다. 이 새로운 노선에서 "생산자"나 공화국 같은 정치적 개념은 배제되었다.

그런 변화에서 앞장선 것은 새뮤얼 곰퍼스Samuel Gompers를 비롯한 몇몇 엽궐련 제조공이었다. 그는 1850년 영국 런던의 유대인 가정에서 태어나 자랐으나, 1863년 부모를 따라 뉴욕으로 이주했다. 그리고 거기서 아버지를 도와 엽궐련 만드는 일을 시작했고, 다음 해에는 겨우 열네 살밖에 되지 않았지만 노동조합에 가입했다. 작업장과 노동조합은 그에게 중요한 학교였다. 일찍이 히브리어를 배우고 탈무드를 읽는 등, 유대인으로서 받은 기초 교육을 바탕으로, 곰퍼스는 거기서 노동자로서 살아가는 데 필요한 사회교육을 받을 수 있었다. 엽궐련을 제조하는 데에는 값비싼 시설이나 장비가 필요하지 않았으므로, 작업장은 대부분 규모가 작았고 임금이 개인의 성과에 따라 결정되었다. 그런 여건은 노동자들이 스스로 교육을 받는 데 도움이 되었다. 그들은 조금씩 돈을 모아 책이나 신문을 사서 자신들 가운데 한 사람에게 읽게 하고는, 작업이 끝난 다음에 자신이 만들어 놓은 엽궐련 가운데 일부를 그에게 나누어 주며 일당을 채울 수 있게 했다. 또 노동조합에서는 고용조건을 넘어 경기와 정세까지 다양한 현안을 중심으로 진지한 토론이 벌어졌는데, 그것도 곰퍼스에게 중요한 영향을 끼쳤다. 특히, 독일에서 이주한 사회주의자들은 그에게 『공산당 선언』을 비롯한 마르크스의 저술을 소개하며 자본가와 노동

448

자 사이의 계급 갈등에 주목하게 유도했다.

그러나 곰퍼스와 그의 동료들은 책에서 얻는 지식을 그대로 따르지 않고, 자신들이 현실에서 얻는 경험에 비추어 보며 그것을 바꿔 나갔다. 그들은 적잖은 노동쟁의가 노동자들의 패배로 끝나는 것을 보고, 그 이유가 주로 노동자의 성급한 행동과 그것을 선동하는 혁명론자들에게 있다고 생각했다(여기서 혁명론자라는 용어는 사회주의자와 무정부주의자 등, 기존 체제의 근본적이고 급격한 변화를 주장하는 사람들을 가리킨다. 이들은 흔히 급진파나 급진주의자라 불리지만, 이 책에서는 이들 용어가 17세기 중엽 영국에서 시작되어 19세기 말까지 유럽과 미국에서 지속되었던 정치적 전통 가운데서 참정권 확대와 의회 개혁 등, 정치체제의 개혁을 주장하던 진보적 전통에 국한해 사용된다). 그들이 보기에 혁명론자들은 대개 노동자가 아니라 지식인으로서, 기존 체제에 개선 가능성이 없다고 보고 정치권력을 장악함으로써 새로운 사회를 건설하기 위해 노력해야 한다고 생각했다. 그래서 노동조합에 침투해 그것을 정당의 발판으로 삼거나, 그렇지 않으면 그것을 파업으로 이끌어 혁명의 도화선으로 이용하고자 시도했다. 그런 혁명론자들의 영향력 아래, 노동자들은 정당 운동이나 파업 운동에 자주 휘말렸다. 그것도 그들이 쟁의를 성공적으로 수행할 수 있을 만큼 적절한 조직과 충분한 자금을 갖추지 못했을 때도 그랬다. 그 결과, 흔히 쟁의에서 패배하고 노동조합과 함께 일자리를 잃거나, 기껏해야 이전보다 나쁜 조건에서 일하게 되었다. 그렇다면 이제 혁명론자들과 결별하고, 정치나 혁명 대신에 임금과 노동시간을 비롯한 고용조건의 개선에 초점을 맞출 필요가 있었다. 또 사용자에게 고용조건의 개선을 요구하고 필요하다면 압력을 행사할 수 있을 만큼 실력을 지닌 노동자들에 한정해 견고한 조직을 수립하고 충분한 자금을 확보하는 등, 쟁의에 대비할 필요도 있었다.

곰퍼스는 "생산자" 대신에 노동자, 그것도 숙련 노동자에 초점을 맞추었다. 숙련 노동자는 오랜 기간에 걸쳐 쌓은 기술과 경험 덕분에 생산과정에서 핵심적인 부분을 담당했기에, 사용자와 협상하는 데 필요한 중요한 역량을 갖추고 있었다. 또 안정된 일자리와 상대적으로 높은 임금을 누렸던 만큼, 노동조합을 운영하는 데 필요한 상당한 비용도 감당할 수 있었다. 곰퍼스는 조합비를 높은 수준으로 책정하지 않으면 노동조합을 제대로 운영할 수 없다고 생각했다. 그에 따르면, 노동조합은 상조회와 마찬가지로 조합원이 사고나 질병, 또는 해고와 같은 난관에 부딪혔을 때 견디어 낼 수 있도록 상당한 금전적 지원을 제공할 수 있어야 했다. 그 위에, 조합원들이 파업에 돌입했을 때 음식은 물론이요 필요하다면 숙소까지 제공하면서 충분히 지원할 수 있어야 했다. 그 대신, 조합원들은 사용자에게 맞서는 쟁의와 교섭에 관해 노조 지도부에 권한을 위임하고 거기서 결정되는 방침을 준수해야 했다. 그리고 노조 지도부는 마치 사용자와 함께 사업상 거래를 하듯이 신중하고 온건하게 접근하며 고용조건을 개선하는 데 주력해야 했다. 곰퍼스는 이와 같은 노선을 "순수 노조주의"pure and simple unionism라 불렀다. 그렇지만 그것은 "생산자"나 공화국 같은 정치적 개념을 배제한다는 점에서 흔히 "사업 노조주의"business unionism로 여겨졌다.[15]

그런 노선은 노동조합이 산업 현장에 자리를 잡는 데 도움이 되었다. 곰퍼스는 1886년에 미국노동연맹이 결성되었을 때 의장으로 선출되었지만, 사회주의자를 비롯한 혁명론자들을 견제하기 위해 많은 노력을 기울여야 했다. 그들이 여러 조합에서 위원장이나 대의원으로 선출되었고, 연맹을 혁명운동의 토대로 바꾸고자 기도했기 때문이다. 그래도 곰퍼스는 뛰어난 언변과 끈질긴 활동을 통해 연맹에 가입한 조합들을 새로운 노선으로 이끌고 갈 수 있었다. 사실, 많은 숙련 노동자들은 영국의 선례를 따라 인쇄, 주물, 제철 등, 직종별로 조합을 결성하고, 그것을 노동운동의 토대로 정립하고자 노력했다. 영국과 마찬가지로 단결권조차 보장되지 않는 상황에서, 직종별 조합

---

15 Harold C. Livesay, *Samuel Gompers and Organized Labor in America* (Boston: Little, Brown, 1978), 1-86.

craft union을 수립하고 그것을 신중하고 온건한 방식으로 운영함으로써 노동 운동의 기틀을 마련하고자 했던 것이다.

그들의 노력은 미국노동연맹의 조합원이 착실하게 늘어나는 결과로 이어 졌다. 조합원은 1886년부터 1893년까지 겨우 7년 사이에 14만 명에서 26만 명으로 두 배 가까이 늘었다. 그에 못지않게 중요한 것은 1893-97년에 있었 던 공황에도 불구하고 조합원이 유지되었다는 점이다. 그 기간에 조합원은 1 만 명 정도 줄어드는 데 그쳤다. 이로써 미국노동연맹은 미국 노동 운동의 역 사에서 처음으로 공황에도 쓰러지지 않을 만큼 튼튼한 단체임을 입증했다. 더욱이, 그 후에 경기가 호전되자 조합원이 빠르게 늘어나서 1902년에는 100 만 명을 넘어섰는데, 이는 미국의 전체 노동조합 가입자 가운데서 4분 3에 가까운 숫자였다. 따라서 미국노동연맹은 미국의 노동 운동에서 대세로 자리 잡기 시작했다.

그런 단체의 지도자로서, 곰퍼스는 매우 조심스러운 태도를 취했다. 그 의 태도는 1890년대 전반에 있었던 중요한 노사 갈등에서 분명하게 드러났 다. 1892년 7월, 서부 펜실베이니아의 홈스테드Homestead에서 철강 노동자들 은 카네기제강Carnegie Steel Company을 상대로 파업을 벌였다. 경영진이 새로운 일관 제철소를 수립하며 생산성을 제고한 데 이어 생산비를 줄이기 위해 임 금을 삭감하는 조치를 취하자, 집단적 항의에 나섰던 것이다. 파업 노동자들 은 무려 3,800명에 이르렀지만, 종래와 달리 매우 조직적으로 움직였다. 무 엇보다도 노동조합을 중심으로 파업 위원회를 구성해 파업을 이끌게 하고, 대중 집회를 통해 노동자들의 참여를 독려하며 공장의 가동을 저지하고자 했다. 반면에 경영진은 경찰과 경비 업체의 도움을 받으며 대체 노동자들을 끌어들이려 했다. 양측은 결국 물리적으로 충돌했고 총격전까지 벌였으나, 주민의 도움을 받은 노동자들이 수십 명의 사상자를 낸 끝에 승리를 거두었 다. 그러나 펜실베이니아 주지사가 계엄령을 선포하고 방위군을 파견해 파업 노동자들을 진압했다. 그에 따라 파업이 사실상 와해되기 시작했으나, 곰퍼스는 노동자들을 적극적으로 지원하지 않았다. 개인 자격으로 파업 노동자를 위한 모금 활동을 벌였을 뿐, 미국노동연맹의 차원에서 금고를 열어 지원하는 데까지 나아가지는 않았다. 그가 보기에, 그것은 연맹을 위기로 몰아넣을지도 모르는 모험이었다.

더욱이, 곰퍼스는 1894년에 있었던 풀먼Pullman 파업에 대해 완고한 태도를 보이기도 했다. 이 파업은 열차 차량 가운데 침대차를 전문적으로 제작하던 풀먼차량사Pullman Car Company에서 시작되었다. 불황에 시달리던 회사가 노동자를 해고하고 임금을 삭감하자, 4천 명에 이르던 노동자들이 모두 일손을 놓고 항의하는 데 나섰다. 그들은 노동조합으로 조직되어 있지도 않았으나, 미국철도노동조합American Railway Union으로부터 지원을 받을 수 있었다. 이 노동조합은 겨우 한 해 전에 수립된 새로운 조직이었으나, 일부 풀먼 노동자들의 요청에 따라 파업에 개입하기로 결정했다. 그리고 단체협상을 거부하는 경영진에게 압력을 넣기 위해 조합원들에게 풀먼 침대차에 대한 서비스를 거부하라는 지침을 채택했다. 그에 호응한 노동자는 25만 명에 이르렀고, 그 결과 중부와 서부에서 철도의 운행이 중단되었다. 그러자 연방정부는 파업으로 인해 우편물 배송과 주간 통상이 저해된다는 이유를 들어, 법원에서 파업에 대한 금지령injunction을 얻어 내었다. 이것을 어기는 사람은 법원을 모독하는 것으로 간주되어 벌금형이나 금고형에 해당하는 처벌을 받기 때문에, 금지령은 파업에 즉각적이고 직접적인 영향을 끼쳤다. 실제로 연방정부는 금지령을 집행한다는 명분 아래 연방군 12,000명을 동원했고, 노동자들과 총격전을 벌여 30명을 사살한 끝에 파업을 분쇄했다. 이후에 금지령은 파업을 비롯한 노동운동에 타격을 가하는 중요한 수단으로 이용된다. 그런데도 곰퍼스와 미국노동연맹은 파업 노동자들을 적극적으로 지원하지 않았다. 연맹에는 철도 노동자들이 수립한 다른 단체가 있었고 또 그것이 미국철도노동조합과 경쟁하는 관계에 있었던 만큼, 그는 그것을 보호하는 데 관심을 기울였다.

더 중요한 이유는 곰퍼스가 노사 관계에 국가가 개입하는 것을 반대한다는 데 있었다. 그가 보기에 국가는 결코 중립적인 기구가 아니었다. 국가는 이미 살펴본 것처럼 경찰과 군대를 동원하며 노동운동을 물리적으로 탄압하는데 서슴대지 않았다. 그리고 더 이상 노동조합에 범죄 음모 혐의를 적용하지 않는다 해도, 금지령을 통해 노동조합을 사실상 무력화시킬 수도 있었다. 이런 국가의 막강한 영향력에서 벗어나기 위해, 노동단체들은 종래에 개혁이나 혁명을 외치는 정치 세력과 함께 힘을 모아 정치적 권위를 장악하고자 시도했다. 그러나 그런 시도는 모두 노동단체의 쇠퇴라는 결과로 이어졌으므로, 곰퍼스는 노동단체가 정치에 휘말리지 않아야 한다고 생각했다. 다른 한편으로, 그는 국가가 금지령을 비롯한 법적 제약을 통해 노사 관계에 끼어들지 않아야 한다고 생각했다. 그런 제약은 본질적으로 보편적이고 지속적인 성격을 지니기 때문에, 끊임없이 변화가 일어나는 복잡한 노사 관계에 적합하지 않다는 것이었다. 그 대신, 곰퍼스는 자발성自發性 원칙voluntarism을 강조했다. 노사 관계는 국가를 비롯한 제삼자의 개입 없이 노동자와 사용자의 자발적 노력과 직접적 협상에 따라 운영되어야 한다는 것이었다.[16]

자발성 원칙은 노동운동의 정치적 역할을 제한하려는 취지를 지녔다. 곰퍼스는 노동자가 자신의 정치적 신념에 따라 특정 정당을 지지하는 등, 정치적 활동을 전개하는 데 반대하지 않았다. 오히려 노동자에게 우호적인 정치인을 지원하는 반면에, 그렇지 않은 정치인을 비판하는 데 앞장섰다. 그러나 그는 노동단체를 정치 세력으로 바꾸는 데 대해 분명하게 반대했다. 국가가 노사 관계에 개입하는 데 반대한 것과 마찬가지로, 노동단체가 국가의 운영에 개입하는 데에도 반대했다. 따라서 자발성 원칙은 미국노동연맹이 기존의 양대 정당 이외에 제삼의 정당을 창설하는 운동에 힘을 보태지 않을 뿐 아니

---

16 Samuel Gompers, *Seventy Years of Life and Labor: An Autobiography by Samuel Gompers*, ed. Philip Taft and John A. Sessions (New York: E. P. Dutton, 1957), 218-250.

라, 그런 정당정치를 밑받침하는 선거제도를 비롯해 미국의 정치체제를 바꾸려고 하지 않는다는 것을 의미했다. 이런 뜻에서, 그 원칙은 정치와 경제 두 영역 사이에 경계선을 설정하고 노동단체의 활동을 그 경계선 안으로 한정한다는 함의를 지녔다고 할 수 있다.

그런 함의는 이 책에서 사용되는 자본주의 개념과 연관되어 있다. 자본주의에서 특징적으로 나타나는 경제 권력의 자율성은 정치와 경제를 따로 떼어 놓을 수 있을 만큼 구분한다는 것을 전제로 삼는다. 이런 관념은 연방헌법을 통해 미국의 권력구조에 도입되었고, 사법 심사권을 지닌 법원을 통해 제도적으로 구현되었다. 나아가 19세기 말에 이르면 경제 권력이 정치적 권위를 좌우할 수 있을 만큼 자율성을 누리는 현실로 변형되었다. 이제 그런 현실이 곰퍼스가 주장하는 노선으로도 연장되었다고 할 수 있다. 바꿔 말하면, 그가 이끄는 미국노동연맹은 종래의 노동단체와 달리 임금제도를 받아들인다는 점에서 자본주의를 수용했고, 또 자발성 원칙 아래 정치적 권위와 경제 권력의 분립을 받아들인다는 점에서도 자본주의를 수용했다고 할 수 있다. 이는 곰퍼스와 미국노동연맹이 기존 체제의 근본적 변화를 바라지 않았다는 것을 뜻한다. 곰퍼스가 대변하던 연맹의 희망은 그 대신에 더 나은 고용조건과 더 높은 생활수준에 집중되었다.

물론, 미국노동연맹이 미국의 모든 노동자를 대변했던 것은 아니다. 연맹은 오히려 노동자 가운데 대다수를 외면했다. 연맹을 비롯해 조합에 가입한 노동자는 20세기 초 미국의 전체 노동자 가운데 10분의 1에도 미치지 않았다. 미조직 노동자는 대부분 여성이나 흑인, 또는 이민이었다. 이들은 대개 다양한 형태의 차별로 인해 숙련 노동자가 될 수 있는 기회조차 얻지 못한 채, 고용 불안과 낮은 임금, 그리고 열악한 환경에 시달렸다. 따라서 파업과 같은 절박한 상황에 부딪히지 않으면, 여간해서는 노동조합을 결성하지 못하는 처지에 있었다. 곰퍼스와 미국노동연맹은 이들과 연대 관계를 구축하지 않고 오히려 외면했고, 그 대신 기존 체제 안에서 자신들의 권익을 신장하는 데 주력했다. 그래서 혁명론자들로부터 "노동 귀족"labor aristocracy이라는 비난을 듣기도 했다.

미국노동연맹의 대두는 노동기사단의 쇠퇴와 더불어 미국의 노동자들이 "생산자"로서 독립을 성취할 수 있다는 희망을 잃어버렸다는 것을 뜻하는 듯하다. 물론, 그들이 기업가를 비롯한 소수 엘리트에 맞서 보통 사람들의 권익을 옹호하는 데 앞장서야 한다는 의식까지 잃어버렸던 것은 아니다. 더욱이, 그들 가운데 일부는 20세기 중엽까지 혁명론을 버리지 않고 미국의 기존 체제에 대해 근본적 이의를 제기하며 전면적 변화를 주장했다. 그렇지만 미국의 노동운동이 19세기 말에 전환점을 맞이했다는 사실을 부인하기는 어렵다. 그 시기에는 미국의 노동자들이 사회가 "생산자"와 "기생자"로 나뉘어 있다는 관념을 버리고, 그 대신 임금제도를 받아들이며 사용자-피고용인 관계에 적응하는 길을 택했으니 말이다. 미국의 노동자들은 그 관계를 받아들이면 자신들이 독립성을 잃고 종속적인 지위에 놓일 것이라고 우려하기보다는 그래도 적당한 직장을 얻으면 경제적 안정을 누릴 수 있다고 스스로 위안하기 시작했다. 게다가 자신들은 시민으로서 자유와 권리를 지닌다고 생각했다. 바꿔 말하면, 오랫동안 땀 흘리며 일하는 사람들의 소망이던 "능력"은 이제 경제적 자립 대신에 안정된 고용을 뜻하는 것으로 의미가 바뀌었다.

그 결과, 기존 체제에 대해 비판하고 저항하는 세력도 그만큼 위축되었다. 필자의 시각에서 볼 때, 그것은 미국 자본주의에 내재하는 평등주의적 동력이 한층 더 약화되었다는 것을 뜻한다.

3. 사회주의

곰퍼스를 비난하던 혁명론자들은 다수의 노동자들을 조직하고 기존 체제를 새로운 것으로 대체하고자 했으나, 의미 있는 성과를 거두지 못했다. 그 이유가 무엇인가, 거기에 어떤 의미가 있는가 하는 문제는 사실상 20세기 내내 많은 학자와 지식인들 사이에서 중요한 관심사로 취급되었다. 그것은 흔히 "미국에는 왜 사회주의가 없는가?" 하는 문제로 압축되는 동시에, 다른 한편으로 미국 문명이 근대 세계에서 예외적 성격을 지닌다는 거창한 명제로 확장되기도 했다. 이런 기존 논의를 염두에 두면서도, 필자는 그것이 미국의 자본주의 발전 과정에서 어떤 함의를 지니는가 하는 의문을 다루고자 한다.

19세기 말 미국에는 다양한 혁명론자들이 있었으나, 가장 주목을 끌었던 것은 사회주의자들이다. 그들은 미국을 넘어 근대 세계에서 가장 큰 세력과 가장 체계적인 이념을 지녔다. 그래도 미국에서는 유럽과 비교하기 어려울 만큼 취약한 상태에 있었다. 미국의 사회주의자들은 정당을 수립하고 노동단체와 제도적 관계를 구축하고자 했으나, 노선과 전략에 관한 이견 때문에 심각한 내분에 시달렸다. 1876년에는 독일계 이민을 중심으로 사회노동당Socialist Labor Party이 결성되었는데, 그 지도자들은 노동운동을 지원하며 혁명운동의 기반을 구축하는 데 주력할 것인지, 아니면 파업과 같은 직접행동에 참여하며 혁명운동을 전개하는 데 주력할 것인지, 노선에 관해 논쟁을 벌이는 데 치중했다. 또 노동운동을 지원한다 해도, 그것을 주도하는 직종별 노조에 침투해 노조를 장악하고 혁명운동으로 유도할 것인지, 아니면 그런 노조 대신에 노동자들을 산업부문에 따라 조직하고 거대한 산업별 노조 industrial union를 혁명운동의 기반으로 삼을 것인지, 전략에 관해서도 치열한 토론을 벌였다. 그들은 결국 분열을 피하지 못했다.

그들 가운데 일부는 1901년 미국사회당Socialist Party of America을 창설하는 데 합류했다. 이 새로운 정당은 풀먼 파업이 끝난 뒤에도 미국철도노조에 남아 있던 조합원들과 서부에서 공동체를 건설하고자 하던 사회주의자들을 중심으로 설립되었다. 거기서 철도노조 위원장 유진 뎁스Eugene V. Debs가 주도적 인물로 떠오른 것은 자연스러운 일이었다. 그는 풀먼 파업에서 법원의 금지령을 어긴 죄로 1년 동안 감옥에 갇혀 있었고, 거기서 마르크스의 저술을 비롯한 이론 서적들을 읽고 사회주의자가 되었으니 말이다. 그렇지만 그 이전에는 민주당을 지지하는 노동자인 동시에 철도노조에서 헌신적으로 활동하는 지도자였다. 그렇기 때문에 뎁스는 미국의 전통과 가치에 비추어 격심한 불평등과 대기업의 횡포를 비판하며, 노동자도 시민으로서 평등한 권리를 누릴 수 있는 공화국을 건설해야 한다고 역설했다. 따라서 사회당의 대통령 후보로서 대중적인 지지를 얻기도 했다. 그러나 대중의 지지는 좁은 한계에 갇혀 있었다. 가장 많은 사람들로부터 지지를 받았던 1912년에도, 그가 얻은 표는 일반투표 가운데 6 %에 불과한 90만 표였다. 그 해에는 그 외에 그의 동료 두 사람이 연방 하원 의원 선거에서 승리하는 등, 수백 명의 사회주의자들이 주 의회나 지방정부에 진출했다. 그렇지만 그것이 미국 사회주의 운동의 절정이었다.[17]

더욱이, 정당 대신에 노동조합에 관심을 기울였던 혁명론자들도 좌절을 맞이했다. 노동운동에 주목하던 사회주의자들은 정치를 불신하며 국가에 저항하던 신디컬리스트들과 제휴하고, 1905년 시카고에서 세계산업노동자동맹Industrial Workers of the World을 결성했다. 그들은 직종은 물론이요 성이나 인종도 구분하지 않고 모든 노동자들을 "단일 조합"One Big Union으로 조직하고자 했다. 그리고 그것을 기반으로 총파업을 벌여 기존 체제를 단번에 전복하고자 했다. 이 과격한 단체는 노동자 가운데서 여성이나 흑인, 또는 이민이 다수를 차지하는 작업장에서 환영을 받았다. 또 파업과 같은 투쟁에 헌신적으로 기여하면서, 20세기 초에 있었던 중요한 노동쟁의를 노동자들의 승리로 이끌기도 했다. 그러나 세계산업노동자동맹은 노동조합으로서 안정을 누리지 못했다. 노동자들은 파업을 비롯한 투쟁을 벌일 때 한꺼번에 몰려가 가입했지만, 그다음에는 조합비를 내고 집회에 나가는 열의를 보이지 않았다. 특

---

17 Nick Salvatore, *Eugene V. Debs: Citizen and Socialist* (Urbana: Univ. of Illinois Pr., 1982).

히 불황이 닥치면 동맹을 외면했다. 더욱이 정부는 1917년 제1차 세계대전에 참가하면서, 그에 반대하는 혁명론자들을 탄압함으로써 동맹에 결정적 타격을 입혔다.[18]

어째서 혁명론이 미국 노동자들 사이에서 자본주의의 대안으로서 주목을 끌지 못했는가, 특히 사회주의가 취약한 입지에서 벗어나지 못한 이유가 어디에 있는가, 이런 의문은 당대부터 중요한 관심사로 취급되었다. 그것은 1906년 독일의 사회과학자 베르너 좀바르트Werner Sombart가 발표한『왜 미국에는 사회주의가 없는가?』에서 주제로 취급되었다. 그는 먼저 문제를 "어째서 미국의 노동자들은 사회주의에 관심을 기울이지 않는가" 하는 의문으로 바꾸고, 사회주의 대신에 노동자에 초점을 맞춘다. 그리고 그들의 사고와 정서를 파악하기 위해 그들이 차지하는 위상을 정치, 경제, 사회, 세 측면에서 탐구한다. 그렇게 해서 좀바르트가 얻는 결론은 간단히 줄이자면 이렇게 말할 수 있다. 유럽과 달리 미국에서는 일찍이 민주정치가 도입됨에 따라 노동자들이 정치과정에 참여해 영향을 끼쳤고, 유럽에 비해 상대적으로 높은 생활수준을 누렸으며, 또 사용자와 대등한 사회적 지위를 지닐 뿐 아니라 나아가 그것을 향상시키는 기회를 잡을 수도 있다는 것, 그래서 기존 체제를 거부하고 새로운 체제를 수립하자는 사회주의자들의 주장에 동조하지 않는다는 것이다. 바꿔 말하면, 좀바르트는 미국에서 사회주의가 유력한 대안으로 간주되지 않는 이유를 노동자도 기존 체제에 적응하고 그 속에서 다양한 혜택을 누릴 수 있을 만큼 자본주의가 고도로 발전한 데서 찾는다고 할 수 있다.[19]

그는 이 책의 서론을 이렇게 시작한다.

---

18 Melvyn Dubofsky, *We Shall Be All: A History of the* Industrial Workers of the World (Chicago: Quadrangle Books, 1969).

19 Werner Sombart, *Why Is There No Socialism in the United States?* trans. Patricia M. Hocking and C. T. Husbands (White Plains, NY: M. E. Sharpe, 1976).

미국은 자본주의의 희망의 땅이다. 자본주의가 완전하고 순수하게 발전하는 데 필요한 모든 조건이 여기서 처음으로 갖추어졌다. 자본주의가 가장 선진적인 수준으로 발전할 수 있게 허용하는 환경이 다른 어느 나라에서도 다른 어떤 국민에게도 이처럼 잘 갖추어지지 않았다.

다른 어떤 나라에서도 그처럼 빨리 자본을 축적할 수 없다. 여기에는 몇 가지 이유가 있다. 미국은 소중한 광물이 풍부한 나라이다. 북미대륙은 세계에서 생산되는 은 가운데 3분의 1, 금 가운데 4분의 1을 생산한다. 미국은 비옥한 토지가 풍부한 나라이다. 미시시피강 평원은 가장 좋은 부식토가 남부 러시아와 헝가리의 흑토지대보다 다섯 배 정도 많이 있다.……

그리고 미국인은 어떤가? 사람들은 수백 년 동안 마치 의식적으로 준비해야 하는 과제를 수행하는 데 적응하듯이 살아왔는데, 그 가운데서 최근 세대에 속하는 이들은 자본주의가 아메리카의 처녀지를 침범할 수 있도록 길을 닦는 일을 맡았다. 그들은 유럽에서 소임을 마치고 신세계로 건너가 순수한 이성의 원칙 위에서 스스로 새로운 삶을 개척하고자 했다. 유럽적 성격을 지닌 모든 잔재는 그들이 살던 옛집에 남겨 두었고, 모든 쓸데없는 낭만주의와 감상주의도 가져가지 않았다. 모든 전통주의적 관념과 함께 봉건적 장인의 생활방식도 모두 털어 버렸고, 자본주의 경제의 발전에 필요하고 도움이 되는 것만 가져갔다. 즉, 굳세고 끈질긴 에너지를, 그리고 자본주의적 목적을 추구하는 행위를 마치 믿는 이들이 하느님의 소명에 부응하는 것과 같은 하나의 소임으로 바꾸는 이데올로기를 가져갔다.[20]

이어서 좀바르트는 미국에서 자본주의가 가장 높은 수준으로 발전했다고 진단한다. 더욱이, 문화적 측면에서도 그렇다고 하면서 다음과 같이 서술한다.

---

20 Ibid., 3-4.

사실, 자본주의 경제체제와 그 정수가 북미대륙만큼 고도로 발전한 곳은 지상 어디에도 없다. 탐욕은 다른 어느 곳에서도 거기서만큼 뚜렷하게 보이지 않는다. 거기서는 무언가 얻고자 하는 욕망과 그저 돈이 좋아 돈을 버는 행위가 모든 경제활동의 유일한 이유이자 목적이다. 인생은 매순간 이 몸부림으로 채워져 있고, 죽은 다음에야 겨우 이 만족을 모르는 탐욕에서 벗어난다. 자본주의 이외에 다른 어떤 데서 살아 나간다는 것은 미국인들에게는 상상하지 못할 일이고, 유럽 어느 나라에서도 찾아볼 수 없는 순수한 경제적 합리주의가 이런 이욕利慾을 돕는다. 자본주의는 가는 길에 시신이 널려 있어도 무자비하게 전진한다.[21]

좀바르트의 견해는 조심스럽게 이해해야 한다. 이 서두에서 그는 분명히 과장법을 쓴다. 지난 수십 년 동안 미국 역사학계에서 축적된 연구 성과에 비추어 보면, 유럽과 미국의 문화적 차이를 그처럼 선명한 대조법으로 묘사하는 대목은 이제 설득력이 없는 것으로 보인다. 미국 문화를 탐욕 일색으로 묘사하는 대목도 모든 미국인이 아니라 소수의 기업가에게나 적용될 수 있을 뿐이다. 그래도 그의 견해는 자본주의의 발전에 주의를 환기한다는 점에서 주목할 필요가 있다. 좀바르트는 자본주의를 경제체제로 여기면서도 정치와 사회, 그리고 문화로 시야를 넓힌다. 그렇기 때문에 그만큼 포괄적인 안목에서 미국 사회주의의 취약성을 해명하고자 한다. 그리고 결국에는 위에서 지적한 것처럼 미국의 노동자들이 고도로 발전한 자본주의를 수용했다는 결론에 도달한다.[22]

---

21 Ibid., 4-5.

22 그 책은 오랫동안 많은 사람들의 입에 오르내리면서 적잖은 오해에 부딪히기도 했다. 예를 들면, 좀바르트는 스스로 던진 문제에 대한 해답을 찾기 위해 무엇보다도 노동자들이 누리는 물질적 풍요에 주목한다고 알려져 있다. 실제로, 적잖은 논객이 그 책에서 "사회주의자들이 제시하는 이상향은 구운 쇠고기와 사과 파이를 만나면 어디론지 사라져버

그 결론에는 자본주의가 발전하면 사회주의가 쇠퇴한다는 명제가 들어 있다. 그것은 당대의 지식인들 사이에서, 특히 진보적 지식인들 사이에서 널리 퍼져 있던 관념과 어긋나는 견해였다. 그 시절에는 많은 지식인들이 자본주의가 발전하면 점점 빈부 격차가 심화되고 그에 따라 노동자들이 사회주의나 아니면 다른 혁명론으로 경도될 것이라 기대했으니 말이다. 레닌을 비롯한 마르크스주의자들은 그런 기대와 달리 많은 노동자들이 기존 체제의 개선 가능성에 희망을 걸고 있는 데 대해, 그것을 "허위의식"false consciousness으로 규정하고 그것을 타파하기 위해 대단한 노력을 기울이기도 했다.[23] 그런 사정

린다"는 문장을 즐겨 인용한다(Sombart, *No Socialism in the United States?* 106). 그러나 본문에서 설명하는 바와 같이, 좀바르트는 물질과 경제를 넘어 넓은 맥락에 관심을 기울인다. 그 책은 또한 좀바르트의 의도와 달리 확대 해석되기도 했다. 많은 논객들이 그것을 전거로 들면서, 사회주의가 없다는 점에서 미국은 근대 세계에서 하나의 예외라고 주장했던 것이다.

필자가 다른 글에서 지적한 바와 같이, 그와 같은 해석에는 중대한 문제점이 있다. 먼저, 그런 예외론은 유럽 가운데서도 영국과 프랑스를 비롯한 서구를 근대 세계의 기준으로 설정하고 그에 입각해서 미국 문명을 바라본다. 따라서 그것은 유럽 중심주의의 미국판이라 할 만한 것이며, 그래서 비유럽 세계를 간과한다는 맹점을 지닌다. 더욱이, 그 토대에 있는 유럽에 대한 이해도 적절치 않다. 유럽에서도 근대성을 대변하는 하나의 전형을 찾아낼 수는 없다. 근대화의 경로에서 영국이 특이하다면, 프랑스는 독특하고 독일은 특수하며, 또 러시아는 기이하다고 할 수 있다. 끝으로, 서구의 정치에서도 사회주의가 주도적인 위상을 차지한 적이 없다는 사실을 기억할 필요가 있다. 분명히, 사회주의는 20세기 전반기에 서구의 정치에서 중요한 역할을 했다. 그렇지만 그것은 이미 20세기 초부터 혁명론에서 멀어지며 개혁론으로 다가갔고, 20세기 말에 이르면 온건한 중도 좌파로 변모했다. 반면에 미국의 민주당은 점차 개혁을 강조하며 좌파에 접근했고, 그래서 오늘날에는 유럽의 중도 좌파와 비슷한 정당으로 자리 잡았다. 한마디로 줄이면, 소련이 해체되고 사회주의가 쇠퇴하자 "왜 미국에는 사회주의가 없는가?" 하는 의문이 적절치 않은 문제로 바뀐 것이라 할 수 있다(배영수, 「서론—미국 예외론의 맹점」, 『미국 예외론의 대안을 찾아서』(일조각, 2011), 23–46).

23 미국 노동사에서는 다음과 같은 저술을 대표적 사례라 할 수 있다. Stanley Aronowitz, *False Promises: The Shaping of American Working Class Consciousness* (1973; New York: McGraw-Hill, 1974); Mike Davis, *Prisoners of the American Dream: Politics and Economy in the History of the US Working Class* (London: Verso, 1986).

을 고려할 때, 좀바르트는 과감한 도전에 나섰다고 할 수 있다. 실제로 서론에서, 그는 자본주의가 미국에서 가장 높은 수준으로 발전했으므로 그보다 뒤처진 자본주의 국가의 미래가 거기서 나타난다고 진단한다. "우리 자신의 미래를 보여 주는 나라에는 기본적으로 비사회주의적 노동계급이 있다. 그렇다면 이 현상은 우리의 미래도 보여 주는가? 우리가 사회주의의 대두를 자본주의 발전에 수반되는 필연적 현상으로 간주한다면, 그것은 잘못인가?"[24] 그리고 결론에 가서 그것이 잘못이라는 답변을 제시한다. 그의 해답은 장기적 안목에서 볼 때 입증되었다고 할 수 있다. 자본주의가 발전한 선진국에서는, 사회주의 운동이 혁명을 일으키는 데 성공하는 대신에 오히려 위축되면서 온건한 형태로 변모해 왔으니 말이다.

그렇지만 좀바르트의 견해가 적절한 근거에 바탕을 두고 있는 것은 아니다. 그가 제시하는 근거는 20세기 전환기 미국에서 노동자들이 처한 상황을 보여 주는 정황증거이지, 그들의 사고와 정서를 보여 주는 직접증거가 아니다. 그래도 지금까지 축적된 연구 성과 덕분에, 이제 그런 증거를 찾기는 어렵지 않다. 먼저, 그들은 미국에서 빈부 격차와 노사 갈등이 악화되리라는 전망에 동조했지만, 그렇다고 해서 자신들의 생활수준이 하락할 것이라고 비관하지는 않았다. 오히려 보다 나은 생활방식으로 살아갈 수 있고, 나아가 자녀들이 보다 나은 직장을 얻고 보다 높은 지위를 누릴 수 있으리라고 기대했다. 예를 들면, 곰퍼스는 사업이나 공직에 도전하라는 주변의 권유를 뿌리치고 언제나 자신이 노동자라고 생각하며 노동운동에 헌신했으나, 그런 위상에도 불구하고 이전보다 나은 수준의 생활을 할 수 있다고 생각했다. 그는 집을 사서 스스로 주인이 되었을 때, "주위에 나무가 있고 땅에서는 꽃이 자라며 [자신이] 새를 보고 새소리를 들을 수 있는 진정한 집에서 사는 것, 어린 시절부터 지녔던 그 강렬한 열망을 마침내 충족시킬 수 있었다"고 술회했다.

---

24 Sombart, *No Socialism in the United States?* 23. 강조는 원문.

더욱이, 곰퍼스는 노동자의 자녀가 공장이나 광산에서 일하는 대신에 부모보다 나은 지위를 차지할 수 있어야 한다고 생각했다. "[우리는] 아이들이 우리가 갖지 못했던 기회를 잡기 바랐고, 그래서 될 수 있는 대로 오랫동안 학교에 보냈다."[25]

그와 같이 소박한 기대와 낙관적 전망, 그리고 그 아래에 깔려 있는 개인주의적 태도, 이런 관념은 미국 출신의 노동자는 물론이요 20세기 전환기에 미국에 도착한 이민 노동자들 사이에서도 널리 나타났다. 예를 들어, 시카고의 피복 노동자들은 곰퍼스가 노동조합으로 조직하기 어렵다고 생각했던 미숙련 이민 노동자였다. 그렇지만 그들도 이민 초기에 집세가 싼 도심지 빈민가에서 살다가 점차 더 나은 환경을 갖춘 외곽으로 이주하면서, 곰퍼스와 달리 새로운 걱정거리를 갖게 되었다. 외곽에서는 주민이 다양한 이민과 뒤섞여 있었고, 그래서 무엇보다도 고국에서 가져온 민족문화를 간직할 수 있을까 하는 의구심을 품게 되었다. 그래도 생활수준에 관해서는, 곰퍼스와 비슷한 생각과 감정을 갖고 있었다. 예를 들어 많은 유대인들은 도심지에서 서쪽으로 떨어진 새로운 지역에 자리를 잡았는데, 그 지역이 널찍한 거리에 안락한 주택으로 들어차 있어서 유대인 거주지인지 알아볼 수 없을 정도라고 경탄했다. 어느 기자는 거기서 중심가를 걸어 보면 "아름다운 주택 사이에 커다란 유대교 회당이 있는 것을 보고 우리 가슴에서 자부심이 솟아오르면서, '미국에서 두 번째로 큰 도시에서 이렇게 훌륭하고 안락한 거주지를 가졌으니, 유대인들은 얼마나 잘 살고 있는가!' 하고 외치지 않을 수 없게 된다"고 썼다.[26]

보다 나은 생활과 보다 높은 지위에 대한 기대는 이른바 "미국인의 꿈"이

---

25 Livesay, *Samuel Gompers*, 73에서 재인용.

26 *Daily Jewish Courier*, 17 Oct. 1916. Youngsoo Bae, *Labor in Retreat: Class and Community among Men's Clothing Workers of Chicago, 1871–1929* (Albany: State Univ. of New York Pr., 2001), 199에서 재인용.

라 할 수 있다. 이 꿈은 흔히 하찮은 거지가 대단한 거부로 탈바꿈하는 것과 같은 괄목할 만한 성공을 가리키는 것으로 여겨진다. 그렇지만 20세기 전환기 미국의 노동자들은 그보다 훨씬 소박한 기대를 품고 있었다. 그것은 호레이쇼 앨저가 실제로 묘사한 변화—가난한 소년이 정직과 근면, 절제와 행운 덕분에 빈민가에서 중산층으로 상승하는 변화—보다 소박한 것이었다. 왜냐하면 그들은 대개 그런 변화가 자신들보다 자녀들에게서 일어나기를 기대했으니 말이다.

그에 못지않게 중요한 것은 그들의 기대가 흔히 꿈으로 그치지 않고 현실이 되었다는 사실이다. 20세기 전환기 미국에서는 수많은 노동자들이 생활 수준의 개선이 아니라 직장이나 주택을 잃는 좌절을 겪었고, 흔히 새로운 기회를 잡기 위해 다른 도시로 이주해야 했다. 그렇지만 적잖은 노동자들이 직장과 주택을 지킬 수 있었고, 자녀를 학교에 보내고 초등교육을 넘어 중등교육도 받게 할 수 있었으며, 나아가 그들이 사무실에서 일하며 중산층 가정을 꾸리는 것도 볼 수 있었다.[27] 이는 분명히 실제로 실현되기도 하는 소박한 꿈이었다. 물론, 그것은 과거에 비해 기반이 튼튼하지 않았다. 농민이 의지했던 토지나 장인이 지녔던 기술에 비하면, 20세기 전환기의 미국 노동자들은 대개 일정한 소득을 얻을 수 있는 일자리를, 그것도 자칫하면 잃을 수도 있는 일자리를 가졌을 뿐이다. 그것은 분명히 앞선 세대에서 이상으로 여겨지던 "능력," 특히 경제적 자립에 미치지 못했다. 그들은 자신의 뜻 대신에 상사의 지시에 따라 일해야 했고, 생계를 꾸리기 위해 자신이 지닌 토지나 기술 대신에 사용자가 주는 일자리에 의지해야 했으니 말이다. 자본주의가 고도로 발전한 20세기 전환기 미국에서 그런 이상은 비교적 안정을 누릴 수 있는 일자

---

27 Stephan Thernstrom, *Poverty and Progress: Social Mobility in a Nineteenth-Century City* (Cambridge, MA: Harvard Univ. Pr., 1964); idem, *The Other Bostonians: Poverty and Progress in the American Metropolis, 1880-1970* (Cambridge, MA: Harvard Univ. Pr., 1973).

리를 얻고 거기서 나오는 소득으로 자신의 생계와 가정을 꾸리는 남성의 모습으로 나타났다. 19세기 초에 비하면, 현실의 변화에 맞게 보다 소박한 형태로 바뀌었다고 할 수 있다.

이제 좀바르트의 견해로 되돌아가서 다른 측면도 살펴볼 필요가 있다. 특히, 노동자의 정치적 위상에 주목할 필요가 있다. 좀바르트는 미국에서는 양대 정당이 노동자 정당의 대두를 가로막고 있지만, 그래도 노동자들이 정당 체제를 통해 정치과정에 참여하며 상당한 영향을 끼친다고 주장한다. 그러나 그런 정치체제 속에서 그들이 심각한 정치적 억압을 받았다는 사실에 관해서는 언급하지 않는다.

이미 살펴보았듯이, 미국에서 국가는 사용자에게 유리한 반면에 노동자에게 불리한 자세를 취했다. 특히, 노동운동에 대해서는 적대적인 태도를 보였다. 무엇보다도, 법원은 19세기 말에 이르면 법인을 시민처럼 보호하는 반면에 노동조합에 대해서는 그렇게 하지 않았다. 또 더 이상 노동조합을 범죄 음모 혐의로 압박하지 않았으나, 그래도 로크너 판례에서 드러나듯이 계약의 자유를 강조하는 등, 노동조합을 무력화시키는 판례를 내놓았다. 게다가 법원은 금지령을 통해 파업을 비롯한 노동자들의 단체행동에 제약을 가했다. 이런 법원은 미국의 노동운동이 사업 노조주의를 비롯한 보수적 노선을 따라 전개되는 데 적잖은 영향을 끼쳤다고 할 수 있다.[28] 그리고 경찰과 군대가 물리적 폭력을 통해 노동운동을 자주 탄압했다는 점도 경시할 수 없다. 국가가 사용한 공적 폭력이 미국 노동운동의 전개 과정에 어떤 영향을 끼쳤는지, 또 그것이 다른 나라에 비해 얼마나 중요한 요인이었는지, 이런 문제에 대해

---

28 Christopher L. Tomlins, *The State and the Unions: Labor Relations, Law, and the Organized Labor Movement in America, 1880–1960* (New York: Cambridge Univ. Pr., 1985); William E. Forbath, *Law and the Shaping of the American Labor Movement* (Cambridge, MA: Harvard Univ. Pr., 1991); Victoria C. Hattam, *Labor Visions and State Power: The Origins of Business Unionism in the United States* (Princeton, NJ: Princeton Univ. Pr., 1993).

서는 아직도 논쟁이 진행되고 있다. 그렇지만 20세기 중엽에 이를 때까지 미국의 노사 관계에서 폭력이 난무했다는 사실은 부인할 수 없다.[29] 그것은 식민지 개척기부터 미국 문명에 깊은 뿌리를 내린 물리적 폭력의 전통을 고려할 때야 비로소 올바르게 이해할 수 있을 것이다. 여기서 유념해야 할 것은 노동자의 견지에서 볼 때 적어도 20세기 중엽에 이를 때까지 국가가 폭력까지 동원하며 기업을 지원하는 반면에 노동운동에 대해서는 적대적인 자세를 취했다는 점이다.

따라서 20세기 전환기 미국에서 노동자들은 사용자는 물론이요 국가에도 대항해야 하는 입지에 있었다. 이는 역사에서 자주 나타나는 우연한 현상이 아니라, 필자가 보기에 자본주의 발전에 수반되는 필연적인 사태이다. 자본주의에서 시민은 정치과정에 참여하며 평등한 발언권을 지니는 존재로 간주되고, 이 전제 위에서 모두 생명에 대한 권리와 함께 재산과 계약에 관한 권리를 누린다. 그렇지만 평등한 권리는 사회·경제적 불평등을 가져온다. 시민 가운데 일부는 상속을 비롯한 행운 덕분이든, 돈의 흐름을 읽는 능력 덕분이든, 또는 다른 어떤 알 수 없는 힘 덕분이든, 시장에서 큰 재산을 모으고 그것을 경제 권력으로 바꾼다. 이 소수는 재산을 토대로 경제 권력을 얻고 누리기 위해 정치적 권위에 의지한다. 법인과 같은 제도를 통해 막강한 경제 권력을 장악하고, 법원과 경찰, 그리고 군대를 비롯한 국가기구에 의지해 경제 권력에 대한 도전을 견제한다. 그런 소수 엘리트를 제외하고 대다수 보통 사

---

29 H. M. Gitelman, "Perspectives on American Industrial Violence," *Business History Review* 47.1 (1973), 1–23; Sanford M. Jacoby, "American Exceptionalism Revisited: The Importance of Management," in *Masters to Managers: Historical and Comparative Perspectives on American Employers*, ed. Sanford M. Jacoby (New York: Columbia Univ. Pr., 1991), 173–200; Robert Justin Goldstein, "*Labor History* Symposium: Political Repression of the American Labor Movement during Its Formative Years — A Comparative Perspective," *Labor History* 51.2 (2010), 271–293; Melvyn Dubofsky et al, "*Labor History* Symposium: Responses," idid., 295–318.

람들은 시민으로서 누리는 평등한 권리에도 불구하고, 빈부 격차를 토대로 형성되는 불평등한 권력 관계에 속박되며 정치적 억압을 경험한다. 장기간에 걸쳐 일어나는 이런 변화는 지금까지 살펴본 바와 같이 자본주의가 고도로 발전한 20세기 전환기 미국에서 뚜렷하게 나타났다. 자본주의 문명의 제도적 토대였던 평등한 권리가 거기서는 심각한 불평등 구조로 귀결되었다.

그 구조 속에서도, 미국의 노동자들은 필자가 보기에 유난히 불리한 처지에 있었다. 유럽의 노동자들과 달리, 그들은 대개 지역사회에 깊이 뿌리 내리지 못했고, 그래서 지역사회로부터 노동운동에 대한 지원을 얻는 데 어려움을 겪었기 때문이다. 이런 필자의 견해는 미국 사회사의 거장 허버트 거트먼Herbert G. Gutman이 제시한 명제에 토대를 두고 있다. 1973년에 발표된 유명한 논문에서, 그는 미국 노동사에서 나타나는 중요한 특징으로서 산업 규율의 수립에 따르는 문화적 충격이 여러 차례 반복되었다는 점을 지적한 바 있다. 여기서 산업 규율이란 근대적 공장에서 요구되는 노동 규율을 가리킨다. 구체적으로 말하자면, 노동자는 사용자가 지시하는 대로 작업을 수행해야 하고 시간표에 따라 작업을 시작하거나 종료해야 하는 등, 일정한 규율을 준수해야 한다는 것을 뜻한다. 이런 규율은 오늘날 너무나 당연한 것으로 보이지만, 산업화가 진행되는 초기 단계에서는 그렇지 않았다. 근대적 공장에서 일자리를 얻기 전에는, 노동자들이 농촌이나 전통적 작업장에서 그와 다른 작업 관습에 따라 움직였다. 나날이 할 일을 결정하고 그것을 수행하는 순서와 방법을 선택하며, 또 휴식을 갖는 시기와 기간을 조율하는 것도 모두 관습에 따라 확립되어 있었다. 근대적 공장에서는 그 관습을 버리고 새로운 규율을 받아들여야 했고, 그것도 사용자나 그 대리인의 지시를 받아 가며 그래야 했다. 그에 따르는 충격은 산업혁명 시대의 영국에서 나타났듯이 조퇴, 결근, 이직, 기계 파괴, 식량 폭동, 등 다양한 방식으로 표출되었다. 그런 충격이 미국에서 여러 차례 반복되었던 것은 미국의 노동자들 가운데 상당수가 이민으로 채워졌기 때문이다. 그들은 대개 산업혁명이 본격적으로 진행되지 않던 지역에서 배운 전통적 작업 관습을 갖고서 미국에 도착했고, 그래서 흔히 근대 저 산업 규율에 적응하는 과정에서 문화적 충격을 모면하지 못했다.[30]

거기에는 거트먼이 주장하는 것보다 더 큰 의미가 있는 듯하다. 그의 주장은 두 측면에 집중되었다. 그것은 새로운 이민 집단이 도착할 때마다 그런 충격에 부딪히며 미국의 노동인구 가운데서 이질적인 요소로 자리 잡았다는 것, 그리고 그들이 충격을 행동으로 표출할 때마다 미국의 노동운동이 산업화 초기의 양상을 보이며 단속적인 발전 경로를 밟게 되었다는 것이다. 이는 필자가 보기에 이민 노동자들이 미국에 뿌리를 내리는 과정의 일환이다. 바꿔 말하면, 그들은 미국 사회에 뿌리를 내리지 못한 상태에서 출발해야 했다. 사실, 이민은 이미 살펴본 바와 같이 고국에서 지녔던 관계나 관습을 가져갔지만, 미국의 공장에 적응하기 위해서는 그런 문화적 자원 가운데 적잖은 것을 버려야 했다. 더욱이, 그들은 미국에서 새로운 뿌리를 내려야 했다. 따라서 노사분규가 벌어졌을 때, 지역사회로부터 지원을 받는다 해도 넓고 든든한 지원을 얻을 수는 없었다. 미국의 노동자들이 인종과 젠더, 종교와 민족에 따라 분열되어 있었던 만큼, 주로 자신들의 이웃과 친지에 기댈 수 있었을 뿐이다. 반면에 사용자들은 지역사회에 단단히 뿌리를 내리고 있었다. 특히 노사 관계에서는, 지역사회의 언론과 관공서, 그리고 사회단체의 지원에 의지할 수 있었다. 따라서 미국의 사용자는 노동자와 맺는 세력 관계에서 일방적으로 유리한 고지를 차지했다고 할 수 있다.[31]

그런 사정은 유럽과 비교하면 분명하게 보인다. 유럽에서는 노동자들이

30 Herbert G. Gutman, *Work, Culture, and Society in Industrializing America* (New York: Vintage, 1977); E. P. Thompson, *The Making of the English Working Class* (1963; New York: Vintage, 1966); idem, *Customs in Common: Studies in Traditional Popular Culture* (New York: New Pr., 1993).

31 Dirk Hoerder, ed., *"Struggle a Hard Battle": Essays on Working-Class Immigrants* (Dekalb, IL: Northern Illinois Univ. Pr., 1986).

사용자와 마찬가지로 지역사회에 넓고 깊은 뿌리를 내리고 있었다. 그들은 오랜 세월에 걸쳐 확립된 사회적 관계와 관습을 공유했으며, 인종이나 종교, 또는 민족에 따라 분열되지도 않았다. 거기서 형성된 연대 관계는 유럽의 노동운동에 중요한 사회적 기반을 제공했는데, 이는 미국에서 찾아보기 어려운 것이었다. 더욱이, 사용자들은 노사 관계에서 상당한 견제 세력에 부딪혀야 했다. 귀족이 사용자를 포함하는 부르주아지에 대해 견제하는 태도를 보였고, 국가가 사용자에 대해 우호적인 정책을 펴면서도 노동자를 보호하는 온정주의적 자세를 취했기 때문이다. 그에 비하면, 미국의 노동자들은 노사 관계에서 유리한 고지를 차지한 사용자는 물론이요 노동운동에 적대적인 자세를 취하는 국가에도 맞서야 하는 구조에 부딪혀 있었다고 할 수 있다.[32]

그러나 미국 노동자들은 그런 구조를 어떻게 바꿔야 할 것인지 분명하게 깨닫지 못했다. 일부는 사회주의자나 다른 혁명론자들을 따라 기존 체제를 무너뜨리고 새로운 체제를 세워야 한다고 믿었다. 그러나 대다수는 그런 대안을 모색하지 않고 기존 체제에 적응하며 그 속에서 보다 나은 방식으로 살아갈 수 있다고 생각했다. 보다 높은 생활수준을 누리거나, 나아가 사회적 위계질서에서 한 단계 더 올라갈 수 있다고 기대했다. 이 사회적 상승에 대한 기대가 곰퍼스의 사업 노조주의로 집약되었다. 곰퍼스는 노동운동이 생산 현장에서 자리를 잡기도 전에 혁명론자들에 이끌려 정치화되는 것을 막고자 했고, 또 적대적인 국가가 생산 현장으로 들어와 노동운동을 탄압하는 것도 막고자 했다. 그러나 사업 노조주의는 노동운동을 생산 현장에 집중시키는 데 그치지 않고 정치의 영역으로 확장되지 않도록 저지하는 결과까지 가져왔다. 그것은 노동운동이 사회주의나 다른 혁명론과 제휴하지 않는다는 노선은 물론이요, 노동자들을 대변하는 정당을 건설하는 것조차 거부한다는 방

---

32 Ira Katznelson and Aristide R. Zolberg, eds., *Working-Class Formation: Nineteenth-Century Patterns in Western Europe and the United States* (Princeton, NJ: Princeton Univ. Pr., 1986).

침을 의미했다. 이는 자본주의에 내재하는 평등주의적 동력이 크게 제한된다는 것을 뜻한다. 그 동력은 이미 설명한 바 있듯이 보통 사람들이 엘리트에 맞서 자신들의 권익을 옹호하기 위해 기울이는 다양한 노력을 뭉뚱그려 가리키는데, 거기서 정치는 가장 중요한 영역이라 할 수 있으니 말이다. 따라서 20세기 전환기 미국에서는 "노동 귀족"을 넘어 대다수 노동자의 권익을 옹호하며 불평등을 완화시키는 방안이 떠오르지 않았다.

사업 노조주의를 넘어 정치의 영역으로 시야를 넓힌다 해도, 미국의 노동자들은 중요한 난관에 부딪히게 되었다. "미국인의 꿈"을 안고 있었기에, 그들은 국가가 시장에 개입하며 재산과 계약을 비롯한 시민의 권리를 제한하는 데 대해 경계하는 자세를 취하며 엘리트나 중산층과 보조를 맞추었다. 따라서 주목해야 할 쟁점은 그런 권리를 보장하면서도 사회·경제적 평등을 증진시키는 데 있었다. 바꿔 말해, 자유와 평등을 조화롭게 증진시키는 데 있었다. 이 고전적 쟁점에는 물론 정답이 없었고, 지금도 그렇다. 노동자들은 다른 미국인들과 마찬가지로 심오하고 원대한 구상을 갖고 있지 않았다.

그들은 다만 자신들이 처한 상황에 맞추어 단편적인 조치들을 제시할 수 있었을 뿐이다. 더욱이, 그런 조치를 추진하는 데 농민의 협력을 얻을 수도 없었다. 농민은 20세기에 접어들어 평등주의적 동력에서 이탈하면서, 그것을 크게 약화시켰기 때문이다. 그 대신, 아래에서 살펴보는 바와 같이 중산층으로부터 적잖은 지원을 얻었다. 그 결과, 미국의 노동자들은 20세기 중엽에 이르러 단결권을 비롯한 기본적 권리를 얻고, 나아가 사용자에 대해 종속적 위치에 있으면서도 이해관계에 관해 협상하는 상대방으로서 일정한 위상을 차지할 수 있었다. 이는 결코 경시할 수 없는 성과였다. 그것은 그들이 매우 불리한 구조, 사용자가 노동자에 비해 일방적으로 유리한 고지를 차지했고, 또 국가가 기업에 대해 친화적인 반면에 노동운동에 대해서는 적대적인 자세를 취했기에 나타났던 구조, 거기에 맞서 성취한 것이었으니 말이다. 다른 한편으로는, 바로 그런 구조에서 오는 기본적 제약—기존 질서에 대해 근본적 이의를 제기하지 못한다는 한계—도 피하기 어려웠다.

그 제한된 성과조차 중산층의 지원이 없었더라면 달성하기 어려웠을 것이다. 그것은 중산층이 미국의 자본주의 발전 과정에서 수행한 역할 가운데 한 부분일 뿐이다. 필자가 보기에, 중산층은 흔히 거론되는 것보다 훨씬 중요한 역할을 담당했다.

4. 진보주의

중산층은 20세기 전환기에 스스로 중대한 변화를 겪으며 개혁을 화두로 삼고 진보주의라 불리는 사회운동에서 중심이 되었다. 거기서 형성된 전통은 미국의 자유주의에 일대 전환을 가져왔는데, 그 유산은 오늘날까지 이어진다. 이를 올바르게 이해하기 위해서는, 중산층이 겪은 변화부터 살펴봐야 한다.

1) 중산층의 변모

중산층은 이미 지적한 바 있듯이 흔히 계급으로 간주되지만, 이 책에서는 하나의 계층으로 취급된다. 그것은 다양한 부류의 사람들로 구성되며, 계급이라 할 수 있을 만큼 내적 결속력이 강하지 않기 때문이다. 더욱이, 중산층은 자본가나 노동자에 비해 상대적으로 중요한 관심사로 취급되지 않는다. 그것은 흔히 자본주의가 발전함에 따라 서서히 위축되는 운명을 지닌 집단으로 여겨지기 때문이다. 그러나 그런 예단과 달리, 중산층은 오늘날에도 분명히 건재를 누린다.

그래도 중산층이 20세기 전환기에 커다란 변화를 겪었다는 것도 사실이다. 이 사실을 객관적 자료로써 확인하기는 어렵다. 중산층은 다양한 요소로 구성되는 범주이고, 또 사회구조 가운데 중간에서 나타나는 주관적 현상이기 때문이다. 다만 인구의 직종별 분포를 살펴보면, 중산층에 일어난 변화를 어느 정도 짐작할 수 있다. 〈도표 13-3. 직종별 인구 분포의 변화, 1870-1930년〉에서는 농업 인구의 위축뿐 아니라 그와 대비되는 사회적 변화도 뚜렷하게 나타난다. 무엇보다 눈에 띄는 것은 사무직 종사자가 1870년부터 1930년까지 60년 동안 8만 명에서 402만 명으로 거의 50배 늘어났고, 따라서 전체 근로 소득자 가운데서 차지하는 비율도 0.6 %에서 8.2 %로 높아졌다는 점이다. 다음으로는, 전문직 종사자가 34만 명에서 325만 명으로 9배 이상 늘어났고, 그 비율도 2.6 %에서 6.7 %로 높아졌다. 게다가 공무원도 9만 명에서 85만 명으로 9배 이상 늘어났고, 그 비율도 0.7 %에서 1.8 %로 높아졌다. 이들 직종이 중산층의 기반이 되었다는 점을 기억한다면, 그런 사실은 20세기 전환기 미국에서 중산층의 구성에 중요한 변화가 일어났다는 점을 시사하는 것으로 보인다.

실제로, 사회학자 라이트 밀스는 그런 자료를 바탕으로 20세기 전환기에 중산층의 주축이 소기업가에서 사무직 종사자로 바뀌었다고 주장했다. 나아가 그런 변화를 계기로 "구중간계급"old middle class이 퇴조하고 "신중간계급"new middle class이 대두했다고 부연했다.[33] 밀스의 견해는 조심스럽게 받아들여야 한다. 그는 우선 계급과 계층을 분명하게 구분하지 않는다. 그리고 "구중간계급"이 재산을 지녔지만 "신중간계급"이 그렇지 않다고 주장하면서도 그 근거를 제시하지 않는다. 더욱이, 소기업가의 범주에 소규모 상공업자 이외에 자영농과 농장주도 포함시키고, 사무직 종사자들을 임금노동자와 구분되는 하나의 집단처럼 취급한다. 그러나 밀스가 관심을 기울이던 20세기 중엽 미국에서도 사무직 종사자들을 단일 집단으로 간주하기는 어렵다. 특히 사무원과 판매원은 근래의 연구에 따르면 사실상 임금노동자와 유사한 지

33 C. Wright Mills, *White Collar: The American Middle Classes* (Oxford: Oxford Univ. Pr., 1951), 63-76.

〈도표 13-3. 직종별 인구 분포의 변화, 1870-1930년〉 (단위: 천 명, 괄호: 백분비)

	1870	1880	1890	1900	1910	1920	1930
전체 (백분비)	12,925 (100.0)	17,392 (100.0)	23,318 (100.0)	29,073 (100.0)	37,371 (100.0)	42,484 (100.0)	48,830 (100.0)
농업	6,850 (53.0)	8,585 (49.4)	9,938 (42.6)	10,912 (37.5)	11,592 (31.0)	11,449 (27.0)	10,472 (21.0)
임·수산업	60 (0.5)	97 (0.6)	182 (0.8)	210 (0.7)	242 (0.6)	270 (0.6)	250 (0.5)
광업	187 (1.4)	298 (1.7)	447 (1.9)	694 (2.4)	965 (2.6)	1,090 (2.6)	984 (2.0)
제조업	2,543 (20.5)	3,841 (22.1)	5,526 (23.7)	7,199 (24.8)	10,657 (28.5)	12,861 (30.3)	14,111 (28.9)
교통·통신	540 (4.2)	828 (4.8)	1,395 (6.0)	1,952 (6.7)	2,665 (7.1)	3,104 (7.3)	3,843 (7.9)
상업	879 (6.8)	1,371 (7.9)	2,050 (8.8)	3,085 (10.6)	3,633 (9.7)	4,258 (10.0)	6,081 (12.5)
공무원	90 (0.7)	138 (0.8)	201 (0.9)	284 (1.0)	431 (1.2)	739 (1.7)	856 (1.8)
전문직	342 (2.6)	550 (3.2)	876 (3.8)	1,181 (4.1)	1,711 (4.6)	2,171 (5.1)	3,254 (6.7)
가사·개인 서비스	1,253 (9.7)	1,524 (8.8)	2,234 (9.6)	2,819 (9.7)	3,756 (10.1)	3,380 (8.0)	4,952 (10.1)
사무직	82 (0.6)	160 (0.9)	469 (2.0)	737 (2.5)	1,718 (4.6)	3,112 (7.3)	4,025 (8.2)

출처: U.S. Bureau of the Census, Table XXI. -- Gainful Workers 10 Years Old and Over, by General Divisions of Occupations and Sex, for the United States: 1870 to 1930, in *1940 Census of Population: Comparative Occupation Statistics, 1870 to 1930* (Washington, DC: U.S. Government Printing Office, 1943), 100; Table XXII. -- Percent Distribution, by General Divisions of Occupations, of Gainful Workers 10 Years Old and Over, by Sex, for the United States: 1870-1930, ibid., 101.

위를 차지했으니 말이다.[34]

---

34 Susan Porter Benson, *Counter Cultures: Saleswomen, Managers, and Customers in American Department Stores, 1890-1940* (Urbana: Univ. of Illinois Pr., 1986); Angel Kwolek-Folland, *Engendering Business: Men and Women in the Corporate Office, 1870-1930* (Baltimore: Johns Hopkins Univ. Pr., 1994).

그래도 밀스의 견해에는 중산층에 일어난 변화에서 본질이라 할 만한 사실이 들어 있다. 그것은 중견 관리자와 전문 식업인이 중산층의 주축으로 대두했을 뿐 아니라, 이들이 대체로 거대한 규모로 성장한 기업과 정부 기관에서 다양하고 복잡한 활동을 조정하고 관리하는 역할을 담당했고, 또 거기서 상당한 직무상 자율성을 누리며 하급자들을 대상으로 적잖은 권위를 행사했다는 사실이다.

실제로, 그들은 새로운 중산층 문화의 형성에서 핵심적인 역할을 했다. 먼저, 앞선 세대로부터 가정에 충실하고 자녀 교육을 중시하며 지위 상승을 추구하는 등, 미래 지향적인 자세를 이어받았지만, 지역사회에서 주도적 역할을 꺼리며 체면을 지키는 데 치중하는 소극적인 태도까지 물려받지는 않았다. 오히려 불량 식품을 배척하는 소비자 운동이나, 부패와 비리를 비판하며 도시계획을 수립, 추진하는 운동에 나서기도 했다. 특히, 중간 관리자들은 새로운 중산층 문화의 형성에서 선도적인 역할을 했다. 그들은 대기업에서 거대한 조직을 건설하고 가동하는 데 기여하는 동시에, 거기서 정직성, 성실성, 효율성 등, 대기업에서 강조되는 가치를 수용하고 전파하기도 했다. 또 과거의 농장주나 소기업가와 달리 경제적 독립을 누리지 못했으나, 체면을 지킬 수 있을 만한 수입과 함께 상당한 권위와 자율성을 누리기도 했다. 이런 경험은 중간 관리자들이 소극적인 태도를 버리고 사회적으로 주도적인 역할을 떠맡는 데 배경이 되었던 것으로 보인다.[35]

반면에 소기업가들은 과거에 형성되었던 문화적 전통을 유지하는 데 기여했다. 소규모 상점이나 작업장을 운영하던 기업가들은 거대한 기업에 맞

---

35 John S. Gilkeson, Jr., *Middle-Class Providence, 1820-1940* (Princeton, NJ: Princeton Univ. Pr., 1986); Olivier Zunz, *Making America Corporate, 1870-1920* (Chicago: Univ. of Chicago Pr., 1990); Robert D. Johnston, *The Radical Middle Class: Populist Democracy and the Question of Capitalism in Progressive Era Portland, Oregon* (Princeton, NJ: Princeton Univ. Pr., 2003).

서 경제적 독립을 지키기 위해 애쓰면서, 인민주의 전통에 의지하며 부정부패와 빈부 격차를 비판하는 데 나섰다. 특히, 대기업을 지배하는 자산가들이 자신들을 비롯한 "생산자"에 기생하며 나태와 부패에 빠져 있다고 개탄하면서, 시민이 나서서 부패한 정치인으로부터 정치적 권위를 되찾아야 한다고 역설했다.

2) 도시문제의 부상

그런 변화를 겪은 중산층은 20세기 전환기 미국에서 정치적 행동에 나서야 할 만한 이유를 발견했다. 그 이유는 중산층이 집중되어 있던 도시에 있었다. 도시는 19세기 말부터 빠른 속도로 성장했다. 〈도표 13-4. 도회지 인구의 지역별 추이, 1880-1920년〉에서 나타나듯이, 전체 인구 가운데서 도회지—주민 2,500명 이상이 집중적으로 거주하는 지역—인구는 1880년부터 1920년까지 40년 동안 1,400만 명에서 5,400만 명으로 4배 가까이 늘어났다. 그에 따라 도회지 인구가 차지하는 비율도 28.2 %에서 51.2 %로 크게 높아졌다.

　　그렇지만 지역별로 상당한 차이가 있었다. 북중부와 서부가 전국 평균에 가까웠던 반면에, 북동부와 남부는 각각 그보다 훨씬 높거나 낮은 비율을 보였다. 바꿔 말해, 도시의 성장에서 북동부가 앞서고 북중부와 서부가 뒤따르는 반면에 남부는 뒤처졌다. 따라서 도회지 인구는 대체로 북동부와 북중부

〈도표 13-4. 도회지 인구의 지역별 추이, 1880-1920년〉 (단위: 천 명, 괄호: 백분비)

	전국	북동부	북중부	남부	서부
1880	14,130(28.2)	7,370(50.8)	4,198(24.2)	2,017(12.2)	544(30.2)
1890	22,106(35.1)	10,266(59.0)	7,418(33.1)	3,261(16.3)	1,161(37.0)
1900	30,215(39.8)	13,911(66.1)	10,165(38.6)	4,421(18.0)	1,718(39.9)
1910	42,064(45.7)	18,563(71.8)	13,487(45.1)	6,623(22.5)	3,391(47.9)
1920	54,253(51.3)	22,404(75.5)	17,776(52.3)	9,300(28.1)	4,773(51.8)

출처: U.S. Bureau of the Census, *Historical Statistics*, Part 1, Series A 172-194.

에 집중되는 양상을 띠었다. 이들 두 지역은 전국의 도회지 인구 가운데 4분의 3 내지 5분의 4를 차지했다. 지역별 편차는 대도시의 분포에서도 뚜렷하게 나타났다. 1920년에 이르면 인구 30만 명이 넘는 도시가 미국 전역에 21개나 있었는데, 북동부에 뉴욕(560만), 필라델피아(182만), 보스턴(75만) 등, 6개가 있었고, 북중부에 시카고(270만), 디트로이트(99만), 클리블랜드(80만), 세인트루이스(77만) 등, 9개가 있었다. 반면에 남부와 서부에는 그런 대도시가 볼티모어(73만)와 로스앤젤레스(58만)를 비롯해 각각 3개씩 있었을 뿐이다.

도시는 그처럼 빠른 인구 성장과 함께 지리적으로, 또 사회·경제적으로 중대한 변화를 겪었다. 지리적 측면에서 주목을 끄는 것은 인구가 중심부에 집중되기만 한 것이 아니라 주변부로 팽창하기도 했다는 사실이다. 도심에는 이미 19세기 중엽부터 교역과 금융, 그리고 행정이 집중되었는데, 이제 그런 경향이 심화되어 중앙업무지구central business district가 형성되는 결과로 이어졌다. 그 이유는 무엇보다도 19세기 후반에 경제발전을 이끌었던 기업들이 흔히 도시 중심부에 자리를 잡은 데 있다. 많은 기업은 기술혁신 덕분에 더 이상 수력에 의존하지 않고 증기기관이나 휘발유기관, 또는 전동기에서 동력을 얻을 수 있었고, 그래서 입지를 비교적 자유롭게 선택할 수 있었다. 그런 기업들이 교역과 금융, 그리고 행정과 함께 노동자와 소비자가 집중되어 있는 도심으로 입지를 옮기는 것은 북중부에서 대두한 대도시에서 드러나듯이 자연스러운 일이었다. 그렇지만 대체로 사무실을 중앙업무지구에 두면서도, 창고와 공장은 거기서 조금 떨어진 지역에 세웠다. 땅값이 비싼 중앙업무지구에서는 높은 임대료와 함께 소음과 분진, 오염과 혼잡 등, 인구 집중에 따르는 폐단을 피하기 어려웠기 때문이다.

주민은 대개 그런 도심에서 벗어나고자 했다. 엘리트는 이미 19세기 중엽부터 교외로 옮겨 가기 시작했는데, 이제 더 먼 곳으로 옮겨 가며 호사스러운 주택을 지었다. 중산층도 그 뒤를 따라 교외로 옮겨 갔고, 거기서 경제적 여유를 과시하는 주택단지를 형성했다. 노동자들은 대체로 도심 주위에서 도시 경계선까지 이르는 지대에 조성된 여러 주거지역에서 소박한 단독주택이나 저렴한 다세대주택을 선택했다. 이렇게 도시 전역으로 흩어지거나 교외까지 옮겨 가는 주민을 위해, 도시는 도로를 정비하고 철로를 부설했다. 특히 간선도로를 건설하고 승합 마차를 운행했으며, 또 교외까지 연결되는 지하철이나 고가철도를 부설했다.

그렇지만 도심에서 벗어나지 못하는 주민도 있었다. 그들은 대개 임금이나 수입이 변변찮은 노동자나 도시에서 새로운 일자리를 찾는 농민, 미국에 정착하고자 하는 이민, 또는 남부 농촌에서 북부 도시로 이주하는 흑인이었다. 도심과 그 주위에는 기업이 집중되어 있었기에 일자리가 상대적으로 많았고, 임대료가 싼 셋집—대체로 엘리트나 중산층이 교외로 떠나며 남겨 놓은 주택을 여러 칸으로 쪼개어 만든 아파트들—이 어느 지역보다 많았으며, 그래서 가난한 사람들이 여러모로 불편한 환경을 견디며 살아갈 수 있었다.[36]

그처럼 도시 주민이 지위와 소득에 따라 서로 다른 공간을 차지함에 따라, 주민 사이의 사회적 격리가 심화되었다. 제한된 공간에서 다양한 부류의 주민이 뒤섞이며 살아가던 "걷는 도시"와 달리, 20세기 전환기 대도시에서는 엘리트나 중산층이 노동자나 빈민과 길에서 마주치거나 이야기를 나누는 기회를 자주 가질 수 없었다. 엘리트는 이른바 사교계를 만들며 배타적 사회생활에 탐닉했고, 중산층은 대체로 가정생활을 중시하며 자녀 교육을 통해 더 높은 지위로 올라가고자 애쓰는 반면에 노동자나 빈민에게 큰 관심을 기울이지 않았다.

그러나 그들 가운데 일부는 도시문제를 중심으로 사회문제에 주목하고

---

36 Harold M. Mayer and Richard C. Wade, *Chicago: Growth of a Metropolis* (Chicago: Univ. of Chicago Pr., 1969); Sam Bass Warner, Jr., *Streetcar Suburbs: The Process of Growth in Boston (1870-1900)*, 2nd ed. (Cambridge, MA: Harvard Univ. Pr., 1978); Thomas S. Hines, *Burnham of Chicago: Architect and Planner* (Chicago: Univ. of Chicago Pr., 1979); Roy Rosenzweig and Elizabeth Blackmar, *The Park and the People: A History of Central Park* (Ithaca: Cornell Univ. Pr., 1998).

있었다. 중산층은 이미 19세기 중엽부터 노예제뿐 아니라 도시에서 심화되는 사회문제에 대해서도 관심을 촉구하며 해법을 찾기 위해 노력했다. 그들의 개혁 운동은 내전을 계기로 퇴조를 겪었다가 재건 시대에 부흥기를 맞이했는데, 그때에는 도시문제에 집중되는 양상을 보였다. 이제 개혁 운동은 빈곤, 음주, 도박, 매음, 절도, 강도, 폭력 등, 도시에서 심화되던 다양한 폐단에 초점을 맞추었다. 그것은 장기적 안목에서 볼 때 근대 세계에서 대두한 인도주의가 노예제 폐지에 따라 도시를 중심으로 사회문제로 관심을 돌린 결과이다. 이는 여성 개혁가들에게서 뚜렷하게 나타났다. 여성은 19세기 말부터 개혁 운동에서 주도적 역할을 담당했다. 여성은 노예제 폐지 운동에 주력했던 앞선 세대로부터 여성의 권익을 옹호하는 운동을 이어받아 전국여성참정권협회National Woman Suffrage Association(1869)를 창설했고, 또 도시문제 가운데서 음주에 초점을 맞추고 여성기독교금주협회Woman's Christian Temperance Union(1874)를 결성했다. 그 외에 지방 수준에서 수많은 자선단체를 조직, 운영하면서, 빈곤 가정을 방문하는 등, 효율적인 지원 방안을 강구하기 위해 노력했다.[37]

재건 시대에는 목사들도 개혁 운동에서 두드러진 역할을 수행했다. 그들 또한 앞선 세대로부터 개혁 운동의 전통을 물려받았으나, 재건 시대에는 개인의 도덕과 윤리를 넘어 사회의 구조와 제도에 관심을 촉구하는 경향을 보였다. 이런 경향을 선도한 워싱턴 글래든Washington Gladden은 노사 관계도 기독교 윤리에 따라 해결되어야 한다고 지적하면서, 노동자들이 노동조합을 조직하고 단결하는 권리를 누려야 한다고 역설했다. 이런 견해는 곧 여러 성직자 사이에서 확산되었고, 그래서 "사회복음"Social Gospel이라 불리는 운동으로 발전했으며, 또 교회를 넘어 대학을 비롯한 다른 기구에서 개혁 운동이 대두

---

37 이하 개혁 운동에 관한 서술은 다음 문헌에 토대를 두고 있다. Paul Boyer, *Urban Masses and Moral Order in America, 1820-1920* (Cambridge, MA: Harvard Univ. Pr., 1978).

하는 데도 기여했다.

그렇지만 가장 두드러진 역할을 한 것은 언론인 내지 문필가였고, 그 대표적 인물은 헨리 조지Henry George였다. 그는 필라델피아에서 소규모 출판업자의 아들로 태어나 폭넓은 독서와 함께 상당한 교육을 받았으나, 선원이 되어 인도와 호주까지 여행한 다음에 샌프란시스코에서 신문기자로 자리를 잡았다. 그리고 철도와 광산, 토지 투기와 부정부패에 주목하며 기사를 쓰고 나아가 편집하는 일까지 맡았다. 더욱이, 그런 일을 통해 알게 되었던 사회 문제를 깊이 파헤치는 데도 관심을 기울였다. 특히, 뉴욕에서 물질적 진보와 극심한 빈곤이 병존하는 것을 본 다음에는 그런 관심사를 깊이 파고들었다. 그 결과, 임금이 낮은 이유를 자본가들의 탐욕에서 찾는 기존 이론에 불만을 품게 되었다. 그 대신, 기술과 분업의 발전 덕분에 생산력이 크게 늘어났는데도 그 혜택이 대부분 토지를 독점하고 과도한 지대를 요구하는 지주에게 집중된다는 결론에 이르렀다. 그것이 빈부 격차와 계급 갈등의 궁극적 원인이라는 것이었다. 1879년, 조지는 『진보와 빈곤』이라는 책을 내고 그런 견해를 상세하게 설명했다. 그리고 그 대책으로 토지에 높은 비율의 세금을 매김으로써 지주에게서 불로소득을 거두어들여야 한다고 주장했다. 그렇게 하면 정의를 실현할 수 있을 뿐 아니라 다른 세금을 폐지해도 된다고 부연했다.[38] 이 책은 겨우 한 세대 동안에 200만 부나 팔렸고, 미국을 넘어 유럽에서도 널리 읽혔다.

에드워드 벨라미Edward Bellamy도 적잖은 역할을 했다. 그는 매서추세츠 내륙의 스프링필드Springfield 인근에서 성직자의 아들로 태어나 초·중등학교를 거쳐 대학에 진학할 정도로 상당한 교육을 받았다. 그렇지만 대학에서 학업을 마치기 전에 유럽으로 여행을 떠났고, 거기서 견문을 넓힌 다음에 미국

---

38 Henry George, *Progress and Poverty: An Inquiry into the Cause of Industrial Depressions and of Increase of Want with Increase of Wealth: The Remedy* (1879; New York: Robert Schalkenbach Foundation: 1954).

으로 돌아와 언론계에 뛰어들었다. 얼마 지나지 않아 고향의 신문사에서 기자로 일하기 시작했지만, 건강을 잃고는 일을 그만두었다. 그 대신, 쉬어 가면서 글을 쓰기 위해 노력했다. 그렇게 해서 소설을 몇 편 발표했으나, 주목을 끌지는 못했다. 1888년에 발표한 『뒤를 돌아보면서』는 달랐다. 1년도 되지 않아 20만 부가 팔렸고, 한 세대 사이에 여러 언어로 번역되어 유럽은 물론이요 아시아에서도 널리 읽혔다. 그 작품은 주인공이 잠에 빠졌다가 113년이 지난 2000년에야 깨어나서 새로운 세상을 둘러보며 자신이 살던 1887년의 보스턴을 되돌아본다는 공상소설이었다. 새로운 세상은 노동문제가 사라지고 모든 국민이 하나의 기업으로 통합된 사회였다. 거기에는 빈부 격차나 계급 갈등, 또는 부정부패가 없었다. 거기서는 재산이 국가의 소유와 관리 아래에 있었고, 사람들은 기술 발전 덕분에 오랜 시간 노동에 종사할 필요가 없었으며, 그래도 필요한 것은 풍부하게 누릴 수 있었다. 벨라미는 그것을 사회주의라 부르지 않고 "국민주의"nationalism라 불렀다. 사회주의라는 단어를 쓴다면, 그에 따르는 부정적 어감으로 인해 자신의 뜻을 독자에게 제대로 전달하기 어려우리라고 우려했기 때문이다.[39]

다른 언론인 내지 문필가들은 직설적 화법으로 도시문제에 주의를 환기했다. 사진기자 제이컵 리스Jacob A. Riis는 뉴욕 빈민가의 참상을 폭로했다. 그는 덴마크 출신의 이민으로서 젊은 시절에 뉴욕의 빈민가를 전전했는데, 신문사에서 기자로 일자리를 얻은 다음에 빈민가의 참상을 알리기 위해 애썼다. 특히 사진을 통해 실상을 생생하게 드러냈다. 그리고 1890년에는 사진을 모아 『나머지 절반은 어떻게 살아가는가』라는 사진첩을 내놓음으로써 수많은 미국인들을 충격에 빠뜨렸다. 거기에 실려 있는 리스의 사진은 마차와 행인과 노점이 뒤엉켜 있는 거리, 쓰레기가 널려 있는 골목, 햇빛도 바람도 넉넉하

---

39 Edward Bellamy, *Looking Backward, 2000-1887* (Boston: Houghton, Mifflin, 1888).

지 않은 방, 침대와 부엌살림 틈바구니에서 일을 하는 사람들, 그리고 그들을 돕는 어린아이들의 지친 얼굴을 보여 주었다.[40]

　1894년에는 윌리엄 스테드William T. Stead가 『그리스도가 시카고에 온다면』이라는 책을 내놓아 적잖은 충격을 주었다. 이미 런던에서 탐사 보도를 선도했던 이 영국인 기자는 1893년 시카고를 방문해 세계박람회를 참관했다. 그러나 거기서 멈추지 않고 그 이면까지 파악하기 위해 노력했다. 특히, 많은 사람들과 면담을 하고는 도심 가운데서도 가장 번잡스러운 구역에 초점을 맞추었다. 그리고 거기서 나타나는 다양한 폐단을 파고들면, 결국에는 탐욕스러운 부자와 부패한 정치인, 그리고 그들을 따르는 수많은 보통 사람들까지 만나게 된다는 점을 밝혀내었다. 따라서 도시문제를 해결하는 실마리가 정직하고 유능한 인물을 뽑아 행정을 맡기는 데 있다고 진단했다.[41] 이와 같은 탐사 보도는 1900년대에 이르면 "추문 폭로자"muckrakers라 불리는 많은 언론인의 활약으로 이어진다.

3) 진보주의의 대두

그런 개혁론자들의 노력은 미국을 넘어 20세기 전환기 서양에 널리 퍼져 있던 조류의 일환이었다. 사실, 그들이 주목하던 다양한 문제는 대서양 건너 유럽에서도 널리 인구에 회자되고 있었다. 영국의 선례를 따라 유럽 대륙에서도 산업혁명이 진행되고 환경오염과 함께 부정부패와 빈부 격차가 심화되자, 대서양 세계의 진보적 지식인들은 그런 문제를 파헤치고 그 해법을 찾아내는 데 관심을 기울였다. 문제는 분명히 기존 체제와 연관되어 있었다. 무엇보다도 전통적 공동체는 구성원들을 유기적으로 묶어 주는 실체라 할 수 없

40　Jacob A. Riis, *How the Other Half Lives* (1890; New York: Dover, 1971).

41　William T. Stead, *If Christ Came to Chicago: A Plan for the Union of All Who Love in the Service of All Who Suffer* (London: Review of the Reviews, 1894).

었다. 그것은 이미 빈민을 돌보지 못할 만큼 해체되어 있었다. 따라서 보수주의자들과 달리, 진보적 지식인들은 자유방임이 유일한 처방이라고 생각하지 않았다. 다른 한편으로 사회주의자들과도 달리, 기존 체제를 전면적으로 거부하지 않고 다양한 대책을 강구하기 위해 노력했다. 그들이 보기에 여러 문제의 근원은 기존 체제의 본질이 아니라 그에 수반되는 부작용에 있었다. 더욱이, 사회주의자들이 주장하던 국유화는 국가가 개인의 자유와 권리를 침해하는 결과를 가져올 수도 있었다. 따라서 진보적 지식인들은 자유방임을 주장하며 변화를 거부하던 보수주의자들은 물론이요 전면적이고 근본적인 변화를 도모하던 사회주의자들과도 거리를 두며 개혁을 지향하는 자세를 취했다. 특히, 도시문제를 비롯한 다양한 사회문제를 면밀하게 조사하는 작업을 수행하는 한편, 사회복지관을 수립하고 빈민의 자립을 지원하는 등, 자신들이 찾아낸 해법을 스스로 실천했다.[42]

미국에서 그런 조류를 선도한 것은 1880년대에 나타난 두 개의 개혁가 집단이다. 먼저 나타난 것은 1880년대 중엽에 금권정치를 비판하던 "머그웜프스"mugwamps였다. 이 용어는 북미대륙 동북부의 원주민 어휘에서 유래한 것인데, 그 시기에 와서 비리와 부패를 비판하며 민주당으로 옮겨 가버린 공화당원이나 아예 정당정치와 거리를 두는 무당파를 가리키는 데 쓰이기 시작했다. 거기에는 고귀한 인물을 비아냥거리는 뜻이 들어 있었는데, 이것은 그들이 대체로 뉴잉글랜드 출신의 엘리트였다는 사실과 연관되어 있다. 그들은 각종 집회와 신문·잡지를 통해 당대의 개혁가들과 두터운 친분 관계를 쌓았고, 일부는 대학에서 엘리트의 자녀를 가르치며 다음 세대의 개혁가들을 기르기도 했다.

---

42 James T. Kloppenberg, *Uncertain Victory: Social Democracy and Progressivism in European and American Thought, 1870–1920* (Oxford: Oxford Univ. Pr., 1988); Daniel T. Rodgers, *Atlantic Crossings: Social Politics in a Progressive Age* (Cambridge, MA: Harvard/Belknap, 1998).

다른 한편에서는, 엘리트 여성이 1880년대 말부터 대도시에서 사회복지관을 수립하고 운영하는 데 나섰다. 이 운동은 영국 런던에서 도심 빈민을 지원하기 위해 건립된 시설에서 시작되었는데, 시카고의 헐하우스Hull House에서 드러나듯이 미국의 대도시로 확산되고 있었다. 그런 시설은 아동을 돌보는 유아원, 청소년을 위한 오락·운동 교실, 이민을 위한 언어·문화 교실 같은 것을 운영하는 데 주력했다. 빈민에게 임시로 음식을 나누어 주거나 숙소를 마련해 주던 종래의 자선사업과 달리, 그것은 빈민이 일반 시민과 같이 자립할 수 있도록 지원하는 활동이었다. 그런 활동을 주도한 것은 헐하우스 창건자요 노벨 평화상 수상자인 제인 애덤스Jane Addams와 앨런 게이츠 스타Ellen Gates Starr를 비롯한 엘리트 여성이었다. 이들은 여성에게도 문호를 열기 시작한 대학에서 고등교육을 받을 수 있었으나, 거기에 걸맞은 일자리를 찾지 못하고 개혁 운동에 뛰어들어 현실을 바꿔 놓고자 했다.[43]

그들의 출신 배경에서 드러나듯이, 대학은 19세기 말 미국에서 벌어진 개혁 운동의 거점이었다. 대학에서도 특히 사회과학에 종사하는 학자들이 유럽과 마찬가지로 미국도 산업혁명을 거치면서 심각한 빈부 격차와 계급 갈등에 시달리게 되었다는 사실에 곤혹을 느꼈다. 내전이 일어나기 전까지, 그들은 풍부한 토지와 일찍이 수립된 공화정 덕분에 미국이 그와 같은 구세계의 뿌리 깊은 폐단에 빠지지 않으리라고 믿었기 때문이다. 따라서 독일을 비롯한 유럽 선진국으로부터 경제학, 사회학, 정치학 등, 사회과학을 받아들이는 한편, 미국의 풍토에 적합한 진단과 처방을 찾아내어 미국의 쇠락을 막고자 했다.

그와 같은 노력은 두말할 나위도 없이 이데올로기적 갈등을 가져왔다. 미국 사회에 대한 진단과 처방은 이데올로기에 따라 상이한 결론으로, 나아

---

43 Jane Addams, *Twenty Years at Hull-House: With Autobiographical Notes* (New York: Macmillan, 1911).

가 치열한 논쟁으로 이어졌기 때문이다. 그리고 사회과학자들은 미국경제학회American Economic Association를 비롯해 분야별로 학회를 조직하고 사변적 추론 대신 경험적 근거와 과학적 탐구를 강조함으로써, 그런 논쟁을 정치적 갈등에서 학문적 토론으로 발전시키고자 노력했다. 그래도 그들 가운데서 보수적인 학자들은 공화주의와 함께 자유주의 전통을 고수했고, 반면에 진보적인 학자들은 과학적 접근 방법을 통해 적절한 개혁 방안을 마련할 수 있다고 생각했다. 그런 방안은 사회주의자들이 주장하는 바와 같은 혁명에 있는 것이 아니라, 미국의 전통에 뿌리 내린 개혁 방안, 특히 산업혁명에 수반되는 폐단을 기술적으로 통제하는 데 있었다. 예를 들면, 경제학자 존 코먼스John R. Commons는 제도의 개혁을 통해 계급 갈등을 완화시킬 수 있다고 역설했다. 그에 따르면 노사분규는 분명히 심각한 문제였으나, 그래도 해결할 수 있거나 그렇지 않으면 적어도 제어할 수 있는 것이었다. 관건은 산업계에 시민권 개념을 도입하고 "산업 민주주의"industrial democracy를 수립하는 데 있었다. 구체적으로 말해 노동자에게 단체를 결성하고 단체로 행동할 수 있는 권리를 보장한다면, 또 사용자가 그들을 대화의 상대로 인정하고 단체교섭에 임한다면, 노동자와 사용자 사이에서 이해관계를 조정하거나 중재할 수 있다는 것이었다. 더욱이, 그 결과로 노사 관계가 안정된다면 그 덕분에 생산성을 향상시킬 수도 있다는 것이었다.[44]

그런 관념은 노사 갈등을 해소하는 데 주력하는 시민단체를 통해 실천에 옮겨지기도 했다. 먼저 1893년 시카고에서 시카고시민연합Chicago Civic Federation이 결성되었는데, 그 취지는 노동자와 기업가들이 시민 정신에 따라 화합하면서 사회적 효율성을 증진하는 데 기여하도록 유도해야 한다는 데 있었다. 그래서 그것을 주도하던 언론인 랠프 이즐리Ralph M. Easley는 노동계와

---

44 Dorothy Ross, *The Origins of American Social Science* (Cambridge: Cambridge Univ. Pr., 1991); Bae, *Labor in Retreat*, 123-124.

기업계의 대표적 인물들이 한자리에 모여 대화를 나누며 대책을 찾는 기회를 자주 만들었다. 이런 노력은 곧 전국적으로 주목을 끌었고, 1900년 전국시민연합National Civic Federation의 탄생으로 이어졌다. 거기에는 카네기 같은 주요 대기업의 총수, 곰퍼스를 비롯한 노동계의 거물, 그리고 애덤스 같은 사회 지도자들이 참여했는데, 그들은 노동조합의 신중한 태도와 중재를 통한 노사 관계의 안정에 초점을 맞추었다.

그런 시도에 반대하는 사람들도 적지 않았다. 중소기업가들은 제삼자의 중재를 거부할 뿐 아니라 노동조합 자체를 인정하지 않으려 했다. 그리고 1895년 전국제조업협회National Association of Manufacturers를 수립하고, 그것을 토대로 노동조합을 와해시키는 운동을 벌였다. 노동계에서도 노사 화합을 노동조합의 굴복으로 폄하하는 혁명론자들이 있었다. 이 파벌은 서부광산노동조합Western Federation of Miners을 중심으로 집결했으나, 미국의 노동계에서 주류를 위협할 만큼 세력을 확장하지는 못했다.[45]

그 이외에, 효율성 증진을 역설하는 개혁가들도 있었다. 이들은 원래 공장에서 작업 능률을 끌어올리는 데 관심을 기울였지만, 점차 시야를 넓혀 사회 전반에서 낭비를 줄이고 효율성을 증진해야 한다고 주장했다. 그것을 선도한 것은 프레드릭 테일러Frederick W. Taylor라는 산업공학의 개척자였다. 그는 필라델피아에서 유력한 법률가 가문에서 태어나 엘리트 교육과정을 거쳤으나, 시력이 나빠져 대학 진학을 포기하고 공장에 취업해 기계를 제작하는 작업에 뛰어들었다. 몇 년 뒤에는 강철 공장으로 일자리를 옮기고 거기서 승진에 승진을 거듭해 감독이 되었다. 빠른 승진은 무엇보다 작업 능률에 대한 그의 관심 덕분이었다. 테일러는 공장에 효율적인 시설이 도입된 다음에도 생산성이 기대한 만큼 오르지 않는다는 점에 주목하고 그 이유를 밝혀내고

---

45 James Weinstein, *The Corporate Ideal in the Liberal State, 1900-1918* (Boston: Beacon, 1968).

자 애썼는데, 가장 중요한 이유가 노동자들이 오랜 관습에 따라 노동을 제한하는 데 있다는 것을 깨닫게 되었다. 따라서 그는 "시간 및 동작 연구"time and motion study를 통해 노동자들의 동작 가운데 불필요한 부분을 제거하고자 노력했다. 또 공정 전반을 기능에 따라 여러 단계로 구분하고 기능별로 작업반장을 임명해, 그들이 각자 자신의 담당 영역에서 책임을 지고 능률을 끌어올리도록 독려했다.

그런 노력은 주목할 만한 성과로 나타났고, 테일러는 그것을 "과학적 관리"Scientific Management라 부르며 널리 알리기 시작했다. 그것은 분명히 공장을 체계적으로 관리함으로써 생산성을 제고하고자 하던 다양한 운동 가운데 하나였다. 그렇지만 과학에 대한 그의 투철한 신념과 열렬한 전파 노력 덕분에, "테일러주의"Taylorism이라 불리며 널리 주목을 끌었다. 그리고 공장을 넘어 기업 전체에서, 또 정부에서, 나아가 사회 전반에서도 효율성을 끌어올리는 운동으로 확산되었다. 더욱이, 제1차 세계대전을 계기로 미국의 높은 생산력이 입증되자, 테일러주의는 서구는 물론이요 소련으로도 수출되었다.[46]

끝으로, 여성이나 인종에 관심을 기울이는 개혁가들이 있었다는 것도 기억할 필요가 있다. 사회 개혁에 나선 엘리트 여성은 노동운동에서 여성 노동자들이 경시되는 데 주목했다. 그리고 1903년에는 여성노동조합연합Women's Trade Union League을 수립하고, 그들이 스스로 노동조합을 조직하고 자신들의 발언권을 강화할 수 있도록 지원했다. 인종문제에 관심을 기울이던 개혁가들은 흑인운동이 발전하는 데 기여했다. 흑인운동은 이미 살펴본 바와 같이 20세기 초에 전환기를 맞이했다. 윌리엄 두보이즈와 아이다 웰즈를 비롯한

---

46 Frederick Winslow Taylor, *Scientific Management Comprising Shop Management; The Principles of Scientific Management; Testimony before the Special House Committee* (New York: Harper & Row, 1964); Daniel Nelson, *Managers and Workers: Origins of the New Factory System in the United States, 1880-1920* (Madison: Univ. of Wisconsin Pr., 1975); Mary Nolan, *Visions of Modernity: American Business and the Modernization of Germany* (New York: Oxford Univ. Pr., 1994).

활동가들은 온건한 타협 대신에 전면적인 비판에 주력했는데, 1909년에는 사회 개혁가들의 참여와 지원을 받으며 전국유색인권익협회National Association for the Advancement of Colored People를 창설할 수 있었다. 이 단체는 이후에 흑인 운동에서 중요한 역할을 맡는다. 그러나 흑인은 여성과 함께 진보주의에서 주변적인 위치에 머물러 있었다. 진보주의자들은 이들 소수집단의 권익을 옹호하는 데 큰 관심을 기울이지 않았다.

4) 개혁 운동

그와 같이 다양한 노력은 20세기 전환기 미국에서 폭넓은 정치 개혁으로 이어졌다. 사회복지관에서 드러난 도시문제가 "조직 정치"에 기원이 있다는 것은 잘 알려져 있었다. 더욱이, "트위드 패거리" 같이 부패와 비리를 저지르는 정치인 일당을 쫓아내어도 플렁키트처럼 교활한 정상배가 다시 나타난다는 것도 널리 알려져 있었다. 이제 해야 할 일은 사람을 바꾸는 데 그치지 않고 제도를 바꾸는 데까지 나아가는 것이었다.

문제는 대의제, 특히 선거구 제도에 있는 것으로 보였다. 트위드나 플렁키트 같은 인물이 선거를 통해 주민의 대표가 되고, 그래서 시의회에 진출해 정치적 권위를 장악했기 때문이다. 문제의 핵심은 선거구가 작다는 데 있는 듯이 보였다. 도시에는 대개 수십 개의 선거구가 있었는데, 많은 선거구에서 주민이 선거를 앞두고 돈을 뿌리거나 술을 사주거나, 일이 없을 때 일거리를 나누어 주거나 일자리를 알아봐 주는 등, 어떻게 하든 간에 자신들에게 도움을 주는 후보자에게 표를 몰아주었기 때문이다. 따라서 개혁가들은 대선거구제를 도입하고 의원 정원을 축소하면, 그런 후보 대신에 풍부한 식견과 경험을 지닌 인물이 선출되리라고 기대했다. 그들은 또한 정부에서 정치를 배제하고자 했다. 구체적으로는, 시의회에서 여러 전문가들을 지명해 위원회를 구성하고 그것을 중심으로 시정을 운영하고자 했다. 그렇지 않으면, 아예 시장직을 없애고 그 자리에 전문 경영인을 초빙, 임명해서 행정을 담당하게 했다. 그 결과, 시정에서 부정부패가 억제되고 효율성이 증진되는 경향이 나타나기 시작했다. 반면에 도심에 거주하는 빈민은 자신들을 옹호하고 대변하는 인물이 사라지고 시청의 지원이 줄어드는 결과를 보게 되었다.[47]

진보주의 개혁은 주 정부에도 상당한 변화를 가져왔다. 각 주는 무엇보다도 인민주의자들이 주장하던 대로 정치과정에서 주민의 발언권을 강화하는 조치를 취했다. 구체적으로 주민에게 입법을 제안할 수 있는 발의권을 허용했고, 찬반 여론이 맞서는 법안에 대해 주민이 직접 의견을 표시할 수 있도록 주민 투표제를 도입했으며, 선출직 공직자를 임기가 끝나기도 전에 직위에서 물러나게 할 수 있는 주민 소환제까지 수립했다. 그 외에 선출직 공직자 후보를 결정하는 방법도 전당대회 같은 정당 기구에서 유권자들이 참여하는 예비선거로 변경했다. 그러나 그런 변화가 진보주의자들이 바라던 직접 민주주의의 이상을 구현하는 데 얼마나 도움이 되었는지 의심스럽다. 예를 들면, 전체 유권자 가운데서 대통령 선거에 참여하는 사람들이 차지하는 비율은 1880년대에 79 %에 이르렀으나 진보주의 시대에 떨어지기 시작해서 1920년대에는 49 %로 줄어들었으니 말이다. 그 비율은 이후에 조금 올라가지만, 그래도 오늘날까지 대개 50 % 내지 60 %에 머무른다. 바꿔 말하면, 현대 미국의 유권자 가운데 40-50 %에 이르는 사람들이 정치과정에 적극적으로 참여하지 않는 셈이다. 이에 관해서는 나중에 살펴본다.

기업에 대한 규제도 진보주의 개혁에서 중요한 의미를 지닌다. 위스콘신이나 캘리포니아 같은 주는 매서추세츠의 선례에 따라 철도 요금을 비롯

---

47 이하 진보주의에 관한 서술을 다음 문헌에 토대를 두고 있다. Morton Keller, *Affairs of State: Public Life in Late Nineteenth Century America* (Cambridge, MA: Harvard/Belknap, 1977); idem, *Regulating a New Economy: Public Policy and Economic Change in America, 1900-1933* (Cambridge, MA: Harvard Univ. Pr., 1990); Alan Dawley, *Struggles for Justice: Social Responsibility and the Liberal State* (Cambridge, MA: Harvard Univ. Pr., 1991), 1-294; Michael McGerr, *A Fierce Discontent: The Rise and Fall of Progressive Movement in America, 1870-1920* (New York: Free Pr., 2003).

한 공공요금을 규제하는 데 나섰고, 이어서 법인세를 인상하며 대기업을 견제하는 자세를 취했다. 다른 한편으로는 기업에 대해 산업재해에 대한 보상의 책임을 지우는가 하면, 여성과 아동의 노동시간을 규제하고 아동노동을 억제하는 조치를 취하기도 했다. 그렇지만 이런 조치가 반드시 개혁가들이 기대하던 결과를 가져온 것은 아니다. 철도에 대한 규제는 "특수 이해관계자"special interests라 불리던 일부 기업으로부터 "공익"public interest을 보호한다는 취지와 어긋나는 결과를 가져왔다고 할 수 있다. 규제의 혜택이 일반 시민보다 철도를 운영하거나 이용하던 기업에 더 많이 돌아갔으니 말이다. 더욱이, 그런 기업은 정부의 규제에 기대어 다른 기업과 벌이던 격심한 경쟁에서 벗어날 수 있었다. 또 산업재해에 대한 보상은 노동자들에게 그림의 떡처럼 얻기가 어려웠다. 그들은 재해의 원인이 자신이나 동료의 잘못이 아니라 사용자의 과오에 있다는 점을 입증해야 했기 때문이다. 여성과 아동의 노동에 대한 규제는 그들의 건강을 보호하는 효과를 거둘 수 있었으나, 규제로 인해 그들의 수입이 줄어드는 만큼 노동자 가계에 부담을 주기도 했다.[48]

기업에 대한 규제는 주를 넘어 연방 차원으로 확대되었다. 연방 차원에서는 진보주의 운동에 공감하던 시오도어 로즈벨트(또는 루스벨트 Theodore Roosevelt, Jr.) 대통령이 매우 적극적인 자세를 취했다. 그는 엘리트로 태어나 엘리트로 자랐다. 구체적으로 말하자면, 뉴욕에서 상업에 종사하던 기업가 가문에서 태어나 가정교사로부터 기초 교육을 받으며 주목할 만한 재능을 보였다. 천식에 시달리는 허약한 체질을 지녔으나, 뛰어난 이해력과 기억력 위에 폭넓은 독서를 즐길 만큼 왕성한 호기심까지 갖추고 있었기 때문이다. 덕분에 하버드대학으로 진학했고, 거기서 졸업한 뒤에는 컬럼비아대학에서 법학을 공부했다. 그러나 다른 엘리트 젊은이들처럼 법조계나 기업계로 진출하고

---

48 Thomas K. McGraw, *Prophets of Regulation: Charles Francis Adams; Louis D. Brandeis; James M. Landis; Alfred E. Kahn* (Cambridge, MA: Harvard Univ. Pr., 1984).

자 하지 않았다. 아버지가 이루지 못한 꿈에 따라, 전통적으로 귀족이 차지했던 공직에 도전하고자 했다. 로즈벨트는 천성적으로 자신이 추종자가 아니라 지도자라고 생각했기 때문이다. 그렇지만 자신이 민주정치라는 틀 속에서 살고 있으며, 그래서 권력을 잡기 위해서는 대중의 지지를 얻어야 한다는 점도 잘 알고 있었다. 그리고 거기에 필요한 사회성도 갖추고 있었다. 무엇보다도, 운동을 통해 건강과 활력을 얻을 수 있다는 것을 깨달은 다음부터 사냥과 권투를 비롯한 다양한 스포츠를 즐기면서 "카우보이" 같은 야성적 남성상에 빠져들었다. 이런 기질은 나중에 공격적 성향으로 심화되면서 미국의 대외 정책에 반영되기도 했는데, 이는 미국이 강대국 사이에서 벌어지던 제국주의 경쟁에 뛰어드는 데 크게 기여하게 된다.[49]

어쨌든, 로즈벨트는 겨우 23살에 지나지 않던 1881년 11월, 뉴욕주 하원 의원 선거에서 승리를 거두었고, 이어서 뉴욕 시청의 부정부패를 파헤치는 의정 활동을 벌이며 주목할 만한 정치인으로 자리를 잡았다. 그는 아버지를 따라 공화당에 가담했으나, 정당에 못지않게 개혁의 대의에 충실한 모습을 보였다. 특히, 미국국가행정위원회United States Civil Service Commission에 참여해 엽관제를 폐지하고 공무원을 능력에 따라 선발하며 신분을 보장하는 데 관심을 기울였고, 뉴욕시 경찰청장으로 활동하던 시절에는 경찰 개혁을 추진하는 한편 사진기자 리스와 함께 빈민가에 가서 빈부 격차의 실상을 눈으로 확인했으며, 뉴욕 주지사가 되었을 때에는 유능한 인물을 발탁하고 권한을 위임함으로써 개혁의 성과를 거두기 위해 노력했다. 그런 자세와 노력 덕분에, 그는 1900년 선거에서 매킨리 대통령의 동반자가 되었고, 또 다음 해 9월에 매킨리가 피살된 다음에는 대통령직을 물려받게 되었다. 그리고 친기업적 정책을 표방하며 부정부패를 방조하던 공화당을 국민 전체의 이익을

---

49 이하 로즈벨트에 대한 서술은 다음 문헌에 토대를 두고 있다. John Morton Blum, *The Republican Roosevelt*, 2nd ed. (Cambridge, MA: Harvard Univ. Pr., 1977).

옹호하는 개혁 정당으로 탈바꿈시키는 데 나섰다.

로즈벨트 대통령은 진보주의자로서 기업 규제에 큰 관심을 기울였다. 무엇보다도, 트러스트가 경쟁을 저해할 뿐 아니라 소수의 자산가에게 막대한 영향력을 집중시킨다는 데 대해서도 우려했다. 그런 우려는 1901년에 수립된 노던증권사Northern Securities Company에 집중되었다. 이 회사는 몇몇 기업가들이 대륙횡단철도를 운영하던 노던 퍼시픽을 중심으로 북부의 주요 철도 회사를 통합하기 위해 수립한 트러스트였다. 비판 여론이 들끓자, 법무부는 대통령의 지시에 따라 노던증권사를 셔먼법 위반 혐의로 기소했다. 그 법은 입법 취지와 달리 노동조합을 탄압하는 데 이용되기도 했으나, 이제 진보주의 시대를 맞아 독점을 규제한다는 취지에 맞춰 재활용되었다. 연방 대법원도 그런 흐름을 외면하지 않았다. 1904년, 대법관들은 5대 4라는 근소한 차이로 노던증권사가 위법이라는 판결을 내렸다. 이를 계기로 로즈벨트는 트러스트를 부수는 데 박차를 가했고, 스탠다드 오일을 비롯한 수십 개의 트러스트를 해체하는 데 기여했다. 그러나 트러스트가 몇 개 기업으로 분할되었다고 해서, 시장에서 자유로운 경쟁이 되살아나거나 가격이 내려가지는 않았다. 독점은 흔히 과점으로 바뀌었고, 시장은 근본적으로 재편되지 않았다.

그 이유는 부분적으로 로즈벨트의 정책에서 찾을 수 있다. 그는 모든 트러스트가 문제라고 생각하지 않았다. 시장에서 자유로운 경쟁이 벌어진다면, 승자와 패자가 있게 마련이고 승자에게 자원이 집중되는 것은 어쩔 수 없는 일이라고 보았다. 중요한 것은 그런 승자 가운데서 보다 나은 상품을 제공하는 "좋은 트러스트"와 공익을 저버리고 과도한 사익과 세력을 차지하는 "나쁜 트러스트"를 구분하는 일, 그리고 그것을 규제하는 일이었다. 이런 측면에서 로즈벨트는 엘킨스법Elkins Act과 헵번법Hepburn Act의 제정에 앞장서 주간통상위원회Interstate Commerce Commission가 철도 요금을 규제하는 권한을 가질 수 있게 도왔다. 또 육류 검사법Meat Inspection Act을 통해 기업이 식용 육류를 처리하고 가공하는 과정에서 여러 차례에 걸쳐 정부의 엄정한 검사를 받도록 만들고, 또 순정 식품 의약품법Pure Food and Drug Act을 통해서는 식품과 의약품, 그리고 주류를 제조하고 유통하는 기업이 정부의 사전 허가를 받게 했다. 이런 규제의 취지는 독점을 방지하거나 경쟁을 촉진하는 데 있는 것이 아니라 공익을 보호하는 데 있었다.

로즈벨트는 또한 노사 관계에서 중립적 중재자의 역할을 자임했다. 전임 대통령들이 흔히 법과 질서를 유지하기 위해 군대를 파견해 파업을 분쇄했다는 사실을 기억할 때, 이는 큰 변화였다. 그것은 1902년에 있었던 무연탄 파업에서 분명하게 나타났다. 펜실베이니아의 무연탄 광부들이 미국광산노동조합United Mine Workers of America의 지휘 아래 임금 인상과 노동시간 단축 등, 요구 조건을 내걸고 5월부터 파업에 들어갔을 때, 탄광을 운영하던 사용자들은 그것을 불법으로 규정하고 노조의 협상 제안을 거부했다. 그런 노사 갈등이 쉽사리 해소되지 않고 가을까지 지속되자, 펜실베이니아의 무연탄에 의지하던 동부의 수많은 가정이 연료 위기에 부딪히게 되었다. 로즈벨트는 군대를 파견해 달라는 사용자들의 요청을 거부하고, 오히려 그들에게 파업 노동자들과 협상하라고 권유했다. 그리고 노동부에 무연탄광에 대한 실태 조사를 지시하는 한편, 노동자와 사용자, 그리고 정부의 대표로 구성되는 위원회를 설치하고 그것을 통해 중재안을 마련하고자 노력했다. 나아가 사용자들이 자신의 노력에 호응하지 않자, 군대를 파견해 정부가 직접 탄광을 가동하겠다고 위협했다. 그렇게 해서 수립된 노사정위원회는 임금을 10 % 인상하고 노동시간을 10시간에서 9시간으로 줄이는 등, 파업 노동자에게 유리한 중재안을 제시했다. 그리고 노사 양측이 그것을 수용함에 따라, 중재가, 그것도 정부가 주도하는 중재가 노사 갈등을 해결하는 방안으로 주목을 끌게 되었다.

그 외에 로즈벨트는 자연보호conservation에도 적극적인 태도를 보였는데, 거기에는 자연에 대한 그의 각별한 애착심보다 더 크고 복잡한 사연이 있었다. 19세기 말 미국에서는 자연환경이 분명히 위기에 놓여 있었다. 예를 들면, 오대호 주변에는 다양한 종류의 활엽수와 침엽수가 뒤섞여 있는 혼합림이 자리 잡고 있었는데, 그 가운데서 스트로브 잣나무는 사람들의 손에 사라지는 운명을 맞이했다. 그것은 곧게 또 높이, 대개 60 m까지 높이 자랐던 만큼, 목재로 적합했고, 그래서 19세기 중엽부터 벌목꾼에게 잘려 나가기 시작했으며, 그로부터 반세기가 지나기도 전에 좀처럼 찾아보기 어려운 나무가 되었다. 대평원을 상징하는 동물이요 원주민의 생명선이었던 들소도 비슷한 운명을 지녔다. 이 털북숭이는 19세기 초에 2,000만 마리 내지 4,000만 마리가 있었으나, 1870년에 그 가죽을 가공하는 기술이 개발된 다음부터 남획으로 인해 급격하게 감소하기 시작했고, 1900년에 이르면 겨우 100 마리 정도로 줄면서 멸종의 위기에 이르렀다.

그것은 두말할 나위도 없이 자본주의 발전에 수반되는 여러 폐단 가운데 하나였다. 이미 살펴본 바와 같이, 자본주의는 오랫동안 "돈에 대한 사랑"을 억누르던 정치적·종교적 권위에 제약을 가했고, 그에 따라 사람들은 돈을 마음껏 벌고 또 마음대로 쓰기 위해 이전보다 더 많은 것을 생산하고 또 더 많은 것을 소비하고자 했다. 그 결과로 진행되었던 산업혁명은 인간과 자연의 관계에 거대한 변화를 가져오기 시작했다. 산업혁명 덕분에, 미국인들은 생태계의 한계를 극복하며 인간이 자연을 통제할 수 있다는 신념을 품게 되었다. 산업혁명 때문에, 그들은 또한 천연자원을 개발하며 자연환경에 오염과 파괴를 일으키게 되었다. 그리고 19세기 말에 이르면, 더 이상 그런 문제를 경시할 수 없게 되었다. 나중에는 경제발전의 지속 가능성이라는 근본적 문제점에 부딪히게 된다.

그것은 미국 환경운동의 선구자 존 뮤어John Muir의 활동에서 뚜렷하게 드러났다. 그는 어린 시절에 부모를 따라 스코틀랜드에서 위스콘신으로 이주해 농촌에서 자랐지만, 위스콘신대학에 진학해 생물학에 열중했을 정도로 고등교육까지 받았다. 스스로 학비를 벌면서 공부를 하느라고 뒤늦게 대학을 졸업한 뒤에, 뮤어는 인디애나로 이주하고 마차 바퀴를 제작하는 공장에 자리를 잡았다. 그리고 1867년 봄에 사고로 실명 위기에 빠졌으나, 시력이 회복되자 세상을 새로운 시각으로 바라보기 시작했다. 그 해 가을에는 두 발로 걸어가며 자연을 살펴보는 여정에 올라, 무려 1,600 km나 떨어진 플로리다에 이르렀다. 그리고 그 여정을 글로 써서 책을 내놓았다. 뮤어는 얼마 지나지 않아 쿠바와 뉴욕으로 떠돌아다니기도 했지만, 결국 샌프란시스코에 자리를 잡은 다음에도 자연으로 들어가 그 일부로 살아가는 생활방식을 버리지는 않았다. 실제로 그는 한동안 시에라네바다산맥에 들어가 살았고, 그 경험을 책으로 써서 많은 미국인들에게 영향을 끼쳤다. 덕분에 1892년에는 몇몇 교수, 미술가, 언론인과 함께 시에라클럽Sierra Club을 만들고 시에라네바다산맥의 자연을 지키는 데 애썼다. 그것은 미국 최초의 환경단체가 아니었다. 동북부에서는 이미 1876년에 결성되었던 애팔래치아산맥클럽Appalachian Mountain Club이 환경운동을 선도하고 있었다. 그러나 시에라클럽을 이끌던 뮤어는 전국적 명성과 영향력 덕분에 환경운동에서 주도적 위상을 차지했다. 특히, 1903년에는 로즈벨트 대통령과 함께 사흘 동안 야영을 하며 요세미티Yosemite계곡을 탐사하기도 했다.

로즈벨트는 그런 관심을 정책에 적극적으로 반영했다. 먼저, 여러 곳에 국립공원을 설치하고 국가 기념물을 지정했을 뿐 아니라 수많은 곳에 삼림 보호구역과 동식물 보호구역도 설정함으로써, 모두 9,200만 헥타르에 가까운 광대한 지역을 상업적 개발로부터 보호했다. 그리고 내무부 산하에 미국산림청U.S. Forest Service을 수립하고 그런 지역을 관리하며 자연보호 사업을 주도하게 만들었다. 그렇지만 그 책임자였던 기포드 핀쇼Gifford Pinchot는 로즈벨트와 마찬가지로 천연자원을 개발하고 이용하는 데 반대하지 않았다. 오히려 사기업에 의한 난개발을 막고 자연을 체계적이고 효율적으로 관리함으로써, 그 혜택을 국민이 골고루, 또 대대로 누릴 수 있게 하고자 했다. 그와 같은 자연보호 대신에, 자연보존preservation을 주장하던 이들은 동의하지 않았다. 그들은 자연이 더 이상 훼손되지 않도록 인간의 개입을 최소한으로 억제해야 한다고 주장했다. 특히, 뮤어에게 자연이란 휴식과 영감뿐 아니라 기도를 허용하기도 하는 안식처였다. 따라서 그들 사이에 심각한 갈등이 있었다. 예를 들면, 1908년 샌프란시스코가 물 부족을 해결하기 위해 요세미티 국립공원 북서부에 헤치헤취Hetch Hetchy 댐을 건설하고자 했을 때, 자연보존론자들은 시에라클럽을 중심으로 그것을 저지하기 위해 치열한 반대 운동을 펼쳤다.

로즈벨트는 1904년 선거에서 낙승을 거두고 그런 정책을 더욱 진보적인 방향으로 이끌고 가고자 했다. 특히, 철도 규제를 강화하고 상속세와 소득세를 인상하며 산업재해 보상제를 개편하고자 했다. 그러나 그런 의지를 실행하는 데 성공하지는 못했다. 의회에서는 그의 개혁 정책에 동조하는 의원이 늘어났지만 다수를 차지하지는 못했고, 그가 후계자로 선택한 윌리엄 하워드 태프트William Howard Taft는 보수적이고 소극적인 태도를 지녔기 때문이다. 그는 공화당을 갈라놓은 보수파와 개혁파의 대립에 적절하게 대처하지 못했고, 또 산림청에서 핀쇼를 해임하고 자연보호 정책에서 후퇴하는 등, 로즈벨트와 개혁파의 반발을 사기도 했다. 그 결과, 공화당이 분열되고 진보당Progressive Party이 창설되었으며, 나아가 1912년 선거에서 어부지리를 얻은 민주당에게 승리를 양보하는 사태에 이르렀다.

민주당을 승리로 이끈 우드로 윌슨Woodrow Wilson은 로즈벨트에 못지않게 적극적으로 진보주의 개혁을 추진했다. 버지니아에서 태어나 조지아와 사우스캐롤라이나에서 자란 이 남부인은 유력한 장로교 목사였던 아버지로부터 가르침을 받으며 가문의 전통에 따라 성직자가 될 것으로 보였다. 그러나 그는 조용하고 내성적인 성격과 함께 꿋꿋한 의지와 끈질긴 인내심을 지녔기에, 친지의 조언에 따라 움직이기보다는 자신의 신념에 따라 살아가는 편이었다. 실제로, 어린 시절에 난독증에 걸린 듯이 읽고 쓰는 데 큰 어려움을 겪었지만 오랜 노력을 통해 그것을 극복하고 프린스턴대학의 전신이었던 뉴저지대학에 진학했다. 그리고 정치인이 되겠다는 꿈을 품은 다음에는, 연설 능력을 기르기 위해 문장을 종이 대신에 머릿속에 써놓고 외우기까지 하는 방법으로 자신의 약점을 극복했다. 더욱이, 정치와 역사를 전공 분야로 삼고 박사 학위를 얻어 대학에서 교수로 살아가면서도 학문에 못지않게 행정에 관심을 기울였고, 덕분에 1902년에는 프린스턴대학에서 총장직에 오르는 기회를 잡을 수 있었다. 윌슨은 총장으로서 무엇보다도 교과과정을 개혁하는 데 힘을 쏟았다. 학생들이 수동적 자세에서 벗어나 자신의 힘으로 생각하는 능력을 기를 수 있는 능동적 자세를 지니도록 유도하고자 했다.

그런 지도력을 눈여겨보던 민주당의 실력자들은 1910년, 윌슨을 뉴저지주지사 후보로 초빙하며 정계에 입문하는 길을 열어 주었다. 그리고 그는 그들에게 휘둘리지 않고 개혁을 추진했다. 선출직 공직자 후보를 결정하는 절차로서 예비선거 제도를 도입하고, 스탠다드 오일에 지주회사의 설립을 허용했던 뉴저지에서 독점을 규제하는 법률을 제정하며, 또 여성과 아동의 노동을 규제하고 산재 보상 제도를 수립하는 등, 진보주의자들이 바라던 개혁에 앞장섰다. 더욱이, 1912년 선거에서는 "새로운 자유"New Freedom라는 구호를 내세우며 독점과 대기업의 폐단으로부터 자유와 경쟁을 옹호해야 한다고 강조했다. 그것은 분명히 로즈벨트의 "새로운 국민주의"New Nationalism, 즉 국민의 이익을 수호하는 차원에서 기업을 규제해야 한다는 주장에 맞서 제시된 정치적 도구였다. 그래도 정부가 시장에서 어떤 역할을 해야 하는가 하는 문제에 관해 윌슨이 지녔던 신념을 분명하게 보여 주었다.[50]

실제로 윌슨은 집권한 다음에 부의 과도한 집중을 견제하는 한편, 시장에서 기업들이 공정한 경쟁을 벌이도록 유도하는 데 힘썼다. 먼저 공화당이 소중하게 여기던 고율의 관세를 대폭 인하해 소비자의 부담을 덜어 주고, 그로 인한 세수의 감소를 메울 수 있도록 높은 소득을 올리는 개인과 법인에 대해 누진과세를 강화했다. 그리고 연방준비제도를 수립함으로써 금융·

---

50 이하 윌슨에 관한 서술은 다음 문헌에 토대를 두고 있다. John Milton Cooper, Jr., *The Warrior and the Priest: Woodrow Wilson and Theodore Roosevelt* (Cambridge, MA: Harvard Univ. Pr., 1983).

통화 체제를 개편했다. 이는 한마디로 줄여 중앙은행을 창설하고 그로 하여금 통화와 금융에 관한 정책을 관장하게 하는 조치였다. 이 제도는 연방준비이사회Federal Reserve Board와 그 산하에 설치되는 12개의 연방준비은행Federal Reserve Bank으로 구성되는데, 미국에서 통용되는 화폐의 발행을 관장하고 금융 거래에 필요한 기준 이자율을 결정하며 모든 은행이 의무적으로 예치하는 준비금을 통제하는 권한을 지닌다. 이런 권한을 통해, 연방준비이사회는 물가와 이자를 안정시키고 고용을 증진시키는 역할을 담당하게 되었다. 윌슨 행정부는 또한 공정거래위원회Federal Trade Commission을 설치하고 기업 사이에서 벌어지는 불공정한 거래를 규제하게 했다. 이 기구는 그가 선거공약으로 내세웠던 만큼 독점을 규제하는 기능까지 발휘하지는 못했으나, 정부가 기업 사이의 거래를 조사하고 필요하다면 규제할 수 있는 권한을 확보하는 데 기초를 제공했다.

그런 개혁 정책은 윌슨 대통령의 두 번째 임기까지 지속되지 않았다. 그는 1916년 선거에서 공화당 후보와 치열한 접전을 벌인 끝에 승리했으나, 쟁점은 이미 개혁이 아니라 유럽에서 벌어지는 전쟁에 있었다. 그리고 선거가 끝난 다음에는 그 전쟁에 대비하는 데 노력을 집중해야 했다. 1917년 4월 미국이 마침내 독일에 대해 전쟁을 선포하고 제1차 세계대전에 참가하자, 미국인들은 전쟁에 모든 역량을 쏟아 부었다. 그에 따라 진보주의는 급격하게 퇴조하는 운명을 맞이하게 되었다. 그렇지만 전쟁이 진보주의의 운명을 결정했다고 보기는 어렵다. 개혁 운동은 그 이전에 좌절과 분열, 그리고 침체를 맞이했기 때문이다. 무엇보다도 계급 갈등이 수그러들지 않았다. 노사분규는 진보적 개혁가들의 노력에도 불구하고 진정되지 않았고, 전쟁과 더불어 오히려 격화되는 양상을 보였다. 더욱이, 개혁가들 가운데 소수는 미국의 참전에 반대하며 개혁에 매진하고자 했으나, 다수는 오히려 지지파에 가담하면서 국가의 역량을 강화하고 그에 의지해 개혁을 추진할 수 있다고 기대했다. 따라서 미국이 참전을 결정하기 전에, 진보주의는 이미 침체에 빠져 있었다.

진보주의는 매우 복합적인 성격을 지닌 사회운동이었다. 그것은 엘리트와 중산층 이외에 다른 많은 미국인들도 참여한 거대한 운동이었고, 또 사회복지관에서 시청과 공원을 거쳐 철도와 은행에 이르기까지 매우 다양한 제도에서 문제점을 발견하고 개선책을 도입하려는 노력이었다. 그렇기 때문에 그 성격을 명확하게 규정하기는 어렵다. 사실, 한때 역사학자들은 진보주의의 성격을 밝히려는 시도를 포기하기도 했다. 그래도 진보주의에서 부각된 가치가 무엇보다도 반독점과 효율성, 그리고 사회적 화합이었다는 점에 대해서는 대체로 동의한다.[51] 그런 가치는 분명히 20세기 전환기에 미국인들 사이에서 널리 퍼져 있었다.

그래도 그것이 특히 중산층에서 강조되었다는 점을 기억할 필요가 있다. 언론인들의 탐사 보도에서 드러나는 바와 같이, 중산층은 부정부패와 빈부격차를 비롯한 사회문제를 고발하고 그 해법을 모색하는 데 앞장섰다. 더욱이, 근래의 연구 성과는 이미 지적한 것처럼 전문 직업인과 중간 관리자 이외에 소기업가도 이 폭넓은 운동에서 중요한 역할을 했다는 점을 보여 준다. 그런 점을 고려한다면, 진보주의가 사회주의는 물론이요 인민주의나 노동자 공화주의에 비해서도 단편적이고 부분적인 시도였다는 점을 수긍할 수 있을 듯하다. 중산층은 대체로 자본주의 발전의 수혜자인 동시에 피해자였던 만큼, 근본적이고 전면적인 변화 대신에 현저한 폐단에 주목하고 그것을 제어하는 데 필요한 제한적 처방을 선호했던 것이 아닌가 싶다. 이는 진보주의자들이 지녔던 희망에서 드러난다. 특히, 미국의 기존 질서를 혁신하는 대신에 민주 정치를 보강하고 경제성장에 성공하기만 하면 계급 갈등을 극복하고 사회적 화해와 국민적 통합을 달성할 수 있을 것이라는 그들의 낙관적 전망에서 뚜렷하게 나타난다. 바꿔 말하면, 그들은 "계급 문제"를 경시하는 안목을 지녔

---

51 Peter G. Filene, "An Obituary for 'The Progressive Movement,'" *American Quarterly* 22.1 (1970), 20-34 ; Daniel Rodgers, "In Search of Progressivism," *Reviews in American History* 10.4 (1982), 113-132.

다고 할 수 있다. 그렇지만 진보주의가 다른 대안과 달리 농민과 노동자에서 엘리트까지 다양한 계급으로부터 폭넓은 지지를 받은 운동이었다는 점도 기억할 필요가 있다. 중산층은 여러 계급의 서로 다른 요구를 일부나마 수용함으로써 폭넓은 지지를 확보할 수 있었던 것으로 보인다.[52]

진보주의는 미국의 자유주의 전통에서 중요한 의미를 지닌다. 위에서 살펴본 바와 같이, 그것은 부정부패와 빈부 격차, 사회 혼란과 자연 훼손 등, 19세기 말 미국에서 악화되었던 다양한 문제에 대해 해법을 제시하고 또 그것을 실행하는 운동이었다. 그렇지만 인민주의나 공화주의, 또는 사회주의와 달리, 그것은 자유주의에 토대를 두고 있었다. 진보주의자들은 사유재산과 시장경제, 그리고 그 전제인 개인의 자유와 권리를 기본적 가치로 간주했다. 그렇지만 그런 가치가 19세기 말에 드러난 바와 같이 다양한 폐단을 가져올 수 있다는 점에도 주목했다. 그리고 그 해법으로 사회적 화해와 국민적 통합에 필요한 제도를 도입하고, 자유방임 대신에 기업 규제를 주장하며 국가의 개입을 요청했다. 이런 이념은 때에 따라 바뀌는 바다의 밀물과 썰물처럼 20세기 미국의 정치와 사회에 드나들었다. 나중에 살펴보겠지만, 그것은 일차 대전을 계기로 뒤로 물러났다가 뉴딜을 통해 되돌아왔고, 또 그와 같은 변화를 되풀이했다. 그렇게 해서 진보주의는 시장에 대한 국가의 개입과 제도의 개혁을 추구하는 전통으로 자리를 잡았다. 따라서 미국의 자유주의는 20세기 전환기에 진보주의의 대두를 계기로 고전적 형태에서 벗어나 현대적 형태로 탈바꿈했다고 할 수 있다.

그 면면한 전통은 진보주의가 이 책에서 필자가 주장하는 바와 같이 자본주의 문명에 내재하는 평등주의적 동력에 토대를 두고 있었다는 점과 연관되어 있다. 진보주의는 분명히 미국인들이 법인 자본주의에서 크게 강화되

---

52 Shelton Stromquist, *Reinventing "The People": The Progressive Movement, the Class Problem, and the Origins of Modern Liberalism* (Urbana: Univ. of Illinois Pr., 2006).

었던 엘리트 세력에 맞서, 그것을 제어하기 위해 내놓은 여러 대안 가운데 하나였다. 그것도 국민과 공익의 이름으로 농민과 노동자를 끌어들이며 엘리트 세력을 견제하는 데 초점을 맞춘 운동이었다. 이런 뜻에서, 진보주의는 자본주의 문명에 내재하는 평등주의적 동력을 실천에 옮기는 운동이었다고 할 수 있다. 따라서 인민주의와 노동자 공화주의, 그리고 사회주의가 쇠퇴한 다음에도, 그것은 상당한 활력을 유지할 수 있었던 것으로 보인다.

그렇지만 진보주의가 뚜렷한 한계를 안고 있었다는 점도 기억할 필요가 있다. 그것은 빈부 격차를 완화시키는 데 실패했고, 인종주의나 가부장제를 주변적인 문제로 취급했으며, 자연 훼손에 관해서도 애매한 입장을 취했다. 사실, 진보주의자들은 당대 미국의 사회문제를 해결하기 위해 전면적인 변화를 모색해야 한다고 생각하지 않았다. 1890년 연방 상원 의원 셔먼이 독점 금지법을 발의하는 연설에서 말했던 것처럼, 그들은 분명히 문제의 핵심이 경제 권력에 있다는 것을 알고 있었다. 그것도 법인의 행태를 갖춘 대기업과 그것을 지배하는 소수의 기업가들에게 강대한 권력이 집중되어 있다는 것을 알고 있었다. 더욱이, 그들은 그런 문제의 핵심이 궁극적으로 미국의 헌법과 건국 이념에서 유래한다는 것, 특히 시민이 인간으로서 지니는 기본적 권리가 다른 시민을 억압하고 착취하는 자의적 권력으로 변모할 수 있다는 것, 그것도 알고 있었다.

그러나 진보주의자들은 문제의 핵심을 그 근원에 이르기까지 파고들지 않았다. 위에서 살펴본 바와 같이 "나쁜 트러스트"를 찾아내고 그것을 해체하거나 통제하는 데 관심을 기울였을 뿐이고, 대기업 자체를 문제로 삼고 그 토대인 법인 제도를 다시 생각하는 데까지 나아가지 않았다. 더욱이, 그런 문제의 근원을 찾아서 미국의 헌법과 건국 이념을 다시 살펴보는 데까지 나아가지도 않았다. 이런 한계는 두말할 나위도 없이 그들이 지녔던 낙관론과 연관되어 있었다. 진보주의자들은 기업에 대한 규제를 통해 시장에서 벌어지는 경쟁과 독점을 제어할 수 있으리라 믿었다. 이 낙관론 아래에는, 시장경제에 대한 신념, 나아가 개인의 자유와 권리에 대한 신념이 깔려 있었다. 반면에 그에 대한 우려와 비판은 약했다. 공화주의와 사회주의가 위축되었기에, 더욱 그랬다. 게다가 사회문제가 제대로 해결되지 않고 시대에 따라 정도나 양상이 바뀌면서 지속되었는데도, 진보주의를 계승한 개혁가들은 그 근원까지 파고들고자 하지 않았다.

그런 한계는 유산과 함께 오늘날까지 지속된다. 그것은 오랫동안 미국의 역사학자들 사이에서 이견의 원천으로 간주되었다. 진보주의의 유산과 한계를 살펴보면서, 그들은 미국인들이 자유주의의 핵심적 신조에 관해 널리 합의하고 있었는지, 그렇지 않으면 적잖은 갈등에 부딪혔는지, 다양한 견해를 내놓고 토론을 이어 갔다. 그렇지만 저 오랜 논쟁에서도 그들이 이견의 원천을 깊이 파고들었는지 적잖이 의심스럽다. 필자가 보기에는, 그 원천을 깊이 파고들면 결국에는 사람들이 모두 자율성을 지니는 개별적 존재라는 근대적 관념을 만나게 되기 때문이다.

그러나 원천 문제는 이 책의 말미에서 다루고자 한다. 먼저 19세기 말 20세기 초에 미국인들이 모색하던 대안 가운데서 아직 살펴보지 못한 주제부터 다루어야 하기 때문이다. 그것은 제국주의이다.

제14장

제국주의

미국은 19세기 말부터 20세기 초까지 약 반세기 동안에 국제 무대에서 강대국으로 부상했는데, 이는 당대에 세계 전역을 풍미하던 제국주의의 일환이므로 조심스럽게 다루어야 한다. 제국주의는 정치색이 매우 짙은 주제여서, 학술적으로 접근하는 데 적잖은 난관이 있기 때문이다.

무엇보다 먼저 용어에 주의를 기울일 필요가 있다. "제국"이라는 용어는 오랫동안 고대 로마제국을 비롯해 거대하고 강력한 국가를 가리켰고, 그래서 위엄과 영광을 연상시켰다. 그러나 현대에는 강대국의 자의적이고 강압적인 행보를 비판하는 데 자주 동원되었다. 더욱이, 근래에는 미국이 제국인가 아닌가 하는 문제를 놓고 벌어진 논쟁으로 인해 정치색이 더욱 짙어졌다. 미국이 자주 군사력을 동원하며 일방적 행보를 취함에 따라, 미국에다 제국이라는 딱지를 붙이려는 논객과 거기에 반대하는 논객들 사이에서 논쟁이 벌어졌다. 그리고 논쟁은 적잖은 혼란으로 이어졌다. 일부 논객은 그런 대외적 행보로 인해 미국 안에서 권력이 집중되고 나중에는 대통령이 제왕처럼 군림하는 현상이 나타날지도 모른다고 우려하면서 미국의 제국주의에 대해 비판했다. 반면에 다른 논객들은 미국에는 식민지가 없고 황제에 가까운 존재도 없다고 지적하면서 제국이라는 명칭이 어울리지 않는다고 주장했다.

그런 혼란과 논쟁에서 벗어나기 위해, 필자는 이 장 말미에 붙인 〈부록: 제국주의 연구에 대한 논평〉에서 제국이라는 용어의 의미를 다시 생각한다. 그리고 다음과 같은 개념에 도달한다. "제국이란 어떤 지역에서 지상至上 권력을 추구하면서 국제관계에서 자국을 정점으로 위계질서를 수립하고자 하는 국가"이다. 여기서 중요한 것은 제국이 행사하는 권력에 못지않게 그것이 주도하는 국제 질서에 주목하는 일이다. 그 국제 질서는 제국이 정점을 차지하고 그 아래에 다른 국가들을 거느리는 위계질서로서, 본질적으로 지배와 종속, 착취와 피착취라는 특징을 지닌다.

그렇지만 그것이 제국의 정책으로 구현될 때 나타나는 양상, 즉 제국주의는 역사적으로 상당한 변화를 겪었다. 제국주의는 두말할 나위도 없이 오랜 역사를 지니는데, 그 역사는 크게 전통적 국면과 근대적 국면으로 나뉜다. 전통적 국면에서 제국은 종속 지역과 그 주민에 대해 통치권을 행사하며 세금이나 조공을 강요하거나, 그렇지 않으면 교역이나 약탈에 주력하며 상업적 이익을 확보하는 데 관심을 기울였다. 그와 달리, 근대적 국면에서는 자본을 투자하고 높은 이윤을 창출하는 데 주력했다. 일찍이 영국의 대외 정책에서 나타났듯이, 근대적 제국은 농토에서 광산을 거쳐 유전까지 다양한 자원에 자본을 투입하며 근대적 개발을 추진하고 경제적 패권을 수립하기 위해 노력했다. 그리고 이 "자본주의적 제국주의"capitalist imperialism를 통해, 국내에서 달성하기 어려운 높은 이윤을 확보할 수 있었다.

여기서 기억해야 할 것은 이 근대적 국면이 19세기 중엽 영국에서 먼저 나타났지만, 거기서 국제관계에 정착하는 데까지 이르지는 않았다는 점이다. 그것은 20세기 중엽 미국에 의해 정립된다. 바꿔 말하면, "자본주의적 제국주의"는 한 세기에 걸쳐 서서히 대두했다고 할 수 있다. 이 점에서 그것은 "신제국주의"new imperialism와 다르다. 이 익숙한 용어는 분명히 19세기 말 20세기 초의 제국주의를 그 이전에 나타났던 현상과 구분하는 데 유용하다. 특히, 그 시기에 자본이 두드러진 역할을 했다는 점을 부각시키는 데 유용하다. 그렇지만 이 용어는 그 이후에 전개되는 제국주의를 포괄하지 않으며, 따라서 오늘날까지 이어지는 제국주의의 근대적 국면을 포괄적으로 이해하는 데 도움이 되지 않는다.

반면에 필자는 바로 거기에 관심을 기울인다. 필자가 주장하듯이 자본주의가 문명의 일종이라면, 그것은 하나의 국가를 넘어 여러 국가에 걸쳐 성립하는 어떤 실체라 할 수 있다. 그렇다면 거기서 형성되는 국제관계—자본주의가 발전한 국가들 사이에 형성되는 관계, 그리고 그런 국가와 그렇지 않은 국가 사이에 형성되는 관계—에 어떤 특징이 있는가 하는 문제가 떠오른다. 이 문제는 국제관계의 역사를 이해하는 데, 특히 제국주의의 역사를 이해하는 데 중요한 의미를 지닌다. 그것이 오늘날 "자본주의적 제국주의"라 불리는 주제에서 핵심적인 문제라 할 수 있다. 이 주제를 다루는 전문가들은 제국주의가 자본주의 아래에서 어떤 형태를 띠는가 하는 의문에 주목한다. 그리고 자본주의 제국capitalist empire이 통치권이나 교역권 대신에 경제적 패권—많은 자본이나 앞선 기술, 또는 보다 나은 조직에 의지해 시장에서 우월한 지위를 차지하고 그것을 기반으로 장악하는 강대한 권력—을 목표로 삼는다는 점, 또 그 아래에 주권국가들 사이에서 자유무역이 이루어지는 교역 체제를 구축한다는 점을 지적한다.

그렇지만 그들의 견해는 개념이나 이론의 수준을 넘어서지 못한다. 그런 근대적 형태의 제국주의가 어떤 과정을 거쳐 대두했는가, 또 왜 그런 과정을 거쳤는가 하는 의문은 아직 해결되지 않았다고 할 수 있다. 더 정확하게 말한다면, 그런 의문은 아직 전문가들 사이에서도 본격적으로 거론되지 않았다고 할 수 있다. 그들은 위에서 언급한 것처럼 자본주의 제국이 설정하는 목표와 접근 방법에 집중하는 반면에, 그것이 한 세기에 걸쳐, 그것도 중심지를 영국에서 미국으로 바꿔 가며 서서히 대두하는 과정과 거기에 작용하는 요인을 경시한다. 그러나 그런 의문은 제국주의의 역사를 이해하는 데 필수불가결한 문제이므로, 이 책에서 핵심적 관심사로 취급된다. 그것은 매우 큰 주제여서, 이 장에서 모두 다룰 수는 없다. 여기서는 두말할 나위도 없이 미국에 초점을 맞추고, 먼저 제국주의가 전통적 형태에서 벗어나 근대적 양상을 띠기 시작하는 19세기 말에서 20세기 초까지 대략 반세기에 이르는 기간에 집중한다.

1. 이데올로기

미국의 제국주의는 깊은 뿌리를 갖고 있다. 이는 미국이 언제, 어떻게 제국주의적 팽창에 나섰는가 하는 의문에 대한 해답에서 분명하게 나타난다. 해답은 물론 다양하다. 어떤 학자는 미국이 제국주의 경쟁에 뛰어든 1890년대에 관심을 기울이고, 다른 학자는 미국이 내전을 치르고 재건을 마무리한 뒤인 1870년대에 주의를 환기하며, 또 다른 학자는 미국이 북미대륙을 넘어 카리브해에 주목하기 시작하던 1850년대까지 거슬러 올라가기도 한다. 그러나 이 책에서 살펴본 바와 같이, 미국인들은 식민지를 건설하던 시기부터 지리적으로 팽창하는 데 큰 관심과 노력을 기울였다. 그들은 이미 17세기 중엽에 원주민을 쫓아내고 그 토지를 차지하며 자신들을 '아메리카인'이라 부르기 시작했고, 18세기 중엽에는 애팔래치아산맥 너머 서부에서 토지를 얻기 위해 워싱턴을 앞세워 프랑스 군대와 전투를 벌였으며, 또 19세기에는 프랑스로부터 루이지애나를 사들인 데 이어 그에 못지않게 넓은 땅을 멕시코로부터 빼앗았다. 이런 팽창은 원래 개인들이 기업을 수립하고 그것을 통해 추진하던 사사로운 계획의 소산이었고, 건국 이후에야 비로소 국가의 공식적 사업으로 그 성격이 바뀌었다. 바꿔 말해, 그것은 미국 사회에 깊이 뿌리 내린 전통이었다고 할 수 있다. 이런 뜻에서 미국이 일찍부터 "제국을 건설하는 습관"을 지녔다는 역사학자 월터 뉴전트Walter Nugent의 지적은 공감할 만하다.[1]

그런 전통에서 주도적 역할을 한 것은 워싱턴처럼 미국을 이끌던 엘리트였다. 여기서 주목할 만한 것은 해외 팽창이나 제국주의에 앞장서던 엘리트가 미국의 경우 대체로 기업계에서 나왔다는 점이다. 이는 다른 국가의 경우와 구분되는 특징이다. 고대와 마찬가지로 근대에도 제국주의를 주도한 것은 지배적 위치를 차지하던 세력이었다. 그렇지만 이 세력이 어느 국가에서나 같은 성격을 지녔던 것은 아니다. 근대 세계를 구성하던 국가들은 근대적 발전의 수준에 따라, 더 정확하게 말하자면 자본주의 발전의 수준에 따라 서로 다른 사회구조를 가졌다. 그리고 사회구조에서 지배적 위치를 차지하며 제국주의를 주도한 세력도 서로 다른 성격을 지녔다. 그런 세력은 이미 제2장에서 살펴본 것과 같이 근대 초기 스페인에서 귀족에 한정되었으나, 같은 시기의 영국에서는 귀족 이외에 상인으로 확대되었다. 귀족이 자리 잡지 못한 미국에서는, 그런 세력이 원래 상인과 농장주를 비롯한 엘리트에서 나왔다. 그리고 산업혁명을 계기로 자본주의가 비약적으로 발전함에 따라, 광산, 유전, 철도, 전신, 금융 등, 다양한 부문에서 사업에 종사하던 기업가들로 확대되었다.[2] 따라서 주도 세력의 측면에서 볼 때, 미국은 자본주의적 제국주의를 대표하는 경우라 할 수 있다.

근대 초기에 스페인과 영국에서 드러난 바와 같이, 미국에서도 주도 세력은 국내에 수립된 사회질서를 해외로 확장하고자 노력했다. 미국인들은 새로운 나라를 건설하면서 젠트리를 비롯해 식민지 시대에 존재했던 신분제의 잔재를 청산했다. 그리고 엘리트가 주도하는 근대적 사회질서를 수립했는데,

---

1 Walter Nugent, *Habits of Empire: A History of American Expansion* (New York: Knopf, 2008).

2 Bernard Porter, *Empire and Superempire: Britain, America and the World* (New Haven: Yale Univ. Pr., 2006).

그것은 그들이 스스로 규정하는 정체성에 토대를 두고 있었다. 그들의 정체성은 기독교도라는 암묵적 전제 위에서, 공식적으로 "자유로운 백인"으로 규정되었다. 그것은 미국에서 시민으로 살아가는 데 필요한 전제 조건이었다. 그 위에 시민적 미덕—공화국이라는 미국의 국체에 적합한 미덕—도 그에 못지않게 중요한 조건이었다. 미국인들은 국사에 관심을 기울이며 스스로 판단을 내릴 수 있는 지적 능력, 공동체를 위해 자신의 이익을 양보할 줄 아는 사회적 윤리, 또 스스로 무장을 갖추고 공화국을 위해 전투를 수행할 수 있는 신체적 능력을 중시했다. 이런 역량은 물론 남성이라야, 그것도 경제적 자립을 누리는 남성이라야 갖출 수 있는 미덕이었다.

그런 미덕을 모두 갖춘 사람들은 미국의 사회질서에서 주류가 되었으나, 상인이나 농장주를 비롯한 엘리트에서 장인과 자영농 같은 보통 사람들까지 지위에 따라 서로 다른 위치를 차지하며 거대하고 복잡한 위계질서를 이루었다. 그 질서의 밑바닥에는 빈민과 여성을 비롯해 그런 조건을 갖추지 못한 사람들이 자리 잡았다. 거기에서도 자리 잡을 수 없었던 사람들이 있었는데, 그들은 미국 시민이 아니라 "국내 속국인"으로 분류되었던 원주민, 그리고 인간이면서도 재산으로 취급되었던 흑인 노예였다. 이들은 모두 미국 사회의 주류에서 소외당하는 동시에 차별적인 방식으로 통합되어 있었다. 바꿔 말하면 가부장제와 시민권, 그리고 노예제 같은 제도를 통해 주류의 억압과 착취에 노출되어 있었다고 할 수 있다.

그런 인식은 19세기에 중요한 변화를 겪었다. 공화주의가 쇠퇴하는 반면에 자유주의가 대두함에 따라, 또 다른 한편으로 자본주의가 발전함에 따라, 사회질서가 새로운 가치와 규범을 중심으로 재편되었다. 주류에 속하는 미국인들은 여전히 기독교와 공화주의를 대전제로 받아들였으나, 점차 국가를 비롯한 공동체보다 기업에 적합한 행동 윤리를, 특히 대기업에 필요한 행동 윤리를 중시했다. 19세기 중엽에 형성되기 시작한 그들의 새로운 덕목에서, 소박하고 건전한 삶은 물질적으로 풍요로운 삶으로 대체되었고, 거기에 필요한 축적과 진보가 무엇보다 소중한 가치로 간주되었다. 많은 미국인들은 그런 가치를 위해 육체를 정신에, 감성을 이성에 종속시키면서, 대기업의 관리 체제에 순응하며 근면하고 성실하게 일하는 자세를 갖추고자 노력했다. 바꿔 말하면, 미국 사회가 이해할 수 없을 만큼 복잡하지만 그래도 진보를 향해 끊임없이 움직이는 기계의 일종이라 보고, 자신들이 거기에 들어 있는 수많은 부품 가운데 하나라고 여기는 관념에 물들었다고 할 수 있다.

그 관념은 미국인의 정체성을 규정하며 사고와 행동을 속박하는 데서 멈추지 않고, 타자를 인식하고 대우하는 데도 중요한 영향을 끼쳤다. 19세기 말에 미국 사회에 밀어닥친 갈등과 타협의 소용돌이에서 뚜렷하게 나타났듯이, 미국 사회의 주류는 백인 여성이 시민으로서 지니는 권리를 제한하며 그들을 종속적 위치에 묶어 두고자 했다. 또 유럽에서 새로 도착한 이민도, 특히 아일랜드계와 아시아계, 그리고 동유럽계와 남유럽계도 종속적 위치에 몰아넣고자 했다. 더욱이, 원주민이 미국의 진보에 장애가 된다고 보고 그들을 황무지로 추방하는 한편, 흑인을 노예제에서 해방한 뒤에도 그들에게 자립할 수 있는 터전이나 노동자로 취업할 수 있는 기회를 주지 않으려 했다. 더욱이, 그와 같은 차별의 근거도 표면상 공화주의적 덕목에서 자본주의적 행동 윤리로 바뀌었을 뿐 아니라, 근본적으로는 가부장제와 인종주의 같은 고질적 편견을 넘어 사회적 다원주의 같은 새로운 이념까지 포함할 만큼 넓어졌다.[3]

그와 같은 인식은 19세기 말 미국에서 엘리트가 제국주의 이데올로기를 구성하는 데 기초가 되었다. 널리 알려져 있듯이, 19세기 말에 미국을 이끌던 엘리트는 분명히 장기간 지속되던 경기 침체에 대해 우려했다. 그리고 그 원인이 너무나 많은 상품과 남아도는 자본에 있다고 보고, 그 대책으로 해외에서 넓은 상품시장과 새로운 투자 기회를 확보해야 한다고 생각했다. 그렇

---

3 Ronald Takaki, *Iron Cages: Race and Culture in 19th-Century America*, revised ed. (New York: Oxford Univ. Pr., 2000), 67-249.

지만 그들은 세계정세를 지켜보며 미국이 지니는 국제적 위상과 역할에 대해
서도 고민했다. 그들이 보기에, 문명의 발전에서 가장 앞선 유럽 열강은 세
계 전역을 나누어 차지하고 있었다. 아프리카는 사실상 완전히 분할되었고,
그 다음에는 라틴아메리카가 점령 위기를 맞이했다. 거기서 영국이나 프랑스
가 스페인처럼 영향력을 키운다면, 미국은 군사적으로는 물론이요 경제적으
로도 심각한 위험에 부딪히게 될 것이다. 게다가 열강은 아시아에서도 빠른
속도로 세력을 확대하고 있는데, 가장 큰 시장인 중국도 머지않아 완전히 분
할, 점령될지 모른다. 그러니까 미국은 먼저 라틴아메리카에서 열강의 세력
확대를 저지하고, 다음에는 아시아에서 중국의 분할을 저지해야 한다. 그렇
다면 이들 지역으로 진출해 식민지나 속령을 확보하는 데 나서야 한다. 거기
서 미국은 폭정이나 혼란, 또는 야만을 뿌리 뽑고, 주민에게 안정과 자유, 그
리고 문명의 혜택을 가르쳐 줄 수 있다. 그렇지만 당대 미국을 이끌던 엘리트
는 식민지를 확보하는 데 따르는 문제점도 경시하지 않았다. 그들 가운데 일
부는 미국이 식민지를 거느리면 공화국에서 제국으로 변모하게 되는 것은 아
닌가 하는 의심을 품었다. 다른 일부는 식민지 주민이 유색인이며, 그래서 인
종주의적 이유에서 미국 시민과 통합되기 어렵다고 보고 제국주의 팽창에 반
대하기도 했다. 그래서 만들어진 타협안은 식민지나 속령을 미국의 주권 아
래 두는 경우에도 미국의 일부로 통합하지 않는다는 것이었다. 바꿔 말하면,
그 주민을 미국 시민으로 받아들이지 않고 미국의 흑인이나 원주민처럼 종속
적 위치에 묶어 둔다는 것이었다.[4]

　　엘리트는 또한 당대 미국이 안고 있던 사회적·문화적 과제에도 주목했
다. 구체적으로는 전국적인 대규모 파업을 비롯해 당대에 격화되던 사회적
갈등과 불안에 대해 깊이 우려했고, 또 문명이 고도로 발달함에 따라 공해와

4　David Healy, *US Expansionism: The Imperialist Urge in the 1890s* (Madison: Univ. of
　Wisconsin Pr., 1970).

오염, 긴장과 불안 등, 다양한 위험과 질환이 악화되는 데 대해서도 적잖이 경계했다. 더욱이, 오랫동안 그 대책으로 여겨졌던 "변경 지대"가 사라진다고 보았기 때문에 미국의 미래마저 어둡다고 걱정했다. 그런 과제의 해법으로서, 제국주의적 팽창은 엘리트의 관점에서 볼 때 뚜렷한 매력이 있었다. 해외 영토에서는 많은 미국인들이 갖가지 난관을 넘어 새로운 출발 내지 탄생의 기회를 찾을 수 있으리라 생각되었기 때문이다. 식민지를 확보하기 위해 전쟁을 치러야 한다면, 그것은 도시에서 살아가며 문명의 혜택에 젖어 있는 나약한 젊은이들이 다시 태어나는 데 도움이 될 것이다. 전쟁은 국가를 위해 목숨을 걸고 싸우는 젊은이들에게 폭력이라는 시련을 통해 활력과 용기를 되찾고 강인한 미국인으로 변모하는 기회를 제공하기 때문이다. 또 그렇게 남성적 용맹성과 강인성을 갖춘 젊은이들은 미국의 국력과 위신을 선양하는 데 기여할 것이다. 게다가 그들이 식민지의 경영을 도우거나 식민지에서 사업을 벌인다면, 그것은 미국의 경제발전과 사회 진보에 기여할 것이다.[5]

그런 이데올로기는 물론 저절로 형성되지 않았다. 그것은 몇몇 지도적 논객들에 의해 구성된 다음에 엘리트 사이에서 자주 회자되며 널리 확산되었다. 그런 논객 가운데서도 조사이어 스트롱Josiah Strong 목사는 주목할 만한 인물이다. 그는 19세기 말 미국에서 빈부 격차를 비롯한 사회적 폐단에 주의를 환기하며 "사회복음" 운동을 이끄는 데 열의를 보였다. 다른 한편으로는, 방금 미국으로 이주한 사람들은 물론이요 아시아와 아프리카의 주민에게도 기독교를 전파하며, 더 정확하게 말하자면 개신교를 전도하며, 그들에게 문명의 혜택과 함께 미국의 가치와 규범을 전파해야 한다고 주장했다. 그것은 미국 내부의 사회적 폐단을 해결하는 데 도움이 되기도 하지만, 미국이 "앵글로−색슨족"Anglo-Saxon race의 일원으로서 지니는 의무이기도 하다는

---

5 Jackson Lears, *Rebirth of a Nation: The Making of Modern America, 1877−1920* (New York: HarperCollins, 2009), 167−326.

것이었다. 스트롱은 1885년에 출간된 그 유명한 『우리나라』에서 이렇게 주장했다.

무한한 지혜와 역량을 지닌 하느님께서는 내가 보기에 미래의 세계에 분명히 닥쳐올 어떤 시간에 대비해 앵글로-색슨족을 단련하고 계신다. 지금까지 세계의 역사에서는 언제나 서쪽에 별로 많지 않은 사람들이 차지한 땅이 있었고, 많은 사람으로 들끓는 동쪽 나라들은 그리로 과잉 인구를 쏟아 부었다. 그러나 이주의 파도는 수천 년 전에 유프라테스 유역에서 동서로 뻗어 나갔는데, 이후에 점점 거세지더니 오늘날에는 미국의 태평양 연안에서 서로 부딪힌다. 신세계는 더 이상 존재하지 않는다. 이 지구에서 사람이 살지 않는 경작지는 제한되어 있고, 머지않아 사라질 것이다. 생존 수단에 가해지는 인구의 압력이 지금 유럽과 아시아에서 느껴지는 것처럼 이 땅에서도 느껴지는 시간이 다가오고 있다. 그때에는 세계가 역사의 새로운 단계로 들어갈 것이다. 거기서 인종 사이의 마지막 경쟁이 벌어질 터인데, 앵글로-색슨족은 그에 대비해 단련을 받고 있다. 수천만 명의 인구가 이 땅에 도달하기 훨씬 전에, 그들이 지니고 있다가 미국에서 강화된 강력한 원심력이 나타날 것이다. 그때에는 월등한 수효의 인구와 함께 그 뒤에 거대한 규모의 부를 거느린 앵글로-색슨족이 우리가 바라는 대로 가장 넉넉한 자유와 가장 순수한 기독교와 가장 수준 높은 문명을 대표해서, 유례없는 에너지를 발휘하며 세계 전역으로 뻗어 나가 유별나게 진취적인 특질에 의지해 그 제도를 인류에게 전파하게 될 것이다. 내가 잘못 생각하는 것이 아니라면, 이 강력한 인종은 멕시코로 나아가고 중남 아메리카로 나아가며 수많은 해양 도서로 뻗어 가고 아프리카와 그 너머로도 뻗어 나갈 것이다. 그러면 인종 사이에서 벌어지는 이 경쟁의 결과가 "적자의 생존"이 되리라는 것을 누가 의심할 수 있을까?[6]

---

6 Josiah Strong, *Our Country: Its Possible Future and Its Present Crisis* (New York:

이 견해는 스트롱의 취지보다 더 부각되었다. 거기서 그가 지적했던 팽창의 필연성이 당대 미국인들 사이에서 널리 주목을 끌었던 것이다. 19세기 중엽에 선조들이 서부에서 "명백한 운명"을 깨달았던 것과 마찬가지로, 40년 후에 그들은 해외에서 그와 같은 운명을 찾아냈다고 할 수 있다. 스트롱이 자의적 역사관을 토대로 인종주의와 사회적 다원주의, 그리고 종교적 신념을 혼합해 제국주의적 팽창을 정당화하는 이데올로기를 내놓았을 때, 19세기 말 미국을 이끌던 엘리트는 그에 호응할 준비를 갖추고 있었던 셈이다.

그와 같은 이데올로기는 스트롱이 경시했던 군사적 측면에서도 나타났다. 널리 알려져 있는 바와 같이, 그것은 앨프리드 머핸(또는 머핸 Alfred Thayer Mahan)의 저술 『제해권의 역사적 영향력』에서 선명한 형태를 갖추었다. 흥미로운 것은 이 유명한 책이 제국주의 경쟁에서 앞서 나아가던 영국이나 프랑스, 또는 독일이 아니라 오히려 뒤처져 있던 미국에서 나왔다는 사실이다. 저자가 유럽 열강의 역사에서 미국의 제국주의적 팽창에 도움이 될 만한 교훈을 끌어내고자 했기 때문이다.

그 책은 그가 해군대학에서 5년에 걸쳐 연구와 강의에 전념하며 만들어 낸 결실이었다. 그는 미국이 해외에서 넓은 시장을 확보해야 한다는 데 대해 의심하지 않았다. 미국은 이미 시장에서 제때에 소화되지 않는 잉여 상품으로 가득 차 있으므로, 바다를 건너 새로운 시장을 찾아내야 한다는 것이었다. 문제는 해외에서 시장을 확보하고, 나아가 교역에 장애가 일어나지 않도록 안전을 보장하는 데 있었다. 그 해답은 17–18세기에 영국이 거대한 제국으로 성장하는 과정에서 구사하던 해양 전략에 있었다. 그에 따르면, 영국은 프랑스를 비롯한 다른 국가의 침략이나 봉쇄를 저지하는 데 그치지 않고, 상선이 대양을 항해하며 교역을 수행할 때 장애에 부딪히지 않도록 해군을 육성하고 운용했다. 구체적으로 말해, 원양에서 작전을 수행할 수 있는 전함을

American Home Missionary Society, 1885), 174–175. 강조는 원문.

건조하고 대양에 배치했을 뿐 아니라, 그에 필요한 연료와 탄약, 또 식수와 식품을 충분히 공급할 수 있는 해군기지를 곳곳에 설치했다. 그렇게 병참선을 확보하는 것은 해군 전략에서 필수적인 요건이었다. 그런 역사 해석에서, 머한은 미국을 위한 교훈을 끌어내고자 했다.

　　문제는 정부가 국가를 위해 해군을 육성하는 데 어떤 영향력을 행사할 것인가 하는 데 있는데, 중요한 것은 해군이 먼 나라까지 가는 능력을 갖추지는 못한다 해도 적어도 자국으로 접근하는 주요 통로를 유지할 수 있는 능력을 갖추어야 한다는 점이다. 지난 사반세기 동안, 미국은 해양에 주목하지 않았다. 그런 정책과 그에 반대되는 정책의 결과는 프랑스와 영국의 사례에서 나타날 것이다. 이들 국가와 미국 사이에 차이점이 거의 없다고 주장할 생각은 없지만, 그래도 가능한 한 교역과 상업이 외부에서 일어나는 전쟁 때문에 장애에 부딪히지 않아야 한다는 것은 국가 전체의 복리에 필수불가결한 요소라고 말할 수 있다. 이를 위해서는 외적을 우리의 항만뿐 아니라 연안에도 가까이 접근하지 못하게 저지해야 한다.

　　상선단을 육성하지 않고도 그런 해군을 유지할 수 있을까? 의심스러운 일이다. 역사에서 입증된 것은 순전히 군사적인 제해권이 루이 14세의 경우에 드러난 것처럼 전제군주에 의해 수립될 수 있다는 점이다. 그렇지만 그의 해군이 겉으로 매우 멋지게 보였어도, 실제로는 뿌리가 없어서 금방 시들어 버리는 나무와 같았다는 것도 경험을 통해 증명되었다. 그러나 대의 정부에서는 필요성에 대해 확신하는 강력한 이해관계 대변자들이 없으면 군사비 지출이 가능하지 않다. 그런 제해권 이해관계자는 존재하지 않으며, 정부의 조치가 없으면 존재할 수도 없다. 그와 같은 상선단을 어떻게 건설할 것인가, 보조금을 통해서든 자유무역을 통해서든, 끊임없는 지원책을 통해서든 창공 속의 자유 운동을 통해서든, 어떻게 건설할 것인가 하는 것은 군사 문제가 아니라 경제 문제이다. 미국이 거대한 해운 능력을 지녔다 해도, 충분한 해군까지 거느릴지는 알

수 없다. 미국이 다른 강대국으로부터 멀리 떨어져 있다는 점은 방어책만 되는 것이 아니라 함정이 되기도 한다. 미국이 해군을 육성할 만한 동기가 조금이라도 있다면, 그것은 지금 중앙아메리카 지협에서 강화되고 있을 것이다. 그것이 너무 늦게 탄생하지 않기를 바랄 뿐이다.[7]

이 긴 인용문 말미에서 엿보이는 조급증은 머한이 제시한 군사전략과 함께 미국을 넘어 영국과 독일, 그리고 일본—오늘날에는 인도와 중국—으로 전파되었다. 그에 따라 당대의 열강은 더 크고 더 빠른 군함을 건조하고, 거기에 더 멀리, 더 자주 쏠 수 있는 강력한 대포를 설치하는 데 큰 관심과 노력을 기울였다. 그것이 점차 심각한 국제적 긴장으로, 그리고 결국에는 세계대전으로 이어졌다는 것은 잘 알려져 있다.

그런 국제 사정은 두말할 나위도 없이 당대의 논객들에게 중요한 관심사였다. 그렇지만 그들은 미국이 어떻게 대처해야 하는가 하는 문제에 주목하면서도, 대체로 미국의 이해관계에 초점을 맞추었다. 그래도 일부는 안목을 넓혀 국제관계를 전반적으로 바라보면서, 거기서 미국이 어떤 역할을 맡을 것인가 하는 의문을 품기도 했다. 그 가운데에는 미국에 대해 각별한 관심을 지녔던 영국의 언론인 윌리엄 스테드도 있었다. 그는 1893년 시카고를 방문하고 부정부패를 고발하는 책을 써서 미국에서 진보주의 개혁이 대두하는 데 기여한 적이 있었다. 그의 관심은 도시문제에 국한되지 않고 세계정세에 이르기까지 폭이 넓었다. 특히, 1901년에는 미국의 국제적 위상을 다루는 책을 내놓았다. 그리고 거기에 "세계의 미국화"라는 제목을 붙이고 "20세기의 조류"라는 부제를 달았다. 그것은 영국인을 향해 미국의 대두에 대해 설명하고 그 대처 방안을 제시하는 저술이었다.

---

7 A. T. Mahan, *The Influence of Sea Power Upon History, 1660–1783*, 12 ed. (Boston: Little, Brown, 1918), 97.

서두에서 스테드는 미국의 대두에 대한 반감을 누그러뜨리기 위해 노력한다. 그에 따르면 미국이 인구 측면에서는 물론이요 문명 수준에서도 일류 국가로 발전했는데, 영국인들은 이를 아니꼽게 여길 것이 아니라 자랑스럽게 여겨야 한다. 미국은 혈통에서나 언어와 문화에서나 영국이 이끄는 가계家系의 일원이다. 물론, 미국에는 흑인을 비롯해 많은 유색인이 있지만, 영국에도 해외 영토에 많은 유색인이 있다. 또 미국의 백인은 유럽에서 이주한 다양한 이민과 그 후손으로 구성되어 있지만, 영어를 사용하며 영국의 문화적 전통을 존중한다. 그런 미국인들을 포괄하기 위해, 스테드는 "영어 사용족"English-speaking race이라는 용어를 사용한다. 영어에서 race라는 단어는 20세기 초에도 유전에 의해 결정되는 것이 아니라 문화에 따라 좌우된다는 관념을 지니고 있었다. 그 용어를 사용하면서 그가 강조하고자 하던 것은 미국이 "영어 사용족"이 이룩한 업적 가운데 가장 위대한 것이라는 점, 그리고 영국인들은 그것을 자랑스럽게 여기며 적극적으로 포용해야 한다는 점이다.

본론에서 스테드는 먼저 영제국—낯선 용어이지만, '대영제국'과 달리 찬양의 의미를 내포하지는 않는다—의 현황과 세계정세의 변동을 살펴본다. 그는 무엇보다도 세계가 강대국 사이의 각축장이라는 점을 지적한다. 그리고 자연과 마찬가지로 거기서도 강자만 생존하고 약자는 도태된다고 부연한다. 그런 각도에서 볼 때, 러시아의 남진 이외에 독일의 통일과 팽창에도 주목해야 한다. 독일어 사용권은 오랫동안 분열 상태에 있었지만, 19세기에 들어와서 프러시아를 중심으로 통합을 이루고 해외로 뻗어 나갔다. 거기에 오스트리아가 합류한다면, 독일은 영국을 위협하는 경쟁 국가로 부상할 것이다. 이미 독일 황제는 오스트리아와 러시아에 접근하며 유럽의 주요 국가들과 동맹 관계를 수립하고자 노력하고 있다. 그에 맞서 영국은 미국과 합방하는 데 나서야 한다. 지난 반세기 동안 같은 언어를 사용하는 민족들이 서로 합병하는 경향을 보였듯이, 20세기에는 "영어 사용족"이 합병을 이룰 수 있을 것이다. 스테드는 미국의 산업계에서 있었던 합병이 국제정치에서도 일어나야 한다고 주장하면서 이렇게 역설한다.

　우리는 합병의 시대에 살고 있다. 모든 합병 가운데 가장 거대한 합병—
영어 사용족의 합병—을 실현시키는 데 나설 모건 같은 인물은 없을까?
　그를 움직인 동인이 산업계에서 트러스트의 건설로 이어진 것처럼, 같은
동인은 정치의 세계에서 거대한 합병을 가져올 수 있다. 이것은 감상적인 열망
이 아니다. 현실적인 판단 가운데서도 가장 확실한 판단에 근거를 두고 있다.
우리가 합병하지 못할 이유가 무엇인가? 우리는 외부의 공격에 맞서 더 강해져
야 하고, 또 그보다 훨씬 중요한 것은 우리가 앞으로 산업계에서 벌어질 치열한
경쟁이 국제적 긴장과 전쟁으로 이어질 위험을 크게 줄일 수 있다는 점이다.[8]

　스테드가 보기에는 영국과 미국이 합방하면 세계에서 가장 강력한 세력
을 구축할 수 있고, 그러면 독일의 도전에 효과적으로 대처할 수 있으며 강대
국 사이의 긴장과 전쟁도 억제할 수 있다. 더욱이, "영어 사용족"은 가장 높
은 수준의 문명을 달성한 인종으로서, 진보의 대열에서 뒤쳐져 있는 다른 인
종이 문명의 혜택을 누릴 수 있도록 기여할 것이다. 따라서 영국과 미국은 합
방에 나서야 한다.
　스테드의 견해는 당대의 편견에 대한 도전이었다. 당대의 영국인들은 미
국의 대두를 "미국의 내침"American invasion이라 부르며 경계하는 자세를 보였
다. 미국에 대한 경시와 반감에 뿌리를 두고 있던 그 자세는 스테드가 보기에
미국인들이 지닌 장점을 올바르게 인식하지 못하게 가로막는 장애였다. 더욱
이, 그것은 영국의 언론인들이 오만한 귀족과 엄격한 사회질서에 대해 보여
주던 순응 자세와 연결되어 있었다. 그는 그 낡은 전통에서 벗어나 빈곤과 매

8　W. T. Stead, *The Americanization of the World: Or The Trend of the Twentieth Century*
　(London: Horace Markley, 1902), 12-13.

춘을 비롯한 사회문제를 탐구하고 보도하며 사회 개혁에 기여하는 데 주력했다. 다른 한편으로 미국의 민주주의를 높이 평가하면서, 미국 언론을 본보기로 삼아 엘리트의 반응에 신경을 쓰는 대신에 대중의 생각과 감정과 염원에 호응하고자 했다. 사실, 그가 쓴 글은 당대의 영국인들 사이에서 외면당하지 않았다. 오히려 영국의 언론이 귀족적 담론 대신에 대중적 여론을 이끄는 방향으로 발전하는 데 크게 기여했다.[9] 게다가 그가 1912년에 저 비극적인 타이태닉호에서 일생을 마친 뒤에는, 미국인들도 뉴욕시의 센트럴 파크에 기념비를 건립해 스테드에 대한 애정을 표시하기도 했다.

그에 못지않게 주목할 만한 것은 오늘날의 관점에서 볼 때 스테드의 견해가 오만과 편견으로 가득 차 있었다는 사실이다. 그는 분명히 사회 개혁과 민주정치를 옹호하는 만큼, 영국과 미국의 합방과 "영어 사용족"의 세계적 패권을 역설했다. 그리고 그것을 자신이 지녔던 민족적 오만과 함께 인종주의와 사회적 다윈주의를 비롯한 다양한 편견으로써 정당화했다. 그런 오만과 편견은 결코 특이한 것이 아니었다. 이미 살펴보았듯이, 그것은 분명히 20세기 전환기 영국과 미국에서 주목을 끌던 지도적 논객들 사이에서 널리 회자되던 관념이었다.

미국의 엘리트는 스테드의 견해에 어느 정도 공감했다. 사실, "세계의 미국화"는 당대 미국의 재계와 정계, 그리고 학계에서 중요한 화두로 취급되었다. 그것은 예를 들어 1901년 12월 말에 있었던 미국경제학회와 미국역사학회American Historical Association의 합동 학술대회에서 주제로 취급되기도 했다. 학계 바깥에서 활동하던 몇몇 전문가들도 참석한 그 회의에서, 논의는 1890년대에 뚜렷해진 미국의 대두와 그것이 지니는 역사적 함의에 집중되었다. 참석자들이 무엇보다 주목한 것은 1890년대 중엽부터 미국이 농업 이외에 제

---

9 Helena Goodwyn, "A 'New' Journalist: The Americanization of W. T. Stead," *Journal of Victorian Culture* 23.3 (2018), 405–420.

조업 부문에서도 생산과 수출을 크게 늘리면서 독일을 따라잡았고, 오랫동안 월등한 지위를 누렸던 영국에 뒤이어 그에 버금가는 위치에 이르렀다는 사실이다. 그들의 관심을 사로잡은 것은 역사적 추세로 미루어볼 때 머지않아 경제적 패권이 영국에서 미국으로 넘어가리라는 전망과 함께, 앞으로 미국이 국제 질서를 어떤 방향으로 이끌어야 할 것인가 하는 과제였다.

그런 전망과 과제에 관해, 미국의 엘리트 가운데 일부는 새로운 발상으로 나아가고 있었다. 그들은 시장 가운데 중국이 가장 중요하다는 데 공감했다. 중국은 인구나 자원 측면에서 가장 큰 나라였고, 그래서 열강 사이에서 경제적 패권을 좌우할 관건을 쥐고 있었다. 바꿔 말해 중국을 열강 가운데 어느 한 나라가 차지한다면, 나머지 나라들은 심각한 타격을 입게 될 것이라 할 수 있었다. 그런 사태를 막기 위해서는, 중국에서 열강이 서로 이권을 존중하며 지배와 착취를 계속할 수 있는 방안을 마련해야 했다. 더욱이, 중국을 포함해서 낙후 지역에서 지배와 착취를 효과적으로 수행하는 방안도 마련해야 했다. 미국의 일부 엘리트가 보기에 무엇보다 중요한 것은 미국과 낙후 지역 사이에서 교역과 투자가 활발하게 벌어질 수 있는 여건을 조성하는 일이었다. 낙후 지역에서는 대체로 치안과 질서가 불안했고, 재산과 계약이 제대로 보호받지 못했으며, 따라서 시장경제도 정착하지 않았기 때문이다. 거기에 근대적 제도와 문화를 도입하면 낙후 지역이 근대 사회로 발전하는 동시에, 미국도 교역과 투자를 늘리며 오랜 기간에 걸쳐 높은 수익을 거둘 수 있으리라 생각되었다. 바꿔 말하면, 제국과 식민지가 제로섬 게임에 빠지지 않고 모두 이득을 얻는 관계를 맺을 수 있다는 것이었다.[10]

새로운 발상은 언제 어디서나 그렇듯이 쉽사리 받아들여지지 않았다. 그

---

10 Emily S. Rosenberg, *Spreading the American Dream: American Economic and Cultural Expansion, 1890–1945* (New York: Hill & Wang, 1982), 3–62; Martin J. Sklar, *Creating the American Century: The Ideas and Legacies of America's Twentieth–Century Foreign Policy Founders* (Cambridge: Cambridge Univ. Pr., 2014), 3–106.

렇지만 그것은 20세기에 미국이 대외 정책을 수립하고 집행하는 과정에서, 시행착오를 피하기 어려운 그 과정에서, 조금씩 확산되며 정교하게 수정되었다. 그것을 파악하기 위해서는, 먼저 미국의 제국주의적 팽창 과정부터 살펴볼 필요가 있다.

2. 팽창 과정

미국의 제국주의적 팽창 과정은 위에서 살펴본 이데올로기와 복잡하게 얽혀 있었다. 그것은 미국인들이 미국과 세계에 관해 생각하는 데 재료가 되는 동시에, 그들 사이에서 형성된 관념에 따라 변화를 겪기도 했다. 그런 관계 속에서, 이데올로기는 점차 새로운 방향으로 발전했고 또 미국의 대외 정책에서 새로운 지침이 형성되는 데 영향을 끼쳤다.[11]

미국의 팽창은 위에서 소개한 것처럼 "습관"이라 부를 수 있을 만큼 뿌리 깊은 전통을 지녔다. 이 전통은 이미 1850년대부터 서반구 너머로 확대되었는데, 태평양보다 대서양 방면으로 치우치는 양상을 띠었다. 대서양 방면에서는 1871년에 미국의 신문기자 헨리 스탠리Henry M. Stanley가 중앙아프리카 내륙으로 들어가 영국인 선교사 데이비드 리빙스턴David Livingstone을 찾아냈던 데서 드러나듯이, 유럽 열강의 우위를 인정하고 그 행적을 추적하는 데 관심을 기울였다. 태평양 방면에서도 서아시아와 남아시아처럼 열강의 세력이 확립된 지역에서는, 미국이 그런 자세를 보였다. 반면에 그렇지 않은 동아시아에서는 다른 태도를 취했다. 거기에는 거대한 시장을 가진 중국이 아직 열강에 의해 분할, 점령당하지 않은 채 남아 있었다. 그렇지만 거기에 접

---

11 이하 미국의 팽창 과정에 관한 서술은 주로 다음 문헌에 토대를 두고 있다. Walter LaFeber, *The Cambridge History of American Foreign Relations*, Vol. 2: *The American Search for Opportunity, 1865-1913* (Cambridge: Cambridge Univ. Pr., 1993).

근하기 위해서는, 태평양을 건너는 데 징검다리 구실을 할 수 있을 만한 속령이나 식민지, 또는 보급기지를 확보할 필요가 있었다. 따라서 미국은 일본 개항(1854년)과 알래스카 매입(1867년) 등의 조치를 취하면서, 기회가 있을 때마다 중국을 향해 전진했다. 이런 노력은 잘 알려져 있듯이 조선에서 신미양요(1871년)와 한미수호통상조약(1882년)으로 나타나기도 했다.

그래도 그런 "습관"이 국가의 공식적 정책으로 발전하지는 않았다. 기업인과 선교사가 미국의 해외 진출을 선도한 지역에서, 국가는 그들이 확보한 미국의 이권을 나중에 인정하고 그것을 수호 내지 증진하는 자세를 취했다. 그렇지만 국가는 해외 진출을 선도할 역량을 갖추지 못한 상태에 있었다. 대단한 경제력을 지녔으면서도, 군사력을 확충하는 데 충분히 투자하지 않았기 때문이다. 실제로, 미국의 군사력은 1889년에도 대략 육군 병력 30,000명에 해군 병력 10,000명이라는 수준에 머물러 있었다. 이는 유럽 열강 가운데 가장 취약하던 스페인의 군사력과 비교해도 그 4분의 1에 지나지 않았다. 가장 강력한 군사력을 자랑하던 프랑스와 비교한다면, 고작 15분의 1에 지나지 않았다.

그러나 1880년대부터 변화가 일어나기 시작했다. 특히, 미국 정부의 대외 정책 담당자들이 적극적인 자세를 넘어 공격적인 태도를 취했다. 예를 들어 1888년 노바스코샤 연안의 어업권을 놓고 캐나다와 분쟁이 벌어졌을 때, 대통령이 나서서 캐나다에 압력을 넣어야 한다고 주장했다. 다음 해에 사모아를 놓고 독일과 대립하게 되었을 때도, 대통령은 군함을 3척이나 보내며 군사적 대결까지 불사하겠다는 태도를 보였다.

공격적인 태도는 1893년 하와이에서 분명하게 보이기 시작했다. 캘리포니아에서 4,000 km나 떨어져 있는 이 외딴 섬에서, 미국인들은 이미 경제적 패권을 장악하고 있었다. 하와이는 1778년 제임스 쿡의 탐험 이후에 유럽인들 사이에서 교역과 포경에 필요한 중간 기지로 주목을 끌었고, 그들이 이주하며 원주민에게 퍼뜨린 감기, 홍역, 천연두 등, 전염병으로 인해 돌이킬 수 없는 타격을 입었다. 원주민은 지리적으로 분산되어 있던 기존의 정치 조직을 통합해 중앙집권적 군주제를 수립하고 근대적 개혁에 나섰다. 그들은 19세기 초부터 이주하기 시작한 미국인 선교사들을 환영했다. 이들은 원주민에게 기독교를 전도하는 데 그치지 않고 봉건적 토지제도를 철폐하도록 권유하는 등, 근대적 개혁을 지원했다. 그러자 곧 미국인 기업가들이 이주해 토지를 매입하고 사탕수수 농장을 개설했고, 거기서 생산한 설탕을 미국으로 수출하기 시작했다. 그들은 미국 정부로부터 지원을 받을 수 있었다. 1875년 미국이 하와이와 상호조약을 체결하고 하와이 설탕에 대해 관세를 면제해 준 덕분에, 얼마 지나지 않아 하와이 제당 업계를 주도할 수 있었다. 미국인 기업가들은 한 걸음 더 나아가 미국이 하와이 합병에 나서주기를 기대했다. 미국이 대외적으로 영국을 비롯한 유럽 국가들의 영향력에 대응하는 한편, 대내적으로는 하와이의 주권과 독립을 확립하려는 세력을 견제해 주기를 희망했다. 1893년 1월, 미국은 해군을 파견하며 합병에 나섰다. 미국인들의 생명과 재산을 지킬 뿐 아니라, 1875년 조약으로 획득한 진주만 임차권도 확보하고자 했다. 물론, 아시아·태평양으로 진출하는 데 필요한 교두보를 확립하려는 의도도 있었다.

그러나 얼마 뒤에 취임한 대통령 그로버 클리블랜드Grover Cleveland는 전임자와 달리 소극적인 태도를 취했다. 그는 무엇보다도 침체에 빠져 있던 미국 경제에 활력을 불어넣기 위해 애썼다. 그리고 공화당의 개혁론자들과 함께 부패에 맞서 싸우며 정치 개혁에 관심을 기울였다. 따라서 합방론자들이 중국 시장을 가리키며 한 걸음 더 나아가야 한다고 주장했으나, 그는 반대론자들이 인종 이외에 정치체제의 측면에서도 하와이인들을 미국에 통합시킬 수 있을지 우려하는 데 주목했다. 결국 그가 재임하던 1897년까지, 하와이 합병은 미결 상태에 있었다. 그러나 다음 해에 미국이 스페인과 전쟁을 벌이는 가운데, 그의 후임자는 하와이의 전략적 중요성에 주의를 환기하며 합병안을 처리했다.

후임자 윌리엄 매킨리가 처음부터 제국주의적 팽창에 대해 적극적인 태도를 취한 것은 아니다. 이미 제12장에서 언급한 바 있듯이, 그는 1896년 선거에서 재계의 지원 아래 "믿을 수 있는 돈"을 외치며 민주당 후보 브라이언을 물리치고 승리를 거두었다. 그리고 오하이오에서 변호사로 활동하다가 연방 하원으로 진출했을 때부터 그랬던 것처럼, 대통령으로서도 보호관세를 도입하는 데 열의를 보였다. 미국의 기업가와 노동자들을 보호하기 위해서는 관세장벽을 올려야 한다는 것이었다. 그렇지만 연방 하원 의원에서 오하이오 주지사를 거쳐 대통령직에 이르기까지 20년 넘게 정치생활을 하는 동안, 미국의 대외 관계에 관해 깊은 식견을 쌓을 기회를 갖지는 못했다. 따라서 매킨리는 대통령으로서 대외 관계를 면밀하게 관찰하고 조심스럽게 행동하는 자세를 취했다. 그러나 정책을 결정한 다음에는 과감하게 추진하는 모습을 보였다.

그런 태도는 미국과 스페인 사이에서 벌어진 전쟁에서 분명하게 나타났다. 미국인들은 1890년대 중엽부터 쿠바에 관심을 기울였으나, 언젠가 스페인과 전쟁까지 벌여야 할 것이라고 상상하지는 못했다. 그들은 분명히 스페인을 눈엣가시처럼 여겼다. 스페인은 과거에 가톨릭교회의 기둥으로서 종교재판을 통해 개신교를 탄압하는 데 앞장섰을 뿐 아니라, 19세기 초에 아메리카 식민지를 대부분 잃어버린 뒤에도 카리브해에서 여러 도서를 쥐고 있으면서 미국의 진출을 가로막았기 때문이다. 따라서 1895년 초에 쿠바인들이 독립을 얻기 위해 또다시 무장봉기에 들어갔을 때, 미국인들은 사태의 진전에 관심을 기울였다. 그리고 조지프 펄리처(또는 퓰리처 Joseph Pulitzer)나 윌리엄 랜돌프 허스트William Randolph Hearst 같은 언론인이 신문의 판매 부수를 늘리기 위해 스페인의 잔인한 탄압 정책에 초점을 맞추고 자극적인 방식으로 보도하는 데 주목하기도 했다. 그래도 쿠바의 완전한 독립을 바라는 미국인은 많지 않았다. 대다수는 쿠바가 미국 자본에 의지해 농장과 광산을 개발하고 설탕과 담배를 비롯한 일차 산품을 미국으로 수출하는 종속적 위치에 머물러 있기를 기대했다. 따라서 쿠바에서 스페인의 통지를 종식시키고 미국의 영향력을 확대하는 데 관심을 기울였다. 그렇지만 스페인은 순순히 물러날 생각이 없었고, 쿠바인들은 대개 스페인은 물론이요 미국으로부터도 완전히 독립하고자 했다. 그래서 1896년부터 스페인의 탄압과 쿠바의 저항이 격화되자, 미국은 종래에 쿠바에서 지녔던 이익과 영향력마저 잃을 수도 있는 사태에 부딪히게 되었다. 그래도 매킨리는 1897년 3월 취임사에서 해외에서 정복 전쟁을 벌이거나 영토 확장에 나설 의도가 없다고 선언했다.

그로부터 1년이 지난 뒤, 그는 의회에 5,000만 달러의 군사비를 요청했다. 1898년 2월 미국 군함 메인USS Maine호가 아바나항에서 원인을 알 수 없는 폭발 사고로 인해 침몰하면서 미국인 266명의 생명을 희생시키자, 후속 조치로 군사력을 확충하고자 했기 때문이다. 그렇지만 그것이 매킨리가 자신의 의도와 달리 사태에 떠밀려서 어쩔 수 없이 취했던 조치라 보기는 어렵다. 그때에는 이미 미국의 전쟁 계획이 수립되어 있었기 때문이다. 그 계획은 당시 해군 차관보였던 시오도어 로즈벨트가 주도해 만든 것인데, 요점은 전쟁이 벌어지면 쿠바는 물론이요 필리핀에서도 스페인과 대결한다는 데 있었다. 그런 팽창 정책은 제해권에 관해 머한이 피력한 견해에 토대를 두고 있었다. 사실, 로즈벨트는 머한의 유명한 저술을 읽고 그와 가깝게 지내고 있었다. 그러나 매킨리는 주저했다. 그도 미국이 큰 어려움을 겪지 않고도 스페인에 맞설 만한 군사력을 구축할 수 있다는 것을 알고 있었다. 그러나 당대의 많은 기업가들과 마찬가지로 전쟁이 미국 경제에 충격을 가져올 것이며, 그래서 이미 침체에 빠져 있는 미국 경제를 깊은 수렁으로 끌고 갈지도 모른다는 두려움을 떨치지 못했다. 따라서 매킨리는 전쟁을 벌이지 않고 양보를 얻어 내려 했다. 그러나 스페인은 다른 열강에 중재를 요청하며 버티려 했다.

1898년 4월 11일, 매킨리는 결국 쿠바에 군대를 파견한다는 계획을 의회에 제출했다. 의원들은 대부분 파병안을 지지했으나, 스페인을 물리치고 내전을 끝낸 다음에 쿠바를 어떻게 할 것인가 하는 문제를 놓고는 합의를 보지 못했다. 많은 의원들은 쿠바가 인종 측면에서나 정치체제 측면에서도 미국에 통합되기 어렵다고 보았고, 몇몇 의원들은 쿠바가 미국에 통합되면 미국 내부의 제당업이 와해될 것이라고 걱정했다. 이런 의원들은 상원 의원 헨리 텔러Henry M. Teller의 제안을 받아들여, 파병안에 동의하면서 "미국은 [쿠바에 대해] 주권이나 관할권, 또는 통제권을 행사하고자 하는 어떤 의향이나 의지도 없다는 점을 확인한다"는 조항을 조건으로 붙이자고 주장했다. 매킨리는 물론 이 텔러 조항을 받아들이고, 해군을 파견해 쿠바를 봉쇄하는 조치를 취했다. 그리고 4월 29일, 선전포고령에 서명했다.

미서전쟁은 미국이 제국주의 열강의 일원임을 널리 알리는 계기가 되었다. 미국은 군사력 열세를 쉽사리 극복했다. 대단한 경제력 덕분에, 특히 월등한 생산력 덕분에 이미 쇠퇴해 버린 스페인을 압도하기에 충분한 군사력을 확보할 수 있었다. 사실, 1890년대에는 머핸이 불러일으킨 관심 덕분에 거대한 전함—강력한 대포를 여러 문 갖춘 대규모 철갑 군함—을 3척이나 건조, 배치했다. 반면에 스페인에는 그에 맞설 만한 군함이 한 척도 없었다. 더욱이, 미서전쟁이 시작된 다음에는 소식을 듣고 몰려든 자원 입대자가 너무 많아서 인원을 선발하는 과정을 두고 병력의 규모를 50,000명 수준으로 제한했다. 승부는 먼저 필리핀에서 드러났다. 미국의 아시아함대는 사전 계획에 따라 홍콩에서 필리핀으로 남진했고, 5월 초 마닐라만Manila Bay에서 스페인 해군과 일전을 벌인 끝에 결정적인 승리를 거두었다. 이어서 7월 초에는 쿠바의 산티아고Santiago항에서 미국 해군이 2개월에 걸친 대치 끝에 스페인의 카리브함대를 궤멸 상태에 몰아넣었다. 그리고 항구를 둘러싸고 있던 육지에서는, 압도적인 병력과 화력을 갖춘 미국 육군이 스페인 수비대와 치열한 공방전을 벌인 뒤에 승리를 거두었다. 미군은 여세를 몰아 푸에르토리코로 가서 스페인 수비대를 몰아내고 거기에 진주했다. 스페인은 곧 종전 협상을 요청했고, 8월 중순에는 미국의 동의를 얻을 수 있었다. 그 결과는 스페인이 쿠바와 푸에르토리코, 그리고 필리핀에 대한 지배권을 미국으로 넘긴다는 것이었다. 그렇게 해서 미국은 3,000명에 이르는 미국인의 생명을 희생시키고, 서반구를 넘어 아시아·태평양에서도 강대국의 지위를 얻었다.

그런 정복 전쟁과 팽창 정책은 미국 내부에서 적잖은 비판에 부딪혔다. 특히, 미서전쟁 와중에 결성되었던 반제국주의협회Anti-Imperialist League는 매킨리의 대외 정책이 식민지 주민의 자치뿐 아니라 미국인의 자유도 위협한다고 주장했다. 그로버 클리블랜드, 제인 애덤스, 새뮤얼 곰퍼스, 마크 트웨인 등, 다양한 분야의 엘리트가 이끌었던 이 기구는 1899년에 채택된 강령에서 이렇게 선언했다.

우리는 제국주의라 불리는 정책이 자유를 위협하고 군국주의를 초래함으로써, 우리가 영광스럽게도 지금까지 겪지 않았던 해악을 가져온다고 주장한다. 우리는 유감스럽게도 이제 워싱턴과 링컨의 나라에서 모든 사람이 인종이나 피부색과 관계없이 생명과 자유와 행복 추구권을 누린다고 다시 천명해야 할 필요가 있다고 생각한다. 우리는 정부가 지니는 정당한 권력이 피치자의 동의에서 나온다고 주장한다. 그리고 어떤 국민이든 하나의 국민을 복속시킨다면, 그것은 미국 정부의 기본 원칙을 공공연히 위반하며 "침략 범죄"를 저지르는 것이라는 점을 강조한다.[12]

그러나 미서전쟁을 계기로 미국이 세계를 세력 각축장으로 여기고 세계 전역에서 제국주의적 팽창에 적극적으로 나선다는 것은 분명해졌다. 매킨리의 공언과 달리, 미국은 쿠바를 넘어 푸에르토리코까지 속령으로, 또 필리핀을 식민지로 삼으며 이들 지역에서 주민이 바라던 자유와 독립을 짓밟았다. 특히, 필리핀에서는 이후 3년 동안 —일부 지역에서는 10년 이상— 계속

---

12 Platform of the Anti-Imperialist League, Internet Modern History Sourcebook, History Department, Fordham University, https://sourcebooks.fordham.edu/mod/1899antiimp.asp (2021년 3월 3일 접속).

되는 정복 전쟁을 시작했는데, 그 결과로 적어도 미군 4,000명과 필리핀인 250,000명—전체 인구 가운데 무려 2.5 %에 해당하는 사람들—이 목숨을 잃었다. 이 경악스러운 살육전은 분명히 문명의 격차만으로 설명하기 어렵다. 미국의 뿌리 깊은 식민주의와 물리적 폭력의 전통, 그리고 필리핀인의 강인한 저항 정신도 고려해야 할 것이다. 그처럼 쉽사리 이해할 수 없는 살육전조차 매킨리가 보기에는 미국의 적극적 팽창을 위해 치러야 하는 대가였을 뿐이다. 실제로, 미국은 적어도 제1차 세계대전에 이르기까지 그런 팽창 정책을 유지한다.

거기에 내재되어 있던 제국주의적 속성은 미국의 쿠바 정책에서 뚜렷하게 나타났다. 그것은 본질적으로 1901년 연방의회에서 가결된 플래트 수정조항Platt Amendment에서 규정되었다. 이 조항은 상원 의원 오빌 플래트Orville H. Platt의 제안으로 군사비 지출 법안에 추가되었는데, 실제로는 육군을 관장하던 군무부 장관 엘리휴 루트Elihu Root가 입안한 것으로 알려져 있다. 루트는 군사 분야에서 식견을 갖추지는 못했으나, 기업계에서 유능한 변호사로서 널리 알려져 있었다. 군무부에서는 참모부를 설치하고 다양한 교육과정과 순환 보직제를 도입하는 등, 조직을 개편함으로써, 미국의 군사력을 제국주의적 팽창에 적합한 형태로 개조하기 위해 노력했다. 그리고 쿠바에 주둔하는 미군을 통솔하면서, 철군 이후에 쿠바에 어떤 지위를 부여할 것인가 하는 문제에 관심을 기울였다. 그가 마련한 방안에서 핵심은 미국이 쿠바를 합병하거나 식민지로 통합하지 않고 독립국가로 인도하는 역할을 맡아야 한다는 데 있었다. 구체적으로, 쿠바는 자율적으로 외국과 조약을 체결하지 못하고, 미국이 쿠바의 외교와 내정에 간섭하는 권한을 갖는다는 것을 인정하며, 또 미국을 위해 보급기지나 군사기지를 제공한다는 것이었다. 바꿔 말하면, 미국은 쿠바를 "보호"한다는 명목으로 실제로는 지배하는 권한을 갖는다는 것이었다. 쿠바는 처음에 이런 조항에 대해 거부감을 보였으나, 얼마 지나지 않아 새로운 헌법을 제정하면서 수용하는 길을 열었다. 그리고 1903년에는 미국과 조약을 체결함으로써 미국의 지배권을 공식적으로 인정했고, 또 미국이 사탕수수와 담배를 중심으로 자본을 투입하고 쿠바 경제도 지배하는 국면을 맞이하게 되었다.

아시아에서는 미국의 제국주의가 비슷하면서도 다른 양상을 보였다. 비슷한 양상은 필리핀에서 뚜렷하게 나타났다. 1898년 5월 미국의 아시아함대가 마닐라에 도착했을 때, 필리핀인들은 3세기 넘게 억압과 착취를 자행하던 스페인을 상대로 이미 2년째 독립운동을 벌이고 있었다. 그것은 19세기 말에 형성되었던 새로운 조류의 산물이었다. 그들 가운데 엘리트는 유럽에서 계몽사상과 자유주의를 받아들이며 기존 질서에 대해 비판했고, 보통 사람들은 지리적으로나 문화적으로 수많은 갈래로 나뉘어 있었음에도 불구하고 민족의식에 눈뜨기 시작했던 것이다. 그렇지만 미국은 그들의 독립운동을 존중하지 않았다. 오히려 영국의 문인 러디어드 키플링Rudyard Kipling이 『백인의 사명The White Man's Burden』을 쓰며 부추긴 바와 마찬가지로, 필리핀에 근대적 문물을 전파한다는 과업을 스스로 떠맡았다. 그것은 시인의 예찬과 달리 매우 참담한 현실로 이어졌다. 미국은 식민지 지배에 저항하며 게릴라전을 펼치는 필리핀인들을 대상으로, 기근과 질병에 고문과 학살을 더하며 끔찍한 만행을 저질렀다. 다른 한편으로는 가톨릭교도들을 중심으로 스페인의 언어와 문화를 어느 정도 받아들인 사람들을 대상으로, 자치를 약속하고 법원과 학교, 교회와 보건소를 수립하며 지배권을 확립하고자 노력했다. 더욱이, 관세장벽을 허물어뜨리며 필리핀을 미국 경제권에 편입시키고 적잖은 사람들에게 미국으로 이주하는 기회를 열어 주었다. 그것은 물론 미국의 인종 질서를 더욱 복잡한 구조로 만드는 결과를 가져왔다.[13] 그 외에, 미국은 일부 엘리트가 바라던 것처럼 필리핀의 화폐제도를 개혁하고 금본위제를 도입하는 등, 시장경

---

13 Paul A. Kramer, *The Blood of Government: Race, Empire, the United States, & the Philippines* (Chapel Hill: Univ. of North Carolina Pr., 2006).

제를 수립하는 데 필요한 조치를 취하기도 했다. 그리고 곧 그것을 라틴아메리카로 확대하기도 했다. 이렇게 필리핀에서 미국이 펼친 정책은 정부와 군대가 앞장서며 오랫동안 게릴라전을 치르고 화폐제도를 개혁했다는 점을 차치하면 이미 라틴아메리카에서 수립된 전철에서 크게 벗어나지 않았다.

중국에서는 잘 알려져 있는 것처럼 미국의 제국주의가 문호개방정책Open Door Policy이라는 새로운 형태를 띠었다. 매킨리는 미국도 다른 열강처럼 중국 영토를 분할, 점령하는 데 나서야 한다는 기업가들의 견해에 공감하지 않았다. 그 대신, 면직물을 비롯한 미국 제품의 수출을 늘리는 데 관심을 기울였다. 그리고 국무장관 존 헤이John Hay에게 의지하며 자신의 관심을 정책으로 옮겼다. 링컨의 개인 비서에서 전기 작가로 변신하며 이름을 떨친 이 문인 정치가는 한때 영국 대사로 재직하는 등, 유럽에서 외교관으로 활동하면서 국제 정세에 관해 깊은 식견을 쌓은 바 있었다. 그의 주목을 끈 것은 독일의 팽창, 러시아의 남진, 일본의 대두 등, 영국에서 주요 관심사로 취급되던 현상이었다. 이런 현상은 1894-95년 청일전쟁을 계기로 열강 사이의 치열한 경쟁으로 격화되었다. 헤이는 영국 외교계에서 거론되던 대책 가운데서 열강이 기존 세력권을 유지하면서도 중국의 주권과 영토를 보전하고, 자국 세력권에서 외국에 대해 차별하지 않고 문호를 개방한다는 방안에 관심을 가졌다. 그것은 중국 진출에서 뒤처져 있던 미국의 입장에 적합할 뿐 아니라 제품 경쟁력을 토대로 미국의 수출을 늘리는 데도 도움이 될 만한 방안이었다. 그렇지만 그것은 상원에서 기업계를 대변하며 영토 팽창을 선호하는 의원들의 반대에 부딪힐 것으로 보였다. 따라서 헤이는 그것을 조약으로 발전시키지 않고 외교 각서로 정리한 다음, 1899년 9월 영국을 비롯한 열강으로 보냈다. 영국은 물론 호응했으나, 다른 강대국은 미온적 반응을 보였다. 게다가 의화단 운동을 계기로, 강대국들은 각기 중국에 대해 보상을 요구하며 더 많은 양보를 받아 내려 했다. 1900년 7월, 헤이는 또다시 열강에 각서를 보내며 문호 개방의 원칙에 대한 지지를 호소했다. 그 원칙은 제2차 세계대전에 이르기까지 미국의 중국 정책에서 기조로 자리 잡는다. 그에 못지않게 중요한 것은 나중에 그것이 윌슨의 국제 질서 구상에 수용된다는 점이다.

미국의 제국주의는 팽창의 대상뿐 아니라 외교의 주체에 따라서도 상당한 변화를 겪었다. 이는 매킨리로부터 대통령직을 승계한 로즈벨트에게서 뚜렷하게 나타났다. 이미 소개한 바 있듯이, 로즈벨트는 부유한 가문에서 태어나 엘리트 교육을 받고 미국을 이끄는 지도자로 성장했다. 그리고 자신과 같은 엘리트는 기업가처럼 돈을 버는 일에 매달리지 않고, 전통적 귀족과 마찬가지로 나라를 위해 일해야 한다고 생각했다. 더욱이, 중세 유럽의 기사를 본받아 사냥이나 권투 같은 격렬한 게임을 즐기는 등, 도전과 대결에 탐닉하는 야성적 남성의 기질을 지니고 있었다. 그런 기질 때문에 로즈벨트는 미서 전쟁이 시작되자 해군 차관보직에서 스스로 물러나 입대를 자원했다. 그리고 자원 기병대 지휘관으로 쿠바에 파견되어 전투에 참여하고 미군의 승리에 기여했다. 덕분에, 그는 자신이 이끌었던 부대의 별명 "험악한 기병대"Rough Riders와 함께 널리 관심과 인기를 끌었다. 나아가 1900년 선거에서는 매킨리의 지명을 받아 부통령 후보로 부상했다. 매킨리가 로즈벨트를 자신의 동반자로 지명함으로써 외교적 성과를 선거에 활용하고자 했기 때문이다. 민주당 후보 브라이언이 4년 전과 마찬가지로 금본위제를 비판하며 제국주의에 반대했던 만큼, 그것은 효과적인 전략이었다. 그 결과, 매킨리는 남부를 제외하고 대부분의 지역에서 승리를 거두며 여유 있게 재선에 성공했다. 그러나 그는 1901년 9월에 무정부주의자의 테러에 목숨을 잃었고, 로즈벨트가 그 직책을 물려받았다. 신임 대통령이 미국의 대외 정책을 공격적인 방향으로 이끌고 나가는 것은 그의 정체성에 비추어 볼 때 자연스러운 일처럼 보였다.

그런 방향은 물론 그의 정체성 이외에 그의 세계관과도 연관되어 있었다. 로즈벨트는 세계를 세력 각축장이라 여기면서도, 사회적 다원주의자들과 달리 적자생존이나 자유방임 같은 원칙을 존중하지 않았다. 오히려 환경이 경쟁력에 커다란 영향을 끼친다고 보고, 적극적 개입과 개혁을 통해 문명의 진보와 전파에 기여할 수 있다고 믿었다. 이런 신념은 미국의 발전 과정을 비롯한 역사에 대한 이해에 토대를 두고 있었다. "변경 지대"에 주의를 환기했던 역사학자 터너의 영향 아래, 그는 미국의 역사를 지속적 팽창과 진보의 과정으로 여겼다. 그리고 그것이 진취적인 백인이 미개한 원주민을 밀어내고 대륙 전체에 걸쳐 고도의 문명을 건설하는 과정이라고 보았다. 따라서 그 과정을 주도한 "앵글로–색슨족"에 대해 우호적인 자세를 취했다. 더욱이, 영국과 미국에서 드러나듯이 가장 높은 수준의 문명을 건설한 "앵글로–색슨족"이 낙후 지역에서 압제와 야만을 척결하고 그 주민에게 문명을 전파해야 하는 사명을 지녔다고 믿었다. 나아가 그런 사명을 실천하기 위해서는, 정복 전쟁을 수행하거나 식민지를 지배하는 부담도 져야 한다고 믿었다.

따라서 로즈벨트는 미국의 대외 정책을 공격적인 방향으로 이끌었는데, 이는 라틴아메리카에서 분명하게 나타났다. 그는 먼저 미국의 대서양 연안과 태평양 연안을 연결할 수 있는 운하를 확보하는 데 관심을 쏟았다. 그가 집권하기 전에, 미국은 중앙아메리카의 지협에 운하를 건설하는 데 대해 영국의 동의를 얻어 놓았다. 그것은 오래전부터 기업가들이 요구하던 사업이었고, 근래에는 머한이 강조하는 것처럼 미국이 연안에서 제해권을 장악하는 데 필수적인 조건이었다. 따라서 미국은 파나마지협에 대해 관할권을 지녔던 콜롬비아에 비용을 지불하고 운하를 건설하고 사용하는 권리를 사들이고자 했다. 그러나 내전에 휩싸여 개방에 주저하던 콜롬비아가 거부하자, 로즈벨트는 파나마지협에 군대를 파견해 주민이 콜롬비아에서 분리, 독립할 수 있도록 지원했다. 그 결과, 1904년 2월에 미국은 독립한 파나마에 일시불 1,000만 달러와 함께 매년 25만 달러를 지불하기로 약속하고 지협에 운하를 건설하고 사용하는 권리를 확보했다. 덕분에 1914년 초에 운하가 개통되었을 때, 미국은 뉴욕에서 샌프란시스코까지 가는 해로를 22,000 km에서 8,200 km로 줄일 수 있게 되었다.

로즈벨트는 거기서 한 걸음 더 나아가 라틴아메리카 전역이 미국의 세력권이라고 주장했다. 그 계기는 1902-03년 베네수엘라에서 조성된 위기에 있었다. 거기서는 오래전부터 영국이 영토를 노리고 있었을 뿐 아니라, 19세기 말부터 독일을 비롯한 다른 유럽 열강도 농장에 이어 은행과 철도에 투자하는 등, 다양한 이권을 차지하고 있었다. 20세기 초에 베네수엘라가 내전으로 인해 채무를 이행하지 못하게 되자, 이들 열강은 1902년 말부터 해군을 파견해 해안을 봉쇄하고 채무를 이행하라며 베네수엘라에 압력을 넣기 시작했다. 그 소식이 미국에 알려지고 비판적인 여론이 들끓자, 로즈벨트는 관망하던 자세를 버리고 개입으로 돌아섰다. 문명의 진보에서 뒤떨어져 있는 나라는 때때로 앞선 나라가 힘을 써서 깨우쳐 주어야 한다고 생각했으나, 그런 일이 미국의 세력권을 잠식하는 결과로 이어지지 않을까 우려했기 때문이다. 따라서 그는 유럽 열강이 베네수엘라의 영토를 장악하지 못하도록 저지하는 한편, 채무 문제에 관해 국제적 중재에 응하라고 요구했다. 그리고 베네수엘라를 지키기 위해 언제든 미군을 파견할 수 있다고 압력을 넣었다. 그 결과, 유럽 열강으로부터 미국의 중재를 통해 문제를 해결한다는 데 동의를 얻었다.

　　로즈벨트의 라틴아메리카 정책은 1904년 도미니카공화국에서도 분명하게 나타났다. 히스파니올라섬 가운데서 동쪽으로 자리 잡고 있는 이 나라는 19세기 초에 독립을 시도했다가 실패한 다음에 오랫동안 정치적 불안에 시달렸다. 또 스페인과 프랑스 출신의 이주민을 중심으로 담배, 코코아, 사탕수수 등, 몇몇 농작물의 생산과 수출에 주력하는 종속적 경제에서 벗어나지 못했다. 게다가 1890년대부터는 미국인들이 사탕수수를 재배하고 설탕을 생산하는 사업에 뛰어들어, 소농으로부터 농토를 강탈하고 기존 농장주들의 지위를 위협하며 정치적 불안을 심화시켰다. 결국 도미니카공화국도 1904년에 이르면 채무를 이행하지 못하는 상태에 부딪혔고, 미국은 또다시 군대를 파견해 세관을 접수하는 등, 적극적으로 개입하고 나섰다. 로즈벨트는 미국의 이익을 보호하는 동시에 유럽 열강의 무력 개입을 차단해야 한다고 생각했다. 그리고 미국이 도미니카공화국의 영토 보존을 보장하며 세관 운영과 채무 이행에 관해 감독하는 방안을 제시했다. 그러나 상원이 실익이 없다며 부정적인 태도를 보였고, 여론은 합병을 요구하는 방향으로 기울었다. 로즈벨트는 상원과 협의하지 않은 채, 대통령의 행정권에 의지해 자신의 방안을 실행에 옮겼다. 이는 분명히 상원이 지니는 헌법상의 권한을 존중하지 않는 조치였다. 따라서 1905년도 국정 연설에서 대외 정책을 설명하는 가운데 자신의 입장을 이렇게 천명했다.

미국이 토지 부족을 느끼지 않는다거나, 서반구의 여타 국가에 관해 그들 국가의 복리 이외에는 어떤 계획도 없다고 한다면, 그것은 사실이 아니다. 미국이 바라는 것은 인접 국가들이 안정과 질서, 그리고 번영을 누리는 것이다. 어떤 국가든 적절하게 처신한다면, 모두 미국의 따뜻한 환영을 받을 것이다. 어떤 국가가 사회문제와 정치문제에 관해 실효성 있는 조치를 적절한 방식으로 취할 줄 안다는 것을 보여 준다면, 또 질서를 유지하며 채무를 이행한다면, 그 국가는 미국의 간섭을 두려워할 필요가 없다. 어떤 국가가 고질적 비행이나 무력증에 빠져서 문명사회에 필요한 부담을 전반적으로 외면하는 데까지 이른다면, 다른 지역과 마찬가지로 아메리카에서도 그 결과는 필연적으로 어느 문명국가의 개입이 될 것이다. 그리고 서반구에서는 그런 비행이나 무력증이 공공연히 드러나는 경우에, 미국이 먼로 독트린에 따라 어쩔 수 없이 국제 경찰력을 행사할 수 있다. 쿠바가 미군 철수 이후에도 플래트 수정조항 덕분에 발전한 것처럼, 또 남북 아메리카에서 여러 공화국이 끊임없이 빠르게 발전하고 있는 것처럼, 카리브해에 있는 모든 국가가 문명의 진보와 더불어 안정과 정의를 성취한다면, 그들 국가의 문제에 대해 미국이 간섭할 여지가 없을 것이다. 미국의 이익과 남방의 인접 국가들의 이익은 현실적으로 일치한다. 그들 국가는 풍부한 천연자원을 지니고 있으며, 내부에서 법과 정의의 지배를 실현한다면 미래에 틀림없이 번영을 누릴 것이다. 또 그와 같이 문명사회의 기본적 법률을 준수한다면, 미국이 정중하고 유용한 지원의 정신을 갖고 대우하리라고 확신해도 좋을 것이다. 미국은 최후의 수단으로 개입을 실행할 것이며, 그것도 그들 국가가 국내에서 정의를 실현하려는 능력이나 의지를 보이지 않거나 해외에서 미국의 권리를 존중하지 않거나 외국의 침략을 초래해 아메리카의 모든 국가에 위해를 끼치는 경우에만 그렇게 할 것이다. 매우 진부한 말이지만, 아메리카에서든 다른 어떤 지역에서든 간에 자유와 독립을 누리기를 바라는 모든 국가는 근본적으로 자유와 독립에 대한 권리가 그것을 올바르게 이용하는 책임과 분리될 수 없다는 점을 깨달아야 할 것이다.[14]

이 긴 인용문 속에 들어 있는 외교 노선은 그가 먼로 독트린에서 이끌어 낸 결론이라는 뜻에서 "로즈벨트 추론"Roosevelt Corollary이라 불린다. 그러나 미국 외교사의 거장 월터 라피비어Walter LaFeber는 그것을 "반전"invert으로 간주한다. 그에 따르면 "먼로 독트린은 1823년 라틴아메리카의 혁명파를 외국의 개입으로부터 보호하기 위해 주창되었으나, 로즈벨트는 1905년 라틴아메리카의 혁명파에 맞서 미국의 개입을 옹호하기 위해 그것을 다시 규정했다."[15] 그런 내용에 못지않게 주목을 끄는 것은 인용문에 등장하는 로즈벨트의 언사이다. 그것은 그가 미국과 인접 국가 사이에 위계질서를 설정하고, 그 질서를 유지하기 위해서는 미국이 필요하다면 무력을 사용할 의도가 있다는 점을 분명하게 보여 준다. 더욱이, 인접 국가들을 규범을 존중하지 않는 비행 청소년으로 취급하는 반면에, 미국을 몽둥이를 치켜든 경찰관으로 간주한다는 점을 거침없이 드러낸다. 한마디로 줄이면, 그것은 제국주의자로서 로즈벨트가 지녔던 관념과 태도를 선명하게 표현한다.

---

14 Theodore Roosevelt, "Fourth Annual Message," The American Presidency Project, University of California, Santa Barbara, https://www.presidency.ucsb.edu/documents/fourth-annual-message-15 (2021년 3월 8일 접속).

15 LaFeber, *American Search for Opportunity*, 199.

그렇지만 아시아에서는 그와 다른 양상이 나타났다. 거기서 로즈벨트는 자신의 뜻을 밀어붙이지 않고, 열강과 함께 세력균형을 유지하는 데 관심과 노력을 기울였다. 이미 문호개방정책에서 드러난 바와 같이 아시아가 열강의 치열한 세력 각축장이었던 만큼, 미국은 뒤늦게 세력권을 확보하는 데 뛰어드는 대신에 교역을 활성화시키고 상업적 이익을 확대하는 데 주력하고자 했다. 그러나 의화단 운동 이후에는 열강 사이에서 세력 경쟁이 심화되는 것을 방지하지 못했다. 특히, 만주를 놓고 러시아와 일본 사이에서 벌어지던 경쟁을 누그러뜨리는 데 실패했다. 그것은 널리 알려져 있는 것처럼 노일전쟁으로 비화했고, 1905년 일본의 승리로 끝났다. 이는 로즈벨트에게 중국에서 러시아의 남진이 저지된다는 것을 의미했다. 그렇지만 만주가 일본의 세력권으로 편입됨에 따라, 문호개방정책을 위한 공간이 줄어든다는 것을 의미하기도 했다. 더욱이, 그는 조선에서 일본이 세력을 확대하는 것도 저지하지 않았다. 다만, 일본이 동북아시아를 넘어 세력을 확대하면서 필리핀까지 넘보지 않기를 기대했을 뿐이다.[16]

16 이것은 국내에서 "가쓰라-태프트 밀약"으로 널리 알려져 있다. 이 밀약설은 1920년대 중엽에 미국의 역사학자 타일러 데니트Tyler Dennett에 의해 처음 제기되었다. 그 근거는 1905년 7월 미국 군무부 장관 태프트—나중에 로즈벨트에 이어 대통령직에 오르는 법률가—가 도쿄를 방문했을 때, 일본 수상 가쓰라를 만나 미국과 일본의 관심사에 관해 대화를 주고받은 뒤에 그 내용을 비망록으로 만들어 국무부에 보낸 데 있다. 그것은 미국과 일본이 노일전쟁의 전후 처리를 위해 개최되는 포츠머스 회담을 앞두고 서로 의견을 교환하는 과정의 일환이었고, 그 골자는 동아시아에서 필리핀과 조선에 대해 양국이 각각 특별한 이해관계를 갖고 있으며 그것을 서로 존중한다는 데 있었다. 이런 내용을 담고 있던 문서가 나중에 국무부에서 의회 도서관으로 이관된 다음에 데니트의 눈에 띄었던 것이다. 그는 그것을 비밀 협약으로 보았으나, 그것을 계기로 양국 사이에서 협약이라 할 만한 공식적 관계가 형성되었다는 것을 입증하지는 못했다. 더욱이 1950년대 말에 이르면 그 문건이 협약 문서가 아니라 대화 비망록에 지나지 않는다는 것도 확인되었다. 그래도 데니트의 견해는 한국인들 사이에서 널리 수용되었고, 나아가 정치적 맥락에 따라 상이한 의미를 지닌 것으로 해석되었다. [Tyler Dennett, "President Roosevelt's Secret Pact with Japan," *Current History* 21.1 (1924), 15-21; John Gilbert Reid, ed., "Taft's Telegram to Root, July 29, 1905," *Pacific History Review* 9.1 (1940),

한 걸음 더 나아가, 로즈벨트는 열강 사이의 갈등을 중재로 해결할 수 있다고 주장하면서 호전적 팽창주의자와 어울리지 않는 면모를 보여 주기도 했다. 사실, 그는 노일전쟁의 전후 처리를 위해 미국의 포츠머스에서 회담을 주선하고 양국 사이에 강화조약이 체결되는 데 기여했다. 그는 일본의 대두 이외에 독일의 팽창과 러시아의 남진에 대해서도 주목하고, 그 결과로 세력균형이 무너진다면 국제적 긴장이 심화되어 결국에는 대규모 전쟁이 발생할 수도 있다고 생각했다. 따라서 열강 사이에서 협상을 촉구하고 중재를 주선하고자 했다. 국제 무대에서 질서와 안정을 유지하기 위해서는, 적절한 군사력 외에 외교적 교섭과 협력도 필요하다고 보았던 것이다.[17]

실제로, 그런 면모는 열강 사이의 긴장을 평화로운 방식으로 해결하려는 그의 노력으로 나타났다. 로즈벨트는 개인과 마찬가지로 국가도 서로 권리를 존중하며 정의를 실현한다면 평화를 누릴 수 있다고 생각했다. 그리고 국가 사이에 정의를 실현하기 위해서는 국제관계에 관한 법률과 윤리를 확립해야 한다고 생각했다. 그는 자신의 생각을 노벨 평화상 수상 연설에서 간명하게 정리했다. 그에 따르면 먼저 평화를 바라는 열강이 나서서 중재 조약을 체결하고, 그에 따라 분쟁을 해결하고자 노력해야 한다. 열강에 속하지 않는 나

66-70; Raymond A. Esthus, "The Taft-Katsura Agreement — Reality or Myth?" *Journal of Modern History* 31.1 (1959), 46-51; Kirk W. Larsen and Joseph Seeley, "Simple Conversation or Secret Treaty? The Taft-Katsura Memorandum in Korean Historical Memory," *Journal of Korean Studies* 19.1 (2014), 59-92.]

그렇지만 기존 논의에서는 문서의 형식이 지나치게 중시된 반면에 그 내용은 상대적으로 경시된 것으로 보인다. 그 내용에서 핵심은 오래전에 지적된 바 있듯이 필리핀과 조선을 두고 양국 사이에서 비공식적 양해가 있었다는 것이다. [Jongsuk Chay, "The Taft-Katsura Memorandum Reconsidered," *Pacific History Review* 37.3 (1968), 321-326] 노일전쟁 전후의 동아시아 국제 정세에 비추어 볼 때, 이는 부인할 수 없는 사실이라 할 수 있다. 그렇지만 그런 양해가 언제, 어떻게 해서 형성되었는지 전모가 밝혀지지 않았고, 따라서 그 과정에서 문제의 대화가 지녔던 위상과 역할도 드러나지 않았다.

17 Greg Russell, "Theodore Roosevelt, Geopolitics, and Cosmopolitan Ideals," *Review of International Studies* 32.3 (2006), 541-559.

라도 거기에 끌어들일 필요는 없다. 그런 나라들은 조약을 준수하는 문명사회에 속하지 않는다. 중재 조약 이외에, 평화를 바라는 열강은 국제분쟁에 관한 헤이그협약과 국제재판소 같은 제도를 통해 평화적 해결을 모색할 필요가 있다. 미국에서 헌법과 대법원이 주간 갈등을 해결하고 정의와 평화를 유지하는 데 핵심적 역할을 맡고 있는 것과 마찬가지로, 그런 제도는 국제 무대에서도 중요한 역할을 할 수 있다. 끝으로, 평화를 바라는 열강은 "평화 연맹"League of Peace을 구성하고, 스스로 평화를 지킬 뿐 아니라 그것을 깨뜨리는 나라에 대해서는 필요하다면 무력을 써서라도 평화를 지켜야 한다. 로즈벨트는 노벨 평화상 수상 연설에서 이렇게 강조했다.

어떤 형태로든 국제 경찰력이 확립되기 전까지는, 각국이 방어 능력을 갖추고 국가 간에 일어나는 무력 갈등을 방지하는 능력과 의지를 지니고 있어야 한다. 현재로서는 세계에 걸쳐 평화를 유지하는 그런 경찰력을 확보할 수 있는 확실한 방안이란 진정으로 평화를 바라며 스스로 침략을 저지를 생각이 없는 강대국들이 어떤 연합을 구성하는 데 있다. 처음에는 그런 연합의 목표를 단지 어떤 일정한 구역과 어떤 일정한 조건 속에서 평화를 유지하는 데 맞출 수도 있다. 그러나 어떤 지배자나 정치가가 그런 연합을 성사시킨다면, 그는 역사에서 영원히 사라지지 않는 위치를 차지하고 또 인류 전체로부터 감사의 인사를 받는 지위에 오를 것이다.[18]

그러나 평화주의자로서 로즈벨트가 지녔던 면모는 이른바 "문명사회"에 국한되어 있었다. 게다가 국제관계에 관한 법률과 규약이 완비되고 "평화 연맹"이 구성되며 "국제 경찰력"이 확립되는 등, 적절한 조건이 갖추어지는 시

---

18 Theodore Roosevelt, "Nobel Lecture," The Nobel Peace Prize 1906, Nobel Foundation, https://www.nobelprize.org/prizes/peace/1906/roosevelt/lecture/ (2021년 3월 6일 접속).

기로 한정되어 있었다. 그런 면모는 문명의 발전에서 뒤처져 있던 나라에서는, 바꿔 말하면 제국주의적 팽창의 대상에서는 기대할 수 없는 모습이었다. 따라서 그가 말하던 평화주의는 국제정치의 실제에서 주목할 만한 성과로 이어지지 않았다. 그러나 나중에 그것은 윌슨에게 계승되고, 또 그가 새로운 국제 질서를 구상하는 데 활용된다.

반면에 로즈벨트의 팽창주의는 적잖은 부작용을 가져왔는데, 그것은 그의 후임자 윌리엄 하워드 태프트가 처리해야 할 문제가 되었다. 태프트는 필리핀 총독직을 거쳐 군무부 장관직을 역임했던 만큼, 미국의 대외 정책에 관해 상당한 식견을 갖고 있었다. 그렇지만 그는 법률가였던 부친을 뒤따라 법률가로 컸고, 또 말년에는 대법원장으로 재직하면서 대통령 재임기보다 더 행복한 시절을 보냈다고 회상했을 만큼 법률가로 살았다. 그렇기 때문에 그가 미국의 대외 교역과 투자를 확대하기 위해 총탄 대신에 달러를 쓰겠다고 선언했을 때, 그것은 그의 법률가 기질에 어울리는 노선으로 보였다. 실제로, 태프트는 상무부에 교역을 지원하는 기구를 설치하며 미국 기업이 해외 사업을 확대하는 데 기여하고자 했다. 이 정책은 흔히 "달러 외교"dollar diplomacy라 불리며 폄하되었으나, 실제로는 영토상 팽창과 그에 수반되는 군사적 긴장을 억제한다는 취지를 내포하고 있었다. 사실, 태프트는 미국뿐 아니라 모든 국가가 영토상 팽창 대신에 상업적 교류에 주력해야 한다고 생각했다. 그래도 국제분쟁이 발생한다면, 그것은 중재를 통해 해결할 수 있다고 믿었다. 한마디로 줄이면, 자본주의를 위해 안전한 환경을 만들고자 했다고 할 수 있다.[19] 태프트는 1913년도 국정 연설에서 이렇게 천명했다.

현 정부는 상업적 교류에 대한 근대적 관념에 상응하는 외교정책을 모색

---

19 Cyrus Veeser, *A World Safe for Capitalism: Dollar Diplomacy and America's Rise to Global Power* (2002; New York: Columbia Univ. Pr., 2007).

해 왔다. 이 정책의 특징은 총탄을 달러로 대체하는 데 있는 것으로 간주되어 왔다. 그것은 이상주의적인 인도주의적 도의, 건전한 정책과 전략에 필수적인 요소, 그리고 정당한 상업적 목표를 모두 고려하는 정책이다. 그 명백한 목표 는 해외에서 적법하고 유익한 사업을 벌이는 미국 기업에 대해 미국 정부가 모 든 적절한 지원을 제공한다는 자명한 원칙 위에서 미국의 대외 교역을 증진시 킨다는 데 있다. 이 외교가 관세법에 있는 최고 및 최저 규정과 결부되어 커다 란 결과를 가져왔다는 점은 미국의 수출무역이 경이로운 증가를 기록했다는 사실을 살펴보면 드러날 것이다. 근대 외교가 상업에 초점을 맞추고 있기 때문 에, 일각에서는 그것이 물질주의적 목표밖에 추구하지 않는다고 보는 경향이 있다. 그런 인식이 얼마나 크게 잘못된 것인지는 미국 외교를 평가하는 데 근거 가 되는 결과를 살펴보면 드러날 것이다.[20]

그와 같이 태프트는 로즈벨트에 이어 제국주의적 팽창에 수반되는 국제 적 긴장에 주목했다. 그렇지만 그 대안으로는 그와 달리 국제분쟁의 평화적 해결 이외에 상업적 교류의 중요성을 강조했다. 그것은 태프트가 보기에 미 국의 국익에 부합할 뿐 아니라 근대 세계에도, 바꿔 말하면 자본주의 문명에 도 적합한 외교였다.

그래도 그는 "달러 외교" 못지않게 "포함 외교"gunboat diplomacy에도 의존 했다. 미국의 기업들이 해외에서 농장과 광산을 개발하는 등, 투자를 확대함 에 따라, 현지에서는 흔히 농민과 광부를 비롯한 주민의 저항이 심화되고 정 치적 불안이 가중되었으며, 그에 따라 미국은 이권을 지키기 위해 자주 군대 를 파견해야 할 필요에 직면하게 되었다. 실제로, 태프트는 엘살바도르, 온두 라스, 니카라과 등, 중앙아메리카에서 군사력에 크게 의존했다.

---

20 William Taft, "Fourth Annual Message," Presidential Speeches, Miller Center, University of Virginia, https://millercenter.org/the-presidency/presidential-speeches/december-3-1912-fourth-annual-message (2021년 3월 11일 접속).

그런 사정은 미국의 해외 투자에서 가장 큰 몫을 차지한 멕시코에서 특히 뚜렷하게 나타났다. 이미 1870년대부터 미국 기업들은 축산을 넘어 철도와 통신, 유전과 광산—은, 납, 구리, 아연 등을 채굴하는 광산—유통과 금융 등, 다양한 부문으로 투자를 확대했다. 그 결과로 멕시코의 경제 규모가 커졌을 뿐 아니라 거기서 미국이 차지하는 비중도 늘어났다. 예를 들어 1911년에는 석유 생산량이 하루에 34,000 배럴에 이르렀는데, 이것은 미국, 러시아에 이어 세계에서 세 번째로 많은 양이었고, 그 가운데서 절반 이상이 미국 기업에 의해 생산되었다. 그리고 미국과 멕시코 사이의 교역도 크게 늘어났다. 교역 액수는 1870년에 860만 달러에 지나지 않았으나, 1910년에는 13배가 넘는 1억 1,700만 달러에 이르렀다. 그렇게 확대된 이권을 지키기 위해 미국은 멕시코의 정치에 깊이 개입했다. 1910년 대통령 선거를 계기로 멕시코가 오랜 독재정치에서 벗어나 민주정치로 이행하는 걸음을 떼면서 무력 갈등에 휘말렸을 때, 미국은 멕시코의 정치발전에 개의치 않고 미국 기업에 우호적인 세력을 지원하고자 했다. 따라서 한때 보수파를 비호하다가 다음에는 혁명파와 제휴하는 등, 일관성 없는 태도를 보였고, 결국에는 국경선 너머로 군대를 파견해 멕시코 정치에 직접 개입하기도 했다. 한마디로 줄이면 20세기 초 멕시코는 외형상 주권국가였으나, 실제로는 식민지와 다를 바 없었다고 할 수 있다.[21]

반면에 아시아에서는 미국이 무력한 모습을 보였다고 할 수 있다. 무엇보다도, 중국이 기대하던 만큼 큰 시장이 아니라는 점이 드러났다. 미국의 대중국 수출은 1905년 5,300만 달러에서 1912년 2,400만 달러로 크게 줄어들었다. 반면에 대일본 수출액은 1912년에 5,300만 달러에 이르렀고, 수입액은 그보다 훨씬 많은 8,100만 달러나 되었다. 더욱이, 미국은 중국에서

---

21 Mira Wilkins, *The Emergence of Multinational Enterprise: American Business Abroad from the Colonial Era to 1914* (Cambridge, MA: Harvard Univ. Pr., 1970), 113-134.

문호개방정책을 견지하는 데도 적잖은 어려움을 겪었다. 특히, 일본이 조선을 식민지로 만들고 만주를 장악하며 세력을 확대하는 것을 저지하지 못했다. 그 결과는 잘 알려져 있듯이 나중에 미국과 일본 사이의 무력 갈등으로 이어졌다.

따라서 태프트 시대에 이르면, 미국은 제국주의적 팽창에 따르는 부작용에 직면했다고 할 수 있다. 반제국주의자들이 지적한 바 있듯이, 제국주의는 미국이 건국 이래 표방하던 가치와 어긋나는 행보를 요구했을 뿐 아니라 결코 적잖은 군사적·정치적 부담도 수반했기 때문이다. 로즈벨트와 달리, 태프트는 그 해법을 국제분쟁의 평화적 해결과 더불어 상업적 교류에서도 찾았으나, 그것을 국제 무대에서 실천에 옮기며 뚜렷한 성공을 거두지는 못했다.

3. 윌슨의 구상

그의 후임자 윌슨도 태프트처럼 제국주의와 그에 수반되는 부담을 과제로 여기고 그 해법을 찾아내는 데 도전했다. 그리고 세계대전이라는 전대미문의 위기를 겪으면서, 그것을 구체화시키고 또 실천에 옮길 수 있는 기회를 맞이했다. 그의 해법은 널리 알려져 있는 바와 같이 열강 사이에서 환영 받지 못했으나, 그래도 흔적도 없이 사라지지는 않았다. 미국 외교계에서 크고 작은 수정을 거치며 퍼져 나갔고, 제2차 세계대전을 계기로 실현되는 기회를 맞이했다. 이런 뜻에서 윌슨의 구상은 의미 있는 행보였다고 할 수 있다. 이를 이해하기 위해서는, 그것을 장기적 안목에서 살펴볼 필요가 있다.

윌슨은 1913년에 집권했을 때 전임자들의 제국주의적 행보를 답습하지 않으려 했다. 사실, 신임 대통령은 반제국주의자로 널리 알려져 있던 윌리엄 제닝스 브라이언을 국무장관으로 임명하고, 그가 관세를 인하하고 국제분쟁의 평화적 해결을 위해 노력하는 데 힘을 실어 주었다. 그렇지만 윌슨도 브라이언도 라틴아메리카에 대한 미국의 투자와 개입에 제동을 걸지 못했다. 1914년 멕시코에 군대를 파견해 내전에 개입하고, 다음 해에는 아이티에도 그렇게 했다. 그들은 미국의 이권을 보호하기 위해, 특히 열대작물을 재배하는 데 투자한 미국 기업을 보호하기 위해 군사력을 동원했고, 그래서 전임자들이 시작한 이른바 "바나나 전쟁"Banana Wars이 계속되었다.

그보다 더 중요한 과제는 1914년 7월 유럽에서 시작된 세계대전이었다. 당대인들이 우려하던 바와 같이, 열강의 제국주의적 팽창은 국제적 긴장의 심화를 가져왔을 뿐 아니라 연합국과 동맹국 사이의 편 가르기로 이어졌고, 마침내 남유럽에서 일어난 국지적 분쟁이 유럽을 넘어 아프리카와 아시아에 이르는 세계적 전쟁으로 비화되는 결과를 가져왔다. 더욱이, 이 전쟁은 유례를 찾기 어려울 만큼 충격적인 양상을 띠고 있었다. 프랑스와 독일 사이의 국경선을 중심으로 연합국과 동맹국 사이에 긴 전선이 형성되었는데, 양측 군대는 각각 참호를 파고 그것을 철조망과 기관총으로 둘러싸며 수비 태세를 취하거나, 그렇지 않으면 대포는 물론이요 탱크, 비행기, 독가스 등, 새로운 무기도 동원하며 진격하고자 했다. 그런 무기는 두말할 나위도 없이 대량살상이라는 전례 없이 파괴적인 결과를 가져왔고, 그것도 전쟁이 교착상태에 빠짐에 따라 양측이 언제 끝날지도 모르는 공격과 반격을 주고받으며 대량살상을 반복하는 참혹한 사태를 불러왔다. 실제로 1918년 11월에 전쟁이 끝날 때까지 4년 4개월 가까운 기간에 사망한 전투원은 모두 900만 명에 이르렀다. 더욱이, 무기와 탄약을 비롯한 군수물자를 생산, 운반하는 등, 전투를 지원하는 데 동원된 민간인도 무려 1,300만 명이나 희생되었다. 대전은 교전국이 전쟁을 수행하기 위해 가용한 인력과 물자를 모두 동원하는 총력전이었다. 그 외에 1918년 봄부터 2년 동안, 심각한 독감이 세계에 걸쳐 유행하면서 2,500만 명 내지 5,000만 명의 목숨을 앗아갔다. 그처럼 무자비하고 광범위한 참상을 지켜보며, 많은 당대인들은 문명 자체가 위기에 처했다고 생각했다. 그리고 미국이 거기에 어떻게 대응할 것인지 주목했다.

월슨은 중립을 선언하고 양측의 협상을 주선하고자 했다. 그러나 어느 쪽도 호응하지 않았다. 처음 기대와 달리 전쟁이 가까운 시일 안에 끝나지 않으리라는 것이 분명해졌으나, 어느 쪽도 승리에 대한 희망을 버리지 않았다. 연합국은 독일을 봉쇄하고 물자의 공급을 차단함으로써 상대방을 굴복시키고자 했고, 동맹국은 독일을 중심으로 잠수함을 이용해 상대방 상선을 공격하며 봉쇄를 무력화시키려 했다. 따라서 미국은 양측으로부터 피해를 입었다. 한편에서는 봉쇄로 인해 동맹국과 정상적으로 교역할 수 없었고—교역 규모가 원래 크지 않았으므로, 피해도 그다지 크지 않았다—다른 한편에서는 잠수함 공격으로 인해 연합국과의 교역에서 적잖은 인명과 물자의 희생을 겪어야 했다. 특히, 1915년 5월 영국의 여객선 루시타니아Lusitania호가 독일 잠수함의 어뢰 공격으로 인해 침몰했을 때 1,200명에 가까운 승객이 목숨을 잃었는데, 그 가운데에는 미국인도 128명이나 끼어 있었다. 월슨은 독일에 항의하며 재발 방지를 요구했다. 그것은 브라이언에게 적절치 않은 조치로 보였다. 그는 미국 시민이라 해도 선시에 교전국 선박을 이용한다면 그에 따르는 위험에 대해 스스로 책임을 져야 한다고 생각했다. 그러나 월슨은 물론이요 그를 따르던 다른 각료들은 브라이언의 견해가 논리적으로 설득력이 없고 정치적으로 적절치 않다고 비판했다. 따라서 브라이언은 사임했고, 월슨 행정부의 향배도 분명해졌다.

그것은 이미 교역과 더불어 금융 측면에서 명확하게 드러났다. 교전국들은 총력전을 수행하는 데 필요한 천문학적인 재원을 확보하기 위해, 자국을 넘어 해외에서 돈을 빌려야 했다. 따라서 영국과 프랑스는 물론이요 독일도 자금이 가장 풍부한 미국의 뉴욕에서 차관을 얻으려 했고, 거기에 있던 은행들은 워싱턴의 연방정부와 협의하며 결정을 내렸다. 그 결과로 독일이 확보한 금액은 1914-17년 동안 3,500만 달러에 지나지 않았다. 반면에 1914-18년 동안, 영국은 37억 달러, 프랑스는 19억 달러, 그리고 이탈리아는 10억 달러를 확보할 수 있었다. 이 막대한 금액은 대부분 무기와 탄약, 식품과 연료 등,

전쟁을 수행하는 데 필수불가결한 자재를 구입하는 데 사용되었다.[22] 분명히, 미국은 매우 편파적인 입장에 서 있었다.

그래도 윌슨은 여론에 신경을 써야 하는 정치인이었다. 미국인 가운데에는, 특히 엘리트 가운데에는 참전을 위해 준비해야 한다고 외치는 친영파가 많았으나, 그들과 달리 참전에 부정적인 견해를 지닌 사람들도 적지 않았다. 엘리트 가운데에도 유럽이라는 구세계의 갈등에 미국이 휘말려 들지 않기를 바라며 고립주의를 외치는 사람들이 있었다. 그리고 보통 사람들 사이에서도 독일에 대한 애착심을 잃지 않았던 독일계 미국인과 영국에 대한 혐오감을 버리지 않았던 아일랜드계 미국인도 있었다. 그 외에 사회주의자들을 비롯해서 자본가들이 벌여 놓은 갈등에 노동자들이 희생되는 일이 없어야 한다고 주장하던 반전론자들도 적잖이 있었다. 따라서 1916년 선거에서 윌슨은 전쟁에 휘말려 들지 않겠다는 공약을 내걸었고, 덕분에 참전 준비론을 외치던 공화당 후보를 상대로 힘겨운 승리를 거두었다.

그러나 그로부터 반년도 지나지 않아, 그는 공약을 저버렸다. 그 계기는 독일이 멕시코를 끌어들여 미국을 견제하고자 한 데 있었다. 1917년 1월, 독일은 멕시코에 군사동맹을 제안하면서, 그 대가로 전후에 텍사스를 비롯해 미국에 빼앗긴 영토를 되찾아주겠다고 약속했다. 이 제안은 독일 외무장관 아르투르 침머만Arthur Zimmermann이 멕시코 주재 독일 대사관에 암호 전문으로 보냈는데, 영국 정보부가 그것을 입수해 해독하고서는 미국에 전달했다. 더욱이, 2월에는 독일이 잠수함 공격을 재개하면서 교전 지역에서는 아무런 제한도 없이 작전을 수행한다고 선언했다. 그리고 연합국 선박뿐 아니라 미

---

22 Nicholas Mulder, "War Finance," *1914-1918 Online: International Encyclopedia of the First World War*, ed. Ute Daniel, Peter Gatreli, Oliver Janz, Heather Jones, Jennifer Keene, Alan Kramer, and Bill Nasson (Berlin: Freie Universität Berlin, 2018), https://encyclopedia.1914-1918-online.net/article/war_finance#:-:text=This%20 was%20an%20enormous%20amount,and%20%241%20billion%20to%20Italy (2021 년 3월 13일 접속).

국 상선도 잇달아 공격하기 시작했다. 미국 여론은 곧 참전으로 기울어졌다. 1917년 4월 2일, 윌슨은 의회에 선전포고를 요청했고 나흘 뒤에 의회의 승인을 얻었다.[23]

그에 따라 미국은 전시 동원에 들어갔다. 먼저 해군 함대 가운데 일부를 연합국 해군에 합류시켜 독일에 대한 봉쇄에 참여하는 한편, 연합국이 군수물자와 생활필수품을 안전하게 수송할 수 있도록 독일의 잠수함 공격을 저지하는 작전에 참여하게 했다. 또 육군에 필요한 병력을 확보하기 위해 자원 입대자 200만 명 이외에 징병제를 통해 280만 명을 모집했다. 그리고 그들을 미국원정대American Expeditionary Force로 편성하고, 몇 달에 걸쳐 훈련시킨 다음에 유럽으로 파견했다. 영국과 프랑스는 미군이 전투 경험이 없다며 미군을 자국 군대의 보충대로 쓰고자 했으나, 미국은 원정대를 독립적으로 움직이는 별도의 부대로 유지하면서 연합군과 상호 협력하는 관계를 구축했다. 그에 따라 미국원정대는 1918년 5월에는 100만 명에 이르는 규모로 커졌고, 프랑스에 주둔하면서 서부전선에서 자율적으로 작전을 수행하게 되었다. 덕분에 연합국은 8월부터 대대적인 반격에 나설 수 있었다. 독일은 이미 러시아와 휴전조약을 체결하고 병력을 서부전선에 집중시켜 일대 결전에 대비했으나, 결국 연합국의 반격에 밀려 퇴각하게 되었다. 더욱이, 오랜 봉쇄로 인해 생활필수품은 물론이요 군수물자의 생산에서도 난관에 부딪혔다. 결국, 1918년 11월 수병과 민중의 봉기를 계기로 군주정이 폐지되고 공화정이 수립되는 혁명적 변화를 거쳐 항복에 동의하기에 이르렀다.

전시 동원은 미국인들의 일상생활에도 커다란 변화를 일으켰다. 윌슨 행정부는 먼저 전비를 마련하기 위해 소득세 누진율을 크게 올리는 한편, "자유 채권"Liberty Bond이라 불리던 채권을 발행하며 재정을 확충하는 동시에 애

---

23 이하 전시 동원에 관한 서술은 주로 다음 문헌에 토대를 두고 있다. David M. Kennedy, *Over Here: The First World War and American Society* (New York: Oxford Univ. Pr., 1980).

국심도 고취하고자 했다. 그리고 경제생활에 대한 통제권을 확보했다. 자유방임 대신에 적극적 개입과 조정을 통해, 군수품을 비롯해 다양한 물자를 원활하게 생산, 유통시키고자 했다. 또 국가방위위원회Council of National Defense를 설치하고, 전쟁 수행에 관여하는 각료 이외에 산업계와 노동계에서 주요 인사들도 위원으로 위촉했다. 그리고 물자 생산에서 전비 염출과 사기 진작에 이르기까지 다양한 과제에 관해 대통령과 행정부의 자문에 부응하게 했다. 그렇지만 곧 자문을 넘어 실행 능력을 갖춘 기구들이 필요하게 되었다. 그에 따라 식품, 연료, 철도 등, 여러 부문에서 물량과 가격을 조절하고 자원을 적절하게 분배하는 한편, 필요한 경우에는 배급제를 실시하는 등, 미국인들의 일상생활에 깊숙이 개입했다. 그 외에 전시산업위원회War Industries Board를 설치하고 기업계에서 조언과 협력을 얻었고, 또 전시노동위원회War Labor Board를 수립하고 노동계에도 파업을 자제하는 등, 정부에 협력해 줄 것을 요청했다. 이런 기구는 전시에 도입된 한시적 제도였으나, 국가가 시장에 개입해서 얼마나 큰 역할을 할 수 있는지 분명하게 보여 주었다. 더욱이, 나중에 제2차 세계대전을 계기로 부활하면서 미국의 정치·경제에서 자유방임과 갈등을 일으키는 전통으로 자리 잡는다.

전시 동원은 심리와 이념의 측면에서도 적극적으로 추진되었다. 반전 여론을 억제하며 동원 체제를 효과적으로 운영하기 위해, 윌슨은 공보원 Committee on Public Information을 설치하고 전쟁에 관한 소식을 홍보하며 국민의 지지를 확보하고자 했다. 이 기구는 포스터를 제작해 곳곳에 부착하고 신문과 잡지를 대상으로 보도 자료를 제공하며 영화관에서 휴식 시간에 자원봉사자를 내세워 관객을 대상으로 연설을 하게 하는 등, 다양한 활동을 전개했다. 그 외에 교회, 학교, 노동조합, 친목 단체 등, 사람이 많이 모이는 곳이라면 어디서든지 선전 기회를 얻으려 했다. 더욱이, 미국 정부는 방첩법 Espionage Act을 제정해 적대국의 첩보 활동을 저지하는 데 그치지 않고, 징병제 반대를 비롯한 반전운동을 억제하는 데도 큰 노력을 기울였다. 이 측면에서는 우체국이 상당히 중요한 역할을 했다. 우체국은 방첩법에 따라 정부의 전쟁 수행에 비판적인 내용을 담고 있는 우편물을 취급하지 않는다는 방침을 세웠고, 그래서 반전운동을 넘어 진보적 개혁 운동에도 부정적 영향을 끼쳤다. 더욱이, 많은 미국인들은 애국심을 강조하며 정부에 대한 비판조차 용납하지 않는 편협한 태도를 취했다. "백 퍼센트 미국주의"One Hundred Percent Americanism라는 구호에서 드러나듯이, 그런 태도는 독일의 언어와 식품마저 배척하는 배외주의 운동으로 확대되기도 했다.

전시 동원에 못지않게 중요한 것은 윌슨이 보기에 전후 질서를 모색하는 작업이었다. 1917년 4월 2일 의회에 선전포고를 요청하는 연설에서, 그는 미국이 중립을 포기하고 참전하는 이유를 거론했다. 특히 전선에서 벌어지는 참상에 대해 언급하면서, 미국이 엄청난 희생을 예상하면서도 참전해서 성취하고자 하는 목적을 설명했다. 윌슨은 미국이 유럽에서 세력균형을 복원하며 과거로 복귀하기 위해 노력하지 않을 것이라고 선언했다. 그 대신 군주정을 고수하는 동맹국을 상대로 전쟁에 돌입함으로써, 민주주의를 위해 전쟁에 뛰어든다는 대의에 기여해야 한다고 강조했다. 더욱이, 미국이 "승패 없는 강화"Peace Without Victory를 추구하며 참혹한 전쟁을 끝내고 국제 평화를 유지하는 데 기여해야 한다고 부연했다. 윌슨은 자신의 연설을 이렇게 마무리했다.

의원 여러분, 저의 책무 때문에 여러분께 이런 말씀을 드리는 것은 슬프고 괴로운 일입니다. 우리는 앞으로 상당한 기간 동안 가혹한 시련과 희생을 치러야 할지도 모릅니다. 평화를 애호하는 이 위대한 국민을 전쟁으로, 전쟁 가운데서 가장 잔인하고 참혹한 전쟁으로, 문명 자체를 위기로 몰아넣는 그런 전쟁으로 이끌고 가는 것은 두려운 일입니다. 그러나 정의는 평화보다 소중합니다. 그리고 우리는 언제나 우리가 가슴 속에 깊이 간직해 온 것을 위해 싸울 것입니다—민주주의를 위해, 정부에 대한 발언권을 확보하기 위해 권위를 존중하는 사람들의 권리를 위해, 약소국 국민의 권리와 자유를 위해, 자유로운 인민의 화합을 통해 모든 국가에 평화와 안전을 가져다주고 궁극적으로 세계 전체에 자유를 가져다주는 보편적 정의의 확립을 위해 싸울 것입니다. 그런 과제에 우리의 생명과 우리의 행운을, 우리 자신과 우리가 지닌 모든 것을 바치면서, 우리는 자긍심을 느낄 것입니다. 미국이 자신에게 탄생과 행복을 가져다준 원칙을 위해, 또 미국이 오랫동안 소중하게 간직해 온 평화를 위해, 자신이 지닌 피와 자신이 가진 힘을 쓰는 영예로운 날을 맞이했다고 자긍심을 느낄 것입니다. 하느님이 도우시니, 미국은 틀림없이 해낼 수 있을 것입니다.[24]

이 연설은 조심스럽게 해석할 필요가 있다. 여기서 윌슨은 분명히 세계를 세력 각축장으로 여기고 모든 나라가 약육강식의 논리에 따라 움직인다고 보는 종래의 국제정치관과 결별한다는 것을 선언했다. 그리고 그런 의도를 화려한 수식어로, 그것도 미국의 숭고한 자세를 강조하는 어법으로 장식했다. 그렇지만 그것은 피상적 장식을 넘어서는 의미를 지녔다. 그가 표명한 도덕적 이상은 미국의 대외 정책으로 변환되고 국제 무대에서 실현되기도 했기 때문이다. 따라서 어떻게 또 얼마나 그렇게 되었는지 관찰할 필요가 있다.

윌슨은 자신이 추구하는 이상과 열강이 지배하는 현실 사이에 거리가 있다는 점을 의식했고, 따라서 그 거리를 좁히기 위해 노력했다. 사실, 그는 1917년 9월 자신의 충실한 추종자 에드워드 하우스Edward M. House에게 비밀리에 전후 처리에 관한 연구를 수행하라고 지시했다. 하우스는 정치학자, 지리학자, 역사학자 등, 150명에 이르는 전문가들을 불러 모아 "탐구"Inquiry라 불리는 연구 위원회를 만들었다. 그리고 열강이 체결한 비밀 조약과 전후 처

---

24 "U.S. Address of the President to Congress, April 2, 1917," World War I: Declarations of War from Around the Globe, Law Library, Library of Congress, https://www.loc.gov/law/help/digitized-books/world-war-i-declarations/united-states.php (2021년 3월 15일 접속).

리 정책을 연구하고 미국이 제시해야 할 대안을 강구하는 작업을 추진했다. 그들은 몇 달에 걸쳐 유럽을 중심으로 국제분쟁에 관해 세밀하게 조사하고 전후에 평화를 유지하는 방안을 모색했다. 그리고 그 결과를 정리해 대통령에게 건의했다.

월슨은 그것을 받아들여 1918년 1월 의회 연설에서 공개했다. 그는 먼저 브레스트-리토프스크Brest-Litovsk에서 러시아와 독일을 중심으로 진행되고 있던 강화회담에 대해 언급했다. 그리고 러시아가 해외 영토를 장악하고자 하는 의도가 없다는 점을 공개적으로 천명했다는 사실에 대해 주의를 환기했다. 이어서 월슨은 이제 새로운 시대가 다가왔다고 선언했다. 영토를 목적으로 전쟁을 벌이거나 비밀 협약을 맺는 시대가 끝났다는 것이었다.

강화 교섭에 관해 미국이 희망하고 추구하는 것은 교섭이 진행되기 시작하면 그 과정이 절대적으로 공개되어야 한다는 것, 그리고 이후에는 거기에 어떤 종류의 비밀 양해도 포함되거나 허용되지 않아야 한다는 것입니다. 정복과 팽창의 시대는 지나갔습니다. 특정 정부의 이해관계에 따라 체결되어 잠시 경계가 느슨해지는 순간에 세계의 평화를 무너뜨릴 수도 있는 비밀 협약의 시대 또한 갔습니다.[25]

다음으로 월슨은 그 새로운 시대에 미국이 정의와 평화를 수호하는 역할을 맡아야 한다고 역설했다. 이는 두말할 나위도 없이 미국이 전통적 외교 노선을 버리고 서반구를 넘어 유럽으로, 또 세계로 나아가서 중요한 역할을

---

25 "Address of the President of the United States Delivered at a Joint Session of the Two Homes of Congress, January 8, 1918," Papers Relating to the Foreign Relations of the United States, 1918, Supplement 1, The World War, Vol. 1: Historical Documents, U.S. Department of States, Office of the Historian, https://history.state.gov/historicaldocuments/frus1918Supp01v01/d5 (2021년 3월 16일 접속).

떠맡으려 한다는 것을 의미했다. 그러나 윌슨은 이 역사적 변화에 대해 분명하게 거론하지 않았다. 그 대신, 국제 무대에서 유지되는 정의와 평화가 미국의 생존에 필수적 조건이라고 선언했을 뿐이다.

미국이 이 전쟁에 참여한 이유는 미국의 근간까지 건드릴 만큼 정의가 짓밟히는 일이 벌어졌고, 또 그것을 바로잡고 이 세계에 그런 일이 다시 일어나지 않게 막지 않으면 우리 국민의 생존이 위험에 빠지게 되었다는 데 있습니다. 그러므로 미국이 이 전쟁에서 바라는 것은 미국에 국한되지 않습니다. 그것은 세계를 사람들이 살기에 적합하고 안전한 장소로 만드는 것, 특히 평화를 애호하는 모든 국가를 위해 안전한 장소를 만드는 것이며, 그래서 모든 국가가 미국처럼 스스로 바라는 대로 살아가고 스스로 선택하는 제도를 수립하며 세계의 다른 국민으로부터 강제와 이기적 공격을 당하지 않고 정의롭고 공정한 대우를 받을 수 있게 하는 것입니다. 세계의 모든 국민은 이 점에서 사실상 동반자이며, 정의가 널리 확립되지 않으면 미국도 정의를 누리지 못한다는 점을 우리 자신이 매우 분명하게 깨달아야 합니다. 그러므로 세계 평화를 위한 계획은 바로 우리 자신의 계획입니다. 그 계획은, 우리가 보기에 실현 가능한 유일한 계획은 이렇습니다.[26]

그다음에 이른바 "14개조"Fourteen Points가 이어진다. 널리 알려져 있는 바와 같이, 처음 다섯 개 조항에서 일반 원칙—공개적 강화 협약, 공해상 항행의 자유, 경제적 장벽의 제거, 군비 축소, 식민지 분쟁의 조정 원칙—이 제시된다. 다음 여덟 개 조항에서는 영토 문제—러시아, 벨기에, 프랑스, 이탈리아, 오스트리아-헝가리, 남유럽, 그리고 오토만제국의 영토 문제—에 대한 해법이 열거된다. 그리고 마지막 조항에서 국제연맹에 관한 제안이 등장한다. 끝으로, 윌

---

26 Ibid.

슨은 제국주의와 결별하기 위해 미국이 국제적 제휴 관계를 구축해야 한다고 역설했다. "미국은 제국주의에 맞서 싸우는 모든 정부 및 국민과 함께 긴밀한 제휴 관계를 맺을 것입니다. 우리는 서로 다른 이해관계나 목적 때문에 분열되지 않을 것입니다. 우리는 끝까지 함께 뭉칠 것입니다."[27]

그런 윌슨의 제안은 공보원을 통해 널리 확산되었다. 그리고 연합국의 승리에 기여한 미국의 역할 덕분에, 1919년 1월 베르사유에서 강화회담이 열렸을 때 논의의 기초로 채택되었다. 그렇지만 널리 알려져 있듯이 영국, 프랑스, 이탈리아 등, 미국과 함께 회담을 주도한 열강은 윌슨의 제안을 존중하지 않았다. 자국의 안전을 위해 독일을 견제하거나 응징하는 데, 특히 독일에 대해 전쟁의 책임을 묻고 배상을 요구하는 데 관심을 기울였다. 반면에 윌슨은 개별 사안에 대해 열강에 양보하더라도 국제연맹 창설안에 대해 동의를 얻어내는 데 주력했다. 그렇게 해서 수립되는 기구를 통해, 미국에 적합한 국제 질서를 수립할 수 있으리라고 기대했기 때문이다. 다른 한편에서는, 식민지 상태에 있던 다양한 민족이 강화회담에서 발언권을 얻고자 했다. 조선에서 중국과 인도를 거쳐 이집트까지 이르는 여러 식민지에서, 민족주의 지도자들은 "14개조"에 민족자결의 원칙이 들어 있다고 해석했다. 그리고 윌슨이 강화회담을 주도하는 만큼, 전후에는 모든 민족이 독립을 달성하고 국제 무대에서 강대국과 같은 평등한 지위를 누릴 수 있으리라 기대했다. 그러나 윌슨을 비롯한 열강 지도자들은 거기에 귀를 기울이지 않고 유럽 문제에 관한 여러 이견을 조정하는 데 집중했을 뿐이다.[28]

오랜 협상 끝에 1919년 6월 조약이 성안되자, 마지막 관문이 버티고 있었다. 조약에 대해 여론은 우호적인 반응을 보였으나, 의회는 그렇지 않았

---

27 Ibid.

28 Erez Manela, *The Wilsonian Moment: Self-Determination and the Intellectual Origins of Anticolonial Nationalism* (Oxford: Oxford Univ. Pr., 2007).

다. 의회는 1918년 중간선거에서 승리를 거둔 공화당이 장악하고 있었다. 공화당에서도 적잖은 의원이 조약을 계기로 미국이 국제 무대에서 새로운 역할을 맡게 된다는 데 대해 공감했다. 그러나 그로 인해 미국이 국제관계에서 제약을 받지 않을까 우려했다. 특히, 상원에서는 윌슨에 대해 깊은 혐오감을 지녔던 헨리 캐보트 로지가 외교위원장직을 맡고 있었다. 이 보스턴 브라민 출신의 정치인은 오랜 친구인 로즈벨트와 함께 미국의 제국주의적 팽창을 적극적으로 주장해 왔는데, 국제연맹과 같은 기구가 미국의 대외 정책을 제약할 수 있는 권능을 지니는 데 대해 우려했다. 윌슨은 국제연맹을 비롯한 자신의 구상을 실현하기 위해 국민에게 직접 호소하는 데 나섰다. 그러나 윌슨의 호소에 귀를 기울이는 미국인들은 점차 줄어들었다. 반면에 점점 더 많은 사람들이 미국이 전후 세계에서 새로운 역할을 떠맡기보다는 이전과 같이 서반구에 머물며 "정상"normalcy으로 되돌아가기를 바라고 있었다. 결국, 윌슨은 과로로 쓰러져 병석에 눕게 되었고, 더 이상 자신의 구상을 밀어붙일 수 없게 되었다.

그러나 그는 미국의 국제관계에 중요한 유산을 남겨 놓았다. 여러 국제관계 전문가들은 그의 구상을 오늘날 미국이 주도하는 국제 질서의 원조로 간주한다. 그 질서는 흔히 "자유주의적 국제 질서"liberal international order라 불린다.[29] 이것은 간단히 줄이면 자유민주주의 정치체제를 채택한 국가들이 대외적으로 안보와 평화에 관해 협력하는 동시에 서로 시장을 개방하고 무역을 자유화하는 등, 자유주의적 가치와 규범에 따라 구축하는 국제관계를 가리킨다고 할 수 있다. 그것은 전통적 국제 질서와 뚜렷한 차이를 지닌다. 제국주의 이데올로기에서 나타났듯이, 열강은 세계를 세력 각축장으로 보고 군

---

[29] 이에 관한 간략한 설명으로는 다음 문헌을 참고하라. Hans Kundnani, "What Is the Liberal International Order?" Policy Essay 17 (2017), German Marshall Fund of the United States, https://www.jstor.org/stable/pdf/resrep18909.pdf (2021년 3월 29일 접속).

비 강화와 정복 전쟁, 그리고 영토 팽창과 보호무역에 주력하는 자세를 취했다. 그런 관념과 자세가 오늘날에도 남아 있고 심지어 근래에 다시 활력을 얻고 있다는 사실은 부인할 수 없다. 그렇기 때문에 오늘날 "자유주의적 국제질서"가 위기에 부딪힌 것은 아닌지, 전문가들 사이에서 논쟁이 벌어진다. 그래도 오늘날 국제관계에서 자유주의적 가치와 규범이 약육강식의 논리를 중시하는 오랜 전통에 못지않게 무거운 비중을 차지한다는 점에도 유념할 필요가 있다. 그리고 그런 가치와 규범이 윌슨의 구상에서 구체적으로 표현되었다는 점도 기억할 필요가 있다.[30]

그렇다면, 윌슨의 구상은 종래보다 훨씬 넓은 맥락 속에서 살펴볼 필요가 있는 듯하다. 종래에 연구자들이 고려한 맥락은 흔히 신제국주의 시대라 불리는 19세기 말 20세기 초에 머물러 있었다.[31] 그러나 윌슨의 구상이 위에서 살펴본 것처럼 국제 평화와 자유무역에 필수적 여건—약소국의 주권과 독립, 군비 축소와 영토 보전, 항행의 자유와 경제적 장벽의 철폐, 그리고 국제기구의 창설 등—을 망라하는 포괄적인 프로그램이라는 점을 감안한다면, 그런 프로그램의 기원과 발전 과정을 전반적으로 고려할 필요가 있다. 사실 윌슨의 구상은 분명히 그가 스스로 만들어 낸 것이지만, 아무것도 없는 진공 속에서 만들어 낸 것은 아니다. 그것을 구성하는 여러 원칙들은 앞에서 살펴본 바와 같이 먼저 미국의 엘리트 사이에서 거론되었고, 문호개방정책에서 구현

---

30 Frank Ninkovich, *The Wilsonian Century: U.S. Foreign Policy since 1900* (Chicago: Univ. of Chicago Pr., 1999); Robert E. Hannigan, *The Great War and American Foreign Policy, 1914-24* (Philadelphia: Univ. of Pennsylvania Pr., 2017); Tony Smith, *Why Wilson Matters: The Origin of American Liberal Internationalism and Its Crisis Today* (Princeton, NJ: Princeton Univ. Pr., 2017).

31 기존 전통에 관해서는 다음과 같은 대표적 저술을 참고하라. Robert Endicott Osgood, *Ideals and Self-Interest in America's Foreign Relations* (Chicago: Univ. of Chicago Pr., 1953), 172-194; William Appleman Williams, *The Tragedy of American Diplomacy*, 2nd revised and enlarged ed. (New York: Dell, 1972), 27-89.

되기 시작해서 로즈벨트와 태프트의 시대를 거치며 발전했다. 더욱이 윌슨은 대전이 시작된 이후에 평화를 달성하는 방안에 대해 고민하면서, 사회주의자를 포함해 정치인, 언론인, 지식인 등, 다양한 논객들을 만나 조언을 구하며 지혜를 모으고자 노력했다.[32] 그렇게 해서 형성된 그의 구상에는 근대 서양에서 오랜 세월에 걸쳐, 또 여러 사람들을 거쳐 조금씩 다듬어진 다양한 견해가 통합되어 있었다. 그 과정에서 윌슨은 능동적 역할을 했다. 그는 정치와 역사에 대한 이해와 함께 실용주의 철학에 상당한 조예를 지녔고, 그것을 바탕으로 여러 견해를 통합해 일관성 있는 하나의 프로그램으로 발전시키고자 노력했다. 근대 사회에서 구성원이 자신의 필요와 이상만 고집하지 않고 다른 사람들과 공존하며 그에 적합한 제도를 수립하고 경험에 입각해 개선할 수 있듯이, 국제관계에서도 각국이 동등한 위치에서 상호 협력을 도모하며 그 경험을 토대로 함께 평화와 번영을 추구할 수 있다고 믿었던 것이다. 구체적으로는 국제관계에서 이해관계의 공통분모를 발견하고, 그것을 증진하기 위해 서로 협력하면서 그 경험을 토대로 국제분쟁을 평화적으로 해결하고 또 서로 문호를 개방하고 교역을 자유화하며 함께 번영을 누릴 수 있다고 믿었다.[33]

그처럼 윌슨이 국제 질서를 재편하고자 구상했다면, 그것을 올바르게 이해하기 위해 먼저 그 내용부터 정확하게 파악할 필요가 있다. 위에서 소개한 바와 같이, 그가 바라던 전후 질서는 "14개조" 가운데 일반 원칙을 천명하는 여섯 개 조항에 집약되어 있다.

1. 공개적 과정을 거쳐 공개적 강화 협약을 체결하고, 그 후에는 어떤 종류든

---

32 Thomas J. Knock, *To End All Wars: Woodrow Wilson and the Quest for a New World Order* (Princeton, NJ: Princeton Univ. Pr., 1992).

33 Trygve Throntveit, *Power Without Victory: Woodrow Wilson and the American Internationalist Experiment* (Chicago: Univ. of Chicago Pr., 2017).

국제간의 개별적 양해 없이 언제나 솔직하고 공공연한 방식으로 외교를 추진한다.

2. 해양이 국제 협약의 집행을 목적으로 국제적 행동에 의해 전체적으로나 부분적으로 폐쇄되는 경우를 제외하고, 영해 이외의 해양에서 항행의 절대적 자유를 수호한다.

3. 가능한 한 모든 경제적 장벽을 제거하고, 강화에 합의하며 평화의 유지를 위해 서로 제휴하는 모든 국가 사이에서 평등한 교역조건을 수립한다.

4. 군비를 국내 치안에 필요한 최소한도로 축소한다는 데 대해 적절한 보장을 주고받는다.

5. 식민지에 관한 모든 분쟁을 자유롭고 솔직하며 절대적으로 공평하게 해결하는 토대로서 다음과 같은 원칙을 엄격하게 준수한다. 그것은 주권에 관한 모든 문제를 결정함에 있어서, 관계 주민의 권익이 문제의 관할권을 주장하는 정부의 정당한 권리와 같은 비중을 지녀야 한다는 원칙이다.……

14. 강대국과 약소국에 똑같이 정치적 독립과 영토 보전을 상호 보장할 목적으로 특정 협약을 체결하고 포괄적인 국제기구를 창설한다.[34]

이들 조항에는 분명히 새로운 국제 질서에 관한 원대한 구상이 들어 있다. 먼저, 윌슨은 제1조에서 새로운 국제 질서의 목표가 평화에 있다고 천명하고, 그에 적합한 접근 방법으로서 공개적 외교의 필요성을 역설한다. 또 널리 알려져 있듯이, 제14조에서는 그것을 뒷받침하는 제도적 장치로서 국제기구의 창설을 제안한다. 다음으로, 제5조에서는 그런 국제 질서의 구성원이 주권국가라야 한다는 점을 주장한다. 이 조항은 흔히 민족자결의 원칙을 선언하는 것으로 해석되지만, 여기서 윌슨은 그 어구를 쓰지 않는다. 그 대신,

---

34 "Address of the President of the United States Delivered at a Joint Session of the Two Homes of Congress, January 8, 1918."

관할권 분쟁이 있는 식민지에서 주권을 확립하는 데 필요한 원칙을 강조한다. 그리고 그 원칙은 해당 식민지에 대해 관할권을 주장하는 국가의 권리에 못지않게 "관계 주민의 권익"을 중시해야 한다는 것이다. 바꿔 말하면, 윌슨의 구상에서 국제 질서의 구성원은 주민의 권익에 토대를 두고 그들의 의지를 대변하는 근대적 주권국가였다고 할 수 있다.[35]

---

35 윌슨이 민족자결이라는 어구를 몰랐던 것은 아니다. 거기에 들어 있는 관념은 이미 18세기 말에 프랑스혁명을 계기로 형성되었고, 또 20세기 초까지 유럽을 넘어 널리 확산되었다. 더욱이, 그 어구는 1917년부터 러시아에서 볼셰비키 정부가 썼고, 또 1918년 초에 영국에서 데이비드 로이드 조지David Lloyd George 수상이 썼으며, 윌슨은 그런 발언을 지켜보고 있었다. [Derek Heater, *National Self-Determination: Woodrow Wilson and His Legacy* (New York: St. Martin's, 1994), 1-52.]

그렇다면 그 조항을 새로운 방식으로 이해하자는 견해에 주목할 필요가 있다. [Trygve Throntveit, "The Fable of the Fourteen Points: Woodrow Wilson and National Self-Determination," *Diplomatic History* 35.3 (2011), 445-481.] 그에 따르면, 윌슨은 민족자결이라는 어구가 지니는 문제점을 염두에 두고 있었던 것으로 보인다. 오스트리아-헝가리와 오토만제국을 중심으로 동부 및 남부 유럽에서는 주권과 민족이 복잡하게 얽혀 있었고, 따라서 그 조항이 적용된다면 상당한 혼란이 일어나리라고 예상할 수 있었기 때문이다. 사실, 하우스가 주도하던 연구 위원회는 물론이요 그와 접촉하며 서로 조심스럽게 교류하던 영국과 프랑스의 연구 단체도 해당 지역의 주권 문제에 관해 고민하고 있었다. 그렇다면 윌슨은 그 어구를 의도적으로 사용하지 않았다고 할 수 있다. [Volker Prott, "Tying Up the Loose Ends of National Self-Determination: British, French, and American Experts in Peace Planning, 1917-1919," *Historical Journal* 57.3 (2014). 727-750.]

그러므로 문제의 조항을 올바르게 이해하기 위해서는 윌슨의 의중을 헤아려 볼 필요가 있다. 원래 그 조항은 하우스가 주도했던 연구 위원회의 건의 사항에 들어 있지 않았는데, 윌슨이 연설문을 준비하는 과정에서 스스로 써넣었다. 거기서 그는 자신의 생각을 분명하게 표현하기 위해 주의를 기울였고, 그 결과는 상당히 복잡한 문장으로 나타났다. 거기에 들어 있는 윌슨의 의중을 헤아리고자 할 때 고려해야 할 것은 그가 근대적 정치사회의 조건으로 민족 감정이나 문화적 전통보다 주민의 "자치"self-government를 강조했다는 사실이다. 그는 민주주의에 대해 투철한 신념을 지녔던 정치학자로서, 혈연이나 전통, 또는 민족 대신에 정부를 수립하고 그 운영에 참여하며 발언권을 행사하는 주민의 의지를 중시했다. 이 근대적 관념이 다섯째 조항에서 분명하게 나타났다고 할 수 있다. 특히, "관계 주민의 권익이 문제의 관할권을 주장하는 정부의 정당한 권리와 같은 비중을 지녀야 한다"는 구절에서 그렇다. 이는 오스트리아-헝가리나 오토만제국이 관

그런 국가들 사이에 형성되는 국제관계에 관해, 월슨은 제2-4조에서 자신의 생각을 밝힌다. 이들 조항 가운데 제4조는 군비 축소를 주장하며 평화에 초점을 맞추지만, 제2-3조는 항행과 교역의 자유를 역설하며 경제적 자유가 국제 평화와 연관되어 있음을 보여 준다. 여기서 월슨이 말하는 "평등한 교역조건"에 주목할 필요가 있다. 그것은 표면적으로 교역상 차별을 철폐해야 한다는 것, 그래서 종래에 제국들이 구축해 놓았던 보호무역의 장벽을 허물어 버리자는 것을 의미한다. 그렇지만 그것이 미국의 경제적 패권으로 귀결되리라는 것을 예상하기는 어렵지 않다. 미국의 우월한 생산성과 막강한 생산력은 이미 대전을 통해 확인되었기 때문이다. 사실, 전후에 유럽 열강은 미국의 근대적 생산 시설과 관리 기법을 따라잡기 위해 큰 관심과 노력을 기울였다.[36] 따라서 당대인들에게 "평등한 교역조건"이 지니는 의미는 명백했다고 할 수 있다. 그것은 분명히 국제 평화와 함께 자유무역을 옹호하며 경제적 패권을 추구하는 미국의 입장을 반영하고 있었다.

그런 구상이 어떤 과정을 거쳐 발전했는가 하는 의문에 대해서는 이미 전문가들이 내놓은 답변이 있다. 먼저, 자유무역론이 19세기 중엽 영국에서 전래되었다는 사실은 이미 밝혀져 있다. 이 책에서 살펴보았듯이, 미국은 건국 이래 19세기 말에 이르기까지 관세장벽을 높이 쌓아서 자국의 산업을 보

할권을 주장하는 지역에서도, 주민이 그것을 수용하지 않고 따로 정부를 수립하겠다고 결정한다면 그들의 권익도 고려해야 한다는 것을 뜻한다.

그렇지만 문제의 조항이 사후에 민족자결을 뜻하는 것으로 해석되었다는 것도 엄연한 사실이다. 이미 그 어구가 쓰이던 유럽에서는 그것이 자연스러운 일이었던 것 같다. 더욱이 월슨도 그런 해석을 막고자 애쓰지 않았다. 한 달 뒤에는 그 스스로 "자결"self-determination이라는 단어를 쓰기도 했다. 그래도 주의해야 할 것은 그런 해석을 월슨 자신의 본의로 확대하기는 어렵다는 점이다. 더욱이, 그는 민족자결이 유럽 이외의 지역에도 적용되는 것을 바라지도 않았다. 인종주의에서 벗어나지 못했던 월슨의 눈에는, 그것이 유색인에게 적합하지 않은 것으로 보였다.

36 Mary Nolan, *Visions of Modernity: American Business and the Modernization of Germany* (New York: Oxford Univ. Pr., 1994).

호하는 데 큰 노력을 기울였다. 그래도 자유무역론은 19세기 중엽에 영국의 곡물법 폐지 운동에서 확립된 다음에, 대서양 건너편에서 활발하게 전개되던 노예제 폐지 운동을 통해 미국으로도 확산되었다. 이들 운동의 지도자들은 무역의 자유화가 시민적 자유의 확산과 깊이 연관되어 있을 뿐 아니라 국제 평화의 증진에도 크게 기여한다고 강조했다. 그들의 이념은 윌리엄 로이드 개리슨을 통해 공화당으로 전파되었으나, 뿌리 깊었던 보호무역론에 밀려 정강으로 채택되지 않았다. 그 대신, 19세기 말에 경기 침체 속에서 민주당으로 흡수되었다. 그리고 윌슨의 구상 가운데서 근대적 주권국가와 평화로운 국제관계에 대한 관념은 18세기 말에 확립된 자유주의 전통에서 유래한 것으로 밝혀져 있다. 그것은 이미 계몽사상에서 형성되었지만, 미국혁명과 프랑스혁명을 거치면서 정치체제로 구현되었고 또 거기서부터 다른 여러 나라로 본격적으로 확산되기 시작했다. 윌슨은 그 전통을 배경으로 "민주주의를 위해 안전한 세계"를 만들어야 한다고, 자유민주주의를 채택한 국가들이 서로 존중하며 안전보장에 관해 협력해야 한다고 역설했다.[37]

그렇지만 윌슨의 구상은 지금까지 밝혀져 있는 것보다 더 먼 기원에 뿌리를 두고 있는 것으로 보인다. 그 핵심적 구성 요소들은, 구체적으로 말해 자유무역과 국제 평화, 그리고 주권국가 같은 관념은 분명히 계몽사상에서 확립되었으나, 이미 이 책에서 가끔 언급한 바 있듯이 멀리 근대 초기 유럽에서 형성되었으니 말이다. 이는 이들 구성 요소의 유래를 잠시 훑어보기만 해도 쉽사리 확인할 수 있다.

먼저, 자유무역이 국제 평화에 기여한다는 관념은 널리 알려져 있듯이 유럽의 계몽사상가들 사이에서 널리 공유되던 신조였다. 그것은 몽테스키외

---

37 Marc-William Palen, *The "Conspiracy of Free Trade: The Anglo-American Struggle over Empire and Economic Globalization, 1846-1896* (Cambridge: Cambridge Univ. Pr., 2016); G. John Ikenberry, *A World Safe for Democracy: Liberal Internationalism and the Crises of Global Order* (New Haven: Yale Univ. Pr., 2020).

의 『법의 정신』에서 매우 뚜렷하게 나타났다. 이 널리 알려진 고전에서 저자는 전쟁과 정복, 교역과 평화 사이의 관계에 대해 상세하게 논의한다. 그리고 "교역의 정신"에 관해 이렇게 선언한다.

교역은 자연스레 평화로 이어지는 결과를 가져온다. 서로 교섭하는 국가들은 한 편에서 사고 다른 편에서 파는 이해관계를 가지면, 서로 의존하는 관계를 맺는다. 그리고 상호 필요는 모든 연합의 토대가 된다.

그러나 교역의 정신이 국제적 연대를 증진시킨다 해도, 그것이 개인 사이의 연대를 증진시키는 것은 아니다. 개인이 오로지 교역의 정신에 휘둘리는 나라에서는, 이미 알려져 있듯이 모든 인간 활동과 모든 도덕적 미덕에서도 거래가 이루어진다. 거기서는 가장 사소한 것도 인간에게 필요한 것이라면 돈으로 사고판다.

교역의 정신은 사람 사이에서 정확한 정의를 추구하는 어떤 감정을 불러일으키는데, 그것은 한편으로 강탈과 대비된다. 다른 한편으로는 도덕적 미덕과 대비되는데, 이는 사람이 교역의 정신을 따르면 언제나 자신의 이익만 내세울 수가 없고 또 다른 사람의 이익을 위해 자신의 이익을 소홀히 다룰 수도 없기 때문이다.

그와 반대로 교역이 전혀 없다면, 아리스토텔레스가 필요한 것을 얻는 방법 가운데 하나로 취급한 강탈이 발생한다. 강탈의 정신이 도덕적 미덕과 반드시 배치되는 것은 아니다. 예를 들면, 환대는 교역이 활발한 나라에서 드문 일이지만 강탈을 자행하는 나라에서는 두드러지게 나타나는 일이다.[38]

몽테스키외에게서 나타나는 그런 관념은 더 멀리 거슬러 올라가 근대 초

---

38 Charles-Louis de Secondat Montesquieu, *The Spirit of Laws*, trans. and ed. Anne M. Cohler, Basia Carolyn Miller, and Harold Samuel Stone (Cambridge: Cambridge Univ. Pr., 1989), Bk. 20, Ch. 2.

기부터 유럽에서 발전한 정치이론에 기원을 두고 있다. 이미 언급한 바 있듯이, 마키아벨리를 비롯한 근대 초기 유럽의 정치사상가들은 이욕利慾을 악덕으로 취급하던 중세적 관념을 버리고, 오히려 그것을 "정념"을 제어하고 약탈이나 폭정, 또는 전쟁을 억제하는 수단으로 보기 시작했다. 이 새로운 관념이 나중에 아담 스미스와 몽테스키외를 통해 정립되었다는 것은 이미 밝혀져 있다.[39]

주권국가에 대한 관념도 분명히 그만큼 먼 기원에서 유래했다. 널리 알려져 있는 바와 같이, 주권의 개념은 16세기 후반 프랑스에서 장 보댕Jean Bodin에 의해 수립되었다. 법률에 깊은 조예를 지녔던 이 사상가는 종교를 놓고 벌어지던 처절한 살육전을 지켜보면서, 그런 유혈 비극에 종지부를 찍을 수 있는 것은 주권밖에 없다고 여기고 그것을 일정한 영역에서 최고의 위치에 있는 단일 권력으로 정의했다. 그리고 그것은 어떤 개인이 지니든, 아니면 어떤 집단이나 기구가 지니든, 어느 경우에도 최종적 권위라고 강조했다. 보댕의 개념은 17세기 중엽에 이르러 유럽의 국제관계에서 초석으로 수용되었다. 1648년 베스트팔렌Westfalen(또는 웨스트팔리아 Westphalia)에서 여러 나라가 함께 모여 오랫동안 대륙을 휩쓸었던 종교전쟁에서 벗어나기 위해 강화조약을 체결하면서, 크든 작든 간에 모든 나라가 주권을 지닌다고 여기고 서로 존중하기로 약속했던 것이다.[40] 그래도 심각한 문제가 남아 있었다. 주권국가는 근대 유럽에서 실체로서 존재하게 되었으나, 그래도 국제분쟁을 억제하고 평화를 유지하는 데 성공하지 못했다. 오히려 주권이 지니는 최고의 위상을 고수하면서, 외부에서 유래하는 제약을 거부하는 자세를 취했다. 특히 주권국가

39 Albert O. Hirschman, *The Passions and the Interests: Political Arguments for Capitalism before Its Triumph* (1977; Princeton, NJ: Princeton Univ. Pr., 2013).

40 Jean Bodin, *On Sovereignty*, ed. and trans. Julian H. Franklin (Cambridge: Cambridge Univ. Pr., 1992); Hendrik Spruyt, *The Sovereign State and Its Competitors: An Analysis of Systems Change* (Princeton, NJ: Princeton Univ. Pr., 1994).

가 국제 평화를 위해 스스로 권위를 제한하는 경우에는, 그것이 지니는 최고의 위상이 훼손된다는 난감한 문제가 떠올랐다. 그것은 이미 18세기 말에 영구 평화의 가능성에 대해 생각하던 임마누엘 칸트에게 중요한 난제였다. 그에 따르면

국민은 국가와 같이 마치 개인이 자연 상태의 사회에서 살아가면서, 말하자면 그 바깥에 존재하는 법률로부터 제약을 받지 않으면서, 그저 가까이 있음으로 해서 서로 해를 끼치는 것으로 간주될 수 있다. 시민사회에서 일정한 조건을 갖추고 모든 개인에게 권리를 보장하는 것과 마찬가지로, 모든 국가는 자체의 안전을 위해 주변 국가에 대해 그와 같은 조건을 준수해야 한다고 요구할 수 있다. 이렇게 되면 여러 국민으로 구성되는 연합체가 탄생하지만, 이것이 여러 국가로 구성되는 하나의 국가가 될 필요는 없다. 그것은 모순을 가져오니 말이다. 왜냐하면 "국가"라는 용어는 지배하는 한 사람과 그에 복종하는 여러 사람들 사이의 관계, 말하자면 입법자와 그 신민 사이의 관계를 내포하며, 따라서 하나의 국가에 존재하는 여러 국민이 오로지 하나의 국민을 구성한다면 이는 우리의 가설과 배치되기 때문이다. 그러므로 여기서 별개의 여러 국가들이 하나로 통합되지 않는 한, 우리는 하나의 국민이 다른 국민에 대항하는 권리를 지닌다고 생각해야 한다.[41]

칸트를 괴롭히던 이 난제는 나중에 윌슨에게로 전승되었는데, 그도 해법을 찾지 못했다. 따라서 그는 "14개조"에서 항구적 평화를 위해 별도의 조약을 체결하고 국제기구를 창설하자고 제안하자며 일종의 접근 방법을 제시했을 뿐이다. 반면에 공화당 의원들은 그것이 해법은 아니라고 지적하면서,

---

41 Immanuel Kant, *Perpetual Peace: A Philosophical Essay*, trans. M. Campbell Smith (London: George Allen & Unwin, 1903), 128–129.

그로 인해 미국의 주권이 침해당할 수 있다고 우려했다. 그들은 로즈벨트가 주창한 "평화 연맹"을 기억하고 있으면서도 그런 우려를 떨치지 못했던 것이다. 그것은 오늘날 다자주의에서 후퇴하는 행보―예를 들면 유럽연합에서 탈퇴하는 영국의 결정이나 미국의 이익을 내세우며 기후협약을 외면하는 트럼프 행정부―에도 남아 있다. 결국, 칸트가 지적한 문제는 오늘날에도 미결 과제인 셈이다.[42] 그렇지만 그 기원이 16세기 말에 보댕이 수립한 주권의 개념에 있다는 사실은 부인할 수 없다.

따라서 윌슨의 구상은 근대 서양에서 오랜 세월에 걸쳐 전개되었던 사상적·정치적 조류의 일환이었다는 사실이 분명하게 드러나는데, 이는 그것을 자유주의를 넘어 그보다 훨씬 더 큰 맥락에서 살펴볼 필요가 있다는 점을 시사한다. 그 맥락은 한마디로 줄이면 자본주의 발전 과정이라 할 수 있다. 이것은 국제관계 전문가들 사이에서 사실상 간과되어 왔으나, 윌슨의 구상과 "자유주의적 국제 질서"를 둘러싸고 있는 역사적 맥락 가운데 가장 주목할 만한 것이라 할 수 있다. 이런 견해는 필자가 현대 미국의 대외 정책을 검토하는 다른 글에서 제기한 바 있다. 거기서 필자는 먼저 그런 질서가 이미 19세기 중엽에 영국을 중심으로 형성되기 시작했으나, 그것이 국제 무대에 확고하게 정착한 것은 그로부터 한 세기가 흐른 뒤에 미국이 세계적 패권을 확보한 다음이라는 사실에 주의를 환기한다. 그리고 그 이유로 그 한 세기 동안에 자본주의가 다른 강대국에서도 크게 발전함에 따라, 국제 질서를 자유주의적 가치와 규범에 따라 재편하는 데 대해 강대국 사이에서 합의가 형성되었다고 부연한다.[43]

이제 거기서 한 걸음 더 나아가, 필자는 윌슨의 구상과 거기서 발전한

---

42 Katrin Flikschuh, "Kant's Sovereignty Dilemma: A Contemporary Analysis," *Journal of Political Philosophy* 18.4 (2010), 469–493.

43 배영수, 「미국 제국론」, 『미국 예외론의 대안을 찾아서』 (일조각, 2011), 381–419.

"자유주의적 국제 질서"가 본질적으로 "자본주의적 제국주의"의 일환이 아닌가 생각한다. 바꿔 말하면, 윌슨이 상상하던 국제 질서가 자본주의의 발전에 따라 제국주의에 일어난 변형이 아닌가 생각한다. 여기서 자본주의는 물론 경제체제나 사회·경제체제가 아니라 문명의 일종으로서, 넓은 뜻에서 권력구조의 한 형태로서, 경제 권력에 자율적 위상을 부여하는 특징적 건조물을 가리킨다. 또 제국주의는 역시 식민지나 속령을 거느리는 공식적 제국의 팽창 정책을 넘어, 어느 국가가 국제관계에서 자국을 정점으로 위계질서를 수립하기 위해 추진하는 프로젝트를 가리킨다. 따라서 "자본주의적 제국주의"에서는 이미 언급한 바 있듯이 제국이 통치권이나 교역권 대신에 경제적 패권을 목표로 삼고 여러 주권국가 사이에서 자유무역이 이루어지는 교역 체제를 구축하고자 노력한다. 그 결과, 제국 이외에 다른 국가도 주권과 영토를 유지하며 자유무역에 참여하고 "자유주의적 국제 질서"를 구축하는 데 가담한다.

사실, 그런 국제 질서는 20세기 전환기에 미국을 중심으로 형성되기 시작했다. 앞에서 살펴보았듯이, 20세기 전환기에 미국인들은 쿠바와 필리핀 등, 해외에서 확보한 지역과 주민에게 어떤 지위를 부여할 것인가 하는 문제를 놓고 논쟁을 벌였고, 결국에는 해당 지역에 속령 내지 식민지라는 종속적 위치를 강제하고 그 주민에게 미국 시민권을 허용하지 않는다는 정책을 수립했다. 이 정책은 당대 미국의 내부에 존재하던 사회질서에 상응하는 조치였다. 그것은 이미 언급한 바와 같은 제국주의 이데올로기에 토대를 두고 있었다—공화주의와 자유주의, 인종주의와 가부장제, 사회적 다원주의 등, 다양한 사조가 경기 침체를 비롯한 20세기 전환기 미국의 사회적 쟁점과 함께 뒤얽히며 만들어 낸 기이한 관념 체계에 토대를 두고 있었다. 그리고 그런 이데올로기에 따라, 엘리트는 제국주의적 팽창을 주도하면서 미국의 사회질서를 국제 무대로 확장하고자 했다. 그 질서는 기본적으로 시민과 비시민으로 구성되었는데, 거기서 시민은 모두 자유와 평등을 누리는 존재로 간주되는 반면에 비시민은 그에 종속되는 위치에 머무르면서 인종과 젠더에 따라 한층 더 구분되는 지위를 지니는 것으로 취급되었다. 이처럼 두 개의 층위로 나뉘는 위계질서가 20세기 전환기 미국의 대외 정책에 투영되었고, 따라서 당대 미국이 수립하고자 추진하던 국제 질서도 두 개의 층위로 구성되었다.

하나는 서반구에서 뚜렷하게 나타나는 바와 같은 전통적 층위이다. 이미 살펴본 바 있듯이, 라틴아메리카에서 미국은 전통적 제국과 마찬가지로 식민지를 확보하고 통치권이나 교역권을 장악하며 위계질서를 확립하고자 노력했다. 그렇지만 미국인들이 자본을 투자하며 사업을 벌일 수 있도록, 거기서 근대적인 정치·경제체제를 수립하고 사회구조를 개편하며 "자본주의를 위해 안전한 세계"를 만드는 데도 관심을 기울였다.[44] 그래서 많은 국가에 대해 형식상 주권과 영토를 존중하면서도, 실제로는 이미 언급한 것처럼 경찰관이 몽둥이를 치켜들고 비행 청소년을 다루듯이 행동했다. 이런 행보는 당대 미국 내부에서 위계질서를 확립하려던 움직임과 연계되어 있었다. 그런 움직임은 한편으로 남부에서 수립된 인종 격리 체제에서, 다른 한편으로는 북부의 여러 도시에서 대두한 반이민 운동에서 뚜렷하게 나타났다. 이 운동은 1870년대 중엽부터 서부를 중심으로 중국인에 대해 폭력을 휘두르며 차별하는 데서 시작해서 20세기 전환기에는 동부 및 남부 유럽에서 이주하는 다양한 민족으로 확대되었고, 또 간헐적으로 발생하던 인종 폭동 이외에 미국보호협회 American Protective Association 같은 단체에서 드러나듯이 조직적 형태를 띠기도 했다. 그리고 연방정부 차원에서는 중국인 여성의 이주를 제한하는 1875년 페이지법Page Act에서 1882년 중국인 배제법을 거쳐 민족별 이민 할당제를 확립한 1924년 이민법Immigration Act까지 이민을 제한하는 일련의 조치로 나타났다. 그에 따라 미국으로 이주하려던 다양한 사람들이 "앵글로-색슨족"이나 "영어 사용족"에 속하지 않는다는 이유에서 열등한 인종으로 간주되고 연

---

44 Veeser, *World Safe for Capitalism*.

방정부로부터 차별을 당했다. 이처럼 재건이 끝난 다음부터 대략 반세기 동안에 미국은 내부에서 위계질서를 확립하는 동시에, 해외 팽창을 통해 그것을 외부로도 확장하고자 노력했다.

그것이 그 시대에 미국이 수립하고자 하던 국제 질서에서 전통적 층위였다면, 유럽에서는 근대적 층위가 형성되고 있었다고 할 수 있다. 이 층위는 먼저 대중국 문호개방정책에서 나타났으나, 나중에 윌슨이 제시한 "14개조"에서 전반적인 모습을 드러내었다. 그것은 시민사회와 마찬가지로 여러 주권국가로 구성되는 집합체이다. 거기서 국가는 시민 개개인처럼 자율적으로 생각하고 행동하며 그에 따르는 결과에 대해 책임을 진다. 그래서 자국의 무력으로 스스로 안전을 수호하며, 외국과 조약을 체결하고 정의와 평화를 유지하며 자유로운 교역과 번영을 추구할 수 있다. 이런 자율적 역량은 고도의 문명을 달성한 일부 국가만 갖추었고, 나머지 대다수는 그렇게 하지 못했다. 따라서 세계는 문명의 발전 수준에 따라 뚜렷하게 구분되어 있으며, 문명이 발전한 일부 국가만 "국제사회"international society의 일원이 될 수 있다고 생각되었다.[45] 이는 앞에서 언급한 것처럼 그런 국가가 다른 국가들에 문명을 전파하며 그 주민을 미개 내지 야만 상태에서 해방시켜야 한다는 제국주의 이데올로기의 일환이었다. 그 "국제사회"가 근대적 시민사회의 연장이라는 점에 대해 따로 설명해야 할 필요는 없을 듯하다. 19세기에 주류 미국인들이 스스로 설정했던 정체성을 기억한다면, 그 점은 분명하게 보이니 말이다.

여기서 주목해야 할 것은 근대적 층위도 위계질서를 내포하고 있다는 사실이다. 이 층위에 있는 국가들은 스스로 "국제사회"의 구성원으로서 평등한 지위를 누린다고 여겼다. 17세기 중엽에 유럽 국가들이 베스트팔렌조약을 체결했을 때와 마찬가지로, 그들은 모두 독립을 누리는 주권국가로서 평등한

---

45 Geritt W. Gong, *The Standard of 'Civilization' in International Society* (Oxford: Clarendon Pr., 1984).

존재로 간주되었다. 그러나 그것은 공식적 국제관계에 국한되는 지위였을 뿐이다. 실제에서는, 인구나 영토 측면은 물론이요 군비나 경제 측면에서도, 그들 사이에는 현격한 차이가 있었고, 또 분명한 위계질서가 있었다. 이는 본질적으로 근대 시민사회에 실재하는 불평등과 그것을 토대로 형성되는 위계질서와 다를 바 없다. "국제사회"의 모델인 시민사회는 넓은 맥락에서 보면 자본주의 문명에서 형성되는 사회적 관계의 일부이기 때문이다. 자본주의는 이 책에서 필자가 누누이 강조해 온 바와 같이 경제 권력에 자율적 위상을 부여하는 문명으로서, 공식적으로 법 앞에서 모든 시민이 평등하다고 규정하면서도 경제 권력을 토대로 형성되는 시민 사이의 불평등과 위계질서를 용인하고 나아가 옹호하기 때문이다.

그런 위계적 구조는 20세기 후반에 수립된 이른바 "자유주의적 국제 질서"에서도 유지된다. 오늘날 이 질서를 옹호하는 이들은 그것이 평등한 국제관계에 토대를 두고 있다고 주장한다. 그러나 필자가 보기에는 거기에도 현격한 세력 차이와 그 위에서 형성되는 불평등 구조가 존재하는데, 이는 예를 들어 유엔 안전보장이사회에서 5개 상임이사국이 지니는 거부권이나 국제통화기금에서 출연금 규모에 따라 할당되는 국가별 투표권에서 선명하게 나타난다. 이 위계적 구조는 시민사회와 마찬가지로 윌슨의 구상에서도 겉으로 드러나지 않지만 실제로는 거기에 들어 있는 암묵적 전제이다. 그것은 20세기 후반에 널리 확산된다. 미국이 수립한 국제 질서에서 전통적 층위가 위축되는 반면에 근대적 층위가 크게 확대됨에 따라, 거기에 들어 있는 위계적 구조도 함께 확산되기 때문이다. 더욱이, 그것은 두터워지는 동시에 여러 부분으로 나뉜다. 이는 2차 대전 이후에 빠르게 전개되는 자본주의 발전 과정의 일환인데, 이에 관해서는 제3부에서 논의한다.

지금 여기서 생각해야 할 것은 그 복잡한 국제 질서가 수립되는 과정에서 윌슨의 구상이 중요한 의미를 지닌다는 점이다. 앞에서 지적한 바와 같이, 윌슨은 "14개조"에서 그런 질서를 수립하자고 제안하면서 거기에 필요한 밑

그림을 제시했다고 할 수 있다. 그가 제안한 질서는 공식적으로 독립을 누리는 주권국가들로 구성되지만, 실제에서는 미국의 패권 아래에 형성되는 위계적 구조이다. 그렇다면, 윌슨의 구상은 미국을 중심으로 발전한 "자본주의적 제국주의"의 밑그림이라 할 수 있다. 바꿔 말하면 그것은 미국이 전통적 제국에서 자본주의적 제국으로 변신하면서, 그에 적합한 방식으로 국제 질서를 재편하겠다는 포부를 담고 있었다고 할 수 있다.

윌슨의 구상은 당대의 미국인들에게 받아들여지지 않았으나, 1930년대부터 미국의 대외 정책에 반영되었고, 제2차 세계대전 이후에는 "자유주의적 국제 질서"로 구현되었다. 어떻게 해서 그렇게 되었는가 하는 의문은 제3부에서 다룬다.

제국주의에 대해 논의하자면, 기존 연구를 조심스럽게 검토하지 않을 수 없다. 왜냐하면 주제가 정치적으로 민감한 만큼, 기존 연구는 흔히 정치색을 지니기 때문이다. 따라서 기존 연구는 이 책에서 필자가 다루고자 하는 문제에 관해 생각하는 데 도움을 주면서도 다른 한편으로는 적잖은 장애를 가져온다. 그렇지만 여기서 본격적으로 학술적 논쟁을 벌이려는 것은 아니다. 그것은 필자가 다른 글에서 이미 해 놓은 일이다.[46] 여기서는 그 요점을 간략하게 소개하면서, 거기서 충분히 거론되지 않은 몇 가지 문제점에 관해 부연하고자 한다. 그런 문제점도 미국의 대두와 그 역사적 함의를 이해하는 데 적잖은 난관을 가져오기 때문이다.

난관은 먼저 용어에 있다. 오늘날 제국과 제국주의는 매우 정치적인 어휘이다. 이들 용어는 오랫동안 위엄과 영광을 연상시켰으나, 이제 살육이나 전쟁, 억압이나 착취 같은 부정적인 어휘와 연관되어 사용된다. 이 변화는 물론 제2차 세계대전을 계기로 아시아와 아프리카에서 많은 나라가 독립을 얻고 과거를 청산하는 과정에서 시작되었다. 그리고 전후에 시작된 냉전 속에서 크게 진전되었다. 미국과 소련을 비롯한 강대국들이 상대방의 대외 관계를 비방하는 데 제국과 제국주의라는 용어를 자주 동원했기 때문이다. 더욱이, 근래에는 그런 변화가 한층 더 진행되어 용어의 의미조차 정확하게 규정하기 어려운 지경에 이르게 되었다. 21세기에 들어와서 미국이 대외 정책에서 군사력에 더 많이 의지하며 외교 노선을 다자주의에서 일방주의로 옮겨감에 따라, 제국과 제국주의라는 용어가 또다시 논쟁에 동원되었다. 한 편에서는 그런 미국을 제국으로 규정할 수 있다고 주장했고, 다른 편에서는 미국에

---

46 배영수, 「미국 제국론」, 391–419.

식민지가 없으니 그런 딱지를 붙일 수 없다고 반박했으며, 또 다른 편에서는 그러면 미국을 비공식적 제국이라 부를 수 있다고 다시 반박했다.

필자는 위에서 언급한 다른 글에서 근래의 논쟁을 검토하면서, 제국과 제국주의의 개념을 명확하게 규정하고자 노력한 바 있다. 거기서 필자는 사전적 정의에서 벗어나자고 제안한다. 사전적 정의란 한마디로 줄여 제국을 다른 국가나 종속 지역에 대해 지배적 권위를 행사하는 국가로 규정하는 것을 가리킨다. 예를 들자면, "어떤 제국이나 국가가 외국을 통치하거나 외국으로 통치권을 확대하는 정책, 또는 식민지와 속령屬領을 획득, 보유하는 정책"이라는 정의를 들 수 있다.[47] 이 정의는 분명히 통치에 초점을 맞추고 정치 영역에 관심을 기울이며, 그래서 제국주의를 명확하게 규정한다는 장점을 지닌다. 그러나 경제와 사회, 그리고 문화의 영역을 경시한다는 단점을 지닌다. 더욱이, 제국의 정책을 강조하는 반면에 제국과 식민지 사이의 관계를 상대적으로 경시한다는 문제점도 있다. 제국주의는 두말할 나위도 없이 제국이 채택하는 대외 정책을 가리키는 용어이지만, 그것은 다른 외국이나 식민지라는 대상을 전제로 삼는다. 그런데도 사전적 정의에서는 이들 대상이 충분히 고려되지 않는다. 따라서 그것은 제국을 강대국과 구분하는 데 도움이 되지 않는다. 사실, 역사를 되돌아보면 강대국치고 그렇게 힘을 휘두르지 않은 국가를 찾아보기는 어렵다. 그렇지만 양자를 구분하지 않고서는 어떤 국가가 제국인지 아닌지 말하기 어렵다.

그와 같은 난관에서 벗어나기 위해서는 제국이 추구하는 국제적 위상에 주목할 필요가 있다. 사실, 제국을 가리키는 용어 자체가 그런 필요를 시사한다. 영어의 empire는 라틴어의 imperium에서 나왔는데, 이 용어는 고대 로마에서 군대를 지휘할 때 사령관이 지니는 권한을 가리켰다. 그것은 집

---

47 "imperialism," *Webster's New Universal Unabridged Dictionary* (New York: Barnes & Noble Books, 1994).

정관이 행사하는 권한보다 더 강력한 것으로서, 나중에 로마제국의 군대를 통수하는 황제의 절대적 권위, 즉 제권帝權을 의미하기도 했다. 그 의미는 중세 유럽에서 더욱 확장되었다. 로마제국의 재현을 기대하던 중세 유럽인들에게 imperium은 다른 왕보다 더 높은 왕, 또는 다른 왕들을 거느리는 왕에게 적합한 용어였고, 그래서 그런 왕이 누리는 지위와 권위를 가리키는 데 쓰였다. 이처럼 확장된 의미에서, 그것은 제국과 식민지 사이의 관계를 비롯해한 국가와 다른 국가 사이에서 수립되는 위계적 국제 질서를 가리켰다. 이런 용법은 오늘날에도 일상생활에서 자주 나타나는데, 그것이 필자가 규정하는 제국 개념의 핵심을 차지한다. "제국이란 어떤 지역에서 지상至上 권력을 추구하면서 국제관계에서 자국을 정점으로 위계질서를 수립하고자 하는 국가"이다.[48]

여기서 주안점은 제국이 장악하고 행사하는 강대한 세력에 주목하는 대신에 그런 세력을 갖고서 제국이 수립하고자 하는 위계적 국제 질서에 주목하자는 데 있다. 바꿔 말해 어느 국가가 자국을 정점으로 어떤 질서를 만들어 내고자 하는지 살펴보면, 그 국가가 제국인지 아닌지, 또 제국이라면 어떤 제국인지 구분할 수 있다는 것이다. 물론, 국제 질서는 거기에 가담하는 국가에 따라 다르게 이해될 수 있다. 한편에서 동반자로 간주되는 관계도 다른 한편에서는 주도-추종 관계로 해석될 수도 있다. 따라서 제국이 수립하는 국제 질서를 올바르게 파악하기 위해서는, 제국을 중심으로 형성되는 국제관계를 국가별로 구체적으로 살펴보아야 한다.

다음 난관은 이데올로기에 있다. 이 장에서 다루는 19세기 말부터 20세기 초까지 반세기 동안에는 미국뿐 아니라 유럽에서도 자본주의 발전과 제국주의 팽창이 동시에 진행되었는데, 이들 두 현상 사이의 관계는 제국주의에 관한 논쟁에서 핵심적 관심사가 되었다. 그것은 20세기 초에, 그러니까 오늘

---

48 배영수, 「미국 제국론」, 407-411.

날로부터 거의 120년 전에 영국의 경제학자 존 홉슨John A. Hobson이 제국주의에 관해 처음으로 주목할 만한 연구를 발표했을 때부터 관심을 끌었다. 그에 따르면, 19세기 말부터 제국들은 식민지를 비롯한 해외 영토에 공업 제품을 수출하고 거기서 농수산물과 광물자원을 수입하는 데 머무르지 않았다. 나아가 광산을 개발하고 철도를 건설하는 등, 자본을 수출하기 위해 노력하기 시작했다. 이는 자본이 강대국 내부에서 높은 이윤을 얻기 어려운 상황에 부딪혔기 때문이다. 이 견해는 얼마 지나지 않아 마르크스주의자들이 발전시켰는데, 특히 레닌은 제국주의가 자본주의의 최고 내지 최후 단계라고 주장했다. 제국에서는 자본가들이 높은 이윤을 얻기 위해 생산에 필요한 시설과 설비에 대한 투자를 늘리며 국내시장을 독점하고, 나아가 해외에서 저렴한 노동력과 함께 풍부한 천연자원을 확보하기 위해 제국주의적 팽창을 주도하며, 결국에는 세계적인 차원의 전쟁에 휘말려 들게 된다고 강조했다. 이런 해석은 오늘날에도 마르크스주의자들 사이에서 남아 있다. 그들에 따르면, "제국주의는 처음부터 자본주의에서 떼어 낼 수 없는 부분이며 자본주의 자체가 끝날 때까지 사라지지 않을 것이다."[49]

다른 한편에는 제국주의가 자본주의와 같은 것이 아니라 서로 아무 관계가 없다고 주장하는 학자들이 있다. 이들은 그것이 본질적으로 경제적 이해관계와 분리되어 있는 정치적 현상이라고 본다. 정치적 해석은 이미 1930년대에 역사학자 윌리엄 랭어William L. Langer가 제시한 바 있다. 그는 20세기 전환기에 강대국들이 해외 팽창에 열중했던 가장 중요한 이유가 경제적 이익이 아니라 군사적·외교적 전략에 있었다고 주장했다. 영국, 프랑스, 독일, 러시

---

49 J. A. Hobson, *Imperialism: A Study* (1902; London: Allen & Unwin, 1938); V. I. Lenin, *Imperialism, the Highest Stage of Capitalism: A Popular Outline* (1917; New York: International Publishers, 1939); Williams, *Tragedy of American Diplomacy*; John Bellamy Foster and Robert W. McChesney, *Pox Americana: Exposing the American Empire* (New York: Monthly Review Pr., 2004), 11.

아 등, 여러 제국이 유럽을 넘어 세계 전역에서 치열한 경쟁을 벌였는데, 거기서 승리를 거두기 위해 다른 제국과 제휴 또는 경쟁 관계를 수립하면서 그에 따라 식민지를 평가했다고 부연했다. 여기서 한 걸음 더 나아가, 근래에 일부 학자들은 제국의 대외 정책보다 제국과 식민지 사이의 관계를 면밀하게 파악하기 위해 노력해 왔다. 이미 국내에 소개된 바와 같이, 그들은 무역을 비롯한 경제 관계를 자세하게 조사하고, 식민지가 제국의 경제에서 중요한 가치를 지니지 않았다고 주장했다. 그리고 제국과 식민지 사이에 있었던 교역이 식민지에 적잖은 부담이 되었다고 해도, 제국에는 뚜렷한 도움이 되지 않았다고 강조했다. 이런 주장은 물론 식민지가 그 대신에 전략적 가치를 지녔다는 해석을 뒷받침한다. 바꿔 말해, 제국주의는 자본주의와 관계가 없다는 견해에 힘을 실어준다.[50]

그것은 레닌주의적 해석과 마찬가지로 이데올로기의 산물이라 할 수 있다. 레닌주의자들이 제국주의를 자본주의의 민낯으로 깎아내리며 자본주의가 사라지기를 고대한다면, 일부 자유주의자들은 그에 맞서 오욕으로 얼룩져 있는 제국주의의 역사에서 자본주의를 끌어내고자 시도한다. 그 때문에 양자는 모두 사실을 자의적으로 해석한다. 제국주의는 두말할 나위도 없이 자본주의가 발전하지 않은 시대나 지역에서도 나타났던 현상이다. 역사학적 관점에서 볼 때 의미 있는 것은 그 오랜 제국주의의 역사에서 자본주의가 어떤 의미를 지니는가 하는 문제이다. 바꿔 말하면, 자본주의가 제국주의에 어떤 변화를 가져왔는가 하고 물음을 던지는 일이다.

사실, 그것은 오늘날 제국주의에 대한 연구에서 중요한 문제로 취급된다. 이에 대해서는 일부 마르크스주의자들도 동의한다. 그들 가운데서 가장 주목을 끄는 인물은 정치학자 엘른 메익크신즈 우드Ellen Meiksins Wood이다.

---

50 William L. Langer, *The Diplomacy of Imperialism, 1890-1902* (1935; New York: Knopf, 1960); 박지향, 『제국주의: 신화와 현실』 (서울대학교 출판부, 2000). 그에 대한 비평으로는 서정훈, 「서평」, 『역사학보』 166 (2000), 278-289를 참고하라.

2003년에 간행된 『자본의 제국』에서, 그는 제국주의가 자본주의보다 훨씬 오랜 역사를 지닌다는 점을 인정한다. 그것은 고대 세계에서 영토를 장악하고 그 주민으로부터 조공과 세금을 거두어 가는 형태를 띠었고, 근대 초기에는 무역 기지를 만들고 그것을 통해 무역을 함으로써 상업적 이익을 얻는 형태로 나타났다고 설명한다. 이어서 자본주의 시대에는 제국들이 영토적 지배 대신에 경제적 패권을 확립하는 데 주력한다고 부연한다. 바꿔 말하면, 제국주의와 자본주의는 따로 구분해서 다루어야 하는 별개의 주제라고 지적한다. 그래도 이들 현상이 서로 연관되어 있으므로 그 관계도 중요한 주제로 다루어야 한다고 강조한다.[51] 우드는 그 주제를 "자본주의적 제국주의"capitalist imperialism라 명명하는데, 이에 관해서는 아래에서 상세하게 논의한다.

다른 한편으로, 일부 자유주의자들이 주장하는 정치적 해석에도 심각한 문제점이 있다. 그들의 해석은 정치와 경제, 사회와 문화가 서로 분리되어 있는 영역이라는 것을 전제로 성립한다. 그러나 이 책에서 필자가 여러 차례 지적한 바와 같이, 이들 영역 사이에는 관념상의 경계선이 존재할 뿐이다. 역사학적 관점에서 볼 때 의미 있는 것은 제국주의가 그런 영역을 넘나드는 현상이라고 보고 그것을 경험적으로 추적하는 일이다.

그것도 오늘날 제국주의에 대한 연구에서 중요한 과제로 간주된다. 사실, 근래의 연구는 정치·경제적 측면을 넘어 사회적 측면으로, 또 문화적 측면으로 확장되었다. 이제 제국주의가 영토나 교역에 국한된 현상이 아니라 언어와 담론까지 포괄하는 문화적 현상이라는 점은 분명해졌다. 언어와 담론에 대한 분석은 이미 1970년대에 에드워드 사이드Edward Said가 그의 기념비

---

51 Ellen Meiksins Wood, *Empire of Capital* (London: Verso, 2003).
　　"자본주의적 제국주의"는 마르크스주의 지리학자 데이비드 하비David Harvey도 관심을 기울이는 주제이다. 그러나 그는 제국주의를 자본주의로 환원시키는 레닌주의적 사고에 얽매여 있다. 이에 관해서는 다음 문헌을 보라. David Harvey, *The New Imperialism* (Oxford: Oxford Univ. Pr., 2003). 따라서 하비의 견해는 필자가 보기에 "자본주의적 제국주의"에 관한 이해에 별로 도움이 되지 않는다.

적 저술 『오리엔탈리즘』에서 보여 주었듯이 유럽 중심주의적 세계관을 비롯해 제국주의 아래에 깔려 있는 여러 관념을 밝혀내는 데 결정적으로 기여했다. 그 이후에 학자들은 인종과 젠더를 비롯해 종래의 연구에서 간과되었던 관념으로 시야를 더욱 넓혔고, 그 덕분에 제국주의 이데올로기를 훨씬 깊이 이해할 수 있게 되었다. 따라서 오늘날 제국주의를 연구하는 역사학자들은 정치와 경제, 사회와 문화 등, 여러 측면을 함께 고려하며 그것들이 서로 어떻게 얽혀 있었는지 밝혀내야 하는 부담을 안게 되었다.[52]

거기에 필자가 생각하는 마지막 난관이 있다. 그것을 올바르게 이해하자면, 그 뿌리를 찾아 1960년대로 거슬러 올라갈 필요가 있다. 그 시기에는 몇몇 비판적 학자들이 제국주의가 공식적으로 사라진 뒤에도 저개발국가에 남아 있는 종속적 위상에 주목하기 시작했다. 그리고 그런 위상이 자본주의가 발전함에 따라 국제적 차원에서 수립되는 분업 체계의 일환이라고 주장했다. 그에 따르면 자본주의가 발전한 나라들이 그렇지 않은 여러 나라와 함께 공업 제품을 수출하고 농수산물과 광물자원을 수입하는 교역 체계를 수립하는데, 여기서 공업 제품은 높은 가치를 지니고 농수산물과 광물자원이 낮은 가치를 지니는 것으로 평가되기 때문에 불평등한 교환관계가 성립한다. 그리고 이런 교환관계 속에서, 자본주의 발전 과정에서 뒤처진 주변부는 그보다 앞선 중심부에 의해 가치를 착취당하며 저발전 상태에 머물러 있게 된다. 게다가 주변부에서도 몇몇 나라는 산업화를 추진하며 자본주의 발전 과정에 진입함으로써 반주변부라는 새로운 범주를 만들어 내기도 하지만, 중심부만큼 선진적인 수준으로 발전하지는 못한다. 왜냐하면 반주변부도 주변부와 마찬가지로 중심부와 지배-종속 관계를 맺고 있으며, 그렇게 해서 형성되는 자본주의 세계체제 속에서는 고도의 발전에 필요한 자본과 기술을 충분히 확

---

52 Edward W. Said, *Orientalism* (New York: Pantheon, 1978); Patrick Wolfe, "History and Imperialism: A Century of Theory, from Marx to Postcolonialism," *American Historical Review* 102.2 (1997), 388–420.

보할 수 없기 때문이다. 따라서 반주변부는 산업화를 추진하면서도 기술 수준이 낮고 노동집약적인 부문에 집중하게 된다. 결국, 자본주의 발전은 제국주의 팽창을 통해 주변부와 더불어 반주변부에도 후진적인 사회구조—대다수 노동자들이 낮은 수준의 교육과 임금을 받고 오랜 시간 동안 노동에 시달려야 하는 구조—를 강요한다.[53]

세계체제론은 적잖은 매력에도 불구하고 커다란 결함을 안고 있다. 그것은 분명히 자본주의를 국가의 차원을 넘어 국제적 차원에서 생각하는 데 도움을 준다. 특히, 사회구조가 국제 분업과 어떻게 연관되어 있는지 파헤치는 데 도움을 준다. 그렇지만 세계체제론은 분업을 비롯한 국제관계에서 일어나는 변화를 탐구하는 데 별로 도움이 되지 않는다. 그 이론에서는 중심부-주변부 관계를 중심으로 국제적 분업 체계가 변화를 겪지 않는 구조로 간주되기 때문이다. 물론, 세계체제 이론가들은 한국, 미국, 일본 등, 몇몇 나라가 주변부에서 반주변부, 또는 중심부로 진입했다는 사실을 인정한다. 그러나 그들은 그런 나라를 예외적인 성공 사례로 취급하는 데서 멈춘다. 그리고 그런 사례가 어떤 함의를 지니는지, 특히 해당 국가의 위상에 일어난 변동을 넘어 국제관계의 전반적 성격에 어떤 변화를 가져오는지 묻지 않는다. 이는 결정적인 결함이라 할 수 있다. 더욱이 제국주의의 문화적 유산이 라틴아메리카는 물론이요 아시아와 아프리카에서도 대다수 국가들이 종속적 위상에서 벗어나는 데 장애를 일으킨다는 점을 고려할 때, 그것은 기존 국제 질서를 사실상 변화를 겪지 않는 구조로 취급하는 것으로 보인다. 이런 함의는 그와 상반되는 관념—국제 질서가 독립적인 주권국가들 사이에서 저절로 형성되는 국제관계의 체계라고 상정하는 관념—만큼이나 현실과 거리가 있는 것으로 보인다.

---

53 Christopher Chase-Dunn, *Global Formation: Structures of the World-Economy* (Oxford: Blackwell, 1989); Immanuel Wallerstein, *The Modern World-System*, 4 vols. (New York: Academic Pr., 1974-2011); idem, *World-Systems Analysis* (Durham: Duke Univ. Pr., 2004).

국제 질서는 이미 1970년대부터 여러 정치학자들이 주의를 환기한 바와 같이 적잖은 변화를 겪는다. 필자가 다른 글에서 정리한 바와 같이 로버트 코헤인Robert O. Keohane, 조지프 나이Joseph S. Nye 등, 여러 정치학자들은 전후 세계에서 미국이 군사력을 비롯한 강제력보다 "부드러운 힘"soft power에 더 많이 의지한다고 지적한다. 미국이 지니는 힘 가운데에는 무엇보다 문화적 매력이 있고, 또 미국뿐 아니라 다른 여러 나라도 참여하는 국제기구와 규약 등, 제도적 권위가 있다고 설명한다. 더욱이, "부드러운 힘"이 미국이 다른 여러 나라와 공유하는 가치와 규범, 그리고 그 위에서 형성되는 "제도적 국제체제"international regime에 토대를 두고 있다고 강조한다. 코헤인과 나이의 견해에 공감하는 정치학자들은 이런 뜻에서 미국은 제국이 휘두르는 제권이 아니라 패권, 즉 지도력에 가까운 권위를 지닌다고 주장한다. 여기서 패권은 고대 중국에서 왕자王者를 대신해 패자霸者가 누리던 자의적 권력이 아니라, 고대 그리스에서 아테네가 으뜸가는 우두머리로서 다른 폴리스들을 이끌며 발휘하던 지도력을 가리킨다. 코헤인 등은 미국이 그런 패권을 지니며, 그래서 제국이 아니라고 생각한다.[54]

그래도 다른 많은 학자들이 주장하듯이 미국을 제국이라 부를 수 있다. 위에서 밝힌 바와 같이, 어떤 국가가 제국인가 아닌가 하는 것은 그 국가가 지니는 힘이 어떤 성격을 띠고 있는가에 따라서만 결정되지 않는다. 그것은 그 국가가 어떤 국제 질서를 만들어 내는가에 따라 좌우되기도 한다. 제국이란 결국 한 나라와 다른 나라 사이에 수립되는 관계를 가리키는 용어이기 때문이다. 다시 말하지만, "제국이란 어떤 지역에서 지상 권력을 추구하면서 국제관계에서 자국을 정점으로 위계질서를 수립하고자 하는 국가"라 할 수 있다.

이런 뜻에서 중요한 것은 미국이 주도하는 국제 질서의 성격을 파악하

---

54 배영수, 「미국 제국론」, 398-407.

는 일이다. 이것은 제3부에서 필자가 다루고자 하는 주요 과제 가운데 하나이다. 여기서 밝혀 둘 것은 미국이 주도하는 국제 질서가 흔히 제국주의와 다른 것으로 여겨진다는 점이다. 코헤인과 나이 등, 여러 정치학자들이 지적한 바와 같이, 미국은 국제관계에서 제권보다 패권에 의지하며 강제보다 동의와 협력을 중시한다는 특징을 지닌다. 그런 특징을 지니는 국제관계는 흔히 "자유주의적 국제 질서"라 불린다. 그것을 구성하는 국가들은 각기 주권과 영토를 보전하면서 안보를 위해 서로 협력하는 동시에, 대내적으로 민주정치와 시장경제를 토대로 정치·경제체제를 구축하고 대외적으로 문호를 개방하고 자유로운 교역에 종사하며 함께 번영을 추구한다. 이런 국제 질서에서는 강대국과 약소국 사이에 세력 격차가 있고 그것을 토대로 성립하는 위계적 구조가 있지만, 그래도 각국이 평등한 지위를 누리며 자율적으로 외국과 교류하는 것으로 보인다.

반면에, 일부 정치학자들은 그런 국제 질서를 제국주의로 해석한다. 특히, 우드는 위에서 소개한 것처럼 그것을 "자본주의적 제국주의"라 간주한다. 그는 미국이 최초의 "자본주의 제국"capitalist empire라고 지적하면서, 그것이 식민지를 확보하고 정치적 권위를 장악하는 대신에 식민지 없이 경제적 패권을 확립하는 데 주력한다는 점에서 특징을 지닌다고 주장한다. 그에 따르면

미국은 최초의, 또 지금까지는 유일의, 자본주의 제국이다. 미국이 제국을 건설한 최초의 자본주의 국가라는 의미에서 그런 것이 아니라, 미국이 대체로 자본주의의 경제적 기제를 장악함으로써 세계를 지배한다는 의미에서 그렇다는 것이다. 영제국은 인도에서 식민지 지배에 필요한 비용을 부담하지 않으면서 상업적 이익을 착취하고자 했으나, 실제로는 군사적 압제를 통해 조공을 강요하는 체제를 수립함으로써 새로운 양식의 자본주의적 패권보다 전통적 제국주의에 더 가까이 다가갔다. 전반적으로 볼 때, 미국은 가능하다면 어디서나 직접적인 식민지 지배를 피하고 경제적 패권에 의지하면서, 비용과 위험을

줄이고 이익을 늘리는 정책을 중시하고 또 실행한다.[55]

우드는 그래도 미국이 제국으로서 군사력에 의존하지 않을 수 없다고 주장한다. 경제적 패권을 확립, 유지하기 위해, "자본주의 제국"은 시장이 원활하게 기능하는 데 필요한 군사적·정치적 안정을 유지해야 하기 때문이다. 따라서 미국은 압도적 군사력을 구축하고 세계 전역에서 경찰 기능을 수행한다. 우드는 다음과 같이 설명한다.

자본주의 양식을 지니는 경제적 제국주의는 그저 여기저기서 영토를 장악하거나 이러저러한 종속민을 지배하는 데 매달리지 않는 역사상 최초의 제국주의이다. 그것은 지구 전역에 걸치는 국제 체제를 감독하면서, 그 체제에서 제국의 자본이 안전하게 움직이며 수익을 거둘 수 있도록 보장한다. 그것은 '불량' 내지 '실패' 국가의 문제만 다루지 않는다. 또한 종속 국가들을 착취 가능한 상태로 묶어 두기도 한다. 더욱이 실제로 그런 능력을 발휘할 수 있도록, 다른 모든 국가에 대해 군사적·정치적 우위를 확립해야 한다. 만약 지구를 돌아다니는 자본에 다양한 국가로 이루어지는 질서정연한 국제 체제가 필요하다면, 거기서 여러 국가가 비교적 비슷한 규모의 군사력을 갖고 있는 상태가 허용된다는 것을 상상하기는 어렵기 때문이다.[56]

따라서 우드는 "자본주의적 제국주의"에서 미국이 세계 전역에서 유일의 초강대국으로 군림한다고 본다. 그리고 미국이 그런 지위를 유지하는 데 필요한 군사력을 유지하고 또 실제로 행사한다고 덧붙인다.

필자는 이 견해에 공감하면서도 거기에 내재하는 문제점에 주목한다. 우

---

55 Wood, *Empire of Capital*, x.

56 Ibid., xi.

드는 전통적 제국주의가 "자본주의적 제국주의"로 대체된다고 지적하면서도, 그 과정에 대해서는 빈약한 설명을 제시하는 데 그친다. 그는 "자본주의적 제국주의"가 본질적으로 "경제적 필요"economic imperatives에 따라 대두한다고 본다. 자본주의가 생산에 투자함으로써 더 큰 가치를 창조하고 그래서 더 많은 이윤을 확보한다는 자본의 논리에 따라 움직이므로, 자본주의 제국도 전통적 제국처럼 통치권이나 교역권을 장악하는 대신에 경제적 패권을 확립하는 데 주력한다고 생각한다.[57] 이는 분명히 환원론이다. 우드는 "자본주의적 제국주의"를 자본주의로 환원하고 자본주의를 다시 경제주의로 환원하니 말이다. 이 간단명료한 답변은 역사를 이해하는 데 별로 도움이 되지 않는다. "자본주의적 제국주의"는 우드 자신이 인정하듯이 19세기 중엽 영국에서 등장해서 20세기 중엽 미국을 통해 확립될 때까지 무려 한 세기에 걸쳐 대두했다. 더욱이, 그것은 오랜 역사를 지니는 전통적 제국주의를 대체했다는 점에서 역사적으로 매우 중요한 의미를 지닌다. 왜 그렇게 되었는가—어째서 그 과정이 그렇게 오랜 기간에 걸쳐 전개되었는가, 어째서 19세기 중엽 영국에서 시작되었다가 거기서 완수되지 않고 20세기 중엽 미국으로 연장되었는가, 또 어째서 20세기 중엽 미국에 의해 일단락되었는가—하는 것은 우드의 저술에서 거론되지 않는다.

그런 문제를 해결하는 단서는 이 부록의 서두에서 필자가 제안하는 제국의 개념에 있다. 그 개념에서는 제국이 지니는 힘에 못지않게 그것을 가지고 제국이 구축하는 국제 질서가 중시된다. 그에 따라 초점을 제권에서 국제 질서로 옮기면, 제국주의가 국제관계의 성격에 가져오는 변화를 면밀하게 관찰할 수 있다. 더욱이, 필자의 개념은 가치와 규범, 그리고 제도에 주의를 환기해준 정치학자들의 충고를 받아들이면서도, 그들의 시야를 넘어 경제와 사회, 그리고 문화까지 포괄하는 데 도움이 된다. 그 개념에서 국제 질서는 여

---

57 Ibid., 89–117.

러 국가 사이에서 수립되는 군사적·외교적 관계를 넘어 경제적·사회적·문화적 관계까지 이르는 포괄적 체계로 간주되기 때문이다. 이런 뜻에서 필자는 세계체제론자들이 중시하는 구조적 제약에 공감하지 않으면서도, 그들이 주목하는 국제 분업과 사회구조의 관계에 관심을 기울일 필요가 있다고 생각한다. 왜냐하면 널리 알려져 있듯이 외교는 결국 내정의 연장이기 때문이다. 물론, 여기서 시야를 정치에 한정하지 말고 다른 영역으로도 확장할 필요가 있다. 이는 위에서 언급한 바와 같이 이제 제국주의를 연구하는 학자들 사이에서 상식이라 할 수 있다.[58]

그렇게 초점을 국제 질서에 맞추고 시야를 정치·경제에서 사회·문화까지 확장하면, 제국주의의 본질을 다시 생각할 수 있다. 제국주의가 필자가 주장하듯이 국제관계에서 자국을 정점으로 위계질서를 수립하려는 프로젝트라면, 그것은 바꿔 말해 한 국가가 자국 내에 존재하는 사회질서를 국제관계로 확장하려는 프로젝트라고 할 수도 있다. 달리 말하자면, 제국은 원래 한 국가가 다른 국가를 내부로 통합함에 따라 성립하며, 그래서 본래 국제 질서를 내부의 사회질서로 흡수하며 발전하는 체제라 할 수도 있다. 그렇기 때문에 제국을 정점으로 형성되는 국제 질서는 제국 내부에 존재하는 사회질서와 뚜렷하게 구분되지 않는다.

물론, 두 질서가 언제나 일치하는 것은 아니다. 제국주의를 주도하는 세력은 자신들의 의식과 이해관계에 따라 그런 질서에 적잖은 변형을 일으킬 수도 있다. 그들은 결국 국내뿐 아니라 해외에서도 자신들의 권력을 확대하고 자신들의 지위를 강화하는 데 관심을 기울이기 때문이다. 역사를 돌이켜보면, 제국주의는 실제로 기존의 권력 관계를 증폭시키는 효과를 지니는 것으로 보인다. 예를 들어 20세기 미국에서는, 이미 많은 연구자들이 주의를 환

---

58 이는 미국사 분야에서 뚜렷하게 보이는 현상인데, 이에 관해서는 다음 문헌을 참고하라. Paul A. Kramer, "Power and Connection: Imperial Histories of the United States in the World," *American Historical Review* 116.5 (2011), 1348-1391.

기해 온 바 있듯이, 대통령을 중심으로 대외 정책에 관여하는 엘리트의 권력이 뚜렷하게 확대되는 경향이 나타난다. 필자가 보기에 그보다 더 중요한 것은 미국 내부의 사회질서—바꿔 말하면 넓은 뜻에서 권력 관계의 전반적 구조—가 미국이 주도하는 국제 질서로 확장된다는 점이다. 이것이 제국주의에 관한 논의에서 필자가 관심을 기울이는 핵심적 주제이다.

그런 주제에 접근하기 위해, 필자는 먼저 이데올로기에 주목한다. 그것은 사람들이 자신과 사회를 이해하는 데 기초가 되는 관념의 체계를 가리킨다. 그것이 사실에 부합하는지 그렇지 않은지, 그 여부는 중요하지 않다. 중요한 것은 사람들이 그에 의지해 정치적 결정을 내리고 행동에 들어간다는 사실이다. 그에 못지않게 중요한 것은 어느 사회에서든 다양한 이데올로기가 존재하며 흔히 서로 엇갈리거나 심지어 충돌을 일으키기도 한다는 점이다. 그 가운데서 주목해야 할 것은 물론 엘리트 사이에서 널리 수용되는 이데올로기이다. 다른 나라와 마찬가지로 미국에서도, 그것이 제국주의적 팽창의 지침이 되었기 때문이다. 그렇지만 그 지침이 팽창 과정에서 실제로 어떻게 구현되는지도 살펴봐야 한다. 그럴 때야 비로소 미국이 국제 질서를 어떻게 재편해 왔는지 올바르게 파악할 수 있다.

그렇게 접근한다면, 미국이 20세기 초에 이르러 새로운 국제 질서를 구상하기 시작했다는 점을 확인할 수 있다. 제1차 세계대전을 계기로, 미국은 막강한 군사력과 경제력을 과시하며 국제연맹을 중심으로 국제 질서를 개편하는 방안을 제시했다. 그러나 그런 위상에 부합하는 역할을 떠맡기 위해 선뜻 나서지는 않았다. 세계대전을 한 차례 더 치른 뒤에야 비로소 적극적인 자세를 취했다. 그리고 오늘날 정치학자들이 "자유주의적 국제 질서"라 부르는 체제를 수립하기 시작했는데, 그것은 이미 20세기 초에 마련된 방안에 토대를 두고 있었다. 따라서 일차 대전은 미국사를 넘어 세계사 측면에서도 중요한 계기였다고 할 수 있다. 이후 미국 문명의 발전 과정은 제3부에서 살펴본다.

참고문헌

1. 일차 자료

Addams, Jane. *Twenty Years at Hull−House: With Autobiographical Notes.* New York:
Macmillan, 1911.

Alger, Horatio. *Ragged Dick; or, Street Life in New York with the Boot−Blacks.* 1868;
Philadelphia: Henry T. Coates, 1895.

American Anti−Imperialist League. Platform. Internet Modern History Sourcebook.
History Department, Fordham University. https://sourcebooks.fordham.edu/
mod/1899antiimp.asp.

Barrow, Bennet H. *Plantation Life in the Florida Parishes of Louisiana, 1836−1846, as
Reflected in the Diary of Bennet H. Barrow.* Ed. Edwin Adams Davis. New York: AMS
Pr., 1943.

Bellamy, Edward. *Looking Backward, 2000−1887.* Boston: Houghton, Mifflin, 1888.

Calhoun, John C. *Speeches of John C. Calhoun: Delivered in the Congress of the United States
from 1811 to the Present Time.* New York: Harper & Brothers, 1843.

Club Men of New York, 1898−99. New York: Republic Pr., 1899.

Douglass, Frederick. *My Bondage and My Freedom.* New York: Miller, Orton &
Mulligan, 1855.

―――――――――. "The Civil Rights Case." Teaching American History. Ashbrook
Center, Ashland University. http://teachingamericanhistory.org/library/document/
the−civil−rights−case/.

Gallatin, Albert. *Report of the Secretary of Treasury; on the Subject of Public Roads and Canals;
made in pursuance of a Resolution of the Senate, of March 2, 1807.* Washington, DC: R. C.
Weightman, 1808.

Garrison, William Lloyd. "Declaration of the National Anti−Slavery Convention."
Liberator, 14 December 1833. http://fair−use.org/the−liberator/1833/12/14/

declaration-of-the-national-anti-slavery-convention.

George, Henry. *Progress and Poverty: An Inquiry into the Cause of Industrial Depressions and of Increase of Want with Increase of Wealth: The Remedy.* 1879; New York: Robert Schalkenbach Foundation: 1954.

Giddings, Frank. "Cooperation." In *The Labor Movement: The Problem of Today*, ed. George M. McNeil, 508–531, Boston: A. M. Bridgeman, 1887.

Gompers, Samuel. *Seventy Years of Life and Labor: An Autobiography by Samuel Gompers.* Ed. Philip Taft and John A. Sessions. New York: E. P. Dutton, 1957.

Kelley, Oliver Hudson. *Origin and Progress of the Order of the Patrons of Husbandry in the United States: A History from 1866 to 1873.* Philadelphia: J. A. Wagenseller, 1875.

Lincoln, Abraham. The Collected Works of Abraham Lincoln. Abraham Lincoln Association. https://quod.lib.umich.edu/l/lincoln/.

———. Speeches & Writings. Abraham Lincoln Online Organization. http://www.abrahamlincolnonline.org/lincoln/speeches/speeches.htm.

Mahan, A. T. *The Influence of Sea Power Upon History, 1660–1783.* 12 ed. Boston: Little, Brown, 1918.

Riis, Jacob A. *How the Other Half Lives.* 1890; New York: Dover, 1971.

Roosevelt, Theodore. "Fourth Annual Message." The American Presidency Project. University of California, Santa Barbara. https://www.presidency.ucsb.edu/documents/fourth-annual-message-15.

———. "Nobel Lecture." The Nobel Peace Prize 1906. Nobel Foundation. https://www.nobelprize.org/prizes/peace/1906/roosevelt/lecture/.

Stead, William T. *If Christ Came to Chicago: A Plan for the Union of All Who Love in the Service of All Who Suffer.* London: Review of the Reviews, 1894.

———. *The Americanization of the World: Or The Trend of the Twentieth Century.* London: Horace Markley, 1902.

Strong, Josiah. *Our Country: Its Possible Future and Its Present Crisis.* New York: American Home Missionary Society, 1885.

Taft, William. "Fourth Annual Message." Presidential Speeches. Miller Center, University of Virginia. https://millercenter.org/the-presidency/presidential-speeches/december-3-1912-fourth-annual-message.

Taylor, Frederick Winslow. *Scientific Management Comprising Shop Management; The Principles of Scientific Management; Testimony before the Special House Committee.* New York: Harper & Row, 1964.

Twain, Mark, and Charles Dudley Warner. *The Gilded Age: A Tale of Today.* 1873; New York: Trident Pr., 1964.

U.S. Bureau of the Census. *A Century of Population Growth: From the First Census of the United States to the Twelfth, 1790–1900.* Washington, DC: U.S. Government Printing Office, 1909.

———. *Historical Statistics of the United States: Colonial Times to 1970.*

Bicentennial ed. Washington, DC: U.S. Government Printing Office, 1975.

U.S. Energy Information Administration. "Annual Energy Review 2011." Total Energy. https://www.eia.gov/totalenergy/data/annual/showtext.php?t=ptb1601.

U.S. Library of Congress. A Century of Lawmaking for a New Nation: U.S. Congressional Documents and Debates, 1774–1875. https://memory.loc.gov/ammem/amlaw/.

_____. Primary Documents in American History. http://www.loc.gov/rr/program/bib/ourdocs/.

U.S. National Archives. Founders Online. https://founders.archives.gov/.

_____. Our Documents: A National Initiative on American History, Civics, and Service. https://www.ourdocuments.gov/index.php?flash=false&.

Washington, Booker T. "Booker T. Washington Delivers the 1895 Atlanta Compromise Speech." History Matters. American Social History Project. http://historymatters.gmu.edu/d/39/.

Wilson, Woodrow. "Address of the President to Congress, April 2, 1917." World War I: Declarations of War from Around the Globe. Law Library. U.S. Library of Congress. https://www.loc.gov/law/help/digitized-books/world-war-i-declarations/united-states.php.

_____. "Address of the President of the United States Delivered at a Joint Session of the Two Homes of Congress, January 8, 1918." Papers Relating to the Foreign Relations of the United States, 1918, Supplement 1, The World War. Vol. 1: Historical Documents. Office of the Historian, U.S. Department of States. https://history.state.gov/historicaldocuments/frus1918Supp01v01/d5.

2. 이차 자료(국내)

굿윈, 도리스 컨스. 『권력의 조건: 라이벌까지 끌어안은 링컨의 포용 리더십』. 이수연 역. 21 세기북스, 2013.

맥크로, 토머스 K. 『미국 금융의 탄생: 알렉산더 해밀턴과 앨버트 갤러틴의 경제 리더십』. 이경식 역. Human & Books, 2013.

박지향. 『제국주의: 신화와 현실』. 서울대학교 출판부, 2000.

배영수. 『미국 예외론의 대안을 찾아서』. 일조각, 2011.

_____. 「"새로운 자본주의 역사"의 가능성과 문제점」. 『서양사연구』 58 (2018), 129–158.

서정훈. 「서평: 박지향 저, 『제국주의: 신화와 현실』」. 『역사학보』 166 (2000), 278–289.

주경철. 『대항해시대: 해양 팽창과 근대 세계의 형성』. 서울대학교출판부, 2008.

처노, 론. 『부의 제국 록펠러: 그 신화와 경멸의 두 얼굴』. 안진환·박아람 역. 20세기북스, 2010.

_____. 『금융제국 J. P. 모건』. 제1권. 강남규 역. 플래닛, 2001.

3. 이차 자료(해외)

Ackerman, Kenneth D. *Boss Tweed: The Rise and Fall of the Corrupt Pol Who Conceived the Soul of Modern New York*. New York: Carroll & Graf, 2005.

Adams, Sean Patrick. "The US Coal Industry in the Nineteenth Century." EH.net Encyclopedia. Economic History Association. https://eh.net/encyclopedia/the-us-coal-industry-in-the-nineteenth-century-2/.

Ahlstrom, Sydney E. *A Religious History of the American People*. New Haven: Yale Univ. Pr., 1972.

Allen, Theodore W. *The Invention of the White Race*. Vol. 2: *The Origin of Racial Oppression in Anglo-America*. London: Verso, 1997.

Amsden, Alice H. *Asia's Next Giant: South Korea and Late Industrialization*. Oxford: Oxford Univ. Pr., 1989.

Appadurai, Arjun, ed. *The Social Life of Things: Commodities in Cultural Perspective*. Cambridge: Cambridge Univ. Pr., 1986.

Appleby, Joyce. "Commercial Farming and the 'Agrarian Myth' in the Early Republic." *Journal of American History* 68.4 (1982), 833-849.

_____. *Capitalism and a New Social Order: The Republican Vision of the 1790s*. New York: New York Univ. Pr., 1984.

Aronowitz, Stanley. *False Promises: The Shaping of American Working Class Consciousness*. 1973; New York: McGraw-Hill, 1974.

Ashworth, John. "The Relationship between Capitalism and Humanitarianism." *American Historical Review* 92.4 (1987), 813-828.

_____. *Slavery, Capitalism, and Politics in the Antebellum Republic*. 2 vols. Cambridge: Cambridge Univ. Pr., 1995-2007.

_____. *The Republic in Crisis, 1848-1861*. Cambridge: Cambridge Univ. Pr., 2012.

Avrich, Paul. *The Haymarket Tragedy*. Princeton, NJ: Princeton Univ. Pr., 1984.

Bae, Youngsoo. *Labor in Retreat: Class and Community among Men's Clothing Workers of Chicago, 1871-1929*. Albany: State Univ. of New York Pr., 2001.

_____. "Rethinking the Concept of Capitalism: A Historian's Perspective," *Social History* 45.1 (2020), 1-25.

Balogh, Brian. *A Government Out of Sight: The Mystery of National Authority in Nineteenth-Century America*. Cambridge: Cambridge Univ. Pr., 2009.

_____. *The Associational State: American Governance in the Twentieth Century*. Philadelphia: Univ. of Pennsylvania Pr., 2015.

Banning, Lance. "Jeffersonian Ideology Revisited: Liberal and Classical Ideas in the New American Republic." *William and Mary Quarterly* 43.1 (1986), 3-19.

Baptist, Edward E. *The Half Has Never Been Told: Slavery and the Making of American Capitalism*. New York: Basic Books, 2014.

_____. "Toward a Political Economy of Slave Labor: Hands, Whipping-Machines, and Modern Power." In Beckert and Rockman, eds., *Slavery's Capitalism*, 31–61.

Barron, Hal S. *Those Who Stayed Behind: Rural Society in Nineteenth-Century New England.* Cambridge: Cambridge Univ. Pr., 1984.

Bayly, Christopher A. *The Birth of the Modern World, 1780–1914: Global Connections and Comparisons.* Oxford: Blackwell, 2004.

_____. *Remaking the Modern World, 1900–2015: Global Connections and Comparisons.* Oxford: Blackwell, 2018.

Beard, Charles A. *Economic Origins of Jeffersonian Democracy.* New York: Macmillan, 1915.

_____ and Mary Beard. *The Rise of American Civilization.* 2 vols. New York: Macmillan, 1930.

Beckert, Sven. *The Monied Metropolis: New York City and the Consolidation of the American Bourgeoisie, 1850–1896.* Cambridge: Cambridge Univ. Pr., 2003.

_____. *Empire of Cotton: A Global History.* New York: Knopf, 2014.

_____ and Seth Rockman, eds. *Slavery's Capitalism: A New History of American Economic Development.* Philadelphia: Univ. of Pennsylvania Pr., 2016.

Bellamy, Richard, and Peter Baehr. "Carl Schmitt and the Contradictions of Liberal Democracy." *European Journal of Political Research* 23.2 (1993), 163–185.

Benson, Susan Porter. *Counter Cultures: Saleswomen, Managers, and Customers in American Department Stores, 1890–1940.* Urbana: Univ. of Illinois Pr., 1986.

Berlin, Ira. *Generations of Captivity: A History of African-American Slaves.* Cambridge, MA: Harvard/Belknap, 2003.

Binford, Henry. *The First Suburbs: Residential Communities on the Boston Periphery, 1815–1860.* Chicago: Univ. of Chicago Pr., 1985.

Blackburn, Robin. *The Making of New World Slavery: From the Baroque to the Modern, 1492–1800.* London: Verso, 1997.

Blackmar, Elizabeth. *Manhattan for Rent, 1785–1850.* Ithaca: Cornell Univ. Pr., 1989.

_____ and Roy Rosenzweig. *The People and the Park: A History of Central Park.* Ithaca: Cornell Univ. Pr., 1992.

Blum, Jerome. *The End of the Old Order in Rural Europe.* Princeton, NJ: Princeton Univ. Pr., 1978.

Blum, John Morton. *The Republican Roosevelt.* 2nd ed. Cambridge, MA: Harvard Univ. Pr., 1977.

Blumin, Stuart M. *The Emergence of the Middle Class: Social Experience in the American City, 1760–1900.* Cambridge: Cambridge Univ. Pr., 1989.

Bodin, Jean. *On Sovereignty.* Ed. and trans. Julian H. Franklin. Cambridge: Cambridge Univ. Pr., 1992.

Bodnar, John. *The Transplanted: A History of Immigrants in Urban America.* Bloomington: Indiana Univ. Pr., 1985.

Boydston, Jeanne. *Home and Work: Housework, Wages, and the Ideology of Labor in the Early Republic*. New York: Oxford Univ. Pr., 1990.

Boyer, Paul. *Urban Masses and Moral Order in America, 1820–1920*. Cambridge, MA: Harvard Univ. Pr., 1978.

Brody, David. *Steelworkers in America: The Nonunion Era*, 1960; New York: Harper Torchbooks, 1969.

_____. *Workers in Industrial America: Essays on the 20th Century Struggle*. New York: Oxford Univ. Pr., 1980.

Bruchey, Stuart. *Enterprise: The Dynamic Economy of a Free People*. Cambridge, MA: Harvard Univ. Pr., 1990.

Bruegel, Martin. *Farm, Shop, Landing: The Rise of a Market Society in the Hudson Valley, 1780–1860*. Durham: Duke Univ. Pr., 2002.

Burch, Philip H., Jr. *Elites in American History: The Federalist Years to the Civil War*. New York: Holmes & Meier, 1981.

Bushman, Richard Lyman. *The Refinement of America: Persons, Houses, Cities*. New York: Vintage, 1993.

Chambers, John Whiteclay, II. "Confederate Army." In *The Oxford Companion to American Military History*, ed. John Whiteclay Chambers, II. Oxford: Oxford Univ. Pr., 2000 (http://www.encyclopedia.com).

_____. "Union Army." Ibid.

Chandler, Alfred D., Jr. *Strategy and Structure: Chapters in the History of the Industrial Enterprise*. Cambridge, MA: MIT Pr., 1962.

_____. *The Visible Hand: The Managerial Revolution in American Business*. Cambridge, MA: Harvard/Belknap, 1977.

_____. *Scale and Scope: The Dynamics of Industrial Capitalism*. Cambridge, MA: Harvard/Belknap, 1990.

Chantrill, Christopher. "Government Spending Details for 1891." U.S. Government Spending. usgovernmentspending.com. http://www.usgovernmentspending.com/year_spending_1891USmn_18ms2n#usgs302.

Chase–Dunn, Christopher. *Global Formation: Structures of the World–Economy*. Oxford: Blackwell, 1989.

Chay, Jongsuk. "The Taft–Katsura Memorandum Reconsidered." *Pacific History Review* 37.3 (1968), 321–326.

Clark, Christopher. *The Roots of Rural Capitalism: Western Massachusetts, 1780–1860*. Ithaca: Cornell Univ. Pr., 1990.

Cochran, Thomas C. "Did the Civil War Retard Industrialization?" In *The Economic Impact of the American Civil War*, ed. Ralph Andreano, 167–179. 1962; Cambridge, MA: Schenkman, 1967.

Conrad, Alfred H., and John T. Meyer. "The Economics of Slavery in the Ante Bellum South." *Journal of Political Economy* 66.2 (1958), 95–130.

Cookson, Peter W., Jr. and Caroline Hodges Persell. *Preparing for Power: America's Elite Boarding Schools.* New York: Basic Books, 1985.

Cooper, John Milton, Jr. *The Warrior and the Priest: Woodrow Wilson and Theodore Roosevelt.* Cambridge, MA: Harvard Univ. Pr., 1983.

Cullen, Jim. *The American Dream: A Short History of an Idea That Shaped a Nation.* Oxford: Oxford Univ. Pr., 2003.

Cumings, Bruce. "The Origins and Development of the Northeast Asian Political Economy: Industrial Sectors, Product Cycles, and Political Consequences." *International Organization* 38.1 (1984), 1–40.

Dalzell, Robert F., Jr. *Enterprising Elite: The Boston Associates and the World They Made.* Cambridge, MA: Harvard Univ. Pr., 1987.

Davis, David Brion. *The Problem of Slavery in Western Culture.* Ithaca: Cornell Univ. Pr., 1966.

_____. *The Problem of Slavery in the Age of Revolution, 1770–1823.* Ithaca: Cornell Univ. Pr., 1975.

_____. *Inhuman Bondage: The Rise and Fall of Slavery in the New World.* Oxford: Oxford Univ. Pr., 2006.

Davis, Mike. *Prisoners of the American Dream: Politics and Economy in the History of the US Working Class.* London: Verso, 1986.

Dawley, Alan. *Struggles for Justice: Social Responsibility and the Liberal State.* Cambridge, MA: Harvard Univ. Pr., 1991.

Dennett, Tyler. "President Roosevelt's Secret Pact with Japan." *Current History* 21.1 (1924), 15–21.

Desan, Christine. *Making Money: Coin, Currency, and the Coming of Capitalism.* Oxford: Oxford Univ. Pr., 2014.

Deyle, Steven. *Carry Me Back: The Domestic Slave Trade in American Life.* Oxford: Oxford Univ. Pr., 2005.

Doerflinger, Thomas M. *A Vigorous Spirit of Enterprise: Merchants and Economic Development in Revolutionary Philadelphia.* New York: Norton, 1986.

Domhoff, G. William, et al. *Studying the Power Elite: Fifty Years of* Who Rules America? London: Routledge, 2017.

Donald, David Herbert. *Charles Sumner and the Coming of the Civil War.* 1960; Chicago: Univ. of Chicago Pr., 1981.

_____. *Lincoln.* New York: Simon & Schuster, 1995.

Doyle, Don Harrison. *The Social Order of a Frontier Community: Jacksonville, Illinois, 1825–70.* Urbana: Univ. of Illinois Pr., 1978.

Dublin, Thomas. *Women at Work: The Transformation of Work and Community in Lowell, Massachusetts, 1826–1860.* New York: Columbia Univ. Pr., 1979.

Dubofsky, Melvyn. *We Shall Be All: A History of the* Industrial Workers of the World. Chicago: Quadrangle Books, 1969.

_____ et al. "*Labor History* Symposium: Responses." *Labor History* 51.2 (2010), 295–318.

DuBois, W. E. B. *Black Reconstruction in America: An Essay toward a History of the Part Which Black Folk Played in the Attempt to Reconstruct Democracy in America, 1860–1880.* 1935; New York: Atheneum, 1977.

Edling, Max M. *A Revolution in Favor of Government: Origins of the U.S. Constitution and the Making of the American State.* Oxford: Oxford Univ. Pr., 2003.

_____. *A Hercules in the Cradle: War, Money, and the American State, 1783–1867.* Chicago: Univ. of Chicago Pr., 2014.

Edwards, Andrew David. "The American Revolution and Christine Desan's New History of Money." *Law and Social Inquiry* 42.1 (2017), 252–278.

Edwards, Rebbeca, and Sarah DeFeo. "1896." The Presidential Campaign: Cartoons & Commentary. Vassar College. http://projects.vassar.edu/1896/1896home.html.

Engerman, Stanley L. "The Economic Impact of the Civil War." In *The Economic Impact of the American Civil War*, ed. Ralph Andreano, 188–209. 1962; Cambridge, MA: Schenkman, 1967.

Equal Justice Initiative. *Lynching in America: Confronting the Legacy of Racial Terror.* 2nd ed. Montgomery, AL: Equal Justice Initiative, 2015.

Esthus, Raymond A. "The Taft–Katsura Agreement — Reality or Myth?" *Journal of Modern History* 31.1 (1959), 46–51.

Evans, Peter. *Embedded Autonomy: States & Industrial Transformation.* Princeton, NJ: Princeton Univ. Pr., 1995.

Evans, Richard, Jr. "The Economics of American Negro Slavery." In *Aspects of Labor Economics*, ed. National Bureau of Economic Research, 185–256. Princeton, NJ: Princeton Univ. Pr., 1962.

Fields, Barbara. "Ideology and Race in American History." In *Religion, Race, and Reconstruction: Essays in Honor of C. Vann Woodward*, ed. J. Morgan Kousser and James M. McPherson, 143–177. New York: Oxford Univ. Pr., 1982.

_____. "Slavery, Race and Ideology in the United States of America." *New Left Review* 181 (1990), 95–118.

Filene, Peter G. "An Obituary for 'The Progressive Movement.'" *American Quarterly* 22.1 (1970), 20–34.

Fink, Leon. *Workingmen's Democracy: The Knights of Labor and American Politics.* Urbana: Univ. of Illinois Pr., 1983.

Flikschuh, Katrin. "Kant's Sovereignty Dilemma: A Contemporary Analysis." *Journal of Political Philosophy* 18.4 (2010), 469–493.

Fogel, Robert W. *Without Consent or Contract: The Rise and Fall of American Slavery.* New York: Norton, 1989.

_____ and Stanley L. Engerman. *Time on the Cross: The Economics of American Negro Slavery.* Boston: Little, Brown, 1974.

Foner, Eric. *Free Soil, Free Labor, Free Men: The Ideology of the Republican Party before the Civil War.* New York: Oxford Univ. Pr., 1970.

_____. *Nothing But Freedom: Emancipation and Its Legacy.* Baton Rouge: Louisiana State Univ. Pr., 1983.

_____. *Reconstruction: America's Unfinished Revolution, 1863–1877.* New York: Harper & Row, 1988.

_____. *The Fiery Trial: Abraham Lincoln and American Slavery.* New York: Norton, 2010.

Forbath, William E. *Law and the Shaping of the American Labor Movement.* Cambridge, MA: Harvard Univ. Pr., 1991.

Foster, John Bellamy, and Robert W. McChesney. *Pox Americana: Exposing the American Empire.* New York: Monthly Review Pr., 2004.

Frisch, Michael H., and Daniel J. Walkowitz, eds. *Working–Class America: Essays on Labor, Community, and American Society.* Urbana: Univ. of Illinois Pr., 1983.

"From Slave Labor to Free Labor." America's Reconstruction: People and Politics after the Civil War. Gilder Lehrman Institute of American History. https://www.digitalhistory.uh.edu/exhibits/reconstruction/section3/section3_11.html.

Galambos, Louis, and Joseph Pratt. *The Rise of the Corporate Commonwealth: United States Business and Public Policy in the 20th Century.* New York: Basic Books, 1988.

Gat, Azar. *War in Human Civilization.* Oxford: Oxford Univ. Pr., 2006.

Genovese, Eugene D. *The Political Economy of Slavery: Studies in the Economy and Society of the Slave South.* New York: Vintage, 1967.

_____. *The World the Slaveholders Made: Two Essays in Interpretation.* New York: Vintage, 1967.

_____. *Roll, Jordan, Roll: The World the Slaves Made.* New York: Vintage, 1976.

_____ and Elizabeth Fox–Genovese, *Fruits of Merchant Capital: Slavery and Bourgeois Property in the Rise and Expansion of Capitalism.* New York: Oxford Univ. Pr., 1983.

Gerstle, Gary. *Liberty and Coercion: The Paradox of American Government from the Founding to the Present.* Princeton, NJ: Princeton Univ. Pr., 2015.

Gilkeson, John S., Jr. *Middle–Class Providence, 1820–1940.* Princeton, NJ: Princeton Univ. Pr., 1986.

Gilmore, Glenda Elizabeth. *Gender and Jim Crow: Women and the Politics of White Supremacy in North Carolina, 1896–1920.* Chapel Hill: Univ. of North Carolina Pr., 1996.

Gitelman, H. M. "Perspectives on American Industrial Violence." *Business History Review* 47.1 (1973), 1–23.

Goldstein, Robert Justin. "*Labor History* Symposium: Political Repression of the American Labor Movement during Its Formative Years — A Comparative Perspective." *Labor History* 51.2 (2010), 271–293.

Gong, Geritt W. *The Standard of 'Civilization' in International Society.* Oxford: Clarendon Pr., 1984.

Goodwyn, Helena. "A 'New' Journalist: The Americanization of W. T. Stead." *Journal of Victorian Culture* 23.3 (2018), 405–420.

Goodwyn, Lawrence. *The Populist Moment: A Short History of the Agrarian Revolt in America.* New York: Oxford Univ. Pr., 1978.

Green, James R. *The World of the Worker: Labor in Twentieth–Century America.* New York: Hill & Wang, 1980.

Greenfeld, Liah. *The Spirit of Capitalism: Nationalism and Economic Growth.* Cambridge, MA: Harvard Univ. Pr., 2001.

Griffin, Patrick. *American Leviathan: Empire, Nation, and Revolutionary Frontier.* New York: Hill & Wang, 2007.

Guelzo, Allen C. *Fateful Lightning: A New History of the Civil War and Reconstruction.* New York: Oxford Univ. Pr., 2012.

Gutman, Herbert G. *Slavery and the Numbers Game: A Critique of* Time on the Cross. Urbana: Univ. of Illinois Pr., 1975.

_____. *Work, Culture & Society in Industrializing America: Essays in American Working–Class and Social History.* New York: Vintage, 1977.

Habakkuk, H. J. *American and British Technology in the Nineteenth Century: The Search for Labour–Saving Inventions.* Cambridge: Cambridge Univ. Pr., 1962.

Hacker, J. David. "A Census–Based Count of the Civil War Dead." *Civil War History* 57.4 (2011), 307–348.

Haggard, Stephan. "Institutions and Growth in East Asia." *Studies in Comparative International Development* 38.4 (2004), 53–81.

Hahn, Steven. *The Roots of Southern Populism: Yeoman Farmers and the Transformation of the Georgia Upcountry, 1850–1890.* New York: Oxford Univ. Pr., 1983.

_____. *A Nation under Our Feet: Black Political Struggles in the Rural South from Slavery to the Great Migration.* Cambridge, MA: Harvard Univ. Pr., 2003.

_____. *A Nation without Borders: The United States and Its World in an Age of Civil Wars, 1830–1910.* New York: Penguin, 2016.

Haines, Michael. "Fertility and Mortality in the United States." EH.net Encyclopedia. Economic History Association. https://eh.net/encyclopedia/fertility–and–mortality–in–the–united–states/.

Hale, Grace Elizabeth. *Making Whiteness: The Culture of Segregation in the South, 1890–1940.* New York: Vintage, 1999.

Halttunen, Karen. *Confidence Men and Painted Women: A Study of Middle–Class Culture in America, 1830–1870.* New Haven: Yale Univ. Pr., 1982.

Handlin, Oscar. *The Uprooted: The Epic Story of the Great Migrations That Made the American People.* New York: Grosset & Dunlap, 1951.

_____ and Mary F. Handlin. "Origins of the American Business Corporation."

Journal of Economic History 5.1 (1945), 1–23.

Hannah, Les. "Corporations in the US and Europe, 1790–1860." *Business History* 56.6 (2014), 865–899.

Hannigan, Robert E. *The Great War and American Foreign Policy, 1914–24.* Philadelphia: Univ. of Pennsylvania Pr., 2017.

Harkins, Malcolm J., III. "The Uneasy Relationship of *Hobby Lobby, Conestoga Wood,* the Affordable Care Act, and the Corporate Person: How a Historical Myth Continues to Bedevil the Legal System." *Saint Louis University Journal of Health Law & Policy* 7.2 (2014), 201–310.

Harvey, David. *The New Imperialism.* Oxford: Oxford Univ. Pr., 2003.

Haskell, Thomas. "Capitalism and the Origins of the Humanitarian Sensibility, Part I." *American Historical Review* 90.2 (1985), 339–361.

_____. "Capitalism and the Origins of the Humanitarian Sensibility, Part II." *American Historical Review* 90.3 (1985): 547–566.

Hattam, Victoria C. *Labor Visions and State Power: The Origins of Business Unionism in the United States.* Princeton, NJ: Princeton Univ. Pr., 1993.

Healy, David. *US Expansionism: The Imperialist Urge in the 1890s.* Madison: Univ. of Wisconsin Pr., 1970.

Heater, Derek. *National Self–Determination: Woodrow Wilson and His Legacy.* New York: St. Martin's, 1994.

"Henry Grady Sells the 'New South.'" History Matters. American Social History Project. http://historymatters.gmu.edu/d/5745/.

Hicks, John D. *The Populist Revolt: A History of the Farmers' Alliance and the People's Party.* Minneapolis: Univ. of Minnesota Pr., 1931.

Hilt, Eric. "Corporation Law and the Shift to Open Access in the Antebellum United States." NBER Working Paper 21195, National Bureau of Economic Research, Cambridge, MA, 2015.

Hines, Thomas S. *Burnham of Chicago: Architect and Planner.* Chicago: Univ. of Chicago Pr., 1979.

Hirschman, Albert O. *The Passions and the Interests: Political Arguments for Capitalism before Its Triumph.* 1977; Princeton, NJ: Princeton Univ. Pr., 2013.

"History and Humanitarianism: A Conversation." *Past and Present* 241 (2018), 1–38.

Hobsbawm, Eric. *The Age of Revolution, Europe, 1789–1848.* London: Weidenfeld, 1962.

_____. *The Age of Capital, 1848–1875.* London: Weidenfeld, 1975.

_____. *The Age of Empire, 1875–1914.* New York: Pantheon, 1987.

_____. *The Age of Extremes: A History of the World, 1914–1991.* New York: Pantheon, 1994.

Hobson, J. A. *Imperialism: A Study.* 1902; London: Allen & Unwin, 1938.

Hoerder, Dirk, ed. *"Struggle a Hard Battle": Essays on Working–Class Immigrants.* Dekalb, IL: Northern Illinois Univ. Pr., 1986.

Hofstadter, Richard. *Social Darwinism in American Thought.* 1944; Boston: Beacon, 1955.

_____. *The American Political Tradition and the Men Who Made It.* New York: Vintage, 1948.

_____. *The Age of Reform: From Bryan to F.D.R.* New York: Knopf, 1955.

Holt, Michael F. *The Political Crisis of the 1850s.* New York: John Wiley, 1978.

_____. *The Fate of Their Country: Politicians, Slavery Extension, and the Coming of the Civil War.* New York: Hill & Wang, 2004.

Holt, Thomas. *Black over White: Negro Political Leadership in South Carolina during Reconstruction.* Urbana: Univ. of Illinois Pr., 1977.

Homberger, Eric. *Mrs. Astor's New York: Money and Social Power in a Gilded Age.* New Haven: Yale Univ. Pr., 2002.

Horkheimer, Max, and Theordor W. Adorno. *Dialectic of Enlightenment: Philosophical Fragments.* Trans. Edmund Jephcott. Stanford: Stanford Univ. Pr., 2002.

Horowitz, Morton J. *The Transformation of American Law, 1870–1960: The Crisis of Legal Orthodoxy.* Cambridge, MA: Harvard Univ. Pr., 1977.

Hounshell, David A. *From the American System to Mass Production, 1800–1932: The Development of Manufacturing Technology in the United States.* Baltimore: Johns Hopkins Univ. Pr., 1984.

Hovenkamp, Herbert. *Enterprise and American Law, 1836–1937.* Cambridge, MA: Harvard Univ. Pr., 1991.

Howe, Daniel Walker. *What Hath God Brought: The Transformation of America, 1815–1848.* Oxford: Oxford Univ. Pr., 2007.

Hughes, Helen. "Crony Capitalism and the East Asian Currency and Financial 'Crises.'" *Policy* 15.3 (1999), 1–9.

Hughes, Jonathan, and Louis P. Cain. *American Economic History.* 8th ed. Boston: Addison–Wesley, 2011.

Hurt, R. Douglas. *Agriculture and the Confederacy: Policy, Productivity, and Power in the Civil War South.* Chapel Hill: Univ. of North Carolina Pr., 2015.

Huston, James L. *Calculating the Value of the Union: Slavery, Property Rights, and the Economic Origins of the Civil War.* Chapel Hill: Univ. of North Carolina Pr., 2003.

Ignatiev, Noel. *How the Irish Became White.* New York: Routledge, 1995.

Ikenberry, G. John. *A World Safe for Democracy: Liberal Internationalism and the Crises of Global Order.* New Haven: Yale Univ. Pr., 2020.

Inskster, Ian. "Potentially Global: 'Useful and Reliable Knowledge' and Material Progress in Europe, 1474–1914." *International History Review* 28.2 (2006), 237–286.

"Interchange: Corruption Has a History." *Journal of American History* 105.4 (2019), 912–938.

Ireland, Robert M. "The Problem of Local, Private, and Special Legislation in the Nineteenth–Century United States." *American Journal of Legal History* 46.3 (2004), 271–299.

Jacoby, Sanford M. "American Exceptionalism Revisited: The Importance of Management." In *Masters to Managers: Historical and Comparative Perspectives on American Employers,* ed. Sanford M. Jacoby, 173–200. New York: Columbia Univ. Pr., 1991.

Jaher, Frederic Cople. *The Urban Establishment: Upper Strata in Boston, New York, Charleston, Chicago, and Los Angeles.* Urbana: Univ. of Illinois Pr., 1982.

John, Richard R. *Network Nation: Inventing American Telecommunications.* Cambridge, MA: Harvard Univ. Pr., 2010.

Johnson, Chalmers. *MITI and the Japanese Miracle: The Growth of Industrial Policy, 1925–1975.* Stanford: Stanford Univ. Pr., 1982.

_____. "Political Institutions and Economic Performance: The Government–Business Relationship in Japan, South Korea, and Taiwan." In *The Political Economy of the New Asian Industrialism,* ed. Frederic C. Deyo, 136–164. Ithaca: Cornell Univ. Pr., 1987.

Johnson, Paul E. *A Shopkeeper's Millenium: Society and Revivals in Rochester, New York, 1815–1837.* New York: Hall & Wang, 1978.

Johnson, Walter. *Soul by Soul: Life inside the Antebellum Slave Market.* Cambridge, MA: Harvard Univ. Pr., 1999.

_____. "The Pedestal and the Veil: Rethinking the Capitalism/Slavery Question." *Journal of the Early Republic* 24.2 (2004), 299–308.

_____. *River of Dark Dreams: Slavery and Empire in the Cotton Kingdom.* Cambridge, MA: Harvard Univ. Pr., 2013.

Johnston, Robert D. *The Radical Middle Class: Populist Democracy and the Question of Capitalism in Progressive Era Portland, Oregon.* Princeton, NJ: Princeton Univ. Pr., 2003.

Kang, David. *Crony Capitalism: Corruption and Development in South Korea and the Philippines.* Cambridge: Cambridge Univ. Pr., 2002.

Kant, Immanuel. *Perpetual Peace: A Philosophical Essay.* Trans. M. Campbell Smith. London: George Allen & Unwin, 1903.

Katznelson, Ira, and Aristide R. Zolberg, eds. *Working–Class Formation: Nineteenth–Century Patterns in Western Europe and the United States.* Princeton, NJ: Princeton Univ. Pr., 1986.

Keller, Morton. *Affairs of State: Public Life in Late Nineteenth Century America.* Cambridge, MA: Harvard/Belknap, 1977.

_____. *Regulating a New Economy: Public Policy and Economic Change in America, 1900–1933.* Cambridge, MA: Harvard Univ. Pr., 1990.

Kennedy, David M. *Over Here: The First World War and American Society.* New York: Oxford Univ. Pr., 1980.

Keyssar, Alexander. *The Right to Vote: The Contested History of Democracy in the United States with a New Afterword.* New York: Basic Books, 2000.

Khan, Shamus Rahman. *Privilege: The Making of an Adolescent Elite at St. Paul's School.*

Princeton, NJ: Princeton Univ. Pr., 2012.

Klein, Daniel, and John Majeski. "Turnpikes and Toll Roads in Nineteenth–Century America." EH.net Encyclopedia. Economic History Association. http://eh.net/encyclopedia/turnpikes–and–toll–roads–in–nineteenth–century–america.

Klein, Maury. *The Genesis of Industrial America, 1870–1920.* Cambridge: Cambridge Univ. Pr., 2007.

Kloppenberg, James T. *Uncertain Victory: Social Democracy and Progressivism in European and American Thought, 1870–1920.* Oxford: Oxford Univ. Pr., 1988.

Knock, Thomas J. *To End All Wars: Woodrow Wilson and the Quest for a New World Order.* Princeton, NJ: Princeton Univ. Pr., 1992.

Kousser, J. Morgan. "The Irrepressible Repressible Conflict Theory." *Reviews in American History* 21.2 (1993), 207–212.

Kramer, Larry D. *The People Themselves: Popular Constitutionalism and Judicial Review.* Oxford: Oxford Univ. Pr., 2004.

Kramer, Paul A. *The Blood of Government: Race, Empire, the United States, & the Philippines.* Chapel Hill: Univ. of North Carolina Pr., 2006.

_____. "Power and Connection: Imperial Histories of the United States in the World." *American Historical Review* 116.5 (2011), 1348–1391.

Kristol, Irving. "On Corporate Capitalism in America." *Public Interest* 41 (Fall 1975), 124–141.

Kundnani, Hans. "What Is the Liberal International Order?" Policy Essay 17 (2017). German Marshall Fund of the United States. https://www.jstor.org/stable/pdf/resrep18909.pdf.

Kwolek–Folland, Angel. *Engendering Business: Men and Women in the Corporate Office, 1870–1930.* Baltimore: Johns Hopkins Univ. Pr., 1994.

LaFeber, Walter. *The Cambridge History of American Foreign Relations.* Vol. 2: *The American Search for Opportunity, 1865–1913.* Cambridge: Cambridge Univ. Pr., 1993.

Lamoreaux, Naomi R. *The Great Merger Movement in American Business, 1895–1904.* Cambridge: Cambridge Univ. Pr., 1985.

_____. "The Mystery of Property Rights: A U.S. Perspective." *Journal of Economic History* 71.2 (2011), 275–306.

_____. "Revisiting American Exceptionalism: Democracy and the Regulation of Corporate Governance in Nineteenth–Century Pennsylvania." NBER Working Paper 20231, National Bureau of Economic Research, Cambridge, MA, 2014.

Langer, William L. *The Diplomacy of Imperialism, 1890–1902.* 1935; New York: Knopf, 1960.

Larsen, Kirk W., and Joseph Seeley. "Simple Conversation or Secret Treaty? The Taft–Katsura Memorandum in Korean Historical Memory." *Journal of Korean Studies* 19.1 (2014), 59–92.

594

Larson, John Lauritz. *Internal Improvement: National Public Works and the Promise of Popular Government in the Early United States.* Chapel Hill: Univ. of North Carolina Pr., 2001.

_____. *The Market Revolution in America: Liberty, Ambition, and the Eclipse of the Common Good.* Cambridge: Cambridge Univ. Pr., 2010.

Laurie, Bruce. *Working People of Philadelphia, 1800−1850.* Philadelphia: Temple Univ. Pr., 1980.

Leab, Daniel J., ed. *The Labor History Reader.* Urbana: Univ. of Illinois Pr., 1985.

Lears, T. J. Jackson. *Fables of Abundance: A Cultural History of Advertising in America.* New York: Basic Books, 1994.

_____. *Rebirth of a Nation: The Making of Modern America, 1877−1920.* New York: Harper, 2009.

Lenin, V. I. *Imperialism, the Highest Stage of Capitalism: A Popular Outline.* 1917; New York: International Publishers, 1939.

Leonard, Gerald. "*Fletcher v. Peck* and Constitutional Development in the Early United States." *U.C. Davis Law Review* 47.5 (2014), 1843−1857.

_____ and Saul Cornell. *The Partisan Republic: Democracy, Exclusion, and the Fall of the Founders' Constitution, 1780s−1830s.* Cambridge: Cambridge Univ. Pr., 2019.

Letwin, William I. "Congress and the Sherman Antitrust Law: 1887−1890." *University of Chicago Law Review* 23.2 (1955), 221−258.

Levine, Bruce. *Half Slave and Half Free: The Roots of Civil War.* Revised ed. New York: Hill & Wang, 2005.

Levine, Lawrence. *Black Culture and Black Consciousness: Afro−American Folk Thought from Slavery to Freedom.* New York: Oxford Univ. Pr., 1977.

_____. "The Folklore of Industrial Society: Popular Culture and Its Audiences." *American Historical Review* 97.5 (1992), 1369−1399.

Limerick, Patricia Nelson. *The Legacy of Conquest: The Unbroken Past of the American West.* New York: Norton, 1987.

Lipartito, Kenneth. "Reassembling the Economic: New Departures in Historical Materialism." *American Historical Review* 121.1 (2016), 101−139.

Livesay, Harold C. *Samuel Gompers and Organized Labor in America.* Boston: Little, Brown, 1978.

Livingston, James. "What Is Called History at the End of Modernity?" S.USIH, 28 February 2015, https://s−usih.org/2015/02/what−is−called−history−at−the−end−of−modernity/.

"Lynching, Whites & Negroes, 1882−1968." Tuskegee University Archives Repository. Tuskegee University. http://archive.tuskegee.edu/archive/handle/123456789/511.

Majewski, John. "Why Did Northerners Oppose the Expansion of Slavery? Economic Development and Education in the Limestone South." In Beckert and Rockman, eds., *Slavery's Capitalism*, 277−298.

Manela, Erez. *The Wilsonian Moment: Self−Determination and the Intellectual Origins of*

Anticolonial Nationalism. Oxford: Oxford Univ. Pr., 2007.

Mann, Michael. *The Sources of Social Power.* 4 vols. Cambridge: Cambridge Univ. Pr., 1986–2013.

Marx, Karl. *Capital: A Critique of Political Economy.* Vol. 1, Trans. Ben Fowkes. New York: Vintage, 1977.

Mayer, Arno J. *The Persistence of the Old Regime: Europe to the Great War.* New York: Pantheon, 1981.

Mayer, Carl J. "Personalizing the Impersonal: Corporations and the Bill of Rights." *Hastings Law Journal* 41.3 (1990), 577–667.

Mayer, Harold M., and Richard C. Wade. *Chicago: Growth of a Metropolis.* Chicago: Univ. of Chicago Pr., 1969.

McCoy, Drew. *The Elusive Republic: Political Economy and Jeffersonian America.* New York: Norton, 1980.

McCurry, Stephanie. *Confederate Reckoning: Power and Politics in the Civil War South.* Cambridge, MA: Harvard Univ. Pr., 2010.

McGerr, Michael. *A Fierce Discontent: The Rise and Fall of Progressive Movement in America, 1870–1920.* New York: Free Pr., 2003.

McGraw, Thomas K. *Prophets of Regulation: Charles Francis Adams; Louis D. Brandeis; James M. Landis; Alfred E. Kahn.* Cambridge, MA: Harvard Univ. Pr., 1984.

McKinley, Maggie. "Petitioning and the Making of the Administrative State." *Yale Law Journal* 127.6 (2018), 1538–1637.

McPherson, James. *Battle Cry of Freedom.* Oxford: Oxford Univ. Pr., 1988.

Merritt, Keri Leigh. *Masterless Men: Poor Whites and Slavery in the Antebellum South.* Cambridge: Cambridge Univ. Pr., 2017.

Meyer, David R. *The Roots of American Industrialization.* Baltimore: Johns Hopkins Univ. Pr., 2003.

Meyer, Stephen, III. *The Five Dollar Day: Labor Management in the Ford Motor Company, 1908–1921.* Albany: State Univ. of New York Pr., 1981.

Mihm, Stephen. *A Nation of Counterfeiters: Capitalists, Con Men, and the Making of the United States.* Cambridge, MA: Harvard Univ. Pr., 2009.

Mills, C. Wright. *White Collar: The American Middle Classes.* Oxford: Oxford Univ. Pr., 1951.

Mizruchi, Mark S. *The Fracturing of the American Corporate Elite.* Cambridge, MA: Harvard Univ. Pr., 2013.

Mokyr, Jeol. *The Gifts of Athena: Historical Origins of the Knowledge Economy.* Princeton, NJ: Princeton Univ. Pr., 2002.

_____. *The Enlightened Economy: An Economic History of Britain, 1700–1850.* New Haven: Yale Univ. Pr., 2009.

_____. *A Culture of Growth: The Origins of the Modern Economy.* Princeton, NJ: Princeton Univ. Pr., 2016.

Montesquieu, Charles—Louis de Secondat. *The Spirit of Laws.* Trans. and ed. Anne M. Cohler, Basia Carolyn Miller, and Harold Samuel Stone. Cambridge: Cambridge Univ. Pr., 1989.

Montgomery, David. *The Fall of the House of Labor: The Workplace, the State, and American Labor Activism, 1865–1925.* Cambridge: Cambridge Univ. Pr., 1987.

Moody, J. Carroll, and Alice Kessler—Harris, eds. *Perspectives on American Labor History: The Problem of Synthesis.* Dekalb, IL: Northern Illinois Univ. Pr., 1990.

Morgan, Edmund S. *American Slavery, American Freedom: The Ordeal of Colonial Virginia.* New York: Norton, 1975.

Morgan, Philip D. *Slave Counterpoint: Black Culture in the Eighteenth—Century Chesapeake and Lowcountry.* Chapel Hill: Univ. of North Carolina Pr., 1998.

Morrison, Michael A. *Slavery and the American West: The Eclipse of Manifest Destiny and the Coming of the Civil War.* Chapel Hill: Univ. of North Carolina Pr., 1997.

Moss, David A. *When All Else Fails: Government as the Ultimate Risk Manager.* Cambridge, MA: Harvard Univ. Pr., 2002.

Mouffe, Chantal. *The Democratic Paradox.* London: Verso, 2000.

Mulder, Nicholas. "War Finance." In 1914–1918 Online: International Encyclopedia of the First World War, ed. Ute Daniel, Peter Gatreli, Oliver Janz, Heather Jones, Jennifer Keene, Alan Kramer, and Bill Nasson. Berlin: Freie Universität Berlin, 2018 (https://encyclopedia.1914–1918–online.net/article/war_finance#:~:text=This%20 was%20an%20enormous%20amount,and%20%241%20billion%20to%20Italy).

Nam, Hwasook. *Building Ships, Building a Nation: Korea's Democratic Unionism under Park Chung Hee.* Seattle: Univ. of Washington Pr., 2009.

Nelson, Daniel. *Managers and Workers: Origins of the New Factory System in the United States, 1880–1920.* Madison: Univ. of Wisconsin Pr., 1975.

Nelson, John R., Jr. *Liberty and Property: Political Economy and Policymaking in the New Nation, 1789–1812.* Baltimore: Johns Hopkins Univ. Pr., 1987.

Nelson, Scott Reynolds. "Who Put Their Capitalism in My Slavery?" *Journal of the Civil War Era* 5.2 (2015), 289–310.

Nevins, Allan. *Ordeal of the Union.* 8 vols. New York: Scribner, 1947–1971.

Ninkovich, Frank. *The Wilsonian Century: U.S. Foreign Policy since 1900.* Chicago: Univ. of Chicago Pr., 1999.

Nolan, Mary. *Visions of Modernity: American Business and the Modernization of Germany.* New York: Oxford Univ. Pr., 1994.

Novak, William J. *The People's Welfare: Law and Regulation in Nineteenth—Century America.* Chapel Hill: Univ. of North Carolina Pr., 1996.

_____. "The Legal Transformation of Citizenship in Nineteenth—Century America." In *The Democratic Experiment: New Directions in American Political History,* ed. Meg Jacobs, William J. Novak, and Julian E, Zeiler., 85–119. Princeton, NJ: Princeton Univ. Pr., 2003.

_____. "The Myth of the 'Weak' American State." *American Historical Review* 113.3 (2008), 752–772.

Nugent, Walter. *Crossings: The Great Transatlantic Migrations, 1870–1914.* Bloomington: Indiana Univ. Pr., 1992.

_____. *Habits of Empire: A History of American Expansion.* New York: Knopf, 2008.

Oakes, James. *The Ruling Race: A History of Slaveholders.* New York: Knopf, 1982.

_____. "Capitalism and Slavery and the Civil War." *International Labor and Working–Class History* 89 (2016), 195–220.

O'Brien, Patrick. "Historical Foundations for a Global Perspective on the Emergence of a Western European Regime for the Discovery, Development, and Diffusion of Useful and Reliable Knowledge." *Journal of Global History* 8.1 (2013), 1–24.

Okimoto, Daniel I. *Between MITI and the Market: Japanese Industrial Policy for High Technology.* Stanford: Stanford Univ. Pr., 1989.

Osgood, Robert Endicott. *Ideals and Self–Interest in America's Foreign Relations.* Chicago: Univ. of Chicago Pr., 1953.

Page, William H. "Ideological Conflict and the Origins of Antitrust Policy." *Tulane Law Review* 66.1 (1991), 1–67.

Painter, Nell Irvin. *Standing at Armageddon: The United States, 1877–1919.* New York: Norton, 1987.

Pak, Susie J. *Gentlemen Bankers: The World of J. P. Morgan.* Cambridge, MA: Harvard Univ. Pr., 2013.

Palen, Marc–William. "Free–Trade Ideology and Transatlantic Abolitionism: A Historiography." *Journal of the History of Economic Thought* 37.2 (2015), 291–304.

_____. *The "Conspiracy" of Free Trade: The Anglo–American Struggle over Empire and Economic Globalization, 1846–1896.* Cambridge: Cambridge Univ. Pr., 2016.

Patterson, Jerry E. *The First Four Hundred: Mrs. Astor's New York in the Gilded Age.* New York: Rizzoli, 2000.

Patterson, Orlando. *Slavery and Social Death: A Comparative Study.* Cambridge, MA: Harvard Univ. Pr., 1982.

Paulsen, Michael Stokes. "The Irrepressible Myth of Marbury." *Michigan Law Review* 101.8 (2003), 2706–2743.

Perl–Rosenthal, Nathan. *Citizen Sailors: Becoming American in the Age of Revolution.* Cambridge, MA: Harvard Univ. Pr., 2015.

Perrow, Charles. *Organizing America: Wealth, Power, and the Origins of Corporate Capitalism.* Princeton, NJ: Princeton Univ. Pr., 2002.

Peskin, Lawrence A. "How the Republicans Learned to Love Manufacturing: The First Parties and the 'New Economy.'" *Journal of the Early Republic* 22.2 (2002), 235–262.

_____. *Manufacturing Revolution: The Intellectual Origins of Early American*

Industry. Baltimore: Johns Hopkins Univ. Pr., 2003.

Pessen, Edward. "How Different from Each Other Were the Antebellum North and South?" *American Historical Review* 85.5 (1980), 1119–1149.

Pfeifer, Michael J. *Rough Justice: Lynching and American Society, 1874–1947.* Urbana: Univ. of Illinois Pr., 2004.

_____. *The Roots of Rough Justice: Origins of American Lynching.* Urbana: Univ. of Illinois Pr., 2011.

Phillips, Ulrich Bonnell. *American Negro Slavery: A Survey of the Supply, Employment and Control of Negro Labor as Determined by the Plantation Régime.* 1918; Baton Rouge: Louisiana State Univ. Pr., 1966.

Picketty, Thomas. *Capital in the Twenty–First Century.* Trans. Arthur Goldhammer. Cambridge, MA: Harvard/Belknap, 2014.

Pollack, Norman. *The Populist Response to Industrial America: Midwestern Populist Thought.* Cambridge, MA: Harvard Univ. Pr., 1962.

Pollman, Elizabeth. "Reconceiving Corporate Personhood." *Utah Law Review* 2011.4 (2011), 1629–1675.

Porter, Bernard. *Empire and Superempire: Britain, America and the World.* New Haven: Yale Univ. Pr., 2006.

Porter, Glenn. *The Rise of Big Business, 1860–1910.* New York: Crowell, 1973.

Postel, Charles. *The Populist Vision.* New York: Oxford Univ. Pr., 2007.

Potter, David M. *The Impending Crisis, 1848–1861.* Ed. Don E. Fehrenbacher. New York: Harper & Row, 1976.

Prott, Volker. "Tying Up the Loose Ends of National Self–Determination: British, French, and American Experts in Peace Planning, 1917–1919." *Historical Journal* 57.3 (2014), 727–750.

Prude, Jonathan. *The Coming of Industrial Order: Town and Factory Life in Rural Massachusetts, 1810–1860.* Cambridge: Cambridge Univ. Pr., 1983.

Rabban, David M. "From Impairment of Contracts to Institutional Academic Freedom: The Enduring Significance of the Dartmouth College Case." *University of New Hampshire Law Review* 18.1 (2019), 9–25.

Randall, J. G., and David Herbert Donald. *The Civil War and Reconstruction.* 2nd ed. Lexington, MA: Heath, 1969.

Ransom, Roger L., and Richard Sutch. *One Kind of Freedom: The Economic Consequences of Emancipation.* Cambridge: Cambridge Univ. Pr., 1977.

Rinehart, Nicholas T. "The Man That Was a Thing: Reconsidering Human Commodification in Slavery." *Journal of Social History* 50.1 (2016), 28–50.

Reid, John Gilbert, ed. "Taft's Telegram to Root, July 29, 1905." *Pacific History Review* 9.1 (1940), 66–70.

Remini, Robert V. *Martin Van Buren and the Making of the Democratic Party.* 1951; New York: Norton, 1970.

Riordon, William L. *Plunkitt of Tammany Hall*. Dutton paperback ed. New York: Dutton, 1963.

Ripken, Susanna K. "Corporations Are People Too: A Multi-Dimensional Approach to the Corporate Personhood Puzzle." *Fordham Journal of Corporate & Financial Law* 15.1 (2010), 97–177.

Rockman, Seth. *Scraping By: Wage Labor, Slavery, and Survival in Early Baltimore*. Baltimore: Johns Hopkins Univ. Pr., 2009.

Rodgers, Daniel T. "In Search of Progressivism." *Reviews in American History* 10.4 (1982), 113–132.

_____. *Atlantic Crossings: Social Politics in a Progressive Age*. Cambridge, MA: Harvard/Belknap, 1998.

Roediger, David R. *The Wages of Whiteness: Race and the Making of the American Working Class*. London: Verso, 1991.

Rood, Dan. "Beckert Is Liverpool, Baptist Is New Orleans: Geography Returns to the History of Capitalism." *Journal of the Early Republic* 36.1 (2016), 151–167.

Rosenberg, Charles E. *The Cholera Years: The United States in 1832, 1844, and 1866*. 2nd ed. Chicago: Univ. of Chicago Pr., 1987.

Rosenberg, Emily S. *Spreading the American Dream: American Economic and Cultural Expansion, 1890–1945*. New York: Hill & Wang, 1982.

Rosenberg, Nathan. *Technology and American Economic Growth*. New York: Routledge, 1972.

_____. *Exploring the Black Box: Technology, Economics, and History*. Cambridge: Cambridge Univ. Pr., 1994.

Rosenthal, Caitlin. "Slavery's Scientific Management: Masters and Managers." In Beckert and Rockman, eds., *Slavery's Capitalism*, 62–86.

Rosenzweig, Roy, and Elizabeth Blackmar. *The Park and the People: A History of Central Park*. Ithaca: Cornell Univ. Pr., 1998.

Ross, Dorothy. *The Origins of American Social Science*. Cambridge: Cambridge Univ. Pr., 1991.

Rothenberg, Winifred Barr. *From Market-Places to a Market Economy: The Transformation of Rural Massachusetts, 1750–1850*. Chicago: Univ. of Chicago Pr., 1992.

Rothman, Adam. *Slave Country: American Expansion and the Origins of the Deep South*. Cambridge, MA: Harvard Univ. Pr., 2005.

Rothman, David J. *The Discovery of the Asylum: Social Order and Disorder in the New Republic*. Boston: Little, Brown, 1971.

"Roundtable of Reviews for *The Half Has Never Been Told*." *Journal of Economic History* 75.3 (2015), 919–931.

Rushdy, Ashraf H. A. *American Lynching*. New Haven: Yale Univ. Pr., 2012.

Russell, Greg. "Theodore Roosevelt, Geopolitics, and Cosmopolitan Ideals." *Review of International Studies* 32.3 (2006), 541–559.

Ryan, Mary P. *Cradle of the Middle Class: The Family in Oneida County, New York, 1790 – 1865.* Cambridge: Cambridge Univ. Pr., 1981.

Said, Edward W. *Orientalism.* New York: Pantheon, 1978.

Salvatore, Nick. *Eugene V. Debs: Citizen and Socialist.* Urbana: Univ. of Illinois Pr., 1982.

Sandage, Scott A. *Born Losers: A History of Failure in America.* Cambridge, MA: Harvard Univ. Pr., 2005.

Sanders, Elizabeth. *Roots of Reform: Farmers, Workers, and the American State, 1877–1917.* Chicago: Univ. of Chicago Pr., 1999.

Scarborough, William Kauffman. *Masters of the Big House: Elite Slaveholders of the Mid– Nineteenth–Century South.* Baton Rouge: Louisiana State Univ. Pr., 2003.

Schermerhorn, Calvin. *The Business of Slavery and the Rise of American Capitalism, 1815 – 1860.* New Haven: Yale Univ. Pr., 2015.

Schumpeter, Joseph A. *The Theory of Economic Development: An Inquiry into Profits, Capital, Credit, Interest, and the Business Cycle.* Trans. Redvers Opie. 1934; Oxford: Oxford Univ. Pr., 1961.

Scranton, Philip. *Proprietary Capitalism: The Textile Manufacture at Philadelphia, 1800 – 1885.* Cambridge: Cambridge Univ. Pr., 1984.

Sellers, Charles. *The Market Revolution: Jacksonian America, 1815–1846.* Oxford: Oxford Univ. Pr., 1991.

Shankman, Andrew. "'A New Thing on Earth': Alexander Hamilton, Pro– Manufacturing Republicans, and the Democratization of American Political Economy." *Journal of the Early Republic* 23.3 (2003), 323–352.

Shanks, Trina Williams. "The Homestead Act: A Major Asset–Building Policy in American History." In *Inclusion in the American Dream: Assets, Poverty, and Public Policy,* ed. Michael Sherraden, 20–41. Oxford: Oxford Univ. Pr., 2005.

Sklar, Martin. *The Corporate Reconstruction of American Capitalism, 1890–1916: The Market, the Law, and Politics.* Cambridge: Cambridge Univ. Pr., 1988.

_____. *Creating the American Century: The Ideas and Legacies of America's Twentieth– Century Foreign Policy Founders.* Cambridge: Cambridge Univ. Pr., 2014.

Skowronek, Stephen. *Building a New American State: The Expansion of National Administrative Capacities, 1877–1920.* New York: Cambridge Univ. Pr., 1982.

Smallwood, Stephanie E. *Saltwater Slavery: A Middle Passage from Africa to American Diaspora.* Cambridge, MA: Harvard Univ. Pr., 2007.

Smith, Jean Edward. *John Marshall: Definer of a Nation.* New York: Holt, 1996.

Smith, Tony. *Why Wilson Matters: The Origin of American Liberal Internationalism and Its Crisis Today.* Princeton, NJ: Princeton Univ. Pr., 2017.

Sombart, Werner. *Why Is There No Socialism in the United States?* Trans. Patricia M. Hocking and C. T. Husbands. White Plains, NY: M. E. Sharpe, 1976.

Sparrow, James T., William J. Novak, and Stephen W. Sawyer, eds. *Boundaries of the State in US History.* Chicago: Univ. of Chicago Pr., 2015.

"Special Issue: Reflections on Joel Mokyr's *The Gifts of Athena*." Ed. Maxine Berg. *History of Science* 45.2 (2007), 123–196.

Spruyt, Hendrik. *The Sovereign State and Its Competitors: An Analysis of Systems Change.* Princeton, NJ: Princeton Univ. Pr., 1994.

Stamatov, Peter. *The Origins of Global Humanitarianism: Religion, Empires, and Advocacy.* Cambridge: Cambridge Univ. Pr., 2013.

_____. "Beyond and Against Capitalism: Abolitionism and the Moral Dimension of Humanitarian Practice." *International Social Science Journal* 65 (2014), 25–35.

Stampp, Kenneth M. *The Peculiar Institution: Slavery in the Antebellum South.* New York: Knopf, 1956.

_____. *The Era of Reconstruction, 1865–1877.* New York: Vintage, 1965.

Stanton, William. *The Leopard's Spots: Scientific Attitudes toward Race in America, 1815–59.* Chicago: Univ. of Chicago Pr., 1966.

Steinfeld, Robert J. *The Invention of Free Labor: The Employment Relation in English and American Law and Culture, 1350–1870.* Chapel Hill: Univ. of North Carolina Pr., 1991.

Stokes, Melvyn, and Stephen Conway, eds. *The Market Revolution in America: Social, Political and Religious Expressions, 1800–1880.* Charlottesville: Univ. Pr. of Virginia, 1996.

Stromquist, Shelton. *Reinventing "The People": The Progressive Movement, the Class Problem, and the Origins of Modern Liberalism.* Urbana: Univ. of Illinois Pr., 2006.

Summers, Mark Wahlgren. *Party Games: Getting, Keeping, and Using Power in Gilded Age Politics.* Chapel Hill: Univ. of North Carolina Pr., 2004.

Susman, Warren. *Culture as History: The Transformation of American Society in the Twentieth Century.* New York: Pantheon, 1984.

Sylla, Richard, and Robert E. Wright, "Corporation Formation in the Antebellum United States in Comparative Context." *Business History* 55.4 (2013), 653–669.

Tadman, Michael. *Speculators and Slaves: Masters, Traders, and Slaves in the Old South.* Madison: Univ. of Wisconsin Pr., 1989.

Takaki, Ronald. *Iron Cages: Race and Culture in 19th–Century America.* Revised ed. New York: Oxford Univ. Pr., 2000.

Taylor, George R. *Transportation Revolution, 1815–1860.* 1951; New York: Harper & Row, 1968.

Teachout, Zephyr. *Corruption in America: From Benjamin Franklin's Snuff Box to Citizens United.* Cambridge, MA: Harvard Univ. Pr., 2014.

Thernstrom, Stephan. *Poverty and Progress: Social Mobility in a Nineteenth–Century City.* Cambridge, MA: Harvard Univ. Pr., 1964.

_____. *The Other Bostonians: Poverty and Progress in the American Metropolis, 1880–1970.* Cambridge, MA: Harvard Univ. Pr., 1973.

Thompson, E. P. *The Making of the English Working Class.* 1963; New York: Vintage, 1966.

_____. *Customs in Common: Studies in Traditional Popular Culture.* New York: New Pr., 1993.

Thomson, Ross. *Structures of Change in the Mechanical Age: Technological Innovation in the United States, 1790–1865.* Baltimore: Johns Hopkins Univ. Pr., 2009.

Throntveit, Trygve. "The Fable of the Fourteen Points: Woodrow Wilson and National Self–Determination." *Diplomatic History* 35.3 (2011), 445–481.

_____. *Power Without Victory: Woodrow Wilson and the American Internationalist Experiment.* Chicago: Univ. of Chicago Pr., 2017.

Tiersten, Lisa. "Redefining Consumer Culture: Recent Literature on Consumption and the Bourgeoisie in Western Europe." *Radical History Review* 57 (1993), 116–159.

Tolnay, Stewart E., and E. M. Beck. *A Festival of Violence: An Analysis of Southern Lynchings, 1882–1930.* Urbana: Univ. of Illinois Pr., 1995.

Tomich, Dale. "The History Cotton Made." *Review of Politics* 76.3 (2014), 519–522.

Tomlins, Christopher L. *The State and the Unions: Labor Relations, Law, and the Organized Labor Movement in America, 1800–1960.* Cambridge: Cambridge Univ. Pr., 1985.

_____. *Law, Labor, and Ideology in the Early American Republic.* Cambridge: Cambridge Univ. Pr., 1993.

Trachtenberg, Alan. *The Incorporation of America: Culture and Society in the Gilded Age.* New York: Hill & Wang, 1982.

Troesken, Werner. "The Letters of John Sherman and the Origins of Antitrust." *Review of Austrian Economics* 15.4 (2002), 275–295.

Turner, Frederick Jackson. *Rereading Frederick Jackson Turner: The Significance of the Frontier, and Other Essays.* New York: Holt, 1994.

"U.S. Westward Expansion Through Maps." The Choices Program. Department of History, Brown University. https://www.choices.edu/curriculum–catalog/u–s–westward–expansion–maps/.

Vandal, Giles. *Rethinking Southern Violence: Homicides in Post–Civil War Louisiana, 1866–1884.* Columbus: Ohio State Univ. Pr., 2000.

Veeser, Cyrus. *A World Safe for Capitalism: Dollar Diplomacy and America's Rise to Global Power.* 2002; New York: Columbia Univ. Pr., 2007.

Vickers, Daniel. *Farmers & Fisherman: Two Centuries of Work in Essex County, Massachusetts, 1630–1850.* Chapel Hill: Univ. of North Carolina Pr., 1994.

Voss, Kim. *The Making of American Exceptionalism: The Knights of Labor and Class Formation in the Nineteenth Century.* Ithaca: Cornell Univ. Pr., 1993.

Wade, Robert. *Governing the Market: Economic Theory and the Role of Government in East Asian Industrialization.* Princeton, NJ: Princeton Univ. Pr., 1990.

_____. "After the Crisis: Industrial Policy and the Developmental State in Low–Income Countries." *Global Policy* 1.2 (2010), 150–161.

Wallerstein, Immanuel. *Modern World−System.* 4 vols. New York: Academic Pr., 1974−2011.

_____. *World−Systems Analysis.* Durham: Duke Univ. Pr., 2004.

Wallis, John Joseph. "Constitutions, Corporations, and Corruption: American States and Constitutional Change, 1842 to 1852." *Journal of Economic History* 65.1 (2005), 211−256.

Walters, Ronald G. *American Reformers, 1815−1860.* New York: Hill & Wang, 1978.

Warner, Sam Bass, Jr. *Streetcar Suburbs: The Process of Growth in Boston (1870−1900).* 2nd ed. Cambridge, MA: Harvard Univ. Pr., 1978.

Watson, Harry L. "Conflict and Collaboration: Yeomen, Slaveholders, and Politics in the Antebellum South." *Social History* 10.3 (1985), 273−298.

Weber, Max. *The Protestant Ethic and the Spirit of Capitalism.* Trans. Talcott Parsons. 1930; Los Angeles: Roxbury, 1996.

Weinstein, James. *The Corporate Ideal in the Liberal State, 1900−1918.* Boston: Beacon, 1968.

Weiss, Linda. "Governed Interdependence: Rethinking the Government−Business Relationship in East Asia." *Pacific Review* 8.4 (1995), 589−616.

Weiss, Thomas J. "U.S. Labor Force Estimates and Economic Growth, 1800−1860." In *American Economic Growth and Standards of Living before the Civil War,* ed. Robert E. Gallman and John Joseph Wallis, 19−78. Chicago: Univ. of Chicago Pr., 1990.

White, Richard. *Railroaded: The Transcontinentals and the Making of Modern America.* New York: Norton, 2011.

_____. *The Republic for Which It Stands: The United States during Reconstruction and the Gilded Age, 1865−1896.* New York: Oxford Univ. Pr., 2017.

Wiebe, Robert H. *The Search for Order, 1877−1920.* New York: Hill & Wang, 1967.

Wilentz, Sean. *Chants Democratic: New York City & the Rise of the American Working Class, 1788−1850.* New York: Oxford Univ. Pr., 1984.

_____. *The Rise of American Democracy: Jefferson to Lincoln.* New York: Norton, 2005.

Wilkins, Mira. *The Emergence of Multinational Enterprise: American Business Abroad from the Colonial Era to 1914.* Cambridge, MA: Harvard Univ. Pr., 1970.

Williams, Eric. *Capitalism and Slavery.* 1944; Chapel Hill: Univ. of North Carolina Pr., 1994.

Williams, William Appleman. *The Tragedy of American Diplomacy.* 2nd revised and enlarged ed. New York: Dell, 1972.

Williamson, Joel, ed. *The Origins of Segregation.* Lexington, MA: Heath, 1968.

Wolfe, Brendan. "Slave Ships and the Middle Passage." Encyclopedia Virginia. Virginia Humanities. http://www.encyclopediavirginia.org/Slave_Ships_and_the_Middle_Passage.

Wolfe, Patrick. "History and Imperialism: A Century of Theory, from Marx to

Postcolonialism." *American Historical Review* 102.2 (1997), 388-420.

Woo, Jung-en. *Race to the Swift: State and Finance in Korean Industrialization.* New York: Columbia Univ. Pr., 1991.

Wood, Ellen Meiksins. *Empire of Capital.* London: Verso, 2003.

Woodward, C. Vann. *Origins of the New South, 1877-1913.* Baton Rouge: Louisiana State Univ. Pr., 1951.

Wright, Gavin. *The Political Economy of the Cotton South: Households, Markets, and Wealth in the Nineteenth Century.* New York: Norton, 1978.

_____. *Old South, New South: Revolutions in the Southern Economy Since the Civil War.* New York: Basic Books, 1986.

Wright, Robert E. *One Nation under Debt: Hamilton, Jefferson, and the History of What We Owe.* New York: McGraw-Hill, 2008.

_____. "Rise of the Corporation Nation." In *Founding Choices: American Economic Policy in the 1790s,* ed. Douglas A. Irwin and Richard Sylla, 217-258. Chicago: Univ. of Chicago Pr., 2010.

Wyatt-Brown, Bertram. *Southern Honor: Ethics and Behavior in the Old South.* 25th Anniversary ed. New York: Oxford Univ. Pr., 2007.

Young, James Sterling. *The Washington Community, 1800-1828.* New York: Harcourt, Brace & World, 1966.

Zunz, Olivier. *Making America Corporate, 1870-1920.* Chicago: Univ. of Chicago Pr., 1990.

608

미국의
자본주의 문명

—

어디서 와서 어디로 가는가?

—

제2부 발전 과정

—

제1판 1쇄 펴낸날 2022년 10월 15일

지은이 | 배영수
펴낸이 | 김시연

펴낸곳 | (주)일조각
등록 | 1953년 9월 3일 제300-1953-1호(구 : 제1-298호)
주소 | 03176 서울시 종로구 경희궁길 39
전화 | 02-734-3545 / 02-733-8811(편집부)
　　　 02-733-5430 / 02-733-5431(영업부)
팩스 | 02-735-9994(편집부) / 02-738-5857(영업부)
이메일 | ilchokak@hanmail.net
홈페이지 | www.ilchokak.co.kr

ISBN 978-89-337-0812-5　93940
값 38,000원

• 지은이와 협의하여 인지를 생략합니다.